OPERATION

Michael Gannon

PAUKEN SCHLAG

Der deutsche U-Boot-Krieg gegen die USA

Bechtermünz Verlag

Unsere U-Boote operieren so dicht unter der Küste der Vereinigten Staaten, daß Badegäste und manchmal ganze Küstenstädte zu Zeugen des Kriegsdramas werden, dessen sichtbare Höhepunkte von den roten Gloriolen brennender Tanker gebildet werden.

ADMIRAL KARL DÖNITZ

Sechs oder sieben Monate wüteten die U-Boote fast unbehindert in den amerikanischen Gewässern und trieben uns um ein Haar in die Katastrophe einer nicht abzuschätzenden Kriegsverlängerung.

WINSTON CHURCHILL
Schicksalswende

Die Verluste durch U-Boote vor unserer Atlantikküste und in der Karibik bedrohen jetzt unsere gesamten Kriegsanstrengungen.

GENERAL GEORGE C. MARSHALL
Juni 1942

Lizenzausgabe mit Genehmigung des VERLAG ULLSTEIN GMBH, Berlin
für Bechtermünz Verlag im Weltbild Verlag GmbH, Augsburg 1997
Titel der amerikanischen Originalausgabe: Operation Drumbeat
Originalverlag: Harper Collins Publishers, New York

Übersetzung: Klaus-Dieter Schmidt
Einbandgestaltung: Peter Engel, Grünwald
Gesamtherstellung: Wiener Verlag, Himberg bei Wien
Printed in Austria
ISBN-3-86047-905-9

Inhalt

Vorwort I

Militärisch brillant, politisch dumm. Dieser Satz gilt nicht nur für die »Operation Paukenschlag«, also Hitlers Seekrieg gegen die USA Anfang 1942. Er kennzeichnet das militärisch-politische Geflecht der deutschen Geschichte in der ersten Hälfte des zwanzigsten Jahrhunderts.

Diese Mischung aus militärlisch-professioneller Brillanz und politischer Dummheit war Ergebnis einer verbiesterten Weltsicht, die von Kaiser Wilhelm II. bis zum vermeintlich »Größten Feldherrn aller Zeiten« Hitler töricht stolz mit dem Spruch »Viel Feind, viel Ehr« zusammengefaßt wurde.

Das Ergebnis war eindeutig: Deutschlands Umwelt fühlte sich nicht nur provoziert, sondern auch bedroht. Die westliche und östliche Umwelt ebenso wie die südliche und nördliche. Sie fühlte sich nicht nur bedroht, sie war es auch. Die für Deutschland in beiden Weltkriegen so ungünstigen Koalitionen und Konstellationen waren eine logische Folge der seit Bismarcks unfreiwilligem Rücktritt (1890) tölpelhaften deutschen Außenpolitik.

Im Ersten Weltkrieg war es aufgrund militärisch überzeugender Überlegungen gelungen, England und die USA gegen Deutschland zu aktivieren. Die Stichworte dazu sind bekannt. Bezogen auf Großbritannien war es der Überfall auf Belgien. Er schien im Rahmen des Schlieffen-Planes unumgänglich. Bezogen auf die USA waren es das Zimmermann-Telegramm, das den Aufständischen in Mexiko Hilfe gegen die USA versprach, sowie der U-Boot-Krieg, der die atlantische Lebenslinie der Amerikaner bedrohte.

Militärisch schien das alles sinnvoll. Politisch war es – wieder ganz wörtlich – verheerend, weil man auf diese Weise zwei noch unentschlossene Staaten gegen sich selbst aufbrachte. Letztlich war diese Vorgehensweise deshalb auch ein schwerwiegender militärischer Fehler – der entscheidende.

Wie im Ersten erlebte Deutschland auch im Zweiten Weltkrieg selbstverschuldet den »Albtraum der Koalitionen« (Bismarck: »Cauchemar des coalitions«), also den Zweifrontenkrieg. Zwei Fronten? Man zähle nach und komme auf viel mehr. Rein militärisch verzettelte sich Deutschland. Konnte das, rein militärisch, »gut gehen«? Auf Dauer nein, so lautet die eindeutige Antwort.

Das Dilemma des scheinbar »unumgänglichen«, tatsächlich selbst provozierten Mehrfrontenkrieges versuchte Hitler durch Tricks zu umgehen. Nicht gleichzeitig, sondern nacheinander sollten deutsche Truppen an den verschiedenen Fronten kämpfen. Theoretisch war das einleuchtend, praktisch-politisch völlig unrealistisch, selbst wenn die Rechnung zeitweilig aufzugehen schien.

Man mag darüber streiten, ob die deutschen Drohgebärden unter Kaiser Wilhelm weniger strategischer als eher taktischer Art waren. Nicht streiten kann man darüber im Zusammenhang mit der aggressiven Politik Adolf Hitlers.

All diese Fehler waren nicht zufällig, sie waren strukturell bedingt. Weshalb? Weil deutsche Militärs und Politiker nicht gelernt hatten (vom großen Lehrmeister Bismarck nicht lernen wollten), daß die Trennung von Militärischem und Politischem *grundsätzlich* nicht nur künstlich, sondern falsch und daher verhängnisvoll ist.

In der Bundesrepublik Deutschland hat man dies – endlich! – verstanden. Die Offiziere unserer Bundeswehr erhalten aus diesem Grund eine Ausbildung, die sowohl militärisch als auch akademisch und nicht zuletzt eben historisch-politisch ist. Unsere Soldaten, natürlich auch unsere Offiziere, sind »Bürger in Uniform«. Die Offiziere werden besonders an den Bundeswehruniversitäten in Hamburg und München immer wieder über den Zusammenhang von Militär, Gesellschaft, Politik und (jawohl!) Kultur unterrichtet. Sie begegnen der unmittelbaren Umwelt und der politischen Außenwelt offen und nicht konfrontativ. Weltoffen sind sie. Der Gegenüber ist im Prinzip Partner, nicht »Gegner« oder gar »Feind«.

Im militärischen und politischen Alltag brachte das nicht zuletzt gegenüber den USA, dem »Feind« der »Operation Paukenschlag«, ein ganz neues Wir-Gefühl – ein erheblich besseres, weil ganz und gar unblutiges: Bundeswehrsoldaten müssen sich nicht von U-Booten aus im Kampfeinsatz an der Skyline von Manhattan berauschen und gleichzeitig fürchten, an- und abgeschossen zu werden. Deutsche Soldaten mit geschichtlichem Gespür berauschen sich heute zum Beispiel daran, daß unmittelbar gegenüber der Haupthalle des internationalen (John-Foster-Dulles-)Flughafens der US-Hauptstadt, Washington DC, ein Depot der Bundeswehr ist, vor dem die schwarz-rot-goldene deutsche Fahne weht – mit Zustimmung unserer amerikanischen Partner, die inzwischen längst unsere Freunde sind.

Der Manhattan-Rausch der deutschen Marine, seinerzeit von der Wochenschau propagandistisch aufgebauscht, war »Opium fürs Volk«, das heutige Gefühl deutscher Soldaten und ziviler Besucher an Washingtons Flughafen gesunde, weil allseits bekömmliche Kost.

Gewiß, die anfänglichen militärischen Erfolge der »Operation Paukenschlag« waren eindrucksvoll. Überraschend waren sie aber nicht. Man mache sich nichts vor. Die USA waren 1941/42 nicht wirklich auf einen Krieg vorbereitet. Ihre Kriegsmaschinerie lief nur sehr langsam an, weil die politische Weichenstellung sehr spät erfolgte. US-Präsident Roosevelt mußte eine höchst kriegsunwillige Nation in den Krieg führen. Zurückhaltend und vorsichtig hatte er seit 1937 (Japans Krieg gegen China) und dann etwas intensiver ab September 1939 die Neutralitätspolitik seines Staates abgeschwächt. Abgeschwächt, doch nicht aufgegeben.

Die amerikanische Öffentlichkeit wollte von den europäischen »Rangeleien« zunächst gar nichts wissen. Sie wollte ihre Ruhe. Selbst der Spanische Bürgerkrieg erregte sie nicht. Nur Presse und Schriftsteller sahen ihn als eine Art Kreuzzug gegen Hitler und Mussolini. Die Gallup-Umfragen jener Jahre beweisen: Für den Durchschnittsamerikaner galt eher »He couldn't care less.« Es »war ihm wurscht«. Auch der deutsche Überfall auf Polen erregte die US-Gesellschaft kaum. Kritisch, aber nicht wirklich kritisch wurde es ab 1940 durch die deutschen Aggressionen gegen Dänemark, Norwegen, Belgien, die Niederlande, Frankreich und Großbritannien. Nun hatte sich Deutschland an der Gegenküste der USA festgesetzt. Viel kritischer war dann am 7. Dezember 1941 der japanische Angriff auf die US-Flottenbasis in Pearl Harbor, Hawaii. An die Substanz ging dann die »Operation Paukenschlag«. Sie brachte den Krieg unmittelbar an die Haustüre der USA. Erfreulich war das für die Amerikaner wahrlich nicht, doch gerade die »Operation Paukenschlag« verdeutlichte ihnen, daß es zum Krieg gegen Deutschland keine Alternative gab. Lange hatte die Nation der USA den frommen Wunsch gehegt, diesen großen Krieg gegen Deutschland vermeiden zu können.

Erst das deutsche Vorgehen, eben die »Operation Paukenschlag«, arbeitete denjenigen US-Politikern in die Hände, die schon zuvor wiederholt die militärische Eindämmung der deutschen Gefahr empfohlen hatten.

Wieder sehen wir – jenseits der moralischen Frage, die wir grundsätzlich nie außer Acht lassen wollen und können: Ein im professionellen Sinne noch so gutes Militär steht auf verlorenem Posten, wenn die politische Führung versagt. Übertragen auf die »Operation Paukenschlag« und die Marine: Selbst die beste Marine geht unter, wenn sie von politischen Dilettanten gesteuert wird. Hitler war nicht nur (»nur«?) ein Bösewicht, er war ein politischer Dilettant. »Willige Vollstrecker« dieses zugleich dilettantischen und bösen Politikers waren die Leiter der Marine, die sowohl im Ersten als auch im Zweiten Weltkrieg von Politik noch weniger als nichts verstand.

Es bleibt dabei: Trotz der beklagenswerten Verluste ist historisch-politisch der Verlust der »Operation Paukenschlag« nicht zu beklagen.

Michael Wolffsohn

Vorwort II

Mehr als fünfzig Jahre nach dem »Paukenschlag« war ich für drei Wochen in den USA, um zusammen mit Professor Gannon sein Buch in elf Städten und im Fernsehen und Radio vorzustellen. Es war für mich unfaßbar, wie zuvorkommend ich, der »ehemalige Feind«, dort aufgenommen wurde und welches Interesse die Medien meinem Besuch entgegenbrachten. Dies zeigte mir, wie wichtig solche persönlichen Kontakte sind, um noch bestehende Vorurteile abzubauen, denn die Feinde von gestern sind heute Freunde!

Dieses Interesse war nur dadurch zu verstehen, daß Professor Gannon mit diesem Buch Marinegeschichte von höchster Qualität geschrieben hat. Zum erstenmal wird hier der U-Boot-Krieg gegen die USA nicht aus deutscher Sicht geschildert, sondern aus dem Blickwinkel »der anderen Seite«. Gannon scheut nicht die kritische Auseinandersetzung mit der Navy und deckt schonungslos deren Fehler auf, die mir heute völlig unverständlich sind, denen ich es aber wohl zu verdanken habe, daß ich dieses Vorwort schreiben kann.

Wir lesen hier über noch wenig bekannte Tatsachen, etwa daß die Engländer unseren Code geknackt hatten und den Amerikanern täglich meine Position und die der anderen vier beteiligten Boote durchgaben. Im Gegensatz zu Admiral Kimmell in Pearl Harbor war Admiral Ernest J. King gewarnt und wußte, wann und wo wir auftauchen würden. Aber er veranlaßte nichts, obgleich er auf die zweijährige Erfahrung der Engländer im U-Boot-Krieg hätte zurückgreifen können.

So wurden die ersten sechs Monate dieses U-Boot-Krieges für die USA zu einem »atlantischen Pearl Harbor«, wie es der Verfasser nennt. In der Tat war es eine weit schlimmere Niederlage. Die Fackeln brennender Tanker und die aus den seichten Gewässern ragenden

Wracks der Frachter zeigten den Küstenbewohnern zum erstenmal in der Geschichte der USA, daß der Krieg über See bis an ihr Land herangetragen werden konnte. Churchill und General Marshall erkannten im Juni 1942, daß dies die ernsteste Bedrohung für die Fortsetzung des Krieges war.

Das Buch schildert aufgrund vieler Interviews mit meinen Besatzungsangehörigen auch den U-Boot-Alltag, in dem sich jeder auf jeden verlassen mußte. Es zeigt dramatische Höhepunkte und kritische Situationen bei Artilleriegefechten und Wasserbomben-Angriffen. Es zeigt aber auch, daß nach Erfüllung unserer Aufgabe die Menschlichkeit unter Seeleuten Vorrang hatte. So war der Bootsmann eines britischen Hilfskreuzers, den wir nach Torpedierung auffischten, drei Wochen bei uns an Bord, und mit den Angehörigen eines norwegischen Tankers, dessen gesamte Besatzung wir retten konnten, stehe ich noch heute in Verbindung.

Die erschütternden Berichte von Überlebenden zeigen die andere Seite. Bewegt haben mich die vielen Begegnungen mit ihnen in den USA, wo mir zum Beispiel ein Mann seine Brandwunden zeigte, die er als 16jähriger Bordkanonier beim Schwimmen im brennenden Öl erlitten hatte. Wir schieden als Freunde. Die Tochter eines Tankerkapitäns sagte zu mir: »Ich bin Ihnen nicht böse. Sie haben nicht meinen Vater getötet, sondern sein Schiff versenkt. Das ist ein großer Unterschied.« Solche Begegnungen vergißt man nie.

So hat mich durch das Buch die Vergangenheit wieder eingeholt. Der Verfasser hat das dramatische Geschehen an der amerikanischen Ostküste zum erstenmal für deutsche Leser umfassend dargestellt und dadurch einen wesentlichen Beitrag zur Wertung der geschichtlichen Ereignisse geleistet. Voll Dankbarkeit denke ich an meine tüchtige Besatzung, denn wir alle gemeinsam haben unsere Erfolge errungen. In Ehrerbietung gedenke ich er Opfer der Besatzungen der von uns versenkten Tanker und Frachter, aber auch meiner vielen U-Boot-Kameraden, die auf See blieben. Wir taten unsere Pflicht im Krieg genauso wie unser Gegner. Mögen unsere Enkel davor bewahrt bleiben.

Reinhard Hardegen

Prolog

Es war Nacht, als die Meldung des B-Diensts in Hitlers Hauptquartier, der Wolfsschanze bei Rastenburg, tief im ostpreußischen Görlitz-Wald, eintraf. Der Führer war verblüfft, als er sie las: Japan hatte am 7. Dezember um 19.30 Uhr MEZ die Feindseligkeiten gegen die Vereinigten Staaten von Amerika eröffnet, indem es mit einem starken Flugzeugverband einen Angriff auf Pearl Harbor (bei Honolulu auf der Hawaii-Insel Oahu) flog.[1] Eine Kriegserklärung wäre ohne Erstaunen zur Kenntnis genommen worden, aber ein Flugzeugträgerangriff über 5000 Kilometer offene See gegen den Hauptstützpunkt der amerikanischen Pazifikflotte? Falls Hitler sich in diesem Augenblick an die Maxime Friedrichs des Großen, dem er angeblich nacheiferte, erinnerte: »Es ist verzeihlich, besiegt, aber nicht, überrascht zu werden«, mußte er wissen, daß die Muse der Geschichte kaum geneigt sein würde, ihm zu verzeihen. Der Herr über Europa war vollständig überrascht worden.[2]

Die gleiche Meldung tickerte, ergänzt durch Angaben zu den amerikanischen Verlusten an Kriegsschiffen und Flugzeugen, in einem hübschen Château in Kernével an der Einfahrt zu dem von den Deutschen okkupierten Atlantikhafen Lorient über einen Siemens-Geheimschreiber T-52. Dort las sie Admiral Karl Dönitz, der Befehlshaber der Unterseeboote (BdU), mit ebensolchem Erstaunen wie sein Führer. Anschließend ging er in seinen Lageraum und bewegte den Stechzirkel über den Erdglobus, den er zur raschen Ermittlung von Entfernungen benutzte. Er maß die Großkreisentfernung zwischen dem U-Boot-Stützpunkt Lorient und New York auf der anderen Seite des Ozeans – Ergebnis: 3000 Seemeilen. Auf eine solche Entfernung kamen nur die großen U-Boot-Typen IXB und IXC in Frage, die nach der Anfahrt noch genügend Treibstoff für den Einsatz zur Verfügung haben würden. Dönitz stellte rasch einige weitere Berechnungen an. Nach der Fahrt ins Operationsgebiet vor New York, für die 22 Tage zu veranschlagen waren, hätten die 1050-Tonnen-Boote vom Typ IXB noch 60 Kubikmeter Dieselöl für Angriffe auf Handelsschiffe zur Verfügung; die 1120-Tonner vom Typ IXC mit ihren größeren Ölbunkern hätten nach einer gleich langen Anfahrtszeit noch 110 Kubikmeter übrig. Das hieß, daß sich die IXB-Boote sechs oder sieben und die IXC-Boote etwa 15 Tage im Operationsgebiet aufhalten könnten: genug Zeit, um beachtliche Schäden anzurichten. Zog man andere Häfen in Betracht, so ergab sich nach Dönitz' Kalkulation, daß ein IXB-Boot vor Galveston (Texas), den Treibstoff für Hin- und Rückfahrt abgerechnet, null Kubikmeter für den Einsatz hätte, und ein IXC magere 40 Kubikmeter. Für Aruba, das große Erdöldepot auf den Niederländischen Antillen, lauteten die Zahlen 25 bzw. 65 Kubikmeter. Für Sydney auf Cape Breton Island (Neuschottland), wo sich für gewöhnlich die langsamen SC-Konvois* versammelten, die mit durchschnittlich sechseinhalb Knoten Fahrt Kriegsmaterial nach England brachten, waren die Zahlen vielversprechend: 90 bzw. 140 Kubikmeter.[3]

Die Ostküste der Vereinigten Staaten interessierte Dönitz jedoch am meisten. Ein dort geführter Schlag würde eine ähnliche Wirkung haben wie der japanische Angriff auf Hawaii, der offenbart hatte, wie verwundbar Amerika war, sofern der Feind nur entschlossen genug vorging; er würde die Verteidigung der USA einschüchtern und die Bevölkerung demütigen. Am wichtigsten aber war, daß mit weiteren beharrlichen Schlägen, solange die See- und Luftstreitkräfte der USA noch schwach und unerfahren waren, den Kriegsanstrengungen der Alliierten weit größerer Schaden zugefügt werden konnte als jener, der in Pearl Harbor entstanden war. Bei den Schiffen, die in den Ankergründen von Hawaii verlorengegangen waren, schien es sich, nach den Wochenschaubildern zu urteilen, um altes, langsames Material gehandelt zu haben, das im Vergleich mit den neuen großen Schiffen der deutschen Kriegsmarine geradezu vorsintflutlich anmutete. Was an der atlantischen Türschwelle der Vereinigten Staaten, in den be-

* s. Anhang IV: Geleitzugbezeichnungen.

fahrensten Gewässern der Welt, verlorengehen würde, wäre dagegen ein bedeutender Teil des Handelsstroms, der England die Kriegführung erlaubte, ganz zu schweigen von den Einbußen, die die im Aufbau begriffene Kriegsindustrie der USA erleiden würde. Die Aussicht, einzelne, nicht eskortierte Schiffe in amerikanischen Gewässern anzugreifen, war um so erregender für den Admiral, als sich der Krieg gegen England seiner Ansicht nach in der Schlacht um den atlantischen Handel entscheiden würde, doch im Augenblick waren auf Befehl des Führers alle U-Boote aus dem Atlantik zurückgezogen worden, um die Operationen im Mittelmeer und vor Gibraltar zu unterstützen.[4] Nach dem Eintritt der USA in den Krieg würden sie in den Atlantik zurückkehren, wo sie hingehörten. Der BdU wußte, daß seine Kommandanten ihm zustimmen würden: Die Amerikaner mußten für ihre falsche Neutralität bezahlen, für die Anmaßung, mit der sie vier Fünftel des Atlantiks zu ihrer Sicherheitszone erklärt hatten, für die Sichtmeldungen deutscher U-Boote an die englischen Zerstörer und für den bisher unangreifbaren Konvoidienst, mit dem sie Kriegsmaterial und Lebensmittel nach England schafften.

Seit Oktober hatte Dönitz U-Boote zum Abfangen von England-Geleitzügen bis zu den Neufundlandbänken geschickt, jetzt aber wanderte sein Blick nach Süden, über den Sankt-Lorenz-Strom und an der Küste von Neuschottland entlang zu den Hafenstädten Neuenglands, dann weiter an der Südküste von Long Island entlang zum Hafen von New York, wo 1941 täglich 50 ein- und auslaufende Schiffe gezählt wurden. Von dort folgte er den Schiffahrtswegen zur Mündung des Delaware, zur Chesapeake Bay und an den gefährlichen Gewässern vor dem Kap Hatteras vorbei, und schließlich zur Straße von Florida, der Verbindung mit dem Golf von Mexiko, und der Windward-Passage. Jetzt waren es die Küstengewässer der USA selbst, die angegriffen werden mußten – von New York über Kap Hatteras bis nach Florida. Wenn Dönitz das Oberkommando der Kriegsmarine (OKM) überreden konnte, die Boote vom Typ IX freizugeben, die westlich von Gibraltar standen, wäre er in der Lage, genügend Boote für einen »schlagartige[n] gleichzeitige[n] Angriff«[5] zusammenzuziehen. Und sobald Hitler den Vereinigten Staaten den Krieg erklärt hatte, was er bald tun mußte, wäre er bereit, einen Schlag gegen sie zu führen, so plötzlich und so donnernd wie ein Paukenschlag. Und genau so, beschloß er, sollte der Angriff heißen: Operation Paukenschlag.

Dieses Buch entstand aus einer einzigen Fußnote einer größeren Arbeit, mit der ich seit einigen Jahren beschäftigt bin. Es war zwar allgemein bekannt, daß deutsche U-Boote während der ersten Phase nach der formellen Kriegserklärung vom Januar bis Juli 1942 vor der Ostküste der USA gegen Handelsschiffe vorgingen. Aber war es möglich, fragte ich mich, das konkrete U-Boot zu identifizieren, von dem am 10. April 1942 vor Jacksonville Beach (Florida) der Tanker *Gulfamerica* in die Luft gejagt worden war, und damit auch den Kommandanten des betreffenden U-Boots? Je mehr mich die Fußnote vereinnahmte, desto mehr Detektivarbeit zog sie nach sich, mit der Konsequenz, daß aus der Fußnote ein Absatz, dann ein Kapitel und endlich ein Buch entstand. Es wurde deshalb ein Buch, weil sich herausstellte, daß mit diesem speziellen U-Boot, das die Bezeichnung U 123 trug, und seinem Kommandanten, dem damals 29jährigen Kapitänleutnant Reinhard Hardegen, eine Geschichte verbunden war, die mehr umfaßte als nur die Versenkung der *Gulfamerica* und die mich weit von Florida fortführte, zum Vorfeld des Hafens von New York, wo derselbe Reinhard Hardegen am 14. Januar 1942 eine Serie von U-Boot-Angriffen auf die USA eröffnete, die so schwer waren und auf so wenig Gegenwehr trafen, daß sie zusammengenommen ein »atlantisches Pearl Harbor« darstellten. Aber Hardegens Ziele waren keine Kriegsschiffe, sondern Frachter und Tanker, genauer: ihre Ladungen, das »Lebensblut« des Krieges.

Man kann die Meinung vertreten, und dieses Buch tut es, daß die U-Boot-Angriffe auf Handelsschiffe in amerikanischen Gewässern und in der Karibik im Jahr 1942 für die Alliierten einen größeren strategischen Rückschlag darstellten als das Desaster von Pearl Harbor. Der Verlust der in Hawaii zerstörten oder beschädigten Schiffe hatte keine oder nur eine geringe Bedeutung für die bald darauf stattfindenden amerikanisch-japanischen Flugzeugträgerschlachten in der Korallensee und bei den Midway-Inseln, während der Verlust von annähernd 400 Schiffen und ihrer Fracht im Bereich der drei östlichen »Seefronten« Eastern Sea Frontier (ESF - Ostküste der USA), Gulf Sea Frontier (GSF - Golf von Mexiko) und Caribbean Sea Frontier

(CSF - Karibik) sowohl die Lebensader Großbritanniens gefährdete als auch die Kriegsindustrie der USA lahmzulegen drohte, wie der Generalstabschef der US Army, General George C. Marshall, am 19. Juni 1942 feststellte: »Die Verluste durch U-Boote vor unserer Atlantikküste und in der Karibik bedrohen jetzt unsere gesamten Kriegsanstrengungen.«[6] Wenn der Aderlaß an Leben und Material so weitergegangen wäre, kann man sich ausmalen, was aus einer zukünftigen alliierten Invasion des von den Deutschen besetzten Europa geworden wäre und wie leicht es dann das Dritte Reich gehabt hätte, seine Kräfte ganz auf den Krieg mit Rußland zu konzentrieren.

Der deutsche Marinehistoriker Michael Salewski hat vorgeschlagen, sich zum Verständnis der 69 Monate dauernden komplexen Atlantikschlacht, die mehr als jede andere den Ausgang des Zweiten Weltkriegs bestimmte, ein einzelnes, in häufige Kämpfe verwickeltes U-Boot anzuschauen: »Jedes U-Boot spiegelte die große Strategie des Krieges und den Alltag, das Entsetzen des Krieges zugleich.«[7] U 123 war solch ein Boot, und dieses Buch ist im wesentlichen der Geschichte Reinhard Hardegens und seines Boots gewidmet. Es ist die Geschichte eines Offiziers, der aufgrund von Verletzungen, die er sich bei einem Flugzeugabsturz zugezogen hatte, nicht gerade dafür prädestiniert war, auf einem U-Boot zur See zu fahren, aber einer der entschlossensten, wagemutigsten und zu Zeiten auch unbekümmertsten Kommandanten der U-Bootwaffe wurde. Es ist zugleich die Geschichte des U-Boot-Krieges insgesamt, des Alltags und der Routine an Bord eines IXB-Bootes, der dürftigen amerikanischen Verteidigungsmöglichkeiten gegen U-Boot-Angriffe während der ersten Monate des erklärten deutsch-amerikanischen Krieges, der kühnen, entschlossenen Zerstörung feindlicher Schiffe durch U 123 und auch der gelegentlich durchbrechenden menschlichen Sorge seines Kommandanten um deren schiffbrüchige Besatzungen. Es ist auch eine Geschichte der Angst - der panischen Angst der in die Rettungsboote kletternden Seeleute der torpedierten Handelsschiffe und der klaustrophobischen Angst der U-Boot-Besatzung, wenn das Boot, die »Angströhre«, unter den Explosionen von Wasserbomben erzitterte. Darüber hinaus wird die Geschichte aus der Sicht des Oberkommandos der US Navy erzählt, soweit sie aus den vorhandenen Akten nachvollzogen werden kann (die meisten der Hauptbeteiligten sind verstorben). Auf deutscher Seite ist es eine Geschichte der verpaßten Chancen für die Kriegsmarine, die England durchaus hätte besiegen können (womit den USA die Aufmarschbasis für die alliierte Invasion des deutsch besetzten Europa gefehlt hätte), wenn Hitler eine Umverteilung der Ressourcen vom Panzer- zum U-Boot-Bau für die Entscheidungsschlacht im Atlantik zugelassen hätte. Auf amerikanischer Seite ist es eine Geschichte von mangelnder Kampfbereitschaft der Navy, von Unerfahrenheit, Pflichtversäumnissen, unflexibler Führung und unangebrachter Arroganz - und dennoch eine des Triumphs.

Winston Churchill hat am prägnantesten ausgedrückt, was wohl niemand bestreiten wird: »Unter der Herrschaft Hitlers, von dem sich das ganze Volk unterjochen ließ, begingen die Deutschen Verbrechen, die an Ausmaß und Verworfenheit auch in den düstersten Zeiten der Menschheitsgeschichte nicht ihresgleichen finden.«[8] Dieses Buch versucht nicht, die deutsche Kriegsmarine als etwas anderes darzustellen denn als Streitmacht im Dienst des objektiv Bösen. Andererseits will es aber auch nicht jedem Deutschen, der in ihr diente, ein Kainsmal aufdrücken, denn das wäre mehr als willkürlich: Es ließe die Tatsache außer acht, daß die meisten Offiziere und Mannschaften als Seeleute zur Marine gingen, und nicht als Nazis. Die Kriegsmarine war der am wenigsten politisierte Zweig der deutschen Streitkräfte.[9] Die U-Boot-Besatzungen kämpften füreinander und in Erfüllung ihrer Pflicht. Einige wenige, die politischer dachten, wollten die Niederlage im Ersten Weltkrieg revidieren und die Demütigung durch das Versailler »Diktat« vergessen machen. Die Offiziere kämpften im übrigen für die U-Bootwaffe selbst: Das »Freikorps Dönitz«, wie sie sich nannten, stellte eine »Marine in der Marine« dar. Die Erfolgsmeldungen der U-Boot-Kommandanten lassen allenfalls auf einen politikfernen Berufsstolz schließen.[10] Mehr noch, sie und ihre Besatzungen haben den totalen Krieg gegen Handelsschiffe anderer Nationen nicht anders geführt als die 8. Air Force der USA und die Bomberstaffeln der Royal Air Force (R.A.F.) den totalen Krieg gegen die Zivilbevölkerung deutscher Städte. Auch sollte nicht übersehen werden, daß der uneingeschränkte U-Boot-Krieg im Atlantik sein exaktes Gegenstück im U-Boot-Krieg der USA gegen japanische Handelsschiffe im Pazifik hatte. Während Hardegen und die »Paukenschlag«-Boote

Hunderte von Seeleuten alliierter Handelsschiffe in ein feuchtes Grab schickten, bereiteten U-Boote der US Navy Hunderten von Seeleuten auf japanischen Handelsschiffen das gleiche Schicksal. Es sollte auch berücksichtigt werden, daß die Seeleute der Handelsflotte der USA Kämpferstatus hatten und daß diejenigen, die umkamen, Verluste und nicht Opfer waren, auch wenn der Kongreß in Washington das erst 1977 anerkannte, als er alle überlebenden Seeleute, die zwischen dem 7. Dezember 1941 und dem 15. August 1945 auf hochseetüchtigen Schiffen zur See gefahren waren, offiziell als Kriegsveteranen einstufte, denen Entlassungspapiere und eine Rente zustanden. Die Verlustrate unter den zivilen Seeleuten wurde bei den US-Streitkräften nur von derjenigen der *Marines* (Marineinfanteristen) erreicht. Ein Einspruch des Verteidigungsministeriums gegen diese Einstufung wurde 1987 (und noch einmal 1988) von den Gerichten abgeschmettert, und im März 1988 verschickte die US-Küstenwache die ersten Entlassungspapiere an die zu diesem Zeitpunkt noch lebenden Seeleute.[11]

Was die oft behauptete Beschießung von Schiffbrüchigen durch U-Boot-Besatzungen betrifft, so gibt es nur einen einzigen belegten Fall, in dem dies vorkam (darüber hinaus kann es natürlich noch weitere gegeben haben), als nämlich U 852 unter dem Kommando von Kptlt. Heinz Eck am 13. März 1944 im Indischen Ozean auf Überlebende und Wrackteile des griechischen Dampfers *Peleus* feuerte, um jede Spur der Versenkung zu beseitigen. Eck und seine Offiziere wurden von einem englischen Kriegsgericht zum Tode verurteilt und am 30. November 1945 hingerichtet. Sicherlich gab es Fälle, in denen ein U-Boot mit seinen Bordkanonen auf die Wasserlinie, den Funkraum oder die Antenne eines Handelsschiffes schoß und dabei Seeleute traf, die gerade die Rettungsboote zu Wasser ließen. Das konnte sogar dann passieren, wenn der U-Boot-Kommandant – wie Reinhard Hardegen es tat – das Feuer erst eröffnete, sobald er überzeugt war, daß die Besatzung das Schiff verlassen hatte und in Sicherheit war. Und es passierte notgedrungen, wenn ein U-Boot, das nur noch wenige oder keine Torpedos mehr hatte, ein Schiff allein mittels seiner Artillerie zu versenken versuchte. Im allgemeinen jedoch sahen die U-Boot-Besatzungen die Überlebenden als Seeleute an, so daß nach der Zerstörung eines Feindschiffs das Band, das Seeleute, gleich welcher Nation, miteinander verbindet, dafür sorgte, daß Gewaltakte gegen hilflose Menschen ausblieben. Es gab offenbar keinen Fall, in dem ein U-Boot ein Rettungsboot mit Schiffbrüchigen gerammt hätte. So etwas passierte nur in der Phantasie der Drehbuchautoren von Hollywood (zum Beispiel in *Action in the North Atlantic,* Warner Brothers, 1943), die deutsche U-Boot-Besatzungen im Sinne der Kriegspropaganda als bösartige, gerissene, rücksichtslose Freibeuter der Meere hinstellten. Einmal abgesehen von der Genfer Konvention und von humanitären Überlegungen, hatte die Kriegsmarine ganz pragmatische Gründe, ein solches Verhalten abzulehnen: Die Tötung von Schiffbrüchigen sei nämlich nicht nur aus humanitären Erwägungen heraus »unverzeihlich«, bemerkte die Seekriegsleitung (Skl.) in ihrem Kriegstagebuch, sondern würde auch die Moral der eigenen Männer belasten, da sie befürchten müßten, im umgekehrten Fall das gleiche Schicksal zu erleiden.[12] Die Geschichte des U-Boot-Krieges der USA gegen Japan im Pazifik bietet übrigens genügend anschauliche Beispiele für ein solch unverzeihliches Verhalten.[13]

Im Fall Reinhard Hardegens nimmt es der Sache, für die er kämpfte, nichts von ihrer Abscheulichkeit, wenn man feststellt, daß er als Marineoffizier die ihm auferlegte Pflicht erfüllte, außerordentliche Erfolge erzielte und seinen Dienst mit Anstand versah. Auf fünf Feindfahrten versenkte er 25 Schiffe (einschließlich zweier, die wieder flottgemacht werden konnten) mit insgesamt 136661 BRT, womit er den Vergleich mit dem Rekord auf amerikanischer Seite nicht zu scheuen braucht, den Richard H. O'Kane auf fünf Fahrten mit der USS *Tang* aufstellte (24 Schiffe, 93824 BRT). Außerdem beschädigte er 4 Schiffe mit insgesamt 33247 BRT durch Torpedo- oder Artilleriebeschuß. Man kann Hardegens Leistung – und die seiner Männer – anerkennen, auch wenn man Hitler und die Nazis, die ihn in den Krieg schickten, verdammt. Schließlich muß daran erinnert werden, daß von den 863 U-Booten, die auf Feindfahrt gingen, 754 nicht zurückkehrten und von 39000 Männern der U-Bootwaffe 27491 in eisernen Särgen begraben liegen und 5000 weitere in Gefangenschaft gerieten. Obwohl relativ klein, zahlte die U-Bootwaffe von allen Truppenteilen sämtlicher kriegführender Nationen den größten Blutzoll. Gegen Ende des Krieges, als die Technologie der Alliierten diejenige der Deutschen überflügelt hatte, war es fast selbstmörderisch, auch nur in See zu stechen, und trotzdem ging eine Besatzung nach der anderen, klaglos und ohne zu zögern, auf Fahrt. Die Männer auf dieser Seite der Atlantikschlacht waren nicht weniger menschlich und nicht weniger mutig als die auf der anderen Seite.

Dieses Buch unternimmt den Versuch, herauszufinden, zu verstehen und zu beschreiben, wie die Angehörigen der deutschen und der amerikanischen Marine einen Kampf führten, der eines der kritischsten und dennoch am wenigsten bekannten militärischen Kapitel des Zweiten Weltkriegs war. Ich habe mich streng an die Ergebnisse der Quellenforschung und der Interviews mit einigen der Beteiligten gehalten. Keine der Personen und kein Ereignis wurde erfunden, und bisher verbreitete Fiktionen wurden ausgeschieden.[14] Jeder Vorfall auf See wurde sorgfältig dokumentiert, und wo ich Ereignisse oder Dialoge erzählerisch nachvollzogen habe, um die Geschichte lebendig zu machen, wird in den Anmerkungen darauf hingewiesen. Eine streng akademische Arbeit wäre die eine Alternative gewesen; eine Vergegenwärtigung des U-Boot-Lebens war die andere.

1

U-Boote westwärts

Es war der Abend des 19. Dezember 1941, zwölf Tage nach Pearl Harbor, in Lorient am Golf von Biskaya, dem Stützpunkt der 2. U-Boot-Flottille. Kapitänleutnant Reinhard Hardegen stapfte im gerade errichteten Bunker Keroman I ungeduldig am Rand von B(ox) 6 hin und her. Vor ihm im stillen schwarzen Wasser des Bunkerbeckens lag sein geliebtes U 123. 20 Tage war es her, seit er es durch das gepanzerte Schott in dieses gewaltige, bombensichere Gewölbe gesteuert hatte, und seitdem waren Mechaniker, Elektriker, Schweißer, Waffenmeister und andere Fachleute Tag und Nacht damit beschäftigt gewesen, die Maschinen zu überholen, die Antennen und Netzabweiser auszurichten, Propeller und Ruder zu reinigen, die Mündungsklappen einzustellen und die Flansche der aus dem Druckkörper nach außen führenden Kabel und Rohre zurechtzuhämmern. Nachdem die wichtigsten Reparaturen und Reinigungsarbeiten ausgeführt waren, war Hardegen zu einer Probefahrt ausgelaufen. Am Punkt Laube, einem Navigationspunkt an der 50-Meter-Linie, wo der Festlandssockel, der bis dorthin sanft abfiel, steil in die Tiefe stürzte, war er probeweise getaucht und hatte Trimmversuche unternommen, um zu sehen, wie er es ausdrückte, ob die Teile dem Ganzen entsprachen. Sie taten es, und als er U 123 nach Keroman zurückgebracht hatte, drängte er das Wartungspersonal, die Arbeiten so schnell wie möglich zu beenden. Jetzt beobachtete er, wie letzte Hand an die Außenhaut gelegt wurde. Seine Ungeduld rührte daher, daß er und vier andere Boote für eine dringende Mission bestimmt worden waren. Den Befehl dazu hatte er, wie zwei andere Kommandanten auch, an diesem Nachmittag erst von Admiral Dönitz persönlich erhalten. Und eines der fünf Boote, U 125 unter Ulrich Folkers, war schon am

Tag zuvor ausgelaufen. Hardegen wollte nicht als letzter in See stechen.[1]

Am 20. Dezember um 09.30 Uhr klingelte in Hardegens Unterkunft in der ehemaligen Marinepräfektur das Telefon. U 123 war bereit zur Munitionsaufnahme; die Torpedos konnten am nächsten Tag verladen werden. Hardegen schickte auf der Stelle seinen zweiten Wachoffizier (IIWO), Leutnant zur See Horst von Schroeter, los, um das Verladen der Munition zu überwachen: zunächst der - einzeln verpackten - schwereren Patronen für die 10,5-Zentimeter-Bootskanone vor dem Kommandoturm, dann der kleineren für das 3,7-Zentimeter-Geschütz auf dem hinteren Oberdeck. Danach kamen die Patronengürtel und Magazine für die 2-Zentimeter-C/30-Flak achtern auf dem Kommandoturm und für die beiden Maschinengewehre, die unter Deck lagerten, an die Reihe. Die Munitionsaufnahme hielt von Schroeter und die aus den nahe gelegenen Erholungslagern von Quiberon und Carnac, den sogenannten U-Bootswiesen, herbeigerufenen Mannschaftsdienstgrade fast den ganzen Rest des Tages in Trab, während Hardegen seinen Ersten Wachoffizier (IWO), Oberleutnant zur See Rudolf Hoffmann, ausschickte, um in den Straßen von Lorient die übrige Besatzung einzusammeln, insbesondere den Torpedomechaniker, der für die mühseligere Übernahme der Torpedos in die sechs Rohre und die verschiedenen Lagergestelle gebraucht wurde.

Am nächsten Tag wurden sie von Elektrokarren aus dem Torpedolager herangeschafft, 13 elektrisch angetriebene G7e und zwei preßluftgetriebene G7a-Aale. Die speziell für diesen Zweck konstruierten Karren fuhren, als hätten sie rohe Eier zu transportieren. Die komplizierte Technik der Torpedos war mit äußerster Vorsicht zu behandeln, zu leicht konnte die Abstimmung der Selbststeuerung und des Propellermechanismus gestört werden. Ingenieure des Torpedoerprobungskommandos (TEK) hatten jeden einzelnen Aal mit einem Probeschuß über eine abgemessene Distanz getestet und ihm einen Wartungsschein mitgegeben. Doch auch in den Abschußrohren erforderten sie, um jederzeit einsatzbereit zu sein, ständige »Regelung«: Alle drei bis fünf Tage mußte jeder der dick eingefetteten Torpedos mit Hilfe von Kettenflaschenzügen aus dem Rohr gezogen werden, damit der »Mixer« Batterie, Aufschlagpistole, Welle, Ruder, Schmierstellen und Selbststeuerung überprüfen konnte.

Die zigarrenförmigen G7e-Torpedos waren sieben Meter lang, hatten einen Durchmesser von 53,3 Zentimeter, wogen 1,6 Tonnen und trugen eine Sprengladung von 300 kg Torpex. Einmal von einem Preßluftschub aus den Rohren von U 123 - vier im Bug, zwei im Heck - gedrückt, wurden sie zu unabhängigen, selbstangetriebenen und -gesteuerten kleinen U-Booten mit Motor, Propeller, Seiten- und Höhenrudern, die in einer festgelegten Tiefe mit 30 Knoten bis zu 5000 Meter zurücklegen konnten (obwohl Hardegen es, wie die meisten Kommandanten, vorzog, sie aus einer Zielentfernung von 550–650 Metern abzufeuern). Ihre Elektromotoren, die durch die Entwicklung sehr leichter Bleibatterien ermöglicht worden waren, hinterließen, anders als die mit Preßluft angetriebenen G7a-Torpedos, keine sichtbare Blasenbahn. Beim Auftreffen der in der Nase des Torpedos befindlichen Aufschlagpistole auf den unter der Wasserlinie gelegenen Teil des Schiffskörpers wurde die Torpex-Sprengladung gezündet, die stählerne Außenhaut wurde aufgerissen, und das Schiff sank.

Das Oberdeck und der Kommandoturm von U 123 boten an diesem Tag einen geschäftigen Anblick. Eine große Ladewinde, Kettenflaschenzüge, Trossen, Karren und andere Vorrichtungen, mit denen 15 Torpedos angehoben und in schräger Lage in die Luke der Torpedoräume im Vorschiff und im Heck herabgelassen werden konnten, beherrschten das Bild. Sechs der 15 Aale kamen in die Abschußrohre; die restlichen neun wurden unter den Flurplatten oder im Bugtorpedoraum, der zugleich Wohnraum war, anstelle der unteren Kojen verstaut. Als die Reservetorpedos untergebracht waren, sicherte die erschöpfte Besatzung das Deck, baute die Winde und die anderen Geräte ab und legte sich, mit Hoffmanns Erlaubnis, völlig erschossen schlafen.

Am 22. Dezember überwachte von Schroeter die Verladung der Lebensmittel und des Trinkwassers. Beteiligt war natürlich auch das Besatzungsmitglied, das am meisten mit dem Proviant zu tun haben würde, Johannes Vonderschen, der »Schmutt« des Bootes, Hannes genannt. Er hätte sich vermutlich nur schwer davon überzeugen lassen, daß die Übernahme der Torpedos für die Mission des Bootes wichtiger war als die Verproviantierung. Denn was konnten die Torpedos noch nutzen, wenn er, Hannes, den Kommandanten und die Besatzung nicht im Vollbesitz ihrer Kräfte ins Zielgebiet brachte? Er sorgte also dafür, daß die Lebensmittel, die auf der Feindfahrt zuletzt verbraucht werden würden, zuerst verladen wurden, und rief seine Anweisungen unter Deck hinunter, wo bereitwillige Helfer die Hunderte von großen Büchsen mit Fleisch, Gemüse, Kartoffeln, Butter, Eiern, Obst, Fertiggerichten und sogar Brot verstauten, während von Schroeter die Partien auf seiner Liste abhakte. Schließlich waren die Büchsen auf und unter jeder Flurplatte, in jeder Aushöhlung und jeder Nische der schmalen Stahlröhre des Bootsinneren verstaut, und was vorher schon ein vollgestopfter Arbeits- und Lebensraum gewesen war, war jetzt durch die überall herumstehenden Büchsentürme noch enger geworden. Sogar der Lokus auf der Steuerbordseite des Hecks, eine der beiden Toiletten an Bord, die für 52 Männer reichen mußten, war zu einer restlos zugestellten Speisekammer geworden.

Blieben noch die frischen Lebensmittel, die während der ersten Wochen der Reise aufgegessen werden mußten und zum größten Teil in Netzen und Hängematten unter der Decke gelagert wurden, was die Kopffreiheit darunter um die Hälfte verkleinerte. Was jetzt ins Boot gereicht wurde - Brot, Kartoffeln, Schinken, Speck, Salami und andere Würste, Kartons mit tiefgefrorenen Äpfeln aus Nantes und Weintrauben aus Bordeaux -, war die beste Verpflegung unter allen Waffengattungen der deutschen Streitkräfte.

Der Duft von frischem Schwarzbrot und Obst zog durch das blitzsaubere Boot, aber er würde nicht lange anhalten, wie Hannes und die anderen Besatzungsmitglieder wußten. Nach einer Woche Fahrt würde ein ganz anderes Aroma ihn verdrängt haben: ein Geruch nach schaler, abgestandener Luft, Dieselöl, Schweiß, Urin, durchweichter, klammer Wäsche, Batteriegas, Bilgenwasser, Kochdünsten und *Colibri,* dem Eau de Cologne, das die Ausgucks benutzten, um sich das Salzwasser vom Gesicht zu wischen. Nach zwei Wochen würde man das Boot als in Kammern aufgeteilte Abwasserröhre beschreiben können, und der faulige, üble Mief würde sich über die restlichen frischen Lebensmittel an Bord hermachen. Nach drei Wochen würden die Schwarzbrotlaibe, von einer weichen, weißen Schimmelschicht überzogen, zu den sogenannten Kaninchen geworden sein, von denen die Männer nur mehr das Innere aßen. Die überall von den Rohrleitungen herabhängenden Würste würden ebenfalls weiß angelaufen sein, und auch den Zitronen, die jeder an Bord zur Vorbeugung gegen Skorbut auslutschte, würde die Feuchtigkeit einen weißen Überzug verpaßt haben.

Im Augenblick aber brauchten Hannes und seine Kameraden noch nicht an die vor ihnen liegenden harten Tage auf See zu denken. Noch konnten sie den Wohlgeruch der trockenen Festlandsluft genießen und mit Stolz betrachten, wie geschickt sie den Proviant untergebracht hatten. Von Schroeter seinerseits meldete IWO Hoffmann, daß U 123 166 Tonnen Dieselöl aufgenommen hatte und bis obenhin mit Munition, Torpedos und Lebensmitteln vollgestopft war. Kurz, das Boot war frontklar und konnte Keroman jederzeit verlassen, um die nicht weit entfernt auf dem Scorff liegende *Isère* anzulaufen, ein altes französisches Gefängnisschiff, das einst Verurteilte auf die Teufelsinsel und zu anderen Strafkolonien in Französisch-Guayana gebracht hatte und jetzt als Ponton für ankommende und abfahrende U-Boote diente. Hier machte Hoffmann Hardegen Meldung.

»Herr Kaleu*«, sagte Hoffmann, nachdem er salutiert hatte, *»Eins-Zwei-Drei* ist voll beladen. Ich habe das Abnahmeformular der Werft unterschrieben. Die Besatzungen von E-Fahrstand und Maschinenraum sind an Bord.«

»Sehr gut, IWO*«, erwiderte Hardegen. »Bringen wir es raus.«

Am späten 22. Dezember öffnete sich laut kreischend das hohe, gepanzerte Schott von B6, und in der nachfolgenden Stille glitt U 123, von seinen E-Maschinen angetrieben, mit seiner tödlichen Fracht rückwärts in das ölige Hafenwasser hinaus. Als Hardegen das Boot in Vorwärtsrichtung gedreht hatte, wurde der MAN-Dieselmotor auf der Steuerbordseite gestartet, und U 123 fuhr die kurze Strecke zur *Isère* am rechten Ufer des Scorff, wo es um 180 Grad schwenkte, so daß es mit dem Bug flußabwärts auf die Hafenausfahrt zeigte. Mit seinem neuen grauen Tarnanstrich hob es sich vorteilhaft von dem fleckigen alten Gefängnisschiff ab, an dem es jetzt bis zur Abreise vertäut wurde. Am nächsten Tag, ging es Hardegen durch den Kopf, wenn die Besatzung in frischen Seeuniformen Schulter an Schulter auf Deck angetreten und der Turm mit Kommandowimpel, Kriegsflagge und Weihnachtsbäumen geschmückt war, würde es sogar noch mehr hermachen.

* s. Anhang V: Abkürzungen und Worterklärungen.

Am 23. Dezember um 9.30 Uhr deutscher Kriegszeit stieg Reinhard Hardegen, im formellen Blau, hastig die äußere Turmleiter seines Bootes hinunter, gerade noch rechtzeitig, um seinen Flottillenkommandeur, Korvettenkapitän Viktor Schütze, zu begrüßen, der soeben von der *Isère* aus die Gangway von U 123 betreten hatte. Schütze blieb am Ende der Gangway stehen und grüßte das Boot: »Heil, *Eins-Zwei-Drei!«* Hardegen salutierte seinerseits und erwiderte: »Heil, Herr Korvettenkapitän!« Dann kam Schütze an Bord, schüttelte Hardegen die Hand und stellte die üblichen Fragen: War das Boot nach der Überholung in ordentlichem Zustand übergeben worden? War es in allen Kategorien voll beladen? War die Besatzung wohlauf und bereit, in See zu stechen? Hardegen konnte alle Fragen positiv beantworten.

Danach händigte ihm Schütze einen großen, versiegelten blauen Umschlag mit dem Einsatzbefehl aus. »Sie haben Ihren anfänglichen Kurs bereits vom Admiral erfahren«, sagte er. »Beachten Sie, was auf dem Kuvert steht: daß Sie Ihren Befehl erst öffnen dürfen, wenn Sie den 20. Längengrad erreicht haben. Gehen Sie ihn mit Ihren Offizieren sorgfältig durch und informieren Sie, wenn Sie wollen, Ihre Besatzung von seinem allgemeinen Inhalt. Der Plan für Ihre Fahrt wurde zwar bis ins einzelne ausgearbeitet, aber Sie werden bemerken, daß wir Ihnen nicht alle nötigen Unterlagen zur Verfügung stellen konnten. Doch ich bin zuversichtlich, daß Sie mit Ihrer Findigkeit die Lükken schließen werden. Sie können ablegen, sobald Sie fertig sind. Ihr Geleit ist klar zum Auslaufen. Viel Glück und gute Jagd!«

Sie gaben sich die Hand und salutierten wieder. Hardegen schaute auf den Umschlag hinunter. Die Neugierde auf seinen Inhalt war weit größer als sonst. Schütze blieb auf der Gangway noch einmal stehen und drehte sich zu Hardegen um. »Eins noch, Hardegen«, sagte er. »Passen Sie auf, wenn Sie hinausfahren. Gestern waren zwischen 17.20 und 17.50 Uhr zwei Spitfire über Brest, und gegen 19.00 Uhr griffen 40 Bomber die Stadt an. Sie haben gut 175 Spreng- und 200 Brandbomben auf den Hafen und den Stützpunkt abgeworfen. Es gab einige Verluste. Aber Schiffe wurden nicht getroffen. Die Engländer machen Ernst. Seien Sie auf der Hut!«[2]

»Jawohl, Herr Korvettenkapitän«, sagte Hardegen. Dann kletterte er die Turmleiter hinauf und durch das Luk hinab, um den Umschlag in seinen Safe zu legen.

Auf der *Isère* versammelte sich nach und nach eine große, lebhafte Menge. Die meisten waren Seeleute und Techniker der Besatzung von U 123, die sich von ihren Freunden aus dem Stützpunkt und von den Mädchen aus der Stadt verabschiedeten. Ihr frisch geschrubbtes Äußeres und die blaugrauen Arbeitsoveralls bildeten einen starken Gegensatz zu dem unrasierten, schlampigen und zerlumpten Anblick, den sie geboten hatten, als U 123 am 22. November nach der Rückkehr aus der Belle-Isle-Straße und von Grönland das letztemal an der *Isère* festgemacht hatte. Als Hardegen auf die Brücke zurückkehrte, war er erfreut, unter der Menge auch eine große Anzahl von Wehrmachtsangehörigen in ihren feldgrauen Uniformen zu sehen. Sie gehörten, einschließlich der Marschkapelle, zu einem in der Nähe stationierten Infanteriebataillon, mit dessen Männern sich seine Besatzung angefreundet hatte und das zum inoffiziellen Patenbataillon des Boots geworden war. Nach Hardegens erster Feindfahrt mit U 123 hatte das Bataillon seine Besatzung eingeladen, die grünen Wiesen und die Luft seines Standorts vor den Toren Lorients zu genießen. Die Mannschaften hatten dort Picknicks veranstaltet und Sport getrieben, und einige besonders Wagemutige hatten sich sogar auf die Rücken der Bataillonspferde getraut. Hardegen hatte lachend mit angesehen, wie seine blaugekleideten Seeleute unbeholfen über die Felder galoppierten, und die seinen Männern erwiesenen Freundlichkeiten mit einer Einladung zu der Probefahrt erwidert, die er während der Überholung des Bootes unternommen hatte. Daß das Bataillon sein Boot in Patenschaft genommen hatte, war von Hardegen freudig begrüßt worden, und jetzt bemerkte er, daß einige der Soldaten, die sich auf der *Isère* eingefunden hatten, Weihnachtsbäume trugen, so daß zu denen, die er selbst auf der Brücke sowie unter Deck aufgestellt hatte, noch ein paar hinzukommen würden. (Unter Deck hatte er außerdem, ohne daß jemand von der Besatzung etwas davon wußte, für jeden Geschenke von zu Hause aufgebaut.) Der Bataillonskommandeur kam mit mehreren Offizieren und Soldaten an Bord, um die Bäume zu übergeben. Er habe sie selbst geschmückt, sagte er strahlend, und hoffe, daß es genug seien, um in jedem Raum einen aufzustellen. Hardegen versicherte ihm, daß es genug wären. Dann gab der Kommandeur den Bataillonsköchen ein Zeichen, und sie kamen mit zehn großen Torten, die sie für die Weihnachtsfeier auf See gebacken hatten, über die Gangway marschiert. Hardegen dankte ihnen herzlich, und unter Händeschütteln, guten Wünschen und militärischen Grüßen kehrte der Bataillonskommandeur mit seiner Delegation auf die altehrwürdige *Isère* zurück, während die Marschkapelle den Weihnachtschoral »Adeste, fideles« anstimmte. Das war genau der Abschied, den Hardegen sich gewünscht hatte. Alles war guter Stimmung, und für kurze Zeit schien sich sogar der *Furor teutonicus* irgendwo in der Ferne eine Ruhepause zu gönnen.[3]

Die Antriebssysteme waren überprüft, Tanks, Rohre und Ventile waren in Ordnung, und so hatte der Leitende Ingenieur (LI), Oberleutnant zur See Heinz Schulz, Zeit, ein neues Besatzungsmitglied einzuweisen: Maat Alwin Tölle. Normalerweise wäre ein Offizier seines Rangs nicht dazu verdonnert worden, sich mit einem neuen Besatzungsmitglied zu befassen, schon gar nicht mit einem, das noch nie zur See gefahren war. Aber Tölle war kein Seemann. Er trug zwar die Uniform der Kriegsmarine, aber auf seinem Armband stand: Propaganda-Kompanie. Tölle war vom Ministerium für Volksaufklärung und Propaganda als Fotograf und Kriegsberichter auf U 123 geschickt worden. Fast in letzter Minute eingetroffen, meldete er sich, wie befohlen, bei Schulz, indem er mehr schlecht als recht salutierte und seinen Lederkoffer und Seesack abstellte.

Schulz fragte ihn, was der Lederkoffer enthalte. Kameras, Filme und Notizbücher, antwortete Tölle. - Und was war in dem Seesack? Kleider und persönliche Dinge. - Schulz hielt sich nur mit Mühe im Zaum und sagte Tölle, er solle zwei Garnituren Unterwäsche und Socken, eine für die Hin- und eine für die Rückfahrt, und seine Zahnbürste herausnehmen (auch wenn er kaum Gelegenheit haben würde, sie zu benutzen), den Seesack mit dem restlichen Inhalt jemandem vom Hafenpersonal übergeben und ihn bitten, ihn bis zur Rückkehr des Boots bei der Flottille aufzubewahren. Die erste Lektion, die er lernen müsse, erläuterte Schulz, sei, daß auf einem U-Boot nur für seinen Körper Platz war, und selbst der sei auf U 123 kaum vorhanden.

Als Tölle an Bord zurückgekehrt war, ging Schulz mit ihm ans Ende des abfallenden Hecks und drehte sich zum Bug um. Das, erklärte er, sei ein Unterseeboot oder kurz U-Boot. Das Wort lasse vermuten, daß es ständig unter Wasser fahre, und die meisten Zivilisten stellten es sich auch so vor. Ob Tölle das ebenfalls glaube? Ja, das habe er sich gedacht. Nun, das Boot *könne* unter Wasser fahren, aber das sei selten der Fall. Es tauche nur gelegentlich, um angreifenden Schiffen oder Flugzeugen auszuweichen, rauher See zu entkommen, mit dem Unterwasserhorchgerät Feindziele auszumachen, wenn die Sicht schlecht sei, und nur selten einmal, wenn die Bedingungen entsprechend waren, um einen Angriff zu fahren. Darüber hinaus würde man häufig probeweise tauchen, um sich zu vergewissern, daß das Boot im Notfall unter Wasser laufen konnte. Die meiste Zeit aber kreuze und kämpfe es wie ein Torpedoboot an der Oberfläche. Die Bezeichnung U-Boot vermittle also einen falschen Eindruck. *Tauchfähiges Boot* oder *Tauchboot* käme der Wirklichkeit näher.

Geschwindigkeit und Reichweite seien die bestimmenden Faktoren, die für die Überwasserfahrt sprächen. Mit den Dieseln käme U 123 auf eine maximale Überwassergeschwindigkeit von $18\frac{1}{4}$ Knoten und sei damit schneller als jedes Handels- und manches Geleitschiff. Bei sparsamer Fahrt von 12 Knoten könne es 8700 Seemeilen zurücklegen, ohne auftanken zu müssen, und bei 10 Knoten habe es sogar einen Fahrbereich von 12000 Seemeilen. Untergetaucht mache es dagegen nur 7,3 Knoten, und selbst bei sparsamer Fahrt mit 4 Knoten reichten die Batterien der E-Maschinen nur für 64 Seemeilen. Um sie wieder aufzuladen, müsse man die Diesel sieben Stunden lang an der Oberfläche laufen lassen.

Eins-Zwei-Drei, fuhr Schulz fort, sei ein Atlantikboot vom Typ IXB, der verbesserten Version von Typ IXA, der seinerseits aus dem U 81 des letzten Krieges entwickelt worden war. Wegen seiner Größe und seines breiten, flachen Oberdecks wurde dieser Typ von den U-Boot-Männern *Seekuh* genannt. Wenngleich in weit kleinerer Stückzahl gebaut als Typ VII und trotz der längeren Alarmtauchzeit - 35 im Vergleich zu 28 Sekunden - werde es von vielen in der Marine wegen seiner ausgezeichneten Seegängigkeit als das überlegene Boot angesehen. Auch habe Typ IXB, wie der zahlreicher gebaute Schwestertyp IXC, größere Treibstoffbunker und daher einen größeren Aktionsradius als Typ VII; er trage ein Drittel mehr Torpedos und besäße ein zusätzliches Heckrohr. U 123 sei im wesentlichen ein für Langstrekkenfahrten gebautes, hochseetüchtiges Boot, und wenn man es, wie jetzt, von Deck aus betrachte, unterscheide es sich kaum von den

Booten oder Schiffen, die er, Tölle, bisher gesehen haben mochte. Es habe einen spitzen, messerförmigen Vorsteven, einen runden Rumpf, ein Deck und ein Heck. Was er, Tölle, sehe, sei allerdings nicht das U-Boot, sondern nur die Außenhaut, die das U-Boot umhülle.

Der eigentliche Bootskörper befinde sich darunter – eine lange, schmale zylindrische Röhre aus 20,5 Millimeter dicken verschweißten Platten aus hochfestem Stahl, die gut 15 Atmosphären Wasserdruck aushalte. Dieser *Druckkörper* genannte Zylinder sei wahrscheinlich die stärkste Hülle im Marineschiffbau überhaupt. In ihm befänden sich die Antriebs- und Steueraggregate, die Torpedos und natürlich die Besatzung. Die innere Hülle enthalte auch, an beiden Enden und in der Mitte, die Trimmtanks, die durch hinein- oder herausgepumptes Seewasser die Gewichtsverteilung des Bootes veränderten und so dafür sorgten, daß es im getauchten Zustand in einer bestimmten Lage und Tiefe gehalten werden konnte. Außerhalb des Druckkörpers seien weitere Tanks angebracht, deren Ausbuchtungen an der Wasserlinie zu erkennen seien. Das seien die Ballasttanks oder Tauchzellen, die geflutet wurden, wenn das Boot tauchte, und die Brennstoffbunker, die das Dieselöl für die Maschinen enthielten. Er würde sie ihm später noch genauer erklären, sagte Schulz. Für den Augenblick genüge es, wenn er wisse, daß die Tauch- und Brennstofftanks von einer dünnen Außenhaut umschlossen seien, die zwar nicht druckfest sei, dem Boot aber eine für die Überwasserfahrt geeignetere Form gebe, als sie der Druckkörper habe. Sie gleiche es, einschließlich des Oberdecks, auf dem er und Tölle jetzt ständen, mehr oder weniger einem gewöhnlichen Schiff an. Beim Tauchen würden die Ballasttanks geflutet, so daß ihr Innendruck dem Druck des umgebenden Wassers entspreche und die Außenhaut nicht zerquetscht werde. Die Schlitze im Deck seien Flutschlitze, durch die bei Überwasserfahrt das aufgenommene Wasser abgeführt und beim Tauchen verhindert werde, daß über dem Boot Luftblasen aufstiegen.

Die Nummer des Boots – 123 – besage übrigens nicht, daß es als 123. U-Boot in Dienst genommen worden war. U 116, 117 und 118 zum Beispiel, gleichfalls IXB-Boote, seien ein Jahr nach *Eins-Zwei-Drei* vom Stapel gelaufen. Die Numerierung solle den Feind verwirren und ihm vorspiegeln, daß es mehr U-Boote gebe, als tatsächlich vorhanden waren. Ob man damit Erfolg habe, könne er nicht sagen, meinte

Schulz einschränkend und wandte sich einigen Zahlen zu, die ihm als Ingenieur natürlich rasch in den Sinn kamen. Das Boot, sagte er, sei 76,5 Meter lang, maximal 6,8 Meter breit und habe einen Tiefgang von 4,7 m. Die Verdrängung betrage über Wasser 1051 und getaucht 1178 Tonnen. Ob sich Tölle etwas darunter vorstellen konnte? Offenbar nicht. Der Blick des Kriegsberichters war unstet geworden. Er sollte ihm besser etwas Menschlicheres bieten, dachte Schulz. Die Brücke auf dem Kommandoturm und der Turm selbst mit all seinen Instrumenten und Steuergeräten mußten warten - bis Tölle den Schock überwunden haben würde, ging es Schulz amüsiert durch den Kopf, der ihm unter Deck bevorstand.

Er führte ihn über das graue Deck und zeigte ihm dabei die Heckpoller, die Kielwasserlaterne, den Dieselauspuff, das Heckluk, die Funkantenne, die 3,7-Zentimeter-Kanone, die druckfesten Munitionsbehälter der 2-Zentimeter-Flak. Er sagte, er würde heute nicht näher auf die Geschützplattform mit der bedrohlich wirkenden schwarzen Flugabwehrkanone eingehen - wies aber auf das offene Geländer und erklärte, daß die Kanzel im allgemeinen Wintergarten genannt werde und der einzige Platz an Bord sei, wo das Rauchen erlaubt sei - und sich die Brücke und das Innere des Kommandoturms für später aufheben. Aber auf beiden Seiten vorn am Turm gebe es etwas zu sehen, das ihn, Tölle, interessieren werde. Er meinte die Wiedergabe des Abzeichens, das Soldaten erhielten, die dreimal verwundet worden waren: ein Stahlhelm mit darüber gekreuzten Schwertern in einem Eichenlaubkranz. Das, erklärte Schulz, sei das Erkennungszeichen oder Wappen des Boots. Wieso das Verwundetenabzeichen? Weil U 123 unter seinem vorigen Kommandanten, Karl-Heinz Möhle, dreimal »verwundet« worden sei: zum erstenmal, als die Besatzung versehentlich auf ihren eigenen Netzabweiser gefeuert habe; zum zweitenmal, als es von einem Dampfer gerammt wurde; und schließlich, als eine englische Fliegerbombe die Außenhaut beschädigte. Möhle selbst habe das Abzeichen ausgewählt, und als Hardegen das Kommando übernahm, habe er es aus Respekt vor der Besatzung beibehalten. Da er gerade von Möhle spreche, fuhr Schulz fort: Das Boot sei, als es noch unter seinem Kommando stand, für die Außenaufnahmen für den bekannten UFA-Film *U-Boote westwärts* ausgesucht worden. Hardegen habe, wie die meisten Besatzungsmitglieder, den Film gesehen und wahrscheinlich auch der Admiral, wie Schulz lachend hinzufügte. Der Titel sei ein gutes Omen. *Eins-Zwei-Drei* würde vielleicht doch nicht nach Gibraltar geschickt werden. Warum das so wichtig sei? Weil in letzter Zeit die meisten Boote vom Typ IX dort eingesetzt worden seien, und die Gewässer dort seien nichts für ein Boot von dieser Größe.

Noch eins, sagte Schulz abschließend: Sobald Tölle unter Deck sei, solle er jemanden bitten, ihm die Funktionsweise des Lokus zu erklären. Und er solle sich genau einprägen, was er hören würde. Das Ventilsystem des Lokus sei komplizierter als alle Linsenanordnungen und Belichtungsmesser von Tölles Fotoausrüstung. Er solle es ausprobieren, bevor er irgend etwas anderes tat. Niemand an Bord würde hinter ihm saubermachen. Er müsse jetzt auf seinen Posten zurück, sagte Schulz und riet Tölle, am Turm zu warten, bis der Rest der Besatzung durch das Luk im Vorschiff unter Deck gehe, und ihr zu folgen. Man würde ihm einen Platz zeigen, wo er seine Ausrüstung verstauen könne - wahrscheinlich auf seinem Schoß.[4]

10.45 Uhr. Hardegen wollte um 11.00 Uhr auf See sein. Er ließ die Manöverwache aufziehen - Dieselmaschinisten, E-Maschinisten, Obersteuermann, Rudergänger und Freiwache - und befahl dem Maschinenraum, die beiden Diesel anzulassen und zu melden, wenn sie warmgelaufen seien. Sofort erzitterten Deck und Turm unter den unregelmäßigen Stößen der Motoren, und ein rauhes Poltern erfüllte die Luft. Hardegen auf der Brücke schaute unter seiner weiß bezogenen Kommandantenmütze zur *Isère* hinüber, wo jetzt die hellen Uniformen der »Blitzmädel« - Marinefunkerinnen vom Stützpunkt - vorherrschten, die den Rest der Besatzung, der auf dem Oberdeck Aufstellung nahm, mit Blumen bewarfen.

»IWO«, befahl Hardegen, »Besatzung antreten lassen!«

»Jawohl, Herr Kaleu!«

Auf Hoffmanns von der Brücke heruntergerufene Befehle hin ließen die Unteroffiziere ihre Männer auf dem Vor- und Achterdeck in Linie antreten und teilten die Decksmannschaft mit ihren dicken Handschuhen für die Leinen und die Stelling, die Laufplanke, ein. Jede Gruppe meldete, alle Mann an Bord und Schiff klar. Hoffmann zählte 52 Offiziere und Mannschaften, einschließlich Tölles, der aufmerksam verfolgte, wie die Maate den Mannschaften befahlen: »Augen geradeaus! Rührt euch!« Auf der *Isère* hob der Tambourmajor seinen Stab, und die Bataillonskapelle schmetterte mit ihren reichlich vertretenen Blasinstrumenten die traditionelle »Siegfried-Line«. Die Menge applaudierte.

Hoffmann meldete Hardegen: »Bereit zum Auslaufen, Herr Kaleu.«

»Sehr gut, IWO. Vorbereiten zum Ablegen!«

Die Dieselmotoren gaben inzwischen ein gleichmäßiges Grummeln von sich. Hoffmann hob ein Megaphon an den Mund und rief, für die Freiwache an den Bug- und Heckpollern bestimmt: »An die Leinen!«

Den Männern an der Gangway befahl er: »Stelling einziehen!« In Friedenszeiten wäre sie an Bord genommen worden, aber im Krieg wurde sie auf der Pier oder dem Ponton zurückgelassen, und die Freiwache half jetzt den Männern von der *Isère,* sie auf das alte Gefängnisschiff hinüberzuziehen.

Es war Zeit, die Leinen zu lösen. »Achterleinen los und ein!«

Jetzt mußte der Bug an den Ponton gezogen werden, um achtern von ihm wegzukommen. »Vorleine kürzen!« Die Männer an den vorderen Pollern zogen kräftig an ihrer Leine. Als das Heck ausgeschert war, beugte sich Hoffmann über das Sprachrohr und gab den Befehl nach unten: »Beide Maschinen langsame Fahrt zurück!« Der Maschinentelegraph klingelte, die Antriebswellen setzten sich kreischend in Gang, und die beiden bronzenen Propeller wühlten hinter Hoffmann das Wasser auf. Rasch befahl dieser: »Vorleine los und ein!«

Die Deckwache verstaute die Trossen, während sich U 123 in sein eigenes Kielwasser schob und sich von der *Isère* entfernte. Die restliche Besatzung stand in Reih und Glied stolz an Deck. Während sich der Wind im Kommandowimpel und der Kriegsflagge verfing, winkte oben auf der Brücke Hardegen zum Pontonschiff hinüber, von wo ein dreifaches Hurra zu ihm herüberdonnerte.

»Ruder 20 Grad zurücknehmen!« Als das Boot in der Fahrrinne war, wandte sich Hoffmann der Bucht zu. »Backbordmaschine voraus!« Und als die gewünschte Position erreicht war, stoppte er die Rückwärtsfahrt. »Beide Maschinen langsame Fahrt voraus! Ruder mittschiffs!«

Das Boot stand für einen Augenblick zitternd auf der Stelle, dann griffen die Propeller, und es nahm Fahrt auf. U 123 ging, Schwaden von Dieselrauch ausstoßend und vom Generalbaß seiner Maschinen begleitet, der fast das Tschingderassabum der Bataillonskapelle übertönte, die jetzt das »Englandlied« angestimmt hatte, auf seine siebente Feindfahrt - Hardegens dritte als sein Kommandant. Vor ihm lag der Golf von Biskaya, dahinter der Atlantik.

»*Eins-Zwei-Drei* ist auf dem Weg, Herr Kaleu«, meldete Hoffmann. »Wir laufen zum Treffpunkt mit unserem Geleitschutz durch das Minenfeld.« Das Geleit war ein Räumboot, das vor der Hafeneinfahrt wartete.

»Sehr gut«, sagte Hardegen. »Beide Maschinen langsame Fahrt bis zur zweiten Boje. Wenn wir Kernével passiert haben, lassen Sie die Besatzung wegtreten.« Er wußte, daß der Admiral mit seinem Doppelglas die Vorbeifahrt von U 123 beobachten würde, und er wollte, für den Fall, daß dies seine letzte Fahrt werden sollte, einen guten Eindruck hinterlassen.

Nachdem sie Larmor-Plage passiert hatten, übergab Hardegen die Brücke an Hoffmann und ging in den »Wintergarten«, um auf den Hafen zurückzublicken. An der zweiten Boje befahl Hoffmann die Besatzung, bis auf die Decksmannschaft, unter Deck. Die Unteroffiziere und Mannschaften stiegen schnell und leicht durch die Niedergänge hinab, nur Tölle, der als letzter die vordere Leiter hinunterkletterte, stellte sich etwas ungeschickt dabei an. Die Decksmannschaft überprüfte alle Lukdeckel und Munitionsbehälter, drückte die wasserdichten Pfropfen in die Mündungen der dick eingefetteten Deckgeschütze, holte die Weihnachtsbäume, den Kommandowimpel und die Kriegsflagge ein und machte das Fla-Geschütz gefechtsbereit. Dann meldete sie Hoffmann: »Oberdeck tauchklar, Herr Oberleutnant.«

»Sehr gut«, erwiderte Hoffmann. Dann gab er dem Rudergänger im Turm unter ihm die nötigen Anweisungen durch, um U 123 längsseits des wartenden R-Boots zu bringen, und ging auf dessen Kurs 250. Unterdessen waren vier Ausgucks in graugrünen Lederpäckchen auf die Brücke gekommen. Es waren die Männer mit den besten Augen an Bord, die U 123 während der nächsten Stunden sicher durch die »Totenallee« bringen sollten, eine gefährliche Passage durch den Golf von

Biskaya auf den Atlantik hinaus, die für gewöhnlich 48 Stunden dauerte. Auf offener See würde es dann keine Uniformen, kein »In Reihe angetreten!« und kein Salutieren mehr geben, und der Kommandant würde für Offiziere und Mannschaften gleichermaßen nur noch der Alte sein.

Hoffmann wandte sich jetzt, die Diesel überschreiend, an den Alten im »Wintergarten«: »Erster Wachoffizier meldet, Wache und Boot klar zum Einsatz, Herr Kaleu!«

»Sehr gut, IWO. Halten Sie gleiche Fahrt mit dem R-Boot.«

Bald darauf kletterte der Erste Seemännische Unteroffizier, Bootsmann Walter Kaeding, der die Navigation übernommen hatte, auf die Brücke, um die französische Küste anzupeilen und die Ausgangszahlen für seine Koppelkarte der Reise zu ermitteln. Die Baukräne von Keroman waren ein Bezugspunkt, eine Kirchturmspitze etwas weiter steuerbord ein zweiter, und Belle Île, die im Süden gerade noch zu erkennen war, der dritte. Kaeding gab Richtungen und Entfernungen durch das Turmluk nach unten durch und gesellte sich dann für die nächste Stunde zum Alten im »Wintergarten«. Er fragte sich, wie viele Franzosen ihre Ausfahrt beobachtet haben und die Nachricht über die Résistance an London weitergeben mochten. Egal! Zimmermädchen, Hafenarbeiter, Huren: sie alle hatten davon gewußt. Das einzige Geheimnis, das nicht gelüftet worden war, war das Ziel der Fahrt. Kaeding konnte auf der Karte einzeichnen, wo das Boot gewesen war und wo es sich im Augenblick befand, aber darüber hinaus wußte nur der Alte Bescheid. Oder etwa nicht? Sein Gesicht gab darüber keine Auskunft.

Um 13.30 Uhr signalisierte das R-Boot, daß sie den geräumten Kanal durch das Minenfeld vor der Küste hinter sich gelassen hatten und U 123 jetzt auf sich allein gestellt sei. FRÖHLICHE WEIHNACHTEN, schloß der Winkspruch, GUTE JAGD. Hoffmann befahl dem Steuermann über das Sprachrohr: »Neuer Kurs Zwei-Sieben-Fünf. Beide Maschinen große Fahrt!« Und während das R-Boot wendete, um in den Hafen zurückzukehren, bereitete sich die Besatzung von U 123 auf eine lange, harte Zeit auf der winterlichen See vor. Noch sah es nicht schlecht aus: Westwind, Seestärke 2, eine leichte Dünung, 5,5 Grad Celsius. Aber die Meteorologen hatten vorausgesagt, daß es möglicherweise der härteste atlantische Winter seit 50 Jahren werden würde. Und jeder an Bord - Tölle ausgenommen - wußte, daß die Natur ein schlimmerer Feind sein konnte als Tommies oder Yankees.

Wo liegt das Land, zu dem das Schiff hinzieht?
Weit, weit voraus, mehr nie der Seemann sieht.
Und wo das Land, von dem es kommt? Entschwunden,
Weit, weit zurück, ist nicht mehr zu erkunden.[5]

2

Auf See

Fritz Rafalski: Es wurde schon mal etwas risikoreich.

Richard Amstein: Ja, ja, er war risikoreich.

Heinz Barth: Wir haben manchmal gedacht, wie kann der denn so nah an den Tanker ranfahren. Denn wenn der durch den Torpedoschuß detoniert, dann wird's gefährlich. Das haben wir gedacht, aber ich weiß nicht, ob's ihm jemand gesagt hat. Wir haben es jedenfalls nicht gesagt.

Amstein: Na ja, wer soll ihm denn das gesagt haben?

Barth: Nun, der LI oder der I oder II WO hätte vielleicht sagen können: »Kapitän, das kannst du doch nicht machen. Abstand halten.« Ich weiß nicht was. Aber er war zu risikobehaftet.

Karl Latislaus: Hardegen war immer der erste, der ranging. Und dann hatten wir natürlich die ganze Abwehr auf dem Hals. Hingegen Möhle, der vorher Kommandant war, der war ein bißchen vorsichtiger.

Barth: Ja, er war, ich will nicht sagen ängstlich, aber er hat doch vorher überlegt, während Hardegen doch so eine Art Draufgänger war. Schroeter war wieder, mit Abstand, vorsichtiger.

Amstein: Na ja, der Möhle war schon froh, wenn es mit der Besatzung stimmte und das Boot fuhr. Das kann man bei Hardegen nicht sagen.

Latislaus: Ja, wir sind mit sehr viel Glück wieder rausgekommen.

Barth: Wir haben Glück gehabt.

Karl Fröbel: Dann muß ich wieder sagen, als Jüngerer: Wir waren begeistert – von seinem Draufgängertum, von seinem Mut. Wir haben ihm immer vertraut.

Amstein: Das schon.

Fröbel: Wir haben uns manchmal gefragt, was hat er jetzt wieder vor. Und wenn er bis zum Schluß gefahren ist und wir hatten die Flugzeuge schon gesehen, wir als Ausgucks, und in der letzten Minute kam das Zeichen »Tauchen!«, haben wir gesagt: »Das hat er aber heute wieder toll gemacht.« Die Älteren haben ja anders gedacht, weil die doch schon Frau und Kinder hatten. Aber die Jüngeren von der Besatzung, die standen voll hinter ihm und haben gesagt: »Da hat er wieder was fertiggebracht!«

Kaeding: Also, eine Besatzung, die hundertprozentig immer mit ihrem Kommandanten einverstanden war, die gab es natürlich nicht. Das Schlimmste, was einem Kommandanten aber passieren konnte, das war Mißerfolg. Ein Kommandant, der keinen Erfolg hatte, der meinetwegen, wenn er zum Erfolg kommen konnte, auch noch danebengeschossen hat – also da war die ganze Besatzung unzufrieden. Das war bei Hardegen natürlich nicht der Fall.

Fröbel: Nein. Wir gingen von Erfolg zu Erfolg.

Interviews mit Besatzungsmitgliedern

Die Freie Hansestadt Bremen brachte seit zwölf Jahrhunderten Seefahrer, Kaufleute und Handwerker hervor, die eifersüchtig auf ihre Unabhängigkeit bedacht waren und sich niemandem beugten. Noch 1913, als Reinhard Hardegen am 18. März dort zur Welt kam, sprach man überall plattdeutsch und erzählte von den Generationen stolzer Bürger, die sich den Machtansprüchen von Herzögen, Grafen, Baronen und Erzbischöfen widersetzt hatten. Hardegens Vater war Lehrer für Geschichte, Erdkunde und Französisch am Gymnasium und hatte eine Reihe von Büchern geschrieben, darunter Biographien von Heinrich II. von England und H.H. Meyer, dem Gründer des Norddeutschen Lloyd. Das Meer war der bestimmende Faktor in Bremen. Der Hafen eröffnete den »togenbaren Bremer Jungs« die Ozeane der Welt als eine Möglichkeit, ihren inneren Drang nach einem unabhängigen Leben zu folgen, und es war der Anblick der Schiffe, der exotischen Frachten und der Seeleute, der in Reinhard Hardegen den Entschluß reifen ließ, später ebenfalls zur See zu gehen. Nicht jeder Junge seines Alters teilte diesen Wunsch. Manche wurden von den Härten des Lebens auf See, der Angst und der Langeweile abgeschreckt. Aber Hardegen war von der See gebannt. In seinen Spielen wurde jede Pfütze, jede Waschschüssel zu einem Ozean. Später beherrschten Kriegsschiffe seine Phantasie, von Piratenschiffen bis hin zu U-Booten - für die ein aufziehbares Spielzeugboot stand, das in der Badewanne auf Feindfahrt ging.

Seine ersten Erfahrungen auf See sammelte er später in der Hanseatischen Jachtschule von Neustadt in Holstein, auf Reisen nach Kopenhagen, Skagen und Göteborg. Der Admiral der Segler war jedoch ein mittelmäßiger Gymnasiast. Das Bootsleben stand bei ihm an erster Stelle, und nicht lateinische Vokabeln, was sich natürlich in seinem Verhalten niederschlug. »Hardegen frühstückt in der Stunde«, »Hardegen dauernd ungezogen«, »Hardegen stört«, lauteten einige Eintragungen in den Klassenbüchern. Doch schließlich dämmerte es dem so Beanstandeten, daß seine Chancen, die Laufbahn eines Marineoffiziers einschlagen zu können, bestenfalls minimal waren, wenn er seine schulischen Leistungen und sein Betragen nicht verbesserte. Er nahm Nachhilfeunterricht und schaffte es - von einem alten Freund der Familie, Paul König, einem pensionierten Kapitän des Norddeutschen Lloyd, mit strengen Ratschlägen versehen -, bei verbessertem Betragen die letzten Klassen und das Abitur zu bestehen. 1932 nahm die Reichsmarine, auf Königs Empfehlung hin, Hardegens Bewerbung als Seeoffiziersanwärter an.

Jetzt würde sich erweisen, was an diesem »Bremer Jung« dran war, und zwar innerhalb von drei Tagen, in denen er sich dem Kreuzfeuer der Tests der Marinepsychologen der Göttinger Schule aussetzen mußte. Sie fanden in der Marinekaserne Kiel-Wik statt. Je acht Bewerber wurden von einem Psychologen beobachtet, der ihre körperliche Tüchtigkeit, ihre Zähigkeit, ihren Mut, ihre Führungseigenschaften und die Fähigkeit, in Notfällen rasch zu denken und zu handeln, beurteilen sollte. Die physischen Tests bestanden aus Sportübungen wie Sprinten und Stangenklettern - wobei ein Junge, der sich siebenmal hinaufquälte, höher bewertet wurde als einer, der es elfmal mit Leichtigkeit geschafft hatte und beim zwölftenmal versagte. Die Zähigkeit wurde durch eine Mutprobe getestet: Die Prüflinge mußten sich allein in ein Zimmer mit Einwegspiegeln begeben und eine schwere Eisenstange anheben, die dann unter immer stärker werdenden Strom gesetzt wurde. Die beste Bewertung erhielt, wer den Schock verwand und den Schmerz am längsten aushielt. Hardegen hielt ihn aus.

Andere Tests bestanden darin, einen nur einmal ausgegebenen komplizierten Befehl auszuführen (»Bringe diesen Zettel über dieses Hindernis, überquere den Graben, wende dich nach links, renne, bis du zu einem großen Baum kommst, wende dich nach rechts, gehe, bis du zu einem Mann in einem grünen Mantel kommst, und sage zu ihm: ›Ich habe den Befehl, Ihnen diesen Zettel zu übergeben‹«); einen kurzen Lebenslauf zu schreiben, dessen Stil, Grammatik und Handschrift bewertet wurden; zwei Aufsätze zu verfassen, einen über ein konkretes und einen über ein abstraktes Thema; ein Gespräch mit dem Psychologen der jeweiligen Gruppe zu führen, das mit einer versteckten Kamera aufgenommen wurde, wodurch man signifikante Gesichtsausdrücke und Gesten erkennen wollte; an einer Gruppendiskussion über Themen wie »Der deutsche Wald« oder »Bismarck als Führer« teilzunehmen, wobei man herausfinden wollte, wer sich als Wortführer entpuppte; und schließlich einen improvisierten Vortrag vor zehn Unteroffiziers- und Mannschaftsdienstgraden zu halten, deren Reaktionen sorgfältig beobachtet wurden (Behielt der Bewerber ihre Aufmerksamkeit? Gewann er ihren Respekt?). Diese meßbaren Daten wurden von den Psychologen durch ihren Eindruck von der Erscheinung und dem Verhalten, der Kinderstube und den Tischmanieren des Kandidaten abgerundet und das Ergebnis der Inspektion des Bildungswesens der Reichsmarine vorgelegt, deren Maßstäben (bis zum Ausbau der in Kriegsmarine umbenannten Reichsmarine ab 1935) im Schnitt nicht mehr als ein Kandidat unter 20 genügte. Hardegen war einer von ihnen.[1]

Der psychologischen Feuerprobe folgte die Grundausbildung in Stralsund mit vielen harten Monaten auf einem Rahsegler. Hardegens Kadettencrew war 1933 die erste, die auf das neue große Segelschulschiff *Gorch Fock* kam (benannt nach dem Schriftsteller, der am 31. Mai 1916 in der Schlacht vor dem Skagerrak mit dem Kreuzer *Wiesbaden* unterging), das sie im Herbst dieses Jahres zum leichten Kreuzer *Karlsruhe* in der Nordsee übersetzte, auf dem sie ihre Kadettenweltreise antrat. Bei den Orkney-Inseln gab ein schwerer Sturm den Kadetten einen ersten Vorgeschmack der Gefahren auf See, bevor sich die *Karlsruhe* südwärts wandte, an der spanischen und portugiesischen Küste entlangfuhr, das Mittelmeer durchquerte, den Suez-Kanal passierte und Indien, Sumatra, Java und Australien ansteuerte.

Der letzte und schönste Aufenthalt im Pazifik war der in Honolulu auf den Hawaii-Inseln.

Der Stützpunkt der US Navy in Pearl Harbor beeindruckte Hardegen stark. Er hatte gemeinsam mit einem anderen Kadetten die Töchter des Kommandeurs und durch sie ihren Vater kennengelernt, der es ihnen ermöglichte, den Hafen, die dort ankernden Schiffe und die Flugplätze zu besichtigen. Besonderen Eindruck machten Hardegen die beschränkten Raumverhältnisse an Bord eines U-Boots, das er und sein Freund sich ansehen durften. Die Wohnräume waren unglaublich klein. Und wie sich jemand mit all den Handrädern, Leitungen und Ventilen zurechtfinden konnte, war ihm unfaßbar. Später jedoch, als er selbst zum U-Boot-Fahrer geworden war, erinnerte er sich voller Staunen daran, wie geräumig und luxuriös die Wohnräume des amerikanischen U-Boots, das er besichtigt hatte, gewesen waren, verglichen mit dem, was ein deutsches U-Boot an Platz zu bieten hatte. Die Amerikaner hatten eine Offiziersmesse, eine große Kombüse, Platz für Freizeitbetätigungen, mehrere Toiletten und, wie es schien, eine Koje für jeden Mann. Auf deutschen U-Booten gab es keine gesonderten Eß- oder Freizeiträume, nur einen benutzbaren Lokus und so wenige Kojen, daß sie schichtweise Tag und Nacht belegt waren; »heiße Kojen« wurden sie genannt, weil sie immer warm waren. Die deutschen U-Boote waren karge, funktionelle Kampfmaschinen, die auf kleinstem Raum die größte Kampfkraft vereinten. Der Komfort stand hintenan.

Die letzten Häfen, die die *Karlsruhe* anlief, waren New York und Boston. Wie andere Touristen auch, fuhr Hardegen zur Aussichtsplattform des Empire State Building hinauf und blickte über die Dächer Manhattans. Was ihn, neben den Wolkenkratzern, am meisten beeindruckte, war das riesige Lichtermeer der abendlichen Stadt. Wenige Wochen später fand er sich mit seinen Kameraden an der Marineschule in Flensburg-Mürwik wieder, wo seine Welt für ein Jahr von Physik, Technik, Navigation, Strategie und Taktik sowie Geschichte und Traditionen der Marine bestimmt wurde. Nachdem die Offiziershauptprüfung bestanden war, folgten noch einige weiterführende Spezialkurse. Für Hardegen besonders interessant waren die Torpedoschule und ein zweiwöchiger Lehrgang auf der U-Boot-Abwehrschule in Kiel, in dessen Verlauf er an Bord eines der kleinen 250-Tonnen-

Ausbildungsboote vom Typ IIA, die die Reichsmarine Mitte der 30er Jahre einsetzte, um eine neue Generation von U-Boot-Offizieren und -Besatzungen heranzuziehen, seine erste Unterwasserfahrt unternahm. Das Wiederbewaffnungsprogramm beschäftigte ihn, seit er sich für die militärische Laufbahn entschieden hatte, obwohl er sich, wie sein Vater vor ihm, nur wenig für Politik interessierte; als Marineoffizier war ihm im übrigen nach Eid und Gesetz jede Parteizugehörigkeit und -aktivität untersagt. Im April 1936 wurde er vom Fähnrich zur See zum Oberfähnrich zur See befördert, und im Oktober desselben Jahres zum Leutnant zur See. Weitere Beförderungen folgten im April 1938 (Oberleutnant zur See), Dezember 1940 (Kapitänleutnant) und März 1944 (Korvettenkapitän).

Als Hardegen und einige seiner Kameraden unter strikter Geheimhaltung und mit der Auflage, mit niemandem, nicht einmal untereinander, darüber zu sprechen, ihr erstes Kommando erhielten, waren sie verblüfft: Sie waren zur Marineluftwaffe abkommandiert, die es genaugenommen noch gar nicht gab. Es war allerdings bereits gemunkelt worden, daß Hitler entgegen den engen Beschränkungen, die der Versailler Vertrag der Reichswehr auferlegte, dabei war, eine neue Luftwaffe zu schaffen, und Hardegen hatte hin und wieder Offiziere in blaugrauen Uniformen gesehen, die ein Indiz dafür waren. Jetzt erfuhr er in rascher Folge Genaueres: Er und seine Kameraden sollten den Luftkreis VI, das spätere Luftwaffenkommando See, aufbauen. Das hieß, daß sie erneut die Schulbank drücken mußten, diesmal, um sich mit der Theorie der Luftfahrt und mit der Flugzeugtechnik vertraut zu machen, während sich die meisten anderen Fähnriche ihres Jahrgangs auf Kreuzern und Zerstörern den Seewind um die Nase blasen ließen. Erst als Hardegen die ersten Übungsflüge über der Nordsee unternahm und das Gefühl der Unabhängigkeit kostete, wie es keiner seiner Kameraden auf den winzigen Schiffen weit unter ihm kennenlernte, fand er Gefallen an der Fliegerei.

Sie besaß allerdings auch ihre gefährlichen Seiten, wie er erfahren mußte, als eine Junkers W-34 mit ihm als Passagier beim Start abstürzte und auseinanderbrach. Als er wieder zu Bewußtsein kam, lag er in einem Krankenhausbett und sah sein in der Luft hängendes, eingegipstes Bein vor sich, und offenbar war auch der Rest seines Körpers völlig in Verbände eingewickelt. Die inneren Verletzungen, die er sich zugezogen hatte, brauchten am längsten, um auszuheilen - insgesamt ein halbes Jahr. Er behielt jedoch eine Verkürzung des rechten Beins und Magenblutungen zurück, die seine aktive Militärlaufbahn zu beenden drohten. Dennoch schloß er die Flugausbildung erfolgreich ab, was nicht allen seinen Kameraden gelang, so daß ein Teil von ihnen zur Flotte zurückversetzt wurde. 1935 gehörte Hardegen zu der handverlesenen Truppe von Marinefliegern, mit der die Kriegsmarine 25 Staffeln mit insgesamt 300 Flugzeugen aufstellen wollte. Er genoß die Flüge mit seiner Staffel auf die Nordsee hinaus, wo er sowohl den Angriff auf feindliche als auch die Manöver zur Unterstützung eigener U-Boote übte. Was er dabei über die Möglichkeiten und Grenzen des Angriffs aus der Luft, der bedrohlichsten Gefahr für U-Boote, lernte, sollte ihm später, wenn er es als Wachoffizier und Kommandant von U-Booten mit feindlichen Flugzeugen, den »Bienen«, zu tun bekam, von großem Nutzen sein.

Im November 1939, zwei Monate nach dem deutschen Überfall auf Polen, wurden Hardegen und die anderen Marinepiloten seines Dienstgrades plötzlich und ohne Vorwarnung zur U-Bootwaffe versetzt. Hermann Göring, Oberbefehlshaber der Luftwaffe, hatte kurz und bündig verkündet: »Alles, was fliegt, gehört mir«, und die Marineluftwaffe hörte auf zu existieren. Hardegen mußte wieder einmal von vorn anfangen. Er war zutiefst enttäuscht, folgte aber dem Befehl und flog mit einem Wasserflugzeug zur Marineschule in Flensburg. Dort absolvierte er einen Kurs nach dem anderen und war bald so vollgestopft mit Wissen über die komplizierten Tauchboote, daß sich das Durcheinander aus Ventilen, Handrädern und Instrumentenanzeigen, das ihn in Pearl Harbor so beeindruckt hatte, zu lichten begann. Auf Übungsfahrten mit einem Ausbildungsboot vom Typ IIA auf und unter der Lübecker Bucht lernten er und die anderen Ex-Piloten, wie man tauchte und das Boot in Trimm hielt. Die U-Boot-Schule befand sich in Neustadt in Holstein auf dem Gelände der ehemaligen Hanseatischen Jachtschule, die Hardegen von 1930 her kannte, und der Kommandant des Ausbildungsboots - U 5 - war Kapitänleutnant Heinrich Lehmann-Willenbrock, der als eines von Deutschlands U-Boot-Assen Träger des Eichenlaubs zum Ritterkreuz des Eisernen Kreuzes werden sollte.[2]

Als diese Phase der Ausbildung abgeschlossen war, hatte Hardegen das Glück, für drei Monate zum Torpedoerprobungskommando (TEK) in Kiel und Eckernförde abkommandiert zu werden, wo er sich die Fähigkeit aneignete, sehr genaue Schätzungen der Distanz und des Lagewinkels für Zielschiffe anzugeben, auf die dann Torpedos mit blinden Gefechtsköpfen abgeschossen wurden. Anschließend wurde er aufgrund seines Alters und seiner Dienstzeit direkt zum Kommandantenlehrgang an die Ostsee geschickt, und dort sah er eines Tages zwei U-Boote, die in seiner Laufbahn eine große Rolle spielen sollten. Sie kamen eines Abends zusammen von Torpedoabschußversuchen zurück. Das eine hatte als Abzeichen eine Edelweißblüte auf dem Turm und wurde später als das »Edelweißboot« bekannt. Das andere, vom Bug bis zum Heck mit einem vielfarbigen Tarnanstrich versehen, war Schauplatz der Außenaufnahmen des bekannten Spielfilms *U-Boote westwärts* gewesen. Beides waren Boote vom Typ IXB, dem größten und modernsten im Dienst befindlichen Bootstyp. Das Schicksal wollte es, daß Hardegen bald auf dem einen - U 124 - Wachoffizier und später auf dem anderen - U 123 - Kommandant werden sollte.

Eines Morgens, als Hardegen gerade den Keller seiner neuen Wohnung in Kiel aufräumte und aus alten Kisten Regale zimmerte, erschien ein Melder, der ihm den Befehl überbrachte, sich binnen zwei Stunden auf dem Flughafen Holtenau einzufinden, um zu einem neuen Kommando zu fliegen. Er war vom »System Greif« erfaßt worden, nach dem für rasch zu besetzende Posten der nächste erreichbare Offizier herausgegriffen wurde. Während seine Frau Barbara schnell etwas zum Mittagessen kochte, packte er hastig seine Sachen. Ein Freund fuhr ihn zum Flugplatz, und als das Flugzeug, das ihn abholen sollte, gelandet war und eingewinkt wurde, bemerkte er erstaunt, daß über der Kabine eine Konteradmiralsflagge aufgezogen wurde.[3] Als er auf das Flugzeug zuging, stieg kein Geringerer als Konteradmiral Karl Dönitz aus der Maschine, nahm seinen Gruß entgegen und gab ihm die Hand. Hardegen war von dem klaren Blick und dem festen Händedruck des Mannes, den die U-Boot-Männer den »Löwen« nannten, beeindruckt. Dönitz schlug vor, während das Flugzeug aufgetankt wurde, in die Kantine des Flugplatzes zu gehen, wo er sich bei einem Gläschen interessiert mit dem ihm völlig unbekannten jungen Offizier unterhielt, bis das Flugzeug startbereit war.

Hardegen glaubte, ihr Ziel wäre einer der neuen Stützpunkte in Frankreich - Lorient, Brest, St. Nazaire, La Pallice, La Rochelle oder Bordeaux -, die, 700 Kilometer westlich der bisherigen Stützpunkte gelegen, einen direkten Zugang zum Atlantik boten, ohne daß man erst den Ärmelkanal durchqueren oder um Schottland herumfahren mußte. Aber das Flugzeug landete statt dessen in Wilhelmshaven, wo er erfuhr, daß er einen Zweiten Wachoffizier, der sich die Hand gebrochen hatte, ersetzen sollte. Erst auf der Pier erkannte er, auf welchem Boot er hinausfahren würde: auf dem »Edelweißboot«, U 124.

Nach Kriegsbeginn waren die Nummern der U-Boote wegen ihres Werts für die feindliche Aufklärung von den Kommandotürmen entfernt worden, und viele Bootsbesatzungen hatten wie die von U 124 anstelle der Zahlen ein Emblem angebracht. Kommandant von U 124 war Kptlt. Wilhelm Schulz, der sein voriges Boot - U 64 - am 13. April 1940 während der Schlacht bei Narvik durch englische Fliegerbomben verloren hatte. Die Besatzung war von Soldaten der deutschen Gebirgstruppe, die ihr in Ruderbooten zu Hilfe kamen, gerettet worden. Das Abzeichen der Gebirgstruppe war das Edelweiß, und als Geste der Dankbarkeit hatte Schulz es als Emblem auf den Turm seines nächsten Boots, U 124, malen und vorn auf seine blaue Bordmütze nähen lassen. Hardegen, der diese Geschichte kannte, lief ein Schauer der Erregung den Rücken hinunter, als er auf den Kommandanten zuging. »Oberleutnant zur See Hardegen meldet sich gehorsamst, als Wachoffizier an Bord U 124 kommandiert!« stellte er sich vor. Schulz erwiderte den militärischen Gruß, gab ihm die Hand und rief fast im selben Augenblick: »Achterleinen los und ein!« Hardegen sah den anderen WO auf der Brücke fragend an und erkundigte sich bei ihm, was vorginge. »Es geht gegen den Feind«, bekam er zur Antwort. »Die erste Atlantikfahrt des Boots. Haben nur noch auf Sie gewartet!«

Es ging also endlich gegen England! Der Traum des »Bremer Jung« wurde Wirklichkeit. Hardegen verstaute sein Gepäck unter Deck, während zwei Minensuchboote längsseits kamen, um das U-Boot aus dem Hafen zu geleiten. Bald nach der Ausfahrt geriet das Boot in schweres Wetter, und um Mitternacht bezog Hardegen auf der engen Brücke auf dem Kommandoturm seine erste Wache. Da er trotz aller Ausbildung nicht wußte, was ihn auf der Brücke erwartete, stieg er hinauf, ohne sich vorher umzuziehen, und so war er bald bis auf die

Haut durchnäßt, denn laufend schlugen Brecher gegen den Turm, und er stand wie die anderen Ausgucks oft bis zur Hüfte im Wasser. Unter solchen Bedingungen war es nicht leicht, die Schatten der Minensuchboote im Auge zu behalten. Doch als Hardegen um 4.00 Uhr frierend, durchnäßt und müde in seine Koje sank, hatte er eine Lektion über U-Boote gelernt, die nicht in den Büchern stand und in keiner Übung vorgekommen war. Als er am nächsten Morgen beim Frühstück saß, folgte die zweite Lektion. Er hörte plötzlich einen starken Doppelschlag - Rumms-WUMM! Rumms-WUMM! -, glaubte aber, ein Luk hätte sich gelöst und wäre an Deck geschlagen. Doch dann sah er, wie der andere Wachoffizier in die Zentrale hastete, und bemerkte, daß die Suppe in seinem Teller zum Rand schwappte. Sie tauchten! Es war zwar kein Alarm gegeben worden, aber sie tauchten. Hardegen eilte nun ebenfalls in die Zentrale, wo alle Mann gespannt auf das Manometer des Tiefenmessers schauten. Dann krachte es wieder - Rumms-WUMM! Jemand erklärte ihm, daß englische Bomber ihre Last auf sie abwarfen. Es war keine 24 Stunden her, seit der Melder ihm den Befehl ausgehändigt hatte, und schon wurde er bombardiert!

Als das Boot viele Stunden später wieder auftauchte, waren die Flieger verschwunden. Der Wind war weiter aufgefrischt, und als Hardegen zur nächsten Wache hinauskletterte, hatte er Stärke 8 erreicht. Diesmal zog er sich passend an: Lederpäckchen, Gummizeug mit dikker Kapuze und schwere, lange Gummistiefel. Die Wellen waren höher als bei seiner letzten Wache, und es war Tag, so daß sie noch erschreckender wirkten. Die U-förmige Brücke bot nicht viel Platz, und dieser wurde durch das große Sehrohrgehäuse, das die Hälfte der Mittelachse einnahm, noch weiter eingeschränkt. Aus dem Gehäuse konnten die beiden Sehrohre ausgefahren werden, vorn das Luftziel- und Navigationssehrohr und hinten das Angriffssehrohr. Vorn unter dem Windabweiser befanden sich dicht nebeneinander die Kompaßtochter, das Sprachrohr mit Anrufpfeife, der Schlitz der eingezogenen Schlaufe der Funkpeilantenne, der Maschinentelegrafgeber und im Boden das Turmluk. Etwas achtern war backbords an der Mittelachse der Torpedozielapparat für Überwasserangriffe zu sehen. Am Wellen- und Spritzwasserabweiser befanden sich weiter achtern backbords der Stab für den Kommandantenwimpel, back- und steuerbords die abgedeckten Eintrittsöffnungen der Zuluftschächte und backbords die Öffnung für die ausfahrbare Stabantenne. Durch zwei weitere Öffnungen im Sehrohrgehäuse konnten Kurzstreckenantennen ausgefahren werden. Alles in allem bot die Brücke kaum Platz für die fünf Männer der Wache, geschweige denn Bewegungsspielraum, und sie lag nur fünf Meter über dem Wasserspiegel. Sobald eine Welle anrollte, zogen die Männer den Kopf ein und hielten sich am Sehrohrgehäuse fest. Das Luk war geschlossen. Sie waren mit der See allein. Wenn sie die Welle mit dem Nacken pariert hatten, das schäumende Wasser abfloß und das Boot sich langsam wieder aufrichtete, hoben sie rasch die Doppelgläser an die Augen, um den Horizont abzusuchen, bevor der nächste Brecher zuschlug. Nach vier Stunden war das Genick müde von den vielen hereinbrechenden Wellen, und Hardegen hörte auf, das Gesicht wegzudrehen. Aber schließlich war die Wache vorüber, und während er, verfroren und aufgeweicht, mit schmerzenden Augen und salzverkrusteten Augenbrauen und Barthaaren, in die Sicherheit des Boots hinunterkletterte, fragte er sich, ob er das noch einmal durchstehen würde.

Gegen Abend ließ der Seegang nach, und der Himmel klarte auf. Der Schaum der Bugsee und des Kielwassers war deutlich im Mondschein zu sehen. Einer der Ausgucks der Nachtwache verwechselte einen Delphin mit einem Torpedo und rief: »Torpedolaufbahn an Backbord!« Aber besser, man irrte sich auf diese Weise, als auch nur ein einziges Mal umgekehrt. Nach wenigen Tagen passierte das »Edelweißboot« die Shetland-Inseln und stieß westwärts in den freien Atlantik vor, Hardegens erstem Angriff auf einen Konvoi entgegen. Es war in der Abenddämmerung des 25. August 1940, nahe der schottischen Küste in den Western Approaches, als die Brückenwache schwache Rauchwolken entdeckte und ins Sprachrohr rief: »Kommandant auf die Brücke!« Schulz stieg, von Hardegen gefolgt, eilig die Leiter hinauf, richtete sein Doppelglas aus und bestätigte Rauch und Mastspitzen vor der untergehenden Sonne. (Es war der in sechs Kolonnen ostwärts fahrende Konvoi HX 65A, der sich gut 23 Seemeilen nördlich der Hebriden befand.) Schulz befahl für beide Maschinen alle Kraft voraus und manövrierte das Boot in Torpedoabschußposition. Er mußte einige Male anlaufenden Zerstörern des Geleitzugs ausweichen, aber sie nahmen den flachen Umriß von U 124 in der dichter werdenden Dunkelheit nicht wahr. Schließlich hatte Schulz die langen, parallelen Linien der Schiffe in perfekter Angriffsposition vor sich. Entfernung, Geschwindigkeit und Lagewinkel wurden ermittelt, dann schossen vier Torpedos, jedes für ein anderes Ziel bestimmt, aus den Bugrohren. Gespannt blickte Hardegen auf die Schatten der Geleitzugschiffe. Da! Eine hellrote Stichflamme auf einem der Frachter; kurz darauf erreichte ihn auch das Krachen der Explosion. Dann eine Sprengsäule über einem zweiten Frachter und über einem dritten, der fast augenblicklich sank, so daß wenig später nur noch das Heck aus dem Wasser ragte. Der vierte Torpedo verfehlte das ihm zugedachte Ziel, suchte sich aber zu aller Überraschung weit hinten im Geleitzug sein eigenes Ziel, und ein weiterer Frachter war getroffen. Er wurde von einer gewaltigen Kesselexplosion zerrissen und sank innerhalb von drei Minuten. Es war ein stolzer Anfangserfolg für U 124, dessen Besatzung die Treffer mit Jubel aufnahm.[4] (Der Konvoi gab als Verluste an: *Harpalyce,* 5169 BRT, gesunken; *Firecrest,* 5394 BRT, gesunken; *Stakesby,* 3900 BRT, beschädigt. Der vierte von Schulz behauptete Treffer wurde niemals identifiziert.[5])

Die Feststimmung auf dem »Edelweißboot« währte nur kurz. Zerstörer liefen die Richtung an, aus der der Angriff erfolgt war, Suchscheinwerfer strichen über das Wasser, Signalsterne und Leuchtraketen verwandelten die Nacht in hellen Tag. »Alarm!« schrie Schulz ins Sprachrohr, und die Brückenwache sprang, das Luk hinter sich zuschlagend, die Leiter hinunter in die Zentrale. Der Leitende Ingenieur (LI) hatte bereits begonnen, die Tauchzellen zu fluten, und das Boot glitt, während vom Dieselantrieb auf die leisen E-Maschinen umgeschaltet wurde, in Vorwärtsfahrt steil abwärts. Im nächsten Augenblick hörte Hardegen schon das singende Schraubengeräusch der sich nähernden Zerstörer, und wenig später wurde das Boot von einer heftigen Erschütterung erfaßt. Rumms-WUMM! Rumms-WUMM! Wasserbombendetonationen direkt über ihnen – ihre Druckwellen sollten die Haut des angegriffenen U-Boots aufreißen. Im Boot arbeiteten die Verbinde des Druckkörpers, und die Splitter von zersprungenen Lampen sausten durch die Luft. Dann wurde es von drei weiteren Explosionen erschüttert – Rumms-WUMM! Rumms-WUMM! Rumms-WUMM! Und kaum waren ihre Hammerschläge verklungen, wurde es – RUMMS! – von einer ganz anderen Kraft durchgeschüttelt. Der Bug richtete sich scharf nach oben, und der LI arbeitete verzweifelt daran, den Trimm wiederzuerlangen und die Tiefe zu halten. Was war passiert? Ein Blick auf die Karte zeigte Schulz, daß sie dicht unter der schottischen Küste standen und vermutlich in Gestalt eines Felsens mit ihr Bekanntschaft gemacht hatten. Er ließ die Maschinen stoppen und blieb an dem Felsen liegen. Der Zusammenstoß erwies sich als glücklicher Umstand, denn nach einer Stunde schienen die britischen Verfolger, die einem getauchten U-Boot für gewöhnlich unnachgiebig nachsetzten, überzeugt zu sein, daß sie ihr Ziel vernichtet oder verloren hatten: Sie bliesen die Jagd ab. Hardegen hatte zum zweitenmal erfahren, was es hieß, einem Wabo-Angriff ausgesetzt zu sein. Er reagierte mit widerstreitenden Gefühlen, Stolz zum einen und Erleichterung zum anderen, und hing dem Gedanken nach, wie klein und unbedeutend jeder von ihnen im Vergleich mit dem großen Kampfgeschehen war, in dem sie sich befanden.

Der Zusammenstoß mit der schottischen Küste hatte die gesamte Bugarmierung funktionsunfähig gemacht, und Dönitz kommandierte U 124 zunächst zum Wetterbericht nach 20 Grad West und später zur Reparatur in den neueröffneten Stützpunkt in Lorient. Als sich das Boot der bretonischen Küste näherte, nahmen Minensuchboote es ins Geleit und brachten es gemeinsam mit einem anderen vom Einsatz zurückkehrenden U-Boot in den Hafen. Der Kommandant des anderen Boots, U 101, schickte einen Winkspruch an U 124: K. AN K. WO HABEN SIE SICH IHRE SCHNAUZE VERBOGEN? Schulz wußte zwar, daß sein Bug beschädigt war, hatte aber nicht geahnt, daß es so offensichtlich war. Jetzt schickte er Hardegen mit einigen Männern hinaus, und sie stellten erstaunt fest, daß der Bug unterhalb des Oberdecks vollkommen aufgerissen war und buchstäblich querab stand. Die Blechverkleidung war zerfetzt und bereits völlig verrostet. Das »Edelweißboot« würde nach der bald als »große Kurve« bekannten Fahrt von Deutschland über den Atlantik zur Bretagne für längere Zeit im Dock bleiben müssen.

Der Hafen von Lorient war noch nicht der moderne, befestigte U-Boot-Stützpunkt, zu dem er anderthalb Jahre später, zur Zeit der deutschen Kriegserklärung gegen die USA, geworden sein sollte. Stadt und Marinestützpunkt waren der Wehrmacht am 21. Juni 1940 ohne einen einzigen Schuß in die Hände gefallen. Zwei Tage danach war Dönitz eingeflogen, um festzustellen, ob der Platz für einen Hauptstützpunkt der U-Bootwaffe, samt Marinewerft, geeignet war. Er befand ihn für beide Zwecke als idealen Ort und requirierte das Château in Kernével als sein persönliches Hauptquartier, das er im folgenden Oktober bezog. Schon Ende Juni begannen Vorausabteilungen von der Krupp-Germania-Werft in Kiel und der »Organisation Todt« mit dem Umbau des Hafens. Im nächsten Monat waren die Voraussetzungen geschaffen, um die 2. U-Boot-Flottille aus Wilhelmshaven nach Lorient zu verlegen. Das erste Boot, das am 7. Juli eintraf, war U 30 unter Kptlt. Fritz-Julius Lemp. Am 26. September, dem Tag der Ankunft von U 124, waren die Kaianlagen und Docks noch nicht fertiggestellt, so daß alte Gefängnisschiffe wie die *Isère* als Pontons dienten, an denen die U-Boote anlegen konnten. Schulz machte denn auch an der *Isère* fest und übergab U 124 den Werftarbeitern.

Der alte französische Kriegshafen am Scorff bot wie Lorient selbst ein trostloses Bild. Auf der einen Seite lagen alte Kriegsschiffe vor Anker, die offenbar als Wohnschiffe benutzt worden waren. Auf der anderen Seite waren die Trümmer von Kaianlagen, kaputte Kräne und ausgebrannte Öltanks zu sehen. Ursprünglich hatte die Besatzung im *Arsenal Maritime* untergebracht werden sollen, aber sie mußte stattdessen in ein kleines Hotel, das »Pigeon Blanc«, gehen; die Marineunterkünfte waren unbewohnbar. Ihre letzten Bewohner, französische Afrikatruppen, hatten die Baracken in einem derart heruntergekommenen Zustand hinterlassen, daß man erst nach einer Grundreinigung feststellte, daß sie aus Stein gebaut waren. Die 2. Flottille aus Wilhelmshaven hatte ein britisches Nachschublager vorgefunden, das beim Rückzug vor der rasch heranmarschierenden Wehrmacht nicht mehr abtransportiert oder zerstört werden konnte. Es enthielt unter anderem Felduniformen, und den U-Boot-Besatzungen war erlaubt worden, sie mit ihren eigenen Abzeichen zu versehen und zu tragen. Sie waren – wie Hardegen widerstrebend zugeben mußte – bequemer als das eigene Zeug, und so machten viele von dieser Möglichkeit Gebrauch und behielten sie auch an, wenn ihre Boote zur nächsten Fahrt ausliefen. Der Anblick deutscher Offiziere und Mannschaften, die in britischen Felduniformen auf Deck antraten, war für manchen frisch eingetroffenen Marineoffizier und die vom Propagandaminister geschickten Berichterstatter ein ziemlicher Schock. Die Besatzung von U 124 sah in den Wochen, während das »Edelweißboot« wieder frontklar gemacht wurde, viele Boote hinausfahren. Sie konnte einen Teil der Wartezeit in einem neuen Erholungshotel in Quiberon verbringen oder sich in der Stadt amüsieren. Sie hatten es verdient, dachte Hardegen. Nicht lange, und sie würden wieder in der vollgestopften, dunklen, gefährlichen Röhre eines U-Boots gefangen sein.

Schulz und seine Offiziere wurden zuerst in der alten Marinepräfektur untergebracht, wo vorher der französische Admiral, seine Familie und sein Stab residiert hatten. Später zogen sie in eine kleine Villa im nahe gelegenen Larmor-Plage um, die in einem kleinen Park direkt am Meer lag, ein idyllischer Ort – wenn man davon absah, daß er sich bei einem Angriff wie dem, der elf Tage nach ihrer Ankunft stattfand, in der Einflugschneise der englischen Bomber befand, die mit hoher Geschwindigkeit in 300 Metern Höhe über ihre Köpfe donnerten. Die Bomben verfehlten zwar das eigentliche Ziel, die U-Boote, forderten aber eine Reihe von Opfern unter den U-Boot-Männern und dem Hafenpersonal.

Eines Tages wurden die Offiziere zur Präfektur befohlen, wo Admiral Dönitz dem Kommandanten von U 101, Kptlt. Fritz Frauenheim, das Ritterkreuz und Schulz das Eiserne Kreuz II. und I. Klasse überreichte. Auch einige der Besatzungsmitglieder von U 124 erhielten das Eiserne Kreuz. Bald danach trafen weitere Ritterkreuzträger in Lorient ein. Hardegen lernte Günther Prien, den »Stier von Scapa Flow«, kennen, der zu Beginn des Krieges das englische Schlachtschiff *Royal Oak* versenkt hatte, und unterhielt sich bis tief in die Nacht mit ihm; er traf Otto Kretschmer, den »Tonnagekönig«, Joachim Schepke und Engelbert Endraß, die jeder 100000 BRT versenkt hatten. Lorient wurde rasch als »Hafen der Asse« bekannt.

Während noch am »Edelweißboot« gebaut wurde, nahm Hardegen die Gelegenheit wahr, mit einem Wagen, der Kurierpost nach Paris bringen sollte, für zwei Tage in die französische Hauptstadt zu fahren, wo er mit Stolz die täglich um zwölf Uhr stattfindende Parade des Wachregiments der Wehrmacht beobachtete, das unter den Klängen von »Preußens Gloria« vom Arc de Triomphe die Champs-Elysées hinuntermarschierte. Am Abend landete er mit einigen anderen U-Boot-Offizieren aus seinem Hotel schließlich im Nachtklub »Shéhérazade«, der mit seinen herumwandernden Geigern, der seelenvollen russischen Musik und Champagner zu sechs Mark bald zum beliebtesten Pariser Treffpunkt der U-Boot-Offiziere von allen französischen Stützpunkten wurde.[6]

Schließlich waren die Reparaturen des Bugs und die Wartung des »Edelweißboots« beendet. Hardegen hatte darum gebeten, als Wachoffizier und Kommandantenschüler auf seinem bisherigen Boot bleiben zu können, und am 5. Oktober lief er mit U 124 zu seiner zweiten Feindfahrt aus (nach der er die Voraussetzung für die Verleihung des U-Boot-Kriegsabzeichens erfüllt haben würde). Draußen auf dem Atlantik kam das Boot wieder in schwere See, und die Brükkenwache war die reinste Folter. Unter der anbrandenden See stand die Brücke ständig unter Wasser – weshalb sie von den U-Boot-Männern auch »Badewanne« genannt wurde. Und wenn dazu noch ein starker Wind kam, wurde sie zu einem nicht ungefährlichen Aufenthaltsort. Einmal konnten Schulz, Hardegen und der Bootsmann ihre stahlverstärkten ledernen Anschnallgurte nicht schnell genug an der Reling einpicken und wären fast über Bord gespült worden. Bei solchen Gelegenheiten waren auf anderen Booten schon Männer verlorengegangen.

Während der ersten Zeit der Fahrt führte Schulz zahlreiche Manöverübungen durch, da einige Besatzungsangehörige auf die Unteroffiziersschule abkommandiert worden waren und ihr Ersatz noch grüner war als Hardegen. Darüber hinaus sorgten britische Flieger immer wieder für echte Anlässe zum Tauchen. Es dauerte aber nicht lange, bis am frühen Morgen des 16. Oktober in den Western Approaches südlich von Irland der erste Dampfer gesichtet wurde. Schulz verlor ihn zwar für kurze Zeit wieder, aber um 3.45 Uhr MEZ versenkte er ihn aus 900 Metern Entfernung mit einem einzigen Torpedo. »Es ist die *Trevisa*«, rief Funkmaat Fritz Rafalski dem Kommandanten zu. »Funkt s-s-s für *submarine* – und jetzt S-I-N-K-I-N-G.« Schulz wies Hardegen an, im Handelsschiffsregister nachzusehen, das jedes U-Boot an Bord hatte, und Hardegen meldete: »*Trevisa* ist ein britischer Dampfer, 1813 Tonnen.« Die Besatzung feierte ihren Erfolg mit einem Festmahl, das sich noch erfreulicher gestaltete, da das Wetter umschlug, so daß das Boot ruhiger im Wasser lag. Rafalski ließ über die Bordlautsprecher Radiomusik erklingen, während der Schmutt ein

Essen aus frischen Lebensmitteln servierte: Eisbein mit Sauerkraut und Erbsen und als Nachtisch Obst. Zum Kaffee hatte jemand von der Besatzung, der im Zivilleben Bäcker gewesen war und in Frankreich Backformen organisiert hatte, eine Torte gebacken. Hätten Schulz und seine Männer gewußt, was mit der Versenkung der *Trevisa* begonnen hatte, sie hätten noch mehr Grund zum Feiern gehabt: Die *Trevisa* gehörte zum Konvoi SC 7 und war das erste von 37 Schiffen aus diesem und dem Konvoi HX 79, die in die Falle tappten und in vier Nächten in den Western Approaches vor der Rockall-Bank, nicht weit von Irland, von Torpedos getroffen, untergingen. An diesem Festessen der stählernen Haifische waren unter anderen die Ritterkreuz-Asse Prien (U 47), Kretschmer (U 99), Schepke (U 100), Endraß (U 46), Frauenheim (U 101) und Heinrich Liebe (U 38) beteiligt; außerdem auch Heinrich Bleichrodt (U 48), der 14 Monate später mit U 109 Hardegen bei der »Operation Paukenschlag« begleiten sollte, und Karl-Heinz Möhle, Kommandant von U 123, dem Boot, das Hardegen bald berühmt machen würde. In Anlehnung an die Bezeichnung, die 1934 für Hitlers blutiges Vorgehen gegen Ernst Röhm und seine SA erfunden worden war, sprach man von dem Massaker, das sie unter den Handelsschiffen der beiden Geleitzüge anrichteten, in der Kriegsmarine bald nur noch als den »Nächten der langen Messer«.[7]

Auf U 124 hatte man jedoch zu früh gefeiert, denn drei Stunden nach der Versenkung der *Trevisa* entdeckten drei britische Zerstörer das Boot und zwangen es zum Alarmtauchen. Schlag auf Schlag klatschten die Wabos über ihm ins Wasser, und jedesmal, wenn dem *Rumms!* der Zündpistole das *WUMM!* der Detonation gefolgt war, wurde das Boot hin und her gerüttelt, flackerten die Lichter, zersplitterte Glas, und die Männer hielten sich krampfhaft an allem fest, was ihnen Halt bot, einschließlich ihrer Kameraden. Schulz brachte das Boot mit den leise laufenden E-Maschinen tiefer »in den Keller«, um den Erschütterungen zu entkommen, weit unter die Tauchtiefe der Wabos, aber auch 80 Meter unter die von der Werft angegebene maximale Tauchtiefe von U 124. Während die Stunden mit gespanntem Warten vergingen, wurde die Luft im Boot immer stickiger, und der Kohlendioxidgehalt stieg beängstigend an. Schulz gab Pottaschekartuschen aus, durch die die Männer atmen sollten – das Kaliumcarbonat neutralisierte das CO_2 –, und diejenigen, die keine Manöverwache hatten, wurden, um Sauerstoff zu sparen, in die Kojen geschickt. Der Historiker von U 124 schrieb über Hardegens Verhalten in dieser kritischen Situation: »Der kaltblütige Mut, der Hardegen später als einen großen U-Boot-Kommandanten auszeichnen sollte, zeigte sich bereits jetzt, als er durch das Boot eilte, um die Schäden zu checken und die Reparaturarbeiten zu überwachen. Seine blauen Augen blickten kühl und furchtlos, und Männer, die sonst vielleicht in Panik geraten wären, hielten sich an dem jungen Offizier aufrecht, der seine eigene Angst so gut unter Kontrolle hatte und mit ihnen redete und Witze machte, während sie arbeiteten.«[8]

Als nicht nur der Sauerstoff, sondern auch die Energie der Batterien knapp zu werden begann, griff Schulz zu einer Kriegslist. Er ließ den LI, zusammen mit einem Paar Handschuhen und einem Stiefel, etwas Dieselöl ins Wasser leiten. Es funktionierte: Die Zerstörer ließen sich von dem Ölfleck und den Ausrüstungsteilen an der Wasseroberfläche täuschen; sie glaubten, ihre Jagdbeute erlegt zu haben, und drehten ab. Rafalski im Horchraum bestätigte, daß die Schraubengeräusche leiser wurden. Schulz beschloß, das Risiko einzugehen, und stieg langsam höher. Gut eine halbe Stunde später stach sein Sehrohr durch die Wasseroberfläche. Ein rascher Rundumblick zeigte eine klare See. Das Boot tauchte auf, und Schulz drehte vorsichtig das Turmluk auf, um nicht von dem im Boot aufgebauten Luftdruck hinausgeschleudert zu werden. Als er, von den Ausgucks gefolgt, auf die Brücke geklettert war, suchte er mit dem Doppelglas den Horizont ab. Die Zerstörer waren nirgendwo zu sehen. Sein Puls beruhigte sich. U 124 war allein und in Sicherheit.

Am 20. Oktober versenkte das »Edelweißboot« den Norweger *Cubano* (5810 BRT) und das britische Schiff *Sulaco* (5389 BRT) und am 31. die britische *Rutland,* die mit 1437 BRT kaum größer war als U 124 (Schulz gab sie mit 6000 Tonnen an). Nach einer letzten Versenkung am 1. November - diesmal erwischte es den Briten *Empire Bison* (5612 BRT) - nahm U 124 Kurs auf Lorient.[9] Die Rückfahrt verlief, bis auf eine kurzzeitige Anbandelung mit einem Minenkabel im Vorfeld des Stützpunkts, ereignislos, und das »Edelweißboot« konnte mit fünf Siegeswimpeln am Sehrohr an der *Isère* festmachen. Hardegen, der die Decksmannschaft kommandierte, hatte kaum anlegen lassen, als ihm der Flottillenkommandant eröffnete, daß er noch am selben

Abend nach Kiel fliegen sollte. Es war soweit, er würde sein eigenes Kommando bekommen - auf einem neuen, gerade erst vom Stapel gelaufenen Boot.

Der Straßenbahnwagen der Linie 8, mit dem er in Kiel zur Werft fuhr, um sein Boot kennenzulernen, war gestopft voll mit Arbeitern, die in allen europäischen Sprachen durcheinanderredeten. Er bot ihnen, die ihm umgekehrt ebenso fremd vorkamen, einen seltsamen Anblick mit seinem rötlichen Vollbart, der ihm während der letzten Fahrt gewachsen war - um Trinkwasser zu sparen, rasierte man sich auf einem U-Boot nicht - und den ein französischer Friseur in Form gebracht hatte. Aber sobald er sein Kommando übernommen hatte, würde er fallen müssen. Bei der Deutschen Werft angekommen, fand er seinen LI vor, der schon seit Wochen den Bau des Boots überwachte. Hardegen wußte, daß er sich geschmeichelt fühlen müßte - vertraute man ihm doch ein völlig neues Boot an -, aber er war enttäuscht, denn sein zukünftiges Boot war U 147, ein kleines Ausbildungsboot vom Typ IID, dem der Spitzname »Einbaum« verpaßt worden war. Es hatte nur wenig mehr als 300 Tonnen Verdrängung, lief über Wasser 12,7 und getaucht 7,4 Knoten und war mit nur fünf Torpedos bestückt. Hardegen wollte zurück auf den Atlantik, doch jetzt sah es so aus, als müßte er in Lehmann-Willenbrocks Fußstapfen treten und auf der Ostsee eine Klasse von U-Boot-Rekruten ausbilden, die, bis auf den Obersteuermann, noch nie einen Fuß in ein U-Boot gesetzt hatten. Am nächsten Tag lernte er sie kennen: den friesischen Fischersohn, den Schlosser aus dem Sudetenland, die Bäcker, kaufmännischen Lehrlinge und Feinmechaniker aus allen Ecken Deutschlands. Sie hatten die Ausbildung hinter sich und drängten danach, sich auf See zu beweisen. Hardegen bewunderte ihre Frische und Einsatzfreudigkeit und fühlte sich augenblicklich mit ihnen verbunden.

Es fehlte jedoch nicht ganz an Erfahrung auf dem kleinen IID-Boot. Sein Wachoffizier, der einzige an Bord, Oberleutnant zur See Eberhard Wetjen, war bei der Handelsmarine gefahren und verfügte über navigatorische Kenntnisse, die in den bevorstehenden Abenteuern von großem Nutzen sein sollten. Er stammte wie Hardegen aus Bremen und unterhielt seinen Kommandanten mit stundenlangen Erzählungen aus seiner Fahrenszeit. Ernst Hamisch, der LI, war gleichfalls ein äußerst befähigter Offizier. »Heil, Herr Kaleu!« hatte er Hardegen bei ihrem ersten Treffen förmlich begrüßt, aber sofort danach hatte er gelächelt, und seither war das Lächeln nicht mehr von seinem Gesicht gewichen. Jeder an Bord mochte sein glückliches Naturell und seinen Sinn für Humor.

Am 11. Dezember 1940 waren Hardegen und seine Männer in großer Uniform auf dem Oberdeck von U 147 zur Indienststellung des Bootes angetreten. Nachdem der Flottillenchef den Befehl gegeben hatte, U 147 in Dienst zu stellen, hielt Hardegen eine kurze Ansprache, in der er seiner Besatzung einprägte, daß das Kommando in der U-Boot-Schule für das Vaterland genauso wichtig sei wie der spätere Fronteinsatz. Schließlich ließ er die Reichskriegsflagge und den Kommandantenwimpel hissen und beendete nach einigen weiteren Worten seine Rede mit dem Ruf: »Unserem Führer und Oberbefehlshaber der Wehrmacht - Sieg Heil!« Den Rest des Tages wurde gegessen und gefeiert. Die harte Arbeit würde am nächsten Morgen beginnen.

Trimmtauchen, Torpedoabschüsse, Artilleriefeuer, Brückenwache. Wochenlang folgte eine Manöverübung der anderen. Insbesondere das Alarmtauchen wurde immer wieder geprobt, mit der Stoppuhr in der Hand, denn das Überleben des Boots und der Besatzung würde oft genug davon abhängen, wie schnell Deck und Brücke klargemacht wurden und das Boot tauchen konnte. Zu Weihnachten schien Hardegen die Besatzung nahezu einsatzbereit zu sein - keinen Augenblick zu früh, wie sich herausstellen sollte.

Einige Tage nach Weihnachten fragte ihn der Flottillenkommandant, ob er es sich zutraue, mit der Besatzung, obwohl die Ausbildung noch nicht abgeschlossen war, an die Front zu gehen. Hardegen war überrascht, denn sein Boot war nicht für den Einsatz auf dem Atlantik gebaut worden, sagte aber freudig ja und bereitete eiligst alles vor. Eine der letzten Entscheidungen vor der Abfahrt betraf das Bootswappen. Hardegen wählte als Sinnbild seiner beiden Marinekarrieren einen fliegenden Fisch aus, den seine Besatzung auf beiden Seiten des Kommandoturms aufmalte. Als das Boot mit allem Nötigen beladen war, legte es unter den Hurra-Rufen der Kameraden von der Flottille von der Tirpitz-Mole ab und folgte einem Eisbrecher durch den Kaiser-Wilhelm-Kanal (heute: Nord-Ostsee-Kanal).

Trotz des Eisbrechers drückte das starke Eis die Außenhaut des

Bootes ein, und es mußte zu einem Zwischenstopp in Cuxhaven anlegen, um die Hülle reparieren zu lassen. Als das Boot wieder seetüchtig war, machte es sich, einem alten U-Boot-Brauch folgend, auf den Weg nach Helgoland, wo die Besatzung bei »Tante Lotte« ihr Abschiedsfest feierte. Als Hardegen sich ins Gästebuch der »Mokkastuben« von Tante Lotte eintrug, las er dort die Namen aller großen Kommandanten der U-Boot-Geschichte, die sich vor oder nach einer Feindfahrt bei Tante Lotte mit einem Helgoländer Grog gestärkt hatten. Der Aufenthalt auf Helgoland wurde unfreiwillig verlängert, zuerst durch eine Waschküche aus dichtem, milchig weißem Nebel und dann durch ein ebenso dichtes Schneetreiben. Doch dann konnte man endlich in Richtung Norwegen in See stechen, wo Hardegen während der Wartezeit auf seinen Einsatzbefehl in einem eisfreien Fjord bei Bergen einige Angriffsübungen durchführte. Der deutsche Stützpunkt stellte ihm ein kleines Vorpostenboot als Zieldarstellung zur Verfügung, und so fuhr U 147 tagsüber Unter- und Überwasserangriffe, während an den Abenden kräftig gefeiert wurde.

Schließlich traf der Funkspruch (FT) mit dem Einsatzbefehl des BdU ein - an einem Freitag. Da es für einen Seemann Unglück bedeutete, freitags zu einer Feindfahrt in See zu gehen, verlegte Hardegen die Abfahrt auf 0.30 Uhr nachts. Die Route führte um die Shetland- und Orkney-Inseln herum vor die Küste Nordschottlands. Auf dem Anmarsch zum Operationsgebiet verschlechterte sich das Wetter, und die Temperatur auf der Brücke fiel unter den Gefrierpunkt. Im Innern des Boots wurde es nie wärmer als sechs bis acht Grad Celsius, so daß die Männer ständig mit Fellmützen und Pelzjacken herumliefen. Auf einem kleinen Boot wie U 147 war die gesamte Besatzung in einem einzigen Raum untergebracht, und so war Gemütlichkeit angesagt, wenn die Männer während der vier Stunden zwischen ihren Wachen auf der eisverkrusteten Brücke versuchten, alles auf einmal zu tun: sich aufzuwärmen, zu essen und eine Mütze voll Schlaf zu nehmen.

Eines Tages polterte Wetjen tropfnaß in die Zentrale. »Herr Kaleu! Ein Zeppelin ganz dicht aus den Wolken. War plötzlich da!« Hardegen ließ sofort tauchen, und als sie Sehrohrtiefe erreicht hatten, trimmte der LI das Boot, und Hardegen suchte durch das Luftzielsehrohr nach dem Unruhestifter. Er entpuppte sich als ein britischer Sperrballon, der sich losgerissen hatte und auf See geweht worden war. Einige Tage später, an einem frühen Sonntagmorgen, kam es zur ersten echten Feindbegegnung. Das Boot fuhr an der Oberfläche, als einer der Ausgucks durch das Sprachrohr rief: »An Backbord voraus ein Schatten!« Hardegen raste die Leiter auf die Brücke hinauf und sah ein großes Schiff, das mit hoher Geschwindigkeit direkt auf sein Boot zulief. Trotz der zunehmenden Helligkeit blieb ihm nichts anderes übrig, als einen Überwasserangriff zu unternehmen. Zum Tauchen war keine Zeit mehr. Und so schickte Hardegen seinen ersten scharfen Torpedo als Kommandant auf die Reise. Kaum war er abgeschossen, entdeckte der Dampfer das U-Boot, drehte hart ab und eröffnete aus einem achtern stehenden Geschütz das Feuer. U 147 mußte auf kürzeste Entfernung tauchen. Ein einziger Treffer im Druckkörper hätte es hilflos gemacht. Aus irgendeinem Grund hatte der Torpedo nicht getroffen; und wenn doch, war er nicht explodiert. U 147 waren gut 10000 BRT durch die Lappen gegangen. »Die ganze Sonntagsstimmung war zum Teufel!«

Aber noch am selben Tag, bei Einbruch der Dunkelheit, sichteten die Ausgucks zwei Schiffe, offenbar Frachter, mit Kurs nach England, einen an Backbord und einen an Steuerbord. Als sie näher kamen, sahen sie auf dem Schiff an Backbord ein Mündungsfeuer. Hardegen und Wetjen rieben sich die Augen. Verdammt – ein Zerstörer! Fünfzig Meter hinter ihrem Heck schoß die gelbgrüne Sprengsäule der Granate in die Höhe.

ALARM!

Das Boot tauchte. Aber es ging zu schnell, das Gestänge eines Bordverschlusses brach, Wasser strömte ins Heck und stand bald bis über die Kojen. Das Boot wurde stark achterlastig. Die Bilgenpumpen konnten gegen die Wassermenge nichts ausrichten, und es half auch nichts, daß sich die Besatzung schnellstens vom Heck in den Bug begab. Das Boot war außer Kontrolle. Hardegen blieb nur eine Wahl: Er mußte auftauchen.

»Anblasen!«

Das Wasser in den Tauchzellen wurde mit Preßluft hinausgedrückt, das Boot fing sich, und der LI rief kurz nacheinander: »Boot steht!« – »Boot steigt langsam.« – »Turmluk ist frei, Boot ist raus.«

Hardegen enterte auf die Brücke und sah sich rasch um. An Steuerbord, nur wenige hundert Meter entfernt, lag der Zerstörer, und längsseits bei ihm, fast ohne Fahrt, das andere Schiff, ein Frachter, und über dem ganzen kreiste auch noch ein Flieger. *Hier* sollten sie Reparaturarbeiten ausführen? Aber sie mußten. Die zunehmende Dunkelheit begünstigte das Unterfangen, und die Besatzung arbeitete fieberhaft. Bald war der Bordverschluß wieder dicht, und die Bilgenpumpen saugten das Wasser aus dem Boot. Nur noch ein paar Minuten. Aber plötzlich lief der Zerstörer direkt auf sie zu. Sie tauchten, diesmal ohne Wassereinbruch. Die Männer hielten sich fest. Gleich mußten die Wabos kommen. Aber nichts passierte! Der Feind hatte sie offenbar nicht gesehen. Oder waren ihm die Wabos ausgegangen? Als der Horcher meldete, daß der Zerstörer über sie hinweggefahren war und sich entfernte, ging Hardegen auf Sehrohrtiefe. Der Zerstörer hatte sich vor den Frachter gesetzt und dampfte mit ihm ab. Hardegen versuchte unter Wasser in Schußposition zu kommen, konnte den Schiffen aber nicht folgen. Schließlich tauchte er wieder auf. Aber als ob sie noch nicht genug Pech gehabt hätten, ließ sich der Steuerborddiesel nicht starten, und auch die Backbordmaschine war unklar. Der LI vermutete, daß das Schmieröl durch den Wassereinbruch in Mitleidenschaft gezogen worden war. Also tauchten sie wieder, um sich ihre Wunden zu lecken.

Spät in der Nacht ging Hardegen wieder nach oben, obwohl die Reparatur der Dieselmaschinen noch nicht beendet war. Er wollte empfangsbereit sein, falls ein FT für sein Boot ausgesendet wurde. Er war kaum auf der Brücke, als er im fahlen Mondschein voraus einen großen Schatten bemerkte. Es war ein vollbeladener Frachter, der direkt auf sie zulief! Und ihre Diesel waren beide ausgefallen! Er befahl alle Kraft für die E-Maschinen, die eigentlich als Unterwasserantrieb gedacht waren, und ließ die Tauchzellen mit dem Rest ihrer Preßluft ausblasen.

»Auf Gefechtsstationen!«

Wetjen kletterte mit dem Spezialdoppelglas des Torpedozielgeräts auf die Brücke und befestigte es in seiner Halterung. Bei Überwasserangriffen übernahm der IWO das Zielen und Abschießen der Torpedos, während der Kommandant die Kampfsituation an allen Horizonten aufklärte. Er brauchte kein Fernglas, um den großen Dampfer im Auge zu behalten, der mit im Mondschein glitzernder Bugwelle bei großer Fahrt über die See glitt. Wetjen gab, mit einem der Geschwindigkeit des Ziels angemessenen großen Vorhalt, die Schußunterlagen durch - Entfernung, Fahrt, Lage. Der Schatten, direkt vor ihnen, war inzwischen zu einer riesigen schwarzen Wand geworden. Wetjen drückte auf den Feuerknopf, und Sekunden später riß eine Explosion einen Teil aus dieser Wand heraus. Eine Stichflamme schoß an der vorderen Ladeluke des Frachters hoch, und das kleine U-Boot erzitterte unter der Druckwelle. Die Männer auf der Brücke zogen die Köpfe ein, als heiße Metallsplitter ringsum zischend ins Wasser fielen und auf das Oberdeck des Boots klickten. Von unten klangen die Hurra-Rufe der Besatzung herauf, während Hardegen fasziniert beobachtete, wie der Bug des tödlich getroffenen Schiffs absackte und der Frachter sich aufgrund seiner hohen Geschwindigkeit wie ein U-Boot selbst in die Tiefe schob. Schiffbrüchige, die sich an Wrackteile geklammert hatten, wurden herangetrieben, und er rief ihnen zu: »Welches Schiff seid ihr?« Sie antworteten, sie seien der Norweger *Augvald,* 4811 BRT, und wären mit vollem Bauch nach England unterwegs gewesen.[10] Hardegen wünschte ihnen alles Gute; mehr konnte er nicht tun, da es U-Booten mit ihrem minimalen Raumangebot nicht erlaubt war, Überlebende aufzunehmen. Während er unter Deck ging, fragte er sich, ob die Norweger die 150 Seemeilen an Land schaffen oder vorher - was wahrscheinlicher war - von einem anderen Schiff aufgelesen werden würden. Dann beschrieb er seinen Männern über die Lautsprecheranlage den Abschuß. Beim anschließenden Gang durch das Boot betrachtete er ihre ölverschmierten, schmutzigen Körper, ihre vom Schweiß an den Kopf geklebten Haare, sah aber auch das Grinsen auf ihren Gesichtern und die strahlenden Augen. Der Erfolg gehörte ihnen genauso wie ihm. »Herr Kaleu«, sagte einer von ihnen, »noch ein paar Stunden, und die Nähmaschinen laufen wieder.« Er meinte die Diesel. Die Sonntagsstimmung war gerettet.

Einige Nächte später erlebten sie zweimal eine Enttäuschung, als sie einen Motortanker und einen Zwei-Schornstein-Passagierdampfer sichteten, der vermutlich als Truppentransporter diente. Bei beiden Zielen konnten sie sich zwar dicht genug heranpirschen, um einen sicheren Schuß abzugeben, aber beide Male verfehlten sie ihr Ziel; jedenfalls detonierten die Torpedos nicht. Dann erhielten sie, bevor sie zum Nachladen in einen norwegischen Hafen einfahren konnten, einen FT: FALLS BRENNSTOFFVORRAT ERLAUBT, SOFORT KIEL ANLAUFEN. Er reichte, und so machten sie sich auf den Rückweg und legten zunächst wieder in Helgoland an, wo bei Tante Lotte gefeiert wurde. Immerhin war U 147 nur ein Schulboot, und seine unerfahrene Besatzung brachte 4811 BRT mit nach Hause. Nicht schlecht für einen Einbaum, dachte Hardegen. »Ja, ja, die kleinen Boote!«

Bei Sonnenschein und ruhiger See kehrte U 147 nach Kiel zurück, wo Hardegen zu seiner großen Überraschung als Kommandant abgelöst wurde. Sollte er auf Eis gelegt werden? Hatte ihn der Bericht über die Verletzungen, die er von dem Flugzeugabsturz zurückbehalten hatte, doch noch eingeholt? Ja, so war es in der Tat. Der einzige, wenn auch schwache Trost war, daß Wetjen seine Nachfolge antreten sollte, der ihm zur Erinnerung die Flagge, die bei der Indienststellung aufgezogen worden war, und den Kommandantenwimpel überreichte. Sie sollten das einzige sein, was von diesem Boot übrigblieb. Es unternahm unter Wetjen noch zwei Feindfahrten und versenkte drei Schiffe, bevor es am 2. Juni 1941 im Nordatlantik von dem Zerstörer *Wanderer* und der Korvette *Periwinkle* der Royal Navy mit Wabos belegt wurde und mit der gesamten Besatzung unterging.

Hardegen mußte sich einigen medizinischen Untersuchungen unterziehen und verbrachte bei Sonnenschein und Schnee einige Zeit im Marineerholungsheim Spindelmühle im Riesengebirge. Kurz nachdem er wieder in Kiel eingetroffen war, erhielt er den Befehl, sich beim 2. Admiral der U-Boote, Hans-Georg von Friedeburg, an der Blücher-Brücke zu melden. Kaum hatte er das Büro des Admirals betreten und vorschriftsmäßig salutiert, wurde er gefragt: »Sind Sie wieder borddienstfähig?« und antwortete: »Jawohl, Herr Admiral.« Dann sprach von Friedeburg die magischen Worte: »Hardegen, Sie bekommen ein neues Boot. Noch heute abend müssen Sie nach Frankreich fahren, um dort U 123 zu übernehmen.«

Hardegen hätte nicht aufgeregter sein können. Es war das Boot, das er während seines Kommandantenlehrgangs gesehen hatte - und es war ein großes IXB-Boot mit einer fronterfahrenen Besatzung. Kptlt. Möhle hatte sich darauf das Ritterkreuz verdient und sollte jetzt das Kommando über eine Flottille übernehmen. Am nächsten Tag flog Hardegen von Holtenau aus mit einer Junkers - aber auch auf den Flügeln der Vorfreude - nach Frankreich.

In Lorient hatte sich in den sechs Monaten seiner Abwesenheit viel verändert. Das *Arsenal Maritime* und die Docks waren aufgeräumt worden, und am Kap Keroman baute die »Organisation Todt« fieberhaft an bombensicheren Bunkern, in denen die IXB- und IXC-Boote der 2. Flottille ungestört gewartet und repariert werden sollten. Hardegen war erstaunt über die gewaltigen Ausmaße der beiden grauen Betonkolosse - Keroman I und II -, die an der Mündung des Ter in den Scorff nebeneinander emporwuchsen. Sie maßen jeder 138 mal 128 Meter und sollten 18,5 Meter hoch werden. Schon war die Größe der einzelnen Boxen auszumachen, in denen jeweils zwei U-Boote nebeneinander festmachen würden - im Schutz von drei Meter dicken, stahlverstärkten Mauern und einer Decke von sieben Metern Dicke, von der man glaubte, sie könnte den stärksten englischen Bomben widerstehen. Warum die R.A.F. die Bunker nicht angriff, solange sie noch im Bau waren, konnte sich niemand erklären. Ähnliche Arbeiten waren auch in anderen Biskaya-Stützpunkten im Gange. 15000 Menschen aus aller Herren Länder - die meisten Zwangsarbeiter - waren allein in Lorient beschäftigt. Sie waren in riesigen Lagerhallen hinter der Baustelle untergebracht, und überall patrouillierten Wachen in feldgrauen Uniformen mit Hunden, die sowohl eine Flucht als auch Sabotage verhindern sollten.

In anderer Hinsicht hatte sich nichts verändert. Lorient bot die gleiche entspannte, familiäre Atmosphäre, und der Frühling machte den Aufenthalt noch angenehmer. Hardegen hatte Zeit, die Annehmlichkeiten zu genießen, denn er mußе noch einige Wochen Werftliegezeit abwarten. Im Vergleich zu den Ausmaßen von U 123, die im Dock voll zur Geltung kamen, erschien ihm sein altes Boot wie ein Spielzeug. In Begleitung von Oberleutnant zur See Herbert Schneider, seinem neuen IWO, inspizierte er das Innere des Boots, das völlig ausgeräumt und auseinandergenommen war, so daß er einen Blick in die tieferen Eingeweide des Fahrzeugs werfen konnte. Wie daraus wieder ein Ganzes werden sollte, blieb der Phantasie der Arbeiter anheimgestellt. Hardegen nutzte die Wartezeit, um mit anderen IXB-Booten auf Probefahrt zu gehen und sich wieder mit diesem großen Bootstyp vertraut zu machen. Er mußte sich seiner neuen Besatzung als kompetenter Kommandant präsentieren, schließlich waren die Männer allesamt erfahrene Atlantikkämpfer. Aber nichts war dem Respekt für den Kommandanten, dem Selbstvertrauen und der allgemeinen Moral einer Besatzung so dienlich wie die Versenkung von Schiffen, und Hardegen war zuversichtlich, daß er, und mit ihm seine Crew, in dieser Beziehung erfolgreich sein würde. Zunächst einmal jedoch lernte er sie bei gelegentlichen Zusammenkünften und gemeinsamen Ausflügen, etwa in ein altberühmtes bretonisches Gasthaus, näher kennen.

Dann endlich, am Abend des 8. Juni, eines Sonntags, lief er, den versiegelten Einsatzbefehl des Flottillenchefs in der Hand, zu seiner ersten Feindfahrt auf dem neuen Boot aus dem Hafen von Lorient aus. Als der auf dem Umschlag angegebene Punkt erreicht war, öffnete er ihn und verkündete das Marschziel über Lautsprecher: Sie sollten nach Afrika! Ihre Aufgabe war es, vor der westafrikanischen Küste in der Höhe von Freetown (Sierra Leone) den britischen Handel zu stören. Die Besatzung brach in Hurra-Rufe aus; die Vorstellung, unter dem Kreuz des Südens zu operieren, fand großen Anklang. Es würde für sie alle eine neue Erfahrung sein. In Freetown versammelten sich die langsameren Handelsschiffe zu Konvois, die auf geradem nördlichem Kurs nach England fuhren. Schnellere Schiffe gingen allein auf Fahrt und beschrieben einen größeren Bogen über den Atlantik. Was U 123 aufgrund der strengen Geheimhaltung zu dieser Zeit noch nicht wußte, war, daß in den vorangegangenen Monaten schon sieben Boote die südlichen Handelswege angegriffen und außergewöhnliche Erfolge erzielt hatten. U 107 allein hatte 13 Schiffe versenkt, was seinem Kommandanten, Kptlt. Günter Hessler, dem Schwiegersohn von Admiral Dönitz, das Ritterkreuz eingebracht hatte.[11]

Technische Probleme verhinderten jedoch, daß U 123 sein Operationsgebiet zum vorgesehenen Zeitpunkt erreichte. Die 7,5 Meter langen Sehrohre - sowohl das handbetätigte, lichtstarke Luftziel- und Navigationssehrohr als auch das fußbetätigte, stark vergrößernde und mit einem Fadenkreuz versehene Angriffssehrohr - ließen sich nicht ausfahren. Deshalb kehrte Hardegen nach zwei Tagen auf See zum Stützpunkt zurück, von wo er drei Tage später, am 15. Juni, als die Druckölanlage der Sehrohre repariert war, wieder auslief. Vor der spanischen Küste sichteten die Ausgucks den ersten Dampfer. Da es Tag war, ließ Hardegen zum Angriff tauchen, erkannte aber durch das wieder funktionstüchtige Sehrohr, daß er es mit einem neutralen spanischen Frachter zu tun hatte, den er unbehelligt ziehen lassen mußte.

Am 20. Juni entdeckte Hardegen vor der Küste von Marokko ein Schiff, das er als legitimes britisches Ziel identifizierte. Es war Tag, und so mußte er sich in Sehrohrtiefe heranpirschen. Bei Unterwasserangriffen war es der Kommandant, der die Zielbeobachtung durchführte, Lage und Kurs ermittelte und den Abschuß befahl. Hardegen nahm jetzt seinen Platz am Angriffssehrohr im Turmraum direkt unter der Brücke ein und betätigte die Fußpedale, mit denen das Sehrohr ausgefahren wurde, während er über den E-Maschinentelegrafen befahl, die Geschwindigkeit unter fünf Knoten zu halten. Bei mehr als fünf Knoten hätte die Vibration die Sicht zu stark beeinträchtigt, um den Angriff zu fahren. In dem kleinen Raum waren noch zwei weitere Männer bei der Arbeit: der Rudergänger, der über die Ruderhebel den Kurs des Boots bestimmte, und Schneider, der Torpedooffizier, der die Schußdaten, die Hardegen ihm gab, am Vorhaltrechner einstellte, einem elektromechanischen Rechner, der den Gyrokompaß der Selbststeuerung der Torpedos mit den Angriffsdaten fütterte und die Einstellung, den Bewegungen des Boots entsprechend, ständig an die veränderten Daten anpaßte. War der Torpedo einmal abgeschossen, würde er, unabhängig von der Fahrtrichtung des Bootes, selbständig den beabsichtigten Kurs einschlagen. Hardegen drehte mit der linken Hand das Sehrohr um die eigene Achse, während er mit der rechten das in Schaumgummi gefaßte Okular scharf einstellte. Jetzt konnte er das Ziel deutlich ausmachen. Es war ein Frachter, rund 4300 BRT, schätzte er; Fahrt sieben Knoten. Er rief Schneider Entfernung, Kurs, Geschwindigkeit, Lage und Tiefe zu. Dann beschrieb er der Besatzung unten im Boot durchs Sprachrohr, was vorging. Er wußte, daß sich die fronterfahrenen Männer fragten, ob »der neue Mann an Bord« es schaffen würde oder nicht.

Als das Ziel nur noch 600 Meter entfernt war, gab er den Befehl: »Rohr los!« Das Boot ruckte leicht zurück, als der Aal mit Preßluft aus dem Rohr gedrückt wurde. Die überschüssige Luft wurde ins Boot zurückgeblasen, damit keine Blasen von ihm aufstiegen; die Besatzung spürte den Druckanstieg in den Ohren. Unten in der Zentrale pegelte der LI, da das Boot durch den Abschuß an Gewicht verloren hatte, eilig den Trimm aus, während Schneider auf seiner Stoppuhr die Sekunden zählte. Der Horcher meldete den Torpedolauf als normal und gerade, das heißt, der Aal lief mit seiner hochexplosiven Ladung wie ein kleines U-Boot mit eigener Steuerung in 2,5 Meter Tiefe auf das Ziel zu. Die Laufzeit verstrich – nichts! Verdammt! Was war passiert? Der Aal war offenbar am Heck des Frachters vorbeigerauscht. Schneider kontrollierte die Rechneranzeige und meldete, daß der Vorhaltrechner offenbar um neun Grad neben der Eichung lag. Was für ein verhagelter Einstand für einen Kommandanten, dachte Hardegen. Sie mußten von neuem angreifen, aber ihre Unterwassergeschwindigkeit war zu gering, so daß sie erst nach Einbruch der Dunkelheit wieder in eine günstige Schußposition kamen. Diesmal überging Hardegen den Rechner und zielte über die Kimm. Dann brachte er einen zweiten Aal auf den Weg und begann zu zählen. RRUMMS! Treffer! Hardegen sah durch das Sehrohr die Sprengsäule hochschießen, und dann hörten er und seine Besatzung das Kreischen zerfetzten Metalls und das Bersten von Schotts im Innern des Schiffs.

Aber die Minuten vergingen, und der Dampfer machte keine Anstalten zu sinken. Der Aal hatte wie beabsichtigt den Maschinenraum getroffen, der Frachter hatte sich nach Backbord gelegt und nahm Wasser, blieb aber hartnäckig an der Oberfläche. Hardegen beschloß, noch ein Torpedo aus der Nullage abzufeuern; danach beobachtete er, wie die Besatzung des Dampfers hastig in die Rettungsboote kletterte, die leicht überfüllt waren, da eines durch die Explosion zerstört worden war. Als alle Mann von Bord waren, ließ er auftauchen. Der Frachter hatte Schlagseite nach Backbord, ging aber trotz der beiden Treffer immer noch nicht unter. Damit das Schiff nicht später von einem britischen Schlepper geborgen und wieder seetüchtig gemacht werden konnte, befahl Hardegen die Geschützbedienung auf Gefechtsstation. Von Schroeter, IIWO und Geschützoffizier, nahm rasch seine Stellung an der 10,5-cm-Kanone auf dem Vordeck ein. Die Granaten wurden aus dem Boot heraufgereicht, und dann gab Hardegen den Befehl: »Feuererlaubnis!«

RRUMMS!

Ein paar Sekunden waren die Männer auf der Brücke vom leuchtend orangeroten Mündungsfeuer geblendet, dann erkannten sie im Zwielicht ein gähnendes schwarzes Loch im Rumpf des Dampfers. Von Schroeter gab einige weitere Schüsse auf das gestoppte Ziel ab, und das Vernichtungswerk war getan. Öl und Benzin flossen aus dem lichterloh brennenden Frachter und überzogen die Wellen mit einem Feuerteppich. Dann sackte das ausgebrannte Schiff gurgelnd in die Tiefe, während leere Ölkanister und Holzteile an die Oberfläche kamen, die erklärten, warum es sich so lange über Wasser gehalten hatte. U 123 setzte sich im flackernden Lichtschein des weiterbrennenden Benzins rückwärts in die Dunkelheit ab. Es war Hardegens erster Unterwasserangriff als Kommandant gewesen, und auch der erste Geschützeinsatz. Jetzt konnte sich die Besatzung ein besseres Bild von dem »neuen Mann an Bord« machen, dachte er.[12]

Eines Morgens wurde Hardegen in seiner Koje vom Funkmaat mit der Meldung geweckt: »Herr Kaleu, wir haben Krieg mit Rußland!« Hardegen wollte es zunächst nicht glauben, aber der Funker blieb dabei, und so schaltete er das Radio ein, um die Nachrichten aus der Heimat zu hören. Befriedigt hörte er von den Erfolgen der Wehrmacht im Osten, aber aus der Entfernung wirkten sie auch ein wenig irreal, besonders als Hardegen später auf der Brücke stand und seine Welt mit derjenigen der Panzer fern an Land verglich. Sein IIWO führte gerade eine Ortung mit dem Sextanten durch, und als er fertig war, fragte ihn Hardegen: »Wo sind wir?« Von Schroeter nannte ihm Länge und Breite, und auf die Frage »Was liegt an?« fügte er hinzu: »200 Grad, Herr Kaleu, Backborddiesel langsame Fahrt voraus. Steuerborddiesel macht Triebwerkskontrolle, ist um 2 Uhr wieder klar. Steuerbord ist auf E-Maschine geschaltet.«

Bald kam der Pico de Teide in Sicht, der höchste Berg von Teneriffa, und weit vor Tagesanbruch des 25. Juni erreichten sie Las Palmas auf der zum befreundeten neutralen Spanien gehörenden Insel Gran Canaria. Sie machten im äußersten Grenzbereich des Hafens längsseits des Tankers *Corrientes* fest, von dem sie Treibstoff und Lebensmittel bunkerten. Die Versorgungsaktion mit dem Codenamen »Culebra« erlaubte es Hardegen, seine Fahrt bis zum 23. August auszudehnen.[13] Noch am selben Morgen, um 6.40 Uhr, stach U 123 in Richtung Süden wieder in See. Als die Temperaturen allzu tropisch wurden und selbst innerhalb des Boots auf 35 Grad Celsius gestiegen waren, gestattete Hardegen der Besatzung, in Gruppen auf die Brücke zu steigen und sich im Fahrtwind zu erfrischen und auf dem Oberdeck eine Salzwasserdusche zu nehmen.

Der Anmarsch in ihr Operationsgebiet vor Freetown verlief bis zum 27. Juni ohne Zwischenfälle. Dann plötzlich wurde der Trott von dem Ruf unterbrochen: »Kommandant auf die Brücke, Rauchwolken in Sicht!« Hardegen spritzte nach oben und blickte durch sein Doppelglas in die angegebene Richtung. Häufig genug entpuppten sich angebliche Rauchfahnen als Wolkenfetzen und angreifende Flugzeuge als Seemöwen. Aber diesmal hatte der Ausguck recht gehabt. Am südlichen Horizont standen tatsächlich dünne Rauchfahnen - ein Konvoi, der mit Kurs nach Norden auf sie zukam! Aber das war nicht alles. Über dem Konvoi flog eine britische »Sunderland«, ein Flugboot, das von den Männern wegen seiner Langsamkeit und Ungelenkheit »müde Biene« genannt wurde. Die Biene trug Wasserbomben und flog direkt auf sie zu! ALARM! Sie tauchten, tauchten auf, tauchten. Die »Sunderland« drückte sie jedesmal wieder unter Wasser, auch wenn nicht klar war, ob sie das U-Boot überhaupt entdeckt hatte. Es sollte einige Zeit dauern, bis sie das Flugzeug los waren. Das Katz-und-Maus-Spiel zog sich bis zum Einbruch der Dunkelheit hin. Dann tauchte *Eins-Zwei-Drei* wieder auf und hatte Glück: heller Mondschein. Hardegen folgte dem Konvoi und setzte einen FT an den BdU ab, in dem er über Größe, Kurs und Geschwindigkeit des Geleitzuges berichtete: 23 Schiffe in vier Kolonnen, Kurs 310 Grad, Fahrt sieben Knoten. In die Sicherung der Zerstörer und Korvetten hineinzustoßen war bei dem hellen Mondlicht ein Wagnis, aber Hardegen ging es ein. Von der Luvseite - aus dem Wind - kommend, um mit einer weniger auffallenden Bugsee anzulaufen, schob sich das Boot zwischen die Kolonnen des Konvois. Rechts und links, in bester Schußposition, waren die schweren Schatten von Tankern und Frachtern zu sehen.

Jetzt war Eile geboten, bevor die feindlichen Ausgucks die Silhouette von U 123 bemerkten. Schneider, der Torpedooffizier, brachte die UZO auf die Brücke und befestigte das Spezialglas auf der Halterung mit dem drehbaren Visierring. Die UZO war auf mechanische Weise mit dem Vorhaltrechner verbunden, der die Schußdaten errechnete und sie ins »Hirn« der Torpedos eingab. Schneider visierte in einer Kolonne an Backbord drei Ziele an, dann befahl er: »Rohr eins, zwei und vier Achtung! Mündungsklappen öffnen!« Die Aale würden im Minutenabstand aus den Rohren schießen. Hardegen nickte Schneider zu, als er die Feuererlaubnis erteilte. Schneider drückte dreimal auf den Feuerknopf und rief die Bestätigung ins Sprachrohr: »Los! ... Los! ... Los!« Jeder im Boot verspürte den Rückstoß, aber da die Aale keine Blasenbahn erzeugten, war nicht zu sehen, ob sie auf dem richtigen Weg waren. Dann kam aus dem Horchraum die Meldung durch das Sprachrohr - sie waren gut unterwegs. Hardegen und Schneider verfolgten den Sekundenzeiger auf ihren Uhren. RRUMMS - der erste Aal war exakt zum erwarteten Zeitpunkt am Rumpf des zuerst anvisierten Ziels explodiert und jagte eine gewaltige Fontäne in die Luft. Fast gleichzeitig erreichte sie das Donnern der nächsten Detonation; vor der Brücke des zweiten Ziels schoß eine rotgelbe Stichflamme empor, in deren Licht zu sehen war, wie es mittschiffs auseinanderbrach und unterging. Aber wo blieb der dritte Aal? Er hätte inzwischen schon aufschlagen müssen. Hardegen wartete noch etwas ab, dann befahl er: »Hart backbord!«, um in Schußposition für einen zweiten Fächer zu kommen. Doch gerade als das Manöver begonnen wurde, sah er hinten in der letzten Kolonne des Konvois eine schwarze Sprengsäule in den Nachthimmel steigen, und eine Sekunde später hörte er auch die Explosion. Glück mußte man haben. Der dritte Torpedo hatte sein Ziel verfehlt, war aber diagonal weitergewandert und hatte ein anderes Schiff getroffen. Es war ein Zufallstreffer, wie er ihn schon einmal als Wachoffizier auf U 124 erlebt hatte. Die an diesem 27. Juni versenkten Schiffe des Konvois SL 76 waren der britische Frachter *P.L.M. 22* (5646 BRT; von Hardegen in seiner Meldung an den BdU als 10000-Tonnen-Tanker bezeichnet) und der niederländische Frachter *Oberon* (1996 BRT; Hardegen gab 2626 BRT an). Der dritte Torpedo beschädigte einen Frachter, dessen Name nicht bekannt ist.[14]

Nach den Treffern war Leben in den Konvoi gekommen. Die Schiffe fuhren kreuz und quer durcheinander. Vom ersten Ziel, das nur noch teilweise aus dem Wasser ragte, wurden mehrere Leuchtraketen abgeschossen, und auf den Wellen tanzten kleine Lichter, Nachtrettungsbojen, die den anderen Schiffen die Suche nach den Schiffbrüchigen erleichtern sollten. Aber bis jetzt hatten die Zerstörer und Korvetten U 123 noch nicht entdeckt. Hardegen entschloß sich, neben einem Dampfer am Ende des Konvois in Deckung zu gehen, doch das war ein Fehler. Plötzlich blitzte es vorn und achtern an Deck des Dampfers auf. Artillerie! Sie wurden beschossen! Aber das Feuer lag schlecht, und U 123 konnte dank seiner höheren Geschwindigkeit ungefährdet entkommen. Das Artilleriefeuer hatte allerdings die anderen Schiffe, einschließlich der Eskorte, auf den Standort des U-Boots aufmerksam gemacht. Leuchtgranaten und Suchscheinwerfer verwandelten die Nacht in hellen Tag. »ALARM!« brüllte Hardegen ins Sprachrohr. U 123 suchte den Schutz der Tiefe auf.

Während sie tauchten, meldete der Horcher Hardegen in der Zentrale: »Herr Kaleu! Zerstörer läuft an!« Hardegen schickte alle Mann in den Bugraum, um den Tauchwinkel zu vergrößern. Jetzt war der Zerstörer über ihnen. Die ersten Wabos explodierten im Tauchstrudel von U 123, die nächsten folgten dem Kurs, den das Boot nach Meinung des Zerstörers genommen hatte. Dieser Tommy-Kapitän war ziemlich gut, dachte Hardegen. Er lag mit seinen Vermutungen nicht weit von seinem Ziel, und die ersten Detonationen waren heftig genug, um die Glasscheiben der Instrumentenanzeigen zersplittern und Funkenkaskaden überspringen zu lassen und einigen Männern den Magen umzudrehen. Jetzt begann der Jäger die Beute mit Hilfe seines Unterwasserortungsgeräts, kurz ASDIC genannt, ins Visier zu nehmen.[15] Das Gerät befand sich in einer Halbkugel unter dem Kiel des Zerstörers und strahlte Ultraschallimpulse ab, die beim Auftreffen auf unter Wasser befindliche Objekte, zum Beispiel U-Boote, zurückgeworfen wurden, so daß Entfernung und Lage des Objekts bestimmt werden konnten. Wenn die Impulse auf die Außenhaut von U-Booten auftrafen, erzeugten sie ein leises, in den Ohren von U-Boot-Fahrern jedoch gräßlich lautes klirrendes, zirpendes *PING-ping*, und genau dieses Geräusch hörte jetzt die Besatzung von U 123. Hardegen ging tiefer, zunächst auf 150, dann auf 200 Meter. Jeder an Bord wußte, daß dem Gezirpe die Detonationen von Wabos folgen würden, und suchte sich einen festen Halt gegen die Erschütterungen. Rumms-WUMM! Rumms-WUMM! Die Knie gaben nach, und die Zähne schlugen knirschend aufeinander. Vor den Druckwellen gab es kein Entkommen. Und das Bombardement ging stundenlang weiter. Mehrere Male fiel die Beleuchtung aus, und die Strahlen von Taschenlampen geisterten durch die Dunkelheit. Aber die Disziplin hielt. Es herrschte absolute Stille. Die Männer bewegten sich auf Zehenspitzen, und nur die nötigsten Befehle wurden erteilt - flüsternd. ASDIC benötigte zwar nur sein eigenes Echo, aber man wußte, daß die britischen Zerstörer auch über ausgezeichnete Horchgeräte verfügten, die jedes winzige Geräusch einpeilen konnten, wenngleich es unwahrscheinlich war, daß sie Schritte und Stimmen innerhalb des dicken Druckkörpers eines U-Boots wahrzunehmen vermochten. Hardegen fuhr in großer Tiefe diverse Ausweichmanöver, konnte dem Verfolger aber nicht entkommen. Schneider zählte die Wabos mit: 35 waren es inzwischen. Aber die Briten hatten die Tiefe von U 123 falsch eingeschätzt, und so detonierten die Bomben, ohne Schaden anzurichten, weit oberhalb des Bootes. Um tödlich zu wirken, hätten sie im Umkreis von sieben Metern explodieren müssen. Erst nachdem die Briten am 27. August 1941 südlich von Island U 570, ein VIIC-Boot, erbeutet und durch Tauchversuche herausgefunden hatten, daß es mehr als 200 Meter tief tauchen konnte – die Werft gab eine maximale Tauchtiefe von 250 Metern an –, wurde die Zündtiefe der britischen Wabos erheblich vergrößert.

Nach fast 12 Stunden brach der Zerstörer die Jagd ab. Wäre er 36 bis 48 Stunden am Ball geblieben, so wäre U 123 der Sauerstoff ausgegangen, das Boot hätte auftauchen müssen und wäre eine leichte Beute gewesen. Aber so stellte Hardegen, als er nach einiger Zeit auf Sehrohrtiefe gestiegen war, fest, daß bis auf ein paar Rauchfahnen im Norden weit und breit nichts zu sehen war. *Eins-Zwei-Drei* tauchte am Morgen des 28. Juni, obwohl es Tag war, auf, um die Batterien aufzuladen, und Hardegen ließ den Rudergänger, in Verfolgung des Konvois, einen nördlichen Kurs steuern. Dann setzte er einen FT an den BdU ab.

Hans Seigel: Aber so, wie man es im »Boot« (dem Spielfilm nach dem Roman von Lothar-Günther Buchheim) gesehen hat, war es nicht. Das dürfen Sie nicht glauben.

Walter Lorenz: Nein, so ist das gar nicht gewesen. Wie sie da bei den Wasserbomben alle durcheinanderfallen, ganz so ist es nicht gewesen. Ich meine, gut, daß die Wasserbomben an den Nerven zerrten, selbstverständlich. Aber daß dann alle durcheinanderpurzelten – nein, nein.

Seigel: Wenn es einmal kracht und du lebst noch, dann hast du das Schlimmste überstanden. Aber vorher, wenn du das ASDIC-Gerät hörst und der Funker sagt, die Schraubengeräusche kommen näher

– das hat an den Nerven gezerrt. Aber daß es ein Geschrei gab, so wie in dem Film – da war äußerste Ruhe. So was gab es ja gar nicht. Die hätten dich sofort geortet, wenn da einer geschrien hätte ...

Richard Amstein: Ich glaube, es gab keinen an Bord, der keine Angst hatte.

Walter Kaeding: Einer, der sagt, er hat keine Angst gehabt, der lügt. Der Unterschied war nur der: Man durfte die Angst nicht zeigen – das haben wir ja auch nicht gemacht. Also das, was Sie im Film von Buchheim sehen, wo die Leute vor Angst sich bald in die Hose machen, das haben wir bei uns nicht erlebt.

Karl Latislaus: Wissen Sie, daß Buchheim auch ein Buch geschrieben hat? Das ist ein ganz großer Spinner. Denn er hat bloß eine Fahrt, glaube ich, mitgemacht. Wie kann der denn über das Milieu der U-Boot-Fahrer schreiben? Einige Sachen entsprechen ja den Tatsachen, aber das Gros nicht. Denn so gesoffen wurde nicht vorneweg, daß alles mit offenen Hemden rumlief.

Kaeding: Wir waren uns immer darüber klar, wie hoch die Verluste sind. Wir waren uns also darüber im klaren, daß es uns auch mal treffen könnte. Aber dieses Thema war tabu. Das wurde also nicht in der Heimat, in der Familie oder sonstwo besprochen. Es wurde überhaupt nicht besprochen. Es wurde auch nicht unter Kameraden besprochen.

Seigel: Jedes Boot ist anders, jede Führung eines Bootes ist anders. Und ich glaube, wenn da ein Kommandant war, der durchgedreht hatte, daß dann die Besatzung auch nicht so ruhig war. Aber wir hatten irgendwie das Vertrauen, daß es klarginge. Wir hatten eben eine gut eingespielte Besatzung. Da konnte man sich auf jeden verlassen, auf jeden Mann konnte man sich hundertprozentig verlassen.[16]

Als die Dunkelheit hereinbrach, war U 123 dank seiner größeren Überwassergeschwindigkeit in der Lage, schnell wieder zu dem Konvoi aufzuschließen. In der Nacht überholte es ihn sogar, um in Bugschußposition auf die voranfahrenden Schiffe zu warten. Aber eine »Sunderland« entdeckte sie und zwang sie mit einigen Wabos unter Wasser. Sie verbrachten den größten Teil des 29. Juni im getauchten Zustand. Dann bekamen sie in der Abenddämmerung dasselbe bewaffnete Handelsschiff ins Sehrohr, das sie zwei Nächte zuvor beschossen hatte. Hardegen konnte im Sehrohr den Namen erkennen: *Río Azul* (4088 BRT). An der Gaffel wehte eine weiße Flagge, bei der es sich allem Anschein nach um die Kriegsflagge der Royal Navy handelte, so daß er das Schiff als britischen Hilfskreuzer identifizierte. Ein besseres Ziel hätte er sich nicht wünschen können. Er ließ Rohr vier klarmachen. Aber die *Río Azul* war durch den Fliegerangriff auf U 123 aufmerksam geworden und auf Zickzackkurs gegangen, so daß Hardegen schon glaubte, er würde nicht zum Schuß kommen. Doch dann zackte sie in optimaler Entfernung und günstiger Lage in seine Visierlinie. U 123 stand bei 350 Metern Entfernung und 21 Sekunden Torpedolaufzeit direkt vor dem vermeintlichen Hilfskreuzer. »Rohr los!« Der Torpedo schlug mitten im Rumpf ein, das britische Schiff wurde regelrecht zerfetzt. Der Bug sank so schnell, daß die Geschützbedienung nicht mehr auf ihre Stationen kam. Kurz darauf ragte nur noch das Heck aus dem Wasser, und dann glitt auch der Rest des Schiffs, mit in der Luft mahlender Schraube und wehender Flagge, unter lautem Stöhnen und Ächzen in die Tiefe. Nur zweieinhalb Minuten nach der Detonation waren von der *Río Azul* nur noch ein großer Ölfleck und einige Trümmer übriggeblieben. Hardegen meldete in einem FT an den BdU seinen und seiner Besatzung Triumph.[17]

Eins-Zwei-Drei versenkte während seiner langen Afrikafahrt noch ein weiteres Schiff, einen einzeln fahrenden englischen Frachter. Das Opfer, die *Auditor* mit 5444 BRT, wurde am 4. Juli mit einem einzigen Torpedo abgeschossen. Auf U 123 beobachtete man, wie die Besatzung hastig von Bord ging, während das Schiff achtern wegsackte. Bald schaute nur noch der Bug aus dem Wasser, der sich noch einmal steil aufrichtete, bevor er wie ein Stein in den Fluten versank. Zwei Wochen später erfuhr Hardegen, daß zwei Rettungsboote mit 24 Mann die Kapverdischen Inseln erreicht hatten – nach einer Fahrt von mehr als 600 Seemeilen. Eine hervorragende seemännische Leistung, wie Hardegen anerkennend vermerkte.

Die *Auditor* war die letzte Versenkung von U 123 auf dieser Fahrt, denn die von oder nach Freetown laufenden Schiffe, all die Rauchfahnen und Maste, die man am Horizont sichtete, erwiesen sich beim Näherkommen regelmäßig als neutrale Amerikaner, auf deren Bordwand die *Stars and Stripes* prangten. Jeder an Bord wußte, daß die US-Schiffe Material für den Feind transportierten, aber die USA waren nicht am Krieg beteiligt, ihre Schiffe durften also nicht attackiert werden – für Hardegen ein ebenso frustrierender wie ärgerlicher Zustand.[18] Er meldete dem BdU die Aussichtslosigkeit der Situation und wurde daraufhin am 2. August nach Norden vor Gibraltar befohlen, wo er wieder ohne Erfolg kreuzte, aber zweimal – am 13. und 14. August, das zweitemal vier Stunden lang – von britischen Zerstörern mit Wabos belegt wurde, mit der Folge, daß beide Diesel zeitweise ausfielen und der Schmierölsammelbehälter ein Leck bekam. Schneider zählte 126 Detonationen, von denen 39 nahe genug waren, um Schaden anzurichten. So war die Besatzung erleichtert, als der BdU das Boot zur Reparatur in den Stützpunkt beorderte. Als es am 23. August um 9.10 Uhr an der *Isère* festmachte, hatten die Männer 68 Tage auf See hinter sich. Kein Wunder, daß sie sich beeilten, von Bord zu kommen, um irgendwo ein Bier zu trinken, ein Bad zu nehmen, sich zu rasieren und sich in sauberer Bettwäsche einmal wieder richtig auszuschlafen.

Admiral Dönitz studierte eingehend Hardegens KTB und notierte in seinem eigenen KTB über seinen neuen IXB-Kommandanten: »Er hat zu Beginn der Unternehmung einen Geleitzug angegriffen und dabei einen Hilfskreuzer und 3 Schiffe versenkt. Später hat er Einzelfahrer versenkt und vor Freetown starken neutralen Verkehr beobachtet. Der Kommandant hat sich auf der ganzen Unternehmung sehr geschickt verhalten und seine Angriffschancen gut ausgenützt.«[19] Ein solches Lob kam dem »Löwen« nicht alle Tage aus der Feder. Hardegens erste Versenkung hatte er dabei absichtlich nicht erwähnt. Die Sache hatte nämlich einen Haken, den er dem U-Boot-Kommandanten nur persönlich erklären konnte. Die Gelegenheit dazu ergab sich, als Hardegen, wie jeder von einer Feindfahrt zurückgekehrte Kommandant, bei Dönitz vorsprach, um sich der minutiösen Analyse seines KTB durch den »Löwen« zu stellen. Für jemanden, der keine Erfolge vorzuweisen hatte oder dessen KTB geringes Urteilsvermögen, Mangel an Kampfeinsatz oder Inkompetenz verriet, wurden diese Begegnungen zum bedrückenden Ereignis. Bei eklatanten oder fortgesetzten Fehlleistungen mußte man damit rechnen, sein Kommando zu verlieren; ein Extremfall war der des Kommandanten von U 572, der 1943 von einem Kriegsgericht wegen »Feigheit vor dem Feind« zum Tode verurteilt wurde. Aber Hardegen war nichts dergleichen vorzuwerfen, und Dönitz sparte nicht mit Freundlichkeiten, wies ihn jedoch auf die bedenkliche Tatsache hin, daß das erste, am 20. Juni mit zwei Torpedotreffern und anschließendem Artilleriefeuer von ihm versenkte Schiff entgegen seiner Annahme kein britischer Dampfer gewesen war, sondern der neutrale portugiesische Frachter *Ganda*. Der diplomatische Aufruhr, der dem Vorfall gefolgt war, hatte sich nur deshalb nicht gegen Deutschland gewandt, weil die Portugiesen ihn einem britischen U-Boot anlasteten, das sich zur gleichen Zeit in der Nähe aufgehalten hatte. Dönitz vergatterte Hardegen deshalb zu absolutem Stillschweigen und wies ihn an, sein KTB entsprechend zu ändern, so daß es keinen Hinweis auf den Angriff oder sonstige Aktivitäten am 20. Juni mehr enthielt.

Dönitz befahl, soweit bekannt, während der gesamten Atlantikschlacht nur zweimal einem U-Boot-Kommandanten, sein KTB zu fälschen, und dies war das zweite Mal. Zuvor hatte er es von Kptlt. Fritz-Julius Lemp (U 30) verlangt, der gleich am ersten Tag des Krieges gegen England, dem 3. September 1939, 250 Seemeilen nordwestlich von Irland den Passagierdampfer *Athenia* versenkte, wobei 112 Passagiere ums Leben kamen, darunter 22 US-Bürger, und somit sowohl gegen das internationale Seekriegsrecht als auch gegen den ausdrücklichen Befehl des BdU verstieß. Hitlers Propagandamaschine hatte das Märchen verbreitet, die *Athenia* sei von einem britischen U-Boot torpediert worden, um antideutsche Gefühle zu erzeugen, ähnlich wie 1915 nach der Versenkung der *Lusitania,* die dazu geführt hatte, daß die USA in den Ersten Weltkrieg eintraten.

Hardegen löschte also die Beschreibung der Versenkung der *Ganda* aus dem Kriegstagebuch. Es war offenbar eine ausführliche Darstellung gewesen, denn er tippte volle vier Seiten neu. Die Fälschung geriet allerdings nicht allzu überzeugend. Erstens fällt auf, wie locker die Eintragungen auf den vier ausgetauschten Seiten im Vergleich mit der dichten Platzausnutzung an anderen Stellen des KTB angeordnet sind; zweitens benutzte Hardegen eine andere Schreibmaschine und ein stärker abgenutztes Farbband; und schließlich sind die Spaltenüberschriften der ausgetauschten Seiten nicht wie im Rest des KTB in Fraktur, sondern in moderner Schrift gedruckt und die Seitenzahlen handschriftlich eingetragen, während sie sonst mit der Maschine geschrieben wurden. Vier Kopien dieses bearbeiteten KTB wurden an die entsprechenden Stellen in Frankreich und Deutschland verteilt, eine behielt Hardegen bei den Akten von U 123. Aber die Vertuschung war vor allem deshalb unvollständig, weil niemand daran gedacht hatte, die »Schußmeldung« über die Versenkung der *Ganda* mit allen technischen Angaben zu den Torpedoabschüssen und dem Geschützeinsatz zu ändern, die unbeachtet in ursprünglicher Form an das Torpedokommando nach Deutschland ging, wo jeder, der es gewollt hätte, sie mit der offiziellen Geschichte hätte vergleichen können. Das Vortäuschen gehörte offensichtlich nicht zu den Talenten von Dönitz, dem »Löwen«, und Hardegen, dem Kämpfer.[20]

Mitte Oktober war die Reparatur der Wabo-Schäden an U 123 beendet, und Hardegen ging mit einer ausgeruhten Besatzung auf die sechste Feindfahrt des Boots, seine zweite als dessen Kommandant. Als der 20. Längengrad erreicht war, erbrach er das Siegel des Einsatzbefehls und erfuhr, daß sich U 123 einem Vorpostenstreifen anschließen sollte, der die Aufgabe hatte, den Verkehr auf den Konvoirouten zwischen Neufundland und Grönland zu stören. Fünf Tage lang fuhr U 123 in allgemein westlicher Richtung, bis am 20. Oktober, etwa auf der Länge Islands, ein FT des BdU einging, das Hardegen auf einen schnell fahrenden militärischen Geleitzug, vermutlich Truppentransporter, aufmerksam machte, der südlich von seiner Position mit ostnordöstlichem Kurs in Richtung England unterwegs war. Er entschlüsselte den Funkspruch, der auf der Meldung eines fühlunghaltenden U-Boots basierte, und übertrug die Angaben auf die Karte, wobei sich herausstellte, daß U 123 den Grundkurs des Konvois bereits hinter sich gelassen hatte. Zu schade. Doch je länger er über der Karte rechnete, desto mehr setzte sich in ihm der Gedanke fest, daß er den Konvoi noch abfangen konnte, wenn er mit äußerster Kraft kehrtmachte. Andere, näher stehende Boote mochten die Nachricht ebenfalls erhalten haben, aber was war, wenn kein anderes da war? Angenommen, U 123 war das einzige Boot in diesem Gebiet, das die Möglichkeit hatte, den Konvoi anzugreifen? Sollte er es nicht doch versuchen? Dagegen sprach der strikte Befehl des BdU, mit sparsamster Marschfahrt das vorgesehene Quadrat anzulaufen. Konnte er es rechtfertigen, den Befehl zu mißachten und bei der Suche nach dem Konvoi wertvollen Treibstoff zu verbrauchen, zumal er sich keineswegs sicher sein konnte, daß er ihn überhaupt finden würde? Sein Gefühl sagte ja. Und durch Zögern gewann man keine Kriege, dachte er. Manchmal war es besser, blitzschnell zu handeln und sich auf seine Instinkte zu verlassen, als ein Problem durch Nachdenken zu Tode zu reiten. Admiral Dönitz selbst hatte seinen U-Boot-Männern die Parole mit auf den Weg gegeben: »Angreifen! Ran! Versenken!« Hardegen war sich sicher, daß der »Löwe« unter den gegebenen Umständen seiner Entscheidung zugestimmt hätte. Er wandte sich vom Kartentisch ab und befahl Schneider: »Neuer Kurs 100 Grad. Beide Maschinen äußerste Kraft voraus.«

Die Besatzung war erregt. Niemand konnte schlafen. Schneider führte noch einmal zur Übung eine Feuerleitung der Torpedos durch. Jeder Mann an Bord überprüfte seine Station und bereitete sich auf den Angriff vor. Während des Anmarschs trafen zwei weitere, den Konvoi betreffende Funksignale des BdU ein. Im zweiten wurde mitgeteilt, daß der Fühlunghalter den Kontakt mit dem mit großer Geschwindigkeit fahrenden Konvoi verloren hatte. Wieder studierte Hardegen die Karte. Nach seiner Berechnung müßten sie den Konvoi in knapp vier Stunden erreichen - oder nie. Außerdem hätte es wenig Sinn gehabt, die Aktion jetzt abzubrechen, nachdem er seinen Treibstoffvorrat schon derart beansprucht hatte. Dann erhielt er zu seinem Schrecken einen weiteren Funkspruch von Dönitz: Alle Boote westlich des Konvois sollten die Jagd abbrechen und mit sparsamer Fahrt ihre befohlenen Ziele ansteuern. Was nun? Ein Kommandant durfte nicht leichtfertig gegen einen Befehl von ganz oben verstoßen, jedenfalls nicht, wenn er Kommandant bleiben wollte. Andererseits war nicht zu leugnen, daß er in der Vergangenheit stets gut dabei gefahren war, wenn er seinen Gefühlen gefolgt war. Außerdem hätte er sonst seinen Treibstoff sinnlos verpulvert. So wies er Schneider an: »Es wird weiter bis 4 Uhr mit Höchstfahrt auf dem befohlenen Kurs durchgehalten.« Das war der schwierigste Befehl, den er jemals gegeben hatte, stellte er doch eine glatte Befehlsverweigerung dar. Er schaute wieder auf den Funkspruch des BdU: ... GELEITOPERATION SOFORT ABBRECHEN. WEITERMARSCH MIT SPARSAMSTER MARSCHFAHRT FORTSETZEN. WEITERES FOLGT.[21] Gehorchen wäre einfach gewesen: Beide Maschinen langsame Fahrt voraus, hart backbord, Kurs 270 Grad, und er hätte sich die »Zigarre«, die ihn mit Sicherheit erwartete, wenn er den

Konvoi verfehlte, erspart. Aber er hatte das Gefühl, daß der Admiral an seiner Stelle denselben Kurs eingeschlagen hätte wie er. Er spürte es – und er hoffte es. Wieder beugte er sich über die Karte und überprüfte noch einmal seine Kopplung. Dann, kurz vor 4.00 Uhr MEZ, bellte es aus dem Sprachrohr: »Kommandant auf die Brücke! Steuerbord querab Schatten!« Wie der Blitz war er auf der Brücke und sah durchs Glas. Der Konvoi! Er zählte vier große Zwei-Schornstein-Dampfer und ein Geleit von offenbar drei Zerstörern.

»Auf Gefechtsstationen!«

Nur der Adrenalinstoß, den er erlebte, kam in etwa seiner Erleichterung gleich. Er mußte rasch handeln. Die Geschwindigkeit des Konvois war so groß – 14 bis 15 Knoten, schätzte er –, daß er keine Chance hatte, auf die ersten beiden Dampfer zum Schuß zu kommen. Also hängte er sich an den dritten. Es war ein riesiger Schatten – rund 14000 BRT –, der einen Zickzackkurs fuhr. Irgendwie schaffte es U 123, in die Sicherung einzudringen, ohne daß seine Bug- und Hecksee bemerkt wurden. Einer der Zerstörer »fegte« auf der Steuerbordseite hinter dem Konvoi quer zu dessen Kurs. Er konnte sie jeden Augenblick entdecken, und dann würde die Hölle losbrechen. Da rief der Ausguck auf dieser Seite auch schon: »Zerstörer an Steuerbord liegt mit Lage null auf uns zu!« Jetzt war keine Zeit mehr – der Schuß mußte auf der Stelle angesetzt werden. Hardegen beugte sich dicht an Schneiders Ohr: »Feuererlaubnis!«

Schneider drückte den Feuerknopf – »Los! Los! Los!« – und schickte einen Fächer aus drei Aalen auf den Weg, von denen, so hoffte er, wenigstens zwei treffen würden, denn die Schußentfernung war mit 1500 Metern größer, als es Hardegen lieb war. Normalerweise hielt sich Hardegen – wie Kretschmer – an die Devise: »Ein Schiff, ein Torpedo«, aber diesmal mußte er unter allen Umständen treffen, und dafür schien ihm ein Fächerschuß das geeignete Mittel zu sein. Schneider hatte die Zielgeschwindigkeit mit 15 Knoten, die Lage mit 80 Grad und die Laufzeit mit 81 Sekunden ermittelt.[22] Kaum waren die Aale aus den Rohren, riß Hardegen U 123 herum und strebte mit äußerster Kraft von dem anlaufenden Zerstörer weg. So kam er nicht mehr dazu, dem vierten Dampfer, wie geplant, ebenfalls einige Torpedos auf den Hals zu schicken. Jetzt hieß es in der Dunkelheit Schutz suchen und abwarten, ob die Torpedos von sich hören ließen. Schneider zählte die Sekunden ... fünfzehn ... zehn ... fünf ...

Der diensthabende Wachoffizier auf HMS *Aurania,* Lieutenant John Binfield, RNR, ging unruhig auf der Brücke hin und her. Das ehemalige Passagierschiff der Cunard White Star Ltd., ein 1924 vom Stapel gelaufener Dampfer mit zwei Schornsteinen, vier Turbinen und Doppelschraube, war jetzt als bewaffneter Hilfskreuzer der Royal Navy ausgerüstet und hatte sich, von Halifax zum Clyde in Schottland unterwegs, als einer von fünf Hilfskreuzern dem Geleitzug des Konvois SL 89 angeschlossen, dessen 20 Schiffe mehrere, je fünf Kabellängen* voneinander entfernte Kolonnen gebildet hatten. Binfield ließ das Schiff im Zickzackmuster 10 laufen, mit einem mittleren Kurs von 062 Grad und einer Geschwindigkeit von 13,5 Knoten. Er war gerade für einen Augenblick stehengeblieben, um Zeit und Position zu überprüfen - 2.27 Uhr Greenwich-Zeit, 50°45,5′ N, 18°41′ W - und für die Backbordstrecke des Zickzackkurses als neue Gradangabe 040 anzuordnen, als ihn ein dumpfer Einschlag auf der Backbordseite bei Luke 3 von den Beinen holte. Er zog sich hastig wieder hoch und drückte die Alarmknöpfe für die Gefechtsstationen, stoppte die Maschinen, legte das Steuerrad hart nach Backbord um - auf das U-Boot zu -, wie es seine Vorschriften verlangten, ließ die Alarmsirene sechsmal kurz aufheulen und schaltete eine rote Lampe an der Nock ein, deren Aufleuchten bedeutete: »torpediert«. Eine halbe Minute später war der Kapitän der *Aurania,* Ivan Walter Whitehorn, auf der Brücke. Das Schiff hatte inzwischen 25 Grad Schlagseite nach Backbord, und er befahl, die rote Lampe auszuschalten, ging auf langsame Fahrt voraus und drehte das Steuerrad hart nach Steuerbord, um von dem U-Boot wegzukommen. Dann befahl er der Besatzung vorsichtshalber, die Rettungsboote auszuschwenken. Kurz darauf hatte das Schiff nur noch 15 Grad Schlagseite, und er ging mit acht Knoten erneut auf Zickzackkurs. Gleichzeitig gab irgend jemand, jedenfalls keiner der Offiziere, den Befehl aus, das Schiff zu verlassen. Die Folge des anschließenden Durcheinanders war, daß der Artillerist Charles Stewart ein P.2-Rettungsboot zu Wasser ließ. Mit ihm im Boot waren die

* s. Anhang II: Nautische Maße.

Leading Seamen Bertie E. Shaw und George R. Brown sowie die Able Seamen Cornelius O'Keefe, Abed Graves und Victor A. Pancott. Beim Herablassen ließ jemand jedoch die Leinen fahren, das Boot schwang aufgrund der Schlagseite der *Aurania* hinaus, und Brown ging über Bord. Als das Boot, bei fünf oder mehr Knoten Fahrt, aufs Wasser auftraf, schlug es beinahe um, wobei Stewart, O'Keefe, Graves und Pancott hinausgeschleudert wurden, so daß Shaw als einziger in dem fast völlig überfluteten Boot übrig blieb. Stewart, O'Keefe und Graves wurden von dem Zerstörer HMS *Croone* gerettet. Brown, Shaw und Pancott blieben unauffindbar.[23]

Hardegen und die Brückenwache beobachteten im Licht der trübroten Flammen auf dem getroffenen Schiff, wie es sich auf die Backbordseite legte und über den Bug abzusacken schien. Durch die Ferngläser sahen sie, daß die Besatzung die Rettungsboote zu Wasser ließ. An der Brücke funkte eine rote Lampe dem hinter dem Hilfskreuzer fahrenden Zerstörer etwas zu, und der Zerstörer kam längsseits zu Hilfe. Der Rest des Konvois war nach dem Angriff von Kurs 062 auf 100 Grad gegangen, und als Hardegen mit nachgeladenen Torpedos versuchte, ihm nachzusetzen, mußte er bald einsehen, daß er zu schnell für ihn war. Nach anderthalb Stunden Jagd begann der Tag zu dämmern. Es wurde Zeit, die Operation abzubrechen. Im Tageslicht wäre U 123 allzu leicht auszumachen gewesen. Als ein Schiff mit Eskorte auf die Position von U 123 zudrehte, machte Hardegen kehrt und meldete dem BdU die Position des Geleitzugs. Vielleicht konnte ein anderes Boot weiter im Norden zum Schuß kommen. Dann kehrte er zum Ort des Geschehens zurück, um dem Opfer, wenn nötig, den Fangschuß zu geben. Aber alles, was er vorfand, waren ein gewaltiger Ölfleck, einige Wrackstücke und ein halb unter Wasser liegendes Rettungsboot mit einem Schiffbrüchigen darin. Als sich U 123 ihm näherte, hob er die Hände. Er wurde an Bord genommen und verhört. Dabei erfuhr Hardegen nicht nur seinen Namen – Bertie Shaw –, sondern auch, daß es sich bei dem versenkten Schiff um HMS *Aurania,* 13984 BRT, gehandelt hatte, einen Hilfskreuzer; daß die beiden Torpedos am Bug und unter der Brücke, dicht vor dem Maschinenraum, eingeschlagen hatten; daß der Zerstörer, der dem Hilfskreuzer zu Hilfe geeilt war, die meisten der 250 Mann Besatzung aufgenommen hatte; und daß sein Schiff gut eine Dreiviertelstunde nach den Treffern durch eine Explosion im Innern zerrissen und über den Bug gesunken war.[24] Auf der Brücke von U 123 war eine große Stichflamme am Angriffsort zu sehen gewesen, und Hardegen fragte sich, ob ein anderes U-Boot dem Dampfer den Fangschuß gegeben hatte. Er funkte dem BdU die Versenkung, und Dönitz antwortete mit einem »Bravo!«. Hardegen und die Besatzung fühlten sich bestätigt.

Es war Zeit, sich wieder dem eigentlichen Auftrag zuzuwenden. Hardegen ging auf Kurs 280 zurück und beobachtete den Horizont, wo die Ausgucks eine »Sunderland« entdeckt hatten. Den Rest des Tages über mußten sie mehrmals tauchen, weil wieder eine »Sunderland« im Anflug war. Ein Grund für die Anwesenheit der »müden Bienen« mochte die Nähe der englischen Küste sein. Doch als sie in der Abenddämmerung nach einem kurzen Tauchmanöver wieder an die Oberfläche kamen, entdeckten sie noch einen weiteren Grund: Sie liefen längsseits (allerdings in entgegengesetzter Richtung) eines Konvois, der denselben Kurs verfolgte wie derjenige, den sie zuvor angegriffen hatten. Hardegen nahm an, daß er eine Art Nachhut desselben Konvois vor sich hatte. Er konnte mit bloßem Auge 22 große Dampfer und drei Zerstörer erkennen. Zehn Minuten später, und er wäre mitten in den Kolonnen aufgetaucht! Er kannte seine Pflicht - oben bleiben und melden. Nach Dönitz' System griff das erste Boot, das einen Geleitzug sichtete, nicht an, sondern meldete Größe, Position, Kurs, Geschwindigkeit und Sicherung an den BdU und berichtete fortlaufend weiter, während andere Boote an den Konvoi herangeleitet wurden und schließlich den Angriff ausführten. So setzte Hardegen den Funkspruch ab, hielt mit voller Überwassergeschwindigkeit mit dem Geleitzug Fühlung und wartete auf die Bestätigung des Empfangs seines FT. Als einer der Zerstörer direkt auf ihn zuhielt, setzte er sich ab; er wußte, daß sich der Zerstörer nicht allzu weit vom Konvoi entfernen und bald wieder zu ihm umkehren würde. Doch dann tauchte wieder eine »Sunderland« auf. Wo blieb die Bestätigung des BdU? Die »Sunderland« würde in wenigen Sekunden über ihm sein. Sie war, in niedriger Höhe fliegend, nur noch 3000 Meter entfernt. Da kam endlich aus dem Funkschapp die Meldung: »FT bestätigt!«, und Hardegen brüllte: »ALARM!« Das Boot war kaum unter Wasser, als die ersten Bomben fielen, eine über dem Vordeck und eine oberhalb der Brücke. Das Boot wurde fürchterlich durchgeschüttelt und erlitt einige Schäden, die jedoch nicht ernst waren. Die Besatzung mußte lachen, als ihr englischer Gefangener die Bombenexplosionen mit wiederholtem *»No good, no good!«* kommentierte. Dann war der Luftangriff überstanden, und als U 123 einige Stunden später wieder auftauchte, waren See und Himmel leer. Sie hatten die Fühlung mit dem Konvoi verloren, hörten aber in der Dunkelheit achteraus zwei Detonationen. Das bedeutete, daß jemand den Funkspruch des BdU empfangen und etwas daraus gemacht hatte. Es war U 82 unter dem Kommando von Kptlt. Siegfried Rollmann, das am 21. Oktober südwestlich von Irland um 22.03 bzw. 22.31 Uhr die zum Konvoi SL 89 gehörenden britischen Frachter *Serbino* (4099 BRT) und *Treverbyn* (5218 BRT) versenkte.[25]

Nach einem langen Anmarsch erreichte U 123 am 30. Oktober den Vorpostenstreifen der »Gruppe Schlagetot« südlich von Grönland. Kurz darauf erhielt Hardegen durch einen FT des BdU den Befehl, sich aus der Gruppe zu lösen und selbständig den aus der Belle-Isle-Straße zwischen Neufundland und Labrador kommenden Schiffsverkehr zu stören. Aber er fand im dicken Nebel in der Meerenge keine Jagdbeute und konnte sich allenfalls mit dem Gefechtslärm trösten, der aus der Waschküche im Osten zu ihm herüberdrang, wo andere Boote offenbar glücklicher operierten.[26] Später wurde er wieder vor Kap Farewell an der Südküste Grönlands beordert. Die grönländische Küste bot einen spektakulären Anblick. Sogar die Maschinisten wurden auf die Brücke geholt, um sich die schneebedeckten Berge und die Gletscher anzusehen. Das Boot selbst wurde nach und nach von einer Eiskruste überzogen. Wurde sie zu dick, so daß sie die Einsatzbereitschaft zu gefährden drohte oder, wie es einmal geschah, eine der Antennen abbrach, ging es in den »Keller«, damit das Eis abschmolz.

Zweimal begegneten sie anderen U-Booten und tauschten Lichtsignale und Grüße mit ihnen aus – eine willkommene Abwechslung in der Einsamkeit fern der Heimat. Einmal wurden sie mit englischen Wabos belegt und mußten so tief tauchen, daß sie fürchteten, ihr Boot würde vom Wasser wie ein Ei zerquetscht werden. Aber die Detonationen hörten nach einiger Zeit auf, und sie konnten, noch bevor die Batterien erschöpft waren, gefahrlos wieder zur Oberfläche aufsteigen. Die größte Erleichterung darüber verspürte sichtlich ihr Gefangener, Bertie Shaw. Schließlich traten sie auf Befehl des BdU die lange

Heimreise an, die völlig ereignislos verlief. Hardegen war enttäuscht; er hatte gehofft, zufällig auf einen Konvoi oder ein versprengtes Schiff zu stoßen. Er hatte noch viele Aale übrig. Aber obwohl sie alle bekannten Schiffahrtsrouten passierten, bekamen sie nicht einen einzigen Mast zu sehen. Für U-Boot-Fahrer eine Saure-Gurken-Zeit. So vergnügte sich die Besatzung damit, den englischen Gefangenen zu beobachten, mit dem sie sich angefreundet hatte, obwohl sie sich kaum mit ihm verständigen konnte, und den jeder an Bord - nach seinem großen Namensvetter - nur »Bernhard« nannte. Er war dankbar, wenn er irgendeine seemännische Arbeit verrichten durfte, und bewährte sich auch als Kartoffelschäler und Geschirrspüler, wodurch er den »Backschaftern« zu unverhoffter Freizeit verhalf. Aber er vermißte seine Zigaretten und seinen Kautabak, und da in der winzigen Kantine des Boots auch Zigaretten lagerten, erlaubte ihm Hardegen ab und an, auf die Brücke zu klettern und ein Stäbchen zu rauchen. Freilich fand er die deutschen Zigarettensorten kaum genießbar. Als U 123 den Atlantikstützpunkt erreichte - »Bernhard« trug inzwischen einen weißen Vollbart -, erkannte er ein altes französisches Kriegsschiff, das dort vor Anker lag, und wußte, daß er in Frankreich war. Es ging also nicht durch den Ärmelkanal, wo er möglicherweise befreit worden wäre, nach Deutschland. Er würde seine Heimat vor Ende des Krieges nicht wiedersehen. Hardegen sah die Enttäuschung auf seinem Gesicht, aber auch eine gewisse Freude - getreu dem Grundsatz: »Besser ein paar Jahre gefangen als das ganze Leben tot.« Sein Abschied von den Besatzungsangehörigen von U 123 war ein bewegender Augenblick, und jeder von ihnen fragte sich, ob er Bertie Shaw jemals wiedersehen würde.

Bei der Einfahrt in den Hafen wehte nur ein einziger Wimpel am ausgefahrenen »Spargel«, wie die U-Boot-Männer das Sehrohr nannten. U 123 hatte auf seiner Feindfahrt nur ein Schiff versenkt, aber das war ein Kriegsschiff gewesen. Der Wimpel war daher rot, und ein roter Wimpel war nach Hardegens Ansicht vier oder fünf weiße wert.

Nachtrag

Es wäre ein großer Schock für Hardegen gewesen, hätte er drei Wochen später, am 10. und 11. November, an der Sitzung des Untersuchungsausschusses auf der bei Glasgow in der Mündung des Clyde vertäuten HMS *Cyclops* teilnehmen können und durch die Bullaugen das Schiff gesehen, das längsseits der *Cyclops* ankerte: HMS *Aurania.* Der Ausschuß war zusammengetreten, um die Torpedierung der *Aurania* und den Verlust von drei Besatzungsmitgliedern zu untersuchen, und Kapitän Whitehorn berichtete ihm, wie er das Schiff, bei um rund 4,5 Meter abgesacktem Bug, stabilisiert und mit Hilfe der Pumpen in dieser Lage gehalten hatte, während er es bei ruhiger See in Begleitung von HMS *Totlund* ohne weitere Zwischenfälle in den Clyde steuerte, wo die *Aurania* am Nachmittag des 23. Oktober festmachte.

Daß die *Aurania,* die mit knapp 14000 BRT das größte der 29 Schiffe war, die er als U-Boot-Kommandant torpedierte, nicht gesunken war, erfuhr Hardegen erst im Januar 1987, als man ihm das Protokoll der Sitzung des auf der *Cyclops* zusammengetretenen Untersuchungsausschusses zeigte. Nach der Reparatur des beschädigten Rumpfs diente die *Aurania* noch bis Kriegsende als Geleitschiff, bevor sie außer Dienst gestellt und verschrottet wurde.[27]

1962 besuchte Hardegens ältester Sohn, Klaus-Reinhard, auf Bitten seines Vaters das Heim von Bertie Shaw in Kingston-on-Thames am Rande Londons, um ihm dessen Grüße zu überbringen. Aber Mrs. Shaw teilte Hardegens Sohn mit, daß ihr Mann verstorben sei und daß sie nicht weiter mit ihm zu sprechen wünsche, »da Bertie im Kriegsgefangenenlager eine sehr schwere Zeit auszustehen hatte«.

Hardegen bekam das Kriegsschiff HMS *Cyclops* nie zu Gesicht, sollte aber bald einem englischen Frachter gleichen Namens begegnen, demselben Dampfer *Cyclops,* von dem Admiral Dönitz glaubte, er hätte ihn als U-Boot-Kommandant 1918 versenkt. Er hatte damals für diese angebliche Versenkung den Hohenzollernschen Hausorden erhalten.

Anfang Dezember fuhr Hardegen mit seiner Frau Barbara zu einer Vortragsreise nach Italien. Die D-Zugfahrt von Mailand nach Turin hatte für ihn, der vor kurzem noch zwischen Eisbergen gekreuzt war, etwas Irreales an sich. In Turin würde er, wie schon in Mailand, auf Anweisung des BdU vor den dort lebenden Deutschen einen Vortrag über den U-Boot-Krieg halten. Es war also ein »Arbeitsurlaub«, obwohl er Freude daran hatte und die Aufmerksamkeit und das Reden genoß. Die Zuhörer waren von diesem großen, schlanken Mann mit dem knochigen, hageren Gesicht und den durchdringenden blauen Augen, der in blauer Marineuniform mit U-Boot- und Luftwaffenabzeichen auf der Brust und den goldenen Streifen eines Kapitänleutnants an den Ärmeln vor ihnen auftrat, beeindruckt. Auf dem Bahnhof von Turin wurde er von einer Delegation der deutschen Kolonie empfangen.

»Nun, was sagen Sie dazu?« wurde er aufgeregt gefragt. »Italien ist wundervoll«, antwortete Hardegen. »Nein«, entgegnete der Frager, »wir meinen selbstverständlich die Reden - Japan - Hawaii - der Führer - Roosevelt - . . .« Hardegen hatte nichts davon gehört, aber er konnte sich nach und nach zusammenreimen, was passiert war: Japan hatte Pearl Harbor angegriffen, und der Führer hatte den Vereinigten Staaten den Krieg erklärt! Endlich waren die frustrierenden Fesseln, die den U-Booten angelegt waren, gefallen. Was für eine Chance, dachte er, besonders für jemanden wie ihn, der ein Fernboot kommandierte. Mit etwas Glück könnte er unter den ersten sein, die die USA anliefen. Wenn er doch nur eine Karte bei sich gehabt hätte! Er konnte es kaum abwarten, die Entfernung von Lorient nach New York, Kap Hatteras und Florida zu messen. Vor wenigen Jahren noch war er mit der *Karlsruhe* in New York zu Besuch gewesen. Unglaublich! Er kaufte sich am Zeitungsstand im Bahnhof einige italienische Zeitungen, und seine Gastgeber übersetzten ihm die Artikel über den Angriff auf Pearl Harbor, über die Versenkung zweier britischer Kriegsschiffe - des Schlachtschiffs *Prince of Wales* und des Schlachtkreuzers *Repulse* - durch die Japaner und über Hitlers Rede vor dem Reichstag, in der er die Kriegserklärung bekanntgegeben hatte. Während Hardegen, ganz erpicht auf den Vortrag, den er an diesem Abend halten würde, aus dem Bahnhof zu dem wartenden Auto ging, nahm er seine Frau am Arm und sagte lächelnd zu ihr: »Du, auf der nächsten Fahrt besuche ich Roosevelt.«[28]

3

»Wir sind im Krieg«

19. Dezember 1941. Drei U-Boot-Kommandanten standen in blauen Mützen, Übermänteln und grauen Handschuhen dicht beieinander vor dem Eingang des Hauptquartiers der 2. Flottille am Scorff. Hardegen erzählte seinen Kollegen gerade, daß er soeben von einem Urlaubsaufenthalt in Italien zurückgekehrt sei, als ein von Admiral Dönitz geschickter Horch vorfuhr. Die Offiziere stiegen ein und fuhren die gewundene Straße durch das *centre de ville* nach Kernével hinaus.

»Sie sagten, Sie seien früher zurückgekommen. Warum?« fragte einer der beiden anderen Offiziere, die im Fond Platz genommen hatten, während Hardegen vorn auf dem Beifahrersitz saß. »Wegen der Kriegserklärung gegen Amerika?«

»Genau«, antwortete Hardegen. »Ich habe eine Mordswut auf die Amerikaner.[1] Sie müssen wissen, daß ich auf meiner vorletzten Feindfahrt vor Afrika operierte, wo die Amerikaner mit ihrer scheinheiligen Neutralität einen Narren aus mir gemacht haben. Jedesmal, wenn ich am Horizont Rauch und Mastspitzen sah, mußte ich beim Näherkommen feststellen, daß auf den Rumpf der Schiffe eine große amerikanische Flagge gemalt war. Dabei wußte ich – jeder von uns wußte es –, daß diese US-Schiffe Lieferungen für den Feind transportierten. Trotzdem durften wir sie nicht anrühren. Aber jetzt können wir es.«

Vom Rücksitz war Zustimmung zu hören, doch dann gab einer der beiden Offiziere zu bedenken: »Seien Sie sich nicht so sicher, daß es nach Amerika geht. Der ›Löwe‹ könnte uns auch nach Gibraltar schikken.« Ja, dachte Hardegen bei sich, das könnte er, aber wahrscheinlich war es nicht. Alle drei Offiziere kommandierten ein IXB- oder IXC-

Boot, Fernboote also, und daß der »Löwe« gerade sie - noch dazu gemeinsam - zu sich bestellt hatte, damit sie von ihm persönlich ihre Marschbefehle entgegennahmen, hatte etwas zu bedeuten. Es deutete jedenfalls kaum auf Gibraltar hin, wo ihr U-Boot-Typ schon operiert hatte - viel zu lange, fand Hardegen. Er vermutete, daß die nächste Feindfahrt nach Amerika gehen würde, um den dortigen Küstenverkehr unter Beschuß zu nehmen. Im schlimmsten Fall würden sie nach Grönland geschickt werden, von wo er im November erst zurückgekehrt war. Damit kämen endlich wieder Boote in den Nordatlantik. Aber es sprach doch mehr dafür, daß es nach Amerika gehen würde.

Die Limousine hielt an einem Wachhäuschen an, der Fahrer zeigte seinen Passierschein vor und fuhr zu dem hübschen Château weiter, das sich Dönitz als Stabsquartier ausgesucht hatte. Flaggleutnant Hans Fuhrmann kam die geschwungene Treppe herunter, um Hardegen und die beiden anderen Offiziere zu begrüßen.

»Folgen Sie mir bitte ins Lagezimmer«, sagte er. »Kapitän zur See Godt wird Sie sofort empfangen. Der Maat hat Kaffee gemacht. Der Admiral läßt bestellen, daß Sie sich umsehen möchten. Es liegt im Augenblick nichts an. Versäumen Sie nicht, das ›Museum‹ zu besichtigen - das Zimmer mit unseren Graphiken, Kartentischen und Tonnagebilanzen. Machen Sie es sich bequem. Kapitän Godt wird zu Ihnen kommen, sobald er Zeit hat.«

Hardegen und seine Kameraden folgten dem Flaggleutnant durch den großen Salon ins Lagezimmer im Erdgeschoß der Villa, wo er sie mit einer einladenden Geste in Gesellschaft der riesigen Seekarten an den Wänden, der auf einem großen Tisch ausgebreiteten Operationskarte, in der unzählige Nadeln mit roten und blauen Fähnchen steckten, und des berühmten Globus des Admirals von einem Meter Durchmesser allein ließ. Die Kommandanten brauchten nicht lange, um herauszufinden, daß die blauen Fähnchen U-Boote und die roten Geleitzüge repräsentierten. Was ihr Erstaunen erregte, war die Tatsache, daß nur wenige blaue Fähnchen auf die atlantischen Seewege zwischen Nordamerika und Großbritannien gepinnt waren. Die meisten steckten im Mittelmeergebiet und vor Gibraltar in der Karte. »Sehen Sie?« sagte einer von Hardegens Begleitern. »Ich wette, wir gehen dorthin - nach Gibraltar.« Hardegen schüttelte den Kopf und ging zu der großen Wandkarte mit der Nr. 1870G hinüber: *Nordatlantischer Ozean.*

»Dorthin werden wir gehen«, sagte er, indem er auf die Karte zeigte. »Boston, New York, Kap Hatteras, Key West. Verlassen Sie sich darauf.«

Die anderen beiden lachten. »Sie sind sich ja sehr sicher«, meinte einer von ihnen. Hardegen paßte sich der heiteren Stimmung an. »Sehen Sie diese Meerenge, die Belle-Isle-Straße?« Er zeigte auf den Wasserweg zwischen Neufundland und Labrador. »Dort war ich auf meiner letzten Feindfahrt im November. Und jetzt sehen Sie, hier.« Er fuhr mit dem Finger über den Atlantik zu einer kleinen Insel südlich von Lorient. »Das ist Belle Île, an der wir beim Auslaufen vorbeikamen. Als wir die Straße erreichten, habe ich zu meinen Offizieren gesagt, daß unser Boot einfach von einer ›Schönen Insel‹ zur anderen gefahren ist!« Hardegens Kollegen amüsierten sich köstlich.

»Und was haben Sie in Ihrer ›Straße der Schönen Insel‹ gefunden?«

»Nichts«, antwortete Hardegen. »Absolut nichts - außer Nebel. Ich habe sechs Tage lang nichts als eine milchweiße Wand gesehen. Zu jagen gab es nichts. Ich war ehrlich wütend, auf einer so miesen Position zu stehen.«[2]

Seine Begleiter lächelten. Sie vermochten sich diesen Mann mit dem breiten Lächeln kaum wütend vorzustellen.

Richard Zapp (U 66), klein, stämmig, mit tief zerfurchtem Gesicht, hatte eine Erfolgsbilanz von fünf Schiffen mit insgesamt 26130 BRT, die er im Juni, Juli und September des vergangenen Jahres vor Afrika versenkt hatte. Ernst Kals (U 130), rothaarig, dünn wie eine Schiffsflagge, war gerade von einer Feindfahrt nach Lorient zurückgekehrt, auf der er im Nordatlantik drei Schiffe mit zusammen 14971 BRT versenkt hatte - seine ersten als Kommandant. Beide kannten Hardegen als spontanen, verwegenen und stets gutgelaunten Mann. Nach dem, was sie von Offizieren und Mannschaftsdienstgraden aus seiner Besatzung gehört hatten, war es ein echtes Wagnis, auf seinem Boot zu fahren. Er ging Gefahren ein, vor denen die meisten anderen Kommandanten zurückgeschreckt wären. Aber seine Verwegenheit hatte ihm sieben Versenkungen mit annähernd 40000 BRT eingebracht. Manchem fiel es allerdings schwer, Hardegens Aggressivität mit seinen feinen Gesichtszügen und den körperlichen Beeinträchtigungen - einschließlich eines verkürzten Beins –, die er jedoch erfolgreich zu kaschieren verstand, in Einklang zu bringen. Es war ein offenes Geheimnis, daß er infolge des Flugzeugabsturzes, von dem er das verkürzte Bein zurückbehalten hatte, auch unter Magenblutungen und Durchfallneigung litt und daß der »Schmutt« seines Boots für ihn deshalb eine besonders leichte Diät zubereitete. Zwei Dinge konnten mit Sicherheit über Hardegen gesagt werden: Kein Besatzungsmitglied von U 123 hatte darum gebeten, auf ein anderes Boot versetzt zu werden, was nach den Vorschriften der Kriegsmarine jedem freistand. Und in einer Waffengattung, in der ein Kommandant nur dann respektiert wurde, wenn er Schiffe versenkte, wurde Hardegen von allen Hochachtung entgegengebracht.

Er selbst dachte weder an sein zu kurzes Bein noch an seinen Magen, während er in Dönitz' Lagezimmer auf und ab ging und gelegentlich stehenblieb, um aus dem Fenster auf Keroman I und II zu blikken, die gegenüber auf der anderen Seite des Ter lagen. Die gewaltigen U-Boot-Bunker waren fast fertiggestellt, aber noch wimmelte es auf den grauen, fensterlosen Monolithen von Tausenden von Arbeitern. Bis Ende Dezember sollte der Bau stehen. Die Wartungsanlagen an der Wasserlinie waren bereits in Betrieb. Hardegen konnte die schmalen Boxen in den Bunkern sehen, einschließlich von B6, in der man letzte Hand an sein eigenes Boot legte. Es war das erste Mal, daß sein Boot im Schutz der dicken Betonmauern für den nächsten Kampfeinsatz bereitgemacht wurde. Er hoffte, daß es in wenigen Stunden schon beladen und verproviantiert werden konnte. Aber zuerst brauchte er den Einsatzbefehl von Admiral Dönitz. Er fragte sich, wie lange er wohl noch warten mußte.

Der Admiral tat, was er jeden Tag zu dieser Zeit zu tun pflegte: er führte in Begleitung seines für den Fernmeldedienst zuständigen A 4 (4. Admiralstabsoffizier) Hans Meckel in der Nähe von Quiberon seinen Schäferhund Wolf aus. Es war trotz der eisigen Kälte eine idyllische Stunde. Der Tagesablauf des BdU war exakt eingeteilt. Er stand um sieben Uhr auf und erschien Schlag neun Uhr in seinem Lagezimmer, wo ihn sein sechsköpfiger Stab unter Kapitän zur See Eberhard Godt, dem Chef der Operationsabteilung (BdU-ops), über die Nachtlage orientierte. Der elegante, traurig blickende Godt war in allem das strikte Gegenteil von Dönitz, und er war, was zu jener Zeit außerhalb des Hauptquartiers niemand wußte, der eigentliche Kopf der Geleitzugschlachten. Godts Stellvertreter, mit der Bezeichnung A 1 (1. Admiralstabsoffizier) zuständig für die Einsatzleitung, informierte Dönitz über die gegenwärtige Aufstellung aller U-Boote und Geleitzüge und berichtete über die während der Nacht erfolgten Operationen. Hatte eine größere Geleitzugschlacht stattgefunden, war Dönitz bereits im Bilde, da er sie gemeinsam mit Godt vom Tisch mit der Operationskarte aus geleitet hatte. Am Ende seines Berichts zählte der A 1 die ein- oder auslaufenden U-Boote auf, beschrieb den jeweiligen Wartungszustand aller Atlantikboote in den Stützpunkten Brest (1. und 9. Flottille), Lorient (2. Flottille), Saint-Nazaire (6. und 7. Flottille), La Pallice/La Rochelle (3. Flottille) und Bordeaux (12. Flottille) und faßte den Stand des Neubaus von Booten auf den Werften in Kiel, Hamburg und Bremen zusammen.

Danach berichtete der A 2 über die Geleite, die die R-Boote gefahren waren, und der A 3, der Nachrichtendienstoffizier, legte eine graphische Darstellung der Konvoirouten vor, wie sie sich aus dem vom B-Dienst abgefangenen und entschlüsselten Funkverkehr der Geleitzüge ergaben. Der B-Dienst war mit anhaltendem Erfolg in der Lage, die britischen Navy-Codes zu knacken. Die taktischen Codes der Royal Navy blieben zwar überwiegend fest, aber in den Konvoifunkverkehr war man schon lange eingebrochen, und die Informationen über Zusammensetzung, Kurs und Geschwindigkeit der Geleitzüge waren von unschätzbarem Wert – wenn Dönitz nicht gerade, wie jetzt, fast kein Boot auf den wichtigsten Seewegen hatte. Der A 3 informierte Dönitz auch über andere Geheimdiensterkenntnisse, die während der Nacht von Agenten in neutralen Ländern, Aufklärungsflugzeugen der Luftwaffe und Schiffen, die Frachter und Kriegsschiffe gesichtet hatten, eingegangen waren. Der A 4, Meckel, berichtete über den Kurzwellenfunkverkehr mit aufgetauchten U-Booten auf See, der in der großen weißen Nachbarvilla des Hauptquartiers von seinem Stab die Nacht über aufgefangen und ausgesendet worden war. Seine Funker waren über Land direkt mit den starken Sendern und Empfängern verbunden, die der Compagnie Radio-France gehört hatten, die für die französische Regierung die Verbindung mit den Kolonien aufrechterhielt. Die Sendeantennen befanden sich in Saint-Assise und die Empfangsstation in Villecresnes. Meckel berichtete auch über die Langwellenfunksprüche, die von »Goliath«, der ebenfalls direkt mit Kernével verbundenen enormen Antennenanlage in Calbe, 43 Kilometer südlich von Magdeburg, ausgestrahlt wurden und von den U-Booten bis zu einer Tiefe von 25 Metern unter Wasser empfangen werden konnten.[3]

Der A 5 und A 6 referierten über Personalfragen und Logistik. Dem A 5 fiel die traurige Aufgabe zu, wenn ein U-Boot verloren oder vermißt war, auf der ersten Verlustmeldung neben dem Namen des Kommandanten einen Stern anzubringen, und wenn nach mehreren Tagen keine positive Antwort auf die ausgesendeten Funksprüche eintraf, zwei weitere Sterne hinzuzufügen. Danach kam der Name des betreffenden Kommandanten »zu den Akten«. Unter denen, die »zu den Akten« gekommen waren, gehörten im Dezember 1941 Prien, Kretschmer (der in Kernével für tot gehalten wurde, aber nur in Gefangenschaft geraten war), Schepke, Lemp und Endraß. Schließlich fertigten Dönitz und sein Stab eine U-Boot-Lagekarte an, die auf den entschlüsselten täglichen Meldungen der Briten über die U-Boot-Lage in den Western Approaches - wie sie die Engländer sahen - und den Erkenntnissen beruhte, die der Feind nach Meinung des Stabes aus Torpedoabschüssen, Hochfrequenzpeilungen und Sichtmeldungen über die Absichten der deutschen U-Boote gewonnen haben mochte. Danach fragten sich Dönitz und sein Stab, wie sie an der Stelle des Feindes auf diese Lage reagieren würden. Auf diese Weise konnten Vorpostenstreifen gegen Geleitzüge aufgestellt werden, von denen London glaubte, es hätte sie sicher aus der Gefahrenzone geleitet. Nach der vormittäglichen Lagebesprechung und einem leichten Mittagessen legte sich Dönitz für eine Stunde hin, um Kräfte für eine mögliche Nachtwache zu sammeln. Anschließend stieg er in Begleitung eines seiner Stabsoffiziere - an diesem Tag war es Meckel - mit seinem Schäferhund in den grauen Kommandantenwagen und fuhr zwischen einer Motorradeskorte in die Umgebung von Kernével hinaus.

An diesem 19. Dezember war Dönitz' Schritt energischer als sonst. Der Schattenkrieg mit den USA war vorüber. Jetzt konnte er an einen offenen Angriff gegen Amerika denken. In den 20er Jahren hatte er sich als junger Offizier mit den als »Winterarbeiten« bekanntgewordenen theoretischen Studien der Marine befaßt und den detaillierten Eventualplan der Admiralität studiert, der 1899 für eine Invasion der USA durch eine gemeinsame Operation von Marine und Heer ausgearbeitet worden war. Der Plan hatte einen Direktangriff auf den New Yorker Hafen und eine Landung von zwei oder drei Infanteriebataillonen sowie eines Pionierbataillons auf Long Island vorgesehen. Danach hätten die kombinierten See- und Landstreitkräfte, bei einem Übergewicht der Marine im Verhältnis 3:2, unter Ausnutzung des Überraschungsmoments nach Norden in Richtung Boston und nach Süden auf Norfolk vorstoßen sollen. Es gab allerdings nur wenige Marineoffiziere, die glaubten, daß der Anmarsch einer großen Flotte über den Atlantik unentdeckt bleiben könnte. Ein Alternativplan erwog die vorbereitende Eroberung von Puerto Rico, wurde aber im Jahre 1900 zugunsten eines Marschplans fallengelassen, nach dem eine deutsche Armada von Wilhelmshaven aus über Provincetown als Stützpunkt entweder New York oder Boston angreifen sollte. Nach den Planern hätte eine Landungsarmee von 100000 Mann zur Halbinsel Cape Cod transportiert werden müssen. Die Größe dieser Aufgabe ließ Admiralität und preußischen Generalstab von dem Vorhaben Abstand nehmen, wobei sicherlich auch der Gedanke eine Rolle gespielt hatte, daß selbst diese gewaltige Streitmacht, die zur Eroberung der Küstenbefestigungen und Hafenstädte möglicherweise ausgereicht hätte, für anschließende Operationen im Innern der USA nicht groß genug gewesen wäre. Dennoch besaß der Marschplan gegen Amerika, obwohl er weder vom deutschen Kaiser noch vom Führer des Dritten Reichs jemals auf die Tagesordnung gesetzt wurde, für strategische Köpfe wie Dönitz weiterhin seine Faszination.[4]

Weniger spekulativ war der Plan von Görings Luftwaffe, eine Bomberoffensive gegen amerikanische Küstenstädte zu fliegen. Er wurde spätestens seit dem 22. Mai 1941 von Hitler ernsthaft in Erwägung gezogen. Im Protokoll des Lagevortrags, den der Oberbefehlshaber der Kriegsmarine an diesem Tag vor Hitler hielt, heißt es – im Original hervorgehoben –: *»Führer erstrebt die Besetzung«* der Azoren, um von dort aus *»die Langstreckenbomber gegen USA ansetzen zu können«.*[5] Die Planung des Krieges gegen die USA hatte 1937 begonnen, und schon am 20. Oktober 1940 hatte Hitler, »im Hinblick auf den zukünftigen Krieg mit Amerika«, die Eroberung der Azoren vorgeschlagen.[6]

Nach Hitlers Vorstellung sollten auf den Azoren stationierte Bomber militärische und industrielle Zentren in den USA angreifen, so daß sie gezwungen wären, Millionen von Dollar für Luftabwehrsysteme auszugeben, die andernfalls möglicherweise nach Großbritannien verschifft worden wären. Zu Hitlers Pech war der für seinen Plan vorgesehene Bombertyp, der sogenannte Amerikabomber, die viermotorige Messerschmitt Me-264, die eine Reichweite von fast 15000 Kilometern hatte und eine Bombenlast von knapp zwei Tonnen tragen konnte, erst ein Jahr nach Pearl Harbor flugbereit und kam über den Bau eines Prototyps nicht hinaus.[7]

Ein früher U-Boot-Angriff auf die USA war ebenfalls schon einige Zeit vor Pearl Harbor im Gespräch, seit den deutschen Strategen klargeworden war, daß die Vereinigten Staaten, von der offiziellen Bestätigung abgesehen, als Kriegsteilnehmer zu betrachten waren. Im Februar 1941 wies Hitler den Marinestab an, die Aussichten eines überraschenden U-Boot-Angriffs auf die großen Stützpunkte der US Navy an der Ostküste der USA - Boston, New London, Newport, New York und Hampton Roads - auszuloten. Daß solch ein Schlag vor Pearl Harbor ein eindeutiger kriegerischer Akt gewesen wäre, schreckte Dönitz nicht, der wütend die Verstrickung Washingtons in die englischen Kriegsanstrengungen beobachtete und wußte, daß Hitler von Anfang an die Absicht gehabt hatte, nach der Ausschaltung Rußlands und Großbritanniens gegen die USA loszuschlagen. Der Marinestab kam jedoch zu dem Ergebnis, daß ein solcher Angriff aufgrund der bekannten oder vermuteten U-Boot-Abwehrnetze und der Küstenartillerie sowie der Notwendigkeit, unter Wasser anzumarschieren, um vor Entdeckung sicher zu sein, was die Batterien der U-Boote übermäßig beansprucht hätte, nicht zu empfehlen war.[8] In den Augen von Dönitz und Godt war diese Einschätzung von übertriebenem Kleinmut geprägt. Dönitz war der Meinung, daß sich die Verteidigungseinrichtungen der USA in einem derart schlechten Zustand befanden, daß ein U-Boot, bei Nacht aufgetaucht, in den New Yorker Hafen einlaufen konnte, ohne auf Gegenwehr zu stoßen. Was die Netze und die Küstenbatterien betraf, so zweifelte er an ihrer Wirksamkeit, sofern es sie überhaupt gab. Aber die Entscheidung war unumstößlich gewesen, und jetzt, nach Pearl Harbor, war es die Handelsschiffahrt vor der amerikanischen Küste, die ihm als Angriffsziel vorgegeben worden war. Hitler hatte am 12. Dezember formell den Blitzkrieg auf See genehmigt. Das mußte genügen.

Karl Dönitz, 50 Jahre alt, war seit 29 Jahren Marineoffizier; neun davon hatte er auf U-Booten verbracht. In Grünau bei Berlin geboren, wurde er im Geist der preußischen Tugenden zu Patriotismus, Pflichtgefühl und Gehorsam erzogen und trat 1910 als Seekadett in die kaiserliche Marine ein. Er beendete die Marineschule in Flensburg-Mürwik als neununddreißigster seines Jahrgangs. Sein erstes Kommando trat er auf dem neuen Kreuzer *Breslau* an. Nach dem Ausbruch des Ersten Weltkriegs war die *Breslau* im Schwarzen Meer und im Mittelmeer beinahe ununterbrochen in Kämpfe mit der überlegenen russischen Marine verwickelt. 1915 lernte Dönitz fliegen und verlobte sich mit der Krankenschwester und Generalstochter Ingeborg Weber. 1916, inzwischen verheiratet, durchlief er in Deutschland eine U-Boot-Ausbildung, nach der er IWO auf U 39 wurde, das unter dem Kommando von Walter Forstmann stand, einem anerkannten As unter den U-Boot-Fahrern, und in südliche Breiten zurückkehrte. Vor Gibraltar und in der Adria lernte er von seinem Kommandanten, wie man mit bloßem Auge und gewissermaßen freihändigen Schätzungen – ohne den Vorhaltrechner, der ein Vierteljahrhundert später zur Standardausrüstung gehörte – Schiffe versenkte (14 an der Zahl). Er lernte von Forstmann auch, daß man im Krieg »hart« sein mußte und wie man es wurde. Als U 39 einen italienischen Truppentransporter mit 1000 Infanteristen an Bord versenkte, konstatierte Forstmann: »Jede weichherzige Schonung des Feindes wäre blutiger Verrat an unserem schwer kämpfenden Volk.«[9] Ähnliches hatte er schon bei einer früheren Versenkung angemerkt: »So grausig es für empfindliche Seelen klingen mag: Sympathie, Mitleid und alle allzu sichtbaren Gefühlsäußerungen muß man sich im Kriege energisch abgewöhnen, denn ihr Einfluß wirkt bestimmt schwächend. Der Krieg bezweckt nun einmal die Vernichtung der bewaffneten Macht des Feindes, sei es im Felde oder auf dem Seekriegsschauplatz.«[10] Die operativen Anweisungen und Befehle, die Dönitz 25 Jahre später ausgab, zeigen, daß er ein gelehriger Schüler von Forstmanns Schule des »harten Krieges« gewesen ist. Das U-Boot war wegen seiner geringen Größe und seiner Verwundbarkeit allerdings eine Marinekategorie für sich: Anders als die meisten Überwasserschiffe konnte es keine Schiffbrüchigen aufnehmen. 1940 sollte Dönitz seinen U-Boot-Kommandanten folgenden Befehl erteilen: »Keine Leute retten und mitnehmen. Keine Sorge um Boote des Dampfers. Wetterverhältnisse und Landnähe sind gleichgültig. Nur Sorge um das eigene Boot und das Streben, so bald wie möglich den nächsten Erfolg zu erringen! Wir müssen hart in diesem Kriege sein. Der Gegner hat den Krieg angefangen, um uns zu vernichten, es geht also um nichts anderes.«[11] US-Flottenadmiral Chester W. Nimitz sagte 1945 als Zeuge im Nürnberger Prozeß gegen die Hauptkriegsverbrecher aus, daß die U-Boote der US Navy im Pazifik ebenfalls das Prinzip der uneingeschränkten Kriegführung anwandten und daß nach Pearl Harbor das Verhalten gegenüber Schiffbrüchigen im allgemeinen dem von Dönitz befohlenen Vorgehen entsprach, und auch die britischen U-Boote hielten sich seit 1940 im Skagerrak an ähnliche Richtlinien. Auf amerikanischer Seite wurde das Verhalten gegenüber schiffbrüchigen Besatzungsangehörigen eines versenkten U-Boots folgendermaßen verallgemeinert: »Die Frage, ob ein kleines Schiff eine große Anzahl Schiffbrüchiger aufnehmen soll, stellt sich jedesmal neu. Der kommandierende Offizier muß in der Lage sein, selbst eine Entscheidung zu treffen. Auf keinen Fall darf er sein Schiff aufs Spiel setzen, um Schiffbrüchige zu retten. [. . .] Er kann ihnen ein Rettungsfloß oder ein kleines Boot mit Lebensmitteln überlassen und ihre Bergung auf einen späteren Zeitpunkt verschieben.«[12]

Dönitz erhielt nacheinander das Kommando über die Boote UC 25 und UB 68. Mit dem ersten versenkte er ein italienisches Kohlenschiff von 5000 BRT, mit dem zweiten einen britischen Dampfer mit 3883 BRT, bevor am 4. Oktober 1918 bei der Verfolgung eines Geleitzugs östlich von Malta ein Tauchunfall dazu führte, daß vier Besatzungsangehörige ums Leben kamen und Dönitz mit dem Rest seiner Crew von HMS *Snapdragon* gefangengenommen wurde. Er wurde nach England in ein Kriegsgefangenenlager für Offiziere in Redmires bei Sheffield gebracht, wo er, um freizukommen, Geistesgestörtheit vortäuschte, und zwar mit solchem Erfolg, daß er für einige Zeit (nicht ganz nach seinem Plan) in die Irrenanstalt von Manchester überstellt wurde. Im Juli 1919 wurde er schließlich nach Deutschland entlassen, wo er sich der neuen Reichsmarine anschloß, die ihn 1921 zum Kapitänleutnant und 1928, als Kommandeur der 4. Torpedoboot-Halbflottille, zum Korvettenkapitän beförderte. Zwei Jahre später wurde er als hoher Admiralstabsoffizier nach Wilhelmshaven versetzt. Im Frühjahr 1934 zum Fregattenkapitän aufgestiegen und begierig darauf, wieder auf See zu kommen, wurde er im Juni desselben Jahres für das Kommando über den Leichten Kreuzer *Emden* vorgesehen, mit dem er im November - von seinem Adjutanten, Kptlt. Eberhard Godt, begleitet - eine Fahrt um das Kap der Guten Hoffnung und weiter nach Ceylon unternahm und von dort durch das Rote Meer und den Suez-Kanal wieder ins Mittelmeer dampfte, wo ihn der Befehl erreichte, unverzüglich nach Hause zurückzukehren. In Deutschland war man insgeheim dabei, beginnend mit den »Einbäumen« vom Typ IIA und IIB, wieder eine U-Bootwaffe aufzubauen. Die Admirale der Großkampfschiffe, die die Schlacht vor dem Skagerrak (31. Mai - 1. Juni 1916) am liebsten noch einmal ausfechten wollten, hatten widerstrebend zugestimmt, daß es eine Hilfsstreitmacht von U-Booten geben sollte. Ob es Dönitz zusagte, als Führer der U-Boote (FdU) auserkoren worden zu sein? Es bedeutete, daß er eine weitere Fahrt der *Emden,* diesmal nach Borneo, Japan, China und Australien, aufgeben mußte, aber er sagte ja und übernahm am 28. September 1935 das Kommando über eine Ausbildungsflotte von 13 Booten, die »Flottille Weddigen«, wie sie nach einem As des Ersten Weltkriegs genannt wurde. Mehr Boote gab es zu jener Zeit nicht.

Der Kriegsbeginn 1939 - seit dem Stapellauf der ersten Boote vom Typ VII waren gerade drei Jahre vergangen - kam für Dönitz viel zu früh. Ihm fehlte es sowohl an Booten als auch an Mannschaften. Wiederholt hatte er darauf hingewiesen, daß 300 Boote das Minimum darstellten, um erfolgreich gegen den atlantischen Handelsverkehr vorgehen und Großbritannien von seinen wichtigsten Nachschublinien abschneiden zu können. Aber er wurde von den Ereignissen überrollt und mußte das Beste aus dem machen, was er hatte, und die Bootsbesatzungen, die er hatte, waren von ihm persönlich hervorragend ausgebildet worden. Jeder Kommandant hatte über und unter Wasser je 66 simulierte Angriffe fahren müssen, bevor er einen richtigen Torpedo abschießen durfte, was Dönitz entweder persönlich an Bord des jeweiligen U-Boots oder von der *Saar,* seinem Kommandantenschiff, aus beobachtete. Die U-Boot-Männer waren in jeder Beziehung seine

Männer. Nachdem einer von ihnen, Günther Prien (U 47), am 14. Oktober 1939 in der Bucht von Scapa Flow (Orkney-Inseln) das Schlachtschiff HMS *Royal Oak* versenkt hatte, rückte Dönitz, inzwischen zum Konteradmiral befördert, vom Führer der Unterseeboote (FdU) zum Befehlshaber der Unterseeboote (BdU) auf.

Obwohl kaum mehr als mittelgroß, wirkte er aufgrund seiner straffen, aufrechten Haltung größer und vermittelte schon äußerlich das Bild eines befehlsgewohnten Mannes. Sein Gesicht zeigte in der Regel einen ernsten, fast harten Ausdruck, der aber rasch einem Lächeln oder, wenn ihm etwas besonders ungereimt zu sein schien, einem plötzlichen lauten Lachen Platz machen konnte. Die besten Hinweise auf seine Persönlichkeit und seine Eigenschaften finden sich in den Empfehlungen und den jährlichen Führungszeugnissen, die ihm seine Vorgesetzten seit 1913 ausgestellt hatten. Darin heißt es: »... liebenswürdiger, forscher und schneidiger Offizier ... besonders gute Berufsveranlagung ... über sein Lebensalter und seine Dienstzeit hinausgehende Urteilskraft ... sehr gute militärische Erscheinung, gesellschaftlich sehr gewandt ... beliebter Kamerad, taktvolles Messemitglied ... zäher und frischer Offizier ... unbedingt zuverlässig ... stets guten Muts ... straff ... tüchtiger, entschlußfroher, tatkräftiger Offizier von hervorragender Begabung, schneller Auffassungskraft und tadellosem Charakter ... von eiserner Willenskraft, zielsicherem Blick und rastloser Zähigkeit ...«[13] Das war der Mann, der entschlossen war, den Festungsgraben des Atlantiks zu überbrücken und sich mit der US Navy zu messen.

Seit Pearl Harbor und der Aufhebung aller Beschränkungen in bezug auf amerikanische Ziele am 9. Dezember hatten Dönitz und Godt einen präzisen Plan für den gleichzeitigen Einsatz von zwölf Booten der Typen IXB und IXC gegen die nordamerikanischen Küstengewässer von Halifax im Norden bis Kap Hatteras (North Carolina) im Süden ausgearbeitet. Die Ziele sollten einzeln fahrende Tanker und Frachter sein, die mit Ladungen unterwegs waren, die sowohl für die amerikanische als auch für die britische Industrie und Kriegführung lebenswichtig waren. Vor der US-Küste waren keine Geleitzüge – das seit dem Mittelalter klassische Verteidigungsmittel gegen einen *guerre de course,* einen Handelskrieg – zu erwarten. Und es würde nach Dönitz'

Kalkulation auch noch einige Monate dauern, bis eine halbwegs effektive U-Boot-Abwehr organisiert sein würde. Zwölf Boote waren allerdings kaum genug, um in dem Maße Schaden anzurichten und eine solche Schockwelle auszulösen, wie es dem BdU vorschwebte. 100 Boote hätten den Anforderungen seines operativen Idealplans eher entsprochen. Aber die U-Bootwaffe litt unter einem ständigen Mangel an Verständnis für ihre strategischen Notwendigkeiten. Obwohl Dönitz sie zum Schrecken der Weltmeere gemacht hatte, verfügte er weiterhin nur über eine lächerlich kleine Anzahl von Booten.

Schuld daran hatte zunächst einmal Hitler selbst, der als Landratte einen U-Boot-Krieg niemals eingeplant oder erwartet hatte und nicht begriff, daß es notwendig war, die alliierten Verbindungswege über den Atlantik zu kappen. Statt dessen steckte er den größten Teil der industriellen Ressourcen in Panzer für das Kriegsziel, von dem er besessen war: die eurasische Landmasse. Vor wenigen Tagen erst hatte Hitler den Oberbefehlshaber des Heeres entlassen, selbst dessen Posten übernommen und einen Plan der Kriegsmarine abgelehnt, alle verfügbaren Marinekräfte darauf zu konzentrieren, Großbritannien zu isolieren und aus dem Krieg zu drängen, bevor Amerika es als »Flugzeugträger England« für Bomberangriffe und möglicherweise eine Invasion des Kontinents benutzen konnte. Hitler schaute nur nach Osten. Schuld trugen aber auch das OKM und insbesondere Erich Raeder, der Oberkommandierende der Kriegsmarine, der bis 1939 nicht sah, daß das wichtigste Schiff des nächsten atlantischen Krieges nicht das Schlachtschiff sein würde, sondern das mit dem Minenleger kombinierte U-Boot, wie es bereits (bis auf die Schlacht vor dem Skagerrak) im Ersten Weltkrieg demonstriert worden war. Dönitz hatte eine Flotte von 300 Booten verlangt, die gerade genügt hätte, um den Krieg gegen den englischen Handel zu führen. Damit hätte er, während ein Drittel der Boote zur Reparatur und Wartung in den Stützpunkten lag und ein weiteres Drittel auf dem Marsch von oder zu den Operationsgebieten war, ständig 100 Boote an der Front gehabt. Statt dessen entschieden sich Hitler und Raeder unter dem Einfluß des von Überwasserartillerieoffizieren, die in der Tradition der Skagerrak-Schlacht standen, dominierten OKM für ein Übergewicht der Überwasserflotte: Geplant waren eine Heimatflotte aus vier Superschlachtschiffen wie der *Bismarck* und der *Tirpitz,* zwei Schweren Kreuzern und mehreren Zerstörerflottillen, eine Kampfgruppe für den Handelskrieg, bestehend aus drei Panzerschiffen, fünf Schlachtkreuzern, fünf Leichten Kreuzern und 190 U-Booten, und zwei Angriffsverbände, zu denen jeweils ein Flugzeugträger, drei schnelle Schlachtschiffe, zwei Kreuzer und Zerstörer gehören sollten. Als Datum für den Abschluß dieses als Z-Plan bezeichneten Flottenbauprogramms war das Jahr 1948 vorgesehen![14]

Als Großbritannien im September 1939 in den Krieg eintrat, mußte Dönitz mit 57 Booten, von denen nur 46 frontklar waren, den Kampf aufnehmen. Seine Flotte war so klein, daß er 1939–40 im Durchschnitt nicht mehr als 13 Boote an der Front hatte; der Rest befand sich auf dem An- oder Abmarsch oder lag in den Reparaturwerften. Gleichzeitig konnte er nur mit zwei neuen Booten pro Monat rechnen, da Hitler, auf rasche Siege an Land fixiert, den U-Boot-Bau fast ganz zum Stillstand gebracht hatte. Als der Neubau später wieder hochgefahren wurde, war die Chance, die Herrschaft über den Atlantik zu erlangen, bereits ernsthaft in Frage gestellt. Dennoch erreichte Dönitz mit nur einem Sechstel der Flotte, die er für den Handelskrieg gegen Großbritannien für erforderlich gehalten hatte, in der »glücklichen Zeit«, wie sie bald genannt werden sollte, vor der englischen Küste eine Reihe erstaunlicher Erfolge. Angesichts der von Juli bis Ende Oktober 1940 versenkten einen Million BRT konnte sich Dönitz leicht ausmalen, was für einen Schlag er zu einem Zeitpunkt, als die englischen Verteidigungsmaßnahmen noch nicht griffen, mit 300 Booten hätte führen können. Der Krieg mit England hätte schon beendet sein können.

Die Zahl der monatlich fertiggestellten Boote stieg bis Juni 1941 auf fünfzehn und bis Anfang 1942 auf zwanzig. Gleichzeitig kam der im Z-Plan vorgesehene Bau von Überwasserschiffen nahezu zum Stillstand.[15] Ironischerweise waren die einsatzfähigen Überwasserschiffe im Dezember 1941 zu im Hafen liegenden »Fliegenfängern« reduziert worden, denen die Aufgabe zukam, durch ihre bloße Präsenz die britische Home Fleet zu binden, die andernfalls möglicherweise deutsche Hafenstädte und Frachtschiffe oder Ziele im Mittelmeerraum angegriffen hätte, während das einzige deutsche Kampfschiff, das U-Boot, in allen Himmelsrichtungen unterwegs war, um Beute zu machen. Dönitz war stolz auf seine Boote und deren Besatzungen und verzeichnete mit Genugtuung, was sie trotz der beim Feind liegenden

Vorteile zu leisten imstande waren. Dennoch wurde sein Plan für einen entscheidenden Sieg auf See ständig von den Anforderungen anderer Waffengattungen konterkariert, etwa durch den Abzug von Kräften für die Operationen im Mittelmeer und vor Gibraltar und die Verwendung von U-Booten für Wettererkundungen. Frustrierend war auch die von Raeder verteidigte Praxis, Werftarbeiter von U-Booten abzuziehen und zur Reparatur von Überwasserschiffen in Kiel, Hamburg und Bremen einzusetzen; einmal waren 800 Werftarbeiter zur Reparatur der Treibstofftanks auf dem Schweren Kreuzer *Admiral Hipper* umdirigiert worden. Eine von Dönitz' Denkschriften an die Skl. kam mit der entlarvenden Randbemerkung zurück: »Wir wollen keine U-Boot-Marine werden.«[16] Dönitz vermochte mit seinen Vorstellungen nicht durchzudringen, worüber er sich im Dezember in seinem KTB, anläßlich einer Bilanz der bei der Durchfahrt durch die Straße von Gibraltar verlorenen Boote, bitter beklagte.[17] Zu dieser Zeit bestand seine Flotte aus 91 Front-U-Booten, von denen 23 im Mittelmeer standen, drei weitere auf Befehl der Skl. dorthin marschierten, sechs westlich von Gibraltar lagen und vier zwischen Reykjavik und dem Nordkap am nördlichen Polarkreis Posten bezogen hatten. Von den 55 verbleibenden Booten befanden sich 33 zur Reparatur in den Werften, elf waren auf dem Marsch vom oder zum Einsatzgebiet, sechs weitere wurden gewartet, und fünf Boote - einschließlich U 653, das Dönitz westlich der Faröer als Täuschungsboot stationiert hatte, um die Anwesenheit von mehr Booten vorzuspiegeln, als tatsächlich vorhanden waren - patrouillierten im Nordatlantik.[18]

Der grausamste Schlag ereilte Dönitz, als ihm die Skl. am 10. Dezember, einen Tag nach der Aufhebung der Beschränkungen in bezug auf die amerikanische Schiffahrt, statt der zwölf Fernfahrtboote vom Typ IX, deren Freistellung er für den Angriff auf die Schiffahrtswege vor der Küste der USA angefordert hatte, nur sechs genehmigte.[19] Es waren zwei Boote vom Typ IXB (U 109 und 123) und vier vom Typ IXC (U 66, 125, 128 und 130). Dönitz konnte es kaum glauben, daß große Boote, die für den Einsatz vor Gibraltar augenscheinlich völlig ungeeignet waren, zurückgehalten wurden, anstatt dorthin abkommandiert zu werden, wo sie am besten zeigen konnten, was in ihnen steckte. So konnten nur sechs Boote zu der dramatischsten Fahrt des Krieges aufbrechen, der Dönitz - am selben Tag, dem 10. Dezember - den

Namen »Operation Paukenschlag« gab.[20] Der Codename paßte in die Reihe der Bezeichnungen, die er seinen Wolfsrudeln im Nordatlantik in jüngster Zeit gegeben hatte: »Mordbrenner«, »Schlagetot«, »Reißwolf«, »Raubgraf«. Wie ein Paukenschlag sollten die Boote die USA treffen. Beabsichtigt waren schnelle, spektakuläre Versenkungen, die in Amerika einen Schock auslösen sollten. Der erste, gleichzeitig ausgeführte Schlag würde die vorhandenen Verteidigungskräfte aufsprengen und in Verwirrung stürzen. Außerdem wurde durch den simultanen Angriff verhindert, daß die Boote sich gegenseitig ins Gehege kamen oder unabsichtlich in eine Falle manövrierten. Der Plan gefiel Dönitz, die Anzahl der Boote dagegen nicht, zumal er erfahren hatte, daß eins der vorgesehenen Boote, das neu in Dienst gestellte U128 (Kptlt. Ulrich Heyse), aufgrund technischer Probleme nicht rechtzeitig würde auslaufen können. Es blieben ihm also nur noch fünf Boote.[21]

Er beendete den Spaziergang, rief seinen Schäferhund zu sich und fuhr mit Meckel nach Kernével zurück, um dreien seiner Kommandanten ihre Einsatzbefehle zu geben.

Die drei im Lagezimmer hörten das Knirschen des Kommandantenwagens auf dem Kies der Auffahrt und sahen sich erwartungsvoll an. Wenige Minuten später drangen aus Dönitz' Büro Stimmen zu ihnen herüber. Hardegen erwartete, daß sie jetzt alle drei hinüberbefohlen werden würden. Eine Tür öffnete sich. Kapitän Godt betrat das Lagezimmer und sah sich ausdruckslos um. Die Kommandanten versteiften sich.

»Guten Tag, meine Herren. Es freut mich, daß Sie Gelegenheit hatten, sich einmal anzusehen, was wir hier tun, und es tut mir leid, daß ich nicht die Zeit hatte, mich Ihnen zu widmen. Bitte lassen Sie sich nicht stören. Der Admiral wird Sie in wenigen Augenblicken empfangen. Hardegen, kommen Sie bitte mit.«

Hardegens Puls beschleunigte sich. Was hatte das zu bedeuten? Er ging zu Godt und folgte ihm. Ein kurzes Klopfen an die Tür, und die beiden traten ein. Dönitz saß hinter seinem Schreibtisch. Hardegen nahm Haltung an und salutierte. »Heil, Herr Admiral!«

Dönitz stand auf und kam um den Schreibtisch herum, um Hardegen die Hand zu schütteln. Seine normalerweise kühle, strenge Miene wich einem herzlichen Lächeln, und er benutzte das freundschaftliche Du, als er Hardegen fragte: »Geht es dir gut, Hardegen?«

»Jawohl, Herr Admiral.«

Hardegen dachte daran, daß andere Offiziere, die Dönitz viel besser kannten als er, von dem »Löwen« als einem Vater sprachen. Kein Vater hätte von seinen Söhnen mehr verlangen und weniger nachsichtig sein können, wenn einer von ihnen nicht seine Höchstleistung brachte, aber keiner hätte sich auch mehr Sorgen um ihr Wohlergehen machen und aufmerksamer darauf bedacht sein können, keine ihrer Aus- oder Einfahrten zu versäumen. Damit hatte er sich bei den U-Boot-Männern aller Dienstränge eine persönliche Loyalität erworben, wie sie nur wenigen militärischen Führern der modernen Geschichte entgegengebracht wurde.

Nach der Begrüßung setzte er sich wieder an seinen Schreibtisch und blätterte in einem Schnellhefter, der vor ihm lag.

»Ich habe heute deine Akte durchgesehen, Hardegen. Es gibt hier einen Punkt, der mir Sorgen bereitet und der mir bisher nie aufgefallen ist. Du warst von 1935 bis 1939 Seebeobachter bei der Marineluftwaffe, bevor du zu den U-Booten versetzt wurdest, und bist 1936 bei einem Flugzeugabsturz schwer verletzt worden. Aufgrund bleibender körperlicher Beschwerden - Magenbluten, verkürztes rechtes Bein, steht hier - kommt der medizinische Bericht zu dem Schluß, daß du für den Dienst auf U-Booten untauglich bist. So steht es hier in deiner Akte. Was machst du dann bei der U-Bootwaffe?«

Dönitz sah Hardegen fragend an.

»Die medizinischen Berichte konnten nie ganz mit mir Schritt halten, Herr Admiral«, antwortete Hardegen. »Sie kamen, während ich von Schule zu Schule ging, immer ein bißchen zu spät, um mein nächstes Kommando zu verhindern. Als ich dann von meiner ersten Feindfahrt auf U 147 zurückkehrte, sagte mir der Flottillenkommandant in Kiel, er habe meine Akte und in der stehe, daß ich für U-Boote untauglich sei. Er hat mich zu einem Arzt geschickt, der zu demselben Ergebnis kam. Also wurde ich zu einer vierwöchigen Kur ins Marineerholungsheim in Spindelmühle geschickt. Der Arzt dort war zufälligerweise ein guter Freund von mir. Er schrieb in seinen Bericht, daß ich für alle Überwasserschiffe tauglich sei, nur nicht für U-Boote.«

Dönitz fixierte Hardegen jetzt eher wie ein Lehrer und nicht wie ein Vater. Er entnahm dem Hefter einen Brief des 2. Admirals und Chefs der Organisationsabteilung Hans-Georg von Friedeburg, dem das »Fließband« unterstand, das die operativen Stützpunkte mit neuen Booten, Kommandanten und Besatzungen versorgte. Dönitz hielt Hardegen den Brief hin, damit er ihn las. »Wie du siehst, schreibt der Admiral, daß er dich nach deiner Rückkehr aus Spindelmühle gefragt hat, ob du diensttauglich seist für die Rückkehr zur U-Bootwaffe, und daß du geantwortet hast, ja, das seist du. Warum hast du gelogen?«

Auf Dönitz' Gesicht spiegelte sich Enttäuschung wider, und Hardegen beeilte sich zu erwidern: »Der Admiral hat mich gefragt - und das sind exakt seine Worte gewesen -: ›Sind Sie wieder borddienstfähig?‹ Und ich habe ihm ehrlich mit Ja geantwortet. Von U-Booten hat er nichts gesagt, sondern nur: ›Hardegen, Sie bekommen ein neues Boot. Noch heute abend müssen Sie nach Frankreich fahren, um dort U 123 zu übernehmen.‹ Da habe ich natürlich gehorcht.«[22]

Dönitz verzog das Gesicht zu einem Grinsen und überraschte Godt, der sich im Hintergrund gehalten hatte, mit einem lauten Lacher. »Hardegen, ich wußte ja, daß du kampflustig bist, aber nicht, daß du auch verschlagen bist. Ich glaube, das Wort dafür ist Ehrgeiz.[23] Ja, das bist du, ehrgeizig. Nun gut, es ist dir gelungen, ein großes Boot zu bekommen. Aber sieh dich doch an! Du bist blaß wie eine Hecksee. Wenn ich dich nicht so nötig bräuchte, würde ich dich auf der Stelle an Land versetzen. Und genau das werde ich auch tun, sobald du von deiner nächsten Feindfahrt zurück bist. Hast du verstanden?«

»Jawohl, Herr Admiral.«

Dönitz nickte Godt zu. »Du kannst jetzt die andern hereinholen.«

Die beiden Kommandanten traten ein, nahmen neben Hardegen Aufstellung und salutierten. Wieder kam Dönitz hinter dem Schreibtisch hervor, begrüßte die beiden mit Handschlag und sprach mit ihnen, wiederum per Du, kurz über sie betreffende Dinge. Dann kehrte er hinter den Schreibtisch zurück, blieb aber stehen und wandte sich an alle drei gemeinsam.

»Meine Herren, wie ihr wahrscheinlich vermutet habt, schicke ich euch zusammen auf dieselbe Mission. Ich hätte euch wie üblich durch euren Flottillenchef, Korvettenkapitän Victor Schütze, einweisen lassen können. Aber diese Mission ist so heikel und so bedeutsam für den Endsieg des Reichs, daß ich mich entschieden habe, die Befehlsausgabe selbst vorzunehmen.

Ich habe Ulrich Folkers, der mit seinem U 125 gestern ausgelaufen ist, dieselben Befehle erteilt, und später werde ich auch mit dem fünften Mitglied eurer Gruppe, Kapitänleutnant Bleichrodt, sprechen. Er müßte in ein paar Tagen seeklar sein.

Ihr werdet eure Boote für eine lange Fahrt versorgen. Nehmt alles mit, wovon ihr meint, daß ihr es möglicherweise gebrauchen könnt. Torpedos. Verpflegung. Trinkwasser. Medikamente. Werkzeuge und Ersatzteile. Ölzeug. Lederhüllen für eure Doppelgläser. Überprüft eure Pottaschepatronen. Alles.

Unternehmt so bald wie möglich nach eurer Ausfahrt Tauchversuche. Stellt sicher, daß ihr in 35 Sekunden unter Wasser sein könnt. Schickt während der Fahrt durch den Golf von Biskaya eure besten Ausgucks auf Wache, und seid jederzeit zum Alarmtauchen bereit. Die englischen Sunderlands werden aus dem Nichts auf euch herabstoßen. Einmal zu langsam getaucht, und eure Rolle bei dieser Mission ist ausgespielt. Euer Überleben hängt von eurer Fähigkeit ab, in nicht mehr als 35 Sekunden die Brücke zu räumen, das Luk zu schließen und zu tauchen.

Seid ihr erst einmal im Atlantik, nimmt die Wahrscheinlichkeit eines Luftangriffs ab. Aber nicht völlig. Werdet also nicht nachlässig. Wir kennen nicht alles, was der Feind an Möglichkeiten hat. Manche Kommandanten werden lax, wenn sie die Längengrade der größten Gefahr passiert haben. Einige von ihnen weilen nicht mehr unter uns.

Achtet auf strengste Disziplin an Bord. Ich brauche euch nicht im einzelnen zu erklären, wie sie zu erreichen ist. Ihr wärt keine Kommandanten, wenn ihr nicht gelernt hättet, wie man Männer führt. Ich will, daß auf dieser Mission jeder sein Bestes gibt. Sorgt dafür, daß ihr es bekommt.

Am 26. Dezember werdet ihr einen Funkspruch von mir erhalten, der die Tiefenangaben verändert, und zwar so, daß 60 Meter als A plus 40 erscheinen, 30 Meter als A plus 10 usw. Achtet auf diesen und andere Funksprüche.[24]

Ihr lauft einzeln aus, sobald eure Boote seeklar sind. Korvettenkapitän Schütze wird jedem von euch bei der Ausfahrt den versiegelten Einsatzbefehl aushändigen. Ihr werdet ihn, der Anweisung entsprechend, öffnen und euren Offizieren seinen Inhalt bekanntmachen, nachdem ihr den 20. Längengrad passiert habt. Korvettenkapitän Meckel wird euch die Angriffsdaten übermitteln, wenn ihr euch dem Zielgebiet nähert. Studiert die euren Befehlen beigelegten Karten sorgfältig. Jedem von euch wird ein eigenes Operationsgebiet zugewiesen werden. Dies ist keine Streifenoperation. Es wird keinen Vorpostenstreifen geben. Ihr werdet unabhängig voneinander operieren. Trotzdem gibt es einen Punkt, in dem ihr *gemeinsam* handeln werdet. Das möchte ich betonen. Ihr werdet die Angriffsoperationen gegen eure Ziele alle *am selben Tag* beginnen. Das Datum wird euch per Funk mitgeteilt werden, während ihr auf dem Anmarsch seid.

Wenn ihr in die Bucht auslauft, peilt euch auf St. John's und Cape Race auf Neufundland ein und folgt dem Großkreis. Damit seid ihr auf Kurs, bis ihr die Befehle öffnen dürft und eure genauen Bestimmungsorte erfahrt. Bis auf das Kurzsignal für die erste Positionsmeldung bewahrt ihr während des Anmarschs ins Operationsgebiet absolute Funkstille. Ich werde es euch wissen lassen, wenn ihr euch melden sollt. Ich werde U 123, 125 und 66 einfachheitshalber ›Gruppe Hardegen‹ und U 109 und 130 ›Gruppe Bleichrodt‹ nennen.[25] Und wenn ihr vor Ort seid, erwarte ich, daß ihr entschlossen gegen jedes sich bietende Ziel vorgeht. Um das Überraschungsmoment zu wahren, werdet ihr unterwegs keine Schiffe angreifen, es sei denn, ihr seid überzeugt, daß das Ziel mehr als 10000 Tonnen groß ist. Einen 10000-Tonner läßt man nicht aus.

Wie ihr auf den Karten im Lagezimmer gesehen habt, ist die Zahl der Frontboote auf den Hauptschiffahrtswegen im Nordatlantik heute kleiner als zu Beginn des Krieges. Es sind nur fünf Boote, und vier von ihnen befinden sich auf dem Marsch ins Mittelmeer.[26] Wir kehren in die Atlantikschlacht zurück, meine Herren. Eure Boote bilden die Vorhut. Wir werden aufs Wasser schlagen wie auf eine Pauke. Dies ist Atlantikbefehl Nummer 46. Ich habe die Mission ›Operation Paukenschlag‹ genannt, und eure fünf Boote sind die ganze Streitmacht.[27] Aber ich beabsichtige diese Operation zu einem Erfolg werden zu lassen. Und sie wird ein Erfolg werden, wenn ihr unsere U-Boot-Parole ›Angriff! Ran! Versenken!‹ mit Leben erfüllt. Habt ihr meine Befehle verstanden?«

»Jawohl, Herr Admiral!« antworteten die drei Kommandanten unisono, und Dönitz kam wieder hinter seinem Schreibtisch hervor, um ihnen mit ernstem Gesicht die Hand zu schütteln. Dann nickte er Godt zu, und der BdU-ops öffnete die Bürotür und geleitete die U-Boot-Kommandanten hinaus.

»Ich muß sagen, daß ich die Befehle nicht ganz verstehe«, meinte Hardegen zu seinem Nachbarn im Fond des Wagens, der sie nach Lorient zurückbrachte. Für gewöhnlich ließ er sich durch nichts unterkriegen, aber jetzt war er bedrückt.

»Das kommt daher, daß er nichts von Amerika gesagt hat«, erwiderte der Angesprochene. »Wir gehen nicht nach Amerika. Das hätte Ihnen klar sein müssen, als er St. John's und Kap Race erwähnte. Ich wette, Sie müssen wieder in Ihre Waschküche in der Belle-Isle-Straße zurück!«

Hardegen stöhnte auf. Aber dann sagte er sich, daß er von Glück reden konnte, daß er überhaupt irgendwohin fahren durfte.

In den Tagen unmittelbar nach dem japanischen Angriff auf Pearl Harbor gingen Hitlers Gedanken in zwei entgegengesetzte Richtungen. Auf der einen Seite hatte er für die Militärmacht der USA nur Verachtung übrig und hielt amerikanische Soldaten im allgemeinen für unfähig, wenn nicht sogar feige. Auf der anderen Seite war er sich bewußt - auch wenn das OKM bemüht war, solche Reminiszenzen nicht aufkommen zu lassen -, daß der Eintritt der Vereinigten Staaten in den Ersten Weltkrieg im Jahre 1917 für dessen Ausgang entscheidend gewesen war und daß der uneingeschränkte U-Boot-Krieg, den Deutschland in jenem Jahr eröffnet hatte, den wichtigsten Grund für die amerikanische Intervention dargestellt hatte. Deshalb hatte er seit dem Überfall auf die Sowjetunion im vergangenen Juni geflissentlich darauf geachtet, alles zu vermeiden, was die USA zu diesem ungelegenen Zeitpunkt zum Kriegseintritt bewegen konnte. Der Krieg mit Amerika, der durchaus seinen Absichten entsprach, sollte warten, bis andere, nähere Ziele entweder erobert oder neutralisiert waren. Dönitz' Vorgesetztem, Großadmiral Raeder, wurde es am Vorabend des Ostfeldzugs noch einmal ausdrücklich bestätigt, und er notierte sich: »Führer wünscht bis Erkennbarwerden Auswirkung ›Barbarossa‹, d.h. für einige Wochen unbedingte Vermeidung jeder Zwischenfallmöglichkeit mit USA.«[28] Als sich abzeichnete, daß der Feldzug länger dauern würde, wurden aus den Wochen Monate. Am 9. Juli - Hitler erwartete den Sieg im Osten jetzt frühestens im September - protokollierte Raeder: »Führer führt [. . .] aus, daß ihm alles daran liege, den Kriegseintritt der USA noch 1–2 Monate hinauszuschieben [. . .]. Daher wolle er die bisherigen Weisungen vorläufig nicht geändert, vielmehr jeden Zwischenfall weiterhin vermieden wissen.«[29] Diese Politik erforderte eine bemerkenswerte Zurückhaltung. Die Feindschaft der Vereinigten Staaten der »Nazi-Tyrannei« gegenüber, wie Präsident Roosevelt sie öffentlich nannte, war unmißverständlich und hatte die Schwelle zum nicht erklärten Krieg erreicht. Gewisse Handlungen der USA konnten - nach dem herrschenden Völkerrecht, das Hitler seinerseits wiederholt auf eklatante Weise gebrochen hatte - als Beweise dafür interpretiert werden, daß die USA ihre lange beschworene Neutralität aufgegeben hatten und zum Kombattanten geworden waren.

Als erster vorsichtiger Schritt in Richtung des bewaffneten Eingreifens konnte das 1937 verabschiedete und 1939 bekräftigte Dritte Neutralitätsgesetz gewertet werden, das es gestattete, Rohstoffe wie Kupfer, Stahl, Aluminium und Blei, die zur Herstellung von Waffen und Munition verwendet werden konnten, nach dem Grundsatz des *cash and carry* (bezahlen und abholen) an andere Staaten (sprich: Großbritannien und Frankreich) zu verkaufen. Das »carry« bedeutete, daß die ausländischen Importeure die gekauften Waren mit eigenen Schiffen abholen mußten, und es wurde kaum damit gerechnet, daß deutsche Frachter in der Lage sein würden, eine britisch-französische Blockade zu durchbrechen. Die Stoßrichtung des Gesetzes war also klar. Im Oktober 1939 überredeten die USA die anderen Staaten der westlichen Hemisphäre, die Deklaration von Panama zu unterzeichnen, mit der eine panamerikanische Sicherheitszone um die beiden Amerikas geschaffen wurde, in der keinerlei kriegerische Aktionen geduldet werden sollten. Die Grenze der geschützten Gewässer lag zwischen 300 und 1000 Seemeilen weit vor der Küste. (Roosevelt mußte im Dezember 1939 den Briten auf die Finger klopfen, da sie das deutsche Panzerschiff *Admiral Graf Spee* dicht vor der Küste Uruguays mit drei Kreuzern angegriffen und beschädigt hatten.) Die US-Administration bestimmte weiterhin: »Flugzeuge oder Schiffe der Marine und der Küstenwache dürfen die Sichtung eines U-Boots oder verdächtiger

Überwasserschiffe unverschlüsselt an den Verbandskommandeur oder die Leitstelle melden« - eine klare Unterstützung der britischen U-Boot-Sicherung.[30]

Im September 1940 stimmte der Präsident, von einer soliden Mehrheit in den Meinungsumfragen (62 Prozent) gestützt, der Übergabe von 50 Zerstörern, Veteranen aus dem Ersten Weltkrieg mit vier Schornsteinen und 1060 bis 1090 BRT, an Großbritannien zu, wofür die USA im Gegenzug Gebiete für sechs Stützpunkte - auf den Bahamas, Jamaica, Antigua, St. Lucia, Trinidad und in Britisch-Guayana - für 99 Jahre zur Pacht sowie Stützpunkte in Argentia (Neufundland) und auf den Bermudas zum Geschenk erhielten. Die Zerstörer waren rostzerfressene Antiquitäten, von denen es zehn nur mit Mühe über den Atlantik schafften. Aber sie stellten trotz ihres schrottreifen Zustands eine wesentliche Stärkung der britischen U-Boot-Abwehr dar, die sich aufgrund des Verlusts an Zerstörern, den sie in Dünkirchen erlitten hatte, und der Tatsache, daß 70 Prozent der verbliebenen Zerstörerflotte zur Reparatur in den Werften lagen, in beklagenswerter Verfassung befand. Im April 1941 stellte die US Navy der Royal Navy zusätzlich noch zehn bewaffnete 75-Meter-Kutter der Küstenwache zur Verfügung, die sich gut als Geleitschiffe eigneten. Niemand, am wenigsten in Deutschland, sah in dem Handel etwas anderes als einen krassen Bruch der seit der Haager Konferenz von 1907 international anerkannten Normen der Neutralität. Neun Jahre später sollte der britische Premierminister Winston Churchill schreiben, daß die Abtretung der Kriegsschiffe »ganz entschieden eine unneutrale Handlung der Vereinigten Staaten« war und »die deutsche Regierung ermächtigt [hätte], ihnen den Krieg zu erklären«.[31] In Berlin nahm man den Handel, der als direkte Bedrohung des deutschen U-Boot-Krieges gegen England betrachtet wurde, mit Verärgerung zur Kenntnis. Hitler selbst jedoch verhielt sich still. Er hob sich diesen und andere Vorfälle für die Liste der Anklagepunkte gegen die USA auf, die er 14 Monate später vor dem Reichstag ausbreitete.

Das »Arsenal der Demokratie«, wie Roosevelt die USA mit ihrer industriellen Basis genannt hatte, rückte der bewaffneten Kriegsteilnahme noch einen Schritt näher, als der Kongreß im März 1941 das Leih-Pacht-Gesetz (Lend-Lease Act) verabschiedete. Nach diesem Gesetz wurde die Cash-and-carry-Lieferung von Rohstoffen zugunsten des direkten Transfers von fertigen Waffen und Munition an England aufgegeben, unter der Bedingung späterer Rückgabe - ein trügerischer Wechsel auf die Zukunft, den Roosevelt dem amerikanischen Volk mit einem Vergleich nahezubringen versuchte: Es sei, als würde jemand seinem Nachbarn, dessen Haus in Brand steht, seinen Gartenschlauch ausleihen. Die Isolationisten erhoben zwar heftig Einspruch, aber die Mehrheit der Bevölkerung - 71 Prozent, wie aus einer Meinungsumfrage hervorging - stand hinter diesem neuen Beispiel der Interventionspolitik knapp unterhalb der Kriegsschwelle. Im Februar und März 1941 beschlagnahmte Washington, um »ihre Sabotage zu verhindern«, in amerikanischen Häfen liegende deutsche und italienische Schiffe sowie solche aus Ländern, die von Deutschland besetzt waren; fror deutsche und italienische Vermögen in den Vereinigten Staaten ein; verpflichtete sich, 8000 Piloten der Royal Air Force in den USA auszubilden; und bildete aus drei Zerstörer- und vier Flugbootgeschwadern, die seit 1939 als »Neutralitätspatrouille« im Atlantik kreuzten, eine »Support Force« (Unterstützungsverband) aus 27 Zerstörern, die Konvois aus Handelsschiffen von Nordamerika bis nach Island eskortierten. Dieser Verband wurde, zusammen mit zwei Flugzeugträgern, drei Schlachtschiffen, fünf Schweren und vier Leichten Kreuzern, seit dem 1. Februar als Atlantikflotte bezeichnet und ihr Befehlshaber, Rear Admiral Ernest J. King, zum Admiral und Commander in Chief Atlantic Fleet (CINCLANT) befördert. Der Abstand zur Kriegsschwelle wurde noch knapper, als Roosevelt im April und Mai die Verlegung weiterer Schlachtschiffe, Leichter Kreuzer und Zerstörer sowie des Flugzeugträgers *Yorktown* von Pearl Harbor in den Atlantik anordnete. Am 9. April unterschrieben die USA ein Abkommen, das es ihnen erlaubte, Militärstützpunkte und Wetterstationen auf Grönland einzurichten. Neun Tage später erweiterte Roosevelt die westliche Hemisphäre, fortan Panamerikanische Sicherheitszone genannt, bis zum 26. Grad westlicher Länge - gut 50 Seemeilen westlich von Reykjavik. Die neue Sicherheitszone begann also 2600 Seemeilen östlich von New York, umfaßte vier Fünftel des Atlantiks und schloß zusätzlich zu Grönland die gesamte Inselgruppe der Azoren ein. Untermauert wurde dieser Anspruch durch die Entsendung von 4095 Marines, die am 7. Juli in Reykjavik eintrafen, und am 15. Juli revidierte Roosevelt seine Lesart der westlichen

Hemisphäre erneut und verschob deren »Grenze«, um Island einzuschließen, bis zum 22. Grad westlicher Länge. Die Vereinigten Staaten drängten sich förmlich in die Atlantikschlacht, wie sie jetzt sowohl von Churchill als auch der *New York Times* genannt wurde. Als die US Navy im September die volle Verantwortung für die Sicherung der Konvois in Richtung England bis zu einem festgelegten *Mid Ocean Meeting Point* (MOMP - Treffpunkt in der Mitte des Ozeans) oder »chop« *(Change of Operational Control* - Wechsel der operativen Führung) südlich von Island übernahm, wo die Bewachung an britische Geleitschiffe des Western Approaches Command übergeben wurde, vergrößerte sich die Wahrscheinlichkeit, daß eins von Dönitz' Booten trotz der Zügel, die Hitler der U-Bootwaffe angelegt hatte, in einen Kampf mit einem von Admiral Kings Zerstörern verwickelt werden würde, erheblich.

Es hatte schon vor dem September Zwischenfälle gegeben. Der erste ereignete sich am 10. April vor Island, wo der Zerstörer USS *Niblack* drei Booten mit den Schiffbrüchigen eines torpedierten niederländischen Frachters zu Hilfe kam und dabei das Echo eines näherkommenden Objekts empfing, das für ein anlaufendes U-Boot gehalten wurde. Die *Niblack* warf Wasserbomben - die erste amerikanische Munition, die im zweiten Weltkrieg verschossen wurde -, aber ohne ein sichtbares Resultat, und da auch in den deutschen Archiven kein Hinweis auf diesen Vorfall zu finden ist, muß man annehmen, daß die *Niblack* irrtümlich die Anwesenheit eines U-Boots vermutete. Genauer belegt ist ein zweiter, ernsterer Zwischenfall: die Versenkung des amerikanischen 5000-BRT-Frachters *Robin Moor* am 21. Mai an der Grenze der Panamerikanischen Sicherheitszone im Südatlantik. Das Schiff hatte gewöhnliche Fracht an Bord und fuhr mit aufgezogener amerikanischer Flagge. Die 38 Besatzungsmitglieder und acht Passagiere wurden, nachdem sie in ihren Rettungsbooten Hunderte von Seemeilen zurückgelegt hatten, gerettet. Zwei Jahre später rechtfertigte der Kommandant des U-Boots (U 69), Kptlt. Jost Metzler, in einem Propagandabuch seinen Angriff damit, daß er den Verdacht gehabt habe, die *Robin Moor* sei eine U-Boot-Falle.[32] Er wurde vom BdU nie zur Rechenschaft gezogen. Roosevelt nannte die Versenkung unbarmherzig und erklärte am 27. Mai den »uneingeschränkten nationalen Notstand«. Das Außenministerium forderte von

Deutschland eine Entschädigung für die *Robin Moor,* doch Berlin wies diese Forderung trotzig zurück. Hitler schwieg weiterhin.

Am 20. Juni versuchte U 203 (Kptlt. Rolf Mützelburg), wie erst nach dem Krieg bekannt wurde, in den Western Approaches das US-Schlachtschiff *Texas* anzugreifen, konnte jedoch, trotz 16stündiger Verfolgung, nicht in eine günstige Schußposition kommen.[33] Auch Mützelburg wurde offenbar nicht dafür zur Verantwortung gezogen, daß er gegen den strikten Befehl des Führers, jeden Zwischenfall zu vermeiden, verstoßen hatte. Dönitz scheint die Erklärung seines Kommandanten akzeptiert zu haben, er hätte gedacht, das Schlachtschiff wäre wie die 50 Zerstörer an England überstellt worden, was glaubwürdig klang, zumal sich die *Texas* außerhalb der Panamerikanischen Sicherheitszone im erklärten deutschen Operationsgebiet um die Britischen Inseln herum befunden hatte.[34] Dönitz gab aber einen neuen Befehl heraus, in dem es hieß, »daß USA-Kriegsschiffe auch im Blockadegebiet nicht anzugreifen sind, da die z.Zt. noch gültige Erlaubnis hierzu mir nicht mehr den politischen Absichten des Führers entsprechend zu sein scheint«.[35] Da er befürchtete, die U-Boot-Kommandanten könnten einen US-Zerstörer für einen der 50 an Großbritannien gelieferten Zerstörer halten, forderte Hitler von Dönitz, einen FT an alle Boote abzusetzen, in dem darauf hingewiesen wurde, daß »bis auf weiteres Angriffe auf Kriegsschiffe innerhalb und außerhalb des Blockadegebiets nur auf Kreuzer, Schlachtschiffe und Flugzeugträger und nur, wenn diese einwandfrei als feindlich erkannt« wurden, freigegeben waren.[36]

Dieser Befehl verbitterte die U-Boot-Kommandanten besonders, da die Zerstörer, Korvetten und Fregatten der wirksamste Schutzschild vor den U-Boot-Zielen waren und die Geleitschiffe die größte Bedrohung für entdeckte U-Boote darstellten. Um die Moral der U-Boot-Männer zu stützen, schickte das OKM einen ergänzenden Befehl hinterher, der es den Booten gestattete, sich gegen einen Angriff durch Geleitschiffe zu verteidigen, aber nur während »eines im Gange befindlichen Angriffs, solange dieser dauert«.[37] Doch auch in dieser Form des Befehls war die englische U-Boot-Sicherung bevorteilt, wie Dönitz beklagte: »Die deutschen U-Booten befohlene Passivität konnte [. . .] zur Folge haben, daß es einem Zerstörer gelang, ein U-Boot mit Ortung, Wasserbomben oder Artillerie zu bekämpfen, ohne daß sich das U-Boot dieses Angriffs noch rechtzeitig erwehren durfte, so daß es vernichtet wurde.«[38] Darüber hinaus behinderte der Schirm aus Geleitschiffen, die unantastbar waren, die U-Boote bei ihren Angriffen auf die Geleitzüge. Nach Ansicht der U-Boot-Kommandanten war Deutschland aufgrund des Hitler-Befehls gezwungen, mit nur einer Hand zu kämpfen, während die andere auf den Rücken gebunden war, und sie verachteten die amerikanischen Marineangehörigen dafür, daß sie einen Krieg führten, in dem ihnen nichts zustoßen konnte. Trotzdem blieb der Nordatlantik ein mörderischer Ozean, obwohl die Erfolgskurve der deutschen U-Boote im Sommer 1941 nach unten zeigte und sich bis Anfang September auch keine weiteren »Zwischenfälle« ereigneten. Doch dann wurde der angestrengte Versuch beider Regierungen, ein Feuergefecht zu vermeiden - auf amerikanischer Seite durch die Neutralitätsgesetze, auf deutscher Seite durch die Beschränkungen der U-Boot-Operationen -, von den Ereignissen überrollt.

USS *Greer,* ein Zerstörer mit vier Schornsteinen und 1200 BRT aus dem Ersten Weltkrieg, den die US Navy behalten hatte, dampfte mit 17,5 Knoten allein über den Nordatlantik. Das alte Kriegsschiff war mit Post, Fracht und Passagieren nach Island unterwegs. Am 4. September um 8.40 Uhr empfing es ein Blinksignal von einem britischen Bomber. Das Flugzeug meldete ein getauchtes U-Boot rund 10 Seemeilen voraus dwars über seinem Kurs. Auf der *Greer* wurde Gefechtsalarm gegeben, während das Schiff auf 20 Knoten beschleunigte und im Zickzack zu dem angegebenen Punkt lief, wo es die Fahrt verlangsamte und das U-Boot anpeilte. Die Vorschriften verlangten in einer solchen Situation, in der kein amerikanisches oder isländisches Schiff zu verteidigen war, nicht mehr zu tun, als Fühlung zu halten und Meldung zu erstatten. Als der Bomberpilot, der über dem Zerstörer geblieben war, sich darüber klar wurde, warf er seine Wasserbomben nach dem Zufallsprinzip ab und flog zu seinem Stützpunkt zurück. Kptlt. Georg-Werner Fraatz im getauchten U 652 mußte annehmen, die Wasserbomben stammten von dem Schiff über ihm. Er ging auf Sehrohrtiefe hinauf und schoß, nachdem er erkannt hatte, daß der Zerstörer zu dem Typ gehörte, der von den USA an Großbritannien geliefert worden war, in Übereinstimmung mit dem Zusatzbefehl des OKM, der ihm unter den gegebenen Umständen die Selbstverteidigung erlaubte, im Abstand von zehn Minuten zwei Torpedos ab. Beide verfehlten ihr Ziel, ebenso wie die acht Wasserbomben, mit denen die *Greer* auf den Angriff antwortete. Die anschließende Jagd dauerte zehn Stunden, dann brach die *Greer* die Verfolgung ab, und Fraatz zog sich in weniger gefährliche Gewässer zurück, wo er sich sechs Tage später an einem englischen Handelsschiff schadlos hielt.

Der unvermeidliche Feuerzwischenfall war passiert. Ein Irrtum hatte Hitlers vorsichtige Zurückhaltung und Washingtons löchrige Neutralität pulverisiert. Man kann sagen, daß mit diesem Tag der offene Seekrieg zwischen den Vereinigten Staaten und Deutschland begonnen hatte. Roosevelt war außer sich und gab den Befehl, das betreffende U-Boot zu »eliminieren«, was kaum möglich war. In einer Pressekonferenz bezeichnete er den Angriff auf die *Greer* als unprovoziert, was, wie er später erfuhr, nicht ganz der Wahrheit entsprach. In einer »Kaminplauderei«, einer Ansprache an die Nation, die am 11. September im Radio gesendet wurde, sprach er von den U-Booten als den »Klapperschlangen des Atlantiks« und deutete an, daß amerikanische Kriegsschiffe von nun an auf jedes deutsche und italienische Schiff, das in den für die Verteidigung der USA lebenswichtigen Gewässern aufkreuzte, auf der Stelle schießen würden (*»shoot on sight«,* wie es die Presse sofort ausdrückte). In einer Ansprache zum Navy Day 16 Tage später benutzte Roosevelt dann auch selbst die Worte *»shoot on sight«,* um die amerikanischen Absichten zu unterstreichen. Die Geschichtsschreibung über diese Periode betrachtet diese Ansprache als den ersten operativen Befehl, der amerikanische Schiffe und Flugzeuge anwies, auf deutsche und italienische Marineverbände zu schießen.[39] Tatsächlich hatte Roosevelt nur den Befehl öffentlich gemacht, den Admiral King, mit seinem stillschweigenden Einverständnis, schon Monate zuvor erlassen hatte. In den King-Akten befindliche Dokumente belegen, daß die amerikanische Neutralität in weit größerem Maße vorgespiegelt war, als lange angenommen wurde, und daß die Geleitschiffe der US Navy im Atlantik bereits sechs Monate vor Pearl Harbor den Befehl hatten, den Kampf aufzunehmen, sobald feindliche Kräfte in Sicht kamen oder mittels Funkpeilung entdeckt wurden. Seit Juli 1940 hatte King eine Reihe von Operationsplänen herausgegeben, die an Deutlichkeit nichts zu wünschen übrigließen: »Feindliche Kräfte, die die Schiffahrt unter der US- oder

der isländischen Flagge bedrohen, sind zu vernichten«; »meine Interpretation einer Bedrohung der Schiffahrt unter US- oder isländischer Flagge, ob mit Eskorte oder nicht, lautet, daß eine Bedrohung existiert, wenn potentiell feindliche Schiffe konkret *im Sicht- oder Funkortungskontakt* solcher Schiffe oder ihrer Eskorten sind« (Hervorhebung vom Autor).[40]

Diese Befehle betrafen zuvorderst die vorgeschobenen Verbände, einschließlich der 27 Zerstörer der Support Force im Atlantik. Dieser Verband, der auch als Northwest Escort Force oder Task Force Four bezeichnet wurde, stand unter dem Kommando von Rear Admiral Arthur LeR. Bristol jr., der sich über die Qualitäten des Feindes, der deutschen U-Boote, völlig im klaren war: »Es steht außer Zweifel, daß wir es mit einem entschlossenen, kühnen und gut ausgebildeten Feind zu tun haben, der über ausgezeichnetes Kampfmaterial verfügt.«[41] Am 19. Juli gab King, im Zusammenhang mit dem Stützpunkt auf Island, den Operationsbefehl Nr. 6-41 heraus, der die US Navy anwies, jedes U-Boot oder sonstige deutsche oder italienische Kriegsschiff anzugreifen, das sich einem unter amerikanischem Geleit von oder nach Island laufenden Konvoi auf weniger als 100 Seemeilen näherte. Auf der Atlantik-Konferenz, zu der sich Churchill und Roosevelt vom 9. bis 12. August 1941 in Argentia trafen, wurde das Prinzip *»shoot on sight«* als offizielle US-Politik förmlich bestätigt, und am 1. September wurde es, mit Wirkung vom 15. September, durch den Operationsbefehl Nr. 7-41 für die US Navy (Secret Serial 00164) in Kraft gesetzt.[42]

Am 5. November ergab sich eine Situation, aus der unter Umständen ein konkreter Anlaß zur Befolgung der Befehle entstehen konnte, was vermutlich die deutsche Kriegserklärung nach sich gezogen hätte. King hatte aufgrund von Geheimdienstberichten, nach denen das Panzerschiff *Admiral Scheer* (oder auch das Schlachtschiff *Tirpitz)* aus seinem Stützpunkt in Norwegen auslaufen sollte, eine Schlachtflotte vor Island in Stellung gebracht, um, wenn nötig, mit Gewalt zu verhindern, daß die *Scheer* zu den atlantischen Geleitzugrouten durchbrach. Die Task Force One genannte Flotte, bestehend aus den Schlachtschiffen *Mississippi* und *Idaho,* den Kreuzern *Tuscalosa* und *Wichita* sowie drei Zerstörern, bezog dwars über der Danmark-Straße zwischen Grönland und Island Stellung. Aber ein Maschinenschaden hielt die *Scheer* im Hafen zurück. Wäre sie wie geplant ausgelaufen, hätte sie den Zusammenstoß mit der US-Flotte wohl kaum überstanden, und Hitler hätte gar keine andere Wahl gehabt, als den Vereinigten Staaten den Krieg zu erklären. Der Verlust eines U-Boots mit 50 Mann Besatzung mochte geheimgehalten werden können, der eines Großkampfschiffs mit eintausend Mann Besatzung dagegen nicht. Stolz, Sorge um das eigene Ansehen und Wut hätten Hitler die Hand geführt. Der unerklärte Krieg mit den USA wäre schon im November, lange vor Pearl Harbor, zum erklärten geworden.[43]

Es ist gemutmaßt worden, daß Roosevelt einen Zwischenfall wie die Auseinandersetzung zwischen der *Greer* und U 652 herbeigewünscht hatte, um den Schulterschluß der Vereinigten Staaten mit Großbritannien noch enger gestalten zu können. Falls das tatsächlich sein Wunsch gewesen sein sollte, konnte er sich durch eine Meinungsumfrage bestätigt fühlen, in der sich am 2. Oktober 62 Prozent der Befragten für die *»shoot on sight«*-Politik aussprachen. In Deutschland wetterte die Nazipresse gegen den »abgefeimten Lügner« Roosevelt, und das Außenministerium verurteilte die jüngste Farce der amerikanischen *»Short of War«*-Politik, das Agieren kurz unterhalb der Kriegsschwelle. Dönitz forderte am 17. September, als er mit Raeder zum Lagevortrag bei Hitler war, frühzeitig vorgewarnt zu werden, falls die USA in den Krieg hineingezogen werden sollten, damit er seine Boote vor der offiziellen Kriegserklärung an der amerikanischen Ostküste aufmarschieren lassen könnte. Aber Hitler zeigte kein Interesse für einen solchen Eventualplan. Er behauptete zwar nicht, ein Krieg mit den USA werde nicht erwogen, tat aber nicht mehr, als seinen gültigen Befehl zu wiederholen, nach dem jeder Zwischenfall zu vermeiden war.

Dönitz' bevorzugte Taktik, die erstmals 1917 von Kommodore Hermann Bauer, dem Flaggoffizier der U-Bootwaffe der deutschen Hochseeflotte im Ersten Weltkrieg, vorgeschlagen worden war, bestand darin, eine Gruppe von U-Booten quer zum Kurs des zu erwartenden Geleitzugs aufzustellen. Diese (Wolfs-)Rudel-Taktik erforderte ein hohes Maß an Abstimmung unter den beteiligten Booten und daher einen reibungslos funktionierenden Funkverkehr. Das erste Boot, das einen Geleitzug sichtete, sollte seine Position, Kurs und Geschwindigkeit an den BdU funken, mit dem Geleitzug Fühlung halten und jede Veränderung sofort melden. Der BdU übermittelte die Informationen an alle in der Nähe stehenden Boote und brachte sie für einen konzentrierten Überwasserangriff in Position. Die Taktik von Dönitz sah vornehmlich nächtliche Überwasserangriffe im Stil hochseetüchtiger Torpedoboote vor; getaucht werden sollte nur, um feindlichen Schiffen und Flugzeugen auszuweichen oder um schlechtem Wetter zu entkommen. Unterwasserangriffe bildeten die Ausnahme: Die E-Maschinen leisteten nicht mehr als sechs bis sieben Knoten, was kaum ausreichte, um die Manöver auszuführen, die nötig waren, wenn man sich gegen einen fahrenden Geleitzug in Schußposition bringen wollte. Ein weiterer Vorteil des Überwasserangriffs war die Tatsache, daß das britische Unterwasserortungsgerät (ASDIC, später Sonar) bei nicht getauchten Zielen versagte.

Für die Amerikaner war dies eine überraschende Taktik. Sie kannten aus Büchern und Spielfilmen fast nur die Sehrohrangriffe der amerikanischen U-Boote im Pazifik, obwohl auch diese seit 1942 japanische Konvois meistens im Schutz der Nacht über Wasser angriffen. In der Dunkelheit boten die flache Silhouette der U-Boote - insbesondere jener vom Typ VIIC, dem »Arbeitspferd« der Geleitzugschlachten - und die hohe Geschwindigkeit, die sie mit ihren Dieseln erreichen konnten (17-18 Knoten), erhebliche Vorteile: An der Oberfläche waren die U-Boote schneller als die Korvetten der Flower-Klasse, dem verbreitetsten britischen Geleitschifftyp. Waren alle Boote in Position, schlug das Rudel zu. Die aus verschiedenen Richtungen anlaufenden Torpedos brachen die säuberliche Kolonnenordnung des angegriffenen Geleitzugs unweigerlich auf und stifteten unter dem Geleitschutz erhebliche Verwirrung.

In der Nacht des 15. Oktober lag ein solcher Vorpostenstreifen in Abständen von 15 Seemeilen auf dem Kurs des langsamen Geleitzugs SC 48, der mit 49 beladenen Handelsschiffen und einem Geleit von nur vier Korvetten und einem Zerstörer rund 400 Seemeilen südlich von Island mit sieben Knoten ostwärts fuhr. Auf das vereinbarte Zeichen hin griff das Rudel an und versenkte vier Frachter. Der Befehlshaber des Geleits wandte sich an Reykjavik, und der Operationschef der US Navy wies die Zerstörer des Geleitverbandes 4.1.4. an, sich von dem westwärts laufenden Geleitzug ON 24 zu lösen und SC 48 zu Hilfe zu eilen. Die Zerstörer gingen mit 23 bis 25 Knoten bei schwerer See auf Kurs 009 und nahmen, nachdem sie den Geleitzug erreicht hatten, ihre Positionen ein: die *Kearny* an der Backbordflanke, die *Plunkett* (das Flaggschiff) in der Mitte hinter dem Geleitzug, die *Livermore* steuerbord voraus und die *Decatur* an der Steuerbordflanke. Der fünfte Zerstörer des Verbandes, die schon bekannte *Greer,* traf wegen Treibstoffmangels und schwerer See zu spät ein. Außerdem hatten ein britisches Kriegsschiff und eines des Freien Frankreich auf den Hilferuf des Geleitzugs reagiert. Trotzdem fielen den Torpedofächern des Wolfsrudels in der folgenden Nacht, vom 16. auf den 17. Oktober, sechs Schiffe zum Opfer. In dem entstandenen Tumult entdeckte U 568 im Licht eines brennenden Frachters die fast bewegungslose Silhouette eines der auf Island stationierten Zerstörer. Es war das nicht einmal ein Jahr alte USS *Kearny,* doch Kptlt. Joachim Preuß war überzeugt, ein britisches Kriegsschiff ausgemacht zu haben, wie er Dönitz per Funk mitteilte, und jagte ihm trotz des bestehenden Verbots von Angriffen gegen Zerstörer einen Torpedo in die Steuerbordseite. Aber die *Kearny* war ein Zerstörer der neuen, stabil gebauten Benson-Klasse und schaffte es, von der *Greer* eskortiert, aus eigener Kraft den Marinehafen Hvalfjördur auf Island zu erreichen. Doch die Verlustliste war lang: Elf Matrosen waren getötet und 24 verwundet worden. Auf dem Atlantik war zum erstenmal amerikanisches Blut geflossen.

Bereits am 5. September hatte sich ein anderer Zwischenfall ereignet, bei dem ein deutscher Bomber 220 Seemeilen südlich von Suez – ohne Verluste an Leben – den US-Frachter *Steel Seafarer* versenkte, und kurz nach der *Kearny* erwischte es am 19. Oktober den Frachter *Lehigh,* der, nur mit Ballast beladen, vor Westafrika unterwegs war. Er wurde trotz des Namens, der Aufschrift »USA« und der auf beiden Seiten auf den Rumpf gemalten US-Fahne bei Tageslicht von U 126 (Kptlt. Ernst Bauer) versenkt. Die 39 Mann Besatzung wurden gerettet. Washington und Berlin reagierten erwartungsgemäß.

Daß die US Navy jetzt endgültig in die Atlantikschlacht verwickelt war, wurde an den letzten beiden Oktobertagen deutlich. Am 30. Oktober schlugen in dem zum Geleitzug ON 28 gehörenden bewaffneten Tanker USS *Salinas* zwei von U 106 (Kptlt. Hermann Rasch) abgeschossene Torpedos ein. Die schnelle Schadensbegrenzung verhinderte, daß das Schiff sank, und ermöglichte es der Bedienung von Geschütz Nummer 4, das tauchende U-Boot unter Beschuß zu nehmen, allerdings ohne Wirkung zu erzielen. Dann vertrieben herbeigeeilte Zerstörer die Deutschen. U 106 funkte Dönitz die Versenkung des Tankers,[44] der jedoch den Hafen von St. John's auf Neufundland erreichte. Weniger Glück war USS *Reuben James* beschieden. Der altehrwürdige Vier-Schornsteiner war als Geleitschutz mit dem Geleitzug HX 156 unterwegs, der zu diesem Zeitpunkt, bei Tagesanbruch des 31. Oktober, nicht mehr weit vom MOMP entfernt war. Der Zerstörer fuhr gut 2000 Yard neben der Flanke des 44 Schiffe zählenden Geleitzugs und war gerade dabei, einer verdächtigen Peilung nachzuspüren, als ein Torpedo von U 552 (Kptlt. Erich Topp) seine Backbordseite in der Nähe des Schornsteins Nummer 1 aufriß. Unmittelbar danach folgte eine zweite, heftigere Explosion, wahrscheinlich eines Munitionsdepots, die eine derartige Energie entwickelte, daß der Rumpf des Schiffs aus dem Wasser gehoben und der gesamte vordere Teil, bis hinter Schornstein Nummer 3, abgesprengt wurde. Das Heck trieb noch ungefähr fünf Minuten auf dem Wasser, bevor es mit Getöse unterging, wobei mehrere Wasserbomben detonierten und eine Reihe von Schiffbrüchigen getötet wurden, die sich an Rettungsflöße klammerten oder in Schwimmwesten mit den öligen Wellen kämpften. Von den 160 Mann der Besatzung konnten nur 45, darunter kein einziger Offizier, gerettet werden. Sie sahen wie »schwarz glänzende Seehunde« aus, wie sich einer der Retter ausdrückte. Die *Reuben James* war das erste Schiff, das die US Navy im Zweiten Weltkrieg verlor. Ihr Operationschef (Chief of Naval Operations), Admiral Harold R. Stark, kommentierte: »Ob es das Land weiß oder nicht, *wir sind im Krieg.«*[45] Die Angehörigen von über hundert »Blaujacken« trauerten um ihre Toten, doch die Allgemeinheit interessierte sich mehr für ein bevorstehendes Footballspiel zwischen Army und Navy als für das tragische Ende der *Reuben James.* Schließlich befand sich unter den Gefallenen kein Eingezogener, und wer sich freiwillig für die Marinelaufbahn entschied, nahm nun mal das Risiko auf sich, auf See zu bleiben. »Unter den Amerikanern bestand eine Art stillschweigende Übereinkunft, sich nicht aufzuregen, wenn Schiffe von U-Booten versenkt wurden, denn das hatte [sie] schon einmal in den Krieg gebracht.«[46] Einer, der vermutlich sensibler war für den Schmerz des Verlusts, war der Folksänger Woody Guthrie:

Sag mir, wie die Namen waren.
Sag mir, wie die Namen waren.
Ist ein guter Freund von dir
Auf der *Reuben James* gefahren?[47]

Während der nächsten beiden Monate war es überraschend ruhig auf dem Atlantik. Im November versenkten die U-Boote nur 15 Schiffe, was die bei weitem geringste Monatsrate des ganzen Jahres darstellte. Aber unter den versenkten Schiffen befanden sich mit der *Astral* und der *Sagadahoc* auch zwei amerikanische Frachter.[48] In Kernével notierte ein verärgerter Dönitz die Gründe für diesen Rückgang in sein KTB: Das OKM hatte trotz seiner nachdrücklich vorgebrachten Einwände eine wachsende Anzahl seiner Boote aus der Atlantikschlacht genommen und sie statt dessen im Mittelmeer oder vor dessen Einfahrt postiert, wo sie die Nachschublinien für die britische Winteroffensive gegen General Rommels Afrikakorps unterbrechen sollten. Noch schlimmer war jedoch, daß im November und Dezember kostbare acht Boote vor Portugal und der Straße von Gibraltar und weitere drei im Mittelmeer versenkt wurden. Darüber hinaus hatte das OKM einige Boote zur Wetterbeobachtung abgezogen. Die Notlage in Nordafrika war Dönitz noch verständlich. Dort hatte die auf Tripolis gerichtete britische »Crusader«-Offensive Rommel am 7. Dezember zum erstenmal während des Wüstenkrieges gezwungen, einen Rückzug anzutreten. Der britische Nachschub mußte gestört werden (was zur Jahreswende auch mit Erfolg erreicht wurde). Dönitz erkannte also die politische und strategische Notwendigkeit für den U-Boot-Einsatz im Mittelmeer an, aber die weitere Zersplitterung seiner Kräfte durch die Abkommandierung von Booten zur Wetterbeobachtung verbitterte ihn zutiefst.

»Alle solche Forderungen (Aufgaben auf Nebenkriegsschauplätzen, Geleite, Aufklärungen)«, schrieb er in sein KTB, »gehen an dem nach meiner Ansicht *entscheidenden* Gesichtspunkt vorbei, daß die U-Bootwaffe die *einzige* ist, mit der wir den Seekrieg gegen England *offensiv* führen können. Sieht man den Kampf gegen England als entscheidend für den Ausgang des Krieges an, so müssen daher den U-Booten *alle* Aufgaben ferngehalten werden, die sie von dem Hauptkriegsschauplatz dieses Kampfes fernhalten. Der Krieg im Atlantik hat jetzt seit Wochen aufgehört - das vornehmste Ziel muß jetzt sein, ihn mit den neu zuströmenden Kräften so bald und so gründlich wie möglich wieder aufzunehmen.«[49] In Ermangelung einer eigenen Luftwaffe brauchte der BdU so viele Boote wie möglich auf See, um die Positionen der Geleitzüge zu erkunden, und er brauchte so viele Torpedos wie möglich im Ziel, wenn eine Chance bestehen sollte, den Tonnagekrieg zu gewinnen, das heißt, mehr Schiffe zu versenken, als nachgebaut werden konnten. Nach Dönitz' Kalkulation mußte Deutschland monatlich 700000 BRT zerstören, wollte es Großbritannien auf die Knie zwingen. Auf britischer Seite wurde eine monatliche Verlustrate von 600000 BRT als kritische Grenze angesehen. England hing weitgehend von der atlantischen »Schiffsbrücke« ab: Ein erheblicher Teil der benötigten Lebensmittel und der fertigen Waffen, der größte Teil der Rohstoffe und der gesamte Erdölbedarf gelangten auf diesem Weg auf die Britischen Inseln. Nimmt man 1941 als Barometer für die deutschen Aussichten im Tonnagekrieg, hatte Dönitz allen Grund zur Sorge: Im Mai betrug die Ernte behauptete 421440 BRT (tatsächlich: 367498), im Juni 441173 (328219) BRT, im Juli 227699 (105320) BRT, im August 168734 (83427) BRT, im September 399775 (207638) BRT, im Oktober 601569 (370345) BRT und im November 85811 (68549) BRT.[50] Deutschland lief Gefahr, den Krieg um den Schiffsraum endgültig zu verlieren. Trotzdem sollte er noch zweimal auf Messers Schneide stehen: während der bevorstehenden Massaker unter dem Schiffsverkehr vor der amerikanischen Ostküste und während der Geleitzugschlachten im Frühjahr 1943.

Die letzte Provokation, die Hitler mit scheinbarem Gleichmut hinnahm, war der Kriegsplan »Rainbow 5« (Navy-Kriegsplan 46), den der isolationistische Senator Burton K. Wheeler aus Montana der gleichgesinnten *Chicago Tribune* zuspielte, die ihn am 4. Dezember unter der größten Schlagzeile ihrer Geschichte - »FDR'S WAR PLANS« (F[ranklin] D[elano] R[oosevelt]s Kriegspläne) - veröffentlichte. Der Plan war eine Gemeinschaftsarbeit von Army- und Navy-Strategen auf der Grundlage des *»Plan Dog«*-Memorandums, das Admiral Stark im November 1940 erarbeitet hatte und das im März 1941 durch die Stabsvereinbarung ABC-I von den Briten gutgeheißen worden war. Die wichtigsten Punkte des häufig revidierten Plans waren:

(1) Europa und der Atlantik waren die entscheidenden Schlachtfelder.
(2) Japan und der Pazifik sollten als zweite Priorität unter Kontrolle gehalten werden.
(3) Großbritannien und Rußland waren allein nicht in der Lage, Deutschland zu schlagen.
(4) Für den Sieg war eine massive Landung auf dem europäischen Kontinent durch britische und amerikanische Truppen im Jahr 1943 erforderlich (sie fand dann erst 1944 statt).

Aber noch war es nicht soweit. Nachdem er am 13. November im Senat nur 13 und im Repräsentantenhaus nur 18 Stimmen Mehrheit für eine Vorlage erhalten hatte, die es amerikanischen Handelsschiffen erlaubte, mit bewaffneten Wachtrupps, den sogenannten *Armed Guards* (Geschützbedienungen der US Navy), an Bord britische Häfen anzulaufen, war sich Roosevelt bewußt, daß er eine Kriegserklärung, wenn er sie gewollt hätte, nicht durch den Kongreß bekommen würde. Die immer noch starken isolationistischen Gefühle standen dagegen. Darüber hinaus befürchteten viele, daß eine uneingeschränkte Intervention an der Seite Englands als Nebeneffekt die Rettung des kommunistischen Rußland und im Gefolge einer siegreichen Roten Armee die Verbreitung des Kommunismus nach sich ziehen würde. Diejenigen, die diesen Einwand erhoben, meinten, es sei am vernünftigsten, beiseite zu stehen und abzuwarten, bis sich die beiden totalitären Mächte Deutschland und Rußland gegenseitig zerfleischt hatten. Roosevelt wußte selbstverständlich auch, daß sich die Länder der Achse - Deutschland, Italien und Japan - im Dreimächtepakt vom 27. September 1940 gegenseitig Hilfe zugesichert hatten, falls sie von einem bisher nicht an den Feindseligkeiten beteiligten Land angegriffen werden sollten. Mit diesem Pakt hatte Hitler sichergestellt, daß er einer Intervention der Vereinigten Staaten nicht allein gegenüberstehen würde, wie es Deutschland im Ersten Weltkrieg geschehen war. Eine amerikanische Kriegserklärung gegen Deutschland hätte also automatisch einen Krieg auf zwei Ozeanen nach sich gezogen, auf den das Land nach Roosevelts Ansicht nicht vorbereitet war. Wie sich bald - im Verlauf der »Operation Paukenschlag« - zeigen sollte, war es nicht einmal in der Lage, mit Hitler allein fertig zu werden. Der amerikanische Präsident gedachte daher die Politik des unerklärten Krieges fortzusetzen. Aber zu diesem Zeitpunkt, Anfang Dezember, war eine Flugzeugträgerflotte der Achse, unter Wahrung absoluter Funkstille, mit dem Ziel Hawaii schon weit in den Pazifik vorgestoßen. Sie sollte allen Beteiligten die Entscheidung abnehmen. Die Kriegserklärung kam durch die Hintertür.

Beim OKM in Berlin verfolgte man aufmerksam, was sich in den Vereinigten Staaten tat. Am 6. Dezember kam die Skl. angesichts des jüngsten Verhaltens amerikanischer Marine- und Handelsschiffe auf dem Atlantik zu dem Schluß, daß nunmehr »auch eine Kriegserklärung nichts Wesentliches mehr ändern kann«. Wenn es amerikanischen Schiffen weiterhin erlaubt werde, Großbritannien risikolos mit Lebensmitteln und Waffen zu versorgen, würden sich die Erfolgsaussichten des Krieges gegen die englischen Nachschublinien in dem Maße vermindern, wie amerikanischer Schiffsraum, der mit Gewißheit vermehrt werden würde, denjenigen des Feindes ersetzte. Daher hielt die Skl. die »Beibehaltung der bisherigen Weisungen, nach denen das tatsächlich kriegführende Amerika weit besser behandelt wird als ein wirklich Neutraler, nicht mehr für tragbar« und forderte »erneut die Freigabe von Kriegsmaßnahmen innerhalb der gesamten pan-amerikanischen Sicherheitszone«.[51]

Die einzige Waffe, die dafür zur Verfügung stand, war das U-Boot. Die Überwasserflotte, kleiner als die des Ersten Weltkriegs und der britischen Home Fleet jenseits der Nordsee hoffnungslos unterlegen, verdiente diesen Namen kaum, bewirkte allerdings, daß britische Kriegsschiffe, die andernfalls die Mittelmeerflotte verstärkt hätten, die bretonischen, deutschen und norwegischen Häfen bewachen mußten, in denen sie – ansonsten nutzlos – vor Anker lag. Unter den bis zu diesem Zeitpunkt erlittenen Verlusten sind hervorzuheben: das bereits erwähnte Panzerschiff *Admiral Graf Spee;* der Schwere Kreuzer *Blücher,* der im April 1940 bei der Eroberung Norwegens bei Oslo durch Küstenartillerie versenkt wurde; der Leichte Kreuzer *Karlsruhe,* der ebenfalls vor Norwegen und am selben Tag wie die *Blücher* britischen Torpedos zum Opfer fiel; und das neue Schlachtschiff *Bismarck,* das es am 18. Mai 1941 gewagt hatte, die norwegischen Gewässer zu verlassen, um auf dem Atlantik Jagd auf Handelsschiffe zu machen, und neun Tage später – nachdem es zuvor den britischen

Schlachtkreuzer HMS *Hood* versenkt hatte – einem kombinierten britischen Luft- und Seeangriff zum Opfer fiel. Von den 2000 Mann Besatzung überlebten nur 110. Die Verluste lähmten Hitler, und er verschloß sich Raeders Drängen, Schiffe für Beutefahrten gegen den Atlantikhandel freizugeben: Die großen Schiffe mußten in den Häfen bleiben. Eine Ausnahme von dieser Regel wurde bald darauf gestattet, als am 11. Februar die Schlachtkreuzer *Scharnhorst* und *Gneisenau* zusammen mit dem Schweren Kreuzer *Prinz Eugen* aus Brest ausbrachen und durch den Ärmelkanal die weniger exponierten Häfen an der Elbe sowie Wilhelmshaven anliefen. Aber dieser berühmt gewordene Kanaldurchbruch war kaum als offensive Operation zu bezeichnen.

Da die U-Boote, ihre einzige Offensivwaffe, aus dem Atlantik abgezogen waren und die symbolische Streitmacht der Überwasserflotte durch Befehl von oben festlag, war die Kriegsmarine weitgehend zur Untätigkeit verdammt. Kein Wunder also, daß die Skl., als sie von dem Angriff auf Pearl Harbor erfuhr, bedauerte, daß ein solch entscheidender Schlag von der japanischen und nicht von der deutschen Marine geführt worden war, und klagte: »Um so schmerzlicher ist es für die Skl., daß nicht die deutsche Kriegsmarine es sein kann, die die entscheidenden Schläge führt, deren historische Bedeutung schon heute zu fühlen ist, ja daß sie [. . .] nicht einmal in der Lage ist, die wesentliche Entlastung, die der Pazifik bringt, im Atlantik und im Mittelmeer entschieden auszunutzen.«[52]

Aber auch nach dem Angriff auf Pearl Harbor und trotz der zahlreichen amerikanischen Provokationen lag es im Dezember 1941 kaum im Interesse Hitlers, den Vereinigten Staaten den Krieg zu erklären – gerade zu jenem Zeitpunkt, als er alles, was Deutschland an Ressourcen, Leistungskraft und Energie besaß, für den Ostfeldzug benötigte. Sein großer Plan erforderte vor allem anderen die Eroberung Rußlands. Nach einem Sieg im Osten wäre Großbritannien isoliert gewesen; es hätte sich in aussichtsloser Position einem kontinentalen Koloß gegenübergesehen, und eine Invasion, wie sie der Navy-Kriegsplan 46 vorsah, hätte keinerlei Aussicht auf Erfolg gehabt, wenn Deutschland in der Lage gewesen wäre, den größten Teil seiner Militärmacht nach Westen zu werfen. Aus damaliger Sicht, so scheint es, wäre es für Hitler am klügsten gewesen, sich zurückzuhalten und zu-

zusehen, wie die USA ihre Kräfte im Pazifik verausgabten, zumal der Konflikt mit Japan vermutlich zum Abzug von Geleitschiffen aus dem Nordatlantik führen würde. Deutschland hätte sich danach mit allen verfügbaren Kräften - sowohl zu Lande als auch zu Wasser - auf den in die kritische Phase eingetretenen Kampf im Osten konzentrieren können. Das war um so dringlicher, als die Wehrmacht am Tag von Pearl Harbor zum erstenmal zu Rückzugsbewegungen gezwungen worden war, was unter anderem zu einer Krise im OKW geführt hatte. Es war also kaum der passende Zeitpunkt für ein neues Abenteuer, besonders angesichts eines Widersachers, dessen industrielle Potenz allein schon ein großes Problem zu werden versprach und dessen Eintritt in den einzigen Krieg, den die beiden Nationen bisher miteinander ausgefochten hatten, für dessen Ausgang entscheidend gewesen war. Sogar Hitler konnte, auch wenn er für das »dekadente« amerikanische Militär nur Verachtung übrig hatte, nicht ganz über diese Realitäten hinwegsehen.

Der Beistandspakt der Achsenmächte verlangte nur, daß Deutschland militärisch eingriff, sofern einer der beiden Partner - oder beide - von einer dritten Macht, sprich den Vereinigten Staaten, angegriffen worden war. Hitler hatte dem japanischen Außenminister Yosuke Matsuoka im Frühjahr 1941 zwar versprochen, sich auf Japans Seite zu schlagen, wenn es von sich aus einen Angriff startete, aber diese Zusage war nie Gegenstand eines förmlichen Abkommens geworden. Hitlers eigentlicher Wunsch war es, daß Japan durch einen Angriff auf Singapur oder Wladiwostok die britische oder russische Militärmacht aufsplitterte.[53] Anfang Dezember, als seine Flotte schon in Richtung Hawaii unterwegs war, verlangte Japan von Deutschland und Italien eine förmliche Bestätigung der Unterredung zwischen Hitler und Matsuoka. Der aus Hitlers Sicht wichtigste Punkt dieses neuen Dreimächtepakts war die Klausel, die es den drei Mächten verbot, mit England und den USA oder beiden einen einseitigen Waffenstillstand oder Sonderfrieden abzuschließen.

Nach dem 7. Dezember beriet sich Hitler zwar mit seinem Außenminister Joachim von Ribbentrop, traf ansonsten aber einsame Entscheidungen, ohne auch nur seine Militärberater zu konsultieren. Den ersten Riß bekam die bisher durchgängig verfolgte Politik der Vermeidung des offenen Krieges mit den USA am 9. Dezember, als er

- impulsiv oder mit Vorbedacht, die Akten lassen in dieser Beziehung keinen eindeutigen Schluß zu - alle Beschränkungen des Seekriegs gegen die Vereinigten Staaten aufhob. Sie waren von nun an als Feind zu betrachten. Dönitz reagierte darauf in seinem KTB mit einem hochgestimmten Eintrag, in dem es heißt:

> Die Aufhebung aller Einschränkungen bezgl. U.S.A. Schiffen und der sogenannten panamerikanischen Sicherheitszone ist vom Führer befohlen worden. Damit wird das gesamte Gebiet der amerikanischen Küsten für den Ubootseinsatz frei, ein Gebiet, in dem sich, in *Einzel*verkehr, die Sammlung der Schiffe in den wenigen Abgangspunkten der Atlantikgeleitzüge abspielt. Es ist also hier Gelegenheit, den feindl. Handel in einem solchen Stadium anzupacken, wie er im übrigen längst fast vollkommen aufgehört hat. Dazu kommt, daß im amerik. Küstengebiet von einer eingespielten Überwachung, zumindesten mit einer ubootsgewöhnten Bewachung, kaum die Rede sein kann. Es muß versucht werden, diese in absehbarer Zeit verschwindenden Vorteile so schnell wie möglich auszunutzen und zu einem »Paukenschlag« an der amerikanischen Küste auszuholen.[54]

Dönitz verlangte vom OKM unverzüglich die Freigabe von 12 Booten vom Typ IX für diese Mission. Dazu schlug er vor, einige Boote aus dem Gebiet westlich von Gibraltar abzuziehen, für das dieser Typ sowieso nicht sonderlich geeignet war: Die komplizierteren und größeren Boote dieses Typs waren vom englischen ASDIC-Gerät leichter aufzuspüren als die manövrierfähigeren VIIC-Boote und zudem schwerer auf einer exakten Tiefe zu halten. Zum Ausgleich, schlug Dönitz weiter vor, könnte eine nicht unerhebliche Anzahl frisch vom Stapel gelaufener VIIC-Boote vor den Eingang zum Mittelmeer geschickt werden. Für sich machte er sich jedoch Sorgen, daß die bei Gibraltar und im Mittelmeer stationierten Boote beider Typen - IX und VIIC -, deren Einsatz »z.Zt. unumgänglich notwendig« war, um den Zusammenbruch der Afrikafront zu verhindern, »sich dort für die Zwecke der Atlantikschlacht eines Tages in einer Mausefalle befinden können«.[55] Untermauert wurde diese Befürchtung von Erkenntnissen, die der B-Dienst aus dem Geleitzugfunkverkehr gewonnen hatte.

Danach hatten die Briten den Rückzug der U-Boote aus dem Atlantik bemerkt und waren dabei, ihre Geleitschiffe aus dem Atlantik in Gebiete unmittelbar östlich und westlich von Gibraltar zu verlegen. Um dieser Entwicklung entgegenzuwirken, schickte Dönitz das bereits erwähnte Täuschungsschiff in den Nordatlantik, wo es mit falschen Funkmeldungen die Anwesenheit einer großen U-Boot-Gruppe vorspiegeln sollte.[56]

Obwohl Japan ihn drängte, hätte sich Hitler bei diesem Stand der Dinge sagen können, daß eine förmliche Kriegserklärung nicht nötig war. Der japanische Angriff hatte die Gefahr einer amerikanischen Intervention in Europa eher vermindert als verschärft. Er hätte die japanische Forderung, den Krieg mit den USA zu eröffnen, ebenso zurückweisen können, wie Japan es abgelehnt hatte, die Sowjets in Wladiwostok anzugreifen. Er hatte keinerlei Verpflichtungen Japan gegenüber. Das Gespräch mit Matsuoka war nicht mehr gewesen als eben das: ein Gespräch. Warum also sollte er sich vorwagen und auf diese Weise den unverhofften Vorteil, den ihm der japanische Angriff in die Hand gegeben hatte, nämlich die Umlenkung der amerikanischen Aufmerksamkeit vom Atlantik in den Pazifik, ungenutzt lassen? Was eine Kriegserklärung in umgekehrter Richtung betraf, so hatte die Deutsche Botschaft in Washington gemeldet, daß der Kongreß nicht geneigt war, sich freiwillig auf einen Krieg auf zwei Ozeanen einzulassen. Noch war es nicht zu spät, den Dönitz gegebenen Befehl rückgängig zu machen. Es wäre nicht das erste Mal gewesen. Warum sollte er nicht abwarten und sehen, wie sich die Dinge entwickelten?

Die Gründe, aus denen er sich anders entschied, sind immer noch unklar. Vielleicht wollte er verhindern, daß Japan einen Separatfrieden abschloß, bevor der Krieg in Europa gewonnen war. Vielleicht bestimmten ihn schlicht Rachegefühle gegen Roosevelt, seine falsche Neutralität und seine Zerstörer. Vielleicht war der Krieg mit den USA aus seiner Sicht sowieso unvermeidbar, und er hielt den Moment, auch wenn er nicht ideal war, für akzeptabel. Vielleicht begeisterte ihn die Aussicht auf gewaltige U-Boot-Erfolge unter amerikanischen Handels- und Kriegsschiffen. Vielleicht stimmte er mit seinem Außenminister überein, der meinte, eine Großmacht lasse sich nicht den Krieg erklären, sondern erkläre ihn selbst.[57] Aber aus welchen Gründen auch immer, er unterzeichnete am 11. Dezember eine Neufassung des Dreimächtepakts der Achse, mit der Deutschland an der Seite Japans (und Italiens) in den Krieg gezogen wurde, während Japan das Versprechen abgab, bei der Stange zu bleiben. Anschließend beauftragte er Ribbentrop, den amerikanischen Geschäftsträger - der Botschafter war 1938 aus Protest gegen das antijüdische Pogrom der sogenannten Kristallnacht zurückberufen worden - zu sich zu bestellen. Die Begegnung fand um 14.18 Uhr im Außenministerium in der Wilhelmstraße statt und dauerte ganze drei Minuten, während der Ribbentrop stehend und mit einem Lächeln auf dem Gesicht verkündete, daß sich Deutschland »von diesem Tag an als im Krieg mit den Vereinigten Staaten von Amerika stehend« betrachte.[58] Zur selben Stunde übergab der deutsche Geschäftsträger in Washington dem dortigen Außenministerium eine gleichlautende Note. Am Abend trat der Herrscher über Europa vor dem in die Krolloper gerufenen Reichstag auf und brachte all die Anklagepunkte vor, zu denen er bisher geschwiegen hatte: die »Neutralitätsgesetze«, den Zerstörerhandel, die Beschattung deutscher Schiffe, das Pacht-Leih-Gesetz, den *Greer*-Zwischenfall, den »Schießbefehl«, »Rainbow 5« und den unerklärten Krieg im allgemeinen, in dem er lange Zeit auch die andere Wange hingehalten habe, aber damit sei jetzt Schluß! Am Ende seiner Strafpredigt verlas er die Abmachungen, die in dem gerade unterzeichneten neuen Dreimächtepakt getroffen worden waren.

Die am 11. Dezember ausgesprochene Kriegserklärung wurde später von Historikern als der - neben dem Unternehmen Barbarossa - größte Fehler Hitlers bezeichnet.[59] »Improvisiert und unnötig«, hatte er mit ihr seinen Krieg zum Scheitern verurteilt.[60] Die Würfel waren gefallen. Der Atlantik war jetzt auch offiziell ein Streitfeld der beiden Länder. Die bis dahin verheerendste U-Boot-Offensive des Krieges konnte beginnen.

4

Ziel New York

9.17 Uhr, Heiligabend 1941. U 123 befand sich auf dem Nantucket-Großkreis, der alle sechs in Frage kommenden Operationsgebiete im Westatlantik schnitt. »ALAAARM!« brüllte Hardegen auf der Brücke ins Sprachrohr und setzte damit, nach einer Schrecksekunde, jeden Mann an Bord in Bewegung. *Brring! Brring! Brring!* In der Zentrale und im Heck machten sich geübte Hände an dem Gewirr aus Hebeln und Rädern zu schaffen, während die Stiefel der Brückenwache, Hardegens als letzte, auf die Flurplatten polterten und Kaedings Stimme überall im Boot aus den Lautsprechern knatterte: »Alles nach vorn!« Sofort hastete jeder abkömmliche Mann, einschließlich der Dieselmaschinisten, die ihre Motoren abgestellt und ausgekuppelt hatten, gebückt durch die Schotts so weit wie möglich in den Bug. Tölle, der in der Koje lag, wachte von dem Lärm auf, blieb aber klugerweise, wo er war. Das zusätzliche Gewicht im Bug unterstützte die Tiefenruder beim Alarmtauchen, und U 123 glitt über den Bug rasch in die Tiefe.

»Klarmachen für Wasserbomben, klar für Schleichfahrt«, befahl Hardegen, der am Kartentisch stand. Zu Schulz sagte er mit ruhiger Stimme: »Auf 50 Meter gehen, dann Tiefenruder aufkommen und auf A plus 50 [70 Meter] einsteuern.« Erst in diesem Moment war von den Ingenieuren der U-Bootwaffe entschieden worden, daß es für die Boote am besten war, nur bis auf 50 Meter mit Ruder hart unten zu tauchen und anschließend nach und nach auf größere Tiefen zu gehen.[1] So befahl Schulz, als die Nadel des Tiefenmessers 50 Meter anzeigte, den Rudergängern: »Vorn auf zehn, hinten auf fünf.«

Hardegen schaute zu Hoffmann. »Tauchzeit, IWO?« Jetzt wußte jeder, der die Frage gehört hatte, daß es ein Übungstauchen und kein Ernstfall war. »37 Sekunden«, antwortete Hoffmann. Das war die Zeit, die man vom Schrillen der Alarmglocke bis zu dem Moment gebraucht hatte, in dem zehn Meter Wasser über die Röhre gebracht worden waren. 37 Sekunden waren nicht schlecht, aber: »Die Vorgabe ist 35 Sekunden, IWO«, mahnte Hardegen. »Rasieren Sie die beiden Sekunden ab, und Sie retten uns vielleicht das Leben. Wasserbombenalarm aufgehoben. Besatzung zurück auf die Stationen.«

»Jawohl, Herr Kaleu.« Der Rüffel galt sowohl Schulz als auch Hoffmann.

Hardegen beobachtete, wie der Tiefenmesser die 60-Meter-Marke überschritt. Der Zeiger befand sich immer noch im grünen Bereich; die gelbe Warnstufe begann bei 100 Metern, und die rote Gefahrenzone reichte von 150 bis 200 Meter. Die von der Werft garantierte Tauchtiefe für den Typ IX lag bei 200 Metern, aber diese Papiertiefe, unterhalb derer der Druckkörper theoretisch hätte zerquetscht werden müssen, wurde im Einsatz häufig überschritten.[2] Sie reichte jedoch völlig aus, um selbst den auf größtmögliche Tiefe eingestellten englischen Wasserbomben zu entgehen.[3] Als der Zeiger 70 Meter erreicht hatte, brachte Schulz das Boot zum Stehen und horchte wie Hardegen mit geübtem Ohr auf das kleinste Knacken und Ächzen im Druckkörper.

»Bleiben wir eine Weile hier«, sagte Hardegen, »um zu sehen, wie gut Keroman gearbeitet hat.«

Die »Weile« dauerte nur Sekunden, denn kurz darauf explodierte die Wasserstandsanzeige des Regelbunkers auf der Steuerbordseite und ließ einen Hagel von Glasscherben in der Zentrale niedergehen.

»Das ist nicht alles, Herr Kaleu«, rief Schulz. »Wir haben ein Ventilproblem! Treiböl und Seewasser leckt in die Hauptbilge! Empfehle Auftauchen!« Hardegen stimmte ihm zu. »Klarmachen zum Auftauchen!« befahl er. »Auftauchen!« Das Boot stieg langsam aufwärts und durchstieß die Wasseroberfläche. Während die Ausgucks auf die Brücke kletterten, untersuchten Schulz und seine Männer das schadhafte Ventil, das offenbar nicht richtig installiert worden war. Entweder Nachlässigkeit oder Sabotage, dachte Schulz, als er sich mit seinem Zentralegasten »Kraxel« an die Arbeit machte.

»Wie weit ist die Reparatur?« erkundigte sich Hardegen nach anderthalb Stunden, und Kraxel antwortete: »Das Ventil ist fast fertig, Herr Kaleu. Danach pumpen wir die Tauchzelle per Hand aus. Wir haben etwas Treiböl verloren. Es wurde beim Auftauchen von den Bilgen abgepumpt. Ich schätze, wir haben vier Kubikmeter verloren. Der LI hat noch einen Fehler an der Hauptlenzpumpe und etwas am Sehrohrschaft entdeckt, das in Ordnung gebracht werden muß. Ich würde also sagen, daß wir noch eine halbe Stunde brauchen. Was den geplatzten Anzeiger angeht, so müssen wir vorläufig ohne ihn auskommen. Das Glas ist aufgefegt.«

»Sehr gut. Weitermachen.« Der Treibstoffverlust war unerfreulich. Vier Kubikmeter waren zwar nicht viel, aber bei einer Fahrt ans andere Ende der Karte war jeder Verlust ein Grund zur Besorgnis. War es Sabotage gewesen? Man hatte in letzter Zeit einige Male Wasser oder Sand im Schmieröl von U-Booten gefunden, und ein Fehler an den Dieselauspuffen von U 101 hatte drei Besatzungsmitglieder das Leben gekostet. Im Augenblick war die Frage nicht zu beantworten, aber Hardegen nahm sich vor, sie nach seiner Rückkehr nach Keroman vorzubringen. Er notierte sich für den Mittagseintrag ins KTB Kaedings Koppelwerte und gab sie Rafalski, der sie mit der Schreibmaschine in das Formblatt eintrug. Überwasserfahrt während der vergangenen 24 Stunden: 222 Seemeilen. Unter Wasser: 24,5.

12.30 Uhr. Hardegen hätte den Heiligabend auch im Hafen verbringen können. Drei der »Paukenschlag«-Boote – U 130 (Kals), U 109 (Bleichrodt) und U 66 (Zapp) – waren noch nicht ausgelaufen. Aber Hardegen war der Meinung gewesen, daß seine Männer nach dem Fest unter der Nachwirkung von Burgunder und Cognac nicht auf der Höhe ihrer Kräfte gewesen wären, und die brauchten sie für den kritischen ersten Tag in der Biskaya. So mußte das Fest auf See begangen werden. Er brachte das Boot auf 20 Meter unter Wasser und wandte sich über die Lautsprecheranlage an die Besatzung: »Hier spricht der Kommandant. Wir begehen heute Heiligabend, die feierlichste Nacht für uns Deutsche. Wir könnten bis zu den Abendstunden warten, wie wir es zu Hause getan hätten, aber wie ihr wißt, ist das die Zeit, zu der wir an der Oberfläche sein müssen, um so rasch wie möglich voranzukommen. Deshalb sind wir jetzt getaucht, um ein paar Stunden in Ruhe und Frieden zu verbringen. Zuerst möchte ich euch die ›Weihnachtsbotschaft an alle Boote‹ verlesen, die mir der Puster gerade gegeben hat: ›An diesem deutschen Weihnachten bin ich im Herzen und in Gedanken bei euch, meine stolzen, zähen, kämpfenden U-Bootsmänner.‹ Gezeichnet BdU, mit anderen Worten, Admiral Dönitz.[4]

Ich möchte unsere Kriegsweihnacht so freudig wie möglich gestalten. Dafür habe ich einige Überraschungen vorbereitet und möchte jetzt jeden, der seine Station verlassen kann, bitten, zu mir in die Zentrale zu kommen.«

Wenige Minuten später drängte sich, außer Hannes, dem Schmutt, Barth am Horchgerät, Rafalski im Funkschapp und zwei Elektrikern an den E-Maschinen, die gesamte Besatzung in der Zentrale.

»Ihr wißt«, fuhr Hardegen fort, »daß uns unser Patenbataillon mit genügend Weihnachtsbäumen ausgestattet hat, um in jedem Raum einen aufstellen zu können. Die Unteroffiziere werden sie in einigen Minuten verteilen. Der größte, für die Zentrale bestimmte wurde von den Elektrikern mit elektrischen Kerzen geschmückt. Ihr wißt so gut wie ich, warum wir keine Bienenwachskerzen verwenden können. Diejenigen, die anderswo auf dem Boot ihren Posten haben, können, solange wir getaucht sind, in die Zentrale kommen und sich an dem großen Baum erfreuen. Er stammt aus dem Harz, und ich weiß, daß sein Duft Erinnerungen an die Heimat weckt. Zweitens hat unser Patenbataillon ein paar Torten für uns gebacken, die die Pfannkuchen ergänzen werden, die Hannes im Moment zubereitet. Und nun zu den Überraschungen. Erstens haben viele junge Leute aus allen Teilen Deutschlands euch Geschenke geschickt, und wie es Brauch ist, wird unser eigener Weihnachtsmann, Leutnant von Schroeter, sie verteilen. Aber denkt daran, böse Jungen werden mit der Rute bestraft! Zum zweiten ist eine Menge Post von euren Familien eingegangen. Ich werde den IIWO bitten, sie nach dem Essen auszugeben. Ich weiß, daß das für euch alle das wertvollste Weihnachtsgeschenk ist. Jetzt zur letzten Überraschung. Ihr wißt, daß ich im Gegensatz zu anderen Kommandanten, die stets eine Siegesflasche an Bord haben, auf meinem Boot keine alkoholischen Getränke dulde. Ich will niemanden verurteilen, es ist einfach nicht meine Art. Doch dieses eine Mal, zu dieser einen Kriegsweihnacht habe ich für jeden, der möchte, eine bestimmte Menge Rotwein bewilligt. Der LI, der sich so gut mit Flüssigkeitsmengen auskennt, wird die Portionen verteilen.

Ihr wißt auch, daß wir keine Gottesdienste an Bord durchführen.

Aber es wäre kaum angemessen, diesen besonderen Tag ohne ein förmliches Zeichen des Glaubens verstreichen zu lassen, zu dem sich, nehme ich an, die meisten von euch bekennen. Ich möchte euch deshalb um eure ungeteilte Aufmerksamkeit bitten, wenn ich jetzt die Weihnachtsgeschichte lese, wie sie im Lukasevangelium erzählt wird.«[5]

Als Hardegen zu Ende gelesen hatte, gingen die Männer in ihre Räume zurück, wo die Backschafter begannen, Hannes' Weihnachtspfannkuchen zu verteilen und aus eimerähnlichen Essensbehältern – den »Langbooten« – einen Gemüseeintopf mit Fleisch auszugeben. Später, auf einer zweiten Runde, gingen sie mit frischem Obst und Limonade durch das Boot. Wer wollte, bekam Kaffee, und zwar einen weniger starken, aber wohlschmeckenderen als den, den Hannes für die Ausgucks zu brauen pflegte. Die Mannschaftsdienstgrade setzten sich mit ihrem Kochgeschirr, wo sie gerade Platz fanden. Den Offizieren und Unteroffizieren wurde das Essen in ihren Messen serviert. Nach einiger Zeit gingen die Backschafter mit großen Tortenstücken und Pfannkuchen herum, und der LI erschien mit Flaschen voller Rotweinpunsch, der dem, was sogar der Alte »ein festliches Essen« nannte, das Glanzlicht aufsetzte.[6] Als dann die Post und die Geschenke ausgepackt wurden, umfing diese Männer, die sonst eher den harten Krieger herauskehrten, endgültig ein warmes weihnachtliches Gefühl. Die Geschenke waren rührend, aber was ihre Herzen bewegte, war die Post von zu Hause. Von Schroeter spielte auf dem Akkordeon Weihnachtslieder, und die Besatzung nahm, einzeln oder in Gruppen, das Angebot des Alten an, sich um den Weihnachtsbaum in der Zentrale zu versammeln. Er war das unmittelbarste Symbol für ihre Verbindung mit der Heimat. Hardegen zog sich in seinen Raum zurück, wo ebenfalls ein kleiner Baum stand, zog den Vorhang zu und betrachtete die Fotografien seiner Frau Barbara und seiner Söhne, des zweieinhalbjährigen Klaus-Reinhard und des einjährigen Jörg, während in der Zentrale »Stille Nacht, heilige Nacht« erklang.

7.00 Uhr, Erster Feiertag. Über Wasser, Kurs 275, halbe Fahrt. Obwohl es eigentlich nicht zu seinen Aufgaben gehörte, hatte Walter Kaeding freiwillig den größten Teil der Navigation übernommen. Laut Besatzungsliste war der Obersteuermann für die Navigation zuständig, aber dessen Interessen lagen anderswo. Kaeding (der später selbst zum Obersteuermann aufstieg) stand als Bootsmann auf der Liste. Entsprechend zu Hoffmanns Position als IWO, war Kaeding die Nummer Eins der seemännischen Unteroffiziere. Navigation war sein Hobby, und er hatte auf den früheren Fahrten bei jeder sich bietenden Gelegenheit die Positionsbestimmung übernommen und die Kurslinie auf der Koppelkarte eingetragen, so daß Hardegen ihm zu Beginn der vorigen Fahrt diese Aufgaben auf Dauer zugewiesen hatte.

Er hob jetzt den Aluminiumdeckel des Kartenkastens ab, entfernte den durchsichtigen Zelluloidschutz und verlängerte die Koppellinie am östlichen Rand der Karte Nr. 1870G (Nordatlantischer Ozean) um einige Millimeter. Das Land war grün abgehoben, während der Ozean weiß war. Ein blau gedrucktes Gitternetz teilte ihn in Quadrate ein, die durch Buchstaben und Zahlen markiert waren. Jedes dieser Marinequadrate umfaßte ein Gebiet etwa von der Größe Frankreichs und besaß eine Kennung aus zwei Buchstaben; so hätte ein U-Boot auf dem Weg nach Neufundland, zum Beispiel, die Quadrate BF, BE, BD, BC und BB passiert. Diese Großquadrate von rund 486 Seemeilen Seitenlänge waren in neun durchnumerierte Quadrate unterteilt, die ihrerseits wieder neun durchnumerierte Quadrate enthielten. Nach der vierten Unterteilung ergab sich ein Netz von Quadraten mit einer Seitenlänge von nur noch sechs Seemeilen. Durch Aneinanderreihung der beiden Buchstaben des Großquadrats und der vier Zahlen für die Unterteilungen konnte auf diese Weise rasch eine recht genaue Positionsangabe gemacht werden.[7] Die gegenwärtige Position von U 123 war BF 4411.

Da sowohl die Positionen der U-Boote als auch die der Geleitzüge auf diese Weise bestimmt wurden, fürchtete Dönitz schon seit langem, den Briten oder Amerikanern könnte eine der Quadratkarten in die Hände fallen, so daß sie jederzeit wüßten, wo sich seine Boote befanden. Dazu hätten sie allerdings den für den Funkverkehr benutzten Code knacken müssen, ein Punkt, der Dönitz beständig Sorgen bereitete, auch wenn B-Dienst und Skl. wiederholt versicherten, daß ein Einbruch in den Code unmöglich sei. Dennoch hatte Dönitz es für angezeigt gehalten, die Buchstaben-Zahlen-Kombination der Positionsangaben noch einmal zu verschlüsseln, und den Booten am 9. September über Funk das Schema mitgeteilt, das zwei Tage später in Kraft treten sollte. Es bestand aus einer Umstellung der Buchstaben und

Zahlen für bestimmte Marinequadrate. Von diesem System wußte nur eine eng begrenzte Anzahl von Männern auf den Booten und niemand aus dem Personal der Stützpunkte. Der FT rief auf den Booten Verwirrung und Irrtümer hervor, so daß viele von der Aufforderung am Ende des Funkspruchs Gebrauch machten: FALLS VORSTEHENDES NICHT VOLL VERSTÄNDLICH, DURCH KURZSIGNAL Y Y Y MELDEN.[8] In Hans Meckels Empfangsstation in Villecresnes sollen jedenfalls Y-Anfragen in Hülle und Fülle eingegangen sein.

Als Ersatz für dieses zugegebenermaßen beschwerliche Verfahren führte der BdU im November eine einfachere Methode ein, das - auf seewasserlöslichem Papier gedruckte - sogenannte Adreßbuch, und zu diesem griff Kaeding jetzt, um das bei zehn Grad westlicher Länge fällige Kurzsignal abzusetzen, das dem BdU mitteilen sollte, daß das Boot sicher unterwegs war. Im folgenden Jahr, als die Flugzeuge der Royal Air Force - vielfach mit Radargeräten ausgestattet - häufiger über dem Golf von Biskaya auftauchten und die U-Boote bei Tage unter Wasser fahren mußten, wurde der Punkt für die erste Meldung auf 15 Grad westlicher Länge verlegt. Die Kurzsignale wurden wegen ihrer Kürze so bezeichnet, die verhindern sollte, daß der Feind den Sender einpeilen konnte, obwohl Dönitz von der Skl. wieder und wieder versichert worden war, daß ein Kurzwellenfunkspruch unmöglich einzupeilen sei. Kaeding blätterte also das Adreßbuch bis zu den für den 25. Dezember gültigen Verschlüsselungen durch: Das Quadrat BF hieß an diesem Tag Holstenstraße, und die Hausnummer ergab sich aus der um 2500 verringerten Zahlenkombination, in diesem Fall: 4411 – 2500 = 1911. Für die Zahl 1911 war an diesem Tag 2250 anzugeben, und die Bootsnummer 123 war in Heinrich Krause zu übersetzen. Daraus ergab sich, mit dem griechischen Buchstaben am Anfang, der den FT als Kurzsignal auswies, folgende Meldung: BETA BETA HEINRICH KRAUSE HOLSTENSTRASSE 2250. Mit diesem Text ging Kaeding zum Funkschapp hinüber.[9]

»Das ist fertig zum Absenden«, sagte er zu Rafalski. »Eine Beta-Meldung.«

Rafalski drehte sich zu einem Wandbrett um und zog die Schlüsselmaschine M zu sich heran. Sie befand sich in einem mit Deckel abgeschlossenen Holzkasten von 18 × 20 × 13 Zentimetern Größe und sah mit ihrer hervorstehenden Tastatur einer Reiseschreibmaschine nicht unähnlich. Zusätzlich besaß sie jedoch links hinten drei Öffnungen für den Einsatz von Walzen und vorn eine Reihe von Buchsen zum Einstöpseln von Steckern. Gespeist wurde die Maschine von einer Vier-Volt-Batterie. Rafalski suchte im HYDRA-Schlüsselhandbuch, das deutlich als »Geheime Kommandosache« gekennzeichnet war, die Walzen- und Steckerkombination für den 25. Dezember heraus und tippte Kaedings Text auf der Tastatur ein. Daraufhin erschien in Sichtfenstern im Deckel der Maschine eine Reihe von Zufallsbuchstaben. Rafalski schrieb sie ab und teilte sie in Gruppen ein, die etwa so gelautet haben mochten: JUZM RFTN XAELL HLQYM OEUCZ CSRBB HTISD GUAWH IXMJA. Dieses Kauderwelsch sendete er dann mit seinem Morseticker auf 4412 Kilohertz, der »Irland-Welle«, aus.

8.30 Uhr. Erster Feiertag, BdU, Kernével, Frankreich. Das von U 123 ausgesendete Kurzsignal, südlich von Paris aufgefangen und nach Kernével weitergeleitet, wurde in der dreistöckigen weißen Villa neben Dönitz' Hauptquartier, die jetzt Meckels Verbindungsabteilung beherbergte, einem Dechiffrierer übergeben, der sich nun seinerseits an eine Schlüsselmaschine M setzte, die dieselbe Tagesanordnung von Walzen und Steckern wie Rafalskis Apparat aufwies, und den FT eintippte. Nach der Entschlüsselung brachte ein Bote die Meldung durch den überdachten Gang, der die beiden Häuser miteinander verband, zum BdU hinüber, wo er sie dem Offizier vom Dienst, Kptlt. Günter Hessler, dem Schwiegersohn und A 1 von Admiral Dönitz, aushändigte. Hessler las die Nachricht und ging ins Lagezimmer, um am westlichen Rand des Marinequadrats BF eine Nadel mit einem blauen Fähnchen in die Karte zu stecken. Der Admiral würde erfreut sein zu hören, daß U 123 sicher unterwegs war. Der »Löwe« hatte ein besonderes Interesse an der »Gruppe Paukenschlag«.

Punkt 9.00 Uhr betrat Dönitz das Lagezimmer und fragte als erstes nach den nächtlichen Angriffsoperationen, falls es welche gegeben hatte, und anschließend nach der Position der Boote und Geleitzüge. Godt und Hessler gaben ihm Auskunft. Besondere Operationen waren nicht zu berichten. Es war ruhig auf den Meeren, sowohl im Mittelmeer als auch auf dem Atlantik. U 653 hatte westlich von Irland ohne Ergebnis zwei mit schneller Fahrt laufende Frachter verfolgt. Hinzukommende Geleitschiffe hatten das U-Boot unter Wasser gedrückt, und es hatte den Kontakt verloren. Nach abgefangenen feindlichen Funksprüchen hatte ein britisches Kanonenboot - K 196 - in der Straße von Gibraltar ein U-Boot gerammt, vermutlich U 451, das sich seither nicht gemeldet hatte. Wenn es tatsächlich verloren war, hatte die U-Bootwaffe vor der Straße von Gibraltar allein in den vergangenen Tagen sechs Boote verloren - außer U 451 als dem vorläufig letzten U 127, 131, 434, 567 und 574.[10] U 582 hatte Befehl, mit äußerster Kraft nach Trondheim zu marschieren, um dort die Schraubenbolzen der Dieselauspuffe erneuern zu lassen, und U 653 hatte einen Sonderauftrag erhalten: Es sollte im Marinequadrat AK südöstlich von Grönland Stellung beziehen und Täuschungssignale abgeben, um die Anwesenheit einer großen Anzahl von U-Booten im Nordatlantik vorzuspiegeln. Das sollte die Aufmerksamkeit des Feindes vom »Paukenschlag« ablenken und den Anmarsch der Boote verschleiern.

Und wie sah es im Augenblick um die »Gruppe Paukenschlag« aus? wollte Dönitz wissen. Zwei der Boote seien bereits ausgelaufen, berichtete Hessler. Folkers' U 125 habe den Golf von Biskaya problemlos passiert und befinde sich im offenen Atlantik, hier - er zeigte auf ein blaues Fähnchen - in BD 58. Hardegens U 123 tauchte zum erstenmal auf der Karte auf - hier - in BF 44. Zapps U 66 solle an diesem Tag noch auslaufen. Bleichrodts U 109 und Kals' U 130 würden in zwei Tagen folgen.

Anschließend hörte sich Dönitz die Berichte über die Positionen der Geleitzüge, den aufgefangenen Funkverkehr und die Nachrichtendiensterkenntnisse an. Schließlich kehrte sein Stab an seine Arbeitsplätze zurück, und er blieb allein vor der Karte zurück. Zwei »Paukenschlag«-Boote waren also auf See. Ihre Mission und ihre Positionen mußten mit äußerster Geheimhaltung behandelt werden. Funkstille auf beiden Seiten hätte ein Optimum an Sicherheit bedeutet, aber das stand nicht zur Wahl. Nach Dönitz' Ansicht war es für den Erfolg im Atlantik erforderlich, daß er persönlich per Funk die Aufstellung und die Angriffe der Boote koordinierte. Dazu waren exakte Positionsmeldungen der Boote unerläßlich. Die Folge dieses Konzepts war das umfassendste, ausgedehnteste und effizienteste Nachrichtensystem der bisherigen Kriegsgeschichte.[11] Daß der Feind den Funkverkehr mithörte, war ein einkalkuliertes Risiko, das in Kauf genommen wurde, zumal Konteradmiral Ludwig Stummel, der Chef der 2. (operativen) Abteilung der Skl. am Tirpitz-Ufer in Berlin, der für das Schlüsselverfahren, einschließlich HYDRA, verantwortlich war und in ständigem Kontakt mit den Berliner Herstellerfirmen Kurski & Krüger und Heimsoth & Rinke stand, Dönitz versichert hatte, daß ein Einbruch in das Schlüssel-M/HYDRA-System mit seinen variablen Einstellungen, sofern er mit den bekannten mathematischen Methoden überhaupt technisch zu bewerkstelligen war, derart zeitaufwendig gewesen wäre, daß die gewonnenen Informationen überholt und damit wertlos wären.[12]

Am 19. November hatte sich Dönitz angesichts der Tatsache, daß die Konvois bis zu diesem Zeitpunkt bis auf eine Ausnahme ausschließlich von einzelnen Booten entdeckt worden waren und nicht von Vorpostenstreifen, in seinem KTB dennoch besorgt gefragt, ob der Feind möglicherweise in den HYDRA-Funkverkehr eingebrochen war und seine Geleitzüge um die Vorpostenstreifen herumgeführt hatte. Dann hatte er jedoch, aufgrund der Versicherungen Stummels, hinzugefügt: »Diese Möglichkeit wird bei Skl. laufend geprüft und für ausgeschlossen gehalten.«[13] In diesem Zusammenhang hatte die Skl. erst am Tag zuvor, Heiligabend, in bezug auf den Verlust der *Atlantis* und der *Python* erklärt: »Da bei zahlreichen anderen Operationen keine gegenteiligen Feststellungen, Einbruch in eigene Schlüsselmittel nicht anzunehmen. Nach Ansicht 2. Skl. Schlüsselmittel sicher. Auffällig sind häufige Verluste bei Zusammenarbeit mit U-Booten. Vielleicht durch besondere Konzentrierung feindlichen Nachrichtenbeschaffungsdienstes auf U-Bootskriegführung zu erklären.«[14] Stummel vermutete als Grund für solche Verluste eine zufällige Sichtung durch ein unentdeckt gebliebenes Aufklärungsflugzeug, die Tätigkeit französischer Agenten, Funkpeilungsmutmaßungen oder brillante Schlußfolgerungen des britischen Geheimdienstes.

Vielleicht war es so. Aber Dönitz' Befürchtung, daß die kryptographische Sicherheit des HYDRA-Schlüssels nicht mehr gewährleistet war und jemand »auf der anderen Seite des Berges« Funksprüche wie das gerade empfangene Kurzsignal von U 123 mitlas, war damit keineswegs zerstreut. War denn der Verlust von *Atlantis* und *Python* durch die Argumentation der Skl. wirklich erklärt? Dönitz glaubte jedenfalls nicht, daß es in Zukunft noch möglich sein würde, U-Boote auf See mit Nachschub zu versorgen.[15] Und wenn es kein Sicherheitsleck gewesen war, wie war es dann zu erklären, daß die Royal Navy nach der Versenkung der *Bismarck* vor sieben Monaten alle acht Tanker und Versorgungsschiffe, die das OKM zur Unterstützung der *Bismarck* und des Schweren Kreuzers *Prinz Eugen* aufgeboten hatte, lokalisieren und binnen eines Monats sieben von ihnen aufbringen oder versenken konnte? Wäre nicht auch die *Prinz Eugen*, hätte man sie auf See belassen, von dieser Welle erfaßt worden? War es wirklich nur dem Zufall zuzuschreiben, daß diese weit über den Atlantik verstreuten Schiffe so schnell geortet und ausgeschaltet wurden? Und war es nicht verdächtig, daß im letzten September drei britische U-Boote am Treffpunkt dreier deutscher Boote bei den Kapverdischen Inseln aufgetaucht waren? Noch besorgniserregender war es jedoch, daß die Anzahl der im Nordatlantik gesichteten Geleitzüge im vergangenen Sommer und Herbst stetig abgenommen hatte und die Erfolgsrate der U-Bootwaffe infolgedessen in den Keller gesunken war.[16] Es war augenscheinlich, daß die Geleitzüge den U-Boot-Streifen systematisch auswichen. Und jetzt, innerhalb weniger Tage, dieser Verlust von sechs Booten vor Gibraltar! War das alles die Folge konventioneller Nachrichtendienstarbeit und Aufklärung? Oder war – auch wenn eine eingehende Untersuchung keinen Verräter enttarnt hatte – vielleicht Verrat im Spiel? Lag nicht, trotz der gegenteiligen Versicherungen der Skl., der Verdacht nahe, daß jemand in London seine Post mitlas?

Dönitz warf einen letzten, zweifelnden Blick auf die wenigen blauen Fähnchen auf der Karte und ging in sein Büro hinüber.

27. Dezember, 23.40 Uhr. U 123 hatte in Überwasserfahrt Positon BE 1976 erreicht. Für kaum eine andere Besatzung hatte die stehende Wendung der U-Bootwaffe, daß auf einem Boot nichts so interessant sei wie das, was man nicht wissen sollte, zu diesem Zeitpunkt mehr Bedeutung als für diejenige von U 123, und als Kaeding die Information in Umlauf setzte, daß sie 20 Grad West erreicht hatten, stieg die Spannung ins Unermeßliche. Es bedeutete zunächst einmal, daß *Eins-Zwei-Drei* wieder zum Frontboot geworden war, mit der erfreulichen Begleiterscheinung einer Frontzulage in Form Französischer Francs, die die Besatzung nach der Rückkehr erwartete. Das war schon ein

Hurra wert. Zum zweiten hieß es, daß der Alte jetzt den versiegelten Einsatzbefehl öffnen konnte, auf dessen Inhalt bereits Wetten abgeschlossen worden waren. Bloß nicht wieder in die Belle-Isle-Straße, war von einem Mixer zu hören gewesen. Die Sorge war grundlos: Die Straße war von Dezember bis Anfang Juli vom Eis versperrt. Die meisten an Bord tippten jedoch auf Halifax, wo sich die meisten Geleitzüge des Feindes versammelten. An zweiter Stelle, aber dichtauf, wurde Sydney auf Cape Breton Island genannt. Als es schließlich soweit war, sprach es sich in Windeseile herum: Der Alte hatte den Vorhang beiseite geschoben, die Offiziere zu sich gerufen und die Schotts geschlossen.

»Meine Herren«, begann Hardegen, »wir sind eins von fünf Booten, die an einer Operation mit dem Namen ›Paukenschlag‹ teilnehmen.« Er zählte die beteiligten Kommandanten auf, legte dann den Einsatzbefehl beiseite und entfaltete eine Karte – die gleiche Karte Nr. 1870G, die sie schon an Bord hatten. »Sieht bekannt aus, was?« fragte er rhetorisch. »Mehr Einzelheiten über unser Zielgebiet kann uns die Flottille nicht bieten. Angenommen, Sie wären nie in einem bestimmten Küstengewässer oder Hafen gewesen und wüßten nichts über Sandbänke, Untiefen und sonstige Gefahrenstellen, ganz zu schweigen von den Navigationshilfen wie Leuchtzeichen und Bojen, und bekämen nicht mehr als diese 1870G mit ihrem großen Maßstab. Wieviel Zuversicht würde Ihnen das geben?«

»Der Maßstab ist eins zu acht Millionen«, meinte Hoffmann. »Aber Sie schmunzeln, Herr Kaleu.«

»Keine Teilkarte«, fuhr Hardegen fort, »kein Handbuch, keine Liste der Leuchtzeichen, nichts als diese 1870G. Und ich sage Ihnen, warum. Als ich diesen Einsatzbefehl bekam, sagte der Flottillenchef etwas in der Art: ›Tut mir leid, daß wir nicht alle Unterlagen haben, die Sie möglicherweise brauchen.‹«

Er hielt inne und lächelte schelmisch in die Runde. »Aber man hat uns nicht völlig mit leeren Händen fahren lassen, meine Herren. Ich weiß nicht, wo sie das Zeug aufgestöbert haben, aber es ist besser als nichts. Wir mögen kein Seehandbuch haben, dafür aber haben wir –«, und er zog einen schmalen Reiseführer von New York aus dem Umschlag.

»New York!« entfuhr es Hoffmann. »New York«, echote Schulz.

Mehr brachten sie nicht heraus. Bis Schulz sagte: »Das ist zu machen. Wir haben genug Treibstoff.«

»Stimmt«, pflichtete ihm Hardegen bei. »Der Reiseführer enthält Karten von New York und einige Angaben über die Buchten. Aber dieser zweite hier« - er brachte eine große grellfarbige Broschüre zum Vorschein - »wird uns vielleicht eine echte Hilfe sein.«

Auf der oberen Hälfte des Einbands waren drei smaragdgrüne Wolkenkratzer und eine goldene Freiheitsstatue zu sehen. Auf der unteren Hälfte war der Verkauf von Manhattan an den holländischen Gouverneur Peter Minuit dargestellt, mit der Unterschrift: »1626 - für 24 Dollar gekauft. 1939 - auf 24 Milliarden Dollar geschätzt!« Hardegen entfaltete die große Karte, die in einer Tasche an der hinteren Einbandseite steckte.

»Hierauf sind alle Häfen und Buchten verzeichnet«, sagte er. »Und sehen Sie hier« - er zeigte auf die Lower Bay -, »hier sind eine Fahrrinne, der Ambrose Channel, und ein Feuerschiff, das Ambrose-Feuerschiff, eingetragen. Das ist doch wenigstens etwas, oder?«

Die Offiziere verglichen den Hafen mit den Küstenlinien auf der 1870G-Karte. Dabei bemerkten sie auf der großen Karte zwischen Cape Race und Hatteras einige römische Zahlen - von I bis VI. Ob Hardegen wisse, was sie zu bedeuten hätten? Nein, antwortete er. Vermutlich aber die Angriffsgebiete der »Paukenschlag«-Boote. Doch das würde ein FT klären, den er erwarte.

»Ich glaube«, er wandte sich wieder den Reiseführern zu, »der Krieg mit Amerika ist so plötzlich und unerwartet gekommen, daß der BdU keine operativen Karten oder andere Materialien für diesen Teil der Welt vorbereiten konnte. Deshalb konnte man uns nur diese Reiseführer geben. Man hat sie wahrscheinlich in der Stadtbücherei von Lorient oder Brest ausgegraben.«[17]

»Man sollte meinen, daß das OKM in Berlin etwas herübergeschickt hätte«, sagte Hoffmann.

»Hat es aber offensichtlich nicht«, erwiderte Hardegen. »Ich war 1933 während meiner Weltreise mit dem Kreuzer *Karlsruhe* als Kadett in New York, und unser Schiff muß damals über alle nötigen Karten verfügt haben. Außer an die Lichter und die Wolkenkratzer kann ich mich an nichts mehr erinnern.«

»Ist New York unser einziges Ziel?« erkundigte sich von Schroeter.

»Oh, nein«, antwortete Hardegen und zog den Einsatzbefehl selbst aus dem Umschlag. »Hier ist der Befehl in vollem Wortlaut.« Er reichte ihn herum.

U 123 hat sich für erste Operationen in CA 28, 29, 52, 53 im Einzelmarsch zum Marinequadrat CA zu begeben. Sobald alle Boote der Gruppe Paukenschlag die vorgesehenen Stationen erreicht haben, sind an einem noch durch FT festzulegenden Tag am und um den Hafen von New York Angriffe auszuführen. Es ist zwingend, daß die Angriffe aller Boote genau am vorgesehenen Tag beginnen. Vor diesem Datum ist kein begegnendes Feindschiff anzugreifen, es sei denn, *Gröner* gibt es mit 10000 BRT an oder es ist vom BdU besonders erlaubt oder befohlen worden. Bis zum Beginn der Angriffe ist strenge Funkstille zu wahren. Vor der amerikanischen Küste sind allein und ohne Geleit fahrende Handelsschiffe jeder Art und Nationalität anzugreifen, außer solchen, die deutlich als neutral gekennzeichnet sind. Nach den Anfangsangriffen im Zielgebiet New York hat U 123 bis Kap Hatteras im Süden nach Zielen zu suchen. FT-Meldungen über Versenkungen, Feindverteidigung, Wetter, Küstenlichter und Funkfeuer sowie verbliebenen Treibstoff in Kubikmetern sind nach dem beigelegten Zeitplan zu erstatten. BdU-ops.[18]

»Wie Sie sehen, müssen wir uns noch zwei Wochen im Zaum halten. Ich muß Ihnen aber gestehen, daß ich persönlich hocherfreut bin, daß es diesmal gegen Amerika geht. Ich hatte von Anfang an die Vermutung, daß das unser Auftrag ist. Sie erinnern sich doch, wie es im letzten Frühjahr vor Freetown war. Nun, jetzt ist unser Tag gekommen.«[19]

New York rechtzeitig zu erreichen, fuhr er fort, sei kein Problem, auch wenn der genaue Angriffstag noch nicht bekannt sei. Sie selbst und Folkers hätten einen Vorsprung vor den anderen drei Booten. Über deren Operationsgebiete wisse er zwar nichts, vermute aber, daß zwei von ihnen, U 125 und U 66, die mit U 123 zur Gruppe Hardegen gehörten, dasselbe Quadrat anliefen wie sie. Die Besatzung könne stolz darauf sein, daß ihr Boot als Führungsboot ausgewählt worden war. Jeder solle aufmerksam auf die Dinge achten, über die der BdU

Informationen haben wolle: Leuchtfeuer, Bojen und insbesondere Verteidigungseinrichtungen. Der LI solle jederzeit bereit sein, über den verbliebenen Treibstoff zu berichten. Gestartet waren sie mit 250 Kubikmetern. Der durchschnittliche Tagesverbrauch lag, bei einem täglichen Marsch von 165–170 Seemeilen, bei 2,3 Kubikmetern. Für den BdU seien die Angaben in Kubikmetern zu machen, er, Hardegen, wolle jedoch lieber Angaben in verbleibenden Tagen und Stunden. Bevor er gleich zur Besatzung spreche, müsse er noch die beim Einsatzbefehl liegenden Hinweise und Erfahrungen durchgehen. Sie befaßten sich überwiegend mit dem Ausweichen vor Feindflugzeugen und dem richtigen Verhalten, wenn ein Ausweichen nicht mehr möglich war. Die Hinweise und Erfahrungen, die Hardegen jetzt mit seinen Offizieren durchlas, hätten etwa wie folgt lauten können:

> Die größte Gefahr für einzeln marschierende U-Boote sind Feindflugzeuge. Ein Überraschungsangriff kann eintreten (1) während des Tages bei mittlerer bis starker Bewölkung oder niedrig hängenden Wolken mit mittlerer bis schlechter Sicht; (2) während der Nacht bei klarem, ruhigem Wetter, hellem Mondschein und Meeresleuchten.
> Die Flugzeuge fliegen im Nordatlantik allgemein in geringer Höhe von rund 2000 Metern und kommen daher erst bei einem Winkel von 30–40 Grad am Horizont in Sicht. Für den Bereich, in dem die Sonne steht, sollte man sehr dunkle Brillen benutzen. Wenn die Sonne niedrig steht, sollte ein Ausguck mit Sonnenbrille der Sonne zugewandt und einer ohne Brille von ihr abgewandt sein.
> Beim Marsch über Wasser sollten die Flak stets einsatzbereit sein, das heißt gespannt und gesichert, mit eingelegtem Magazin und hoch in die Luft zielend.
> Auf der Brücke sollten sich nur die unbedingt notwendigen Personen aufhalten. Der Kommandant kann allerdings in Ausnahmefällen auch anderen den Zutritt gestatten. Übungen außerhalb des Turms sind nicht erlaubt.
> Damit ein Boot bei Luftalarm sicher tauchen kann, muß das Flugzeug mindestens 8000 Meter entfernt sein. Im Zweifelsfall sollte man aufgetaucht bleiben. Während eines kürzlich stattgefundenen Überraschungsangriffs auf eine Gruppe von drei U-Booten machte

ein Boot den Fehler zu tauchen. Es wurde beim Tauchen bombardiert und ging verloren. Die Überwasserverteidigung der anderen war erfolgreich. Die Lehre: Wenn man überrascht wird, oben bleiben und schießen. Tauchen bedeutet den Tod.

Es gibt immer noch Boote, die bei einem überraschenden Luftangriff in dem Moment tauchen, in dem das Flugzeug über dem Boot ist. Diese Vorgehensweise ist falsch und lebensgefährlich. Sogar die größten Flugzeuge und Flugboote sind eine Minute später wieder über dem beim Tauchen entstehenden Wasserwirbel, um ihren Angriff fortzusetzen. In dieser Zeitspanne kann kein Boot eine sichere Tiefe erreicht haben, besonders wenn eine große Anzahl von Männern für die Flak-Verteidigung auf dem Turm waren.

Nur jene Boote, die ständig alle möglichen Verteidigungssituationen vorhersehen, das angemessene Verhalten planen, üben und verbessern und mit unerbittlicher Strenge ausführen, werden die Feindverteidigung erfolgreich bezwingen. Beim Aus- oder Einlaufen ist es die Hauptaufgabe des Kommandanten, sein Boot ungefährdet durchzubringen. Sich nur die Zeit zu vertreiben wäre sträfliche Nachlässigkeit.[20]

Hardegen blickte auf, da seine Offiziere hörbar die Luft ausstießen. »Wie ich sehe«, sagte er, »war es nötig, sich das hier zu Gemüte zu führen. Wir sind zu lax gewesen. Wir brauchen mehr Zucht an Bord. Ich möchte Tölle nicht wieder auf der Brücke sehen, bis wir die Luftüberwachungslücke im Mittelatlantik erreicht haben. Er würde ein Alarmtauchen unnötig verlangsamen. Außerdem ist er so ungeschickt, daß er sich vermutlich den Hals brechen würde. Wir müssen die Brückendisziplin in jeder, nicht nur in der hier beschriebenen Weise verbessern. In den vor uns liegenden Tagen und Wochen können Sie zu jeder Zeit damit rechnen, daß ich ein Übungstauchen oder eine Angriffsübung durchführe. Ich will, daß 35 Sekunden Tauchzeit die Regel sind und nicht die Ausnahme. Aber jetzt zum letzten Erfahrungsbericht – es ist einer von der bedrückenden Art, wie Sie ihn gar nicht so gerne hören.« Er las:

Ein U-Boot marschierte bei Seestärke 4 und mittlerer Dünung mit großer Fahrt in mitlaufender See. Der Befehl des Kommandanten, die Ledergurte anzulegen und sie auf der Brücke einzupicken, wurde vom Wachoffizier nicht befolgt, da die Brücke seit 20 Minuten trocken geblieben war. Dann überrollte ein Wellenbrecher das Boot, der Wachoffizier wurde von Bord gespült und nie wieder gesehen. Die Lehre: Die Gurte sind häufig anzulegen, besonders bei mitlaufender See, auch wenn die Gurte beim Alarmtauchen hinderlich zu sein scheinen.[21]

»Bei einem Klugen bedarf's nicht vieler Worte«, sagte Hardegen, während er das Befehlsmaterial wieder in den Umschlag steckte und in den Schrank für Geheimpapiere legte. »Sehen Sie sich das alles noch einmal in Ruhe an. IWO, bringen Sie das Boot auf 20 Meter, und versammeln Sie die Besatzung in der Zentrale. Für diejenigen, die auf ihren Stationen bleiben müssen, werde ich die Lautsprecheranlage benutzen.«

Als die befohlene Tiefe erreicht war und sich der größte Teil der Besatzung in der Zentrale eingefunden hatte, begann Hardegen seine Ansprache: »Männer, ich habe den Einsatzbefehl geöffnet und ihn mir, zusammen mit den Offizieren, angesehen. Es geht gegen Amerika. Unser erstes Ziel ist New York.«

Hardegen ließ die Neuigkeit einsickern. Aber die Überraschung auf den Gesichtern wich rasch einem ruhigen, gefaßten Ausdruck, der nichts von Schockiertheit, Freude oder Furcht verriet. Er schien zu sagen: Nun, das ist doch mal ein Ziel!

»Ich denke, wir sollten dort einige Erfolge erzielen können. Unsere Ziele sind einzeln die Küste entlangfahrende Schiffe jedweder Art und Nationalität. Wir gehören zu einem Verband von fünf Booten, die die ›Operation Paukenschlag‹, so wurde das Unternehmen genannt, ausführen werden. Unser Boot und zwei andere sind zur ›Gruppe Hardegen‹ zusammengefaßt. Alle fünf Boote werden gleichzeitig am selben Tag plötzlich losschlagen. Das genaue Datum wird uns noch per FT mitgeteilt. Wir haben also das Überraschungsmoment auf unserer Seite. Inwieweit die amerikanische Verteidigung einsatzbereit ist, ist offen. Unser Einsatzgebiet reicht von New York bis Kap Hatteras, gut 300 Seemeilen südlich von New York. Das ist ein stark befahrenes Gebiet, und der Hafen von New York ist einer der verkehrsreichsten, wenn nicht der verkehrsreichste der Welt. Es wird uns also nicht an

Zielen fehlen, um die Rechnung mit den Amerikanern auszugleichen, die uns im letzten Frühjahr vor Freetown so zum Narren gehalten haben.

Als wir in Lorient warteten, habe ich mir in der Annahme, daß es diesmal nach Amerika gehen würde, von meiner Frau die Mitschriften des Kurses über Marinegeschichte schicken lassen, den ich vor acht Jahren in Mürwik gehört habe. Deutsche U-Boote haben schon 1918 vor der amerikanischen Küste operiert. Aber schon vorher, bevor Amerika in den Krieg eintrat, war ein Unterwasserfrachter namens *U-Deutschland* zweimal mit Fracht und Post nach Amerika gefahren. Das Boot war mit 1860 Tonnen größer als unseres und hatte eine Besatzung von fünf Offizieren und 24 Männern. Sein Kommandant, Kapitän König, ein alter Freund meiner Familie, der viele Jahre in unserem Haus gewohnt hat, nachdem mein Vater 1917 in Flandern gefallen war, war übrigens derjenige, der mir den Weg in die Marine geebnet hat. Als ich mein Offizierspatent erhielt, schenkte er mir seinen Marineoffiziersdolch, den ich heute noch zu meiner Uniform trage. Es ist ein merkwürdiger Zufall, daß er der erste U-Boot-Kommandant war, der während des letzten Krieges die amerikanische Küste anlief - auch wenn damals zwischen Deutschland und Amerika noch Frieden herrschte -, und ich jetzt der erste bin oder zumindest zu den ersten gehöre, die in diesem Krieg vor jener Küste auftauchen.

Vor dem Kriegseintritt der Amerikaner hatte damals eins unserer Frontboote, U 53, in amerikanischen Gewässern, vor Nantucket, bereits sechs englische, holländische und norwegische Schiffe versenkt, und danach hat ein anderes Boot, U 151, den Atlantik überquert und direkt vor der amerikanischen Küste Beute gemacht. Ihr seht also, die Geschichte wiederholt sich auch in diesem Punkt. U 152 und U 117 waren die erfolgreichsten Boote in amerikanischen Gewässern. Insgesamt haben sechs Boote, U-Kreuzer genannt, in diesem Gebiet operiert, und nach meinen Aufzeichnungen haben sie in einem halben Jahr eine große Anzahl von Schiffen versenkt.[22]

Wie ihr seht, haben uns unsere Kameraden von vor 23 Jahren den Weg gewiesen und den Maßstab gesetzt. Es ist unsere Pflicht, es ihnen gleichzutun. Ich erwarte daher von jedem an Bord, daß er mit ganzer Kraft bei der Sache ist. Beständige Disziplin und genaue Ausführung der Befehle werden uns zum Erfolg führen. Seid mit euren Gedanken bei dem, was ihr tut. Und arbeitet immer zusammen, als Gemeinschaft! Das wäre alles. Kehrt jetzt auf eure Stationen zurück. LI, bleiben Sie noch eine Weile auf 20 Meter.«

Barth: Da haben wir noch nicht gewußt, wohin. Das haben wir erst mitten auf dem Atlantik erfahren. Da haben wir einen Funkspruch empfangen, in dem stand, daß die Fahrt ungefähr Richtung New York anzutreten war.
Kaeding: Das war für uns überhaupt kein Schock. Erst mal waren wir ja Kummer gewohnt, und zweitens hatte uns das ja schon bei den vorhergehenden Feindfahrten außerordentlich geärgert, daß die Amerikaner Geleitschutz fuhren für die Engländer, und wir durften gar nicht angreifen, im Gegenteil, wir kriegten die Wasserbomben auf den Kopf.
Von Schroeter: Man sah natürlich, daß da Chancen waren, weil es ein neues Terrain war und man damit rechnen konnte, daß der Gegner noch nicht eingespielt war in der Abwehr.
Amstein: Wir waren ja vorher auch schon woanders. Mit Amerika hat das überhaupt nichts zu tun gehabt - da- oder dahin. Wurde das befohlen, dann war das gut.
Barth: Das war schon interessant, nach Amerika zu fahren.

Interviews mit Besatzungsmitgliedern

Hardegen saß auf dem Fußende seiner Koje, von wo er sehen konnte, wie Rafalski an den Potentiometern des Funkgeräts drehte, und blickte nachdenklich auf die 1870G-Karte. Er fragte sich, ob die Amerikaner etwas aus dem letzten Krieg gelernt hatten. Erwarteten Sie U-Boote vor ihrer Küste? Und wenn ja, erwarteten sie sie im Winter? Wie viele Flugzeuge hatten sie für die U-Boot-Abwehr? Wie viele Zerstörer, Geleitschiffe, bewaffnete Yachten? War der Küstenschiffsverkehr schon in Geleitzügen zusammengefaßt? Waren die Hafeneinfahrten mit Bäumen und Netzen gesichert worden? Oder mit Minen? Wie gefährlich waren die seichten Gewässer vor der Küste? Würden die Küstenstädte wie in Deutschland im Dunkeln liegen? Oder gab es nur eine Teilverdunkelung? Und wenn er an die Belle-Isle-Straße dachte, gab es Nebelzeichen? Er hätte aktuelle Nachrichtendienstinformationen gebraucht, aber wenn der BdU oder die Flottille sie besaß, behielten sie sie für sich. U 123 fuhr blind – bis auf eine Ausnahme: Die Funkfeuer von St. John's und Cape Race auf Neufundland wurden laut und deutlich empfangen. Sie boten nicht nur einen Anhaltspunkt für die erkoppelte Position des Boots, sondern ließen auch vermuten, daß an der nordamerikanischen Küste, zumindest was Funkfeuer und Leuchtzeichen betraf, alles noch normal verlief.

Hardegen schaute auf und sah, daß Rafalski ihm die Funkkladde hinhielt, um sie, wie alle zwei Stunden, gegenzeichnen zu lassen. »Herr Kaleu«, fragte Rafalski, »wenn Sie noch ein paar Minuten unter Wasser bleiben wollen, darf ich dann für die Besatzung einige Platten spielen?« Hardegen dachte an das, was er in den Hinweisen und Erfahrungen gerade über Nachlässigkeit gelesen hatte, sagte sich aber, daß die Platten des Pusters eher die Moral als die Nachlässigkeit der Besatzung unterstützten. Und so antwortete er, nachdem er sich bei Barth vergewissert hatte, daß am Horchgerät kein Überwasserverkehr zu hören war: »Erlaubnis erteilt, Puster. Spielen Sie zuerst das Lieblingslied der Besatzung.«

»Jawohl, Herr Kaleu.«

Rafalski verband den Plattenspieler mit der Lautsprecheranlage, und kurz darauf sangen 51 Mann, Offiziere und Mannschaften, ohne ihre Pflichten zu unterbrechen, den »Tiger-Rag« mit: »Where's that Tiger! . . .«[23]

Die nächsten Tage verliefen ereignislos. Außer zum Trimmtauchen und bei Übungen marschierte das Boot über Wasser. Die alltägliche Routine ließ Hardegen genügend Zeit, um sich eingehend mit den OKM-Handbüchern über Schiffserkennung, Angriffstaktiken, Küstennavigation und Fluchtmanöver zu befassen. Es gab daher, außer den üblichen Positionsangaben, auch nicht viel im KTB zu vermerken:

29.12.
12.00 SSO 6, 10/10, See 5, Si 2 sm.
30.12.
12.00 Mitte eines Tiefs, wechselnde Winde, grobe durcheinanderlaufende See, Si 4 sm.
13.03 Angriffsübung.
16.10 Qu 2933 BD.

31.12.

12.00 Ein zweites Tief, Wetter wie oben. - Bildberichter Sonderführer (Art.lt.) Toelle bei Seegang linker Zeigefinger gebrochen.

24.00 Jahreswechsel im Nordatlantik. Das Boot kann auf ein erfolgreiches Jahr zurückblicken, und wir gehen alle zuversichtlich ins neue Jahr in der Hoffnung auf neue Erfolge, die zur Entscheidung beitragen werden.

Dann, am 2. Januar um 4.00 Uhr, piepten für U 123 bestimmte Punkte und Striche in Barths Kopfhörern. Von dem Weihnachtsgruß von Admiral Dönitz und Glückwünschen zum Neuen Jahr von Großadmiral Raeder abgesehen, war es der erste Funkspruch, den Barth oder Rafalski während ihrer Wachen empfingen. Als das erste Wort des FT als »Offizier« entschlüsselt war - was bedeutete, daß nur Hardegen oder ein anderer Offizier weiterlesen durfte -, rief Barth Hoffmann herbei, der die Schlüsselmaschine und den FT mit in den Offiziersraum nahm und den Text dechiffrierte: AN HARDEGEN U 123. GRIECHISCHES SCHIFF DIMITRIOS INGLESSIS ERBAT AM 1. JANUAR ABENDS AUS BC 4335 SCHLEPPERHILFE WEGEN RUDERSCHADEN. SIE KÖNNEN ANGREIFEN, WENN NICHT WEITER ALS 150 SEEMEILEN VON ANGEGEBENER POSITION. BDU OPS.[24]

Hoffmann ging in Hardegens Raum hinüber und rüttelte den Kommandanten wach. Sekunden später saßen die beiden Männer über Kaedings Quadratkarte, berechneten die Entfernung und suchten das griechische Schiff im *Gröner* heraus.

»5275 BRT, Herr Kaleu«, sagte Hoffmann und stellte den *Gröner* auf das Regalbrett zurück.

»Nicht gerade ein 10000-Tonner«, meinte Hardegen. »Aber da der BdU es erlaubt, würde ich schon gern hin. Bloß die Entfernung. Der BdU sagt, wir können das Ziel angreifen, wenn wir nicht weiter als 150 Seemeilen entfernt sind. Das Schiff befindet sich aber 360 Seemeilen weit weg, nordwestlich von uns, ungefähr hier« - er zeigte auf die Virgin Rocks an der Großen Neufundlandbank, wo die Felsen bis auf 6,75 Meter an die Wasseroberfläche heranragten. »Ich weiß nicht. Bleiben wir erst einmal auf Kurs 270, beide Maschinen bei 300 Umdrehungen, und warten wir ab, was weiter passiert.«

Um 17.45 Uhr am nächsten Tag, kurz nach einer Tauchübung, traf ein zweiter FT vom BdU ein. Diesmal waren die Angaben detaillierter. Von Halifax war ein Rettungsschlepper, die *Foundation Franklin,* ausgelaufen, um dem griechischen Schiff, das zum Konvoi SC 63 gehört hatte, zu Hilfe zu eilen. Der Ruderschaden war die Folge eines Orkans. Wenn das Wetter es erlaubte, müßte die *Foundation Franklin* am 5. Januar zur Stelle sein.[25] Um 18.00 Uhr traf Hardegen seine Entscheidung. Er beschloß, trotz des Treibstoffverlusts, den es bedeutete, die verwundete Beute zu erlegen und seinem Tonnagekonto hinzuzufügen. Rafalski fing einen SOS-Ruf der *Dimitrios* selbst auf: RUDDER LOST X NEED HELP IMMEDIATELY X APPROXIMATE LOCATION 48–39 N, 48–21 W (Ruder verloren – Brauche sofortige Hilfe – Position etwa 48° 39′ N, 48° 21′ W).[26] Um 20.00 Uhr berechneten Kaeding und Hardegen den neuen Kurs auf 283 Grad. Hardegen gab dem Steuermann den entsprechenden Befehl und wies den Maschinenraum an: »Beide Maschinen volle Fahrt voraus!«

Um 15.30 Uhr am 4. Januar berichteten Barth und Rafalski, daß der griechische Dampfer Peilsignale für das Rettungsschiff aussende. Hardegen ermittelte die Position mit 310 Grad etwa im Quadrat BC 2746. Dann gesellte er sich zu von Schroeter und der Brückenwache. Der Nebel, der bisher die Sicht beeinträchtigte, hatte sich gehoben, und die Doppelgläser reichten 10 Seemeilen weit. Doch dann kam der Nebel erneut auf, und die Sicht verringerte sich bis auf 200 Meter. Barth und Rafalski unternahmen weiterhin Funkpeilungen und hörten das 600-Meter-Band ab, auf dem die *Dimitrios* sendete. »Sie reden über verschiedene Möglichkeiten des Schleppens«, meldete Rafalski. »Das Rettungsschiff wird die Position um 22.00 Uhr erreichen.« Jetzt bat ein zweites Schiff um Einpeilung, berichtete Rafalski, und sie hatten ein Signal verabredet: Der beschädigte Dampfer würde zweimal seine Pfeife erklingen lassen. Um 22.56 Uhr hörte Hardegen voraus ein Nebelhorn und befahl die Geschützbedienung auf Gefechtsstation.

»Beide Maschinen langsame Fahrt voraus.«

Jetzt waren ganz in der Nähe zwei verschiedene Nebelhörner zu hören, aber die Brückenwache konnte auch noch während der nächsten halben Stunde in der nebelverhangenen Dunkelheit nichts entdekken. Dann, um 23.38 Uhr, rief ein Ausguck: »Zwei Lichter, schwach, backbord zehn!« Hardegen blickte durch sein Doppelglas und bestätigte die Meldung. Das mußten der Dampfer und das Rettungsschiff sein. Aber jetzt dröhnten zwei weitere Nebelhörner durch die Nacht. Waren hier noch mehr Schiffe?

»Beide Maschinen stop!« befahl er dem Steuermann, und den Horchraum forderte er auf: »Puster, versuchen Sie die Zahl der Schrauben zu zählen.« Barth ging auf der Suche nach dem Geräusch, das durch die Schraubenkavitation entstand (den Aufbau und Zusammenbruch eines partiellen Vakuums um ein schnell drehendes Rotorblatt), die Kompaßskala durch. Bei 305 Grad hörte er das vertraute *hump-hump-hump* eines Handelsschiffs, aber es war höher als normal, stammte also vermutlich von einem Schlepper. »Peilung Rot Drei-Null-Fünf, Herr Kaleu«, meldete er. »Ein kleiner Dampfer, wahrscheinlich Schlepper.« Kurz nach 360 Grad, auf der grünen Seite des Kompasses, entdeckte Barth zwei kaum unterscheidbare Quellen. Er erstarrte. Es klang fast wie das *swisch-swisch-swisch* – »Zerstörer, Herr Kaleu! Zwei Stück, Peilung Grün Null-Null-Vier und Null-Null-Sechs!« Barth war sich zwar nicht ganz sicher, aber lieber einmal geirrt, als für immer tot. »Entfernung –«

Hardegen wartete nicht erst auf die Entfernungsangaben. »Beide Maschinen äußerste Kraft zurück! Ruder mitschiffs. Bugklappen öffnen! Rohre eins, zwei und drei klarmachen! Geschützbedienung, klar zum Tauchen!« In diesem Augenblick tauchte keine hundert Meter voraus ein Schatten auf, ohne Zweifel der Dampfer. Er gab mit einem weißen Blinklicht Morsezeichen ab. Ein zweiter, kleinerer Schatten setzte sich jetzt langsam neben den Dampfer. Hardegen beobachtete es durch sein Doppelglas und erkannte in dem Schatten einen seetüchtigen Schlepper mit zwei Schornsteinen. Er hatte vor, U 123 so zu drehen, daß er dem großen Schatten einen Bugschuß verpassen konnte. Aber gerade als das Ruder umgelegt wurde, hob sich der Nebel, und Mondschein beleuchtete die Szene: Der große Schatten war nicht der hilflose Dampfer, sondern ein Zerstörer! U 123 lag, nicht einmal durch ein Fußballfeld von ihm getrennt, einem Zerstörer gegenüber!

Und bei Steuerbord 15 hob und senkte sich in 500 Metern Entfernung ein zweiter Zerstörer aus dem jetzt silbern glitzernden Wasser. Nur gut, dachte Hardegen kopfschüttelnd, daß er der Geschützbedienung nicht den Feuerbefehl gegeben hatte. Gegen die vereinte Feuerkraft zweier Zerstörer hätte *Eins-Zwei-Drei* nichts ausrichten können.

Während sich U 123 zurückzog, kamen die *Dimitrios* und die *Foundation Franklin* in Sicht, auf denen man sich offensichtlich aufs Vertäuen vorbereitete. Hardegen hielt den Atem an, bis sich das Boot aus der mondbeschienenen Fläche geschoben hatte. Bis jetzt hatte keiner der Zerstörer die niedrige Silhouette des U-Boots ausgemacht. Als der Nebel sie wieder einhüllte, stoppte Hardegen die Rückwärtsfahrt und überlegte, was er tun sollte. Inzwischen hatte der Schlepper die *Dimitrios* ins Schlepptau genommen und machte sich mit Kurs 300 langsam auf den Weg zum 450 Seemeilen entfernten St. John's. Sollte er mit U 123 näher heranfahren und einen Torpedoschuß auf den Dampfer und beide Zerstörer versuchen? Oder nur auf den Dampfer? Ein Unterwasserangriff kam nicht in Frage; es war zwar fast Vollmond, aber das Licht reichte trotzdem nicht aus, um mit dem Sehrohr anzugreifen. Aber ein Überwasserangriff hätte gleich mehrere Probleme mit sich gebracht: Erstens müßte er wegen des Mondscheins aus weiter Entfernung feuern, was die Treffsicherheit verringerte. Zweitens müßte er zuerst gegen die Zerstörer vorgehen – die *Dimitrios* und der Schlepper konnten ihm weder entkommen noch einen Schaden zufügen –, aber Zerstörer waren aus größerer Entfernung kleine, unsichere Ziele; ein Treffer war also fraglich. Drittens zeigte der Tiefenmesser in der Zentrale an, daß sie nur 60 Meter unter dem Boot hatten, was hieß, daß es kein Entkommen vor den Wasserbomben gab, wenn die Torpedos fehlgingen und auch nur ein Zerstörer sein ASDIC einsetzen konnte. Viertens sollte er seine Torpedos für den »Paukenschlag« aufheben. Als er bei diesem Punkt angekommen war, wirbelte wieder dicker Nebel heran. Die Sicht verschlechterte sich auf ein- bis zweihundert Meter. Hardegens Problem hatte sich von selbst gelöst.

So war nun einmal der Seekrieg im winterlichen Nordatlantik, hätte man sagen können. Aber nicht so Hardegen. Als er während der nächsten anderthalb Stunden sein KTB auf den neuesten Stand brachte, machte er sich bittere Vorwürfe, daß er den Angriff nicht einmal versucht hatte. »Angriff! Ran! Versenken!« war das Motto des »Löwen«. Hardegen hatte zum ersten Mal, seit er bei der Marine war, einem Feind nicht entschlossen nachgesetzt, ihn nicht mit allen Mitteln angegriffen und, wenn möglich, versenkt. Seinem KTB gestand er: »Grundsätzlich ist mein Verhalten sicher falsch gewesen, ob es im Hinblick auf unsere Sonderaufgabe zu rechtfertigen war, können erst die nächsten Wochen entscheiden. An Zeit verlor ich nichts, an Brennstoff 6 cbm.«[27]

Eine solche Unsicherheit durfte sich seiner nie wieder bemächtigen, sagte er sich. Das nächste Mal, wenn Unwägbarkeiten die saubere, direkte militärische Aktion zu durchkreuzen drohten, würde er erst mit aller Entschiedenheit angreifen und hinterher sehen, welche Konsequenzen es hätte. Eine solche Zögerlichkeit, als die er sein Abwägen von Für und Wider betrachtete, würde U 123 nie wieder lähmen. In Zukunft würde er die Risiken gleichmütig in Kauf nehmen. Denn jetzt ging es nach Amerika.

5

Warten auf Hardegen

2. Januar 1942, 11.00 Uhr. In Flowerdown in der Nähe von Winchester an der südenglischen Küste saß ein Meldefahrer in Felduniform lässig auf seinem »Matchless G3L«-Motorrad. Er wartete auf eine Marinehelferin, eine Wren, wie sie nach der Abkürzung des *Women's Royal Navy Service,* WRNS, kurz genannt wurden, die ihm sein Päckchen bringen sollte. Über der Baracke der Y-Station erhoben sich drei rechtwinklige Funkantennen. Der Meldefahrer hatte keine Ahnung, was sie empfingen. Das wußten allerdings die Marinehelferinnen ebensowenig, obwohl sie über ihre RCA-AR-88-Überlagerungsempfänger mit Kristallfiltern zur Unterdrückung von Störungen in recht intimem, wenn auch nicht unbedingt herzlichem Kontakt mit Hunderten von deutschen Kurzwellen-Morsefunkern standen, den schnellsten Tastenkünstlern der Welt. Sie erkannten viele von ihnen, sobald die ersten Signale hereinkamen, denn jeder hatte seine eigene »Handschrift«. Die der BdU-Funker, zum Beispiel, war unverkennbar wie die von alten Freunden. Auch einige U-Boot-Funker, die schon viele Feindfahrten mitgemacht hatten, gehörten zu diesen »Freunden«. Die Wrens gaben ihnen Namen wie *Handlebar* (Lenkstange), *Wagner, Menjou* oder *Moselle* (Mosel). Tauchte eine neue persönliche Handschrift auf, wurde sie mittels eines Oszillographen analysiert, der eine TINA genannte Funkerkennzeichnung erstellte. Durch diese Funkfingerabdrücke konnte jedem hereinkommenden Funkspruch ein bestimmter Absender zugeordnet werden. Und durch Dreieckspeilung im Verbund mit den Y-Stationen in Scarborough an der Ostküste und Hvalfjördhur auf Island wurde im allgemeinen eine recht genaue Ortung der Position des jeweiligen Senders erreicht – manchmal mit einer Abweichung von nur 12 Seemeilen, häufiger mit einer

Annäherung von 30–50 Seemeilen. Das System, High Frequency/Direction Finding (HF/DF oder einfach »Huff-Duff« genannt), nahm den betreffenden Sender von den ersten Punkten oder Strichen an, die ein Funker irgendwo auf See morste, ins Visier. Kein Boot entging dem Netz der Wrens. Nur eines entging ihnen: was die abgefangenen Funksprüche bedeuteten. Es wäre nett gewesen zu wissen, was *Handlebar* oder *Wagner* sagten. Aber die Buchstabengruppen, die sie gerade für die vormittägliche Kurierpost abschrieben, waren ein Buch mit sieben Siegeln.

Der Meldefahrer verstaute das Päckchen in der wasserdichten Tasche, die er sich über die Schulter hängte, und kickte sein Motorrad an. Nach vier Stunden Fahrt, die er unter keinen Umständen unterbrechen durfte, auch nicht, wenn ihn ein natürliches Bedürfnis ankam, erreichte er den Eisenbahnknotenpunkt Bletchley in Buckinghamshire, rund 80 Kilometer nordwestlich von London, auf halbem Weg zwischen Oxford und Cambridge. Sein Ziel war ein pseudo-tudorgotisches Herrenhaus aus rotem Backstein namens Bletchley Park. Die in ihm beheimatete Einrichtung trug seit 1939 den – zum größten Teil fiktiven – Namen Government Code and Cipher School (GC & CS – Regierungsschule für Codes und Chiffren), wurde aber meist nur BP oder, mit ihrem Codenamen, Station X genannt. Auf dem weitläufigen Grundstück waren einstöckige Wellblechbaracken errichtet worden, in denen Tausende von Männern und Frauen, Zivilisten und Militärpersonen, rund um die Uhr ihrer Arbeit nachgingen. Der Meldefahrer fuhr, nachdem er die Kontrolle am Tor des Anwesens hinter sich gebracht hatte, zur Baracke 8, übergab dem Offizier vom Dienst das Päckchen, bestätigte die Auslieferung im Kurierbuch und beeilte sich, zur Toilette und in die Kantine zu kommen. In zwei Stunden mußte er wieder auf dem Weg nach Flowerdown sein.

In Baracke 8 reichte der Offizier vom Dienst das Päckchen an die Schichtleiterin weiter, der an diesem Nachmittag die Kryptoanalyse unterstand. Sie ließ die Funksprüche von den Marinehelferinnen ihrer Schicht auf Lochstreifen kopieren, die dann in einen zweieinhalb Meter hohen »kupferfarbenen Schrank« eingegeben wurden – die sogenannte *Bombe*. Die *Bombe* war eine elektromagnetische Abtastmaschine, die aus mehreren hintereinandergeschalteten »Enigma«-Maschinen bestand. Den Grundstein hatten Mathematiker des polnischen Geheimdienstes gelegt, der 1934 in den Besitz eines frühen Modells der deutschen Schlüsselmaschine gelangt war. Wenige Monate vor Hitlers Überfall auf Polen hatten der französische und der englische Geheimdienst je eine »Enigma«-Maschine erhalten, zusammen mit Plänen, Zeichnungen und einer Erklärung, warum die Zusammenschaltung von sechs solcher Maschinen das »Enigma«-Alphabet und die Wortwahrscheinlichkeiten weit schneller ausloten konnte als der menschliche Verstand. In BP verbesserte ein junger exzentrischer Mathematiker aus Cambridge namens Alan Turing, der sich schon längere Zeit mit der Theorie einer universalen Rechenmaschine befaßt hatte, die Leistungskraft der *Bombe* so weit, daß sie, allerdings mit elektromechanischen Mitteln, als Vorläufer der heutigen Computer gelten kann. Bis April 1940 hatte man dem »kupferfarbenen Orakel von Bletchley« das Sprechen beigebracht. Als erster wurde der »Enigma«-Funkverkehr der Luftwaffe entschleiert, deren Funker nicht die besten waren und es zudem an Funkdisziplin fehlen ließen. Kurz darauf erlag der Funkverkehr der Wehrmacht dem Angriff der *Bombe.* Die Ergebnisse waren allerdings nicht immer aktuell: Manchmal vergingen 72 Stunden, bevor BP einen passablen Text liefern konnte, manchmal dauerte die Entschlüsselung auch eine Woche, und in einigen Fällen erwies sich die *Bombe* als völliger Blindgänger; nur der Tagesschlüssel der Luftwaffe lag regelmäßig zum Frühstück vor.[1] Hatte man ihn, das hieß die Walzenkombination und die Steckverbindungen für einen Zeitraum von 24 Stunden, war es von grundlegender Bedeutung, daß BP in der Lage war, die aufgefangenen Funksprüche mit einiger Regelmäßigkeit mitzulesen. Und das war der Grund, warum der Marineschlüssel als letzter geknackt wurde.

Die Chiffrierdisziplin war in der Kriegsmarine größer als in allen anderen Waffengattungen, und die U-Bootwaffe war besonders sicherheitsbewußt. Sie hatte eine Reihe zusätzlicher Komplikationen eingeführt, mit dem Ergebnis, daß der HYDRA-Schlüssel (in BP DOLPHIN genannt) lange Zeit unverletzbar war. Was BP brauchte, war ein aktuelles HYDRA-Handbuch mit allen Einstellungen, mit anderen Worten: ein aufgebrachtes Schiff mit allen Materialien an Bord, eine »Prise«, wie die Engländer es ausdrückten. Am 23. Februar 1941 fand man während eines Stoßtruppunternehmens auf den norwegischen Lofoten an Bord des verlassenen deutschen Trawlers *Krebs* zwar Ersatzwalzen für die Schlüsselmaschine M, aber nicht die Maschine selbst. Im März 1941 las BP den größten Teil des HYDRA-Funkverkehrs mit, aber mit einem Monat Verzögerung, so daß die gewonnenen Informationen keinen operativen Wert besaßen. Dann erbeutete ein Enterkommando am 7. Mai in einer präzis geplanten Operation auf dem deutschen Wetterschiff *München* weiteres Chiffriermaterial, und zwei Tage später kam es zu einem dramatischen Vorfall, als drei Geleitschiffe des Konvois OB 318 südöstlich von Grönland ein U-Boot, U 110, mit Wasserbomben belegten und schwer beschädigten. Kptlt. Fritz-Julius Lemp, sein Kommandant, und die Besatzung gingen, von Rauchwolken in Panik versetzt, über Bord. Vorher war ihnen von den britischen Schiffen zugerufen worden: »Boot hoch halten, sonst wird keiner gerettet!« Die Besatzung wurde von den englischen Schiffen aufgenommen, bis auf Lemp, der zu seinem Boot zurückschwamm und bei dem Versuch, auf das Oberdeck zu klettern, erschossen wurde. An Bord von U 110 fand ein Prisenkommando alles vor, was BP brauchte: eine Schlüsselmaschine, ein HYDRA-Handbuch mit den Tagesschlüsseln und den speziellen Einstellungen für Offiziersfunksprüche bis Ende Juni, die Codes für die Kurzsignale und andere geheime Papiere. Das Gottesgeschenk wurde, schwer bewacht, mit Höchstgeschwindigkeit in den Heimathafen gebracht und nach BP geschickt, wo die Beute schnell als einer der bedeutendsten Durchbrüche des bisherigen Krieges erkannt wurde. Jetzt war BP in der Lage, die »Enigma«-Funksprüche der Kriegsmarine weit exakter mitzulesen als bisher.[2]

Zwischen dem 25. Mai und dem 21. Juni lieferte BP die Koordinaten, die es britischen Kriegsschiffen erlaubten, sieben von acht deutschen Versorgungsschiffen zu versenken, die zur Unterstützung der *Bismarck,* der *Prinz Eugen* und der Front-U-Boote über den Atlantik verteilt worden waren. Von weiteren Schlägen dieser Art nahm die britische Admiralität jedoch Abstand: Sie wären ein allzu deutliches Indiz dafür gewesen, daß mehr als nur Zufall im Spiel war. Man verlegte sich statt dessen darauf, die Geleitzüge um die bekannten Positionen von U-Boot-Streifen herumzuführen. Eine der ersten Gelegenheiten dafür ergab sich, als BP am 23. Juni die Admiralität davor warnte, daß zehn U-Boote quer zum Kurs des Konvois HX 133 lagen. Während der restlichen Monate des Jahres 1941 und bis Anfang 1942 führten die von BP gelieferten Feindinformationen dazu, daß die Zahl der britischen Verluste auf den Konvoirouten im Nordatlantik, vor Gibraltar und im Mittelmeer ständig abnahm.[3] Nur die Kurzsignale bereiteten ab November, aufgrund des von Turings *Bombe* noch nicht enträtselten »Adreßbuchs« der deutschen U-Boote, erhebliche Schwierigkeiten und führten zu Verzögerungen, da jedes für sich untersucht werden mußte.

Jetzt, am 2. Januar, beobachteten die Marinehelferinnen geduldig, wie sich die Räder der *Bombe* drehten, und hörten dem *klicke-ti-klick, klicke-ti-klick* ihrer Eingeweide zu – es klang wie eine Strickmaschine –, während sie auf der Suche nach der einen mathematisch definierten Kombination, die zu einer vorgegebenen Buchstabengruppe paßte, Stunde um Stunde eine Einstellung nach der anderen ausprobierte. Dann blieb sie plötzlich stehen, und ein Drucker setzte sich in Bewegung. Eine erleichterte Wren nahm triumphierend den Textstreifen aus dem Drucker und schickte ihn, von Hand zu Hand, auf den Weg zur Baracke 4, in der die Marineabteilung untergebracht war, eine Gruppe von Gelehrten, überwiegend Zivilisten, die aus den nahe gelegenen Universitätsstädten Cambridge und Oxford kamen. Von Hause aus Linguisten, Logiker oder Altsprachler, waren sie für die Übersetzung und die nachrichtendienstliche Auswertung sämtlicher Funksprüche der deutschen Kriegsmarine zuständig. Der neueste war eine leichte Übung. Rasch hatte einer der Gelehrten die Buchstabengruppen getrennt oder zusammengefügt, die deutschen Wörter aneinandergereiht, sie ins Englische übersetzt und das Ergebnis der Nummer Eins der Nachmittagsschicht übergeben. Dieser überprüfte zuerst den deutschen und dann den englischen Text. Er lautete: OFFIZIER. AN HARDEGEN U 123. GRIECHISCHES SCHIFF DIMITRIOS INGLESSIS ERBAT AM 1. JANUAR ABENDS AUS WRANGELSTRASSE 1587 SCHLEPPERHILFE WEGEN RUDERSCHADEN. SIE KÖNNEN ANGREIFEN, WENN NICHT WEITER ALS 150 SEEMEILEN VON ANGEGEBENER POSITION. BDU OPS.

Die Lage des Marinequadrats Wrangelstraße mußte noch herausgefunden oder erraten werden. Aber dafür war der Submarine Tracking Room im OIC in London zuständig. Von diesem kleinen Mangel abgesehen, war der Text in Ordnung und erforderte keinerlei Randbemerkungen. Die Nummer Eins zeichnete ihn ab, stufte seine Bedeutung (auf einer Skala von Z bis ZZZZZZ) mit zwei Z ein und reichte sowohl die englische als auch die deutsche Version an die für die Kartei zuständige Marinehelferin weiter, die den Namen des griechischen Schiffs - für die Aufnahme in die Kartei - rot unterstrich und den englischen Text anschließend zu einer der »Prinzessinnen« an den Fernschreibern brachte. Von dort wurde das streng geheime Dokument über eine sichere Standleitung ans *Operational Intelligence Centre* (OIC - Operatives Nachrichtenzentrum) in der »Zitadelle« übermittelt, einem Betonkasten in der Nordwestecke des Sitzes der Admiralität in London.

3. Januar 1942, 6.00 Uhr. Lieutenant Patrick Beesly war noch so neu auf seinem Posten, daß er jeden Morgen, wenn er die »Zitadelle« betrat und sich in den unterirdischen *Submarine Tracking Room* (NID 8[S] - U-Boot-Verfolgungsraum) des OIC begab, damit rechnete, bald wieder etwas Neues zu lernen - und anschließend vom Chef des Tracking Room, Rodger Winn, Temporary Commander Royal Navy Volunteer Reserve (RNVR), Special Branch (Geheimdienst), streng darüber examiniert zu werden. Es war schwer, sich von Commander Winn, der mit seinem überragenden Intellekt nicht nur über die U-Boot-Bewegungen wachte, sondern auch außerhalb des Tracking Room in anderen Abteilungen des OIC ein gewichtiges Wörtchen mitzureden hatte, nicht eingeschüchtert zu fühlen. Er war 38 Jahre alt, Absolvent von Cambridge und Harvard, und im Zivilleben ein erfolgreicher Rechtsanwalt gewesen, bevor er sich nach Kriegsausbruch freiwillig meldete und zunächst dazu eingesetzt wurde, deutsche Kriegsgefangene zu verhören. Irgendwie war er dann, immer noch als Zivilist, im August 1940 im Tracking Room gelandet, wo er sich rasch als Meister der U-Boot-Kriegführung erwies und, zum Verdruß seines Vorgesetzten, eines regulären Paymaster-Captain der Royal Navy, der dies für unmöglich gehalten hatte, erstaunlich genaue Vorhersagen zukünftiger U-Boot-Bewegungen machte. Bald darauf wurde er zum Temporary (zeitweiligen) Commander der RNVR befördert und übernahm den Posten seines bisherigen Vorgesetzten - eine noch nie dagewesene Auszeichnung für einen Mann, der keinerlei militärische Laufbahn hinter sich hatte. Die Willensanstrengung, durch die er die spinale Kinderlähmung, an der er als Junge erkrankt war, trotz des bleibend verkrümmten Rückens und der verkrüppelten Beine über-

wunden hatte, verschaffte ihm unter seinen Kollegen im OIC zusätzliches Ansehen, auch wenn der Umgang mit ihm nicht immer einfach war - besonders dann, wenn jemand seinen hochgeschraubten Ansprüchen nicht genügte oder nicht zu genügen schien.

Patrick Beesly war auf ähnlich verschlungenen Wegen in den Tracking Room gekommen. Wie Winn hatte er als Kind davon geträumt, eines Tages zur Royal Navy zu gehen, aber in seinem Fall hatte, wie bei Winn die Kinderlähmung, seine verminderte Sehfähigkeit den Traum zerstört. Er hatte in Cambridge studiert und war anschließend als Versicherungsmakler zu Lloyd's of London gegangen. Als sich dann der Krieg am Horizont abzeichnete und die Augen kein Hindernis mehr darstellten, war er noch vor Kriegsausbruch, im Juni 1939, in die RNVR aufgenommen und zur Special Branch kommandiert worden. Dort trug er als Reservist einen grünen Streifen am Ärmel, der anzeigte, daß er keine militärische Laufbahn absolviert hatte. Als 27jähriger »Grünstreifer« kam er im Juli 1940 zum OIC, wo er als Assistent von Commander Norman (»Ned«) Denning anfing, dem Chef der für Überwasserschiffe zuständigen Abteilung. Im Dezember 1941 schließlich war es soweit: Winn hatte eine Verstärkung seines völlig unterbesetzten Tracking Room angefordert, und Beesley wurde als sein Stellvertreter zu den U-Booten versetzt. So kam es, daß Anfang 1942 zwei Männer, die im Grunde Zivilisten waren, den gesamten britischen Geheimdienstkrieg gegen die deutsche U-Bootwaffe unter sich hatten und, was noch bemerkenswerter war, die prinzipiellen *operativen* Entscheidungen trafen, durch die die regulären Offiziere auf ihre Einsätze geschickt wurden.[4] Darüber hinaus fiel Winn und Beesly die Aufgabe zu, die gerade erst zum hundertprozentigen Verbündeten gewordenen Vereinigten Staaten von möglichen U-Boot-Bewegungen in amerikanischen Gewässern zu unterrichten.

Beesley betrat also am Morgen des 3. Januar durch die dem Main Trade Plot (auf dem die Bewegungen der eigenen Handelsschiffe und Konvois registriert wurden) gegenüberliegende bewachte Tür den Tracking Room und ging in seinen Glaskasten, der neben dem von Winn an der Südostseite des großen Raums lag. Die cremefarbenen, fensterlosen Wände des Tracking Room waren mit Karten, Diagrammen und Bildern von U-Booten bedeckt, und von einem großformatigen Foto, das auf Winns Anweisung hin aufgehängt worden war, schaute ein nachdenklicher Admiral Dönitz in den Raum: Winn betrachtete den Tracking Room als Schatten des Lagezimmers des BdU. Die Südostseite nahm der Hauptkartentisch des Nordatlantiks ein, dessen Mitte mit ausgestrecktem Arm gerade noch zu erreichen war. Er umfaßte das Gebiet von 73 Grad Nord bis 5 Grad Süd und von 100 Grad West bis 60 Grad Ost. Auf der Karte waren mit Fähnchennadeln die Standorte aller bekannten Überwasserschiffe, sämtlicher militärischen und zivilen Konvois sowie aller im Einsatz befindlichen U-Boote vermerkt. Auf den Fähnchen standen Buchstaben- und Zahlencodes, um jedes Sicherheitsrisiko auszuschließen - besonders hinsichtlich der Putzfrauen, die frühmorgens hereinkamen, und der Besucher, die ohne spezielle Sicherheitsprüfung in den Tracking Room geführt wurden. Die U-Boot-Zahlen waren durch zwei Buchstaben ersetzt worden: Die Anfangsbuchstaben A, C, E und so weiter bezeichneten VIIC-Boote, B, D, F und so weiter Boote vom Typ IX. So konnte U 123, zum Beispiel, auf der einen Fahrt als BH und auf der nächsten als NR geführt werden. Die Legende zu diesen Buchstabenkombinationen wurde unter Verschluß gehalten, aber Winn hatte die Karte bis ins kleinste Detail im Kopf, so daß er sie nie zu konsultieren brauchte. Auf der Nordwestseite stand ein fast ebenso großer Tisch mit einer erbeuteten deutschen Quadratkarte und dahinter, in der nordwestlichen Ecke, ein kleinerer Peiltisch. In der Südostecke saß ein spezieller U-Boot-Beobachter. Einen regulären Offizier gab es im Tracking Room nicht. An der Südwestwand befanden sich die Büros der restlichen Mitglieder des kleinen, ständig überlasteten Stabs: vier RNVR-Wachmänner in Zivil und drei Zivilhelferinnen für die Büroarbeit. Die »Teleprinzessinnen« arbeiteten in einem Nebenraum, aus dem eine Marinehelferin, die »Secret Lady«, regelmäßig die aus BP hereingekommenen »Z«- oder »Special Intelligence«-Meldungen verteilte, wie sie im Tracking Room genannt wurden. Die Nachrichten, die aus ihnen gewonnen und an die Hauptquartiere, Stützpunkte und Flottenkommandeure verschickt wurden, hießen »Ultra«.[5]

Beeslys erste Aufgabe war es, die Informationen über die Entwicklungen während der vergangenen Nacht zusammenzustellen, die er Winn um 7.30 Uhr vorzutragen hatte, der sie dann um 8.00 Uhr in einer Konferenzschaltung (über Zerhacker) mit den Oberkommandierenden der Western Approaches und des Küstenkommandos besprechen würde. Er rief als erstes die Secret Lady zu sich, die ihm einen Stapel telegrammgroßer Blätter brachte, auf denen jeweils ein entschlüsselter »Enigma«-Funkspruch der Kriegsmarine stand. Es hatte über Nacht nicht viele Bewegungen gegeben, aber ein Funkspruch, der einen bevorstehenden Angriff betraf, ließ ihn aufmerken. Er überflog den Text: U 123 ... DIMITRIOS INGLESSIS ... RUDERSCHADEN ... 150 SEEMEILEN ... Er wußte, was Winn in Händen haben wollte, um den Funkspruch zu überprüfen, und ging zur Kartei hinüber, wo er sich die U 123 betreffenden Karten geben ließ. Als nächstes suchte er die *Dimitrios Inglessis* in *Lloyd's Register of Ships* heraus und beauftragte eine der Teleprinzessinnen, ein Fernschreiben ans NSHQ (Naval Service Headquarters) in Ottawa zu schicken, um die kanadische Marine vor der Bedrohung durch U 123 zu warnen und sie um Auskunft über die Position und den Zustand der *Dimitrios* zu bitten. In sein Büro zurückgekehrt, ließ er sich schließlich über Zerhacker mit »Professor Corduroy (Kordsamthose)« verbinden, wie Harry Hinsley, ein 20jähriger Student aus Cambridge mit langen, zerzausten Haaren, der ständig in Kordhosen herumlief, von Winn getauft worden war. Hinsley war neben seinem Abteilungschef Frank Birch der Kontaktmann des Tracking Room in der Marinebaracke 4 in BP.[6] Beesly bat ihn, in den abgefangenen Funksprüchen speziell auf jede Erwähnung von U 123 oder *Dimitrios* zu achten.

Exakt um 7.29 Uhr betrat der bebrillte Hexenmeister Winn, deutlich humpelnd, den Tracking Room, winkte allen zur Begrüßung zu und hängte, mit einem Nicken nach nebenan zu Beesly, Mütze und Mantel in seinem Büro auf. Dann trafen sich beide Männer am großen Kartentisch.

»Guten Morgen, Sir.«

»Guten Morgen, Beesly.« Winn nahm seine übliche Stellung ein, indem er sich mit den Fingerknöcheln auf die Tischkante stützte, um seinen Rücken zu entlasten. »Was hält Admiral Dönitz heute morgen für uns bereit?«

Beesly begann seinen Vortrag. Besondere Operationen hätten während der Nacht nicht stattgefunden. Auf eine bedeutsame Information über U 123 würde er am Ende seiner Ausführungen eingehen. Die allgemeine Lage an diesem Morgen unterscheide sich nicht von der am Abend zuvor, mit der Ausnahme des weiteren Anmarschs von fünf U-Booten in Richtung des westlichen Atlantiks und einiger neuer Entwicklungen: U 701 habe um 10.45 Uhr die Sichtung eines Konvois in AM 3377 gemeldet, aber eine Überprüfung des Trade Plot hätte ergeben, daß während der letzten 24 Stunden weder in diesem Gebiet noch anderswo ein Schiff verlorengegangen war. Und eine Patrouille der Royal Navy habe um 9.48 Uhr ein aufgetauchtes U-Boot in AM 2633 gemeldet. Vermutlich U 333, etwa hier - er zeigte auf die Karte. Wiederholt ohne Antwort gebliebene Funksprüche des BdU an U 79 und U 75 hätten den Verlust dieser Boote bestätigt, die von der *Hasty* und der *Hotspur* am 20. bzw. von der *Kipling* am 28. Dezember versenkt worden waren. Was die Lage betreffe, sei damit alles gesagt.

Die endgültige Verlustrate für Dezember, fuhr er fort, liege jetzt vor. Sie sei mit 62000 BRT die niedrigste seit Mai 1940. Im Mittelmeer seien weiterhin zwanzig 500-Tonner im Einsatz.[7] Neue Rudel gegen die transatlantischen Schiffahrtswege seien nicht gebildet worden. Im Atlantik befänden sich nur sechs Boote, allesamt in der Nähe der Azoren, obwohl einzelne Boote weiter nach Westen vorrückten. Sie seien als U 66, 109, 123, 125 und 130 identifiziert worden, allesamt 740-Tonner aus Lorient. 109 und 130 seien am 27. Dezember als letzte von dort ausgelaufen. Zusätzlich sei aus verschiedenen Biskaya-Stützpunkten eine Reihe von 500-Tonnern in See gestochen, und jene, die bei 10 Grad West eine Positionsmeldung ausgesendet hatten, folgten einem Westkurs - 270 oder 275 -, der sie ins Kielwasser der fünf Boote führte, deren Fähnchen an verschiedenen Punkten im Mittelatlantik steckten.[8] Der Vormarsch der fünf 740-Tonner scheine der Grund für das Täuschungsmanöver von U 653 in den nördlichen Western Approaches gewesen zu sein. Diese Kriegslist war rasch zusammengebrochen, da BP die Anweisungen für die falschen Funksprüche abgefangen hatte und aufgrund der Funkpeilung bald feststand, daß es sich um ein einzelnes Boot handelte, das seine Position kaum änderte.

Die schon erwähnte Information über U 123, fuhr Beesly fort, lasse auf eine Änderung seines Kurses schließen. Beesly gab Winn die Z-Meldung. Das erste Zeichen von der neuerlichen Feindfahrt von U 123 hatte der Tracking Room am 25. Dezember erhalten, als es sein erstes und bis zu diesem Tag einziges Kurzsignal abgab. Die Position war natürlich verschlüsselt gewesen, aber da man wußte, daß der Funkspruch bei 10 Grad West gesendet worden war und die Funkpeilung eine brauchbare Schätzung ergeben hatte, die auf einen westlichen Kurs hindeutete, vermutete man U 123, bei einer angenommenen Durchschnittsgeschwindigkeit von zehn Knoten, an diesem Morgen dicht bei der nördlichen Neufundlandbank. Dieser neue Funkspruch legte nun aber nahe, daß das Boot weiter südlich stand. Zumindest schien Dönitz dies anzunehmen. In diesem Augenblick kam die Antwort des NSHQ Ottawa herein: Die *Dimitrios* befand sich bei 48° 39′ N, 48° 21′ W, also in der Nähe der Virgin Rocks. Wenn U 123 nicht weiter als 150–300 Seemeilen entfernt war – Beesly deutete einen Kreis südlich des Fähnchens für U 123 an –, mußte es sich hier aufhalten.

Das wäre südlicher gewesen, als jedes andere Boot auf dieser Länge bisher in kanadische Gewässer eingedrungen war. Ob Beesly Ottawa von der Anwesenheit des U-Boots unterrichtet habe?

Ja, antwortete Beesly. St. John's habe bereits einen seetüchtigen Schlepper und zwei Zerstörer ausgeschickt. Die »Wrangelstraße« bezeichne offenbar den westlichen Rand des Marinequadrats BC. Ob er die Zustimmung des Commanders habe, wenn er das Fähnchen nach Süden – ungefähr hierhin (er zeigte auf den Punkt) – verlege?

Winn gab seine Zustimmung. Er kannte dieses Boot. Es war vor kurzem von einer Fahrt in die Belle-Isle-Straße und das Gebiet südlich von Grönland zurückgekehrt. Auf dem Marsch hatte es die *Aurania* torpediert. Die Fahrt davor hatte es in das Seegebiet vor Freetown geführt. Wer war sein Kommandant, und was hatten sie über ihn?

Beesly griff nach den Karteikarten. Hardegen, antwortete er. Reinhard Hardegen. Am 18. März 1913 in Bremen geboren. 1933 in die Reichsmarine eingetreten. 1934 Aufnahme in die Marineschule in Mürwik. Anschließend Marineflieger. 1936 abgestürzt, wovon er ein verkürztes Bein und Magenbeschwerden zurückbehalten habe. 1939 zur U-Bootwaffe versetzt und nach der Grundausbildung sofort zum Kommandantenlehrgang geschickt. Danach auf zwei Fahrten Wachoffizier auf dem 740-Tonner U 124. Erstes Kommando sei das Ausbildungsboot U 147 gewesen. Im Mai 1941 Übernahme des U 123 von Karl-Heinz Möhle. Von Juni bis August erste Fahrt in die Gegend von Freetown. Letzten Oktober bis November in der Belle-Isle-Straße und vor Grönland. Soweit bekannt, sieben Versenkungen und eine Beschädigung. Verhöre von Kriegsgefangenen hätten ergeben, daß er in der Marine als aggressiv galt, selbständig und impulsiv handelte - er hatte im Oktober bei der Torpedierung der *Aurania* einen ausdrücklichen Befehl des BdU mißachtet - und wagemutig war. Darüber hinaus wisse man nur, daß er am 22. Juni 1938 in Wolfen Barbara Petersen geheiratet hatte und zwei Söhne besaß, Klaus-Reinhard und Jörg.

Winn schaute an Beesly vorbei auf das Foto von Admiral Dönitz. Was hatte der »Löwe« vor? Die Ergebnisse der Funkpeilungen und insbesondere der Arbeit von BP waren ausgesprochen zufriedenstellend; sogar die Verschlüsselung der Marinequadrate und der Straßencode waren geknackt worden. Winn erfuhr aus diesen Quellen weit mehr als aus den CX-Berichten der französischen Agenten, die für gewöhnlich viel zu spät eintrafen, um von operativem Wert zu sein.[9] Aber was er nicht erfuhr, waren die aktuellen Ziele des Admirals. Warum diese plötzliche Kursänderung? Erst hatte er sämtliche Boote von den Konvoirouten abgezogen, und jetzt tauchten fünf von ihnen, mit einem größeren Gefolge, wieder im Atlantik auf, ohne daß es irgendeinen Anhalt dafür gab, wieso. Die libysche Operation war noch im Gange, und Dönitz hatte nicht mehr einsatzbereite Boote zur Verfügung als zwei Wochen zuvor. Und er hatte vor Gibraltar gerade eine Reihe katastrophaler Verluste hinnehmen müssen. Es war ein Rätsel. Zwei Dinge fielen jedoch auf: Zum einen hatte U 125, das erste mit westlichem Kurs ausgelaufene Boot, durch eine Z-Meldung vom 29. Dezember den Befehl erhalten, im Marinequadrat BD zu warten, bis U 66, 109, 123 und 130 aufgeschlossen hätten. Das konnte bedeuten, daß diese Boote einen Vorpostenstreifen bilden sollten. Oder, grübelte Winn mit zusammengezogenen Brauen, es hieß, daß sie alle zur exakt gleichen Zeit losschlagen sollten. Zum anderen waren die USA vor kurzem formell in den Krieg eingetreten.

Winn stieß sich vom Kartentisch ab und sagte zu Beesly: »Sorgen Sie dafür, daß Washington auf dem laufenden gehalten wird.« Dann huschte ein Lächeln über sein Gesicht. Der Gedanke, daß auch auf der anderen Seite jemand war, der hinkte und Magenbeschwerden hatte, amüsierte ihn.[10]

Während der britische Marinegeheimdienst Anfang 1942 auf der Höhe seiner Leistungsfähigkeit, seines Ansehens und Einflusses stand, befand sich sein Gegenstück auf amerikanischer Seite in jämmerlichem Zustand. Immer noch gelähmt von dem Versagen, das in Pearl Harbor zutage getreten war, mit Vorwürfen überhäuft, von Verwirrung, inneren Fehden und allgemeinem Mißmut zerrüttet und überdies von administrativen Strukturen belastet, die eine Überprüfung, Verbreitung und Ausnutzung der aus deutschen und japanischen Quellen gewonnenen Informationen zumindest behinderten, bot der Marinenachrichtendienst ONI (Office of Naval Intelligence) in Washington ein erschreckendes Kontrastbild zum britischen OIC. Aber der Nachrichtendienst hatte in der US Navy nie den Stellenwert besessen, der ihm in der Royal Navy zugebilligt wurde. Vor Pearl Harbor hatte kein Offizier, der danach strebte, eines Tages ein großes Schiff zu kommandieren, den Nachrichtendienst als Weg dorthin betrachtet. Sogar eine gebietende Persönlichkeit wie Captain Alan G. Kirk, der im März 1941 zum Direktor des Marinenachrichtendienstes (Director of Naval Intelligence - DNI) wurde, vermochte dem ständigen Spott und Hohn seitens der Offiziere des Stabes nicht lange standzuhalten. »Jeder dachte beim Navy-Nachrichtendienst nur an gestreifte Hosen, Weichlinge und Partygänger und solche Dinge«, sagte er nach dem Krieg in einem mündlichen Bericht für das Oral History Office.[11] Kirk hatte aus dem ONI ein Pendant zum OIC machen wollen, in dessen Geheimnisse er während seiner Zeit als Marineattaché in London eingeweiht worden war. Aber seine Anstrengungen, ein vergleichbares Zentrum mit einem eigenen »Submarine Tracking Room« aufzubauen, scheiterten an der beherrschenden Gestalt der Navy in Washington, dem 55jährigen, 1,85 m großen, hohlwangigen Rear Admiral Richmond Kelly »Terrible« (der Schreckliche) Turner, Chef von OP-12, der für die Kriegsplanung zuständigen Stabsabteilung, der aus seiner Verachtung für den Geheimdienst keinen Hehl machte und das ONI als eine Art Ablage betrachtete, dessen Daten er nach Belieben plündern konnte, um daraus seine eigenen Einschätzungen, Voraussagen und Warnungen zu erstellen, mit denen er sehr oft falsch lag (so zum Beispiel mit seiner Voraussage, die Japaner würden die Sowjetunion angreifen, und nicht, wie Kirk beharrlich prophezeit hatte, Südostasien). Im ONI hatte Turners Verhalten fast zur Meuterei geführt.

»Kirk war alles andere als ein Weichling«, sagte einer seiner Mitarbeiter, »[. . .] und er und Turner lagen dauernd im Clinch miteinander. Der DNI kämpfte um die Integrität seiner Abteilung, hatte aber ständig das Nachsehen.«[12] Im Oktober entschloß sich Kirk zu einer anderen Art des Kampfes: Er bat um ein Kommando auf See und wurde Kommandeur eines Zerstörergeschwaders im Atlantik. Letzten Anstoß dazu gaben die Erkenntnis, daß er von einem Beamten des Weißen Hauses ausspioniert worden war, sowie die Tatsache, daß seine Ernennung eines brillanten Marineattachés für die Botschaft in Kairo vom Außenministerium widerrufen worden war. Sein Nachfolger, Rear Admiral Theodore S. »Ping« Wilkinson, der sich 1914 vor Veracruz die Medal of Honor (Ehrenmedaille) erworben hatte, war innerhalb eines Jahres der dritte Direktor des unter Dauerbeschuß liegenden ONI. Er besaß ein versöhnlicheres Naturell als Kirk, und Turner machte nicht viel Federlesens um ihn, sondern maßte sich, ohne Gegenwehr zu erfahren, weiterhin Nachrichtendienstfunktionen an, obwohl er augenscheinlich nur wenig davon verstand. Wilkinson seinerseits zeigte einen beklagenswerten Mangel an Interesse für die von der Funküberwachung gelieferten Informationen, und waren sie auch noch so bedeutsam. Als er nach dem Krieg vor einem Untersuchungsausschuß des Kongresses gefragt wurde, ob er die Möglichkeit eines Angriffs auf Pearl Harbor nicht wenigstens erwogen habe, antwortete er: »Unglücklicherweise nicht.«[13]

Während die oberen Etagen in ihre Grabenkämpfe verstrickt waren, die ungeachtet der »Panne« Pearl Harbor erbittert fortgeführt wurden, leisteten die unteren Ränge nichtsdestoweniger ausgezeichnete Arbeit, deren Ergebnisse sich im Vergleich mit dem britischen Y-Dienst und BP durchaus sehen lassen konnten. Sie stützten sich dabei auf eine Geschichte, die bis zum Januar 1924 zurückreichte, als ein junger Lieutenant, der bis dahin einen auf dem Jangtsekiang eingesetzten Minensucher befehligt hatte, beauftragt wurde, die Communications Intelligence (COMINT) der Navy aufzubauen, die später mit dem Kürzel OP-20-G bezeichnet wurde. Mit seiner zerknitterten Uniform und einer Frisur, die an ein ungemachtes Bett denken ließ, unterschied sich »Saffo«, wie Laurence F. Safford, jener junge Lieutenant, von seinen Bewunderern genannt wurde, kraß von den geschniegelten Oberdecksoffizieren, doch errichtete er im Laufe der Jahre ein Empfangs-, Entschlüsselungs- und Analysesystem, das bei Ausbruch des Zweiten Weltkriegs in vieler Hinsicht dem Vergleich mit den fortgeschrittensten britischen und deutschen Entwicklungen auf dem gleichen Gebiet durchaus standhielt. Die systematische Abhörtätigkeit wurde 1928 aufgenommen, als Safford und seine Mitarbeiter Mannschafts- und Unteroffiziers-Dienstgrade anwarben und sie in einem viermonatigen Lehrgang, der in einem insgeheim auf dem Dach der Main Navy errichteten Raum abgehalten wurde, zu japanischsprachigen Morsefunkern ausbildeten. Diese »Dachbande« (On the Roof Gang), wie sie sich wegen ihres Ausbildungsorts selbst nannte, stellte die erste Besatzung der Abhörstationen im Nordpazifik und auf Bainbridge Island bei Seattle. Im Dezember 1941 waren acht solcher Stationen, vier davon an der Atlantikküste, mit insgesamt 116 Abhörgeräten in Betrieb. Jede von ihnen verfügte über eine HF/DF-Anlage mit Peilantennen, die auf die jeweiligen Sender ausgerichtet werden konnten, Mehrfachempfänger zum Ausgleich von Schwunderscheinungen und Springschreiber zur Aufzeichnung von automatischen Hochgeschwindigkeitssignalen. 1939 wurden mittels »Huff-Duff« die Bewegungen von japanischen Kriegs- und Handelsschiffen im gesamten Westpazifik überwacht, und im Mai 1941 konnte das strategische Funkpeilnetz an der Ostküste mit einigem Erfolg den U-Boot-Funkverkehr im Atlantik abhören und Vergleichspeilungen zu denen des OIC in London liefern. Jedoch hinkte die amerikanische Technologie auf diesem Gebiet der britischen hinterher. Außerdem war die Zahl der Funker, die Erfahrungen in der Berechnung von Peilergebnissen hatten, so klein, daß die Navy ihre Ortungen deutscher U-Boote von vornherein mit einer möglichen Abweichung von 200 Seemeilen angab. Die grundsätzliche Abhängigkeit von den britischen Erkenntnissen blieb also bestehen.[14]

Zur gleichen Zeit, da man in England in den deutschen »Enigma«-Schlüssel einbrach, gelang es den amerikanischen Kryptologen, in den japanischen Code einzudringen, der sich ebenfalls auf eine elektromechanische Maschine stützte, deren jeweils verfeinerte Modelle in Washington unter den Namen »M1«, »M3«, »Red«, »Alphabetische Schreibmaschine 97« und schließlich »Purple« (Purpur) bekannt waren. In den späten 30er Jahren hatten sowohl die Dechiffrierer der Navy als auch die der Army begonnen, sich mit den maschinengestützten Zufallsschlüsseln der japanischen Diplomatie (DIP) und Marine (J 19 und JN 25) zu beschäftigen. In Commander Saffords kryptologischer Abteilung OP-20-G in der Main Navy, Zimmer 1621 (Codename: *Station Negat),* und in seiner Filiale im Keller des alten Verwaltungsgebäudes unweit von Dock Zehn-Zehn in Pearl Harbor *(Station Hypo)* gelang dem ungemein begabten Kryptologenduo Agnes Myer Driscoll *(Negat)* und Commander Joseph Rochefort *(Hypo)* Anfang 1942 ein teilweiser manueller Einbruch in die japanischen Marineschlüssel. Rochefort war erst am 7. Dezember 1941 offiziell autorisiert worden, sich mit dem entscheidenden Schlüssel JN 25 zu befassen, und ein halbes Jahr später machte er die bedeutendste Entdeckung des Pazifikkrieges überhaupt, als er in einem JN-25-Funkspruch die Buchstaben »AF« als Midway identifizierte, was Admiral Chester W. Nimitz in die Lage versetzte, die japanische Flotte, die sich auf dem Weg zu dieser Insel befand, am 3.–5. Juni 1942 zu stellen und vernichtend zu schlagen. Eine eifersüchtige Marinehierarchie in Washington, wo »AF« als Alëuten gelesen worden war, sorgte jedoch dafür, daß Rochefort die von Nimitz beantragte Distinguished Service Medal vorenthalten wurde. Sie wurde ihm erst 43 Jahre später, am 8. Oktober 1985, postum verliehen.

Unterdessen hatte der Army-Nachrichtendienst SIS (Signal Intelligence Section), dessen Chef der brillante Lieutenant Colonel William F. Friedman war, unter der Mitarbeit des Zivilisten Leo Rosen, eines Elektroingenieurs, einen bedeutenden Durchbruch erzielt: Es war gelungen, den Schaltplan der für den DIP-Schlüssel verwendeten Purple-Maschine zu rekonstruieren; Rosen hatte herausgefunden, daß sie nicht mit Walzen, sondern wie ein Telefon mit Nummernschaltern arbeitete. Safford erkannte den Wert dieser Leistung neidlos an – »Die Lösung des Problems der Purple-Maschine durch die Army war das kryptoanalytische Meisterstück der Vorkriegszeit«[15] – und machte sofort das Angebot, in den Werkstätten des Navy Yard in Washington Duplikate der Maschine herstellen zu lassen. In der Folgezeit wurden acht Exemplare gebaut, von denen drei BP zur Verfügung gestellt wurden, jedoch aufgrund einer Entscheidung höchster Navy-Stellen nicht eines nach Pearl Harbor gelangte, eine möglicherweise verhängnisvolle Unterlassungssünde, wie manche meinen, die sich mit dem Debakel von Pearl Harbor eingehender beschäftigt haben: Es ist zumindest denkbar, daß das Produkt der Purple-Maschine, der diplomatische Funkverkehr der Japaner, der in Washington unter dem Codenamen

»Magic« lief, Rochefort und seinem Team Hinweise auf den bevorstehenden Angriff geliefert hätte.[16] Dieser Fehler, wenn es denn einer war, führte, zusammen mit Irrtümern und Versehen des chronisch überarbeiteten OP-20-G-Personals und der Beanspruchung der Washingtoner Spitzenoffiziere durch zermürbende interne Querelen, zu einer Situation, die Gordon W. Prange lakonisch in einem Satz zusammenfaßte: »Den Vereinigten Staaten war einer der erstaunlichsten Coups in der Geschichte der Geheimdienste gelungen, doch sie zogen keinen richtigen Nutzen daraus.«[17] Der Kongreßausschuß zur Untersuchung des Angriffs auf Pearl Harbor sollte 1946 verwundert fragen: »Wie konnte es angesichts von Geheimdienstmaterial, wie es kaum jemals vorher in unserer Geschichte vorhanden war, angesichts des fast sicheren Wissens darum, daß ein Krieg bevorstand, angesichts von Plänen, die präzise die Art des Angriffs erwogen, wie ihn die Japaner am Morgen des 7. Dezember ausführten - wie konnte es angesichts dessen überhaupt zu einem Pearl Harbor kommen?«[18] Die Antwort war: Nicht die unteren Ränge des Navy-Geheimdienstes hatten versagt, sondern die oberen Etagen der *operativen* Führung der Navy. Es sollte kein Einzelfall bleiben, sondern sich, mit fast noch verheerenderen Folgen, an der Atlantikfront wiederholen.

Der Gedanke, daß solch ein Fehlverhalten im Atlantik möglich war, wäre der britischen Admiralität niemals gekommen. Sie teilte - wie Patrick Beesly dem Autor gegenüber nachdrücklich betont hat - sowohl vor Pearl Harbor als auch vor dem »Paukenschlag« *alles* mit Washington, was sie über die »Enigma«-Funksprüche der Kriegsmarine, über die Positionen ihrer U-Boote und über U-Boot-Abwehroperationen wußte. Trotz bestehender Bedenken in bezug auf die amerikanischen Sicherheitsvorkehrungen wurde kein Geheimnis zurückgehalten. Im Februar 1941 besuchten auf Einladung des OIC je zwei Nachrichtendienstoffiziere der Navy und der Army der USA (unter ihnen der gerade erst zum Offizier beförderte Leo Rosen) England. Sie brachten als Vertrauensbeweis die erste der drei Purple-Maschinen mit, die Großbritannien vom SIS erhalten sollte, und bekamen im Gegenzug zehn Wochen lang Gelegenheit, den Y-Dienst, die Baracken in BP und das OIC kennenzulernen, einschließlich von Winns Tracking Room. »Man forderte uns auf, nach allem zu fragen, was wir sahen«, berichteten zwei der Offiziere nach ihrer Rückkehr. »Keine

Tür war uns verschlossen, und wir erhielten Kopien von allem Material, von dem wir uns einen möglichen Nutzen für die Vereinigten Staaten versprachen.« Die Navy-Offiziere konnten eine komplette Marconi-Adcock-HF/DF-Anlage mit nach Hause nehmen, das Modernste, was die Briten auf diesem Gebiet besaßen - »unserem Entwicklungsstand weit voraus«, urteilte das Navy-Team.[19] Im Mai nahm die britische Unterstützung der amerikanischen U-Boot-Abwehr eine höhere Form an: Rear Admiral John A. Godfrey, Direktor des Nachrichtendienstes der Royal Navy und damit Vorgesetzter des OIC, stattete - in Begleitung seines persönlichen Assistenten, eines gewissen Lieutenant Commander der RNVR namens Ian Fleming, der später durch seine James-Bond-Romane Berühmtheit erlangen sollte - seinem Kollegen Captain Kirk in Washington einen Besuch ab und legte ihm eine detaillierte Darstellung aller bekannten Fakten, Techniken und Verfahren vor, die das OIC und BP in zweieinhalb Jahren aktiver U-Boot-Abwehr angesammelt bzw. entwickelt hatten. Dieses Dokument, eine der bedeutendsten gedruckten Quellen aus der Zeit der Atlantikschlacht selbst, trägt den barocken Titel:

> Die Nachrichtendienstabteilung. Marinestab. Admiralität. Organisation und Entwicklung der Marine-Nachrichtendienstabteilung, September 1939 - Mai 1941. Dargestellt zur Information von Captain Kirk, US Navy, Director of Naval Intelligence, Washington. *Wichtig.* Der Inhalt dieses Dokuments ist für die *persönliche* Information des Empfängers bestimmt und auf keinen Fall einer dritten Person zugänglich zu machen. (Gez.) John A. Godfrey, Director of Naval Intelligence, 15. Mai 1941.

Das Dokument begann mit einer Beschreibung der verschiedenen Funktionen des OIC in mehreren Kapiteln: Feindliche Überwasserschiffe und Kampfeinheiten; Feindliche Marine-Luftoperationen; Feindliche U-Boot-Aufklärung; Feindliche Handelsschiffahrt; Feindliche Minenfelder und andere Navigationshindernisse; Funkpeilung; Feindliche Funküberwachung; Funküberwachungstechnik. Danach verbreitete sich Godfrey über die verschiedenen vom OIC genutzten Nachrichtenquellen: Sichtungsmeldungen von Kriegsschiffen und Flugzeugen; fotografische Aufklärung von Hafenanlagen; Funkpeilung und Überwachung des feindlichen Funkverkehrs; Berichte von

Marineattachés und Beobachtern in neutralen Ländern: »Special Intelligence«. Die Stärke des Tracking Room im OIC, hob Godfrey hervor, bestehe darin, daß in ihm sämtliche Informationen, gleich aus welcher Ecke sie kämen, zusammenliefen. Die zuletzt genannte Quelle, Special Intelligence – die Meldungen aus BP –, war von besonderer Bedeutung, da in BP gerade in diesem Monat, aufgrund der »Prise« von U 110, erste Einbrüche in den »Enigma«-Funkverkehr der Kriegsmarine gelangen. Einige Monate später war die Admiralität in der Lage, Kirk über die Nachrichtendienstabteilung (NID 18) ihrer Vertretung in Washington täglich einen Bericht und wöchentlich eine Zusammenfassung über die U-Boot-Lage im Nordatlantik zukommen zu lassen, deren Informationen in die täglichen Lagekarten des DNI einflossen.[20] Für den Fall, daß sich U-Boote der Ostküste der USA näherten, konnte Washington durch diese Informationen ständig auf dem laufenden gehalten werden. Der Nachrichtendienst der US Navy war also, wie man in London annehmen durfte, vorbereitet. Da die US Navy, deren Geleitschiffe die Konvois über den Atlantik auf zwei Dritteln ihres Weges eskortierten, nicht erst seit Dezember mit U-Booten zu tun hatte und überdies die Befehlsgewalt nicht nur über ihre eigenen, sondern auch über kanadische Schiffe besaß, zweifelte man in der Admiralität und im OIC nicht daran, daß auch die operativen Streitkräfte der USA vor der potentiellen U-Boot-Gefahr in ihren eigenen Gewässern auf der Hut und bereit waren, jeden Angriff zurückzuschlagen. Als die USA nach Pearl Harbor auch formell in den Krieg eintraten, hielt man es in London deshalb für undenkbar, daß die Amerikaner an der Atlantikfront überrumpelt werden könnten. Aber London hatte nicht mit dem anderen Krieg gerechnet, dessen Schauplatz die Main Navy in Washington war (und von dem sich der kenntnisreiche Captain Kirk im Oktober geschlagen zurückzog), und es hatte auch nicht mit der, gelinde gesagt, mangelnden Vorbereitung, der Kurzsichtigkeit, Starrheit, Arroganz und Nachlässigkeit der operativen Führung der US Navy gerechnet. Für die Vereinigten Staaten begann ein halbjähriges Massaker, mit dem verglichen Pearl Harbor nicht mehr gewesen war als ein leichter Klaps auf die Finger.

Zum Jahreswechsel 1941/42 boten die beiden wichtigsten Hauptquartiere in Washington, das der Army und das der Navy, ein chaotisches

Bild. Ständig wälzte sich ein Strom von Offizieren hinein und heraus, viele von ihnen in schlecht sitzenden Uniformen, die sie im zivil gesinnten Washington seit Jahren nicht mehr getragen hatten. Man sah alle Arten von Kopfbedeckungen, kombiniert mit Sam-Browne-Gürteln und solch antiquierten Uniformteilen wie Wickelgamaschen aus dem Jahr 1918. Überall hing der Geruch von Zedernholz und Kampfer in der Luft.[21] Jeder, der wollte, konnte, ohne kontrolliert zu werden, die Gebäude und die Büros betreten. In den Hinterzimmern stapelten sich Büromöbel, Schreibmaschinen und Aktenschränke für neue Büroräume, in denen frisch eingesetzte Beamte oder Militärs diese oder jene neue Aufgabe bewältigen sollten. Überall flog Papier herum. Kurz, die beiden Gebäude ähnelten eher freigelegten Ameisenhaufen als militärischen Schaltstellen.

Im Marineministerium wurde der ordnungsgemäße Dienstablauf, der durch innere Auseinandersetzungen und gegenseitige Schuldzuweisungen, die kaum geeignet waren, die Aufmerksamkeit auf die Kriegsaufgaben zu konzentrieren, bereits empfindlich gestört war, durch die allgemeine Verwirrung angesichts der stetig steigenden Kriegsverluste in der ureigensten Interessensphäre der Navy, dem Pazifik, noch zusätzlich behindert: Zuerst kam der Aderlaß von Pearl Harbor; dann die Übergabe des Flußkanonenboots *Wake* in Shanghai und die Kaperung des Frachters *President Harrison,* der voller Marines gewesen war, durch die Japaner; der Verlust des Minensuchers *Penguin;* der Fall von Guam, Tarawa und Makin; der tapfere Tod der Insel Wake; die Versenkung des britischen Schlachtschiffs *Prince of Wales* und des britischen Schlachtkreuzers *Repulse,* die als Ersatz nach Pearl Harbor geschickt werden sollten; weitere britische Verluste an Kriegs- und Handelsschiffen beim Fall von Hongkong; und schließlich, am 2. Januar, der Fall des Navy-Stützpunkts Cavite auf den Philippinen.

Die durch diese Reihe von Rückschlägen bereits freigelegten Nerven wurden zusätzlich noch durch eine Vielzahl von Phantasiemeldungen und Fehlalarmen strapaziert: Am 9. Dezember erreichte die Navy-Operationsbasis (NOB) in Newport (Rhode Island), wo der Kreuzer *Augusta* auf Station ging, die Nachricht von einem angeblichen deutschen Luftangriff. Am gleichen Tag warnte das Luftfahrtbüro der Navy davor, daß japanische U-Boote »in der Nacht in der Bucht von Santa Monica und der Coronado-Road auftauchen und die

Flugzeugfabriken von Douglas bzw. Consolidated bombardieren« würden.[22] Am 8. und am 13. Dezember wurde gemeldet, daß San Francisco von einem Luftangriff heimgesucht worden sei und ein Angriff auf Los Angeles unmittelbar bevorstehe. St. Louis (Missouri) lebte in der Angst, daß japanische Kriegsschiffe den Mississippi heraufkommen könnten. An der Ostküste wurden die Navy und die Küstenwache mit Meldungen von vermeintlichen U-Boot-Sichtungen überhäuft. Heiligabend sichtete ein US-Schiff 30 Seemeilen südlich von Savannah ein Sehrohr *und* ein Torpedo. Am 29. Dezember meldete ein Pilot der Küstenwache, er habe zwischen Boje 3 und 5 im Ambrose Channel im New Yorker Hafen ein Sehrohr entdeckt. Am nächsten Tag wurde im Long-Island-Sund südlich von New London ein Sehrohr gesichtet, und zwei Tage darauf vermeinte ein Angehöriger der *Coast Guard* (Küstenwacht) zwischen Cushing und den Ram Islands im Portland Channel vor Maine ein Sehrohr ausgemacht zu haben. Nicht viel später sichtete das Army Air Corps »zwei Zerstörer, zwei U-Boote und zwei nicht identifizierte Schiffe« des Feindes und an anderer Position »ein großes schwarzes U-Boot, großer Kommandoturm, Kanone vorn über Wasser«, das sich langsam nach Nordosten bewege.[23] Als der US-Zerstörer *Trippe* gerade diesen alarmgeschwängerten Augenblick wählte, um von Norfolk nach Newport zu dampfen, wurde er von vier Army-Flugzeugen mit vier Bomben belegt, die den »Feind« allerdings verfehlten. In Washington erreichte die Hysterie solche Ausmaße, daß eine geheime ONI-Denkschrift in Umlauf gesetzt wurde, in der die Funker der Handelsflotte insgesamt als Kommunisten und daher verräterisch bezeichnet wurden - obwohl sie, wie die weiteren Ereignisse zeigen sollten, die torpedierten Schiffe stets als letzte verließen, nachdem sie tapfer ihr sss (von U-Boot angegriffen) und sos ausgesendet hatten.[24]

Im Weißen Haus sah sich ein nicht so leicht aus der Fassung zu bringender Präsident nach jemandem um, der die Navy mit erprobter Hand durch den anschwellenden Sturm führen konnte. Roosevelt glaubte, den richtigen Mann für diese Aufgabe zu kennen: den 63jährigen Admiral und Oberbefehlshaber der Atlantikflotte Ernest J. King. Das *Life*-Magazin hatte gerade eine Titelgeschichte über ihn gebracht (24. November): »King vom Atlantik: Amerikas dreifach gestählter Admiral ist das unnachgiebige, wagemutige Modell eines

Kriegsbefehlshabers.« King, das war die kämpfende Navy. Er befehligte seit September die Atlantikflotte bis hin zum MOMP.[25] Er hatte Kampferfahrung als Kommandant auf See. Und er war, nach Jahren des Einsatzes auf See, eine gebietende Persönlichkeit. Geboren 1878 in Lorain (Ohio), durchlief er die Marineakademie in Annapolis (Maryland) und wurde 1901 zum Offizier. Anschließend sammelte er viele Jahre lang Erfahrungen auf See, nur unterbrochen von seiner Hochzeit und einer Lehrtätigkeit an der Marineakademie. Während dieser Zeit unternahm er auch zwei Fahrten unter Captain, später Rear Admiral, Hugo Osterhaus, der King in dessen Personalakte einen Hang zu Whisky, Unpünktlichkeit und Insubordination bescheinigte, der ihm Bestrafungen »unter den Planken« eingebracht hatte. Aber King machte diese Ausrutscher wieder wett, wurde 1911 zum Kommandanten einer Zerstörer-Division und war während des Ersten Weltkriegs als stellvertretender Stabschef bei Admiral Henry T. Mayo, Oberbefehlshaber der Atlantikflotte, tätig - mit Erfolg: Er wurde mit dem Navy Cross ausgezeichnet. Gleichzeitig hatte sich allerdings auch seine tiefe Abneigung der Royal Navy und allem Britischen gegenüber verstärkt. In den Friedensjahren ging King zu den U-Booten und übernahm 1923 das Kommando über den U-Boot-Stützpunkt in New London. Nach der Rettung der U-Boote S 51 und S 4 wurde ihm beide Male die Distinguished Service Medal verliehen. Anschließend ließ er sich in Pensacola zum Marineflieger ausbilden und war in den 30er Jahren wesentlich an der Entwicklung der Flugzeugträgertaktik beteiligt. 1939, inzwischen zum Rear Admiral avanciert, war King, aufgrund seiner ebenso breitgefächerten wie erfolgreichen Laufbahn, für den Posten des Chefs der operativen Führung im Gespräch. Ernannt wurde dann jedoch Harold R. (»Betty«) Stark, der Kandidat der Admirale der Überwasserschiffe, die (wie King glaubte) den fliegenden und unter Wasser fahrenden Seeleuten mißtrauten. King wurde in den Generalstab versetzt, eine zweifelhafte Ehre, die normalerweise Admiralen zuteil wurde, die kurz vor der Pensionierung standen. Aber ein Jahr später stimmte Präsident Roosevelt, trotz aller Gerüchte über Kings Alkoholverbrauch und Affären mit den Frauen anderer Offiziere, dem Vorschlag von Stark und Marineminister Frank Knox zu und ernannte King zum Kommandeur des Atlantikgeschwaders. Wiederum ein Jahr später wurde das Geschwader in

Flotte umbenannt, und King stieg zum Admiral und CINCLANT auf. Es war zwar kein Kommando im sonnigen Pazifik mit seinen weißen Wellenkronen, zu dem es jeden Navy-Mann zog, sondern nur ein zweitklassiges Kommando im verschmähten kalten Atlantik. Aber es war um Meilen besser als ein Schreibtisch im Generalstab. Kings persönliches Schicksal wendete sich damit zum Guten, während das der Navy immer schwärzer und unheilvoller aussah. Für ihn lag es auf der Hand, daß der Krieg mit der Achse kurz bevorstand, und als die *Reuben James* versenkt wurde, gab er sogar für einige Zeit das Trinken auf.

Der Marinehistoriker Samuel Eliot Morison, der King gut kannte, beschreibt ihn mit den folgenden sorgsam gewählten Worten: »Groß, hager und straff, mit stechenden braunen Augen, einer mächtigen römischen Nase und tief eingekerbtem Kinn [. . .], war er von Grund auf Seemann, einer, der nie ein Leben außerhalb der Navy hatte oder haben wollte. [. . .] Er hatte die Marinestrategie und -taktik fest im Griff, verfügte über ein enzyklopädisches Wissen in Marinedingen, eine enorme Arbeitskraft und absolute Integrität. [. . .] Für Narren oder Weichlinge hatte er nichts übrig [. . .], und er wurde mehr gefürchtet als geliebt. [. . .] Er machte das Deck in regelmäßigen Abständen rücksichtslos klar.« Zusammenfassend nennt Morison ihn »einen harten, grimmig entschlossenen Mann«.[26] Oder, wie eine seiner Töchter es ausdrückte: »Er ist der ausgeglichenste Mann in der Navy. Er ist immer in Rage.«[27] Roosevelt, der Härte bei Männern mochte, witzelte: »Er rasiert sich mit einer Lötlampe«[28], und entschloß sich, ihn an die Spitze der gesamten Navy zu setzen. King war damit der amerikanische Gegenspieler von Großadmiral Raeder geworden. Mit ihm als Oberkommandierendem würde es keine Überraschungen mehr geben. Er war eine bekannte Größe – hundertprozentig. Er würde nicht nur den Rumpf sauberkratzen, sondern auch das amerikanische Festland gegen jeden feindlichen Angriff abschotten. Ein alter Army-Freund, ein pensionierter Colonel, schrieb ihm: »Es wird die HÖLLE werden, mit all dem Drum und Dran, ABER [. . .] mit Ernie King am Steuer [. . .] kann sich Amerika beruhigt zurücklehnen, denn eine Wiederholung des unglücklichen Vorfalls von Pearl Harbor wird es nicht geben.«[29]

Am 30. Dezember 1941 nahm King seine Geschäfte als Oberbefehlshaber der Flotte der Vereinigten Staaten auf. Als erstes änderte er die unschön klingende Bezeichnung CINCUS (Commander in Chief, United States Fleet) in COMINCH. Als solcher war er direkt dem Präsidenten unterstellt und hatte »das Oberkommando der operativen Verbände, die sich aus den verschiedenen Flotten der Navy der Vereinigten Staaten und den operativen Verbänden des Naval Frontier Command« zusammensetzten. Man kann es getrost noch einmal wiederholen: *King beanspruchte die oberste und direkte Verantwortlichkeit für die »Frontier«, d. h. die Küstenkommandos.* In der ersten Zeit mußte er sich bei seiner Arbeit mit einer unbequemen Doppelherrschaft mit der Operativen Führung abfinden, die immer noch von Admiral »Betty« Stark geleitet wurde und bis dahin die höchste operative Instanz der Navy gewesen war. Als Stark, der laut Morison »mehr wie ein Bischof und weniger wie ein Seemann« aussah,[30] im März 1942 praktischerweise auf den gerade erst geschaffenen Posten eines Befehlshabers der *US Navy Europe* nach London versetzt wurde, gliederte King die operative Führung in seine Dienststelle ein, wodurch ihm, als COMINCH-CNO, eine nie dagewesene Machtfülle zuwuchs. (In bisher nicht veröffentlichten »Randbemerkungen«, die sich in seinen Papieren befanden, drückte King die Vermutung aus, daß Stark wegen Pearl Harbor von Roosevelt »gefeuert« worden war. Aber in seinen Augen war die Army gleichermaßen an jenem 7. Dezember schuld: »Ich kann nur wiederholen, daß ich nie verstehen konnte, wieso FDR Admiral Stark gefeuert hat, ohne mit General [George C.] Marshall [Stabschef der Army] das gleiche zu tun. Nach meiner Ansicht war der eine nicht weniger suspekt als der andere.« Starks Biograph dagegen hält daran fest, daß der CNO seine Ablösung aus freien Stücken beantragt und den Posten in London selbst vorgeschlagen hatte.[31]) Aber aus welchem Grund auch immer, King war Stark los und herrschte uneingeschränkt über die Main Navy, wo er in den folgenden Monaten demonstrierte, was es heißt, mit eisernem Besen auszufegen. Die Opfer dieser Säuberung waren jene Offiziere, die King für Defätisten oder Verantwortliche (oder geeignete Sündenböcke) für Pearl Harbor hielt. So mußte, zum Beispiel, Wilkinson gehen und mit ihm der Chef der Nachrichtenabteilung.[32] In bezug auf Captain Frank T. Leighton, dessen für Überwasserschiffe und U-Boote stehende Stecknadeln auf den täglichen Lagekarten King als »kleine Spielzeuge und anderen Kinderkram« bezeichnete, bestimmte er eines Tages: »Ich will, daß er vor halb fünf heute nachmittag aus dem Department verschwunden ist.«[33] Leightons Nachfolger wurde Commander George C. Dyer, Kings Flaggoffizier.[34] Die operative Führung kam relativ ungeschoren davon; »Terrible« Turner wurde einer der stellvertretenden Stabschefs. Der Krieg mit dem Nachrichtendienst war allerdings noch nicht vorüber. Für King war das ONI nicht mehr als ein Archiv mit Leihbücherei, und so behandelte er es auch. Er schnitt es kurzerhand von allen Informationen ab, sowohl von den OIC-Berichten aus London als auch von den eigenen operativen Plänen. So erfuhr das ONI zum Beispiel von der Schlacht um Midway erst hinterher.[35]

Was die US Navy im Januar 1942 gegen U-Boote aufzubieten hatte, gehörte zu der am 1. Juli 1941 gebildeten *North Atlantic Naval Coastal Frontier* und stand unter dem Kommando eines Kurskameraden von King an der Marineakademie in Annapolis, des 63jährigen Rear Admiral Adolphus »Dolly« Andrews, mit Hauptquartier in New York, wo er auch Befehlshaber des 3. Naval District war. Die *Coastal Frontier* umfaßte das Gebiet von der kanadischen Grenze vor West Quoddy Head (Maine) bis zum County Onslow in North Carolina und damit vier *Naval Districts:* Boston, New York, Philadelphia und Norfolk. Als im Februar auch noch der südliche 6. Naval District mit Hauptquartier in Charleston Andrews' Frontier zugeschlagen wurde, erstreckte sie sich bis zur Grenze der Counties Duval und St. John's in Nordflorida. Gleichzeitig wurde der Name der Verteidigungszone in *Eastern Sea Frontier* (ESF) geändert. Ähnliche Kommandos gab es seit dem 9. September für den Golf von Mexiko, die Karibik (östliche und westliche) und Panama. Zusammen mit der ESF waren sie für rund 11500 Kilometer Küstenlinie zuständig. In die Verantwortlichkeit der Frontiers fielen sämtliche in ihrem Gebiet liegenden Häfen, Wasserwege, Buchten, Meeresarme und die seewärts gehenden Schiffahrtswege bis 200 Seemeilen vor der Küste. Darüber hinaus hatten sie die Operationen der »örtlichen Verteidigungsstreitkräfte« der Naval Districts sowie der Kriegsschiffe und Luftstreitkräfte der Frontier Coastal Force ebenso zu »koodinieren« wie den Einsatz der von anderen Gliederungen zur Verfügung gestellten Verbände, im Bereich der ESF etwa Einheiten des Nordöstlichen Verteidigungskommandos und der 1. Air Force der Army. Mit Befehl durch den allgemeinen Kriegsplan

WPL-46 (Rainbow 5) sollten die Frontiers (1) die Grenze verteidigen, (2) die Küstenschiffahrt schützen, (3) der Atlantikflotte - deren Oberbefehl am 1. Januar Admiral Royal E. Ingersoll übernahm - Hilfestellung leisten und (4) die Army und »verbundene Streitkräfte« in ihrem Gebiet unterstützen.[36] Zur Ausfüllung dieses groben Befehlsrahmens forderte Andrews seine Distriktbefehlshaber auf, damit zu rechnen: daß U-Boot-Aktivitäten in Form von Angriffen auf den Schiffsverkehr mittels Torpedos, Minen oder Artilleriefeuer zu erwarten seien; daß kleine Überwasserverbände in Gestalt von Kriegsschiffen oder getarnten Handelsschiffen in die Küstenzone eindringen könnten; und daß von schiffsgestützten Flugzeugen oder kleinen Torpedobooten kleinere Angriffe auf die amerikanische Küste vorgetragen werden könnten - »zu Großangriffen wird es wahrscheinlich nicht kommen, es sei denn, dem Feind gelingt es, in operativer Entfernung zur Frontier einen Stützpunkt zu errichten«.[37] Keine Frage, Andrews wollte handeln - jedenfalls in der Theorie. Bereits zwei Monate vor Pearl Harbor gab er an die unter seinem Befehl stehenden Streitkräfte den Befehl aus: »Deutsche und italienische See-, Land- und Luftstreitkräfte sind bei Begegnung zu vernichten.«[38] Die Frage war jedoch, ob seine Streitkräfte überhaupt etwas vernichten konnten - oder wollten.

Am 10. Juli 1941 hatte Andrews den Vorschlag gemacht, ein »Gemeinsames Führungs- und Informationszentrum der Army und der Navy« einzurichten. Der Vorschlag war vom Nordöstlichen Verteidigungskommando (Lieutenant General Hugh A. Drum) und dem Chef der operativen Führung eifrig unterstützt worden, und Admiral Stark drängte in einem Rundschreiben vom 31. Dezember darauf, daß alle Frontiers solche Zentren aufbauten. Zu diesem Zeitpunkt war Andrews' Zentrum im Federal Building in der New Yorker Church Street bereits in Betrieb. Es war zwar kein OIC, von dem Andrews offenbar nichts wußte (wenn man davon ausgeht, welche Überraschung es in seinem Zentrum auslöste, als man im Mai [!] 1942 von Winns Arbeit erfuhr), aber es war ein ernstzunehmender Versuch, die Informationen über die Feindaktivitäten in der ESF zu sammeln, miteinander zu teilen und gemeinsam auf sie zu reagieren. Kurios war allerdings, daß ein zu Demonstrationszwecken durchgeführtes Planspiel des Zentrums »einen feindlichen Flugzeugträger vor der Küste« annahm, obwohl mit Sicherheit bekannt war, daß Deutschland über keinen einzigen einsatzbereiten Flugzeugträger verfügte.[39] Die Navy-Abteilung des Zentrums umfaßte ein großes »Operationsbüro« mit zwei Wandkarten - eine des gesamten Atlantiks und eine der 200-Seemeilen-Zone der ESF vor der Küste -, Büros für Andrews, seinen siebenköpfigen Stab, Bürohilfen und Kommunikationseinrichtungen. Einer der Offiziere war als Schriftführer des ESF-Kriegstagebuchs eingeteilt. Von Dezember 1941 bis März 1942 war dies Lieutenant Lawrence R. Thompson, der die Unterteilung in Monatsberichte mit anschließenden täglichen/stündlichen Berichten einführte, die sein Nachfolger, Lieutenant Elting E. Morison, fortführte, der im Mai diese Aufgabe übernahm und das Kriegstagebuch rückwirkend vom März an vervollständigte und bis zum November 1943 betreute, als er zur Main Navy nach Washington versetzt wurde.[40] Die Army verfügte über eine ähnliche Abteilung. Als Zweck des Zentrums wurde im Kriegstagebuch angegeben, »mittels Zusammenfassung der Informationen auf operativen Karten eine laufende Einschätzung der militärischen Lage im Operationsgebiet zu ermöglichen und eine Sammlung des nicht darstellbaren Materials anzulegen«. Graphisch dargestellt wurden: der Handelsschiffsverkehr vor der ESF-Küste und die Positionen der Überwasserpatrouillenschiffe mit jeweils stündlicher Aktualisierung; die Luftaufklärung mit halbstündlicher Aktualisierung; sowie Feindoperationen und -kontakte (falls vorhanden), einschließlich der vom Regionalen Auswertungszentrum der Army erhaltenen Hinweise. Dieses System hielt allerdings einem Vergleich mit den im Krieg gewonnenen Erfahrungen des OIC in keiner Weise stand, die die Main Navy sich kaum zu Herzen nahm, jedenfalls nicht weitergab. Ein Geschenk des OIC jedoch *gab* der COMINCH (unter Umgehung des ONI) weiter, obwohl im Zentrum niemand, auch nicht Andrews oder sein Verbindungsoffizier, der 35jährige Lieutenant Richard H. Braue, seine genaue Herkunft erfuhr; man wußte nur, daß es aus England kam, und Braue kämpfte jeden Tag zwei bis vier Stunden mit dem britischen Schlüssel,[41] bevor er Andrews den dechiffrierten Text des »Geschenks« vorlegen konnte. Nachdem Andrews sich die Positionsangaben der Verbände notiert hatte, die für seine Frontier von Bedeutung sein konnten, brachte Braue die Meldung in den Coderaum zurück und legte sie in einen Safe, dessen Kombination nur er und der Admiral kannten. Andrews seinerseits ging ins Lagezimmer hinüber und veränderte, den neuen Informationen entsprechend, die Positionen der magnetischen Markierungen auf der Wandkarte des Atlantiks. Was er dabei dank der Berichte aus London verfolgen konnte, war der Marsch von fünf U-Booten von Ost nach West. In gut einer Woche würden die Markierungen von dreien dieser Boote nicht mehr auf der großen Atlantikkarte, sondern auf der Frontier-Karte zu finden sein, und »Dolly« Andrews würde Gelegenheit bekommen, von der Theorie zur Praxis zu schreiten.

1879 in Texas geboren, trat Andrews mit 19 Jahren in die Marineakademie in Annapolis ein, ohne vorher jemals irgendein Schiff gesehen zu haben. Schon seine ersten Kommandos als Offizier deuteten auf eine außergewöhnliche Karriere hin, die sich vorwiegend um zwei Pole rankte: Präsidenten und Schlachtschiffe. 1903 ging er als Ensign (Leutnant zur See) an Bord der USS *Dolphin,* einer für den Marineminister der USA bestimmten Yacht, und zwei Jahre darauf diente er Präsident Theodore Roosevelt im Weißen Haus. Nach einer kurzen Zwischenstation auf einem Patrouillenboot auf dem Jangtsekiang erhielt er nacheinander Kommandos auf den Schlachtschiffen *Michigan, Utah, Oklahoma* und *Mississippi,* bis er 1918 zum Kommandanten der *Massachusetts* wurde. Anschließend war er kurz beim 3. Naval District, am Naval War College in Newport und bei der Atlantikflotte tätig, bevor er als Kapitän der Präsidentenyacht *Mayflower* und Marineberater von Präsident Warren G. Harding ins Weiße Haus zurückkehrte. Nach dessen Tod blieb er als leitender Marineberater von Präsident Calvin Coolidge im Weißen Haus. Seine Fähigkeit, sich die Gunst mächtiger Politiker zu erwerben, trug ihm in der Navy den Ruf ein, schamlos ehrgeizig zu sein, was später in vieler Augen erklärte, warum er als Chef des Schiffahrtsbüros gegen die Beförderung seines Kurskameraden King zum Vice Admiral stimmte. Als der bekanntere von beiden glaubte er offenbar, daß ihm die drei Sterne zuerst zustanden. Am Vorabend des Krieges konnte er als Rear Admiral nicht nur auf eine reiche Schlachtschifferfahrung verweisen, er war auch zweimal als Diplomat nach Genf geschickt worden, hatte den Befehl über den U-Boot-Stützpunkt in New London innegehabt, als Stabschef des Befehlshabers der *Battle Force* und des CINCUS gedient und im zeitweiligen Rang eines Vice Admiral die Aufklärungsflotte im Atlantik befehligt. Im Juli 1941 schließlich wurde er zum Befehlshaber des 3. Naval District und der ESF ernannt, was zu jener Zeit kein sehr prestigeträchtiges Kommando zu sein schien. Kaum jemand ahnte, daß die Eastern Sea (Westatlantik), Gulf Sea (Golf von Mexiko) und Carribbean Sea (Karibik) Frontiers 1942 sechs Monate lang das bevorzugte Kampffeld der deutschen U-Bootwaffe sein würden.

Andrews war eine starke Persönlichkeit. Er verstand es, seine Stellung auch unter Druck zu behaupten, wie ein Briefwechsel mit King aus dem November 1941 beweist, als der damalige CINCLANT ihm mitteilte: »Es ist zwar nicht meine Sache, und sie ist es, ehrlich gesagt, wirklich nicht«, aber er habe gehört, daß die Organisation und die Bereitschaft der für den Kriegsfall benötigten transatlantischen Konvois in seinen Häfen *»nicht vorhanden sind«.*[42] Nach zwei Tagen erhielt er daraufhin von Andrews eine ebenso geharnischte wie ausführliche Antwort: Die seinem Kommando unterstehenden Distrikte seien, obwohl unterbesetzt, außerordentlich gut organisiert und zur Erfüllung der angesprochenen Aufgaben bereit. »Es ist mir schleierhaft, wer Ihnen gesagt hat, daß die Organisation etc. nicht vorhanden sei«, schrieb er. Solche Berichte seien »reine Phantasieprodukte«.[43] King mußte sich geschlagen geben: »Mein Informant [. . .] ist in einer Position [. . .], in der er wissen müßte, wovon er spricht - aber offenbar weiß er es nicht - und ich werde ihm das auch sagen.«[44] Ende 1941 war Andrews einer der bekanntesten Flaggoffiziere der Navy, was sich allerdings auch darin äußerte, daß seine geschraubte Redeweise und sein pompöses Auftreten häufig parodiert wurden. Heeresminister Henry L. Stimson nannte ihn »einen schrecklichen alten Schaumschläger«, während der konziliantere Samuel Eliot Morison ihn in Rede und Auftreten als »senatorisch« beschrieb.[46]

Aber er wußte, wie löcherig der Schild der ESF war, angefangen mit dem Augenfälligsten - einer See- und Luftstreitkraft, die so antiquiert, unvorbereitet, mangelhaft ausgebildet und mit so wenigen Kampfmitteln ausgestattet war, daß sowohl England als auch Deutschland baß erstaunt waren, als sie sahen, was da in den Krieg zog. Und das nach zweieinviertel Jahren Atlantikschlacht! Für Andrews war es, als wollte man modernen Panzerdivisionen mit aufgesessener Kavallerie beikommen. Zwei Wochen nach Pearl Harbor schrieb er unverblümt: »Sollten feindliche U-Boote vor dieser Küste operieren, verfügt dieses

Kommando über keinerlei Streitkräfte, um etwas gegen sie zu unternehmen, weder offensiv noch defensiv.«[47] Es ist kaum zu glauben, aber Andrews hatte für annähernd 2400 Kilometer Küstenlinie nicht mehr als 20 Schiffe zur Verfügung, darunter nicht eines mit einer ausgebildeten Besatzung und keines, das es an Geschwindigkeit oder Bewaffnung mit einem U-Boot aufnehmen konnte. »Es ist kein Schiff vorhanden«, konstatierte Andrews, »von dem sich ein über Wasser operierendes U-Boot nicht absetzen könnte. In den meisten Fällen würden die Kanonen dieser Schiffe einfach durch die größere Reichweite jener der U-Boote ausgeschaltet werden.«[48] Seine winzige, abgerissene »Flotte«, die den Auftrag hatte, »die Größe und Macht der Vereinigten Staaten in den Küstengewässern der Nation« aufrechtzuerhalten,[49] bestand aus folgenden Schiffen:

einem 50-Meter-Patrouillenkutter der Küstenwache, der 1934 in Dienst gestellten *Dione* (WPC 107);
drei 60-Meter-Eagle-Booten (PE 19, 27 und 56) aus dem Jahr 1919;
sechs 38-Meter-Patrouillenkuttern der Küstenwache *(Active, Antietam, Dix, Frederick Lee, Jackson* und *Rush)* aus dem Jahr 1927;
vier 33,5-Meter-U-Boot-Jägern mit Holzrumpf (SC 102, 330, 412 und 437) aus den Jahren 1918–41;
vier umgebauten 52- bis 75-Meter-Yachten, *Sylph* (CPY 12), *Siren* (PY 13), *Coral* (PY 15) und *Tourmaline* (PY 20), aus den Jahren 1940/41;
und zwei 60- bis 100-Meter-Kanonenbooten, *Dubuque* (PG 17) und *Paducah* (PG 18), aus dem Jahr 1905.

Die Schnellsten aus dieser bunt zusammengewürfelten Flotte waren die *Dione* mit 16½ und die Eagle-Boote »mit möglichen 15 Knoten«, aber drei der »Adler« waren »vom Material her unzuverlässig« - sie fielen ständig aus.[50] Der Grad der Verwendbarkeit des Rests der Flotte geht aus einem Klagebrief hervor, den Andrews, zwei Wochen nachdem die Feindoperationen in der ESF begonnen hatten, an King schrieb: Zu diesem Zeitpunkt waren nur *fünf* Schiffe - der 50-Meter-Kutter, zwei der 38-Meter-Kutter, ein Eagle-Boot und die umgebaute Yacht *Tourmaline* - »in der Lage, auf See zu fahren und offensive Aktionen gegen feindliche U-Boote auszuführen«.[51] Für diesen

Bericht interessanter ist jedoch, daß in der mit dem 12. Januar endenden Woche, also am Vorabend von Hardegens Ankunft vor dem New Yorker Hafen, nach einer ESF-Karte der verfügbaren Kräfte im 3. und 4. Naval District (New York und Philadelphia) nur drei Boote einsatzbereit waren; weitere sieben waren beim 5. Naval District (Norfolk) seeklar.[52]

Dabei drängen sich zwei Fragen auf: Besaßen solch kleine Schiffe überhaupt einen Nutzen für die U-Boot-Abwehr? Und wenn ja, warum waren dann bei Kriegsausbruch nicht wesentlich mehr von ihnen vorhanden? Die Antwort auf die erste Frage lautet ja. Es stimmt zwar, daß der Zerstörer (DD) - wie später der Geleitzugzerstörer (DE) - aufgrund seiner Geschwindigkeit, Bewaffnung und Manövrierfähigkeit, seiner überlegenen Horchgeräte und seiner Seetüchtigkeit, die es ihm erlaubte, auch noch unter Bedingungen auf See zu bleiben, die kleine Schiffe in die Häfen zurücktrieben, der traditionell gefährlichste Feind der U-Boote war. Aber Andrews hatte keine DDs. Diejenigen, die noch auf dem Atlantik operierten (zwei Geschwader der modernsten Zerstörer waren Ende Dezember in den Pazifik verlegt worden), unterstanden dem Nachfolger von King auf dem Posten des CINCLANT, Admiral Ingersoll, und wurden entweder als Geleit für transatlantische Konvois eingesetzt oder waren auf den 6. und den 7. Naval District, die anderen Frontiers (Golf von Mexiko, Karibik und Panama) und die brasilianischen Stützpunkte (Recife und Bahia) verteilt. Daß es nicht mehr Zerstörer gab, lag zum Teil daran, daß 52 in der *Naval Expansion Bill* vom Juni 1940 geplante DDs aus wirtschaftlichen Gründen von der Ausbauliste der Navy gestrichen worden waren. Was Kutter und Patrouillenboote von 38 oder 50 Metern Länge betraf, so waren sie eher als Aufklärer und Störfahrzeuge und - obwohl mit Wasserbomben ausgerüstet - weniger als tödliche Waffen geeignet. Solche kleinen Schiffe hatten sich in den Küstengewässern Großbritanniens als unentbehrlich erwiesen, wenn es darum ging, U-Boote (für Bomber) zu orten oder sie *unter Wasser zu halten.* Die deutschen U-Boote operierten bei Nacht an der Oberfläche, und die Anwesenheit von Verteidigungskräften, ob nun in Form von Flugzeugen oder Schiffen, wie klein sie auch sein mochten, bewirkte selbst dann, wenn die Bedrohung eher psychologischer Natur war, daß sie unter Wasser blieben, wo ihre Beweglichkeit und infolgedessen ihre

Schlagkraft erheblich eingeschränkt waren. Die U-Boote schienen zwar im Vergleich mit den kleinen Überwasserschiffen die besseren Karten zu haben, aber es war unwahrscheinlich, daß sie ein Torpedo auf diese Nußschalen verschwendeten, und wenn sie sich auf ein Artilleriegefecht über Wasser einließen, liefen sie selbst Gefahr, vom Geschütz- oder MG-Feuer der U-Boot-Jäger getroffen zu werden. Die kleinen Schiffe waren also nicht ohne taktische Mittel, bis hin zur letzten Möglichkeit, ein aufgetauchtes U-Boot zu rammen. Darüber hinaus hätte ihr Nutzen für die Aufklärung und ihre Einsatzmöglichkeit zur Rettung Schiffbrüchiger von torpedierten Schiffen jedem ins Auge stechen müssen.

Was die zweite Frage angeht, so hatte die US Navy es versäumt, eine größere Anzahl kleiner Schiffe bauen zu lassen, weil man wie in der deutschen Kriegsmarine auf Auseinandersetzungen in der Art der Schlacht vor dem Skagerrak fixiert war. Der »Kanonen-Klub« in der Main Navy befürchtete, die zur Verfügung stehenden Mittel könnten von den schnittigen stählernen Festungen abgezogen werden, und hatte daher mit kleinen Schiffen nichts im Sinn. Darüber hinaus handelte der Generalstab, wie Harry S. Trumans Untersuchungsausschuß zum Nationalen Verteidigungsprogramm feststellte, bis 1942 häufig genug in Allianz mit der Lobby der größeren privaten Schiffsbauwerften, bei denen der Profit von Größe und Tonnage bestimmt wurde.[53]

Präsident Roosevelt, der 1913–20, also auch während der Zeit, als zum erstenmal U-Boote im Atlantik und vor der amerikanischen Ostküste operierten, stellvertretender Marineminister gewesen war, verfolgte die Entwicklung der Navy aufmerksamer als jeder andere Zivilist. Er war ein Anhänger der kleinen Schiffe als unerläßlichen Mittels zur Kontrolle der Küstengewässer. Er schrieb sogar, in Erinnerung an die Mosquito-Flotte der 33,5-Meter-U-Boot-Jäger, die die Navy 1918 in Dienst gestellt hatte, einen Wettbewerb für den besten Entwurf eines vergleichbaren U-Boot-Abwehrschiffs aus. Als die USA dann 1941/42 tiefer in den U-Boot-Krieg hineingezogen wurden, hatte er sich nicht nur mit der Entschlußlosigkeit und Trägheit des Marineministeriums auseinanderzusetzen, die aus dem Glauben resultierten, daß Patrouillenboote, wenn sie jemals gebraucht werden sollten, auf kleinen Werften aus dem Stegreif rasch nachgebaut werden konnten, sondern auch die offen zur Schau getragene Voreingenommenheit des »Kanonen-Klubs« zu bekämpfen. »Meine Marine hat die Vorbereitungsmaßnahmen gegen den U-Boot-Krieg an unserer Küste sträflich vernachlässigt«, schrieb er an Churchill. »Ich brauche Ihnen wohl kaum zu sagen, daß die Mehrzahl unserer Seeoffiziere nie etwas von Kriegsschiffen unter 2000 Tonnen hören wollte. Ihnen ist diese Lektion schon vor zwei Jahren erteilt worden. Wir müssen sie erst noch lernen.«[54] In dieser Befangenheit unterschieden sich die US-Offiziere wenig von ihren feindlichen Kollegen im Stab der Kriegsmarine, die - sehr zum Verdruß von Admiral Dönitz - gleichfalls große Schiffe bevorzugten, weil sie »bei uns« - d.h. auf U-Booten - »keine Musikkapelle an Oberdeck aufstellen und blasen und pauken lassen« konnten.[55]

In einer seiner »Randbemerkungen« schrieb Admiral King (nach 1943), daß »FDR nicht begriff, daß die Nazis ihre U-Boote stark verbessert hatten; er glaubte, wir könnten sie mit kleinen Booten von 15 bis 20 Metern und leichten Flugzeugen bekämpfen. Admiral Stark dagegen sprach sich - von mir und anderen unterstützt - für richtige Eskortschiffe aus: mit einer Länge von 75 bis 90 Metern, 25 Knoten Geschwindigkeit und 1000 Tonnen oder mehr Verdrängung.«[56] 1946 sollte er feststellen, daß die schweren Verluste zu Beginn des Jahres 1942 »erneut die altbekannte Tatsache unter Beweis [stellten], daß selbst die Tapfersten gegen einen gefährlichen Gegner wie das U-Boot nichts ausrichten können, wenn sie nur über unzulängliche Boote und Waffen verfügen«.[57]

Kings Erinnerungen sind offenbar ungenau. Erstens hat Roosevelt, nach Aktenlage, nie den Bau von Schiffen vorgeschlagen, die kleiner waren als der 33,5-Meter-U-Boot-Jäger, den er persönlich für den besten hielt. Zweitens hat King selbst, was er verschweigt, in den vier Monaten nach Pearl Harbor Hunderte von privaten Vergnügungsschiffen, die *kleiner* als 33,5 Meter waren, für die U-Boot-Sicherung vor der Küste requiriert.[58] Drittens hat King vier Monate nach Kriegseintritt der USA Flüge von bewaffneten leichten Privatflugzeugen der Civil Air Patrol (CAP - Zivile Luftkontrolle) über den gefährdeten Seewegen gestattet.[59] Viertens ignorierte King, als er Stark zu seinen Unterstützern zählte, dessen spätestens seit Oktober 1940 geführten, wenn auch erfolglosen Kampf um die Zuteilung kleiner Schiffe: »Einer der härtesten Kämpfe, die ich auszustehen hatte«, schrieb Stark,

»war der um kleine Schiffe. [. . .] Es könnte sein, daß wir eines Morgens aufwachen und merken, daß [. . .] an unseren Brennpunkten U-Boote operieren, mit allem, was das zur Folge hat.«[60] Fünftens wußte King offenbar nicht, daß eine auf Starks Anregung im Juni 1941 für den Marineminister zusammengestellte Liste von »dringenden und wichtigen Mängeln« auch folgende Anforderung enthielt: »Genehmigung des Baus von 101 kleineren Schiffen. [. . .] Zusätzlich zu 10 hochseetüchtigen Schleppern sollten eine große Zahl von 50-Meter-PCs und einige 33,5-Meter-PCs in die Planung aufgenommen werden. Grund: Die Kriegspläne erfordern dringend Patrouillenschiffe für die Lokalen Verteidigungskräfte der Navy.«[61] Sechstens forderte Stark die Naval Districts der ESF am 15. Dezember auf, kleine Schiffe zu rekrutieren, mit Navy-Angehörigen oder »zweifelsfrei loyalen Zivilisten« zu bemannen und, mit Morse- oder Sprechfunkgeräten ausgerüstet, 50-80 Seemeilen vor der Küste zu stationieren, von wo sie dem Vorwarnsystem der Army-Luftstreitkräfte sich nähernde feindliche Flugzeuge, Überwasserschiffe oder U-Boote melden sollten.[62] Dieser weitsichtige Vorschlag wurde erst vier Monate später in die Tat umgesetzt, etwa zur gleichen Zeit, als Stark Washington verließ. Siebtens regte Stark am 12. Februar, einen Monat nach dem Paukenschlag, an, »eine größere Zahl von Cape-Cod-Fischerbooten zu bewaffnen, insbesondere mit Wasserbomben für U-Boot-Abwehroperationen bei den Neufundlandbänken und in anderen Fischfanggebieten im Nordatlantik, und sie als Freiwilligenkräfte unter Navy-Befehl zu stellen«.[63] Achtens nahm die Bedeutung der kleinen Schiffe nach dem Beginn des Küstenkriegs eher zu als ab, wie aus einem persönlichen Brief Ingersolls vom 20. Januar 1942 hervorgeht, in dem er Rear Admiral Bristol warnte: »[. . .] bis die neuen PCs in Dienst gestellt sind, werden wir, glaube ich, durch die U-Boote Prügel beziehen.«[64] Neuntens bemerkte der stellvertretende Chef der operativen Führung, Frederick J. Horne, im April, daß »der Dienst der neuen U-Boot-Jäger in den verschiedenen Sea Frontiers dringend gebraucht wird. Das Ministerium hat jede Anstrengung unternommen, den Bau und die Auslieferung dieser Schiffe zu beschleunigen.«[65] Zehntens heißt es im Mai in einer für Horne bestimmten handschriftlichen Notiz von King selbst: »Bitte, sorgen Sie dafür, daß der Bau der 53-Meter-PCs *weitergeht«* (Hervorhebung im Original!).[66] Anfang dieses Monats hatte

King, dank eines Eilprogramms für den Bau kleiner U-Boot-Abwehrschiffe, 33 Patrouillenboote und 34 U-Boot-Jäger zur Verfügung, die meisten davon an der Ostküste. Das waren (endlich) genug, um die Handelsschiffahrt mit ausreichendem Geleitschutz zu versehen. Elftens erklärte das Hauptquartier von Admiral Andrews Mitte Juli, ein halbes Jahr nach dem Beginn der U-Boot-Kampagne in amerikanischen Gewässern: »Die Bedeutung der Verwendung von kleinen Schiffen verschiedenen Typs in der Eastern Sea Frontier kann gar nicht überschätzt werden. Diese Schiffe werden für Rettungsaktionen, Patrouillen, U-Boot-Beobachtung und Meldungen über treibende Minen eingesetzt. Bewaffnet, können sie auch offensiv gegen U-Boote vorgehen.«[67] Zwölftens und letztens *konnten* »tapfere Seelen in kleinen Booten« gegen »einen gefährlichen Gegner wie das U-Boot« etwas ausrichten: Zwei der drei ersten in US-Gewässern zerstörten U-Boote wurden von 50-Meter-Kuttern der Küstenwache, der *Icarus* und der *Thetis,* versenkt.

Aber King hatte anscheinend ein ausgesprochen selektives Erinnerungsvermögen. Sowohl im Juni 1942 als auch nach dem Krieg stellte er die Behauptung in den Raum, er und sein Stab hätten schon früh kleine Schiffe und leichte Flugzeuge gegen die U-Boot-Gefahr eingesetzt. Tatsächlich hatten er und sein Stab in jeder Weise, mit Macht und Spott, dagegen gekämpft, bis sich schließlich herausstellte, daß Starrheit allein zur Führung eines Seekriegs nicht ausreichte, und der Druck der Ereignisse auch den Widerspenstigsten zu der Einsicht zwang, daß ein gewisses Maß an gesundem Menschenverstand und flexibler Erneuerung dringend geboten war. Stark hatte, wie sich zeigte, vollkommen richtig gelegen. Kleine Schiffe *waren* für die nationale Verteidigung notwendig. Auch Roosevelts Meinung wurde bestätigt. Wenn der Rat des Präsidenten befolgt und das »unerläßliche kleine Schiff für den Anti-U-Boot-Krieg«[68] in größerer Zahl gebaut worden wäre, wäre die ESF besser auf den »Paukenschlag« vorbereitet gewesen. Aber Stark und Roosevelt waren jetzt, Anfang Januar 1942, keine große Hilfe. Sie konnten nicht verhindern, daß die Markierungen auf der Wandkarte im Informationszentrum von Admiral Andrews genau das ankündigten, was er immer befürchtet hatte. Und er hatte zwischen Calais (Maine) und Jacksonville (North Carolina) nicht mehr als drei einsame Boote zur Verfügung.

Mit seiner Luftstreitmacht sah es nicht besser aus. Sie bestand aus 103 Flugzeugen unterschiedlicher Art, von denen rund drei Viertel für die Aufgaben der Küstenüberwachung und der U-Boot-Abwehr völlig ungeeignet waren. Vom Navy-Luftstützpunkt Salem (Massachusetts) im Norden bis zu dem in Elizabeth City (North Carolina) im Süden verfügte die ESF über 51 Schulflugzeuge, 18 Aufklärer, 14 Mehrzweckflugzeuge, sieben Transporter, sechs Patrouillenflugzeuge, drei Torpedoflugzeuge, drei Jäger und einen Bomber. Nicht eines dieser Flugzeuge konnte weitreichende Seepatrouillen fliegen. Der Großteil war höchstens für Aufklärungsflüge an der Küste geeignet, da die Aufnahme von Wasserbomben den Aktionsradius erheblich einschränkte. Bei bestimmten Flugzeugen dauerte die Bewaffnung mit Wasserbomben darüber hinaus dermaßen lange, daß ihr Einsatz keinen Sinn machte: Um zum Beispiel in Norfolk ein Flugboot der Typen XPBM-1 oder PBY-5 mit MK-XVII-Wasserbomben zu beladen und rechtzeitig starten zu können, wäre eine Vorwarnzeit von sechs Stunden (!) erforderlich gewesen.[69] Andrews bezweifelte, daß sich Dönitz derart entgegenkommend zeigen würde. An Maschinen mittlerer Reichweite hatte er nur ein paar PBMs und PBYs sowie die in Norfolk, Salem, Floyd Bennett (New York) und Elizabeth City stationierten Wasserflugzeuge und zwei unstarre, lenkbare Luftschiffe des ZP-Geschwaders 12 in Lakehurst (New Jersey). Was den Rest anging, beklagte sich Andrews, hatten seine Luftstreitkräfte »in einem modernen Krieg nichts zu suchen«.[70] Dennoch ließ er allen seinen Piloten die neuesten Erkenntnisse der Royal Air Force (R.A.F.) zukommen, die er in der letzten Dezemberwoche von Admiral Stark erhalten hatte: Britische Analysen hatten ergeben, daß bei 35 Prozent der Luftangriffe auf U-Boote das Ziel zum Zeitpunkt des Bombenabwurfs noch sichtbar war. In 15 Prozent der Fälle war das U-Boot weniger als 30 Sekunden vor dem Angriff getaucht. Als Taktik empfehle sich daher:

(a) die minimalste Tiefeneinstellung der Wasserbomben zu wählen;
(b) das U-Boot mit höchster Geschwindigkeit, auf dem kürzesten Weg und aus jeder beliebigen Richtung anzugreifen;
(c) die Bomben in der niedrigsten Höhe auszuklinken, die den Vorschriften entsprechend möglich war;
(d) die Bomben in Abständen von rund 18 Metern zu plazieren;

(e) alle Bomben in einer Reihe abzuwerfen;

(f) das U-Boot, sofern es nach dem Bombenabwurf wieder auftaucht, wiederholt mit den Bordgeschützen anzugreifen.[71]

Dank der guten Zusammenarbeit mit dem Nordöstlichen Verteidigungskommando der Army konnte Andrews für weitreichende U-Boot-Patrouillen, zu denen seine eigenen Flugzeuge nicht in der Lage waren, mit der Hilfe der Army Air Forces (AAF - Luftstreitkräfte der Army) rechnen. Eine US Air Force als unabhängige Teilstreitkraft gab es im Zweiten Weltkrieg noch nicht. Sie wurde erst durch Gesetz vom 26.7.1947 eingerichtet. Dem im Jahre 1920 innerhalb der Army eingerichteten *Air Service* folgte 1926 das Air Corps, das am 21. Juni 1941 durch die *Army Air Forces* als unabhängiges Kommando innerhalb der Army ersetzt wurde. Die ersten Maschinen des 1. Bomberkommandos der 1. Air Force stiegen am Nachmittag des 8. Dezember 1941 zu Patrouillenflügen auf, deren Reichweite vom jeweiligen Flugzeugtyp abhing. Das 1. Bomberkommando verfügte über drei einsatzbereite zwei- und viermotorige Flugzeugtypen: neun schwere B-17-Bomber, sechs mittlere B-18-Bomber, von denen zwei weder Bomben abwerfen noch schießen konnten, und 31 mittlere B-25-Bomber. Die Boeing B-17 - die »fliegende Festung« - war 1937 als »das beste vorhandene Bombenflugzeug, insbesondere für die Küstenverteidigung«,[72] eingeführt worden, ebenso wie die »Bolo«, die Douglas B-18, mit einer geringeren Reichweite als die B-17 und einer halb so großen Bombenlast. Sie war bei Kriegsausbruch 1939 zwar der verbreitetste amerikanische Bomber, wurde während des Krieges aber wenig eingesetzt, während der dritte Typ, die B-25, auf allen Schlachtfeldern mit Erfolg kämpfte. Darüber hinaus verfügte das 1. Bomberkommando noch über 73 Flugzeuge anderer Typen, von denen die meisten jedoch im Dezember und Januar nicht flugbereit waren.

Von den vier Luftbasen des 1. Bomberkommandos aus patrouillierten im Durchschnitt jeweils drei Flugzeuge auf zwei täglichen Flügen über den Gewässern der ESF. Die B-17 hatte mit knapp 1000 Kilometern bis zum Umkehrpunkt die größte Reichweite, die B-18 die kleinste. In an Land stationierten Flugzeugen auf den winterlichen Atlantik hinauszufliegen war nicht ungefährlich, zumal die hastig zusammengestellten und kaum ausgebildeten Besatzungen keinerlei Flugerfahrung über dem Ozean hatten. Außerdem war keine der Besatzungen in der Schiffserkennung ausgebildet worden, so daß es fraglich war, ob sie ein U-Boot, wenn sie eines sahen, auch als solches erkennen würden. Weiterhin flogen die Maschinen aufgrund der mangelhaften Erfahrung der Besatzungen nur tagsüber, also zu einer Zeit, zu der die Ausgucks auf den U-Booten sie früh erkennen und Befehl zum Alarmtauchen geben konnten. Die kleine Zahl der vorhandenen Flugzeuge, die begrenzte Anzahl der Küstensektoren, die gleichzeitig überwacht werden konnten, die unregelmäßigen Flugzeiten und das Fehlen von Patrouillen während der Nacht (in der ein geübtes Auge ein aufgetauchtes U-Boot anhand des Meeresleuchtens oder der Hecksee entdecken konnte) führten zusammen mit der mangelhaften Ausbildung, das heißt fehlerhafter Planung, unweigerlich dazu, daß die Aufklärungsflüge des 1. Bomberkommandos scheiterten. Hinzu kam, daß die Besatzungen zwar für Bombardements an Land ausgebildet waren, aber nicht für Angriffe auf U-Boote auf See, und selbst wenn sie es gewesen wären, hätten sie höchstens mit viel Glück etwas gegen solche Ziele ausrichten können: Sie hatten nur gewöhnliche Spreng- und keine Wasserbomben an Bord. Es mag in der Kriegsgeschichte andere militärische Verbände gegeben haben, die stärker an Don Quichotte erinnerten, aber das 1. Bomberkommando gehört zumindest in eine Reihe mit dem PBY-5-Catalina-Geschwader der Navy, das im Dezember von Pearl Harbor aus in mehreren Kompaßsektoren patrouillierte, nur nicht im 12-Uhr-Sektor, in dem Admiral Nagumo seine Mitsubishis, Nakajimas und Aichis anfliegen ließ. Es kann natürlich eingewandt werden, daß in beiden Fällen die begrenzte Menge an Flugmaterial der Grund für das Versagen war, doch das hieß im Klartext: mangelnde Einsatzbereitschaft.

Für die Naherkundung konnte Andrews das 1. Hilfskommando (Support Command) der Army heranziehen. Zu diesem Zweck hatte die Army einen bunt gemischten Verband aus einigen hundert einmotorigen Landerkundungsflugzeugen zusammengestellt, die ein Zeitgenosse mit General Joffres Pariser Taxiarmada aus dem Jahr 1914 verglich. Andrews schrieb am 14. Januar: »Das 1. Hilfskommando der Army operiert bei Tageslicht mit einmotorigen Landerkundungsmaschinen bis rund 40 Meilen vor der Küste zwischen Portland (Maine) und Wilmington (North Carolina). Diese Flugzeuge sind nicht bewaffnet und haben nur genug Treibstoff an Bord, um zwei bis drei Stunden fliegen zu können. Die Piloten sind unerfahren in der Art von Arbeit, die zu bewältigen sie sich bemühen. Es sind nie mehr als zehn dieser Erkundungsflugzeuge gleichzeitig an der Coastal Frontier in der Luft.«[73] Man muß den beiden Truppenteilen, angesichts der vielen Versuche der Zusammenarbeit, die an inneren Rivalitäten gescheitert waren, jedoch zugute halten, daß sie es fertigbrachten, die Mittel und Möglichkeiten, die sie hatten, für den Ernstfall zusammenzufassen. Das Flugzeug war der gefährlichste Feind des U-Boots, wie die Engländer herausgefunden hatten; man lag also völlig richtig damit, seine Kräfte zu vereinigen, wie unzulänglich sie auch sein mochten. In dieser Beziehung mußte man dem Dönitzschen Prinzip folgen, das Beste aus dem zu machen, was man hatte. Dennoch liefen die Gruppe Hardegen und die nachfolgenden U-Boote offenbar kaum Gefahr, entdeckt, und noch viel weniger, angegriffen zu werden, schon gar nicht aus der Luft.

Hinter diesen löchrigen Schilden und ungeschliffenen Schwertern waren andere Schutzmaßnahmen für Stützpunkte und Häfen teils geplant, teils schon ausgeführt worden. Vor den Einfahrten einiger Navy-Stützpunkte waren Netz- und Baum-Barrieren ausgebracht worden, aber diese Art der Verteidigung erforderte eine ständige Handhabung der Kreisel- und Festmachebojen, Schäkel und Ankerketten, war also für Wirtschaftshäfen, die für den ununterbrochenen Strom der Frachter und Tanker offengehalten werden mußten, nicht praktikabel (obwohl im New Yorker Hafen einige Netze aufgespannt worden waren). Statt dessen legte die Army, die für die Häfen und die Wasserwege hinter der Küste zuständig war, im Vorfeld von Portland, Boston, New York und der Chesapeake Bay Sperren aus Kontaktminen aus. Mitteilungen wie die folgende vom 10. Dezember gingen an alle Schiffahrtsgesellschaften: »Im Vorfeld des Hafens von New York ist ein Minenfeld angelegt worden. Hereinkommende Schiffe erhalten von den vor dem Ambrose Channel stationierten Patrouillenbooten Anweisungen für eine sichere Einfahrt.«[74] Ingenieure der Navy bauten verschiedene Schallortungsgeräte, die einen Hafenverteidigungsposten, wie zum Beispiel im New Yorker Hafen den Vereinten Hafeneinfahrtskontrollposten in Fort Wright auf Fishers Island, auf die Anwesenheit eines Unterwassereindringlings aufmerksam machen sollten. Aber keines dieser Geräte war zu Beginn des Jahres 1942 voll erprobt und einsatzfähig; nur in Argentia auf Neufundland, außerhalb des Gebiets der ESF, verfügte man über ein funktionierendes Magnetschlaufensystem.[75] Von den Minenfeldern und einem U-Boot-Jäger oder Aufklärungsflugzeug hier und dort abgesehen, stand der New Yorker Hafen dem Feind so weit offen, daß sich Bürgermeister Fiorella La Guardia fragte, ob die Nation die Verteidigung von Long Island garantieren könne.[76] Die Frage war angesichts der nachfolgenden Ereignisse durchaus berechtigt. Noch einer hat sich offenbar darüber Sorgen gemacht: der damals sechsjährige Allen Stewart Konigsberg, der in der Abenddämmerung häufig am Strand von Long Beach, östlich von Coney Island, stand und in seiner Phantasie ein großes schwarzes U-Boot mit weißen Hakenkreuzen am Turm vor Long Island auf- und abtauchen sah. 45 Jahre später sollte er, als Woody Allen, diese Szene in einen Film einbauen.[77]

Eine grundlegende Maßnahme des Küstenschutzes im Zweiten Weltkrieg war die Verdunkelung, wie sie von den Engländern, Deutschen und Japanern betrieben wurde. In der ESF jedoch wurde im ersten Vierteljahr nach Pearl Harbor keinerlei Verdunkelung vorgenommen. Niemand scheint auf die Idee gekommen zu sein, zum Schutz vor U-Booten in den Küstenstädten auch nur eine Teilverdunkelung (»dimout«) anzuordnen. Dabei hatte die Küstenwache in Washington 1940 darüber nachgedacht, im Kriegsfall Navigationshilfen wie Leuchttürme, Bojen und automatische Blinkzeichen abzuschalten, und in einer Denkschrift zur Verdunkelung erklärt: »Die Küstenwache wird erforderlichenfalls bereit sein, das gewünschte Ergebnis effektiv und in kürzester Zeit zu erzielen.«[78] Als der Krieg kam, ließ sie jedoch alle Lichter brennen, als wollte sie die U-Boote geradezu zum Angriff einladen. Auch die Marineakademie in Annapolis war 1940 zur Wachsamkeit bereit und überzeugt, daß »eine laufende tägliche Abdunkelung des Standorts als Zwischenschritt zur vollständigen Verdunkelung erforderlich sein wird«, bezog sich allerdings allein auf »die Gefahr eines Angriffs aus der Luft«.[79] Der 3. Naval District richtete seinen Blick gleichfalls ausschließlich auf den Luftraum, als er einen »Beleuchtungskontrollplan« aufstellte, der zwar eine vollständige Verdunkelung an der Küste, in New York City und den umliegenden städtischen Bereichen sowie der Baken, Leuchttürme und anderer Navigationshilfen vorsah - aber nur für den Fall eines Luftangriffs.[80] War dieser Fall nicht gegeben, würden - von den Bürgersteigen in einigen Gemeinden von New Jersey abgesehen, die auf die »Bitte« des Gebietsbefehlshabers des 2. Korps des Östlichen Verteidigungskommandos vom 18. Dezember 1941, die Abschaltung der Strandbeleuchtung (nicht der Straßenlaternen) zu »erwägen«, positiv reagiert hatten - nirgendwo die Lichter ausgehen.[81] Die Mehrheit der Küstenortschaften hatte die Bitte aus wirtschaftlichen Gründen, hauptsächlich des Tourismus wegen, ignoriert und sollte sie noch drei Kriegsmonate lang ignorieren. Sogar Admiral Andrews, der auf der einen oder anderen Fahrt mit einem Schlachtschiff sicherlich bemerkt hatte, wie sich andere Schiffe vor dem Lichtschein von Küstenstädten abhoben, unterschätzte den Vorteil, den das Himmelsglühen selbst weit entfernt operierenden U-Booten verschaffte. Noch am 10. Februar 1942, als das Frachter- und Tankersterben innerhalb der ESF-Gewässer in vollem Gange war, stellte er fest: »Die Lichter von Uferansiedlungen geben einen beständigen Hintergrund ab, vor dem dicht unter der Küste fahrende Schiffe für weiter auf See befindliche als Silhouetten erkennbar werden. Das ist zwar zu beanstanden, aber da es U-Booten widerstrebt, in Gewässern zu operieren, die weniger als 10 Faden tief sind, ist es derzeit nicht als ein Problem anzusehen, das drastische Maßnahmen erforderlich machte.«[82] Darin irrte sich Andrews gewaltig. Die Lichter an der Küste machten vorbeifahrende Handelsschiffe noch weit draußen auf See sichtbar, und sowohl die U-Boote der Gruppe Hardegen als auch die nachfolgenden operierten in sehr geringer Entfernung zur Küste, besonders U 123, auf dem man sich nicht viel um die Seichtigkeit der Gewässer scherte. Drastische Maßnahmen wären also durchaus angebracht gewesen.

Im Januar 1940 gab Commander Edward Ellsberg, der aufgrund seiner Rolle bei der Hebung eines gesunkenen amerikanischen U-Boots der S-Klasse zu einiger Bekanntheit gelangt war und als »weltweite Autorität auf dem Gebiet der U-Boote« angekündigt wurde, dem *Montreal Daily Star* ein Interview. Darin bezeichnete Ellsberg die Annahme, deutsche U-Boote würden in irgendwie bemerkenswerter Weise in kanadischen oder amerikanischen Gewässern operieren, als »lächerlich«. Hitler, meinte er, würde vermutlich zwei oder drei Boote ausschicken, um die kanadische Bevölkerung in Schrecken zu versetzen, aber das wäre nicht mehr als eine »Geste«. Ernstzunehmende Marineoperationen, so weit von den Heimatstützpunkten entfernt, wären »vom militärischen Standpunkt aus kaum von Wert«. Deutschland wäre besser beraten, seine Unterwasserstreitkräfte in der Nordsee zu konzentrieren. »Ich bin sicher«, fuhr Ellsberg fort, »daß Churchill die deutsche Admiralität nur zu gern dabei unterstützen würde, wenn sie ihre U-Boot-Flotte zu uns schickt.« Im übrigen hätten die modernen Verteidigungsmaßnahmen die Schlagkraft der U-Boote erheblich verringert, die ihrerseits seit dem letzten Krieg kaum verbessert worden seien. Darüber hinaus könne ein U-Boot-Krieg gegen Handelsschiffe »niemals irgendeinen wirklichen Einfluß auf den Ausgang eines Kriegs haben«. Schließlich verstieg sich Commander Ellsberg auch noch zu der Behauptung, daß das U-Boot, das am 17. September in den Western Approaches den Flugzeugträger *Courageous* versenkt hatte (U 29), niemals sicher zurück nach Deutschland gekommen sein konnte. »Mir ist egal, was die Deutschen sagen«, erklärte er. »Ich weiß, daß es kein U-Boot gibt, das in diesen seichten Gewässern, inmitten all der Zerstörer, einen Nahschuß auf die *Courageous* überlebt hätte. Ich wette, das U-Boot liegt mitsamt seiner Besatzung nicht weiter als 400 Meter von dem Flugzeugträger entfernt auf dem Meeresboden.«[83] Der Kommandant von U 29, Kptlt. Otto Schuhart, der weiterhin Schiffe versenkte und sich damit das Ritterkreuz verdiente, hätte die Wette wahrscheinlich gern angenommen.

Glücklicherweise gab diese »weltweite Autorität« nicht die Meinung der gesamten US Navy wieder. Im allgemeinen hatte man dort mehr Respekt vor dem modernen U-Boot und war sich sicher, daß die U-Bootwaffe der Deutschen nach Hitlers Kriegserklärung so schnell wie möglich in amerikanische Gewässer vordringen würde. Im Kriegstagebuch der ESF mutmaßte man dafür zwei Gründe: Erstens würden die Deutschen versuchen, das zu wiederholen, was sie »mit einigem Erfolg und weniger ausgereiften U-Booten im letzten Krieg« erreicht hatten.[84] Ob die Vereinigten Staaten dabei so glimpflich davonkommen würden wie 1918, war für viele nachdenklichere Navy-Offiziere, die Commander Ellbergs Leichtsinn nicht nachvollziehen konnten, zumindest zweifelhaft. Zweitens – und dies war für die ESF der »zwingendere Grund« – hatte sich der Geleitschutz auf den transatlantischen Lebensadern nach Großbritannien im Herbst und Winter 1941/42 als so erfolgreich erwiesen, daß man annahm, der Feind werde sowohl die Methode als auch das Zielgebiet seiner Angriffe ändern. »Die Deutschen sind schon immer schnell darin gewesen, das schwächste Glied zu erkennen«, und das waren die wenig geschützten Schiffahrtswege an der Ostküste der Vereinigten Staaten und in der Karibik, wo die Tanker und Frachter mangels Eskorten für gewöhnlich allein fuhren und »Admiral Dönitz eine ausgezeichnete Gelegenheit boten, seine Fähigkeit zur Improvisation zu bestätigen«. Frustriert hieß es im ESF-Kriegstagebuch weiter: »Diejenigen, die für die Sicherheit der Schiffahrtswege verantwortlich sind, sollten weniger Zeit für die Jagd nach Theorien aufwenden als für die Suche nach Kampfmitteln.«[85] Einen dritten Grund, aus dem er damit rechnete, daß deutsche U-Boote bald an seiner Türschwelle auftauchen würden, konnte Admiral Andrews aus Sicherheitsgründen nicht im Kriegstagebuch besprechen: die täglichen U-Boot-Meldungen der Briten. Er hätte sich dennoch besser gefühlt, wenn er den streng geheimen Kriegsplan gekannt hätte, der am 21. Dezember dem Präsidenten übergeben worden war. In dieser Gemeinschaftsarbeit von Army und Navy wurde Andrews' Einschätzung bekräftigt, daß »die dauernde Anwesenheit von U-Booten« zu erwarten war und daß im Gebiet der ESF »die drängendste Gefahr [. . .] von feindlichen U-Booten« heraufbeschworen werden würde. Die angemessene »Entscheidung« sei es daher, »so schnell wie möglich die Küstenstreitkräfte für die Verteidigung gegen U-Boote« zu verstärken.[86]

Zu diesem Zeitpunkt war selbst Ernest J. King, damals noch CINCLANT, besorgt. Mochte er in seiner Anglophobie auch nicht viel auf die OIC-Berichte aus London geben – und noch viel weniger auf die täglichen Lagepläne seines eigenen ONI –, so konnte er sich doch nicht der Überlegung verschließen, die auch der Stab der ESF angestellt hatte, daß es angesichts der nachlassenden Erfolge auf den transatlantischen Konvoirouten und der Verlockung einzeln fahrender, nicht eskortierter Schiffe vor der US-Küste mehr als wahrscheinlich war, daß Dönitz das Gebiet zwischen Boston und Kap Hatteras ins Visier nehmen würde. Entsprechend schrieb King an den CNO Stark: »Die feindlichen U-Boot-Aktivitäten im Nordatlantik haben erheblich abgenommen. Die Unsicherheit der äußeren Stützpunkte [Argentia, Reykjavik-Hvalfjördhur, Londonderry (Nordirland) und Gare Loch (Schottland)], ihre Entfernung *von der Atlantikküste der USA, die hohe Wahrscheinlichkeit von U-Boot-Angriffen in diesem Gebiet und die Schwäche unserer Küstenverteidigungskräfte machen es notwendig, die höchstmögliche Anzahl unserer Zerstörer in Heimatstützpunkten zu stationieren.* [Hervorhebung vom Autor].«[87] Die Bedeutung dieser Entscheidung kann gar nicht hoch genug angesetzt werden. King zog Zerstörer aus entfernten Stützpunkten und von den Konvoirouten, wo die U-Boot-Aktivitäten nachgelassen hatten, ab und verlegte sie in Verteidigungsstellungen entlang der Ostküste der USA.

Es ist nicht aktenkundig, wann diese Entscheidung Andrews zu Ohren kam, aber er muß sie mit großer Erleichterung aufgenommen haben und es muß ihn ermutigt haben, daß sie augenblicklich in die Tat umgesetzt wurde und sich die Atlantikhäfen von Casco Bay (Portland, Maine) bis Norfolk während der ersten beiden Januarwochen nach und nach mit auf See erprobten DDs der Zerstörergeschwader 7, 8, 10, 11, 30 und 31 füllten, allesamt mit »Sonar«, dem amerikanischen Äquivalent des englischen ASDIC-Geräts,[88] ausgerüstet und mit Wasserbomben bewaffnet. Mit nicht weniger als 25 Zerstörern schien die Küste doch noch den nötigen Schutz erhalten zu haben![89] »Paukenschlag«, so sah es aus, würde ein Schlag ins Wasser werden. Man brauchte nur noch die Kessel anzuheizen, die »Mülleimer« (Wasserbomben) auf die Abwurfgeräte zu laden, Gefechtsalarm zu geben und die Schiffe mit dem Bug vor den Feind zu bringen – dessen Position, es muß wiederholt werden, mit ausreichender Genauigkeit bekannt war. Das war es, was man auf der einen Seite – der der Verteidiger – erwarten durfte und auf der anderen – der der Angreifer – fürchten mußte. Es lag sogar gedruckt vor, auf Seite acht des Kriegsplans 8–41, den Admiral King am 20. Dezember herausgegeben hatte: »TASK FORCE FOUR wird: [. . .] wenn verfügbar, eine oder mehrere Jagdgruppen bilden, die im Kontakt mit gemeldeten U-Boot-Konzentrationen operieren.«[90] Und eine solche »Konzentration« war nur noch wenige Stunden entfernt. Niemand konnte voraussehen, daß die Geschwader, anstatt zu kämpfen, entweder in den Häfen bleiben oder anderes zu tun finden würden.

6

Der Schlag auf die Pauke

9. Januar 1942, 10.00 MEZ, 3.00 Uhr amerikanischer Ostküstenzeit (Eastern Time, ET). U 123 mit beiden Maschinen halbe Kraft voraus an der Oberfläche, Position CB 3221, schätzungsweise 560 Seemeilen östlich von Cape Cod, Kurs 250, schwerer Schneesturm, Nordwestwind Stärke 6, Seegang 5. In den letzten 24 Stunden zurückgelegte Entfernung: 124 Seemeilen. Total seit Auslaufen: 2597 Seemeilen.[1] Auf der Brücke mühte sich von Schroeter trotz des vom Wind herangetriebenen Gemischs aus Schnee und eisiger Salzwassergischt, das in den Augen brannte und sich ins Gesicht schnitt, in der Dunkelheit etwas zu sehen. Das Geheul in seinen Ohren bedeutete, daß die Wellen an die zehn Meter hoch sein mußten, und wie zur Bestätigung brach jede halbe Minute eine Welle über die Brückenwache herein und ließ sie, nach Luft schnappend und gewissermaßen in den Seilen hängend, zurück. Dazwischen wurde der Bug des Boots mit gräßlicher Regelmäßigkeit angehoben und wieder fallen gelassen, so daß die Wasserberge über das Vordeck rollten, um am Kommandoturm zu bersten. Eine Hand am Haltegurt, in der anderen das Doppelglas, starrten die Ausgucks krampfhaft auf den bewegten Schneevorhang, aber weiter als 100 Meter reichte ihr Blick kaum. Sie standen mit den Füßen in schäumendem, rauschendem Wasser, und nur die Holzleisten, mit denen das Innere der Brücke verkleidet war, verhinderten, daß sie mit den Handschuhen oder dem Ölzeug am Metall festfroren. Das Turmluk war geschlossen, so daß die einzige Verbindung mit dem Rest der Menschheit das Sprachrohr war, in das sie liebend gern um Entsatz aus der »Badewanne« gerufen hätten, in der sie als Spielzeuge der brüllenden See standen. Von Schroeter, der sich gegen den Ansturm der Wellenbrecher zwischen den UZO-Pfosten und das Sehrohrge-

häuse duckte, hatte das Gefühl, als richtete sich die ganze Gewalt des Krieges gegen ihn persönlich. Verdammter Atlantik! War er dafür geboren worden? Am Heck versetzten die beiden Dieselauspuffe dem Schneegestöber ihre stinkenden Antworten, und der Lärm der Motoren konkurrierte mit dem Donnern der See. Hin und wieder schwappten Gischtfächer über die Auspuffe und brachten sie zum Husten und Grummeln. Und wenn der Bug, nachdem er einen Augenblick über einem Wellental gehangen hatte, abwärts sauste, so daß das Heck aus dem Wasser ragte, mischte sich das Kreischen der beiden Schrauben, denen plötzlich der Widerstand fehlte, unter das Getöse rundum.

Die Nachmittagswache kam pünktlich um 12.00 Uhr MEZ (5.00 Uhr ET) auf die Brücke. Sie wußte, was sie erwartete. Der Aufruhr unter Deck war kaum geringer als der auf der Brücke. Die Männer wurden herumgeworfen wie Puppen, und einige mußten ihre seekranken Mägen in die Eimer entleeren. Die neue Wache war froh, ihre Vorgänger zu sehen. Jeder kannte die Geschichte von U 106, das im Oktober 1941 im Golf von Biskaya eine ganze Wache verloren hatte. Auch von Männern, die von der Gewalt der See aus ihren Haltegurten gerissen worden waren, von gebrochenen Rippen und Ohnmachtsanfällen wurde erzählt. Die abgelöste Wache war nicht weniger froh, nach vier Stunden des Ausgeliefertseins an die Wut der See heil unter Deck zu kommen. Sie hängte ihre Doppelgläser auf, pellte sich aus dem tropfnassen Ölzeug, wischte sich mit *Kolibri* das Salz aus Bart und Augenbrauen, wärmte Füße und Hände an einem elektrischen Heizgerät, trank eine Tasse Kaffee und stieg dann, voll angezogen, in die Kojen. Die klammen Kleider trockneten am Körper ebenso gut oder schlecht wie anderswo, denn richtig trocken wurden sie im feuchten Bordklima nie.

Der Alte kletterte am Nachmittag selbst auf die Brücke und war überrascht, daß sich die Sicht auf elf Seemeilen verbessert hatte. Es schneite aber immer noch heftig, und der Wind trieb weiterhin sein Spiel mit dem Boot. Hoffmann, der Wachoffizier, und seine Ausgucks hielten sich an den Gurten fest, um auf dem schneeglatten Boden nicht den Halt zu verlieren. Der Wind hatte ein wenig nachgelassen, war aber immer noch stark genug, um Hoffmann die Worte vom Mund zu reißen, als er etwas zu Hardegen sagen wollte. Was den Alten am meisten erstaunte, war das nahtlose Grau der Schneelandschaft. Ein Horizont war nirgendwo auszumachen. Es war ein ungemütliches Gefühl, allein in dieser aufgewühlten, orientierungslosen Szenerie zu sein, insbesondere da das Turmluk geschlossen blieb und nur selten einmal geöffnet wurde, damit die Ausgucks ihre Doppelgläser zum Reinigen hinunterreichen konnten. Die einzige Abwechslung in dieser grau verhangenen Welt, zu der U 123 jetzt gehörte, war die weiße Gischt der Wellenbrecher, der Bugwelle oder des durch die Schlitze in der Außenhaut abfließenden Wassers. Hardegen beugte sich vorn über die Reling, um zu sehen, ob die beiden Windabweiser ihrer Aufgabe gerecht wurden, den horizontalen Luftstrom aufwärts abzulenken und über die Brücke hinwegzuführen und hatte den Eindruck, daß sie den von vorn einfallenden Wind tatsächlich verringerten; Seiten- und Rückenwind blieben davon unberührt. Er schaute auf seine Uhr. Die Mixer mußten die Torpedos regeln. *Eins-Zwei-Drei* war den amerikanischen Schiffahrtswegen schon zu nahe gekommen, um damit noch länger warten zu können. Solange das Boot wie ein Korken im Mahlstrom tanzte, wäre es allerdings zu gefährlich gewesen. Er legte die Hand an den Mund und beugte sich dicht an Hoffmanns Ohr. »Bringen Sie die Wache runter!« brüllte er. »Wir gehen in den Keller.«

Als das Boot tauchte und sich stabilisierte, atmete die Besatzung hörbar auf. Tölle in seiner Koje fühlte sich, als wäre der Krieg plötzlich zu Ende. Noch nie hatte er solch einen Frieden erlebt. Er fragte einen vorbeikommenden Backschafter, was das zu bedeuten habe. »Die Mixer müssen mixen«, erhielt er zur Antwort. Er hatte schon einmal dabei zugesehen, aber zwischen all den Männern und den Mengen von Lebensmitteln nicht viel mitbekommen. Vielleicht sollte er sich nach hinten bemühen. In der Zentrale fragte er Schulz, den LI, ob er das Schott zum Maschinenraum öffnen dürfe. Er dürfe, antwortete Schulz, solle es aber hinter sich wieder schließen. Tölle ging gebückt hindurch und fand sich, von dem ständigen Hämmern abgesehen, in einem seltsam ruhevollen Raum wieder. Das also waren die Diesel. Er schaute die beiden Maschinenreihen links und rechts des Gangs entlang, von denen heiße Rauchwolken aufstiegen und ein intensiver, süßlicher Ölgeruch ausging. Er hätte wahrscheinlich gewürgt, wenn er den Geruch nicht schon gewohnt gewesen wäre, der, mit anderen Ausdünstungen versetzt, das ganze Boot erfüllte. Dann nahm er links von sich plötzlich ein Gesicht wahr, das er von der Weihnachtsfeier her kannte, aber seitdem nicht wiedergesehen hatte.

»Der Fotograf, stimmt's?« fragte Karlchen - Karl Latislaus -, der Obermaschinist in seinem schwarzen Overall, während er sich die Hände an einem ebenso schwarzen Handtuch abwischte. In seiner Stimme hatte etwas von der Verachtung mitgeschwungen, die Seeleute für Landratten hegen. Karlchen war im übrigen mit seinen 30 Jahren der Älteste an Bord. »Du willst wohl ein paar Fotos von echten Helden machen?«

»Nein, ich habe meinen Apparat nicht mit«, sagte Tölle. »Ich wollte hier nur durch. Aber vielleicht sollte ich mich zuerst einmal hier umsehen -«

»Ja, das solltest du. Dich bei diesen armen Hunden umsehen.« Karlchen zeigte nach hinten in den Maschinenraum hinein, wo die anderen Maschinisten standen, die durch den Dunstschleier allerdings nur schemenhaft zu erkennen waren. »Sechs Stunden Dienst, sechs Stunden frei, ohne daß wir wüßten, wo zum Teufel wir sind oder was zum Teufel wir tun. Wir leben nach dem Klingeln des Maschinentelegrafen. Seit zwei Wochen hat keiner von uns mehr den Himmel gesehen, und es ist nicht wahrscheinlich, daß wir ihn zu sehen bekommen, bevor wir wieder zu Hause sind.« Dann schlug Karlchen Tölle vor, einen Blick auf das zu werfen, was das Boot zum Tauchen brachte. »Diese Elektromotoren, die jetzt laufen, sind nur zum Ausruhen da. Was uns in den Krieg bringt«, sagte er, indem er in den Mittelgang trat und die Hand auf die Zylinderköpfe der beiden langen, grauen Motoren rechts und links legte, »sind diese Babys hier.«

Es gäbe zwei Diesel, erklärte er Tölle, hergestellt von der Maschinenfabrik Augsburg-Nürnberg, kurz MAN, die schon 1914–18 die Bootsmotoren geliefert hätte. Es seien seewassergekühlte Neun-Zylinder-Viertakter mit Kompressor von jeweils 2200 PS bei maximal 470 Umdrehungen pro Minute. Bei gutem Wetter könnten sie das Boot auf über 18 Knoten beschleunigen.

Danach führte Karlchen Tölle in den Elektrofahrstand, wo er ihn auf die sauberen Schalttafeln und Bodenplatten aufmerksam machte, die sich stark von der ölverschmierten, stinkenden Welt, in der er lebte, unterschieden. »Die beiden da«, sagte er und zeigte auf die E-Maschinisten Renner und Pleuser, »werden dir erzählen, was für ein leichtes Leben sie an ihren kleinen silbernen Spielzeugmaschinen haben.« Er kehrte in seine Welt zurück, und Pleuser erklärte Tölle, was er hier auf beiden Seiten des Ganges sehe, seien von den Siemens-Schuckert-Werken hergestellte E-Motoren des Typs ZGU 345/34. Ihre Energie bezögen sie aus jeweils 62 Batteriezellen 28 MAL 1000, einem der größten Akkumulatorentypen, die in der Kriegsmarine verwendet wurden. Sie seien, zum Ausgleich des Gewichts der Dieselmaschinen, überwiegend unter den Räumen im Vorschiff untergebracht. Bei parallel geschalteten Batterien entwickelten die Motoren bei 210 Volt und 1950 Ampere 500 PS und 275 Umdrehungen pro Minute, aber nur für eine Stunde. Dort könne Tölle die Volt- und Amperemesser sehen, den Drehzahlmesser der Propellerwellen und drüben am Schott den Zentrale-Telegrafen. Nachdem Pleuser und Renner ihm noch auf der Steuerbordseite die Schalter für das Elektroschweißgerät und den Junkers-Vierstufenkompressor gezeigt hatten, der die Preßluft lieferte, die zum Ausblasen der Tauchzellen beim Auftauchen, zum Starten der Dieselmaschinen und zum Abschuß der Torpedos gebraucht wurde, dankte Tölle den beiden Maaten und ging weiter in den Hecktorpedoraum. Die Informationen waren zuviel auf einmal.

Im Hecktorpedoraum gab es acht Doppelstockkojen. Die unteren hatten allerdings Torpedos weichen müssen und waren hochgebunden. Ganz hinten befanden sich die beiden Torpedorohre. Die Mixer waren gerade dabei, einen Aal aus dem Rohr zu hieven. Gleich vor den Abschußrohren stand eine Werkbank für Reparaturen, und daneben war das Handruder zu sehen, das zum Einsatz kommen würde, wenn die Steuerung in der Zentrale einmal ausfallen sollte. Tölle hatte diesmal einen besseren Blick auf die Regelung der Torpedos, die alle drei bis fünf Tage durchgeführt werden mußte, damit sie stets einsatzbereit waren. Normalerweise wurde auf einer langen Fahrt jeden Tag je ein Torpedo aus einem Heck- und einem Bugrohr herausgezogen und überprüft, aber bei schwerer See war das ein zumindest gefährliches, wenn nicht unmögliches Unterfangen. Die Mechaniker stemmten sich dann mit ganzer Körperkraft gegen die Aale, um zu verhindern, daß sie irgendwo anstießen und sich womöglich die Schraube oder die Steuervorrichtung verbog. »Manche Verletzung hat es gerade hier gegeben«, schreibt Reinhard Hardegen, »weil ein Mann lieber seine Knochen dazwischenhielt, als daß dem Aal etwas passierte.«[2]

Die Mixer hatten den Aal aus Rohr 6 inzwischen mit einem Kettenflaschenzug, der von einem Doppel-T-Träger herabhing, herausgezogen. Das dick eingefettete Ungetüm bot im Licht der von Drahtgittern geschützten Lampen einen bedrohlichen Anblick. Eine Menge Geld - 40000 Reichsmark, hatte Tölle gehört - wurde in jedes dieser unheimlichen Dinger investiert. Wie viele Menschen würden es bei seiner Selbstzerstörung wohl mit sich nehmen? Einer der Mixer schraubte jetzt eine kleine Platte in der Nähe des Sprengkopfs ab, während ein anderer am hinteren Ende des Aals einen Teil der Abdeckung des Elektromotors entfernte. Wenig später lag das Innere des Aals weitgehend frei, und ein Maat mit einer Checkliste auf einer Schreibunterlage in der Hand erläuterte Tölle die dann folgende Prozedur: Diese elektrischen G7e-Aale, die manchmal auch T2 genannt wurden, erforderten eine Menge Aufmerksamkeit und Wartung, mehr als die alten G7a-Torpedos, von denen eines im zweiten Heckrohr steckte. Diese würde der Alte wahrscheinlich zuerst abschießen, um sie loszuwerden; ihre Auspuffgase erzeugten eine Blasenbahn. Aber die G7e waren den Ärger wert, den ihre Wartung machte: Sie waren die bessere Waffe - blasenfrei und sicherer. Im Augenblick überprüften die Mixer die Selbststeuerung an der Spitze des Aals. Sie mußte exakt eingestellt sein. Der Alte schickte die Aale gern so dicht wie möglich unter der Wasseroberfläche auf die Reise, in zwei, drei Meter Tiefe, je nach Seegang und Dünung sowie dem Tiefgang des Ziels. Die Tiefe mußte also genau eingehalten werden, wenn der Torpedo nicht auftauchen und sich selbst verraten sollte. Später würden bei laufender Steuerung die Seiten- und Tiefenruder überprüft werden. Zunächst aber ging die Inspektion des Innenlebens weiter: Lager und Wellen, Steuerungsregler, Motoranker, Schmierstellen usw. Die wichtigste Aufgabe war jedoch das Nachladen der Batterien. Diese leichten Bleizellen waren die einzige Energiequelle. Wenn sie nicht funktionierten, fiel der ganze Torpedo aus. So ließen es sich die Mixer besonders angelegen sein, sie freizulegen und alles vorzubereiten, damit sie durch die Diesel nachgeladen werden konnten, sobald das Boot aufgetaucht war. Dann war noch ein Punkt übrig, der abgehakt werden mußte, bevor der Aal - bis zum Aufladen der Batterien nur teilweise - wieder ins Rohr geschoben werden konnte: die Überprüfung der Pi-G7H-Aufschlagpistole, die den Sprengkopf beim Aufprall auf das Ziel zur Explosion brachte. Das Problem bei diesen Pistolen war, daß ihre Zinkzündhebel zur

Korrosion neigten, und wenn der Sicherheitskontakt geschlossen war, hatte man einen scharfen Torpedo im Rohr. Ein heftiger Stoß – und RUMMS! Zum gleichen Ergebnis konnte es führen, wenn das bei offener Mündungsklappe hereinströmende Wasser die Sicherheitsvorrichtung überlistete und den Torpedo im Rohr scharf machte. Diese Sicherheitsvorrichtung bestand aus einem kleinen Propeller an der Spitze des Torpedos, dessen Drehungen nach dem Abschuß eine Schraube ins Innere drehten und nach etwa vierhundert Metern einen Zündkontakt schlossen. Erst danach war der Sprengkopf scharf.[3] Tölle fand das alles nicht sehr beruhigend und beschloß, in seine Koje zurückzukehren.

Als U 123 wieder aufgetaucht war, lehnte sich Hardegen an den Kartentisch, um halbwegs sicher zu stehen, während das Boot durch die Wellen schlingerte, und las die abgefangenen Funksprüche, die ihm Rafalski gebracht hatte. Die meisten kamen von Handelsschiffen und waren auf dem bei Notrufen international gebräuchlichen 600-Meter-Band ausgesendet worden. Andere stammten von Schiffen der US Navy. Aber alle betrafen die stürmische See und deren Folgen. Hardegen erfuhr, daß die Konvois HX 168 und ON 52 unter Seegang der Stärke 9 und Windstärke 10 zu leiden hatten. »Höher können die Zahlen gar nicht mehr klettern«, meldete eins der Schiffe, wie Hardegen mit einem Lächeln las. Die kalten Wellenbrecher hatten dem Krieg an diesem Tag einen Strich durch die Rechnung gemacht. Man hatte genug damit zu tun, selbst zu überleben. Das brachte ihm die anderen »Paukenschlag«-Boote in Erinnerung. Wo waren sie? Wie kamen sie in diesem Wintersturm zurecht? Er wußte es nicht, und daran würde sich, wegen der strengen Funkstille, vorläufig auch nichts ändern. Es war der 9. Januar, für U 123 der achtzehnte Tag auf See, und die amerikanische Küste war nicht mehr fern. Hardegen konnte nur weitermachen und hoffen, daß mit Folkers und Zapp, Bleichrodt und Kals alles in Ordnung war.

Um 23.00 Uhr (16.00 Uhr ET) übergab ihm Rafalski einen Offiziers-FT. Ein Funkspruch vom BdU! Hardegen ging schwankend in den Offiziersraum, wo Rafalski schon die Schlüsselmaschine bereitgestellt hatte, und während er den FT eintippte und den entschlüsselten Text schrieb, spürte er, wie das Adrenalin seinen Kreislauf beschleunigte.

»Rafalski! Rufen Sie die Offiziere her! Unser Angriff beginnt am 13.!« Als die Offiziere versammelt waren, hielt er ihnen den entschlüsselten FT hin:

OFFIZIER
1058/9/1/42
(1) FOLGENDE ANGRIFFSRÄUME BESETZEN. ZAPP ANGRIFFSRAUM RÖMISCH I. HARDEGEN II. FOLKERS III. BLEICHRODT IV UND V. KALS VI.
(2) FOLKERS HARDEGEN ZAPP 10. JANUAR FRÜH ANMARSCH FORTSETZEN. BDU RECHNET MIT IHRER ANKUNFT IM ANGRIFFSRAUM AM 13. JANUAR.
(3) BLEICHRODT KALS SCHNELL GENUG ANMARSCHIEREN DAMIT NEUE ANGRIFFSRÄUME AM 13. JANUAR ERREICHT WERDEN.
(4) BOOTE BILDEN GRUPPE PAUKENSCHLAG.[4]

Die Augen der Offiziere wanderten zur 1870G-Karte, die Hardegen aus dem Schrank für Geheimpapiere geholt hatte. »Wie Sie sehen, meine Herren«, sagte Hardegen, »entspricht der Angriffsraum II exakt dem in unserem Einsatzbefehl genannten Zielgebiet - New York bis Atlantic City. Das ist also nichts Neues. Folkers und Zapp werden ganz in der Nähe sein, Folkers etwas weiter entfernt von New York und New Jersey, Zapp vor Kap Hatteras. Kals wird in der Cabot-Straße vor der Kap-Breton-Insel sein, und Bleichrodt südöstlich von Halifax. Die Gruppe Hardegen wird also als einzige gegen die USA als solche losschlagen, wenigstens am Anfang. Unser Boot kann dabei bis Hatteras so weit nach Süden gehen, wie wir wollen. Das eigentlich Neue an diesem Funkspruch ist das Angriffsdatum. Dem Puster habe ich es schon gesagt, und Sie haben meine Erlaubnis, den Rest der Besatzung davon in Kenntnis zu setzen. Jetzt wollen wir dafür sorgen, daß wir unser Gebiet zur vorgesehenen Zeit erreichen. LI, bleiben Sie mit beiden Dieseln auf halber Fahrt voraus. Mehr können wir bei dieser schweren See sowieso nicht machen. Außerdem würden wir zu früh eintreffen, wenn wir schneller fahren. IWO, überprüfen Sie mit Kaeding die Kopplung. Wir haben seit Tagen keinen Stern mehr gesehen. IIWO, Sie übernehmen die Brückenwache. Halten Sie die Augen offen. Wir nähern uns dem Küstenverkehr.«

Früher an diesem Tag, um 20.00 Uhr MEZ (13.00 Uhr ET), hatte die Brücke das erste Schiff seit dem *Dimitrios*-Zwischenfall gesichtet. Von Schroeter hatte es auf 600 BRT geschätzt und war, wie es der Einsatzbefehl vorsah, auf Ausweichkurs gegangen. Jetzt, während nach deutscher Zeit der 10. Januar anbrach und der Himmel über U 123 langsam dunkler wurde, nahm der Schneefall, der zwischenzeitlich etwas nachgelassen hatte, wieder zu und legte einen dicken Matschteppich auf den Boden der Brücke. Das Turmluk wurde sicherheitshalber geschlossen, so daß von Schroeter und seine Ausgucks allein zwischen den Schneewänden um sie herum zurückblieben und in ihrer Phantasie auf die weißen Flächen in den Doppelgläsern Bilder von New Yorker Wolkenkratzern projizierten. Unter Deck ging die Besatzung, so gut es in der schaukelnden Röhre ging, ihren Aufgaben nach. Rafalski starrte auf das Foto seiner Freundin und dachte im stillen, daß der 13. nicht gerade das vielversprechendste Datum war.

10. Januar, 7.30 Uhr Greenwich-Zeit, London, OIC, Submarine Tracking Room.

»Guten Morgen, Sir.«

»Guten Morgen, Beesly. Wie ich heute morgen in der *Times* sehe, hat die Admiralität den Verlust unseres Kreuzers *Galatea,* vor drei Wochen vor Alexandria, bekanntgegeben - durch U 557, nicht wahr? Ich habe immer Angst, daß irgend jemand von oben der Presse das U-Boot nennt, das schuld an einer Versenkung ist, und damit unser ganzes Spiel gefährdet. In Zukunft werden wir die Identifikation der U-Boote nicht weitergeben, es sei denn, der First Sealord verlangt danach. Aber Sie scheinen an diesem kalten Morgen eine Menge Papiere zu haben.«

»Ja, Sir.« Man könne jetzt mit Gewißheit davon ausgehen, sagte Beesly, daß der Feind mit starken Kräften in den Nordatlantik zurückgekehrt sei. Eine Gruppe von VIIC-Booten, oder 500-Tonnern, sei auf dem Anmarsch in früher schon bearbeitete Operationsgebiete. Außerdem habe man an diesem Morgen einen ersten Hinweis auf die Angriffsziele der fünf 740-Tonner erhalten, die sich Nordamerika näherten. »Aber zuerst zu den zwölf 500-Tonnern. Nach den abgefangenen Funksprüchen bilden sie die ›Gruppe Ziethen‹ und sind zu den Neufundlandbänken und Stellungen vor Neuschottland unterwegs, wie die Nadeln auf der Karte belegen. Bei den Booten handelt es sich um U 84, 86, 87, 135, 203, 333, 552, 553, 582, 654, 701 und 754. Sie haben, soweit bekannt, bereits zwei Versenkungen auf dem Konto. U 87 hat am 31. Dezember westlich von Irland die *Cardita* versenkt, und U 701 - das frisch von der Erprobung gekommene Boot, das von HG 76 gesichtet wurde und dessen Zweiter Wachoffizier am 31. über Bord gegangen ist - hat am 6. südöstlich von Grönland die *Baron Erskine* torpediert. Wenn alle zwölf Boote ihre Stellungen erreicht haben, werden sie einen bemerkenswerten Vorpostenstreifen vorstellen.«

»Empfehlung?« fragte Winn.

»Konvois ausweichen lassen«, antwortete Beesly.

»Natürlich. Aber es wird schwer werden, unsere Formationen umzuleiten, wenn die ›Gruppe Ziethen‹ ihre Stellungen verlegt. Nun zu den 740-Tonnern.«

Beesly berichtete, daß während der Nacht eine Z-Meldung über die vorgesehenen Angriffsgebiete hereingekommen sei. Darin werde auch zum erstenmal der Name der Gruppe erwähnt. Merkwürdigerweise aber habe der Funkspruch römische Zahlen als Kennzeichnung enthalten, und nicht die üblichen Marinequadratangaben. Diese Abweichung lege nahe, daß die Angriffsgebiete so aus dem bisherigen Rahmen fielen, daß man es für angemessen hielt, sie auf diese Weise hervorzuheben.

Beesly gab Winn den entschlüsselten Text des Funkspruchs. Winn legte ihn zwischen seine Hände auf den Kartentisch und starrte ihn, einige Male »Paukenschlag« murmelnd, eine volle Minute lang an. Als er wieder aufblickte, sagte er, daß die römischen Zahlen möglicherweise Küstenregionen meinten - und nicht bloß Positionen auf See -, genauer gesagt: Küstenregionen in bezug auf Seepositionen. Winn warf einen Blick auf die fünf Stecknadeln der 740-Tonner, die Beesly jeden Tag um die bei einer angenommenen Geschwindigkeit von zehn Knoten zurückgelegte Strecke in Richtung der Küste von Neuengland und Kanada vorverlegt hatte. Dann meinte er, sie müßten eben, mangels Funksprüchen der Boote, die offenbar Funkstille halten sollten, aus anderen Quellen auf ihre Positionen schließen. Sie wüßten aufgrund des *Dimitrios*-Zwischenfalls, wo U 123 am 3. Januar gewesen sei - hier (er zeigte auf die Virgin Rocks). Für einen Kurs auf dem großen Zirkel zu den Neufundlandbänken sei das zu weit südlich, nicht aber für jemanden, der die Absicht habe, vor Halifax zu operieren. U 123 müßte sich in diesem Fall am heutigen Tag, dem 10. Januar, schon südöstlich von Halifax befinden. Der nächste Schlüssel sei dieser Funkspruch, und zwar Punkt zwei. FOLKERS HARDEGEN ZAPP 10. JANUAR FRÜH ANMARSCH FORTSETZEN. BDU RECHNET MIT IHRER ANKUNFT IM ANGRIFFSRAUM AM 13. JANUAR. Das bestimmende Wort sei »Anmarsch«. Diese drei Boote seien vermutlich mehr oder weniger dicht beieinander und hätten aneinandergrenzende Angriffsgebiete: eins, zwei und drei. Da bekannt sei, wo sich U 123 vor einer Woche aufgehalten hatte, sei es nicht schwer, einen Zirkel in die gegenwärtige Position zu stechen und zu ermitteln, bis zu welchem Punkt es in drei Tagen gelangt sein würde. Daraus könne man dann auf die zukünftige Position der beiden anderen Boote schließen.

Winn stellte den Zirkel auf die bei einer Geschwindigkeit von zehn Knoten innerhalb 24 Stunden zurückgelegte Strecke ein und setzte ihn an einem Punkt südöstlich von Halifax an. Das Ergebnis war ein Bogen, der von Kanada bis zur Delaware Bay im Süden reichte. Hardegen würde mit Sicherheit mindestens bis New York vordringen, folgerte Winn, ebenso wie, mit großer Wahrscheinlichkeit, Zapp und Folkers, wenn sie ihre Fahrt mit zehn Knoten fortsetzten, und aus dem abgefangenen Funkspruch ging hervor, daß der BdU damit rechnete, daß sie es taten. Damit sei die »Arbeitshypothese« des Tracking Room klar. Die Admiralität, fuhr Winn fort, würde hoffentlich dafür sorgen, daß sie auch auf der täglichen Lagekarte der US Navy in Washington erschien. Was den Kurs der anderen beiden Boote betraf, U 109 und 130, war sich Winn nicht so sicher. Der BdU hatte ihm keinen Bezugspunkt geliefert. Sie hatten nur den Befehl erhalten, am selben Tag, dem 13. Januar, in Stellung zu sein. Bedeutete das, daß ihre Angriffsgebiete in der Nähe der anderen lagen? Eine Z-Meldung vom 29. Dezember hatte U 125, dem ersten aus Lorient ausgelaufenen Boot, befohlen, im Quadrat BD zu warten, bis die anderen Boote aufgeschlossen hätten. Mehr war nicht bekannt. Die einzige harte Information, die man im OIC hatte, war die über U 123. Das Boot war der Schlüssel zu allem. Daran gab es keinen Zweifel. Und es fuhr mindestens bis New York.

Winn straffte sich. »Wie steht es um Ihr Deutsch, Beesly? Die Übersetzer in BP haben den Codenamen der Gruppe – ›Paukenschlag‹ –

mit *Drumbeat* wiedergegeben. Wenn diese Übersetzung stimmt, und ich habe keinen Grund, daran zu zweifeln, kann uns das Wort vielleicht etwas über die Absichten der Deutschen verraten. Darüber wird noch nachzudenken sein. Für den Augenblick« - er schaute zu dem Dönitz-Foto hinüber - »müssen wir dem ›Löwen‹ danken, daß er es uns ermöglicht hat, Kapitänleutnant Hardegen aufzuspüren. Diesen Funkspruch über die *Dimitrios* abzusetzen war ausgesprochen freundlich von ihm. Vielleicht tun er oder Hardegen uns während der nächsten drei Tage wieder einen Gefallen.«[5]

Beesly erwiderte, daß sie jede Hilfe gebrauchen könnten. Inzwischen seien weitere fünf 740-Tonner auf See - U 103, 106, 107, 108 und 128. Die ersten beiden befänden sich im Quadrat BD, die anderen drei seien gerade aus Lorient ausgelaufen.

Winn nickte und humpelte in sein Büro. Um 8.00 Uhr war die tägliche Konferenzschaltung mit den Western Approaches und dem Küstenkommando fällig.

11. Januar, 12.00 Uhr MEZ (5.00 Uhr ET). U 123 über Wasser, beide Maschinen halbe Kraft voraus. Position: CB 4332, südlich von Halifax und Liverpool, genau östlich eines Punkts zwischen New York und Philadelphia. Kurs 270, Nordwestwind Stärke 4–5, bedeckter Himmel, Seegang 4, Sicht 12. Am vergangenen Tag zurückgelegte Entfernung: 183 Seemeilen. Der Sturm war überstanden. Das Boot stöhnte und ächzte nicht mehr unter dem Angriff der Brecher, sondern war in den üblichen Elefantentrott zurückgefallen. Die erschöpfte Besatzung verarztete ihre Schnitte und Beulen und fand ihren Appetit wieder. Hardegen saß auf seiner Koje und las die Notrufe und Schadensmeldungen, die Rafalski ihm herüberreichte. Sieben Schiffe des beladenen Konvois SC 34, der am 9. Januar Sydney verlassen hatte, waren aufgrund von Sturmschäden gezwungen gewesen, in St. John's auf Neufundland Schutz zu suchen. Drei kanadische Zerstörer waren so stark beschädigt, daß sie aus dem Geleitzug abgezogen werden mußten.[6] Zwei US-Zerstörer, die Vier-Schornsteiner *Badger* und *Cole,* die auf dem Weg zur Übernahme eines leer zurückkehrenden Konvois gewesen waren, hatten ebenfalls stark unter dem Sturm gelitten.[7] Andere Schiffe baten um Funkpeilungen von Halifax, Nantucket oder New York. Der Russe *Nikolina Batkovia* hatte in Quadrat AJ 68 sein

Ruder verloren, und die Besatzung war in die Rettungsboote gegangen. Ein anderer Dampfer, die *Africander,* war in BC 58 gesunken. Gnadenloser Atlantik. Hardegen schrieb später: »Ein Blick in Lloyds Register zeigte dann, daß es sehr alte Kästen waren, 1904 und 1907 gebaut. So war der Feind also schon gezwungen, diese alten ›Seelenverkäufer‹ in den Winterstürmen des Nordatlantiks auf die Reise zu schicken, wahrscheinlich noch dazu schwer überladen. Na - das ließ interessante Rückschlüsse auf die Schiffahrtslage zu. Ich glaube, bei dem Wetter war ein Nachhelfen kaum erforderlich. Die Schiffe werden schon selbst auf Tiefe gegangen sein, und wir konnten unsere Aale für bessere Ziele behalten.«[8]

Um 16.00 Uhr MEZ enterte Hardegen die Brücke, wo Hoffmann Wache hatte. Es war heller Vormittag; Sicht 10. Die Ausgucks wußten, wonach sie Ausschau zu halten hatten: nach dünnen Rauchsäulen, die für gewöhnlich das erste waren, was man von einem Dampfer sah; nach Masten, die sich an klaren Tagen in 10-12 Kilometer Entfernung abzeichneten; und nach Punkten und Flecken am Himmel, die sich schneller als gedacht in Flugzeuge verwandeln konnten. Sie wußten, daß man in der Nacht ein wenig über den Horizont halten mußte, wollte man den Schatten eines verdunkelten Schiffes ausmachen. Sie wußten aber auch, wie einen die Seelandschaft zum Narren halten konnte: durch irreführende Wolkenanhäufungen, Luftspiegelungen, Treibgut, Walfontänen, Wolkenschatten und Meeresleuchten in der Dunkelheit und zeitweise Blindheit, wie sie auftrat, wenn man vergessen hatte, vor der Nachtwache die rotgetönte Brille aufzusetzen. Trotz allem, einschließlich der Langeweile und der während der Wache immer müder werdenden Arme und Augen, standen die Ausgucks auf dem wichtigsten Posten des Boots, sofern U 123 Ziele finden sollte. Und niemand hätte sich dringender ein Ziel gewünscht, als die nach dem Reinfall bei den Virgin Rocks enttäuschte technische Besatzung unter Deck. Außerdem wurde mit jedem Torpedo, den man los wurde, der Bewegungsspielraum an Bord etwas größer. Die Ausgucks hofften daher, ein Ziel auszumachen, das verführerisch genug war, daß es der Alte nicht auslassen konnte, auch wenn der Angriff erst am 13. beginnen sollte.

Die 7×50-Doppelgläser MIV/1T von Carl Zeiss, die sie benutzten, waren damals die besten auf dem Atlantik. Die inneren Linsen waren zur Reduzierung von Reflexionsverlusten beschichtet; die Lichtübertragung war mit 80 Prozent erstaunlich hoch; die Okulare boten eine ausgezeichnete Augenfreiheit; und das Zeiss-Doppelglas war, mit dem besten britischen Glas verglichen, weitaus wasserdichter. Nachts konnten Didymglasfilter mit starker Absorption im Gelbbereich des Spektrums auf die Okulare gesetzt werden, so daß nahe beieinander befindliche Boote nachts mit Hilfe von gelbem Licht Signale austauschen konnten.[9]

Um 16.35 Uhr straffte sich plötzlich der Ausguck auf der vorderen Steuerbordseite. Hardegen bemerkte es und richtete sein Doppelglas in diese Richtung.

»Herr Kaleu –«, begann der Ausguck.

»Ja, ich sehe«, unterbrach ihn Hardegen. An zwei Punkten am Horizont standen kleine Rauchkringel. »Kurs Nord, tiefliegend, kann die Mastspitzen nicht ausmachen. Wir werden abbiegen und nachsehen. Hart Steuerbord! Auf Null-Drei-Fünf gehen! Beide Maschinen volle Kraft voraus!«

Nach einer Stunde Jagd kamen zuerst die Schornsteine und dann die vorderen Doppelmasten in Sicht. Hardegen ließ sich den *Gröner* hochreichen und suchte die passende Schiffssilhouette heraus. Die Schornsteine waren höher als die Masten: Es mußte ein britischer Dampfer der Alfred Hold Shipping Company sein, der Blue Funnel Line. Und die Doppelmasten bedeuteten, daß er mindestens 10000 BRT groß war. Der »Löwe« hatte gesagt, daß man sich ein Schiff dieser Größe nicht entgehen lassen sollte. Der »Paukenschlag« würde ein wenig früher als vorgesehen beginnen. Als U 123 auf Parallelkurs langsam zu dem Dampfer aufschloß, bekam ihn Hardegen besser ins Glas. Kurs 038, schätzte er, wahrscheinlich mit Ziel Halifax oder Sydney. Leichter Zickzackkurs. Fahrt neun Knoten oder mehr. Um 24.00 Uhr (17.00 Uhr ET) setzte die Dämmerung ein. Es war Zeit, auf Kurs 350 zu gehen, um den Abstand zu verringern. Hardegen gab den entsprechenden Befehl. Hoffmann brachte das UZO-Doppelglas herauf und befestigte es auf dem Zielgerät. Das bruchsichere Zeiss-Doppelglas UDF 7 x 50 309 besaß ein bei Nacht leuchtendes Fadenkreuz, dessen Helligkeit verändert werden konnte. Es war bei jeder nachts möglichen Lichtstärke entweder als dunkles oder als helles Kreuz zu erkennen.[10] Hoffmann stellte mit Hilfe des Reglers die optimale Helligkeit für die gegenwärtigen Lichtbedingungen ein und meldete dann: »UZO ist klar, Herr Kaleu.«

»Sehr gut, IWO«, sagte Hardegen. Die Dunkelheit und der Nebel machten es allerdings schwer, den völlig verdunkelt fahrenden Dampfer im Visier zu behalten. Zweimal glaubte Hardegen schon, er hätte die optimale 90-Grad-Schußposition erreicht, und mußte doch wieder auf Parallelkurs gehen, um in akzeptabler Entfernung zu bleiben.

»Zielfahrt neun Knoten, Herr Kaleu«, meldete Hoffmann seine Schätzung aufgrund der Geschwindigkeit von U 123 und des Typs und der Bugwelle des Ziels.

»Ja, das ist unser Problem«, erwiderte Hardegen. »An Rudergänger, auf Drei-Null-Null gehen.«

Endlich um 1.45 Uhr MEZ hatten sie nach Hardegens Ansicht bei von 3000 auf 1500 Meter verringertem Abstand eine gute Schußgelegenheit. Er befahl für beide Maschinen halbe Kraft und übergab an Hoffmann, der sich zum UZO-Doppelglas hinunterbeugte und die Augen an die Okulare drückte. »Mündungsklappe drei öffnen«, rief er, ohne seine Stellung zu verändern, mit lauter Stimme. »Zielpeilung Drei-Fünf-Sechs Komma Fünf. Entfernung 1500 Meter. Lagewinkel 17 Grün [Steuerbord]. Folgen?«

Mit »Folgen?« forderte Hoffmann die Bestätigung dafür an, ob Peillinie, Entfernung und Lagewinkel durch die elektromechanische UZO und nach seinen mündlichen Angaben in den Vorhaltrechner eingegeben und an den Torpedoschußempfänger im vorderen Torpedoraum weitergeleitet worden waren, der seinerseits den Vorhaltewinkel in das Steuersystem des (G7a-)Torpedos in Rohr 3 einfütterte.

Von Schroeter am Vorhaltrechner im Turm gab die Entfernung und den Lagewinkel ein; die UZO-Visierlinie wurde automatisch übermittelt. Als die trigonometrische Lösung des Zieldreiecks angezeigt wurde, rief von Schroeter: »Folgen!« Kurz darauf bestätigte Bootsmaat Rudolf Fuhrmann am Torpedoschußempfänger im Bugtorpedoraum die Eingabe: »Folgen!« Der Torpedo würde jetzt, ungeachtet welchen Kurs U 123 nahm, das Ziel ansteuern und 0,4 Sekunden nach dem Abschuß den Propeller aktivieren.

Hoffmann gab eine Einstellung durch, die nicht über den Rechner lief: »Tiefe drei Komma fünf Meter!«

»Drei Komma fünf Meter!« bestätigte der Torpedoraum. Die Mixer stellten per Hand die Tiefe ein, und Fuhrmann legte, für den Fall, daß die elektrische Zündung von der Brücke aus nicht funktionierte, die Hand neben den manuellen Feuerknopf.

Um 1.49 Uhr - das UZO-Fadenkreuz zeigte auf einen Punkt dicht vor dem Schornstein des Dampfers - drückte Hoffmann den Feuerknopf und rief: »Los!« Aber aus dem Torpedoraum kam der Ruf: »Versager!« Fuhrmann hämmerte auf den manuellen Feuerknopf und meldete: »Abschuß!« Vier Sekunden waren durch den Versager verstrichen. Der Torpedo müßte jetzt also etwas hinter dem Schornstein einschlagen. Schulz, der LI, ließ Wasser in die Regelzellen strömen, um den Gewichtsverlust nach dem Abschuß auszugleichen. Hardegen und Hoffmann hatten mit dem Abschuß zu zählen begonnen, von 96 Sekunden - die sie als Laufzeit geschätzt hatten - abwärts. Hardegen schoß ungern aus einer derart großen Entfernung; die Genauigkeit ließ zu wünschen übrig, und die Wartezeit war nach seinem Geschmack viel zu lang - über eineinhalb Minuten! Aber bei 97 Sekunden . . .

RUMMS!

Direkt hinter dem Schornstein des Dampfers stieg eine schwarzweiße Sprengsäule mit einem gelben Feuerstreifen empor. Der schwer beladene Dampfer blieb liegen und neigte sich leicht nach backbord. Tölle kam auf die Brücke, um ihn zu fotografieren. Der Puster rief aus dem Funkschapp: »Funkt sss - von U-Boot torpediert - auf dem 600-Meter-Notrufband . . . Name des Schiffs *Cyclops* . . . jetzt gibt es seine Position durch.«

Hardegen rief ins Sprachrohr: »An Steuermann, auf Kurs Drei-Zwei-Null gehen!« Er würde direkt auf den getroffenen Dampfer zuhalten. »Geschützbedienung an Deck! Geschütz besetzen!« Als die C/30-Flak bereit war, befahl er: »Ziel Kommandobrücke unterhalb der Antenne. Feuererlaubnis erteilt!«

Rafalski meldete, daß der Dampfer weiter sss funkte. Hardegen befahl, das Feuer einzustellen. Als U 123 näher an den Dampfer herangefahren war, bemerkte er auf dem Achterdeck ein Geschütz, und obwohl es unwahrscheinlich war, daß es noch eingesetzt werden konnte, wollte er kein Risiko eingehen. Er veränderte leicht den Kurs, um am Bug des jetzt gestoppt daliegenden Dampfers vorbei auf die andere Seite zu fahren. Er rechnete damit, daß die tintenschwarze Dunkelheit ihn verbarg, und selbst wenn auf dem Vordeck irgendwelche Geschütze stehen sollten, könnten die Bedienungen aufgrund des hohen Bugs des Dampfers kaum auf U 123 zielen, insbesondere wenn ihre Geschütze auf einen höheren Schußwinkel eingestellt waren. Seine Rechnung ging auf, und um 2.18 Uhr erreichte U 123 eine Position 600 Meter von der Steuerbordseite der *Cyclops* entfernt. Von dort konnte Hardegen sehen, daß sie immer noch bemerkenswert gut im Wasser lag und die Leute aus den Rettungsbooten wieder an Bord stiegen. Er befahl, einen Fangschuß abzugeben. Hoffmann flutete Heckrohr Nummer 5 und schoß den (G7a-)Torpedo aus Nullage auf einen Punkt dicht vor der Brücke. 30 Sekunden später schoß eine Sprengsäule 100 Meter hoch in die Luft, der Dampfer erschauderte, brach ein und begann rasch zu sinken, während die Besatzung auf Rettungsflöße hastete oder in das eisige Wasser sprang. Schließlich hob sich der Bug steil aus dem Wasser, stand einen Augenblick still in der Luft und glitt dann unter die Oberfläche. Nach Hardegens Angabe war es jetzt 2.23 Uhr - seit dem zweiten Treffer waren nur fünf Minuten vergangen. Kurz darauf waren unter Wasser zwei gewaltige Explosionen zu hören, und U 123 wurde kräftig durchgeschüttelt. Die Detonationen klangen metallisch, wie die von Wabos; für Kesselexplosionen waren sie zu heftig. Vermutlich Munition, sagte sich Hardegen.

Für die Schiffbrüchigen in den Rettungsbooten und auf den Flößen, die zwischen den typischen Schiffstrümmern trieben, konnte er nichts tun. Der Befehl des »Löwen« war eindeutig: Keine Schiffbrüchigen auflesen! (»Wir müssen hart in diesem Kriege sein.«) Hardegen hatte nur einmal gegen ihn verstoßen, als er Bertie Shaw an Bord nahm, um eine Bestätigung für die Versenkung der *Aurania* zu haben. Im übrigen hatte U 123 sowieso keinen Platz, um diese armen Teufel mitzunehmen. Er befahl Kurs 220, bei 300 Umdrehungen pro Minute. Acht Stunden waren vergangen, seit die *Cyclops* gesichtet worden war, und er mußte die Zeit wieder aufholen, wollte er New York am nächsten Tag erreichen, was jetzt nicht mehr sicher war. Trotzdem verspürte er eine große Erleichterung. Er hatte den »Paukenschlag« begonnen. Jetzt erst ließ er Rafalski in Lloyds Schiffsregister nachsehen und erhielt eine Minute später die Meldung: »*Cyclops,* Doppelschraube, 9076 BRT, gebaut 1906, Eigner: Ocean Ship Company, Limited, A. Holt and Company, Managers, Länge 485 Fuß [148 Meter], Breite 58,2 [17,7 Meter], Tiefgang 39,5 [12 Meter]. Heimathafen Liverpool.« Also nicht ganz 10000 BRT, aber fast, dachte Hardegen. Die *Cyclops* war das 24. Opfer von U 123 (ohne die *Aurania)* und Hardegens achtes.[11]

Leslie Webber Kersley war der Kapitän der *Cyclops,* die am 2. Januar mit gewöhnlicher Fracht sowie 30 Europäern und 151 Chinesen an Bord - die letzteren waren überwiegend als Besatzungsmitglieder anderer Schiffe vorgesehen - mit Ziel Halifax von Panama losgedampft war. Bei 41° 51′ N, 63° 48′ W, ungefähr 300 Seemeilen östlich von Cape Cod, hatte die verdunkelte *Cyclops,* die im Zickzack-Muster 11 auf Kurs 000 Grad lief, zwei Torpedotreffer erhalten, den ersten zwischen den Schotts 6 und 7 auf der Steuerbordseite. Zu diesem Zeitpunkt waren zwei Offiziere auf der Brücke sowie Ausgucks im Krähennest, auf dem Peildeck, auf Vor- und Achterdeck sowie am Geschütz postiert. Aber das U-Boot selbst wurde nicht entdeckt, obwohl die Ausgucks die Blasenbahn des zweiten Torpedos bemerkten, das wenige Minuten nach dem ersten bei Schott 6 auf der Backbordseite detonierte.

Funkoffizier R. P. Morrison hatte Dienst, als der erste Torpedo das Schiff traf und die Explosion seine Schalttafeln von den Haken riß. Er funkte sofort auf der Notruffrequenz sss, sos und die Schiffsposition. Da er befürchtete, daß die beschädigten Schalttafeln möglicherweise nicht mehr funktionierten, wiederholte er den Ruf über die Notanlage. Als weder eine Küstenstation noch ein anderes Schiff reagierte, rannte er hinaus und vergewisserte sich, daß der tragbare Sender und Empfänger im Boot Nummer 4 in Ordnung waren, kehrte in den Funkraum zurück und schickte den Notruf zum drittenmal hinaus. Diesmal meldete sich die Küstenstation in Thomaston (Maine), bestätigte den Empfang und wiederholte die Nachricht. Morrison meldete dem Kapitän die Bestätigung und erhielt den Befehl, die geheimen Funkcodes in einem beschwerten Sack über Bord zu werfen. Kersley selbst versenkte beschwerte Säcke mit den geheimen Handbüchern, den Schiffspapieren, der Post und einem vertraulichen Umschlag im Meer. Morrison sprang nach dem zweiten Torpedotreffer über Bord und kletterte vom Wasser aus auf das vordere Backbordfloß. Kersley folgte ihm kurz darauf auf demselben Weg.[12]

Morrisons Notruf hatte die erhoffte Wirkung. Halifax schickte ein PBY-Catalina-Flugboot und zwei Minensucher der Royal Canadian Navy (RCN) aus, HMCS *Red Deer* und *Burlington.* Der Hafen Halifax, der Bestimmungsort der *Cyclops,* erfuhr von dem Notruf - via Boston - durch die Navy-Funküberwachungsstation (Naval Communications, NAVCOM) in Charleston (South Carolina): VON CINCLANT ACTION AN ATLANTIKKÜSTE (RCN) HALIFAX. FOLGENDES AUF 500 KHZ AUFGEFANGEN. VON »CYCLOPS« (BRIT.) UM 0000 GMT POSITION 41-51 NORD 63-48 WEST SS »CYCLOPS« TORPEDIERT. SEITHER NICHTS MEHR GEHÖRT. US-NAVCOM.[13] Commander Saffords »Dachbande« hatte die Feuerprobe bestanden. Sie hatte den ersten mit der »Operation Paukenschlag« zusammenhängenden Funkspruch vom Atlantik aufgefangen, der zugleich die erste amerikanische Quelle darstellte, die jedem Navy-Angehörigen, der hingeschaut hätte, sagen mußte, daß sich feindliche Kräfte amerikanischen Gewässern näherten.

Auf der anderen Seite des Atlantiks, im OIC Tracking Room in London, hatte man ebenfalls Nachricht von der Versenkung erhalten. Der Y-Dienst hatte die Thomaston-Bestätigung des Notrufs der *Cyclops* um 0.02 Uhr GMT aufgefangen.[14] Der Vorfall bestätigte Winns und Beeslys Schätzung, daß U 123 und wahrscheinlich zwei weitere Boote, U 66 und 125, zu dieser Zeit exakt auf diesem Längengrad stehen mußten. In der Überzeugung bestärkt, daß seine Koordinaten korrekt waren, legte Winn in seinem wöchentlichen Bericht zur U-Boot-Lage die folgenden allgemeinen strategischen Überlegungen nieder:

> Die allgemeine Lage ist jetzt etwas klarer. Was am meisten ins Auge fällt, ist eine starke Konzentration vor der amerikanischen Küste zwischen New York und Cape Race. Bisher haben sich zwei Gruppen gebildet. Die eine, aus 6 U-Booten bestehend, befindet sich bereits zwischen Cape Race und St. John's in Stellung. Die zweite, aus 5 U-Booten bestehende läuft offenbar die amerikanische Küste zwischen New York und Portland an. Es ist bekannt, daß diese U-Boote ihre Angriffsgebiete am 13. Januar erreichen werden. Fünf weitere Boote befinden sich, mit Kurs auf das eine oder andere der beiden genannten Gebiete, zwischen 30 und 50 Grad West und könnten später durch noch einmal 5 westwärts fahrende U-Boote verstärkt

werden, was zusammen 21 Boote ergibt. Diese Konzentration zu verschleiern war vermutlich der Zweck der Funktäuschung in den nördlichen Western Approaches, die letzte Woche beschrieben wurde. Das betreffende U-Boot, U 653, kehrt jetzt in einen der Biskaya-Häfen zurück.[15]

Am selben Tag, dem 12. Januar, schickte die Admiralität ein verschlüsseltes Fernschreiben mit den aktualisierten Koordinaten der U-Boot-Positionen an den COMINCH (Admiral King) in Washington, wo es zur Verteilung vervielfältigt wurde und die darin enthaltenen Informationen an Captain Frank Leighton weitergegeben wurden, damit er sie in seine tägliche Lagekarte eintragen konnte. Leightons »kleine Spielzeuge«, wie King die Stecknadeln auf den Karten abschätzig nannte, hatten schon seit Tagen den deutschen Aufmarsch widergespiegelt. Die neue Meldung (die von der Nationalen Sicherheitsbehörde NSA erst am 3. Februar 1987 freigegeben wurde), deren Angaben Leighton mit vier offenen Kreisen in seine Karte einzeichnete, enthielt nun die recht genauen wahrscheinlichen Positionen. Sie lautete:

> 12. JAN. U-BOOT-LAGEEINSCHÄTZUNG X ERHALTENE INFO DEUTET AUF GROSSE KONZENTRATION AUF DEM WEG ZU ODER SCHON IN STELLUNGEN VOR KANADISCHER UND NORDÖSTLICHER US-KÜSTE HIN X 3 ODER 4 BOOTE NAHE 40 N 65 W.[16]

Die Position 40°N 65°W lag 430 Seemeilen vor der Küste auf der Höhe von Philadelphia. Es war die geographische Breite, die U 123 kurz nach der Versenkung der *Cyclops* erreichte, die übrigens in der zitierten Meldung ordnungsgemäß angeführt wurde: HANDELSSCHIFF TORPEDIERT BEI 41–51N 63–48W UM 0.02 GMT 12. JAN. Leighton markierte die Versenkung mit einem ausgemalten Kreis. Wenn schon nichts anderes in dieser bemerkenswert klaren und exakten Nachrichtendienstmeldung (von der Anzahl der U-Boote abgesehen: 3 wäre korrekt gewesen) die US Navy alarmierte, dann hätte es die Versenkung der *Cyclops* tun müssen. Die Streitkräfte der Vereinigten Staaten hatten wohl niemals zuvor eine deutlichere, unmißverständlichere Warnung vor einem drohenden Angriff erhalten. Sie war alles andere als kryptisch, vielmehr empirisch belegt und bestätigt: durch die Versenkung der *Cyclops*. Die U-Boote kamen, und sie kamen innerhalb eines bekannten Aufmarschkorridors, auch wenn man, sowohl beim BdU als auch im OIC, wo man sich auf Kopplungen verlassen mußte, U 66 und U 125, die tatsächlich mehr als einen Tag hinter ihm lagen, vor Hardegen sah. Die stürmische See hatte ihre Fahrt verlangsamt, so daß Hardegen, trotz der Verzögerung durch die Versenkung der *Cyclops*, als erster in amerikanische Gewässer fahren sollte. Die Warnung ging an alle Coastal Frontiers am Atlantik, an den CINCLANT »For Action« und an Admiral Bristols CONVOYESCORTS WEST LANT, deren 25 Zerstörer über dem Angriffskurs der Gruppe Hardegen »auf Ankerwache« lagen. Angesichts dieses Hinweises auf die bevorstehende Eröffnung der Kampfhandlungen innerhalb der Kontinentalgrenzen der Vereinigten Staaten hätte man meinen sollen, daß Admiral Kings Freund, der pensionierte Oberst, völlig recht gehabt hatte, als er schrieb: »Mit Ernie King am Steuer [. . .] kann sich Amerika beruhigt zurücklehnen, denn eine Wiederholung des unglücklichen Vorfalls von Pearl Harbor wird es nicht geben.«[17]

Unterdessen hatte sich auf See ein Drama abgespielt, das noch viele Aufführungen erleben sollte. Der Artillerist Joseph D. G. Green von der *Cyclops*, der es zusammen mit acht Chinesen auf ein Rettungsfloß geschafft hatte, trieb mit wenig Hoffnung auf Rettung durch die eisige Nacht. Als der Morgen dämmerte, vertäuten er und seine Kameraden, von denen die meisten an akuter Unterkühlung litten, ihr Floß an einem anderen, das in der Nähe mit den Wellen gekämpft hatte. Während des Tages erfroren vier Chinesen, zwei weitere in der Nacht und zwei am nächsten Morgen.[18] Der 19jährige Midshipman L.J. Hughes aus Vancouver, der auf einem anderen Floß überlebte, sagte nach seiner Rettung aus: »Einige der Toten wurden über Bord gestoßen. Die anderen behielten wir zum Schutz gegen die Kälte und gegen das Wasser, das über den Bug sprühte, bei uns.«[19] Schließlich entdeckte die *Catalina* die Überlebenden mit ihren gelben Flaggen und dirigierte die *Red Deer* zu ihnen. Das kleine Schiff sah in den Augen des halb erfrorenen Green so groß aus, daß er den Minensucher in seinem Bericht als »Kreuzer« bezeichnete. Sein Irrtum war verständlich. Beim Angriff von U 123 selbst waren nur zwei Menschen ums Leben gekommen, ein Artillerist und der Schiffsarzt. Weit verheerender hatten sich die Temperaturen ausgewirkt: Von den 30 Europäern waren fünf und von den 151 Chinesen 93 gestorben. Es war eine deprimierend lange Verlustliste, die die *Red Deer* in den Hafen von Halifax mitbrachte. Die ersten Früchte des »Paukenschlags« waren gepflückt, und sie waren bitter.

Ich sag euch nichts, was euch erfreut,
Ja, nichts zu eurem Trost,
Nur daß der Himmel dunkler dräut
Und die See noch höher tost.[20]

7

New York, New York

0.00 Uhr MEZ am 13. Januar, 17.00 Uhr ET am 12. Januar. Seit drei Tagen waren zum erstenmal wieder Sterne über U 123 zu sehen, und Walter Kaeding meldete Hardegen eine Besteckversetzung von 25 Seemeilen in 79 Grad von der angenommenen Koppellinie. Die Korrektur wurde in die Karte eingetragen, und das Boot lief mit beiden Maschinen volle Kraft voraus auf Kurs 275 Richtung New York. *Eins-Zwei-Drei* würde über Wasser anmarschieren - und sich nicht als heimlicher Eindringling unter Wasser anschleichen. Seit Lorient hatte es 3379 Seemeilen zurückgelegt, davon nur 55 (1,6 Prozent) unter Wasser. Von jetzt an würde Hardegen, ob nun bei Tag oder Nacht, nur in den Keller gehen, um nicht von anfliegenden Flugzeugen gesichtet zu werden. Was ihm auf der Oberfläche begegnete, würde er versenken, ausgenommen solche kleinen Boote wie das zweimastige Segelschiff, das die Ausgucks um 15.27 Uhr an Steuerbord entdeckten. U 123 tauchte um 18.00 und um 21.57 Uhr zweimal kurz ab, als mehrmotorige Flugzeuge mit Positionslichtern über den Himmel donnerten. Hardegen hielt sie für Verkehrsmaschinen und hatte damit vermutlich recht, da die ESF nach Dunkelwerden keine Patrouillen flog. Außer diesen beiden Flugzeugen kam während des Anmarschs auf New York nichts in Sicht, was Hardegen Sorgen bereitet hätte. Um 23.15 Uhr war allerdings klar, daß U 123 das vorgesehene Operationsgebiet an diesem Tag nicht mehr erreichen konnte. Sie befanden sich jetzt im Marinequadrat CA 38, unmittelbar südlich von Nantucket Island, und würden CA 28 und 29 am folgenden Tag, dem 14. Januar, anlaufen. Aber der »Löwe« hatte keinen Grund, enttäuscht zu sein, war die Verzögerung doch die Folge der Versenkung der *Cyclops* - und jetzt, gegen Mitternacht des 13. Januar, auch der schweren See, die Hardegen zwang, die Maschinen auf halbe Kraft zurückzunehmen. Hielt man sich an das Positive, so war zu vermerken, daß nirgendwo ein Kampfverband zu sehen war, der sich ihm entgegengestellt hätte - weit und breit kein Zerstörer oder Patrouillenschiff. Und nichts am Himmel. Die Nacht gehörte ihm.

Um 4.48 Uhr war an Steuerbord der Lichtstrahl des Leuchtturms von Montauk Point zu sehen. Es war, als würden die Vereinigten Staaten Hardegen offiziell begrüßen. Barth hatte vorher schon das Peilsignal empfangen: sechzig Sekunden lang ein Strich, ein Punkt, zwei Striche, dann 120 Sekunden Pause. Hardegen ging auf einen etwas nördlicheren Kurs, der ihn 50 Seemeilen südlich des Leuchtturms, der östlichsten Navigationshilfe auf Long Island, vorbeiführen würde. Der Seegang war zurückgegangen, und die Sicht hatte sich auf 10 Seemeilen verbessert. Hardegen suchte auf der salzverkrusteten Brücke den Horizont ab. Es war ermutigend festzustellen, daß die Küste offenbar nicht verdunkelt war. Die Amerikaner erwiesen sich als freundliche Gastgeber. Da Hardegen keine Karten besaß, entschloß er sich, anhand der Küstenlichter von Punkt zu Punkt zu fahren. Um 7.24 Uhr (0.24 Uhr ET), kurz bevor ein Nebelband die Sicht auf 2-4 Seemeilen verschlechterte, sichtete ein Ausguck ungefähr 4000 Meter backbord voraus Lichter, die sich auf fast entgegengesetztem Kurs bewegten. Hardegen befahl langsame Fahrt voraus, während er und die Ausgucks das jetzt im Nebel verschwundene Schiff im Auge zu behalten versuchten. Es konnte ein Zerstörer sein oder irgendein anderes U-Boot-Abwehrschiff der US Navy. Hardegen behielt den Finger am Alarmknopf. Wenn er tauchen mußte, hatte er allerdings nicht viel Wasser unter dem Kiel. Das Echolot zeigte augenblicklich sechzig Meter an. Das war nicht viel, und es würde mit Sicherheit noch weniger werden, je näher er der Küste kam. Für ein U-Boot keine günstige Situation. Aber jetzt war das Schiff plötzlich klar auszumachen - und das im Glanz aller seiner Lichter! Hardegen konnte es kaum glauben. Das Schiff verließ New York, als herrschte der tiefste Frieden!

Hoffmann brachte das UZO-Doppelglas auf die Brücke und begann die Daten durchzugeben. Es war bald klar, daß das Ziel kein Kriegsschiff, sondern ein Tanker oder Frachter war. Hardegen ging auf Südkurs, um U 123 rechtwinklig zum Kurs des Ziels zu stellen. »An

Steuermann«, befahl er, »backbord zweiachtzehn, Maschinen langsame Fahrt voraus, vier Knoten.« Zu Hoffmann sagte er: »Damit müßten Sie auf Lage 80 bis 85 kommen.« Dann hob er das Doppelglas an die Augen und betrachtete das Schiff genauer. »Es ist ein Tanker, IWO. Ein großer. Zwei Torpedos. Zielen Sie auf die Brücke und den Achtermast. Feuererlaubnis bei 800 und 700 Meter.«

Während U 123 die Entfernung zum Ziel verringerte, ermittelte Hoffmann seine Zahlen: »Zielkurs Null-Neun-Sechs, Fahrt zehn, Lagewinkel Rot [Backbord] 19.« Von Schroeter meldete von unten die Arbeit des Vorhaltrechners, und aus dem Bugtorpedoraum rief eine Stimme: »Folgen!« Die Rohre 1 und 4 waren geflutet. Die beiden G7e-Aale waren auf Mehrfachschuß eingestellt, und um 8.35 Uhr (1.35 Uhr ET) schickte Hoffmann sie - in acht Sekunden Abstand - los. Der erste müßte nach 45 Sekunden aufschlagen. Hardegen ermahnte die Ausgucks, alle Quadranten aufmerksam abzusuchen. Er hoffte zwar, daß es nicht so war, aber der Tanker lief möglicherweise im Schutz eines Kriegsschiffs. Wenn eines da war, würde er sich ihm stellen müssen, denn er war sicher, daß er nicht genug Wasser unter dem Kiel hatte, um den Wabos, die dann zu gewärtigen waren, entgehen zu können. 45 Sekunden waren vergangen - nichts. Dann, Sekunden später, RUMMS! Eine heftige Explosion ließ U 123 erschaudern.

Beide Aale waren auf vier Meter Tiefe eingestellt gewesen. Da der zweite exakt dort getroffen hatte, wo er sollte, am achteren Mast, mußte der erste zu tief gelaufen sein. G7-Torpedos neigten dazu; in Zukunft würde er 2,5 oder 3 Meter einstellen, sagte sich Hardegen. Jetzt beobachtete er, wie eine 50 Meter hohe Feuersäule zu einem 150 Meter hohen schwarzen Pilz anwuchs und der Himmel eine unheimliche orangene Färbung annahm. Der Tanker sackte achtern etwas ab und neigte sich leicht nach Steuerbord, aber er brannte nicht. Und er funkte! Rafalski fing seinen Notruf auf dem 41-Meter-Band auf: SOS, VON TORPEDO ODER MINE GETROFFEN, 40 SM WESTLICH VON NANTUCKET-FEUERSCHIFF. NORNESS.[1] Hardegen beauftragte Rafalski, die *Norness* im Schiffsregister herauszusuchen. Der erste Torpedo hätte bei einem Treffer das Funkhaus zerstört. Zu schade, daß er nicht getroffen hatte. Und jetzt das: Das Schiff sank nicht. Er brachte das Boot in Position für einen dritten Schuß. Heckrohr 5, Tiefe drei Meter, Zeit

107 Sekunden: RUMMS! Treffer. Genau unter der Brücke. Die Funksprüche hörten auf, aber nach ein paar Minuten stellte sich heraus, daß ansonsten die einzige Wirkung die zu sein schien, daß der Tanker wieder auf ebenem Kiel lag! Dank ihrer Schwimmschotts hatten es Tanker schon trotz großer Löcher im Rumpf noch sicher in einen Hafen geschafft. Hardegen ließ Heckrohr 6 klarmachen, aber der Aal explodierte nicht. Ein Fehlschuß auf ein stehendes Ziel? Unmöglich! Der Aal mußte, trotz der Einstellung auf nur drei Meter, zu tief gelaufen sein.

Um 9.24 Uhr ließ Hardegen einen weiteren Torpedo, diesmal aus Bugrohr 2, auf das qualmende Ziel abfeuern. Fünf Torpedos - was für eine Verschwendung! Aber er konnte nicht zulassen, daß diese wertvolle Beute sicher in einen der nahen Häfen gelangte. Nach 26 Sekunden: RUMMS! Und jetzt endlich brach der Tanker ein und ging in die Knie. Er kippte, den Bug hochreißend, nach achtern und sauste mit Getöse in die Tiefe, versank aber nicht vollständig: Als sich das Heck in den Meeresboden gerammt hatte, ragte das Vorschiff noch 30 Meter aus dem Wasser. Wenn Hardegen noch einen Beweis für die geringe Wassertiefe gebraucht hätte, dann hatte er ihn jetzt. Er gab den neuen Kurs an und ging unter Deck, um die Versenkung im KTB zu notieren. Sein Eintrag endete mit den Worten: »Weiter Richtg. Ambrose Kanal gelaufen«, der ausgehobenen Fahrrinne, die - nach seinem Taschenatlas - in den New Yorker Hafen selbst führte. Unter Wasser in ihn einzufahren, verbot sich aufgrund der unbekannten Beschaffenheit des Meeresbodens von selbst, und ein Alarmtauchen wäre wegen der geringen Wassertiefe nutzlos gewesen. *Eins-Zwei-Drei* mußte also bei Nacht und über Wasser in den Schlund des Feindes einlaufen. Zweimal schon - mit der *Cyclops* und der *Norness* - hatte Hardegen jetzt den Fehdehandschuh hingeworfen. Wenn der Feind ihn aufheben und kämpfen wollte, war jetzt der Augenblick, die Fäuste zu zeigen. Die US Navy hatte alle Vorteile auf ihrer Seite. Denn je weiter sich U 123 der Hafeneinfahrt näherte, desto verletzlicher - aber auch bissiger - wurde es.

Die *Norness* war ein moderner, dieselgetriebener Tanker mit einer Schraube, der 1939 von der Deutschen Werft AG in Hamburg gebaut worden war. Er war 9577 BRT groß, 150 Meter lang, 20 Meter breit und gehörte einer norwegischen Reederei, der Tanker Corporation, die nach der deutschen Besetzung Norwegens ihren Sitz nach New York verlegt hatte. Die *Norness* fuhr unter panamesischer Flagge und hatte vor einem Monat erst vom Schiffsbüro der US Navy eine Bordkanone und vier Maschinengewehre erhalten.[2] Die Besatzung bestand aus 40 Mann, allesamt Norweger. Ihr Schiff befand sich am 14. Januar um 1.35 Uhr ET bei 40° 28′ N, 70° 45′ W, 60 Seemeilen südöstlich von Montauk Point. Der 25jährige Sverre Sandnes stand am Steuer und hielt ahnungslos Kurs auf den Leuchtturm von Nantucket, als ein Torpedo die Backbordseite des Schiffs traf und eine Erdölfontäne auf das Deck klatschte. Kapitän Harold Hansen warf sich einen Mantel über seinen Pyjama, setzte seine Mütze auf und rannte an Deck, um sich den Schaden anzusehen. Ein Ausguck meldete ein U-Boot an Backbord. Hansen, der zuerst gedacht hatte, sein Schiff wäre auf eine amerikanische Mine gelaufen, begriff, daß das U-Boot erneut zuschlagen konnte. Er entschied sich dafür, nicht die Geschütze einzusetzen, sondern das Leben der Besatzung zu retten, und befahl, das Schiff aufzugeben. Die ölverschmierten Leinen waren allerdings schwer zu handhaben. Als Sandnes zusammen mit einem anderen Besatzungsmitglied, Kaare Reinertsen, das Rettungsboot Nummer 1 zu Wasser lassen wollte, glitten ihnen die Leinen aus den Händen, das Boot stürzte hinunter, Reinertsen wurde über Bord geschleudert und nie wieder gesehen. Sandnes gelang es nach einigen Fehlversuchen, das Seil zu ergreifen, das ihm Anton Sletteberg von Bord der *Norness* heruntergeworfen hatte, und als er wieder auf dem Deck stand, meinte er in bezug auf das Wasser: »War verdammt kalt.«

Kapitän Hansen hatte mit sieben Männern das einzige Motorboot des Schiffs zu Wasser gelassen, mußte aber feststellen, daß der Motor nicht lief. Die Männer begannen verzweifelt mit den Händen zu paddeln, um von dem schwer getroffenen Schiff wegzukommen. 24 Männer konnten sich in Rettungsbooten und sechs auf einem Floß in Sicherheit bringen. Die meisten, nur halb bekleidet oder in Unterwäsche, waren nicht so gut auf die Witterung eingestellt wie Chefmaschinist Henry Danielson, der schon einmal, im Ersten Weltkrieg, eine Torpedierung überlebt hatte und sich seitdem nur noch voll angezogen in die Koje legte. »Der Wind blies heftig und war höllisch kalt«, sagte er später aus. Das jüngste Besatzungsmitglied, der 17jährige Öler Egil Bremseth, erfuhr es nicht mehr: Er war noch an Bord, als der zweite Torpedo einschlug, und fand bei der Explosion den Tod.

Die Männer in Kapitän Hansens Motorboot konnten sehen, wie das U-Boot, das sie angegriffen hatte, im Halbkreis um die sterbende *Norness* herumfuhr. Sie kamen ihm zeitweise so nahe, daß sie »die rauhen Stimmen« der Deutschen hören konnten, und duckten sich aus Angst, sie könnten mit Maschinengewehren beschossen werden, tief in ihr Boot. Aber nichts dergleichen geschah. Die Rettungsboote und das Floß trieben während der Nacht auseinander. Es war furchtbar kalt. In Hansens Boot mußten die Männer allerdings ständig Wasser ausschöpfen, was sie in Bewegung und damit warm hielt. Sie hatten eine Uniformjacke an einem Riemen befestigt und diesen senkrecht aufgestellt. Vielleicht würde ja jemand darauf aufmerksam werden, denn sie befanden sich schließlich dicht unter der Küste. »Niemand hatte ein U-Boot so weit innerhalb der amerikanischen Gewässer erwartet«, sagte Hansen später. »Ich hielt uns dort für genauso sicher wie im Hafen von New York.«[3] Sie trieben einen halben Tag lang herum, ohne daß jemand sie entdeckte. In den Akten findet sich keine Erklärung dafür, warum auf den SOS-Ruf der *Norness* keine Reaktion erfolgte; es gibt auch keinen Beleg dafür, daß er – außer von U 123 – überhaupt irgendwo empfangen worden war.

Schließlich, zwölf Stunden nachdem die *Norness* gesunken war, sichtete die *Malvina D,* ein Trawler aus New Bedford (Massachusetts), Hansens Boot. Der 32jährige Skipper Magnus Isaksen, der seine erste Fahrt als Kapitän unternahm, dachte zuerst, es wäre Treibholz, doch dann erkannte er, daß es ein Boot war, und hielt darauf zu. Die Norweger waren halb erfroren und völlig erschöpft. Isaksen gab ihnen Dekken und Kaffee und tuckerte nach New Bedford zurück. Er berichtete später, daß Hansen und seine Männer kaum mehr zu sagen gehabt hatten, als daß sie von einem U-Boot torpediert worden waren. Sie waren einfach glücklich gewesen, noch am Leben zu sein. Auf der Heimfahrt mag sich Isaksen verwundert gefragt haben, wo die Navy gewesen war.

Die Navy, zumindest ein Teil von ihr, ließ es sich in jenen Tagen wohl ergehen. Nichts war angenehmer, als ohne Druck im Heimathafen zu liegen, spät aufzustehen und nach einigen Routineübungen zum Abendessen wieder frei zu sein. Das war weit besser, als irgendwo draußen als Konvoieskorte Dienst zu tun. Am Morgen des 14. Januar lag die *Ellyson* (DD 454), das Flaggschiff des 10. Zerstörergeschwaders, in Newport (Rhode Island) vertäut am East Dock. Um 8.00 Uhr ET beschloß der Kapitän, Lieutenant Commander John B. Rooney, den frischen Tag für eine kleine Fahrt ohne besonderes Ziel zu nutzen und dabei ein Torpedoübungsschießen zu veranstalten. Der Wind kam aus Süd-Südwest, Stärke 5; für 11.00 Uhr wurden eine Temperatur von 5,5 Grad Celsius und bei bewölktem Himmel eine Sichtweite von 35 Meilen erwartet. Im Maschinenraum wurde Kessel 3 angefeuert - Kessel 2 stand bereits unter Dampf -, während der diensthabende Offizier den morgendlichen Papierkram erledigte. Um 11.02 Uhr war die *Ellyson* seeklar, und um 11.27 Uhr dampfte sie los. Nachdem sie das Netz an der Hafeneinfahrt passiert hatte, ging sie mit voller Kraft - 20 Knoten bei 188 Umdrehungen pro Minute - auf Kurs 220. Zu dieser Zeit trieb die Besatzung der *Norness* schon zehn Stunden auf See. Um 11.53 Uhr veränderte die *Ellyson* den Kurs auf 155 Grad und führte die tägliche Inspektion der Magazine durch. Um 11.56 Uhr beschleunigte sie auf äußerste Kraft - 25 Knoten, 255 Umdrehungen pro Minute. Kurz darauf, um 12.00 Uhr, wurde die Routine durch einen Funkspruch unterbrochen, den der Diensthabende über Lautsprecher weitergab: »Dies ist keine Übung! Dies ist keine Übung! Alarm! Alarm! Alle Mann auf Gefechtsstationen!« Ein Patrouillenflugzeug der Navy hatte den aus dem Wasser ragenden Bug der *Norness* sowie das Rettungsboot und das Floß gesichtet, die noch auf See trieben, und Newport hatte der *Ellyson* befohlen, die Schiffbrüchigen zu bergen. Daß die *Norness* von einem U-Boot torpediert worden sein könnte, schien niemandem in Newport in den Sinn gekommen zu sein. Dabei war Admiral Bristol, zu dessen CONVOYESCORTS WEST LANT die *Ellyson* gehörte, einer der Adressaten der zwei Tage zuvor verteilten Warnung vor einem solchen Angriff gewesen. Dennoch fehlte unter den Befehlen für die *Ellyson* der entscheidende: »Feind stellen und angreifen!«

Um 13.24 Uhr entdeckte der Zerstörer das Rettungsboot und nahm die 24 Mann aus ihm an Bord. Anschließend ging er auf Zickzackkurs und suchte nach dem Floß. Als er es nicht fand - wohl aber das in den Himmel zeigende Wrack der *Norness* -, kehrte er mit seinen unterkühlten Passagieren nach Newport zurück. Die Männer auf dem Rettungsfloß wurden später von der *Argo* (WPC 100), einem Kutter der Küstenwache, gerettet. Im Büro der Tanker Corporation in New York sagte ein Sprecher der Reederei, die Navy habe ihm verboten, Herkunfts- (New York) und Zielhafen (Halifax) der *Norness* zu nennen. Die Navy ihrerseits ließ nüchtern verkünden: »Der ruhig vorgetragene Angriff auf die *Norness* läßt das gleiche Muster erkennen wie derjenige, der früher in dieser Woche zur Versenkung eines Schiffs etwa 160 Seemeilen vor der Küste von Neuschottland führte, bei der 90 Menschen den Tod fanden.«[5] Gemeint war natürlich die *Cyclops*. Die objektive Tatsachenfeststellung der Navy bildete einen starken Kontrast zu der Aufregung, die der Vorfall in der Öffentlichkeit auslöste. Sie spiegelte sich am nächsten Tag in der *New York Times* wider, die ganzseitig titelte: »TANKER 60 MEILEN VOR LONG ISLAND TORPEDIERT: Die Atlantikschlacht brandete gestern bis auf 150 Meilen an New York City heran.«[6] Aber dann beruhigte die *Times*, nachdem sie »die Tragödie« der *Norness* ausführlich beschrieben hatte, ihre Leser mit der »Tatsache«, daß »eine mächtige und zahlreiche Flotte von U-Boot-Jägern der Navy der Vereinigten Staaten, die ständig Patrouillen durchführt«, das deutsche U-Boot-Wagnis »äußerst risikoreich« mache.[7]

In der Church Street 90 wurde der Bericht über die »mächtige und zahlreiche Flotte« höchstwahrscheinlich mit sarkastischem Lachen aufgenommen. Der ESF-Stab war im übrigen hundemüde: Er befand sich seit dem 7. Dezember ständig im Alarmzustand. Lieutenant Richard (»Dick«) Braue hatte gerade mit seinem Sohn Football gespielt, während sie mit halbem Ohr einer Footballübertragung im Radio zuhörten, als Braue senior plötzlich etwas hörte, das ihn mitten im Spiel innehalten ließ. Dann rannte er ins Haus, zog seine Uniform an und fuhr davon. Seine Familie sah ihn erst drei Monate später wieder, als er für einige Tage nach Hause kam und seinen Kindern erzählte, daß er die ganze Zeit auf seinem Schreibtisch geschlafen habe und in ständiger Verbindung mit »jemandem namens King« stehe.[8] Jetzt, am 15. Januar – inzwischen war Alarm Rot gegeben worden –, beobachtete Braue, das dienstjüngste Mitglied der kleinen Verteidigungstruppe im ESF-Hauptquartier, auf den Wandkarten das sich entwickelnde Drama. Er mag sich gefragt haben, warum Admiral Andrews nicht jedes Schiff und jedes Flugzeug, das er hatte, dem Feind entgegenschickte, ganz gleich, wie wenige es waren und wie wenig sie dafür gerüstet waren. Das ESF-Kriegstagebuch verzeichnete am 13. Januar ausdrücklich den Erhalt der Warnung: »U-Boote vor unserer Küste sind jederzeit zu erwarten. Von mindestens vieren ist bekannt, daß sie am 12. Januar rund 300 Meilen östlich des Nantucket-Leuchtturms standen und wahrscheinlich weiter westwärts vordringen.«[9] Aber alles, was in Andrews' Kommando zur Abschreckung des Angreifers getan wurde, war um 0.12 Uhr am 14. Januar (!) die Schließung der Häfen von Boston, Portsmouth und Portland. Eine Stunde später griff Hardegen die *Norness* an.

Die seit der Jahrhundertwende gültige, von dem amerikanischen Marinetheoretiker Alfred Thayer Mahan aufgestellte taktische Doktrin besagte, daß bei einem feindlichen Angriff alles in den Kampf zu schicken war, was man im Wasser hatte. Ob die eigenen Streitkräfte denen des Feindes gewachsen waren oder nicht, war dabei nebensächlich. Wenn man mit unterlegenen Kräften eine Stellung zu verteidigen hatte, gab es nur ein Mittel: eine entschlossene Offensive. »Aus einer solchen Lage«, schrieb Mahan, »kann nur ein bis zur Verzweiflung rigoroses Handeln retten.«[10] Verzweifelt, aber korrekt im Sinne dieser Doktrin war das Vorgehen der drei britischen Kreuzer *Ajax, Achilles* und *Exeter,* als sie sich der überlegenen Feuerkraft des Panzerschiffs *Admiral Graf Spee* stellten und damit bewirkten, daß es sich im Dezember 1939 in der Mündung des Rio de la Plata selbst versenkte. Und es waren langsame, stoffbespannte Doppeldecker (britische Swordfish-Torpedobomber), die das Ruder der gewaltigen *Bismarck* beschädigten. Von dem gleichen Geist erfüllt, hatte Major James P. Devereux mit 500 US Marines auf Wake Island eine starke japanische Invasionsstreitmacht zurückgeschlagen, bevor er sich, da er keine Verstärkung erhalten hatte, der Übermacht beugen mußte. Sechs Monate später nahmen es bei der Verteidigung von Midway 41 altertümliche, schwerfällige Devastator-Torpedobomber (Douglas TBD-1) mit der mächtigsten Invasionsflotte auf, die Japan jemals aufgeboten hatte; nur vier von ihnen kehrten zu ihren Flugzeugträgern zurück. Die Tatsache, daß die beiden zuletzt genannten Aktionen vergeblich waren, trifft nicht den Punkt: den nämlich, daß die Marine anzugreifen hat. Dolly Andrews tat es nicht. Er hielt sich bedeckt und wartete ab, was der andere Boxer tun würde. Und als die *Norness* versenkt worden war, ließ er lediglich die Schiffbrüchigen einsammeln und schickte einen Kutter, einen Minensucher, ein Kleinluftschiff und einige Flugzeuge hinaus, um das Wrack zu untersuchen und über seinen Zustand Bericht zu erstatten.

Nicht weniger verblüffend war es, daß das 1. Bomberkommando von Brigadier General Arnold N. Krogstad seine Aufklärungsflüge nicht auf den 40. Breitengrad konzentrierte, den die Angriffswarnung als Anmarschweg der Deutschen bezeichnet hatte und auf dem jetzt, wie zur Bestätigung, die *Norness* versenkt worden war. Auch wenn die Flüge nur tagsüber durchgeführt wurden, hätte es schon genügt, um ein U-Boot unter Wasser zu halten und damit seine Marschgeschwindigkeit zu verringern sowie seine Batterien und seinen Luftvorrat zu erschöpfen. Angesichts einer ständigen Luftüberwachung über den Hafenzufahrten während des Tages hätte es ein U-Boot nicht einmal gewagt, sein Sehrohr auszufahren, weil es an der Oberfläche eine glitzernde Welle hinter sich hergezogen hätte. Das hätte der Taktik entsprochen, die der britische Admiral Godfrey neun Monate zuvor Captain Kirk ans Herz gelegt hatte: ständige Aufklärung und Konzentration der Kräfte. Statt dessen splitterte das 1. Bomberkommando seine Kräfte auf und flog, obwohl die Angriffslinie im Sektor New York-Philadelphia bekannt war, von 0 bis 180 Grad in allen Richtungen Patrouillen. Zusammen mit Andrews' Versäumnis, so viele U-Boot-Jäger wie irgend möglich hinauszuschicken, um Hardegen abzufangen, führte dieser fehlgeleitete Einsatz der Luftkräfte zu einem taktischen Versagen, das fast so ernst war wie dasjenige der 25 Zerstörer von Admiral Bristol - doch davon später.

Schmal und walförmig liegt Long Island rund 170 Kilometer östlich der Lower Bay vor New York. Die Gewässer vor der Südküste der Insel gehören zu den navigatorisch schwierigsten an der Ostküste der USA. Sandbänke und Klippen, der zerklüftete Meeresboden, starke veränderliche Strömungen, häufiger Nebel, Turbulenzen des Windes und der See bei schwerem Wetter und der dichte Schiffsverkehr gestalten die Anfahrt vom Montauk-Leuchtfeuer nach New York zu einer echten Herausforderung. Im allgemeinen herrscht eine südwestliche Strömung vor, die in den seichteren Gebieten am stärksten ist. Bei Sturm bricht sich die See an Stellen mit einer Tiefe von zehn Faden oder weniger. Für gewöhnlich bleiben die Schiffe in Gewässern mit mindestens 15 Faden Tiefe und führen nachts regelmäßige Echolotmessungen durch, um der Küste nicht zu nahe zu kommen, deren Gefährlichkeit zahlreiche Wracks bezeugen. Bei der Anfahrt hält man sich auf den 86 Meilen von Montauk Point bis Rockaway Beach und zum Anfang des Ambrose Channel, der in den 30er Jahren für den Luxusdampfer *Queen Mary* auf 13,7 Meter ausgebaggert wurde, auf einem Grundkurs von 265 Grad. Vom Ambrose-Feuerschiff an folgen die Schiffe einem Kanalkurs von genau 296° 54′ durch die seichte Lower Bay. Außerhalb des Ambrose Channel konnte der Verkehr gefährlich dicht sein: Am 10. Januar war das englische Motorschiff *Continent* (400 BRT) auf dem Weg nach Bermuda nach einem Zusammenstoß mit dem Tanker *Byron D. Benson* fünf Seemeilen vor dem Ambrose Channel gesunken.[11]

Hardegen beabsichtigte, nicht weiter als bis zum Feuerschiff zu fahren. Der Kanal selbst hätte leicht zur Falle werden können. In Ermangelung von Küstenkarten orientierte sich Hardegen an den Lichtern von Long Island und lief auf Kurs 247 parallel zur Küste, als im Dunst des anbrechenden Tages an Steuerbord plötzlich sich bewegende Lichter auftauchten. Er verlangsamte die Fahrt und begann mit den Angriffsvorbereitungen. Unglücklicherweise ging gerade in diesem Augenblick hinter ihm die Sonne auf, so daß der Kommandoturm von U 123 jedem aufmerksamen Ausguck sofort auffallen mußte. Aber Hardegen beschloß, noch ein paar Minuten über Wasser zu bleiben. Er konnte zwei Dampferlaternen unterscheiden, während er auf das Ziel zulief und sich in Schußposition brachte. Um 14.30 Uhr MEZ (7.30 Uhr ET) tauchte er und setzte die Annäherung unter Wasser fort. Der Dampfer hatte Kurs 96, und U 123 lief mit null Grad auf ihn zu. Ein Lehrbuchangriff. Das Ziel war im Sehrohr deutlich auszumachen. Bald war U 123 auf 600 Meter heran . . . 500 Meter . . . 400 Meter. Jetzt konnte Hardegen den Namen des Schiffs erkennen. Verdammt! Es war ein neutraler Spanier - *Isla de Tenerife.* Rafalski schaute im Schiffsregister nach: 5115 BRT. Schade! Enttäuschung machte sich breit, als die Nachricht vom Abbruch des Angriffs von Mund zu Mund weitergegeben wurde.

Hardegen beschloß, auf Grund zu gehen und bis zum Abend dort liegen zu bleiben. Wieder aufzutauchen und im heller werdenden

Tageslicht an der Oberfläche weiterzufahren wäre selbstmörderisch gewesen. Er gab den Befehl zum Fluten. Das Boot kam 30 Meter unter der Wasseroberfläche auf dem unebenen Untergrund zu liegen. Jetzt war nur noch zu hoffen, daß kein Schiff mit großem Tiefgang über sie hinwegfuhr und den Kommandoturm abrasierte. Ansonsten war es eine willkommene Ruhepause: Die Männer konnten schlafen, liegengebliebene Arbeiten erledigen, in den zerlesenen Zeitschriften schmökern - und vor allem und zuerst einmal essen.

Als das Boot bei Einbruch der Dunkelheit (23.51 Uhr MEZ, 16.51 Uhr ET) wieder auftauchte, fing Rafalski über Kurzwelle eine Meldung des Deutschen Nachrichtenbüros (DNB) auf und reichte sie dem Alten auf die Brücke:

> Buenos Aires. - Von seiten der USA-Marine wurde erstmalig am Donnerstagnachmittag eine Mitteilung über die in der New Yorker Donnerstag-Presse mitgeteilte Torpedierung eines USA-Tankers vor der Küste der New York vorgelagerten Insel Long Island veröffentlicht. Aus einer weiteren am Donnerstagabend ausgegebenen Verlautbarung der USA-Marinestation geht hervor, daß es sich um den 9577 BRT großen Tanker »Norness« handelt, der etwa 60 Meilen vor Point Montauk auf Long Island torpediert wurde. New Yorker Berichten zufolge erklärte der Kommandeur der Marinestation von Newport, Konteradmiral Kalbfus, daß ein feindliches U-Boot den Tanker, der die Panamaflagge geführt habe, angegriffen habe. Zwei Torpedos seien an Backbord des Schiffes explodiert. Zwei Mann der Besatzung seien bei der Torpedierung getötet worden, die übrigen 38 Mann habe man retten können.[12]

U 123 wurde zwar nicht namentlich erwähnt, aber seine Erfolge Millionen von Menschen in der Heimat bekanntgemacht. Hardegen las es mit Genugtuung und spähte dann wieder angestrengt über den Bug in Richtung Lower Bay. Einige Zeit später empfing Rafalski erneut einen Funkspruch, diesmal einen Offiziers-FT vom BdU an U 123: NACH B-MELDUNG BEFAND SICH AM 14.1. UM 15.30 UHR EIN UNBEKANNTER TANKER IN QU CA 3770 IN SINKENDEM ZUSTAND. BESATZUNG IN DEN BOOTEN. 1 MINENSUCHBOOT, 1 PATROUILLENBOOT, 1 ZERSTÖRER SOWIE 3 FLGZG. ZUR HILFE ENTSANDT.[13] Hardegen schloß daraus, daß der

Notruf der *Norness* nirgends empfangen und der Verlust des Tankers erst bei Tag entdeckt worden war. Er hatte recht. Die erste Nachricht vom Verlust der *Norness* erreichte die ESF um 18.00 Uhr MEZ am 14. Januar, 16½ Stunden nachdem sie gesunken war.[14]

Um 1.44 Uhr wurde auf dem 600-Meter-Band ein weiterer Funkspruch aufgefangen: Ein britischer Dampfer namens *Dayrose* funkte aus der Nähe von Cape Race (Neufundland): SSS – VON U-BOOT ANGEGRIFFEN. Das war das Werk von U 552 unter Korvettenkapitän Erich Topp, dessen Boot zur »Gruppe Ziethen« gehörte, die sich etwas weiter nördlich vor der neufundländischen Halbinsel Avalon befand. Topp versenkte den 4113 BRT großen britischen Frachter am 15. Januar um 1.38 Uhr MEZ bei 46° 38′ N, 52° 52′ W. Er brauchte dafür fünf Torpedos, da nach drei Versagern erst der vierte Aal im Ziel detonierte, es aber nur beschädigte, so daß ein Fangschuß nötig war.[15] Topps kurzer Funkspruch über die Versenkung – ›DAYROSE‹ BEI CAPE RACE VERSENKT X VIEL SCHWERES WETTER. TIEFE TEMPERATUREN X HEUTE MINUS 10 GRAD[16] – war, von der B-Dienst-Meldung über den »unbekannte(n) Tanker in Qu CA 3770 in sinkendem Zustand« abgesehen, die erste Nachricht, die Dönitz von einem Erfolg seiner im Westen stationierten Boote, also der Gruppen »Paukenschlag« und »Ziethen«, erhielt. Was den »Paukenschlag« betraf, so schrieb Dönitz am 14. Januar in sein KTB: »Das Ergebnis ist bisher noch unbefriedigend. Es ist aber zu berücksichtigen: a) Es ist nicht bekannt, wann die Boote an der USA-Küste ihre Positionen erreicht haben. Möglich ist durchaus, daß sie bei teilweise sehr schlechter Wetterlage später angekommen sind als vermutet. b) Aus dem Raum südl. Neufundland meldet U 552 teilweise sehr schlechtes Wetter, das die Tätigkeit der Boote sowohl für das Finden wie für den Angriff beeinträchtigt haben muß.«[16]

Tatsächlich hatte Ernst Kals' »Paukenschlag«-Boot U 130, eines der beiden nördlich der US-amerikanischen Gewässer operierenden Boote, schon am 13. Januar das – nach Hardegens *Cyclops* – zweite und dritte »Paukenschlag«-Opfer versenkt. Falls Kals dem BdU davon Meldung gemacht haben sollte, wurde es weder im KTB des BdU noch in dem der Skl. vermerkt. Die Versenkung der *Cyclops* wurde gleichfalls nicht nach Hause gemeldet. Kals' erster Schlag erfolgte kurz nach Mitternacht (MEZ) am 13. Januar, nicht lange nachdem er von zwei 250-Pfund-Bomben eines in Sydney stationierten kanadischen Flugzeugs, einer Bolingbroke 9063, überrascht worden war. Er traf den norwegischen Dampfer *Frisco,* der nordöstlich der Insel Scatarie in der Cabot-Straße in Sicht kam und mit einem Volltreffer vor der Brücke sowie einem Fangschuß auf den Meeresgrund geschickt wurde. Die *Frisco* war ein 1582 BRT großer Frachter, den Kals in seiner Schußmeldung jedoch als Tanker bezeichnete und mit 6000 BRT angab.[17] Um 9.48 Uhr MEZ am selben Tag sichtete Kals den panamesischen Frachter *Friar Rock,* der auf dem Weg nach Sydney war. Ein erster Schuß aus günstiger Position brachte ihn zum Stehen, ein zweiter Aal versagte, und der dritte versenkte ihn. Diesmal nahm Kals 7000 BRT für sich in Anspruch (tatsächlich waren es 5427 BRT).[18] Als er nach diesem Triumph dicht vor Sydney Stellung bezog, geriet er in ungewöhnlich kaltes Wetter (minus 15 Grad Celsius). Sein Boot wurde von einem Eismantel überzogen, und die unvorbereitete Brückenwache fror bis auf die Knochen. Außerdem wurde das Gebiet von kanadischen Zerstörern und Flugzeugen stark gesichert, und schließlich führte auch das Fehlen genauer Navigationsmaterialien zu Problemen: Wie im Fall von U 123 hatte auch U 130 keine Seehandbücher oder Küstenkarten erhalten. Als der BdU am 17. Januar an alle »Paukenschlag«-Boote funkte, daß sie aus eigenem Ermessen ihr Operationsgebiet verlegen könnten, falls die Angriffsbedingungen ungünstig seien, und Kals speziell anbot, sich zwischen Hardegen und Zapp zu setzen, beschloß Kals, genau das zu tun, und drehte in Richtung Süden ab.[19]

»Ajax« Bleichrodt, dessen U 109 am 16. Januar südöstlich von Halifax eintraf, sah sich den gleichen Problemen gegenüber: Die Temperaturen lagen bei minus zehn Grad Celsius, und das Fehlen angemessener Navigationshilfen war auch für ihn nicht weniger gefährlich. Er sollte erst am 19. Januar auf ein Ziel treffen, als er vor Seal Island unterhalb der Landmasse von Neuschottland einen ohne Fahrt im Wasser liegenden Frachter von 4000–5000 BRT sichtete, der darauf wartete, in den Hafen von Yarmouth einfahren zu können. Die Nacht war bedeckt, Seegang 5–6, Wind West-Südwest, Stärke 6, die Sicht »diesig«, aber mit gutem Blick auf das Ziel. Die Versenkung war so gut wie sicher, und trotzdem verschoß Bleichrodt fünf Torpedos, ohne einen einzigen Treffer zu erzielen. Um 4.53 Uhr MEZ feuerte er aus 800 Meter Entfernung den ersten G7e-Torpedo ab. Als der Aal nicht explodierte, versuchte er es mit einem zweiten aus derselben Entfernung, dann mit einem dritten aus 500 Metern und mit einem vierten aus 1500 Metern, bei festem Winkel nur mit der UZO, ohne den Vorhaltrechner. Als auch dieser Aal versagte, fuhr er erneut auf 500 Meter heran, richtete den Bug auf den Frachter und zielte diesmal über den Netzabweiser auf dem Vordeck. Doch der Torpedo versagte ebenfalls, und Bleichrodt zog sich resigniert zurück.[20] Er hatte zwei Stunden und fünf Torpedos vergeudet. Aber seine Torpedosorgen waren noch nicht vorüber. Zwei Tage später schlug im Quadrat BB 7744 vor Shelburne (Neuschottland) ein weiterer Angriff auf einen Frachter fehl.[21] Bleichrodt mußte sich an das Debakel von Norwegen erinnert gefühlt haben.

Während der deutschen Invasion von Norwegen im Frühjahr 1940 waren zwischen dem Skagerrak und Narvik 42 U-Boote gegen britische und norwegische Kriegsschiffe und Transporte im Einsatz gewesen. Dabei vereitelten Torpedofehlfunktionen - zu frühe Detonationen, versagende Zündpistolen und zu große Tauchtiefen - nicht weniger als 30 Angriffe. Die Berichte zurückkehrender Kommandanten waren voller Enttäuschung und Wut. U 48, das schon im vorherigen Oktober 50 Prozent Versager zu verzeichnen gehabt hatte (die »Torpedokrise« dauerte bereits seit dem zweiten Kriegsmonat an), feuerte einen schulmäßigen Fächer gegen das britische Schlachtschiff *Warspite,* ohne irgend etwas zu erreichen. Zwei Tage danach zielte Günther Prien (U 47) auf »eine Wand von Schiffen« und schoß acht Aale, vier getaucht und vier über Wasser, darauf ab, ohne einen einzigen Treffer zu landen. Als er abdrehte, kam die *Warspite* in Sicht, und er forderte sein Schicksal heraus, indem er zwei Torpedos auf sie abfeuerte, von denen der eine zu früh und der andere zu spät explodierte. Der »Stier von Scapa Flow« war verständlicherweise wütend über die Qualität seiner Waffen und beklagte sich nach seiner Rückkehr bei Dönitz, man könne ihm nicht zumuten, »mit einem Holzgewehr zu kämpfen«. Andere Kommandanten brachten ähnliche Klagen vor, und Dönitz gab sie verärgert an Großadmiral Raeder in Berlin weiter, der, sehr zur Genugtuung der U-Boot-Männer, ein Kriegsgerichtsverfahren gegen einen Vizeadmiral und zwei weitere Offiziere der Torpedoversuchsanstalt (TVA) in Eckernförde einleitete. Die sechs Wochen dauernde Untersuchung enthüllte eine Reihe nicht behobener Mängel der Torpedos vom Typ G7. Der erste war ihre Neigung, tiefer zu laufen, als sie eingestellt waren, wofür, wie man herausfand, der veränderliche, manchmal sehr hohe Druck der Preßluft, mit der die Torpedos abgeschossen wurden, verantwortlich war, der den empfindlichen Tiefenmechanismus störte. Das Erprobungskommando hatte sich nicht die Mühe gemacht, daran etwas zu ändern, da die G7a-Torpedos sowohl mit Magnet- als auch mit Aufschlagpistolen ausgestattet waren: Wenn die Magnetpistole eingestellt wurde (was am im Rohr befindlichen Torpedo geschehen konnte), war es *einkalkuliert,* daß der Torpedo unter dem dünnen, bei Kriegsschiffen nicht gepanzerten Kiel explodieren und dem Schiff das Genick brechen würde. Das Konzept war zwar ausgezeichnet, erwies sich in der Praxis aber als problematisch. Zum einen hatte man die Magnetpistole nur in deutschen Gewässern und unter Wetterbedingungen getestet, die im Operationsgebiet für gewöhnlich nicht zu erwarten waren. Zum anderen neigte die Magnetpistole dazu, auf den natürlichen Magnetismus des Meeresbodens zu reagieren, was sich besonders während des Norwegen-Einsatzes bemerkbar machte, bei dem die U-Boote über Eisenadern bzw. nahe dem Nordpol operierten. Ein drittes Problem stellte die zunehmend angewandte Entmagnetisierung der britischen Schiffe dar, durch die das permanente Magnetfeld des Stahlrumpfs neutralisiert wurde. Diese Erkenntnisse führten dazu, daß die Magnetpistole vorläufig aus dem Verkehr gezogen und erst 1944 wieder verwendet wurde.

Aber auch die Aufschlagpistole erwies sich während der Untersuchung als störanfällig. Sie funktionierte zwar einwandfrei, wenn sie auf eine senkrechte Fläche auftraf, versagte jedoch, da die TVA diesen Fall nicht getestet hatte, beim Auftreffen auf eine schräge Oberfläche wie die abgerundete Unterseite von Schiffen.[22] Dönitz bezeichnete diese Unterlassungssünde der TVA in einer Denkschrift als »kriminell« und griff nach einem Notbehelf: Er ersetzte die Aufschlagpistole durch den einfacheren und wirkungsvolleren Zünder des englischen 530-Millimeter-Whitehead-Torpedos, den man an Bord des Minenleger-U-Boots HMS *Seal* erbeutet hatte. Das Kriegsgerichtsverfahren endete mit einer Verurteilung der TVA-Offiziere zu sechs Monaten Haft, nach denen sie in die Waffenproduktion zurückkehren durften.

Dönitz besuchte unterdessen so viele U-Boot-Besatzungen, wie er konnte, um ihre Moral und Zuversicht wiederherzustellen.

Auf der anderen Seite des Atlantiks sah sich die US Navy nach dem Kriegseintritt der Vereinigten Staaten übrigens mit den gleichen Problemen konfrontiert: Der Mark-XIV-Torpedo lief regelmäßig 3,3 Meter zu tief, und der Magnetzünder des Mark-VI-Torpedos versagte bei dermaßen vielen Angriffen, daß die U-Boot-Kommandanten, wie der Kommandant von Pearl Harbor schrieb, »kaum eingelaufen, ihre Klagen vorbrachten«.[23] Aber die US Navy hielt, anders als die deutsche Kriegsmarine, noch viele Monate verbissen an diesem Zünder fest.[24] Der einzige Torpedo, der während des Zweiten Weltkriegs anstandslos funktionierte, war der japanische.

Bleichrodt konnten solche Reminiszenzen nicht weiterhelfen, während er zusehen mußte, wie seine neuen, verbesserten Torpedos einer nach dem anderen versagten. Als sich die negativen Meldungen aus dem Atlantik und anderen Meeren häuften, schickte der BdU einen FT mit technischen Anweisungen an alle Boote.[25] Auch Kptlt. Gerhard Bigalk, dessen VIIC-Boot U 751 Ende des Monats vor Neufundland eintraf, muß sie gelesen haben. Trotzdem hatte er sechs Torpedoversager zu verzeichnen. Reinhard Hardegen hatte mehr Glück: Bis zum 14. Januar hatten sich nur zwei Aale als Nieten erwiesen – beide beim Angriff auf die *Norness.*

Am 15. Januar um 3.09 Uhr MEZ sichtete Hardegen ein helles Licht voraus. Ein Feuerschiff? Das am Ambrose Channel konnte es noch nicht sein. U 123 befand sich, nach dem Taschenatlas, ungefähr in Höhe von Long Beach. Hardegen hielt auf das Licht zu, was immer es sein mochte. »Steuerbord zehn.« Von unten rief Kaeding, der den Tiefenmesser ablas, herauf: »20 Meter unter Kiel!« Dann: »15 Meter ... 10 Meter!« Hardegen, der für die Meldungen eigentlich hätte dankbar sein müssen, brüllte ins Sprachrohr: »Welcher Idiot lotet da? Man kann uns an Land hören!« Er befürchtete außerdem, daß das Brummen der Auspuffe und die Auspuffgase die Anwesenheit des Bootes verraten könnten. Wie dicht er der Küste schon gekommen war, bemerkte er nicht. »Da ist ein Feuerschiff voraus, nicht das Ambrose, aber ein Feuerschiff«, teilte er dem besorgten Kaeding mit.

»Das ist kein Feuerschiff, Herr Kaleu«, entgegnete Kaeding.

»Sie sollten besser raufkommen!« befahl Hardegen.

Kaeding hatte sich, in Erwartung des Befehls, schon die rote Schutzbrille aufgesetzt und kletterte auf die Brücke hinauf. »Herr Kaleu«, sagte er, als er oben angekommen war, »die Koppellinie zeigt, daß wir auf das Ufer zuhalten. Das Licht ist an Land. Wir werden am Ufer stranden!« Hardegen wollte es nicht glauben und blieb noch fünf Minuten auf Kurs - bis er die weiße Gischt der brechenden Wellen vor dem Bug sah.

»Beide Maschinen äußerste Kraft zurück!«

Kaeding atmete erleichtert auf. Sie wären fast gestrandet. Während das Boot erzitternd zum Halt kam, begann er selbst aus nachwirkender Angst zu schaudern, während er auf das Licht an Land starrte, anscheinend ein Hotel. Sogar die Dünen waren zu erkennen und dahinter ein niedriger, dunkler Wald. »Da stellt man es sich dauernd vor, Amerika - und hier ist es!«[26]

Hardegen brachte das Boot ein Stück vom Ufer und seinen täuschenden Lichtsirenen weg. Er mußte vorsichtiger sein, was die Lichter betraf, die jetzt häufiger wurden, während sie sich dem belebteren Rockaway Beach näherten. Backbord voraus zeichnete sich an der Nordspitze von New Jersey die schmale Halbinsel von Sandy Hook ab, die sich in die Lower Bay hineinbog.

»Es wird langsam gefährlich, Herr Kaleu«, sagt Kaeding, der weiter die Tiefenangaben meldete. »Wir sind gerade von 27 auf 17 Meter gegangen.«

»Beide Maschinen langsame Fahrt voraus«, befahl Hardegen dem Steuermann. Er machte sich Sorgen über den Untergrund. Die großen Dampfer kannten die Fahrrinnen, er nicht, und zu dieser Stunde war weit und breit kein Schiff zu sehen, dem er hätte folgen können. Der Punkt, an dem U 123 noch tief genug hätte tauchen können, um einen Waboangriff zu überstehen, war schon lange überschritten, und jetzt war es sogar fraglich, ob auch nur genug Tiefe unter dem Boot war, um den Turm unter Wasser bringen und sich, wenn nötig, verstecken zu können. Aber das war nicht das erstemal, daß Hardegen Kopf und Kragen riskierte. Mit einem Anflug von Fatalismus hatte er im KTB notiert: »Boot ist klar zur sofortigen Sprengung.«[27]

Wo war das Ambrose-Feuerschiff? Nach dem Stadtplan im Taschenatlas hätte es unmittelbar vor U 123 liegen müssen. Aber die Wirklichkeit sah anders aus. Und wenn das Feuerschiff nicht nur

Lichter, sondern auch Hörner oder Glocken an Bord hatte, so war auch von ihnen nichts zu vernehmen. War das Schiff verlegt worden? (Es war tatsächlich vorübergehend nach Cape Cod geschickt worden.) Hardegen verringerte die Fahrt auf zwei Knoten und weniger. Er hatte fast den ehemaligen Standort des Feuerschiffs erreicht und wagte angesichts des überwältigenden Lichterschauspiels, das sich ihm bot, nicht, weiter vorzudringen. Bei 330 Grad war der Himmel vom Widerschein der Lichter von Manhattan und den benachbarten Stadtteilen erhellt. Obwohl Hardegen von seiner Position aus - das Boot lag ein gutes Stück vor den Narrows* - die Stadt selbst nicht sehen konnte, waren ihre Wolkenkratzer und neonglitzernden Straßen doch förmlich zu spüren. Hardegen gab seinen Eindruck später so wieder: »Mit Worten kann ich das Gefühl nicht recht beschreiben, aber es war unglaublich schön und groß, und für diesen Augenblick hätte ich ein Königreich verschenken können - wenn ich es gehabt hätte. Als erste standen wir hier, und zum erstenmal in diesem Krieg sah ein deutscher Soldat die Küste der USA.«[28]

Doch das Triumphgefühl war nicht ungetrübt. War es nicht eine Schande, dieser Stadt, die die menschliche Erfindungsgabe und Gestaltungskraft so sinnfällig vor Augen führte, Schaden zuzufügen? Zugleich war es irritierend zu sehen, daß sie im Lichterglanz erstrahlte, während die deutschen Städte verdunkelt waren. Wußten die Amerikaner nicht, daß ein Krieg im Gange war? Hardegen spürte, wie ihm ihre Arroganz das Blut in Wallung versetzte, während er sich auf der Brücke umsah. Die Ausgucks schauten, trotz aller Vorschriften, nur in eine Richtung, und die Doppelgläser baumelten nutzlos vor ihrer Brust. Eine Vergrößerung war hier nicht mehr nötig. Hardegen ließ sie sich satt sehen und rief Tölle mit seinem Fotoapparat herauf, um einige Aufnahmen zu machen. Dann sah er in seinen Stadtplan und orientierte sich. Im Norden lag mit vielen einzelnen Lichtsegmenten, die sich zu einer schmalen hellgelben Gliederkette verbanden, Rockaway Beach. Etwas weiter links lag Coney Island. Dort waren Autoscheinwerfer und zwei hohe Bauwerke zu erkennen, eine Art Turm das eine und ein Riesenrad das andere, die sich vor dem lichtglühenden Hintergrund abhoben. Hinter Coney Island mußte Brooklyn lie-

* Passage zwischen Long Island und Staten Island, Zufahrt zur Upper Bay.

gen. Und das dort vorn bei ungefähr 280 Grad - mit der senkrechten roten Lichterkette eines Sendeturms dahinter - mußte Staten Island sein. Ganz in der Nähe war, direkt auf der Kiellinie, Sandy Hook zu sehen. Seine äußerste Spitze wurde von einem auffallenden Leuchtfeuer markiert.

Hardegen rief die Brückenwache zur Ordnung zurück. Würden er und seine Männer hier jemals wieder lebend herauskommen? sinnierte er. Es war bekannt, daß in New York wichtige Marineeinrichtungen stationiert waren. Irgendwo mußten hier Kriegsschiffe liegen. Wenn die eine Patrouillenkette bildeten oder sich zum Angriff gegen ihn sammelten, müßte er sie eigentlich schon gesichtet haben. Würde der Feind über sein Boot herfallen und es in Stücke reißen? Oder war sein Besuch eine völlige Überraschung? Oder war die US Navy vielleicht inkompetent - oder nachlässig? Er wußte es nicht, beschloß aber, nicht von der Stelle zu weichen. Jetzt war er schon so weit gekommen und wollte nicht unverrichteter Dinge wieder abziehen. Ein halbwegs wertvolles Ziel mußte her. Von kleinen Booten wimmelte es nur so: Trawler, Schlepper, Lotsendampfer, so viele man wollte. Ob sie U 123 bemerkten? Einige fuhren sehr nah vorbei. Hielten sie das U-Boot für einen verankerten Lastkahn? Oder erkannten sie es als das, was es war, und sagten sich einfach: »Es ist eins von uns«? Sie fuhren in allen Richtungen; die Hafeneinfahrt schien also nicht vermint zu sein. Hinter Sandy Hook in der Lower Bay mochten Minenfelder und möglicherweise sogar Netze ausgebracht worden sein, aber die stark befahrenen Gewässer davor schienen sicher zu sein. Hardegen blieb, wo er war, und wartete ab, ob sich ein größerer Fisch zeigte.

Aber es tauchte keiner auf. Vielleicht hatte die Navy oder die Hafenbehörde nach der Versenkung der *Norness* den Handelsverkehr vorläufig gestoppt und die nach Norden oder Süden an der Küste entlangfahrenden Frachter und Tanker in andere Häfen umgeleitet. Wenn es so war, vergeudete Hardegen nur seine Zeit und brachte sein Boot unnötig in Gefahr. Er beugte sich zum Sprachrohr hinab und sagte: »An Steuermann, auf Eins-Null-Null gehen. Beide Maschinen langsame Fahrt voraus.« Er würde wieder hinausfahren und vor der Küste von New Jersey Stellung beziehen. Und so fuhr U 123, während Hardegen unter Deck ging und von Schroeter das Kommando übernahm, in umgekehrter Reihenfolge an den Landmarken vorbei, die es schon einmal passiert hatte, als genau um 8.40 Uhr MEZ (1.40 Uhr ET) nicht, wie zu erwarten gewesen wäre, ein vorderer Ausguck, sondern einer von achtern rief: »Herr Leutnant, Dampferlaternen achtern!« Von Schroeter schaute mit dem Doppelglas in die angegebene Richtung. Tatsächlich, dort war ein Schiff, das ihnen aus der Hafeneinfahrt *folgte.* Der Ost-West-Verkehr war also nicht unterbrochen worden. Wenn sie länger am Ambrose Channel gewartet hätten, wäre ihnen die Beute in Sichtweite der Stadt ins Visier geraten. Aber besser hier als nirgendwo. »Kommandant auf die Brücke!«

Hardegen hielt das Doppelglas an die Augen. Ja, ein Schiff, ein Tanker, und zwar ein großer, nach der Breite und den Masten zu urteilen, beleuchtet wie in Friedenszeiten. »Beide Maschinen langsame Fahrt voraus, Steuerbord zwanzig.« Er würde in Nullage auf das anlaufende Schiff warten. »UZO auf die Brücke, auf Null bleiben, vier Knoten.«

Hoffmann nahm seine Station ein und schätzte die Schußunterlagen: Zielkurs 96 Grad, Fahrt 10–11 Knoten, Entfernung bei 3000 Metern, abnehmend. Er hatte das Schiff deutlich in der UZO. Es lief, mit seinen 10000 BRT und mit vollem Bauch tief im Wasser liegend, direkt vor die Mündungen von U 123. Hoffmann gab eine seitliche Kurskorrektur durch: »Auf Null-Eins-Vier gehen.« Die Dampferlaternen erlaubten eine gute Positionsbestimmung. Es würde ein Lehrbuchangriff werden.

»Rohr 1 fluten. Tiefeneinstellung zwei Komma fünf. Fahrt zehn Komma fünf. Entfernung 900. Lagewinkel Grün 20.« Von Schroeter und Fuhrmann bestätigten: »Folgen!«

Hoffmann zielte auf die Brücke. »Entfernung 800 . . . 780 . . . 750 – los!«

Von Schroeter am Vorhaltrechner rief die Laufzeit auf die Brücke: 58 Sekunden. Hardegen war zuversichtlich, einen perfekten Schuß abgegeben zu haben. Er hoffte, daß das Feuerwerk bis nach Manhattan zu sehen sein würde. Aber das war kaum möglich. Die Küste war schon von seiner Position aus, gut 27 Seemeilen südlich der Hamptons*, nicht mehr auszumachen.

RUMMS!

* Die Orte North-, West-, East- und Southampton mit dem Mittelpunkt Hampton Bays im Osten von Long Island.

Kurz hinter der Brücke des Schiffs stieg eine gelbrote, mit Öl, Wasser und Schiffsteilen vermischte Sprengsäule 200 Meter in den Himmel. Die Szene war plötzlich taghell erleuchtet. Die Fahrt des Tankers verlangsamte sich, seine Brücke brannte lichterloh, was hieß, daß er keinen Notruf mehr funken konnte, und er hatte sich leicht auf die Steuerbordseite gelegt. Hardegen bemerkte im Doppelglas, daß einige Besatzungsmitglieder an ein Geschütz auf dem Achterdeck rannten. Der Tanker brauchte ein zweites Loch im Rumpf, und zwar rasch. U123 mußte im Licht des Feuers deutlich zu erkennen sein. Hoffmann machte Heckrohr 5 klar und schoß um 9.59 Uhr ein Torpedo auf den Maschinenraum des inzwischen zum Stillstand gekommenen Tankers ab. 45 Sekunden später jagte seine Explosion eine zweite Sprengsäule in den Himmel. Der Tanker sackte, mittschiffs aufgebrochen, schnell mit dem Heck unter Wasser und rammte sich in 54 Meter Tiefe in den Meeresboden, während der Bug über Wasser blieb und in einem Winkel von etwa 30 Grad herausragte. Hardegen beanspruchte in seiner Schußmeldung 10000 BRT für den Tanker und kommentierte sarkastisch: »Die Amerikaner hatten einen Teil ihrer Feuerschiffe eingezogen. Da war es ja gut, daß die Wracks unserer Tanker z.T. aus dem Wasser ragten, denn wie sollten die anderen Schiffe sonst den Hafen finden? Wir legten ihnen [. . .] eine schöne ›Bojenreihe‹ sorgfältig in die Ansteuerung [. . .].«[29]

Der Tanker war die *Coimbra,* ein englisches Schiff mit 6768 BRT, einer Länge von 130 Metern, einer Breite von 18 Metern und Tanks für 8000 Barrel Öl. Wie die *Norness* war er von einer deutschen Werft gebaut worden, diesmal der Howaldtswerke AG in Kiel. Bei der Versenkung kamen der Kapitän und 35 Besatzungsmitglieder ums Leben, sechs wurden verletzt.[30] Viele Bewohner der Südküste von Long Island hatten das tödliche Feuerwerk beobachtet und alarmierten die örtlichen Behörden, darunter die Polizeichefs von Quogue und Hampton Bays sowie die Küstenwache, deren Stützpunkt in Quogue später die Presse darüber informierte, daß ein Patrouillenflugzeug 23 Meilen vor dem Shinnecock Inlet ein Boot und ein Floß mit Überlebenden gesichtet und Lebensmittel und Whiskey für sie abgeworfen habe. Gleichzeitig fuhren Rettungsschiffe der Küstenwache auf die rauhe See hinaus. In der Church Street weigerte sich Admiral Andrews, die Versenkung zu bestätigen, da er »keine Informationen«

habe.[31] Dabei blieb es auch, nachdem das Marineministerium in Washington um 16.00 Uhr ET am 16. Januar bekanntgegeben hatte, daß die unter der Flagge »eines Verbündeten der Vereinigten Staaten« fahrende *Coimbra* vor Long Island »in sinkendem Zustand« gesichtet worden sei.[32] Ein Blick ins Kriegstagebuch der ESF zeigt jedoch, daß sie die Information schon um 8.30 Uhr und mit genaueren Angaben um 10.45 Uhr erhalten hatte: »Das Schiff, das um 8.30 Uhr 61 Meilen vor Ambrose-Licht, 96 Grad rechtweisend, unter Wasser gemeldet wurde, ist torpedierter britischer Tanker *Coimbra.*«[33] Warum Andrews selbst nach der Bekanntmachung durch Washington die Versenkung nicht bestätigen wollte, läßt sich anhand der Akten nicht nachvollziehen. Das Main-Navy-Kommuniqué jedenfalls bezeichnete die U-Boot-Bedrohung an der Küste als »zunehmend ernst«.[34]

Hardegen hätte diese Einschätzung vermutlich mit Genugtuung aufgenommen, als er sich um 11.00 Uhr MEZ von der *Coimbra* abwandte und auf Kurs 180 ging. Er hatte getan, weshalb er nach New York gekommen war. Er hatte die Vereinigten Staaten an ihrer eigenen Haustür gedemütigt. Zu seiner Überraschung – und gewiß auch Freude – hatte sich die US Navy als Papiertiger herausgestellt, der von Leuten dressiert wurde, die entweder inkompetent oder nachlässig waren oder beides. Und mit den sechs Torpedos, die ihm verblieben waren, gedachte er dem Feind noch mehr Blessuren beizubringen. Der südliche Kurs würde ihn an der Küste von New Jersey entlang zur Delaware Bay führen, und er wollte, bis der Morgen graute, auf der Suche nach der nächsten Beute so lange wie möglich über Wasser bleiben. Der Himmel war bedeckt, und *Eins-Zwei-Drei* bekam wieder einmal zu spüren, was es hieß, durch eine rauhe See zu fahren. Um 14.10 Uhr, kurz nachdem er im ersten Glimmen der aufgehenden Sonne ein Fischerboot gesichtet hatte, tauchte Hardegen mit Kurs 230 ab und sagte den Offizieren, daß sie den Tag über im Keller bleiben würden. Erst knapp zehn Stunden später, gegen Mitternacht (17.00 Uhr ET) des 15. Januar, tauchte U 123 wieder auf. Aber kaum war die Gischt vom Oberdeck abgelaufen, als sie auch schon an Backbord einen kleinen Schatten vor dem Abendhimmel ausmachten. ALARMMM! Gerade als sie auftauchten, hatte ein Flugzeug ihren Kurs gekreuzt. Hardegen, der als letzter unter Deck hastete, sah noch, den Deckel des Turmluks in der Hand, wie es auf sie zuhielt. »Alle

Mann nach vorn!« brüllte er Kaeding von der Leiter aus zu. »Hart abwärts!« Es schien eine Ewigkeit zu dauern, bis sie endlich die letzten Wellen an den Turm klatschen hörten und der LI verkündete: »Zehn Meter und tiefer.«

»Bleiben Sie auf 30 Meter, LI«, befahl Hardegen. »Wir wissen nicht, wie tief es hier ist. Ich möchte nicht, daß wir mit der Nase auf den Boden auftreffen.« Der Turm war unter Wasser, aber die Wirbel mußten noch zu sehen sein. Wie hatte der Pilot sie in der Dunkelheit überhaupt entdeckt? Phosphoreszenz?

RUMMS! RUMMS! RUMMS! RUMMS!

Vier Bomben explodierten an Steuerbord, aber weit entfernt. Schlecht gezielt, dachte Hardegen. Die Yankees hatten noch eine Menge zu lernen. »Backbord 10, halbe Fahrt voraus.« Er wollte der zweiten Welle ausweichen. Doch zehn Minuten vergingen, dann 20 – von einer zweiten Welle war nichts zu hören. Der Pilot mußte seine gesamte Bombenlast beim ersten Angriff abgeworfen haben. Aber er hatte mit Sicherheit andere Flugzeuge herbeigerufen, die so dicht unter der Küste bald auf der Szene erscheinen mußten. Und er hatte zweifellos Zerstörer auf ihre Position aufmerksam gemacht. Es sei denn, er war sich nicht sicher, tatsächlich ein U-Boot gesehen zu haben, und hatte einfach auf gut Glück das bombardiert, was möglicherweise eines war.

»LI, auf Sehrohrtiefe gehen. Und geben Sie mir das Luftzielsehrohr.« Bei 14 Metern Tiefe zischte das Weitwinkelsehrohr nach oben, und Hardegen suchte langsam den Horizont ab. Nichts als Wasser und Wolken. »LI«, rief er aus dem Turm hinunter, »klarmachen zum Auftauchen, aber schwer bleiben, Oberdeck überflutet. Ausgucks in den Turm. Geschützbedienung bereithalten. Auftauchen!«

Um 0.42 Uhr tauchte U 123 vor der Küste von New Jersey aus dem Wasser, gerade so weit, daß die Brücke hinausschaute und das Boot, wenn nötig, rasch wieder unter der Oberfläche verschwinden konnte. Hardegen enterte mit den Ausgucks die Brücke. Ein erster Rundumblick zeigte nichts Ungewöhnliches. Sie schauten auf der Suche nach den schmalen Schatten von Zerstörern oder Patrouillenschiffen aufmerksam in Richtung Küste. Nichts. »An Puster«, rief Hardegen unter Deck, »irgend etwas über Funk?« Rafalski meldete, daß er nur einen Funkspruch auf dem 600-Meter-Band vom Hydrographischen Institut in New York empfangen habe, in dem das Gebiet um Sandy Hook bis zum 31. Januar zur Gefahrenzone erklärt wurde. Der Luftangriff war also nur ein Zufall gewesen, folgerte Hardegen. Einen organisierten Widerstand gab es hier offenbar nicht.

Er hatte recht. Die zufällige Bombardierung an diesem Abend sollte der einzige militärische Angriff bleiben, dem er während der gesamten amerikanischen Feindfahrt ausgesetzt war.

Im ESF-Kriegstagebuch vom 16. Januar sind dieser und ein weiterer Angriff auf ein nicht identifiziertes Ziel verzeichnet. Es waren bis zu diesem Zeitpunkt die einzigen Aktionen gegen die »U-Boot-Bedrohung« in amerikanischen Gewässern: »1000–2100 [Uhr]. Zahlreiche Kontakte mit U-Booten durch Army-Flugzeuge, Navy-Flugzeuge und ZNPs [Blimps - Kleinstluftschiffe]. Bombenabwürfe durch ein Army-Flugzeug und das K-G [Luftschiff]. Resultate unbekannt.«[35] Bis dahin war ein einziges, verletzliches U-Boot in die Küstengewässer der USA vorgestoßen, ohne auf irgendwelche Gegenwehr zu stoßen - wenn man von dem einen glücklosen Bomber absah, der über das auftauchende Boot gestolpert war (noch dazu in der Abenddämmerung, die nicht zu den üblichen Flugzeiten gehörte) und ebenso viele Bomben - und mit der gleichen Wirkung - darauf abgeworfen hatte wie ein anderer Army-Bomber einige Wochen vorher auf den amerikanischen Zerstörer *Trippe.* Mit anderen Worten, die US-Verteidigung hatte bis dahin genausoviel Munition gegen den Feind verwendet wie gegen sich selbst. Die Bewohner an der Küste von Long Island, die bei ihren Spaziergängen die Zeichen für die erstaunliche Nähe des Krieges fanden - Ölklumpen, Schwimmwesten, Holzstücke, Taue und andere Wrackteile -, haben sich vermutlich verwundert gefragt, wo die Navy war. Wie hatte das geschehen können? Hätten sie Einblick in die geheimen Befehle der Navy gehabt, was natürlich nicht der Fall war, hätten sie auch direkter fragen können: Wo waren Admiral Bristols 25 *Support Force*-Zerstörer, die an der Küste stationiert worden waren, *um genau das zu verhindern?*

Die 25 Zerstörer waren anderweitig beschäftigt gewesen. Einige waren einfach im Hafen geblieben, andere zu Übungsfahrten ausgelaufen, und einige, die wieder als Konvoieskorte unterwegs waren, suchten die Gefahr in der Ferne, anstatt diejenige vor ihrer Haustür abzuwenden. Was die Zersplitterung der Kräfte durch den Geleitschutzdienst betraf, so scheint Vice Admiral Royal Eason »Budge« Ingersoll dafür der unmittelbar Verantwortliche gewesen zu sein. Zwei Wochen zuvor hatte er als Nachfolger Admiral Kings am Mast der Fregatte USS *Constellation,* des ältesten Schiffs der US Navy, seine Flagge als CINCLANT aufgezogen. Er wird als kleiner, rotblonder, schwermütiger Indiana-Romantiker beschrieben, bescheiden und publizitätsscheu (seine Zeitschriftenabonnements gingen an »Mr. Ingersoll«), der Klavier spielte und Briefmarken sammelte. Er hatte in seinen 37 Dienstjahren so gut wie jede Stellung innegehabt, die die Navy an Land und auf See zu vergeben hatte, bis hin zu seinem letzten Posten als Stellvertreter Admiral Starks als CNO, vom 24. Juli 1940 bis zur Berufung zum CINCLANT. In dieser Stellung muß er von Kings Entscheidung gewußt haben, die Zerstörer der Support Force (Task Force Four) aufgrund der »hohen Wahrscheinlichkeit von U-Boot-Angriffen in diesem Gebiet« in die Heimatstützpunkte an der Ostküste zurückzubeordern.[36]

Aber am 5. Januar war von Main Navy der Befehl ergangen, die US Marines in Island und die britischen Streitkräfte in Nordirland durch Einheiten der US Army abzulösen und diese mit zehn Transportern unter dem Geleitschutz von Schlachtschiffen, Kreuzern, Flugzeugträgern und Zerstörern über den Atlantik zu bringen. Der Truppenkonvoi wurde als AT 10, seine Eskorte als Task Force 15 bezeichnet. Am folgenden Tag übergab Ingersoll Rear Admiral Alexander Sharp, dem Befehlshaber der Schlachtschiff-Division 5, das Kommando über den Geleitschutzverband. Er sollte am 15. Januar 1942 aus New York auslaufen. »Um genügend Zerstörer zu haben, mußte er [Ingersoll] welche vom Zerstörerkommando und von Admiral Bristol ausleihen«, wie die (1946 erschienene) Geschichte der CINCLANT-Verwaltung festhielt.[37] So kam es, daß sich am 14. Januar, als U 123 die *Norness* torpedierte, die US-Zerstörer *Mayrant, Rowan, Trippe* und *Wainwright* aus Norfolk, *Roe* aus Newport sowie *Gwin* und *Monssen* aus Boston vor dem Auslaufen von AT 10 in New York versammelten. Keiner von ihnen begab sich auf die Suche nach dem Angreifer der *Norness.* Am 15. Januar, dem Tag, an dem U 123 die *Coimbra* versenkte, gesellten sich die Zerstörer *Livermore* aus New York, *Charles F. Hughes* aus Boston sowie *Lansdale, Ludlow, Ingraham* und *Hilary P. Jones* aus

Casco Bay zu dem Verband.[38] Auf einen Schlag waren 13 Zerstörer aus dem Gebiet abgezogen worden, in dem sie am dringendsten gebraucht wurden. Es ist erstaunlich, daß Hardegen keinem der Schiffe begegnete, die sich in dem Hafen, vor dessen Einfahrt er operierte, zum Konvoi formierten und schließlich in See stachen. Es stellt sich nicht nur die Frage, ob es angebracht war, die Zerstörer in diesem speziellen Augenblick für diese Sonderaufgabe von dort abzuziehen, wo sie nach Kings Ansicht »notwendig« waren, sondern auch, wie es einem Befehlshaber einfallen konnte, Truppentransporter voller kostbarer menschlicher Fracht direkt in durch U-Boote gefährdete Gewässer zu schicken. (Die Navy war sich nicht klar darüber, wie viele Angreifer außerhalb des Hafens in Stellung gegangen waren.) Es war pures Glück für die 22000 Soldaten der Army und ihre Transporter, daß sie nicht von Hardegens UZO erfaßt wurden. Daß ihre Kommandeure sie direkt ins Feuer schickten, war schlicht unverantwortlich.

AT 10 hätte leicht aufgehalten werden können. Für sein Auslaufen bestand keinerlei dringende Notwendigkeit. Präsident Roosevelt wollte zwar so bald wie möglich ein symbolisches Expeditionskorps in Nordirland haben, aber es gab keinen bevorstehenden Feldzug, der die sofortige Verschiffung der Truppen erforderlich gemacht hätte. Noch fünf Monate später, während der Operation »Bolero«, der Aufstellung einer amerikanischen Streitmacht in Großbritannien für eventuelle Landoffensiven gegen Deutschland und Italien, fand es der COMINCH nicht sonderlich wichtig, daß die AT-Konvois exakt nach Plan ausliefen: »Das Datum kann um einen oder zwei Tage verschoben werden, wenn es passender ist oder aus Sicherheitsgründen regelmäßige Abfahrtstage vermieden werden sollen.«[39] AT 10 mit 13 Zerstörern auf den Weg zu schicken, während der Feind auf bekannten Routen anmarschierte und den Angriff bereits eröffnet hatte, war ungefähr so, als hätte man während des Angriffs der Japaner auf Pearl Harbor einen Konvoi von Hawaii in Richtung Philippinen ausgeschickt. Es war Starrsinn *in extremis.*

Was aber war mit den anderen Zerstörern, die die Ostküste verteidigen sollten, als der »Paukenschlag« ertönte? Sechs von ihnen blieben bequem im Hafen liegen; die *Bristol* dampfte am 15. Januar routinemäßig nach Casco Bay, und die bereits erwähnte *Ellyson* wurde zur »Ausbildung« nach New London beordert.[40] Diese Befehle kamen wahrscheinlich von Bristol. So war also »die höchstmögliche Anzahl« von Zerstörern, die Admiral King als notwendig betrachtet hatte, um die »mit hoher Wahrscheinlichkeit« zu erwartenden U-Boot-Angriffe zurückzuschlagen, entweder untätig geblieben, mit Übungen beschäftigt oder für Missionen abgezogen worden, die auf einen günstigeren Termin hätten verschoben werden können. Kam Ingersoll die Schuld an diesen Unter- bzw. Überlassungen zu? Oder Bristol? Von beiden könnte gesagt werden, daß sie sich einfach an ihre Befehle hielten. Es gab allerdings ein Prinzip innerhalb der Kommandostruktur, das sie nicht beachteten - King hatte es als CINCLANT schriftlich niedergelegt und, wie sein offizieller Biograph versichert, »damals und späterhin«[41] als seine Flottenpolitik vertreten. Einer der Abschnitte des Texts befaßte sich mit dem »Üben von Eigeninitiative«:

> Wenn es den Untergebenen - wie es jetzt der Fall ist - an jener Ausbildung und Erfahrung mangelt, die sie befähigt, »aus eigenem Antrieb« zu handeln - wenn sie nicht durch ständige Praxis in der Lage sind, die »Initiative des Untergebenen« auszuüben - wenn es ihnen widerstrebt (sie Angst haben) zu handeln, weil sie an detaillierte Befehle und Instruktionen gewöhnt sind - wenn sie nicht gewohnt sind, zu denken, zu urteilen, zu entscheiden und auf ihrer Befehlsebene von sich aus zu handeln - werden wir in einer traurigen Verfassung sein, sobald die Zeit »aktiver Operationen« gekommen ist.[42]

In einer späteren Version fügte er in Kursivschrift hinzu: *»Macht das Beste aus dem, was ihr habt!«*[43] (Auf der anderen Seite gab Admiral Dönitz seinen Männern den gleichen Rat mit auf den Weg.) Dieses Verständnis der Befehlsstruktur hätte sowohl Ingersoll als auch Bristol ermutigen sollen, entsprechend den Umständen, mit denen sie konfrontiert waren, eigenständige Entscheidungen zu treffen. Ingersoll, dem »die volle Verantwortung für die Truppenkonvois« zukam,[44] hätte AT 10 problemlos lange genug zurückhalten können, um sich dem deutschen Angriff zu stellen und ihn vernichtend zurückzuschlagen - wozu Hardegens exponierte Stellung in der Einfahrt des New Yorker Hafens geradezu einlud. Und Bristol, der für den Einsatz der von Ingersoll nicht entliehenen Zerstörer verantwortlich war, hätte sie sicherlich gegen den Feind ausschicken können, der innerhalb seines Hoheitsgebiets marodierte. Aber keiner von beiden unternahm etwas.

Entlastet aber das Prinzip der »Initiative der Untergebenen« King von jeder persönlichen Verantwortung für die erteilten oder nicht erteilten Befehle? Kaum. Er war der Oberbefehlshaber, der stets das »ganze Bild« vor Augen hatte; er war derjenige, der die Zerstörer als Schutzschild gegen den erwarteten U-Boot-Angriff an der Ostküste stationiert hatte; er hatte allen Grund, sich um den Erfolg dieses Schutzschildes Sorgen zu machen; und er hätte jederzeit in die Entscheidungen von Ingersoll und Bristol eingreifen können. Aber sogar nach dem Verlust der *Norness* und der *Coimbra* sah er sich zu keiner einzigen kriegerischen Handlung veranlaßt. Auf dem Papier, in seinen Operationsbefehlen und den Ausführungen zur Flottenpolitik, mochte er beeindrucken, auf der Kommandobrücke war »der *King* (König) des Atlantiks« ein Blindgänger. Wie ein Torpedoversager weigerte er sich zu explodieren. In Pearl Harbor waren die verantwortlichen Befehlshaber von Army und Navy wegen weit geringerer Pflichtvergessenheiten ihrer Posten enthoben worden.

Das Militär der USA hat sich in den ersten Schlachten von Kriegen zugegebenermaßen nicht immer gut geschlagen, angefangen mit Long Island im Unabhängigkeitskrieg über Bull Run (Unionsstreitkräfte) im Bürgerkrieg, Pearl Harbor und den Kasserine-Paß (Tunesien) im Zweiten Weltkrieg bis hin zu Osan in Korea und dem Albany-Massaker in Vietnam. Aber im Fall von »Operation Paukenschlag« entschloß sich das Militär der USA, es gar nicht erst zur Schlacht kommen zu lassen. Die letzte Schuld für dieses peinliche Versagen, für die schrecklichen Verluste an Menschenleben und Material, für die verpaßte Chance, die Wunde auszubrennen, bevor sie zu wuchern begann, ist auf dem Schreibtisch des Oberbefehlshabers zu suchen, und der hieß Ernest J. King. Seine Unentschlossenheit angesichts der verwegenen Schläge eines Reinhard Hardegen hatte fatale Folgen für sein Land: Es mußte hilflos zusehen, wie vor seiner Küste das größte maritime Massaker seiner Geschichte angerichtet wurde. Wo war der King aus dem vergangenen Juli geblieben, der den Befehl ausgegeben hatte: »Feindliche Kräfte, die die Schiffahrt unter der US- oder der isländischen Flagge bedrohen, sind zu vernichten. [. .] eine Bedrohung existiert, wenn potentiell feindliche Schiffe konkret *im Sicht- oder Funkortungskontakt* [. . .] sind«?[45] *Dieser* King hätte eine Chance gehabt, Hardegen eine blutige Nase zu verpassen und *ihm* mit einem Paukenschag zuzusetzen. Admiral Dönitz wäre vor der amerikanischen Küste später weit mehr auf der Hut gewesen, wenn der US-Adler gleich am Anfang die Krallen gezeigt und benutzt hätte. Aber anstatt die Gelegenheit, die Katastrophe abzuwenden, zu nutzen, lud King sie förmlich ein, mit der Folge, daß er das nächste halbe Jahr damit verbrachte, dafür zu bezahlen - und immer neue Entschuldigungen vorzubringen.

Wie im Fall der auf Pearl Harbor anfliegenden japanischen Bomber war auch der Erfolg von »Paukenschlag« kein Versagen des Nachrichtendienstes, sondern das der operativen Führung. Im OIC in London sahen sich Rodger Winn und Patrick Beesly bestürzt an. »Es hat uns wirklich umgehauen«, erinnerte sich Beesly später.[46]

Die dritte Januarwoche hatte begonnen. Hardegen lief in Richtung Süden, Folkers und Zapp erreichten ihre Operationsgebiete. Die Kurve der alliierten Verluste sollte binnen kurzem steil in die Höhe schnellen, denn jetzt gab es kein Halten mehr. Die Wölfe marschierten kaltschnäuzig in die Schafhürde. Und es gab niemanden, der sich ihnen mit Entschlossenheit entgegenstellte.

8

Wo ist die Navy?

Vor der Küste von North Carolina liegen wie die Knochen eines 190 Kilometer langen Fingers die Outer Banks, schmale, von engen Wasserwegen getrennte Sandriffe. Auf diesen Inselbarrieren ragen drei Kaps ins Meer: Lookout, Fear und Hatteras, von denen Hatteras, das am weitesten vorgeschobene, die größte Gefahr für den Küstenverkehr darstellt, da an seiner Spitze durch den Zusammenstoß des warmen, nach Norden gerichteten Golfstroms mit arktischen Strömungen derart heftige Winde und Wellen erzeugt werden, daß nur die erfahrensten Kapitäne damit fertig zu werden verstehen. Aber auch wenn man die Outer Banks umschifft, ist man der Gefahr noch nicht entronnen, denn wie Tentakel gehen von ihnen kilometerlange, unter Wasser liegende Sandbänke aus – tückische Dünen mit Namen wie Wimble, Lookout oder Diamond.

Seit den Kolonialzeiten befuhren Handelsschiffe diese gefährlichen Gewässer, um Landwirtschaftsprodukte und Rohstoffe aus dem Süden in die Chesapeake Bay und zu den Industriestädten an der mittleren Atlantikküste und in die Neuengland-Staaten zu bringen. Mit der Expansion des Amerikahandels wurden die Schiffe immer größer, und die Flaggen der verschiedensten Länder tauchten vor den Outer Banks auf. Aber welche Flagge die Schiffe auch trugen, ob sie klein oder groß waren, alt oder modern, auf der Hut oder sorglos, die sandigen Tentakel forderten von 1526 an bis ins 20. Jahrhundert immer wieder ihre Opfer. Viele gingen in Stürmen unter, andere während ganz gewöhnlicher Fahrten über dem risikoreichen Untergrund. Von Kap Fear im Süden bis nach Currituck Beach waren die Strände mit den Überresten dieser Katastrophen bedeckt. 1918 gesellten sich zu den natürlichen Gefahren dieses »Friedhofs des Atlantiks« die ersten deutschen U-Boote, die durch Torpedos, Minen oder Aufgrundsetzen sechs Tanker, einen Schoner, eine Bark und das Diamond-Shoals-Leuchtschiff zerstörten.[1]

24 Jahre später, am 16. Januar 1941, erreichte Richard Zapp mit dem zur »Gruppe Paukenschlag« gehörenden IXC-Boot U 66 die Gewässer vor den Outer Banks. Verspätet, vom Winterwetter zermürbt und für ein Operationsgebiet bestimmt, das eine längere Anfahrt erforderte als dasjenige von Hardegen, begann Zapps U 66 in CA 84 zu kreuzen, unmittelbar nördlich der Marinequadrate CA 79 und 87 sowie DC 12 und 13, die auf der 1870G-Karte als Angriffsgebiet I gekennzeichnet waren. Wie Hardegen kam Zapp für den am 13. Januar geplanten »Schlag auf die Pauke« zu spät, aber er war zuversichtlich, bald eine Beute vor die Rohre zu bekommen. Der gesamte Nord-Süd-Schiffsverkehr mußte um Kap Hatteras herum und weit hinaus auf See ausweichen, um die Sandbänke zu umfahren. So entging er zwar der einen Gefahr, lieferte sich aber der anderen, die Zapp im Sinn hatte, gewissermaßen selbst aus. Von Süden kamen tief im Wasser liegende Frachter mit Bauxit aus Guayana und Brasilien, das zur Aluminiumherstellung für den Flugzeugbau gebraucht wurde; mit Öl und Benzin von den holländischen Inseln Curaçao und Aruba, aus Venezuela und den texanischen Häfen Corpus Christi, Houston und Port Arthur (allein nach Großbritannien gingen jeden Tag vier Tanker); mit Eisen, Zinn, Gummi, Zement, Phosphat, Holz und Baumwolle; und nicht zuletzt mit Lebensmitteln wie Wintergemüse, Zucker, Kaffee und kalifornischen Südfrüchten. Manche Schiffe, die durch den Panamakanal in die Karibik und an die Ostküste der USA gelangt waren, kamen mit Manganerz, Schwefelsäure oder Wolle aus so weit entfernten Häfen wie Bombay. Hatten sie ihre Fracht gelöscht, fuhren sie frisch beladen oder im Ballast in Richtung Süden zurück, wiederum an der gefährlichen Küste von North Carolina entlang, die sie auf einen weiten Ausweichkurs zwang.

In der Neumondnacht des 18. Januar sichtete U 66, bei ruhiger See und leichtem Wind von achtern, das Winter-Quarters-Leuchtschiff nordöstlich der Diamond Shoals. Gleichzeitig bekamen die Ausgucks, nicht weiter als drei Seemeilen entfernt, die dunkle Silhouette eines völlig abgedunkelt nordwärts fahrenden Tankers ins Glas. Zapp verlangsamte die Fahrt auf sieben Knoten und wartete in Bugangriffsposition wie ein Jäger auf dem Anstand auf das Wild. Das Ziel befand sich zwischen seinem Boot und der Küste. Sein IWO bediente die UZO und rief die Schußunterlagen nach unten: Fahrt 11 Knoten, Entfernung 2000 Meter, Lagewinkel 21, und entschied sich mit Zapps Zustimmung für einen Mehrfachschuß aus den Rohren 1 und 2. Der Vorhaltrechner programmierte den einen G7e-Aal auf einen Kurs von 282 Grad mit Ziel unter der Brücke und den anderen auf 283 Grad mit dem Maschinenraum als Ziel. Um 8.33 Uhr MEZ war für U 66, bei einer Zielentfernung von 1800 Metern, die Schlacht eröffnet. Obwohl die See ruhig war und beide Torpedos auf normale Tiefen eingestellt waren, der eine auf drei, der andere auf vier Meter, durchstieß der eine spritzend die Wasseroberfläche, was von einem Ausguck auf dem Tanker offenbar bemerkt wurde, denn das Schiff, das bisher nicht im Zickzack gelaufen war, drehte plötzlich hart nach Backbord ab. Es reichte jedoch nicht, um den Torpedos zu entkommen. Der erste schlug auf der Steuerbordseite vor der Brücke ein, der zweite vier Sekunden später hinter den Aufbauten. Eine riesige Rauchwolke stieg über dem tödlich getroffenen Tanker auf, das Vorschiff brach ab und sank fünf Minuten nach den Detonationen. Weitere zehn Minuten später kenterte der Rest des Schiffs nach Steuerbord und sackte weg, während das ausgelaufene Öl 400 Meter im Umkreis noch lange weiterbrannte. Da die Ausgucks den Namen des Tankers nicht erkannt hatten und der Puster meldete, daß er keinen Notruf gefunkt hatte, konnte Zapp nicht feststellen, wen er dort versenkt hatte. Er ließ den Suchscheinwerfer einschalten und auf die Rettungsboote richten, fuhr aber wegen der schwimmenden Feuer nicht näher heran. Nach 20 Minuten zog er sich zurück und vermeldete seinen Erfolg in der Schußmeldung einfach als »Tanker ca. 9200 BRT«.[2]

Die *Allan Jackson* – um sie handelte es sich – war 1921 gebaut worden und hatte tatsächlich 6635 BRT. Es war ein 132 Meter langer, unter US-Flagge fahrender Tanker der Standard Oil of New Jersey, der am 11. Januar mit 72870 Barrel Öl für einen unbekannten Käufer in New York aus Cartagena (Kolumbien) ausgelaufen war. Als er im Dezember Richtung Süden gefahren war, hatte man dem Kapitän, Felix W. Kretchmer, in Norfolk (Virginia) zwei Tage vor Pearl Harbor mitgeteilt, daß die ESF für den Kriegsfall geschützte »Küstenseewege« ausgewiesen habe und daß er die entsprechenden Instruktionen vor seiner nächsten Fahrt vom amerikanischen Konsul in Cartagena erhalten werde. Als Kretchmer nach diesen Instruktionen fragte, erwiderte der Konsul jedoch, daß sei ihm neu.[3] So beschloß Kretchmer von sich aus, seine Fahrt nach Norden wenigstens verdunkelt zu unternehmen, obwohl bis zum 11. Januar noch nichts von einem U-Boot-Angriff vor der US-amerikanischen Ostküste verlautet war. Er sorgte außerdem dafür, daß die Rettungsboote gut mit Lebensmitteln, Wasser und Leuchtsignalen ausgestattet wurden. Da er keine Geschütze an Bord hatte, war die Nacht sein einziger Schutz, und er richtete es so ein, daß er Kap Hatteras passierte, als die Nacht am dunkelsten war. Im Zickzack zu fahren hielt er nicht für nötig, da ihm der Neumond genügend Schutz bot. Jedenfalls glaubte er es.

Die 35 Mann Besatzung der *Allan Jackson* waren, bis auf einen Holländer und einen Russen, allesamt Amerikaner. In der Nacht des 18. Januar dampfte sie – die meisten der dienstfreien Matrosen waren schlafen gegangen, der Rest spielte Karten – mit zehn Knoten auf einem Kurs von 356 Grad nordwärts. Sie hatte 35° 47′ N, 74° 20′ W, 75 Seemeilen östlich von Kap Hatteras, erreicht, als der 25jährige Zweite Offizier Melvin A. Rand auf der Brücke an Steuerbord die weiße Gischt eines durchbrechenden Torpedos sah. Er alarmierte den Steuermann, aber bevor das Ruder voll umgelegt war, erschütterte die erste von zwei heftigen Explosionen die Brücke. Rand wurde von den Beinen geholt und kroch, während die zweite Explosion das Schiff erzittern ließ, zum Achterdeck, wo sich sein Rettungsboot befand. Als sich das Boot in der Aufhängung verklemmte, sprang er über Bord und schwamm, das sich rasch ausbreitende Oberflächenfeuer hinter sich, um sein Leben. Nach einer Weile schaute er zurück und sah den Tanker »wie ein Scharnier einknicken« und in zwei Teilen sinken, während in einiger Entfernung ein Scheinwerfer über die Szene strich. Nach einer Stunde im Wasser, in deren Verlauf er von einem Fisch in die Hand gebissen worden war, fand Rand die Überreste eines Rettungsboots und klammerte sich daran fest. Bald darauf gesellte sich der Dritte Offizier, Boris A. Voronsoff, zu ihm. Ein weiteres Besatzungsmitglied, Francis Bacon, schwamm ebenfalls heran, war aber zu erschöpft, um sich festhalten zu können, und ertrank.

Kapitän Kretchmer hatte in voller Montur geschlafen (wie er es auch seinen Offizieren geraten hatte), als ihn die Torpedotreffer aus der Koje warfen. Die Explosionen hatten die Tür seiner Kajüte verklemmt. Er saß in der Falle. Als er die Tür trotz verzweifelter Anstrengungen nicht aufbekam und das Feuer an Bord immer deutlicher zu spüren war, zwängte er sich durch das Bullauge hinaus. Auf dem Bootsdeck bemerkte er, daß das Vorderschiff unter ihm wegsank, und er schwamm, was das Zeug hielt, um aus dem Sog herauszukommen. Später fand er den runden Sitz eines Holzstuhls, der ihn kaum über Wasser hielt, aber für die nächsten sechs Stunden sein einziger Halt war. Er hatte keine Gelegenheit mehr gehabt, den Befehl zum Verlassen des Schiffs zu geben oder die Funkcodes und sonstigen Geheimpapiere des Schiffs zu vernichten. Aber darüber brauchte er sich angesichts des untergehenden Tankers kaum Sorgen zu machen. Außerdem war es jetzt am wichtigsten, über Wasser und wach zu bleiben.

Einige Besatzungsmitglieder waren durch die Explosionen getötet worden. Andere waren über Bord gegangen. Einige hatten die richtige Entscheidung getroffen, wie zum Beispiel Ross F. Terrel, der beim Pokern überrascht worden war und trotz des guten Blatts und des 25-Dollar-Pots auf dem Tisch mit den Worten »Zur Hölle mit dem Geld!« aufsprang und zum Rettungsboot Nummer 3 rannte. Ein anderer, der sein Spielchen an Deck machte, entschied sich für das Falsche, als er nach unten hastete, um die 80 Dollar in seinem Schrank zu retten. Die Geldscheine wurden später bei seiner Leiche gefunden; sie waren nicht einmal angesengt. Der erste Maschinist Thomas B. Hutchins dagegen rettete, unter Zurücklassung seiner Ober- und Unterkieferprothese, sein Leben. In der Notsituation ergriffen einzelne Besatzungsmitglieder resolut die Führung. So übernahm Bootsmann Rolf Clausen das Kommando über das einzige einsatzbereite Rettungsboot - Nummer 3 -; die anderen drei waren zerstört, von Flammen umgeben oder in ihrer Halterung verklemmt. Das Boot konnte, mit Clausen und sieben anderen an Bord, problemlos ins Wasser gelassen werden. Das um das Boot herumzüngelnde Feuer wurde mit Hilfe des Dampfstrahls einer noch funktionierenden Kondensatorpumpe abgehalten, während Clausen die Leinen löste und die Riemen losband. Als sie ausgebracht waren, bemerkten die Männer, daß sie vom Sog der Schiffsschraube angezogen wurden, und sie legten sich, Todesangst im Nacken, in die Riemen. Als sich das Achterschiff des Wracks auf die Seite legte, konnten sie die riesigen Schraubenflügel sehen, die sich immer noch mit hoher Geschwindigkeit drehten – und auf die sie trotz ihrer verzweifelten Anstrengungen weiterhin zutrieben. Als die Schraube kreischend über das Holz ihres Boots schrammte, stießen sie sich mit den Rudern wieder und wieder vom Schiffsrumpf ab, um aus dem Gefahrenbereich zu kommen. Irgendwie schafften sie es schließlich, und ihr Boot glitt sicher durch das aufgewühlte Wasser und das brennende Öl hinter dem Wrack davon.

Bei der Fahrt durch die Ölbrände fischten sie den zu Tode geängstigten Funker auf, Stephen Verbonic. Aber es waren immer noch Besatzungsmitglieder an Bord des Tankers. Sie standen mit brennenden Kleidern an Deck, und anstatt sich ins Wasser zu stürzen, blieben sie, wo sie waren, und starben in den Flammen. Clausen trieb die Ruderer eine Stunde lang an, bis das Boot die Oberflächenbrände weit genug hinter sich gelassen hatte und er das Segel aufzog. Danach dauerte es noch einmal drei Stunden, bis die Männer ein Schiff sichteten. Clausen schoß zuerst eine Leuchtpatrone ab und morste dann, indem er eine Taschenlampe auf das weiße Segel richtete, einen Notruf. Das Rettungsschiff kam im Morgengrauen längsseits und nahm die rauchverschmierten Schiffbrüchigen an Bord. Von den 35 Mann der Besatzung der *Allan Jackson* hatten 13 überlebt; acht waren verwundet, fünf von ihnen schwer.[4]

In der nächsten Nacht befand sich U 66 180 Seemeilen östlich von Hatteras auf dem Kurs eines kanadischen Schiffs, das von Montreal zu den Westindischen Inseln und nach Südamerika unterwegs war. Es war eins von fünf »Lady«-Schiffen der Canadian National Steamship Line, die 7988 BRT große, 128 Meter lange, von Dieselmotoren angetriebene *Lady Hawkins,* die in der Nacht des 19. Januar bei ruhiger See und mondlosem Himmel mit 14 Knoten einen Zickzack Richtung Süden verfolgte. Sie hatte 212 Personen, überwiegend Zivilisten, darunter Frauen und Kinder, sowie 109 Mann Besatzung an Bord. Um 1.35 Uhr ET tauchten an Backbord zwei helle Lichter auf: die Scheinwerfer von U 66! Zapp wollte diesmal wissen, welches Schiff er sich vornahm. Es war ein Fracht- und Fahrgastschiff. Nachdem er das festgestellt hatte, fuhr er mit äußerster Kraft voraus, drehte hart nach Backbord, ließ beide Heckrohre fluten und schoß exakt um 1.43 Uhr ET aus 1200 Metern Entfernung zwei Aale ab. Obwohl die *Lady Hawkins* Ausweichmanöver einleitete, fanden beide Torpedos nach einer Laufzeit von 80 Sekunden ihr Ziel, der eine am Frachtraum 2 vor der Brücke, der andere am Frachtraum 3 in der Nähe des Maschinenraums. Das Schiff legte sich durch die Wucht der Treffer auf die Seite, und buchstäblich jeder, der sich an Deck aufhielt, wurde über Bord geschleudert. Der Hauptmast krachte lärmend zusammen, und sämtliche Lichter an Bord erloschen. Während das Wasser ins Schiff strömte, versuchten die Passagiere und die Besatzung im Dunkeln über die schrägen Treppen zu den sechs Rettungsbooten zu kommen, die weggerissen worden waren oder an ihren Leinen über dem Wasser hingen. Auf der Brücke von U 66 beobachtete Zapp, wie mehrere kleine Brände an Deck des getroffenen Schiffs ausbrachen. 20 Minuten später war die *Lady Hawkins* untergegangen.[5]

Die drei Rettungsboote, die flottgemacht werden konnten, blieben nur kurz beieinander, bevor sie sich in der Dunkelheit aus den Augen verloren. Zwei von ihnen wurden nie wieder gesehen. Auf dem dritten Boot, das für maximal 63 Personen gedacht war, drängten sich 53 Passagiere und 23 Besatzungsmitglieder so dicht, daß sie stehen mußten, worüber sich aber niemand beklagte: Ihr Los war immer noch besser als das der Männer und Frauen, die sich an Wrackteile geklammert hatten oder verzweifelt auf das Rettungsboot zuschwammen, das ihnen wieder und wieder auswich, um nicht zum Kentern gebracht zu werden. Zur Beruhigung der Schiffbrüchigen konnte es auch nicht beitragen, daß keine 500 Meter von ihnen entfernt ein U-Boot lag und sie mit einem gelben Scheinwerfer anstrahlte. Der Erste Offizier, Percy A. Kelly aus Halifax, dessen seemännischem Können, Mut und Gelassenheit die seiner Obhut anvertrauten Menschen ihr Leben verdanken sollten, hißte das Segel und gab die Verhaltensmaßregeln aus, einschließlich der Einteilung derjenigen, die jeweils stehen mußten, während die anderen sich hinsetzen durften, um zu schlafen. Sie befanden sich in Gewässern, die, wie Kelly wußte, kaum befahren waren, und so verteilte er als Tagesration an jeden nur einen Keks, 6 Zentiliter Wasser und einen Schluck Kondensmilch, der in der Kappe seiner Taschenlampe abgemessen wurde. Tagsüber sorgte der Golfstrom für erträgliche Temperaturen, aber nachts wurde es eisig kalt. Die kleine, in einen großen Mantel eingehüllte Janet Johnson, mit zweieinhalb Jahren der jüngste Passagier an Bord, blieb trotz der salzigen Gischt, mit der sie unablässig eingesprüht wurde, erstaunlich fröhlich und lebendig. Als sie eines Nachts Fieber bekam, verschrieb ihr Kelly einen Löffel Brandy, der bewirkte, daß sie ununterbrochen zu lachen anfing, wodurch, wie Kelly später berichtete, »wir alle enorm aufgeheitert wurden«. Die Fahrt in dem offenen Boot sollte fünf Tage dauern. Es war, laut Kelly, eine Erfahrung »von Tapferkeit und Disziplin, Tränen und Lachen, abwechselnder Hoffnung und Verzweiflung«. Die Laterne des Rettungsboots wurde benutzt, um das Wasser herauszuschöpfen. Und Mrs. Marian Parkinson, eine kanadische Missionarin, die mit ihrem Mann nach Trinidad unterwegs gewesen war, stimmte Lieder an. Aber auch bei anderen, traurigeren Gelegenheiten waren ihre Dienste gefragt, als nämlich zum Kummer aller nacheinander fünf Männer und Frauen starben, deren Kräfte den Anstrengungen nicht gewachsen gewesen waren. Bevor Kelly die Leichen dem Meer übergab, wurden ihnen die Kleider ausgezogen und an andere frierende Passagiere verteilt.

Kelly sichtete mehrere Male Rauchfahnen am Horizont, aber sie verschwanden jedesmal wieder. Erst am Sonntag, dem 24. Januar, kurz nach Mitternacht, tauchte plötzlich, keine 200 Meter entfernt, ein großer Dampfer auf, die *Camao*. Kelly machte das Schiff mit Leuchtkugeln auf das Rettungsboot aufmerksam. Als die Insassen des Rettungsboots schließlich in Puerto Rico an Land gingen, hatten von den 212 Passagieren 50 und von den 109 Besatzungsmitgliedern 21 überlebt. Von den anderen Rettungsbooten wurde keine Spur gefunden.[6] Es ist nicht bekannt, welche Fracht mit der *Lady Hawkins* verlorenging, aber der Blutzoll, den der »Paukenschlag« bis zu diesem Zeitpunkt gefordert hatte, war auf über 400 Menschenleben angewachsen.

U 123 war in den letzten dunklen Stunden vor Tagesanbruch des 16. Januar auf Südkurs in Richtung Delaware Bay unterwegs. Reinhard Hardegen stand auf der Brücke, als ihm der Puster ein Blatt mit abgefangenen Funksprüchen hochreichte. Einer von ihnen besagte, daß das Barnegat- und das Five-Fathom-Feuerschiff abgezogen und durch Leuchtbojen ersetzt worden waren. Ein anderer meldete die Versenkung von U 123! Die Luftwaffe der Army hatte bekanntgegeben, daß das deutsche U-Boot, das die Frechheit besessen hatte, vor der Einfahrt in den New Yorker Hafen zwei Tanker zu versenken, seinerseits von einem Luftwaffenbomber versenkt worden war.[7] U 123 war jetzt also ein »Geisterschiff«! Nun, mit etwas Glück würde es bald Gelegenheit haben, ein paar Phantomtorpedos abzuschießen. Um 4.00 Uhr MEZ näherte sich das Boot der Five Fathom Bank, und Hardegen ging auf langsame Fahrt, da die Tiefenmessung nur noch acht Meter Wasser unter dem Kiel anzeigte. Während der nächsten neun Stunden suchte er, in Sichtweite der hell erleuchteten Küste von New Jersey, den Horizont nach Schiffen auf der Route Hatteras-Delaware Bay- New York ab. Aber außer einem Fischerboot kam keines in Sicht. Bei Tagesanbruch beschloß er, ostwärts in tiefere Gewässer zu fahren und den Tag über auf Grund zu gehen. Um 17.00 Uhr MEZ tauchte U 123, legte sich in einer Tiefe von A + 25 (45 Meter) auf Grund und wartete dort die nächste Nacht ab. Diejenigen Besatzungsmitglieder, die wach blieben, erlebten einen geräuschvollen Tag, denn die Schrauben der vorbeifahrenden Schiffe waren überall im Boot deutlich zu hören. Einmal war auch für zehn Minuten das scharfe, klingelnde Geräusch eines Echolots zu vernehmen. Vielleicht das amerikanische Gegenstück zum britischen ASDIC, mutmaßte man. Hardegen hielt es zunächst für einen Dampfer, der die Einfahrt zur Delaware Bay auslotete. Aber dagegen sprach erstens, daß die Impulse nur zehn Minuten lang ausgesendet worden waren, und zweitens, daß dort oben gute Sicht herrschte. Kurz nachdem die Schallimpulse verklungen waren, erzitterte U 123 leicht unter der Druckwelle einer entfernten Unterwasserdetonation. Merkwürdig, dachte Hardegen, ob Zapp in der Nähe war?

Um 0.42 Uhr MEZ am 17. Januar (17.42 Uhr ET am 16.) tauchte U 123 wieder auf und fuhr zur Five Fathom Bank zurück, wo Hardegen an gleicher Stelle wie in der letzten Nacht auf ein vorbeikommendes Ziel wartete. Um 2.00 Uhr (19.00 Uhr ET) waren an Steuerbord querab Leuchtgranaten zu sehen. Von Schroeter, der diensthabende Wachoffizier, machte Hardegen auf das Scheinwerferlicht am Kap Henlopen auf der zu Delaware gehörenden Seite der Delaware Bay aufmerksam. Von ihrer Position aus, rund acht Seemeilen vor Wildwood (New Jersey), konnten sie nicht nur die hell erleuchteten Städte sehen, sondern sogar die Scheinwerfer der Autos verfolgen.[8] 43 Jahre später erinnerte sich von Schroeter: »Das war natürlich für uns schon etwas Besonderes, wenn Sie an Land die Autos fahren sehen, auf der Straße die Lichter - wir waren ja nur bei Nacht an der Küste - oder wenn man sogar die Wälder roch. Der Geruch des Waldes war zu verspüren draußen, so dicht war man dran.«[9] Um 6.35 Uhr entdeckte einer der Ausgucks an Backbord einen Schatten, der sich bei genauerem Hinsehen als Zerstörer entpuppte. Wie Hardegen in seinem KTB vermerkte, wollte er »bei 15 m Wasser nicht mit ihm anbändeln« und zog sich nach Steuerbord zurück. Um 7.13 Uhr war der »Zerstörer außer Sicht«.[10]

Die Wartezeit zog sich noch fünf Stunden hin, bis die Ausgucks um 12.00 Uhr im Norden sich bewegende Lichter ausmachten. *Eins-Zwei-Drei* lief auf sie zu. Für das, was danach geschah, stehen als Beleg nur Hardegens eigene Angaben in seinem KTB und in der Schußmeldung zur Verfügung, denn der 4000-BRT-Frachter, den er versenkt hat, taucht in der amtlichen Verlustliste der US Navy nicht auf. Der Marinehistoriker Jürgen Rohwer schreibt U 123 in seiner Liste der durch deutsche U-Boote versenkten oder beschädigten Schiffe für diesen Tag (17. Januar), diese Zeit (13.04 Uhr MEZ) und diese Position (Marinequadrat CA 5756) allerdings die Versenkung des 1932 BRT großen Dampfschiffs *San José* der United Fruit Company zu, doch das ist unmöglich. Die *San José* sank zwar in jener Nacht, aber weiter nördlich vor Atlantic City und aufgrund einer Kollision mit dem Frachter *Santa Elisa* (7600 BRT), die von den über 70 Überlebenden beider Schiffe bezeugt worden ist. Der Steuermann der *San José* erklärte, daß das Schiff mit Erlaubnis der US Navy nur mit den Positionslichtern und ansonsten abgedunkelt gefahren war. Die *Santa Elisa,* die sechs Stunden brannte, schaffte es, trotz eines sechs Meter großen Lecks auf der Backbordseite, von Schleppern unterstützt, noch in den Hafen von New York.[11]

In Hardegens KTB liest es sich anders:

> St.B. voraus ein Licht. Ran! Nach kurzer Zeit konnte ich einen Frachtdpfr. von etwa 4000 Brt. ausmachen. 4 Ladeluken, tief beladen. Er führte nur am vorderen Mast Dpfr.Laterne und verdunkelte Positionslampen. Kurs 13°, Fahrt 11 sm. Leider wird es schon hell. Ich setze mich vor und komme etwas nah. Da schere ich kurz entschlossen in 600 m Abstand vor seinen Bug, lasse den letzten Heckaal klar machen, komme selbst in den dunklen Horizont und schieße bei Lage 90° E. 750 m. 57 sec. Laufzeit. Eine sehr heftige Detona-

Die Villa in der Mitte der Aufnahme diente Admiral Dönitz in Kernével als Hauptquartier.

Die U-Boot-Bunker in Pointe de Keroman in der Nähe der Hafeneinfahrt von Lorient. Links sind die Tore der Boxen zu sehen.

Oberleutnant zur See Horst von Schroeter, Zweiter Wachoffizier, spielt während der ersten Feindfahrt nach Amerika am 24. Dezember 1941 in der Zentrale Weihnachtslieder. Das an der Turmleiter hängende Hitler-Foto gehörte zur Standardausstattung der U-Boote.

Die Besatzungsmitglieder Franz Loosen und Karl »Karlchen« Latislaus (der Älteste an Bord) öffnen am Heiligabend 1941 ihre Weihnachtsgeschenke.

Walter Kaeding bei der Navigation.

Fritz Rafalski im Funkschapp.

Richard »Kraxel« Amstein, Zentralemaschinist, auf der ersten Amerikafahrt.

Der Rudergänger Max Hufnagl (links) und der Leitende Ingenieur (LI) Heinz Schulz.

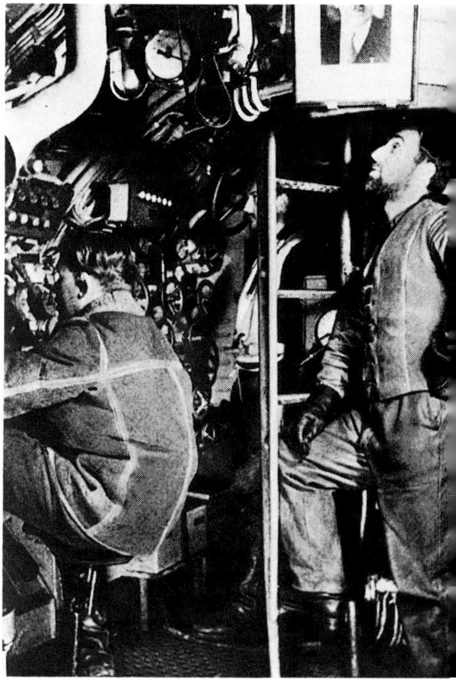

Von links: Rudolf Hoffmann, Erster Wachoffizier; Reinhard Hardegen; Horst von Schroeter, Zweiter Wachoffizier. Auf dem Torpedozielgerät in der Mitte wurde die Zieloptik für Überwasserangriffe angebracht.

Johannes »Hannes« Vonderschen, der Schmutt.

NAVAL MESSAGE — NAVY DEPARTMENT

DRAFTER	EXTENSION NUMBER	ADDRESSEES	PRECEDENCE
FROM ~~COMINCH~~ RELEASED BY ~~LT. EDWARDS~~ DATE ~~JANUARY 12 1942~~	FOR ACTION	CINCLANT	PRIORITY PPPPP ROUTINE DEFERRED
TOR CODEROOM ~~JAN 13 42 AM~~ DECODED BY PARAPHRASED BY	INFORMATION	SOPA GREENLAND, NSHQ OTTAWA, NOIC HALIFAX, FONF ALLTASKFORCOMDRSLANT; CONVOYESCORTS WEST LANT; CDRS ALLNAVCOASTAL FRONTIERS LANT; COMTASKGRS 3.6; 3.7; 3.8; 7.4; 7.5	PRIORITY PPPPP ROUTINE DEFERRED

INDICATE BY ASTERISK ADDRESSEES FOR WHICH MAIL DELIVERY IS SATISFACTORY

121716 CR Ø115

UNLESS OTHERWISE INDICATED THIS DISPATCH WILL BE TRANSMITTED WITH DEFERRED PRECEDENCE.

RECEIVED OP-38-W NAVY DEPARTMENT

ORIGINATOR FILL IN DATE AND TIME — DATE — TIME — GCT

TEXT 12 JAN SUB ESTIMATE X INFO RECEIVED INDICATES LARGE CONCENTRATION PROCEEDING TO OR ALREADY ARRIVED ON STATION OFF CANADIAN AND NORTHEASTERN US COASTS X 3 OR 4 BOATS NEAR 4ØN 65W X 5 OR 6 SOUTH CAPE RACE PROBABLY NORTH OF 43N X 8 MORE WEST OF 3ØW PROCEEDING WEST IN FOLLOWING APPROX POSITIONS X 56N 32W X 55N 38W X 48N 33W X 47-3ØN 32W X 47-3ØN 44W X 48N 42W X 52N 42W X 52-3Ø 41W X MERCHANT SHIP TORPEDOED IN 41-51N 63-48W AT AT ØØØ2 GCT 12JAN X ONE NW SCOTLAND X ONE NW MALIN HEAD X 2 ENTERING 3 LEAVING BISCAY X SIX VICINITY GIBRALTAR TO WESTWARD X ONE WESTBOUND 46N 2ØW

DISTRIBUTION

38W....ORIG
12....38S....380....COMINCH....DOO...FILES...2ØOP...CONVOY FILE

20G

1. Card
2. ~~U.S.~~
3. Foreign
4. ~~Submarine~~
5. Raider
6. Convoy
7. Info.
8. File
9.

CONFIDENTIAL

121716 CR Ø115

37141 Make original only. Deliver to communication watch officer in person. (See Art. 76 (4) NAVREGS.)

0105

Dank der Entschlüsselungen der deutschen Funksprüche durch die britische Admiralität konnte eine tägliche U-Boot-Lagemeldung erstellt werden, die an das amerikanische Marineministerium weitergegeben wurde. Die ersten drei Zeilen der hier abgedruckten Meldung vom 12. Januar 1942 warnen die US Navy eindeutig davor, daß sich drei oder vier deutsche U-Boote in der Höhe von New York–Philadelphia der US-Küste nähern. Der Verteiler in der oberen rechten Ecke zeigt, daß sämtliche atlantischen Küstenkommandos davon informiert wurden, einschließlich des CINCLANT, also des Oberkommandierenden der Atlantikflotte.

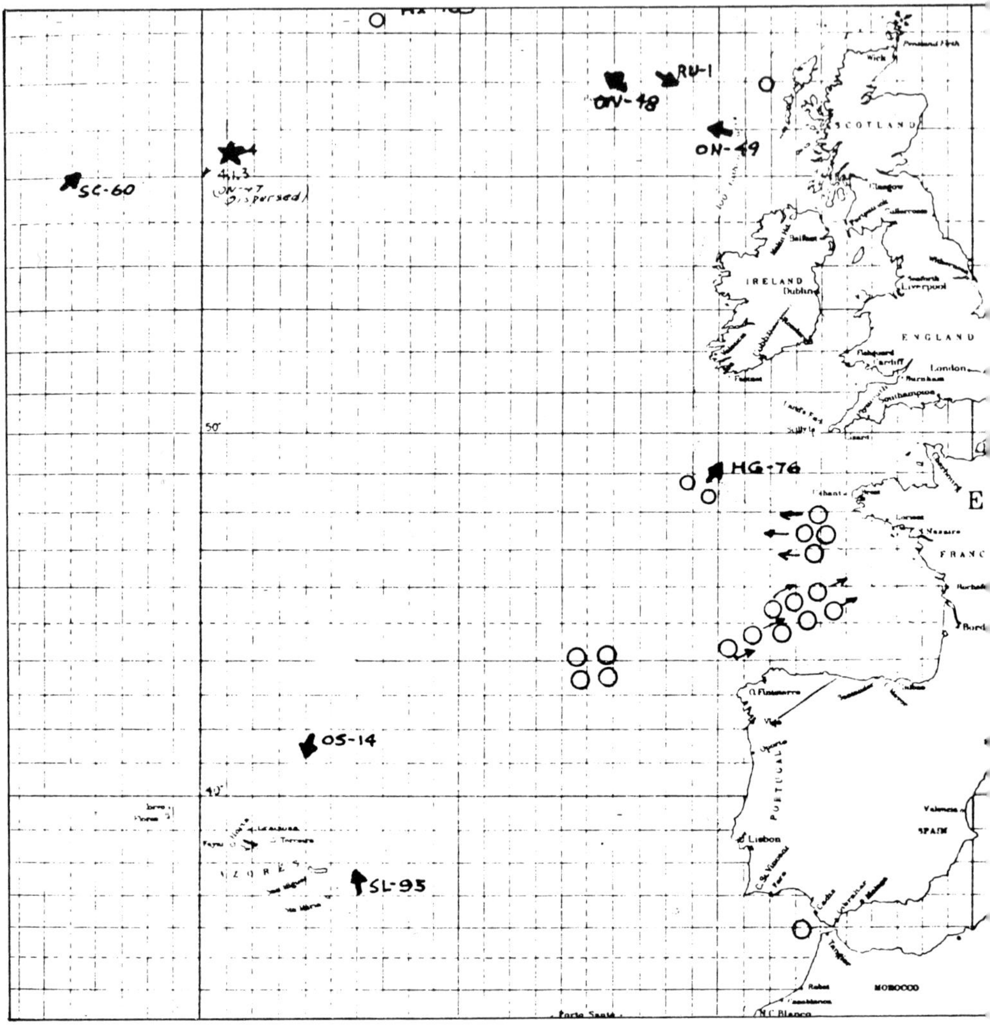

Aus den »Ultra«-Entschlüsselungen des deutschen Enigma-Funkverkehrs, der von der britischen Admiralität nach Washington übermittelt wurde, wußte die US Navy, daß sich U123 und andere Paukenschlag-Boote von Biskaya-Stützpunkten aus auf dem Weg nach Kanada und an die US-amerikanische Ostküste befanden. Ihr Anmarsch über den Atlantik wurde Tag für Tag vermerkt. Auf der oben *wiedergegebenen täglichen Lagekarte der US Navy vom 24. Dezember 1941 ist zu sehen, wie die Boote von Frankreich aus in See stachen. Man beachte die U-Boote weiter südlich, die von Gibraltar zurückkehrten. Die* rechts *abgedruckte Lagekarte vom 12. Januar 1942 zeigt den Anmarsch von Hardegens Gruppe auf Neuengland und New York. Der deutsche Angriff, der mit der Versenkung der* Cyclops *durch U123 bereits begonnen hatte, reichte im Süden bis Kap Hatteras. Aber trotz dieser deutlichen Warnung tat die US Navy nichts, um den Angreifern entgegenzutreten. Die fünf Paukenschlag-Boote versenkten innerhalb von 26 Tagen 25 Schiffe. (Quelle: Operational Archives, Naval Historical Center)*

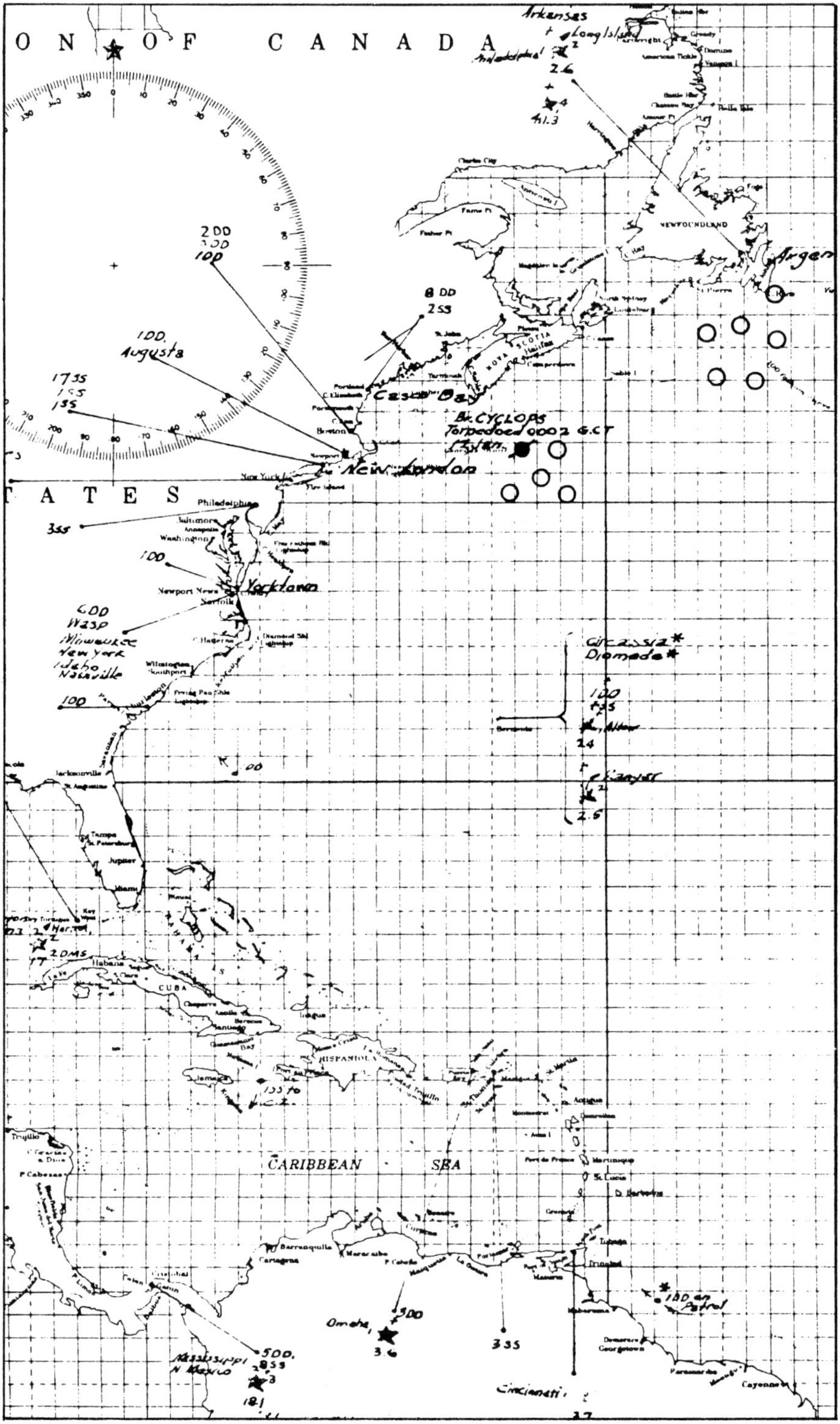
ON OF CANADA
TATES
NEWFOUNDLAND
NOVA SCOTIA
Halifax
Portland
Boston
Newport
New York
Philadelphia
Baltimore
Annapolis
Washington
Newport News
Norfolk
Yorktown
New London
Casco Bay
Br. CYCLOPS
Torpedoed 0002 G.C.T
Arkansas
Long Island
2.6
41.3
200
100
100.
Augusta
1755
155
355
8 DD
255
600
W23P
Milwaukee
New York
Idaho
Nashville
Wilmington
Southport
C. Hatteras
Jacksonville
St. Augustine
Tampa
St. Petersburg
Jupiter
Miami
Key West
Bermuda
Circassia*
Diomede*
2.5
2 DMS
Habana
CUBA
Santiago
HISPANIOLA
Jamaica
Port au Prince
155 to
CARIBBEAN
SEA
Antigua
Martinique
St. Lucia
Barbados
Grenada
Tobago
Trinidad
Barranquilla
Cartagena
Maracaibo
Colon
Cristobal
Omaha
3.6
300
335
500.
855
Mississippi
N Mexico
181
Cincinnati
100 on
Patrol
Georgetown
Paramaribo
Cayenne
Trujillo

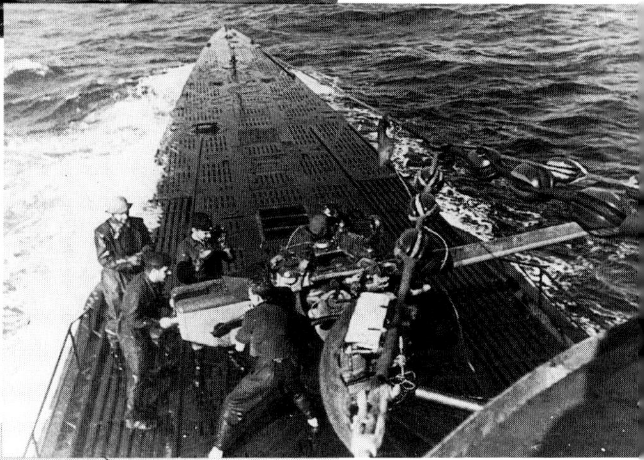

Da es über keine Torpedos mehr verfügte, griff U123 während des Rückmarsches von der ersten Amerikafahrt (Paukenschlag) den britischen bewaffneten Frachter Culebra *am 25. Januar 1942 mit der Artillerie an. Alwin Tölle, der Fotograf, der die ersten Fotos dieser Serie aufnahm, wurde während des Angriffs durch einen explodierenden Geschützlauf verwundet. Das letzte Foto wurde daher von anderer Hand geschossen. Es zeigt, wie Besatzungsmitglieder von U123 Schiffbrüchigen der* Culebra *Schöpfeimer und Proviant geben. Sie erhielten außerdem ihre gegenwärtige Position und den Kurs zu den Bermudas.*

Auf diesem Ausschnitt aus Hardegens 1870G-Karte von seiner ersten Amerikafahrt (Paukenschlag) ist der Anmarsch von U123 auf New York eingezeichnet, einschließlich der Versenkungen der Norness *im Marinequadrat CA 37 und der* Coimbra *in CA 28.*

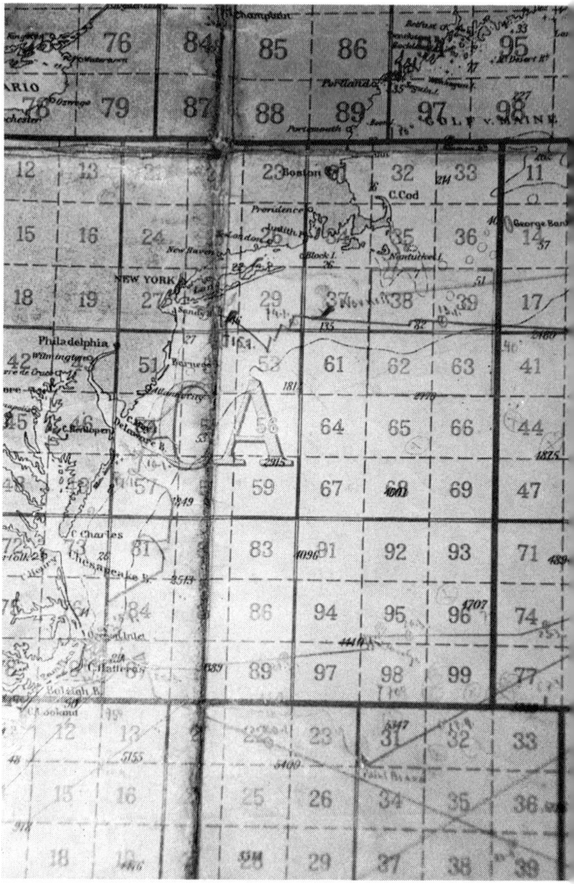

Der britische Tanker Coimbra *sank 27 Meilen südlich der Hamptons (Long Island, New York). Hardegen torpedierte das Schiff, sein drittes Opfer während der Operation Paukenschlag, in den frühen Morgenstunden des 15. Januar 1942.*

Hardegen (Mitte) und Karl »Langspleiss« Fröbel (links), der Jüngste an Bord von U123, bereiten bei der Rückkehr von der ersten Amerikafahrt die Wimpel mit der Tonnage der versenkten Schiffe vor, die anschließend am Angriffssehrohr aufgezogen wurden.

Tonnagewimpel am ausgefahrenen Angriffssehrohr von U123 bei der Einfahrt in den Hafen von Lorient nach der ersten Amerikafahrt.

Hardegen (links) und sein Erster Wachoffizier, Rudolf Hoffmann (Mitte), auf der Brücke von U123 kurz vor der Einfahrt in den Hafen von Lorient nach der ersten Amerikafahrt. Links am Turm ist das Emblem von U123 (Verwundetenabzeichen) zu sehen, in der Mitte die Trommel mit Schlegel als Symbol für die Operation Paukenschlag. Darunter schreibt ein Besatzungsmitglied die Gesamttonnage, die unter den beiden Kommandanten von U123 (Möhle und Hardegen) versenkt worden war, auf den Turm (224865 BRT). Auf dem Windabweiser erkennt man das Ritterkreuz und zwei Flossen eines Hais, den die Besatzung im Jahr zuvor vor Freetown gefangen hatte.

Hardegen mit dem Ritterkreuz, das ihm Admiral Dönitz nach der Rückkehr von der Operation Paukenschlag in Lorient um den Hals gelegt hatte.

Kapitänleutnant Hardegen auf der weiten Amerikafahrt, 1942.

Hitler überreicht Hardegen in der Wolfsschanze in Ostpreußen nach der zweiten erfolgreichen Amerikafahrt von U123 das Eichenlaub zum Ritterkreuz.

Admiral Karl Dönitz (Mitte) mit dem Chef der Operationsabteilung, Konteradmiral Eberhard Godt (links) und dem 1. Admiralstabsoffizier, Kapitänleutnant Adalbert Schnee (rechts), in seinem Lagezimmer (1943, nach dem Umzug der Befehlsstelle von Frankreich nach Berlin).

Flottenadmiral Ernest J. King, 1942–45 O kommandierender der Flotte der Vereini Staaten (COMINCH) und Chef der operat Führung der US Navy (CNO).

ungewöhnlich entspannter Vize-'ral Adolphus Andrews, Befehls-r der Eastern Sea Frontier, beglück-'cht in seinem Büro in der Church t in Manhattan Hans Nielson, den tän des norwegischen Frachters holt, *zum glimpflichen Ausgang Artilleriegefechts mit U752 (Kptlt. -Ernst Schroeter) am 23. April 1942 'h der Delaware Bay.*

chlüssel-M-Chiffriermaschine 'na).

Besatzungsmitglieder von U123, die 1942 an den Amerikafahrten teilgenommen hatten, 1985 in Bad König/Odenwald. Von links: Walter Kaeding, Richard Amstein, Max Hufnagl, Karl Latislaus, Karl Fröbel, Rudolf Meisinger, Heinz Barth, Reinhard Hardegen, Fritz Rafalski, Hans Seigel und Horst von Schroeter.

Reinhard Hardegen 1986 vor seinem 1942 entstandenen Porträt und einer signierten Fotografie von Admiral Dönitz in seinem Haus in Bremen-Oberneuland.

tion, starke, tiefschwarze Sprengsäule. Treffer Brücke. Der Dpfr. schnitt gleich mit der Fahrt unter. Als die Sprengsäule sich verzog, sahen nur noch die Mastspitzen aus dem Wasser, die kurz darauf versanken. Wassertiefe 45 m. Mit Höchstfahrt nach Osten abgelaufen, da es hell wird und ich am Tage etwas mehr Wasser unter Kiel brauche. Da See ruhig und wolkenlos bleibe ich oben, um schnell Cap Hatteras anzusteuern, da dort gem. F.T. sich der Verkehr bündelt.[12]

Die Schußmeldung enthält an zusätzlichen Angaben nur noch eine Anlaufskizze, die den Kurs von U 123 und den des Ziels sowie den Lauf des Torpedos zeigt, der auf der Backbordseite des Frachters eingeschlagen haben soll, und die Zeit, in der das getroffene Schiff unterging: 37 Sekunden! Überlebende werden in keinem der beiden Berichte erwähnt. Welches Schiff U 123 hier versenkt hat, ist ungeklärt. In den Archiven findet sich kein Hinweis auf ein in dem betreffenden Gebiet zu dieser Zeit vermißtes Schiff, auch nicht auf eines, das es aus dieser Richtung nicht mehr in einen Hafen schaffte. Gibt es ein Wrack im Quadrat CA 5756, das heißt bei den Koordinaten 37° 50′ N, 74° 10′ W? Die 1945 vom Hydrographischen Büro zusammengestellte *Wreck Information List* jedenfalls führt kein im näheren Umkreis dieser Position liegendes, nicht identifiziertes Wrack an.[13]

HARDEGEN BLEICHRODT SCHUG [U 86, Gruppe Ziethen] LAGEMELDUNG. BDU-OPS.[14] Der FT kam über Rafalskis Langwellenempfänger (12000–20000 Meter) herein. Der BdU muß geglaubt haben, U 123 liege in seichten Gewässern auf Grund, dachte Rafalski, als er Hardegen den entschlüsselten Text gab. Das war verständlich. In Kernével wußte man, daß an der amerikanischen Ostküste Tag war. Wie hätte man ahnen sollen, daß U 123 bei strahlendem Sonnenschein in Sichtweite der Küste über Wasser auf Hatteras zumarschierte? Es war ziemlich unverfroren, was der Alte da wieder riskierte: Ihr Kurs führte sie immerhin an Hampton Roads-Norfolk (Virginia) vorbei, dem bedeutendsten Hafen und Luftstützpunkt der US Navy. »Zuviel Risiko«, brummte Rafalski in seinen Bart. Hardegen hatte die Wachen so umgestellt, daß die besten Augen bei Tageslicht auf der Brücke Wache hielten. Fünfmal während des Tages wurden sie durch anfliegende

Flugzeuge unter Wasser gedrückt. Bis auf ein Landflugzeug waren es bekannte Flugzeugtypen der US Navy: die Consolidated PBY-5 »Catalina« und die Vought-Sikorsky OS2U-3 »Kingfisher«. Während die Ausgucks die rasche Fahrt die Küste entlang sicherten, entwarf Hardegen unter Deck seine Meldung an den BdU: »Operationsgebiet II zuerst friedensmäßig, nach Versenkungen Außenfeuer gelöscht, Verkehr gestoppt... Gebiet von CA 2894 bis 2793 [Long Island bis Sandy Hook] minenfrei ... CA 54 [Delaware Bay] trotz mittlerer Luft- und Zerstörerüberwachung anscheinend ebenfalls minenfrei ... habe noch 5 Etos ... verbliebener Treibstoff: 90 cbm ... Position CA 8145 [direkt vor Hampton Roads].«[15] Nachdem diese Informationen ihre endgültige Form erhalten hatten, verschlüsselt gefunkt und zusammen mit anderen »Paukenschlag«-Berichten beim BdU eingetroffen waren, notierte Admiral Dönitz erfreut in seinem KTB: »Die in den letzten Tagen angefallenen Meldungen über den Raum vor den USA- und Kanadaküsten zeigen, daß die Tätigkeit der U-Boote dort jetzt erst, d.h. etwas später als erwartet, eingesetzt hat. Die Meldung von U 123 läßt darauf schließen, daß das Boot erhebliche Erfolge gehabt hat, deren Höhe das Boot zunächst noch verschweigt.«[16] Er wäre sicherlich stolz gewesen auf seinen »für den U-Boot-Einsatz nicht tauglichen« Kptlt. Hardegen, wenn er gewußt hätte, daß er im hellsten Tageslicht über Wasser an Hampton Roads vorbeidampfte. Das war die Art von trotziger Herausforderung, die er liebte - und ganz Deutschland dreieinhalb Wochen später feiern sollte, als die Schlachtschiffe *Scharnhorst* und *Gneisenau* zusammen mit dem Schweren Kreuzer *Prinz Eugen* im Unternehmen »Cerberus« aus Brest ausbrachen und vor den Mündungen der Geschütze der Royal Navy durch den Ärmelkanal in die Heimat fuhren. Aber die Royal Navy zog wenigstens, als sie verspätet alarmiert wurde, in den Kampf gegen die waghalsigen Herausforderer, während die US Navy die Herausforderung durch U 123 großzügigerweise unbeachtet ließ.

Um 8.33 Uhr MEZ (1.33 Uhr ET) am 18. Januar stand U 123 am westlichen Rand des Marinequadrats CA 84, 20 Seemeilen östlich von Kitty Hawk (North Carolina), als Hardegen und die Ausgucks backbord voraus am Horizont einen hellroten Feuerschein sahen und kurz darauf zwei Detonationen hörten. Der Alte notierte in seinem KTB: »Das muss U 66 sein.«[17] Er hatte recht: Es war die Torpedierung der

Allan Jackson. Rafalski meldete über das Sprachrohr eine Menge Funkverkehr auf dem 600-Meter-Band. Offenbar war der noch 45 Minuten anhaltende Feuerschein auch von zahlreichen anderen Schiffen bemerkt worden. Eins von ihnen würde sicherlich in Hardegens Sichtfeld laufen. Knapp vier Stunden später, um 12.10 Uhr MEZ, machten die Ausgucks an Backbord einen Schatten aus. Hardegen betrachtete ihn eine Weile und erkannte im ersten Dämmer des Morgengrauens einen Tanker in ihm. Er hielt auf ihn zu, wußte aber, daß die Sonne seine Chancen bald zunichte machen würde. Und tatsächlich drehte der Tanker plötzlich nach Steuerbord ab. Er hatte die Gefahr entdeckt. Ein Unterwasserangriff war aufgrund der Entfernung nicht möglich gewesen. Aber jetzt tauchten zwei weitere Dampferlaternen auf Gegenkurs auf, doch auch sie waren zu weit entfernt. So ein Pech! Gerade jetzt, wo sich drei große Ziele auf einmal anboten, mußte die Sonne aufgehen! Hardegen stöhnte auf, sprach sich aber selbst Mut zu, indem er sich sagte, daß diese Gewässer vor den Outer Banks offenbar gute Jagdgründe waren. Wenn hier heute so viele Schiffe unterwegs waren, würden morgen nicht weniger da sein - es sei denn, die letzte Versenkung hatte ihnen angst gemacht. »Auf Kurs Neun-Null gehen«, befahl er Hoffmann. »Bringen Sie uns in tiefere Gewässer, und gehen Sie bei A + 25 auf Grund.«

U 123 stieg um 0.46 Uhr MEZ am 19. Januar wieder zur Oberfläche auf. Hardegen stieg auf die Brücke, reckte nach einem langen Tagesschlaf die Glieder und notierte sich dann die üblichen Abenddaten: Seegang 1, Wind aus Süd-Südwest Stärke 2, ein Zehntel Bewölkung, Sicht 14. Anschließend ging es mit voller Kraft in Richtung Kap Hatteras, das 50 Seemeilen weiter südlich lag. In sein KTB schrieb er, daß die Horchpeilungen dort viele Dampfer vermuten ließen, und fügte hinzu: »Ich will mich dicht an die Küste klemmen und direkt bei Kap Hatteras auf und ab stehen. Wieder sternklar und ruhige See. Da müsste ich doch meine 5 Aale noch los werden können.«[18]

Er *sollte* sie loswerden - in der gewalttätigsten Nacht seiner Laufbahn.

Um 3.04 Uhr sichteten die Ausgucks an Steuerbord zwischen U 123 und den Outer Banks nördlich des Oregon Inlet ein Licht, das sich in Richtung Norden bewegte. Beim Anlaufen erkannte Hardegen einen schwerbeladenen Frachter von ungefähr 4000 BRT mit vier Ladeluken, Kurs 340, Geschwindigkeit 9–10 Knoten. Aus optimaler Bugangriffsposition und bei klarer Sicht für Hoffmanns UZO schoß U 123 den ersten der verbliebenen fünf G7e-Torpedos aus 800 Metern Entfernung unter Lehrbuchbedingungen ab. Aber nach gut 20 Sekunden meldete Barth, daß der Aal nach der Horchpeilung nicht auf dem vom Vorhaltrechner und Torpedoschußempfänger ermittelten 240er Kurs blieb. »Er liegt backbord 10 neben dem Kurs!« rief er durch das Sprachrohr auf die Brücke.

»Verdammte G7!« erwiderte Hardegen. Nach der geschätzten Laufzeit war klar, daß Barth recht gehabt hatte. Der Aal war am Ziel vorbeigelaufen. Das erste gute Schiff der Nacht war seinem Schicksal entgangen – für diesmal.

»An Steuermann, auf Drei-Sechs-Null gehen! Beide Maschinen äußerste Kraft voraus!« Er würde den Frachter jagen. »Schroeter, die Schußunterlagen überprüfen!« Er war schon dabei, und Hoffmann bestätigte seine Angaben. Der Schußwinkel war fehlerfrei gewesen.

»Wir hatten eine perfekte Lösung, Herr Kaleu«, rief von Schroeter durch das Turmluk herauf. »Der Aal muß versagt haben.«

»Sehr gut«, sagte Hardegen. »Wir gehen näher ran. Ich würde vorschlagen, daß wir noch einmal die gleiche Position einnehmen und, wenn möglich, mit dem gleichen Winkel schießen. So können wir in der Schußmeldung zeigen, daß der Fehler beim Torpedo lag, und nicht bei uns.«

»Jawohl, Herr Kaleu.«

Bald darauf hatte U 123 zu dem Frachter aufgeschlossen und ihn, etwa in Höhe von Kitty Hawk, auf der Steuerbordseite überholt. Im Quadrat CA 7668, mit einem ähnlichen Schußwinkel wie beim ersten Abschuß, wurde aus 450 Metern Entfernung der zweite Torpedo aus dem Bugrohr geblasen, und er machte sich besser als sein Vorgänger. »Lauf nach Horchpeilung gerade und normal«, meldete Barth. Nach 30 Sekunden detonierte der Sprengkopf unter der Achterkante des Schornsteins. Der Frachter war tödlich getroffen. Das Heck sank schnell weg, während Wrackteile verschiedener Größe um U 123 herum ins Wasser klatschten oder auf sein Oberdeck knallten. Hardegen sah amüsiert zu, wie sich die Brückenwache in den Schutz der Verkleidung duckte und dann vorsichtig wieder herausspähte.

»Ihr mögt es wohl nicht so dicht, was?« meinte er und wandte sich wieder dem rasch sinkenden Frachter zu. Da das Wasser nur 20 Meter tief war, blieb sein Bug bis zum vorderen Mast sichtbar. Später fügte er seiner Schußmeldung über den ersten, fehlgegangenen Schuß hinzu: »Torpedo war nach Horchpeilung einwandfreier Gradlaufversager. Beweis für die Richtigkeit der Unterlagen ist Treffer beim 2. Anlauf.«[19] Er identifizierte das versenkte Schiff weder in der Schußmeldung noch im KTB. Wie man gleich sehen wird, hatte er keine Zeit, Schiffbrüchige, falls es welche gab, zu befragen. Er hatte mehrere Dampfer auf Gegenkurs bemerkt und wollte sich die Gelegenheit nicht entgehen lassen. So sieht man sich aufgrund der fehlenden Identifikation wiederum mit einem unbekannten Schiff konfrontiert. Jürgen Rohwer holt sie zwar nach und gibt den »vor Kap Hatteras« gesunkenen amerikanischen Dampfer *Brazos* (4497 BRT) an, aber unglücklicherweise war die *Brazos,* ein Schiff der Atlantic, Gulf and West Indies Line, nach den Akten bereits sechs Tage vorher infolge eines Zusammenstoßes mit einem anderen Schiff untergegangen, und zwar 150 Seemeilen südöstlich von Hatteras. Man hat also wieder ein Rätsel vor sich, denn sowohl Hardegen als auch sein IWO haben die Versenkung bezeugt. Und wieder findet sich kein Hinweis auf ein als vermißt gemeldetes Schiff, das der Beschreibung in Hardegens KTB entspräche. Die *Wreck Information List* enthielt bei den Koordinaten 36 N, 75 W - das Marinequadrat CA 7668 entspricht der Position 36° 06′ N, 75° 24′ W - zwar ein nicht identifiziertes Wrack (Nummer 273), aber das wurde später in den ergänzenden Korrekturen von 1946 aus der Liste gestrichen.[20]

Hardegen ging sofort nach dem Schuß wieder auf Südkurs, um drei Dampferlaternen zu verfolgen. Das schiffbare Wasser dicht vor den Outer Banks war durch Leuchtbojen gut markiert, und *Eins-Zwei-Drei* fuhr an ihnen entlang, bis um 7.00 Uhr MEZ das Kielwasser und die Lichter eines Frachters in Sicht kamen, dessen Größe der Alte auf 4000 BRT schätzte. Er hatte vier Ladeluken und fuhr mit 10 Knoten. Kurze Zeit später erreichten sowohl der Jäger als auch das Wild die Wimble-Shoals-Leuchtboje, was bedeutete, daß der Frachter bald seewärts drehen würde, um die Sandbänke und Kap Hatteras zu umfahren. Hardegen befahl äußerste Kraft voraus. Die Wassertiefe betrug, wie er wußte, nur 7–8 Meter. Das war kein U-Boot-Revier. Um

8.45 Uhr hatte er sich schließlich vor den Frachter gesetzt. Er wollte in optimale Schußposition kommen, bevor das Ziel abdrehte. Um 9.09 Uhr hatte er sie erreicht, und Hoffmann, der vor der erleuchteten Küste eine deutlich zu erkennende Silhouette aufs Korn nehmen konnte, schickte den ersten der letzten drei Aale auf den Weg. Wenn die Brückenwache schon den letzten Abschuß als zu nah empfunden hatte, dann diesen erst recht: Das Ziel war ganze 250 Meter entfernt. Der Torpedo war auf nur zwei Meter Tiefe eingestellt, um sich nicht vor dem Ziel in eine Sandbank zu bohren, und sprang zweimal während der 15 Sekunden Laufzeit aus dem Wasser, bevor eine heftige Explosion das Heck des Frachters aufriß. Die Druckwelle ließ nicht nur die Männer auf der Brücke von U 123, sondern auch die unter Deck zusammenfahren, und wieder ging die Brückenwache in Deckung, während Sprengteile durch die Luft pfiffen und um das Boot herum ins Wasser prasselten. Der Frachter sackte unter der schwarzen Explosionswolke achtern schnell ab, bekam starke Schlagseite nach Backbord und kenterte schließlich ganz, so daß Schornstein und Masten, noch bevor die Fahrt völlig gestoppt war, flach auf dem Wasser lagen. Hardegen wartete nicht ab, bis der Todeskampf des Schiffs zu Ende war. Er hatte noch zwei Torpedos, und vor dem Kap warteten weitere Ziele auf ihn. Diesmal gibt es keinen Zweifel an der Identität des versenkten Schiffs. Es war zugleich der einzige Fall, in dem Hardegen die Tonnage, die er für sich beanspruchte, untertrieb.

Die *City of Atlanta* (5269 BRT) war den Passagieren auf der Linie Savannah–New York seit langem bekannt, auch wenn sie seit einigen Jahren nicht mehr als Fahrgastschiff lief. Sie fuhr jetzt mit allgemeiner Fracht, war aber, obwohl ein Veteran aus dem Jahr 1904, immer noch ein wertvoller Aktivposten der Ocean Steamship Company of Savannah. In der Nacht ihres Untergangs waren 47 Mann Besatzung an Bord, von denen nur drei überlebten: der 34jährige Zweite Offizier George Tavelle und zwei Öler, der 22jährige Robert S. Fennell jr. und der 30jährige Earl Dowdy. Als der deutsche Torpedo um 2.09 Uhr ET einschlug, stand die *City of Atlanta* südlich der Wimble Shoals. Sie fuhr gemäß den Kriegsvorschriften mit abgedunkelten Lichtern (wenngleich sie kurz vorher erst ein nordwärts fahrendes Schiff gesehen hatte, das trotz der Vorschriften voll beleuchtet unterwegs war). Sie lief bei etwas unruhiger See und geringer Bewölkung mit 11,75

Knoten. Kap Hatteras und die Lichter an der Küste waren deutlich zu erkennen. Der Kapitän, der 48jährige naturalisierte US-Bürger Leman Urquhart, war in seiner Kajüte. Der Zweite Offizier und zwei weitere Männer befanden sich auf der Brücke. 33 Männer lagen in ihren Kojen. Die Explosion an der Ladeluke 3 in Höhe des Maschinenraums tötete drei Männer, zerstörte den Funkraum, drückte die Brückenfenster heraus und bewirkte, daß alle Brückenlichter angingen. Das Schiff legte sich sofort nach Backbord auf die Seite des Lecks. Die Männer im Maschinenraum stoppten die Maschinen und löschten die Lichter, während andere zu den Steuerbordbooten hasteten, um sie zu Wasser zu lassen, was aber durch die Schräglage des Schiffs vereitelt wurde. Als klar wurde, daß keins der Rettungsboote klargemacht werden konnte, griffen die Männer nach den Rettungsflößen. Dann kippte das Schiff plötzlich um und warf jeden, der an Deck war, über Bord. Das letzte, was Tavelle und Fennell vom Kapitän sahen, war, wie er an Deck Befehle gab, um die Rettungsboote zu Wasser zu lassen.

Tavelle war knapp dem Zusammenprall zweier Rettungsboote entgangen, als er über Bord geschleudert wurde. Das Wasser war kalt und aufgewühlt; der Golfstrom zog weiter draußen vorbei. Tavelle fand einen Türrahmen, an dem er sich festhalten konnte, was ihn zusammen mit seiner Schwimmweste über Wasser hielt. Danach sah er sich um. Er zählte achtzehn weitere Männer, die sich, einzeln oder in Gruppen, ebenfalls an Wrackteile geklammert hatten. Fennell war einer dieser Glücklichen. Er hatte geschlafen, als der Torpedo das Schiff traf, hatte sich hastig irgend etwas angezogen und war schon fast an Deck, als ihm das Foto seiner Frau einfiel. Er machte kehrt, holte das Foto und warf sich einen Schaffellmantel um, der aus seinem Schrank gefallen war. Der Mantel hätte ihn beinah das Leben gekostet. Als er an Deck vergeblich ein Rettungsboot flottzumachen versuchte, wurde der Mantelgürtel im Rücken eingeklemmt, und er kämpfte noch mit ihm, als das Schiff kenterte und er unter Wasser gerissen wurde. Schließlich gelang es ihm, den Verschluß des Gürtels zu öffnen und an die Oberfläche zu schwimmen, wo er sich an einem vorbeitreibenden Oberlicht festhielt. Das Schiff sank nur wenige Meter entfernt von ihm, und er war froh, daß es nur einen geringen Sog erzeugte. Später entdeckte er eine Bank aus der Mannschaftsmesse und wechselte zu ihr hinüber. Als er andere Besatzungsmitglieder in der

Nähe vorfand, stimmte er in die Rufe ein, die von Mann zu Mann gingen. Aber mit der Zeit begann die Kälte zu wirken, einer nach dem anderen verstummte und glitt von seinem Halt. Bald war die See mit treibenden Leichen übersät. Fennell sah den makabren Tanz von Männern, die in ihren Schwimmwesten kopfüber in den Wellen auf und ab hüpften. Als sechs Stunden später der Tag anbrach, waren er, Tavelle und Dowdy die einzigen, die erleichtert nach den Leinen griffen, die ihnen aus den Booten der *Sea Train Texas* zugeworfen wurden – eines Frachters, der bei seiner Fahrt nach Norden knapp 12 Seemeilen südlich der Wimble-Shoals-Boje zuerst die Wrackteile und dann die Überlebenden entdeckt hatte. Die Zeiger der Schiffsuhr zeigten auf 8.30 Uhr.[21]

Drei Stunden später war U 123 für den nächsten UZO-Angriff bereit. Nachdem er einen kleinen Küstendampfer, der es nicht wert war, einen der beiden letzten Torpedos auf ihn zu verschwenden, ausgelassen hatte, beobachtete Hardegen gespannt, wie fünf Schiffe mit brennenden Laternen hintereinander an den Bojen entlangnavigierten. Vor dem hellen Hintergrund der Küste brauchte er sich bloß seewärts der Schiffe zu halten, abzuwarten und die Silhouetten abzuschießen. Was für ein Krieg! Schade, daß die Tommies nicht so entgegenkommend waren wie die Amerikaner. Hier konnte man sich wie ein preußischer Rotwildjäger auf einen Klappstuhl setzen und darauf warten, daß einem das Wild vor die Flinte getrieben wurde.[22] Von Schroeter erinnerte sich später: »Die Schiffe fuhren mit gesetzten Laternen. Von Kap Hatteras meine ich zu erinnern, da haben wir zu gleicher Zeit 20 oder 25 gesehen. Mit gesetzten Laternen. Wir sind da erst mal relativ langsam gefahren und haben geguckt. Der – ach nee, der ist zu klein. Der könnte schon besser sein. *Den* nehmen wir. Eine ganz verrückte Situation, wie wir sie sonst im Krieg überhaupt nicht erlebt haben.«[23]

Jeder war auf Gefechtsstation, als das erste Schiff näher herankam. Enttäuschenderweise war es nur ein kleiner 2000-Tonner, wie Hardegen schätzte. Er hatte auf 6000- oder 8000-Tonner als Ziele gehofft. Daher zögerte er, als sich das Schiff, ein Tanker, vor die Küstenlichter schob. Dann ging ihm auf, daß er seine kostbaren Aale gar nicht einzusetzen brauchte. Er hatte ja noch eine Kanone. »Geschützbedienung auf Gefechtsstation!« befahl er. Die Bedienung nahm ihre Plätze am

10,5-Zentimeter-Geschütz auf dem Vordeck ein. Der Zielkanonier befestigte die empfindliche Visieroptik auf der Backbordseite der Kanone. Der Höhenrichtkanonier bezog auf derselben Seite Posten, während der Ladekanonier den Pfropfen von der Mündung entfernte und dann seine Feuerposition am Verschluß einnahm. Drei Helfer gaben die Granaten zur Kanone weiter, die an Bord unter den Flurplatten hervorgeholt und von Hand zu Hand durch das Turmluk heraufgereicht wurden. Der IIWO, von Schroeter, dem die Geschütze unterstanden, gab den Befehl, die erste Granate zu laden. Der Verschluß klickte zu, der Zielkanonier nahm das Heck des Tankers ins Visier, und der Richtkanonier brachte den Lauf in die richtige Position. Ein U-Boot-Deck bot zwar keinen allzu stabilen Untergrund für eine Kanone, aber die See war relativ ruhig, und von Schroeter war zuversichtlich, einen guten Schuß abzugeben, als er meldete: »Geschütz klar, Herr Kaleu!«

Hardegen beugte sich zum Sprachrohr hinunter: »An Steuermann, Backbord 10, beide Maschinen halbe Fahrt voraus! - Entfernung 1000 Meter! - An Besatzung: Zuerst Feuerüberfall auf Tanker, nach Durchführung Torpedoangriffe auf Frachter. Schiffe fahren in Kiellinie. Stehen hinter erstem Tanker. Bis jetzt alles klar. - Kommen langsam im Kielwasser auf.«

Zu Hoffmann an der UZO sagte er: »Das wird kitzlig werden. Ich habe nie einen Lehrgang über Artillerie mitgemacht. Ich weiß also nicht, wie wirksam die Kanone sein wird. Wir drehen jetzt ins Kielwasser des Tankers. Entfernung rund 500 Meter.«

An den Steuermann: »Auf Eins-Neun-Fünf gehen. Beide Maschinen große Fahrt voraus.« U 123 stand jetzt direkt hinter dem Ziel. Hardegen griff zum Megaphon und lehnte sich über die Brüstung der Brücke. »Feuererlaubnis bei 200 Meter! Zehn Schuß!«

»Herr Kaleu«, meldete Hoffmann, »wir sind zwischen zwei Dampfern eingekeilt. Man wird uns sehen. Wenn einer von ihnen bewaffnet ist, wird man uns beschießen, und wir sind aus dieser Entfernung verwundbarer als die Dampfer. Sie bekommen vielleicht ein paar Treffer ab, aber wir könnten sinken. Es ist ein enormes Risiko!«

»Danke, IWO. Ich glaube an mein Glück. Es hat mich noch nie verlassen. Je frecher man die Sache anfängt, desto mehr verblüfft es die anderen. Wenn die ersten Schüsse sitzen, wird man nicht nur auf dem

Tanker den Kopf verlieren, sondern auch auf den andern Schiffen. Diese Schrecksekunde will ich dann nutzen.«[24]

Hardegen war sich der Gefahr bewußt, und auch der Tatsache, daß er gegen die allgemeinen Regeln des U-Boot-Kriegs verstieß. Aber Dreistigkeit schien die Tugend des Augenblicks zu sein –

KRACH! Zum erstenmal seit der Versenkung der *Ganda* war das Geschütz wieder im Einsatz. So waren sowohl Hardegen als auch seine Männer zunächst von der Helligkeit des Mündungsfeuers überrascht. Dann folgten kurz nacheinander der zweite, dritte und vierte Schuß. Die nächsten Schüsse wurden in etwas größeren Abständen abgegeben, da die Besatzung unter Deck mit der Anlieferung der Granaten nicht nachkam; sie war außer Übung. Hardegen zählte die Einschüsse. Gleich die erste Granate explodierte als heller, rotweißer Feuerball an der Brücke. Insgesamt registrierte er sechs Treffer. Nicht schlecht. Teile der Brücke und der Masten flogen durch die Luft. Der Tanker verlor an Fahrt, und überall an Deck brannte es. War der Maschinenraum getroffen?

»Feuer einstellen! Geschützbedienung auf Station bleiben!«

U 123 fuhr zu dem langsamer werdenden Tanker auf. »Backbord 10!« Hardegen hatte vor, an der Backbordseite des Ziels vorbeizufahren. Von Schroeter gesellte sich zum Alten und zum IWO auf die Brücke. Er bekam einen guten Blick auf den beschädigten Tanker geboten, denn U 123 setzte sich gerade in diesem Augenblick neben ihn.

Verdammt! Er war doch größer als angenommen! Etwa 4000 BRT. Er hatte nur kleiner ausgesehen, weil er so tief im Wasser lag. Hardegen inspizierte durch das Doppelglas das Deck. »Seht euch nach Kanonen um!« rief er. Bei der Größe war es gut möglich, daß der Tanker bewaffnet war. Und wenn es so war, konnte U 123 mit einem einzigen gut gezielten Schuß weggeputzt werden.[25]

»Keine Kanone, Herr Kaleu«, meldeten die Ausgucks.

Hardegen sah zu seinen Offizieren und stieß die Luft durch die Zähne. Von Schroeter meinte trocken: »Herr Kaleu! Mit die Dummen ist Gott!«[26]

Hardegen drehte nach Nordwesten ab, um sich dem nächsten Schiff zuzuwenden, einem vor den Küstenlichtern anlaufenden Frachter. Aber er hatte seine Geschwindigkeit falsch eingeschätzt. Bei 14–15 Knoten, die der Frachter lief, konnte er sich nicht vor ihn setzen.

Zu schade, dachte er, denn es schien ein 6000-Tonner zu sein. Aber er hatte ja Auswahl. Er brauchte auch nicht lange zu warten: Bald dampfte ein nordwärts fahrender Frachter vorbei, aber auch er war zu schnell, als daß U 123 rechtzeitig in Schußposition kommen konnte.

In diesem Augenblick geschahen zwei Dinge. Zum einen meldete Rafalski, daß der Tanker einen Funkspruch abgesetzt hatte. Es war die *Malay,* die funkte, daß sie von einem U-Boot mit Artillerie beschossen worden sei und um sofortige Hilfe durch den Navy-Stützpunkt in Norfolk bitte. Rafalski sah im Schiffsregister nach: 8207 BRT, Eigentum der Grosvenor-Dale Company Inc., 141,5 Meter lang, Ladekapazität 70000 Barrel, 1921 vom Stapel gelaufen. Aus einem anderen abgefangenen Funkspruch ging hervor, daß der schwedische Dampfer *Scania* längsseits gegangen war, um seine Feuerlöschgeräte mit einem Rettungsboot zur *Malay* überzusetzen. Das zweite, was geschah, war ein Bruch im Hauptkühlsystem des Backborddiesels. Der LI meldete auf die Brücke, daß die Maschine so lange abgeschaltet werden müsse, bis das Rohr geschweißt sei. Na, toll! dachte Hardegen. Da saß er mit halbierter Fahrleistung wie eine lahme Ente mitten unter einer Ansammlung von Dampfern. Aber er hatte keinen Grund zur Sorge. In dem Durcheinander, das er gestiftet hatte, erschien plötzlich, keine 500 Meter entfernt, ein mit Kurs 160 südwärts fahrender Schatten. Hardegen stellte das Boot auf 153 Grad, und kaum waren die Unterlagen durchgegeben, drückte Hoffmann auch schon den Feuerknopf für Rohr Nummer 1. Der vorletzte Aal jagte aus sicherer Schußentfernung von 450 Metern auf das Ziel los. Laufzeit: 32 Sekunden, Abschußzeit: 12.01 Uhr MEZ (5.01 Uhr ET), zwei Stunden vor Sonnenaufgang. Nach dem Treffer hätte man allerdings denken können, die Sonne wäre schon aufgegangen, so grell war der Feuerball, der von der Backbordseite des Frachters aufstieg.[27] Die Druckwelle zwang die Männer unter Deck in die Knie, und als sie wieder auf festen Füßen standen, ging es von Mund zu Mund: Wieder eins! Hardegen notierte in seinem KTB: Mit diesem Abschuß »hat das Boot die 200000-Tonnengrenze überschritten und ich meine 100000 t«.[28] Das war die Zahl, bei der die U-Boot-Kommandanten »Halsjucken« bekamen: 100000 Tonnen bedeuteten für gewöhnlich das Ritterkreuz.

Dieser letzte Abschuß war der lettische Frachter *Ciltvaira* (3779 BRT) mit 32 Mann Besatzung: Letten, Esten, Finnen, Dänen, Schweden, Holländern, einem Rumänen und einem Schiffsjungen aus Britisch Guayana. Die meisten von ihnen schliefen, als der 38 Jahre alte Frachtdampfer mit acht Knoten neun Seemeilen vor der Insel Hatteras und zehn Seemeilen südlich der Wimble-Shoals-Leuchtboje durch die See schipperte. Er war nicht verdunkelt, fuhr auch nicht im Zickzack, da er vor seiner Abfahrt noch nichts von den Versenkungen gehört hatte; auch die Fahrtrouten des Navy-Stützpunkts in Norfolk hatte er nicht erhalten: Er war einen Tag vor ihrer Ausgabe mit einer Fracht für Savannah (Georgia) ausgelaufen. Die brennende *Malay* war noch nicht in Sicht, so daß die *Ciltvaira* nicht das geringste von einer U-Boot-Gefahr ahnte, als ein Torpedo in die Backbordwand des Maschinenraums einschlug und die Kessel in die Luft jagte, wobei zwei Maschinisten auf der Stelle getötet wurden. Es waren die einzigen Todesopfer. Ein Kohlenzuträger, Friedrich Lusis, wäre vermutlich das dritte geworden, hätte er sich nicht gerade einen Augenblick zuvor entschlossen, an Deck zu gehen und etwas Luft zu schnappen. Nick Creteu, der Rumäne, stand in der Nähe der Kombüsentür, als er durch die Explosion von den Füßen gerissen und einen halben Meter in die Luft geschleudert wurde. Der lettische Funker, Rudolph Musts, wurde aus seiner Koje geworfen; das Licht in seiner Kajüte war aus und die Tür verklemmt, während zugleich immer mehr heißer Dampf hereinströmte. Musts warf sich gegen die Tür, kam frei und stürmte zum Bootsdeck, wo der Rest der Besatzung unter dem Befehl des Kapitäns, Karl Skerberg, und der anderen Offiziere schon dabei war, in ein großes Rettungsboot zu steigen. Der Kapitän und die Offiziere folgten, mit dem Logbuch und dem Manifest, in einem kleineren Boot. Drei Stunden später sahen sie im Tageslicht, daß ihr Schiff nicht gesunken war, und der Kapitän ging mit acht Freiwilligen noch einmal an Bord, um die Pässe und die Schiffspapiere sicherzustellen und warme Kleidung zu holen. Er ließ außerdem eine Notrufflagge aufziehen; das Schiff war, aufgerissen und stark backbordlastig, immer noch erstaunlich flott. Als der Kapitän und seine Gruppe wieder in den Booten waren, winkten die Männer den US-Tanker *Socony-Vacuum* und den brasilianischen Frachter *Bury* heran, die beide längsseits kamen und sie an Bord nahmen. Die *Bury* versuchte sogar, die *Ciltvaira* in Schlepp zu nehmen, aber nachdem drei Hanftaue und ein Stahlkabel gerissen waren, mußte das angeschlagene Schiff aufgegeben werden. Man gab per Funk eine Warnung vor dem treibenden Wrack durch; es wurde das letzte Mal, fast untergegangen, zwei Tage später bei 35° 46′ N, 74° 37′ W gesehen. Niemand an Bord der *Ciltvaira* hatte das angreifende U-Boot gesehen, trotzdem verkündete Musts, der Funker, nachdem er an Bord der *Socony-Vacuum* in Charleston (South Carolina) eingetroffen war: »Diesmal konnten wir nicht zurückschlagen. Aber unser nächstes Schiff wird bewaffnet sein. Dann wird es anders laufen. Ihr werdet sehen, wozu wir in der Lage sind, wenn die Teufel angreifen.« Der Kapitän erzählte von einem starken Phosphorgeruch nach der Torpedodetonation, deren Wirkung er im übrigen als erstaunlich gering bezeichnete, da das Leck nicht mehr als 120 Zentimeter im Durchmesser maß. Aber schließlich sei der Sprengkopf ja gekonnt plaziert worden, und da reichten 120 Zentimeter natürlich völlig aus.[29]

Der Angriff auf die *Ciltvaira* war aber nur ein Zwischenspiel, nach dem Hardegen zu der verwundeten *Malay* zurückkehrte, während Schulz und seine Mechaniker fieberhaft an dem gebrochenen Kühlrohr des Backborddiesels arbeiteten. Die Ausgucks hielten angestrengt nach einem Feuerschein Ausschau, den U 123 anlaufen konnte. Hardegen vermutete, daß die Besatzung der *Malay* mit Hilfe des schwedischen Dampfers das Feuer gelöscht hatte, und hielt sich anhand der Küstenlichter in allgemein südlicher Richtung. Nach einer Weile meinte Hoffmann, er könne den Geruch von verbranntem Holz riechen. Hardegen sog einige Male die Luft ein; jetzt hatte auch er den Geruch in der Nase. Sie würden ihrer Nase folgen. Zehn Minuten später sichteten die Ausgucks zwei Schatten ohne Fahrt. Es war kurz nach 12.30 Uhr MEZ (5.30 Uhr ET). In anderthalb Stunden würde die Sonne aufgehen. Hardegen schaute durch das Doppelglas auf die beiden Schatten. Die äußeren Feuer auf der *Malay* waren gelöscht, aber durch die Bullaugen und Türen sah man, daß es im Innern noch brannte. Aber auch diese Feuer schienen unter Kontrolle zu sein, denn aus dem Schornstein stieg Rauch auf, und das Schiff setzte sich in Bewegung. Hardegen verfolgte, wie es nach Steuerbord drehte und auf Gegenkurs ging, zweifellos, um seinen Ausgangshafen oder ein Reparaturdock anzulaufen. Er schwenkte zu dem Frachter hinüber, der der *Malay* zu Hilfe geeilt und jetzt gerade dabei war, sein Boot aus dem Wasser zu hieven. Ein leichtes Ziel. Aber der Tanker war wertvoller, und er war schon beschädigt. Er schätzte seinen neuen Kurs auf 340 Grad, gab Befehl, mit der Steuerbordmaschine auf langsame Fahrt voraus zu gehen, und ließ 280 Grad anlegen, damit Hoffmann einen guten Schußwinkel bekam. Während U 123 auf sein Opfer wartete, wurde der Himmel plötzlich von Leuchtsternen erhellt, die offenbar von den Schiffbrüchigen der *Ciltvaira* abgeschossen wurden. In ihrem Licht konnte Hardegen sehen, daß sein letztes Opfer auf die Backbordseite gekippt und in der Mitte auseinandergebrochen war. Um 12.24 Uhr hatte Hoffmann die *Malay* da, wo er sie haben wollte: Fahrt überraschende 11 Knoten, Entfernung 400 Meter, Lagewinkel Grün 21.[30] »Los!« Der letzte Torpedo begann seine 28 Sekunden lange Reise, aber Hardegen wartete nicht ab, bis er den Treffer sah. Er stand in seichtem Gewässer - 12-15 Meter tief -, und bei den vielen Notrufen der *Malay* an die Navy in Norfolk konnte sich U 123 im Handumdrehen selbst als Zielscheibe wiederfinden, ohne vor den angreifenden Zerstörern oder Flugzeugen tauchen zu können. Schulz meldete, daß sie gerade noch genug Treibstoff hatten, um bei sparsamer Fahrt nach Lorient zurückzukommen. Hardegen zögerte einen Augenblick. Es widerstrebte ihm, die fetten Jagdgründe zu verlassen. Doch dann beugte er sich der Realität und zum Sprachrohr hinab: »Ruder hart steuerbord. Kurs Heimat!«

Die *Malay* hatte Erdöl aus Port Arthur (Texas) nach Philadelphia gebracht und war von dort mit Wasserballast auf die Rückreise gegangen. Ihre Besatzung bestand bis auf einen Portugiesen, einen Norweger und einen Mexikaner aus Amerikanern; insgesamt waren es 34 Mann, von denen 15 neu an Bord waren. Sie war mit brennenden Positionslampen in einer Reihe mit vier anderen Schiffen auf einem nördlichen Kurs von 193 Grad vor Hatteras angelangt, als die Backbordseite der Brücke von einer explodierenden Granate weggerissen wurde. Sekunden später kreischte es wieder, und das hintere Backbordrettungsboot zersplitterte. Auf der Brücke gab der Zweite Offizier William A. Green den Befehl, hart nach Backbord zu drehen, um näher an die Küste zu kommen. Dann löste er Alarm aus, stoppte die Maschinen und schaltete die Positionslampen ab. Drei weitere Granaten krachten in die Mannschaftsquartiere im Achterschiff. Eine von ihnen zerfetzte die Koje über derjenigen des zweiten Kochs, Adams J. Hay, der dabei schwere Verbrennungen erlitt, an deren Folgen er später im Rettungsboot starb. Einige Besatzungsmitglieder rannten an Deck, um das sich schnell ausbreitende Feuer zu löschen, andere strebten zu den Rettungsbooten. In eines von ihnen wurde ein Matrose mit gebrochenem Rückgrat gelegt, aber die vorderen Leinen verwirrten sich, das Boot kippte, und der Verwundete sowie drei weitere Besatzungsmitglieder ertranken. Das vordere Backbordrettungsboot konnte mit neun Mann - einschließlich des schwer verwundeten Hay - erfolgreich zu Wasser gelassen werden. Aber nach einer Stunde beorderte der Kapitän, John M. Dodge, der an Bord geblieben war, die Männer auf das Schiff zurück, um beim Löschen der Brände zu helfen. Inzwischen hatte der Funker unermüdlich sein sss - von U-Boot angegriffen - gefunkt und um die Hilfe der Navy gebeten. Diese Hilfe sollte niemals eintreffen, obwohl der Empfang des Funkspruchs aus Baltimore bestätigt und das Hilfeersuchen von dort an die Navy weitergeleitet wurde. Statt dessen kam die *Scania* längsseits. Auch der Dampfer *Coamo,* der fünf Tage später die Schiffbrüchigen der *Lady Hawkins* retten sollte, wurde beim Vorbeifahren beobachtet, stoppte aber nicht. Nachdem der Kapitän festgestellt hatte, daß die Schäden auf der *Malay* ihre Fahrtüchtigkeit nicht beeinträchtigten, befahl er halbe Fahrt voraus und nahm Kurs auf Hampton Roads. Aber als der Tanker wieder eine Geschwindigkeit von 11 Knoten erreicht hatte, wurde er um 5.44 Uhr ET auf der Steuerbordseite kurz hinter dem Hauptmast von einem Torpedo getroffen. Die Explosion riß unter der Wasserlinie ein gähnendes Loch von 90 x 120 Zentimetern in die Bordwand, sprengte ein Loch in die gegenüberliegende Backbordwand und riß das Oberdeck auf, wobei fast der Hauptmast heruntergeholt worden wäre. Der Kapitän warf daraufhin vorsichtshalber den Funkcode und die Fahrtpapiere in einem beschwerten Sack über Bord, aber die leeren, wie Luftkissen wirkenden Frachträume hielten das Schiff über Wasser. Dodge war schließlich überzeugt, daß der gute alte Tanker immer noch seetüchtig war und es aus eigener Kraft in den Hafen schaffen konnte. Kurz nach Tagesanbruch erschien ein Schiff der Küstenwache auf der Szene und barg die Leiche von Hay sowie eine Reihe verletzter Besatzungsmitglieder. Bootsmann Walter Bruce, der sich die Hände verletzt hatte, meinte: »Das nächstemal gehe ich auf einem bewaffneten Schiff zur See. Man kann U-Boote nicht mit Kartoffeln bekämpfen.« Andere, weniger Kampflustige waren einfach nur froh, daß die Öltanks leer gewesen und sie nicht auf einem riesigen Grill geröstet worden waren.

Um 9.45 Uhr stand die *Malay* wieder unter Dampf und machte sich mit langsamer Fahrt auf den Weg nach Hampton Roads, wo sie am nächsten Tag eintraf und um 21.45 Uhr vor Newport News festmachte. Sie war das erste amerikanische Handelsschiff, das einen doppelten Angriff mit Artillerie und Torpedos überlebt hatte. Ihr Kapitän lobte die Besatzung »für die mutige Art und Weise, in der sie unter Feuer ihre Pflicht erfüllte«, und fügte hinzu: »Ich hoffe, das Glück wird der *Malay* treu bleiben.«[32] Die *New York Times* schrieb in ihrem Bericht über den Angriff: »Die Navy, die in einer weiträumigen Jagd nach dem für die Angriffe verantwortlichen U-Boot-Wolfsrudel begriffen ist, verbirgt auch weiterhin jeden Erfolg, den sie gehabt haben mag, hinter einer strikten Zensur.«[33]

Die operative Führung in der Main Navy in Washington trug zwar öffentlich zuversichtliche Mienen zur Schau, insgeheim aber überwogen die Sorgen. Die Verluste an Tankern und Frachtern in US-Gewässern hatten ein ernstzunehmendes Ausmaß erreicht. Wenn weiter so versenkt werden würde wie in den letzten fünf Tagen, stand zu befürchten, daß die eigenen Kriegsanstrengungen in Mitleidenschaft gezogen wurden. Die Logistiker stellten Vergleiche an, die belegten, wie verheerend die Auswirkungen auf den Nachschub an Kriegsmaterial waren: »Wenn ein U-Boot zwei 6000-Tonnen-Schiffe und einen 3000-Tonnen-Tanker versenkt, so berechnet sich der totale Verlust folgendermaßen: 42 Panzer, 8 Haubitzen, 88 schwere, 40 leichte Geschütze, 24 Panzerwagen, 5210 Tonnen Munition, 600 Gewehre, 428 Tonnen Panzermaterial, 2000 Tonnen Vorräte und 1000 Tonnen Benzintanks. Nehmen wir an, die Schiffe hätten den Hafen erreicht und die Ladungen seien verteilt worden. Um dieselbe Menge an Rüstungsmaterial aus der Luft zu zerstören, hätte der Feind 3000 erfolgreiche Bomberflüge unternehmen müssen.«[34] Die militärische Notwendigkeit, die beladenen Handelsschiffe sicher in die Häfen zu bekommen, lag also auf der Hand.

Die U-Boote vor der Ostküste wurden außerdem rasch zu einem Problem der Öffentlichkeitsarbeit. Seit sechs Monaten hatte die Navy ihre schützende Hand über vier Fünftel des Atlantiks gehalten – bis nach Island und zu den Azoren –, und nun hatten die Vereinigten Staaten in aller Öffentlichkeit in ihrem eigenen Vorgarten einen Nasenstüber erhalten. Die naheliegende Frage wurde denn auch überall gestellt und am 20. Januar in einer Pressekonferenz im Oval Office, nicht unerwartet, dem Präsidenten vorgelegt: *Wo war die Navy?* Die Antwort des Präsidenten durfte nach den damals herrschenden Pressevorschriften nicht wörtlich zitiert werden. Die Version der *New York Times* lautete so: »Mr. Roosevelt versicherte, daß die einzig mögliche Antwort darin bestände, diese Leute [die diese Frage stellten] ins Weiße Haus einzuladen und ihnen das Zimmer zu zeigen, in dem die Karten mit dem Standort jedes Schiffs der Navy hingen. Aber das, fügte er hinzu, könne er nicht tun.« Die Zeitung ergänzte, Roosevelt habe angedeutet, daß die Flottenverbände und ihre Luftunterstützung andernorts im Einsatz seien.[35] Das wurde seither zur Standarderklärung von Navy-Apologeten. Noch 1975 schrieb einer der CINCLANT-Anwälte: »Zur Zeit des Gemetzels fragte die Öffentlichkeit: ›Wo ist die Navy?‹ Die Atlantikflotte kämpfte in der Atlantikschlacht.«[36] 1942 mochte diese Antwort aufgrund fehlender Informationen noch einige Glaubwürdigkeit besessen haben, drei Jahrzehnte später traf dies jedoch nicht mehr zu. Es gab im Januar 1942 (oder im Februar oder in den Folgemonaten bis zum Juni) keine »Atlantikschlacht«, die Streitkräfte von jener Atlantikschlacht abgezogen hätte, die von den U-Booten an die Türschwelle der USA getragen wurde. Auf den transatlantischen Konvoirouten ging es Anfang 1942 derart ruhig zu, daß die Seeleute sorglos zu werden begannen und wieder beleuchtet fuhren.[37] Während der ersten vier Monate des Jahres 1942 hatte nur ein einziger Konvoi (ON 67) ernsthaften Feindkontakt, bei dem er vor den Neufundlandbänken sechs Schiffe verlor. Zur selben Zeit (22.–24. Februar) aber summierten sich die Verluste in kanadischen und US-amerikanischen Küstengewässern auf *66 Schiffe;* weitere *neun* sanken in der Karibik. Im März wurden weltweit 79 alliierte und neutrale Schiffe versenkt, 74 davon im Atlantik und von diesen wiederum 70 in nordamerikanischen Küstengewässern westlich von 50 Grad West. Während dieser Zeitspanne – mit »vergleichsweiser Sicherheit auf den Seewegen nach England«, wie das Kriegstagebuch der ESF bemerkt – gelangten 519 Schiffe sicher aus der Neuen zur Alten Welt. Trotzdem war die Zerstörerflotte der US Navy verteilt, als wäre die Lage umgekehrt gewesen: In den nördlichen Konvoigewässern (in den Sektoren Halifax, Argentia, Hvalfjördhur und Londonderry), wo 6,33 Prozent der Tonnageverluste entstanden, waren 41,7 Prozent der Zerstörer stationiert, während in den Gewässern der ESF, wo 49,3 Prozent der Tonnage verlorengingen, die Schiffahrt also am bedrohtesten war, nur 4,9 Prozent der Zerstörer lagen.[38] Die nackte Tatsache ist, daß von Januar 1942 an die Hauptmasse der deutschen U-Bootwaffe vor Nordamerika operierte, dorthin unterwegs war oder von dort zurückkehrte. Wieso die Atlantikflotte nicht dort konzentriert wurde, wo der Feind war, und ihm nicht dort nachsetzte, wo er zu finden war, wie die US Navy dank der Arbeit des britischen Tracking Room wußte, bleibt ein Rätsel, das sich auch durch noch so viel heiße Luft nicht auflösen läßt.

In Washington schwirrte es von Meinungsäußerungen aller Art. Senator Tom Connally aus Texas, Vorsitzender des außenpolitischen Ausschusses, mutmaßte, die »böswilligen Überfälle« der »Nazi-Meuchelmörder« seien absichtlich zu dieser Zeit unternommen worden, um die 31 amerikanischen Staaten einzuschüchtern, die sich zu einer Konferenz in Rio de Janeiro zusammengefunden hatten.[39] Präsident Roosevelt wies diese Vermutung zurück: Er wisse, aus welchem Grund die U-Boote gekommen seien. Worin er lag, verriet er nicht.[40] Unterdessen verabreichte die Navy der Öffentlichkeit die Nachrichten von den Versenkungen teelöffelweise, wobei sie die Verluste herunterspielte und alles dafür tat, um die Versenkungen vor der Küste als wenig bedeutsam erscheinen zu lassen.[41] Am 22. Januar erklärte ein Navy-Sprecher in Washington - in dem Versuch, das Versagen der Navy bis zu diesem Zeitpunkt durch die unterschwellige Andeutung zu verschleiern, sie habe bereits eines oder mehrere U-Boote versenkt - »nachdrücklich«, daß es keine Bekanntgabe über versenkte U-Boote geben werde und daß es den Zeitungen »als Teil des Sicherheitsprogramms« verboten sei, von solchen Erfolgen zu berichten.[42] Die *New York Times* machte daraus die Schlagzeile: NAVY VERHEIMLICHT IHRE ABSCHÜSSE.[43] Schon zwei Monate vorher, am 21. November 1941, hatte der Marineminister Frank Knox im Rückblick auf die Konvoischlachten vor dem Angriff auf Pearl Harbor der Presse gegenüber fälschlicherweise erklärt: »Nach sorgfältiger Prüfung der Beweise kann ich jetzt feststellen, daß die Seestreitkräfte der Vereinigten Staaten im

Atlantik bis zum gegenwärtigen Zeitpunkt wahrscheinlich mindestens 14 Feind-U-Boote versenkt oder beschädigt haben.«[44] Eine geheimgehaltene hauseigene Geschichte der Navy konterte mit dem lakonischen Hinweis: »Es gibt keinen positiven Beweis dafür, daß sie [die Navy] 1941 auch nur ein einziges U-Boot ausgeschaltet hat.«[45] Aber die Navy blieb bei ihrer Linie und trat in den letzten Januarwochen durch kein Wort dem weitverbreiteten Gerücht entgegen, nach dem laufend gekaperte U-Boote in Navy-Häfen von Maine bis Florida geschleppt wurden.[46]

Die Navy stand jedoch derart unter Druck, daß sie die Strategie der »verheimlichten Abschüsse« schon zwei Tage nach ihrer Verkündung wieder aufgab und am 23. Januar in einer eher kümmerlichen (und im nachhinein auch lächerlichen) Propagandaanstrengung verlauten ließ, daß während der vergangenen neun Tage vor der Ostküste eine (unbestimmte) Anzahl von U-Booten liquidiert worden sei. Sarkastisch hieß es von diesen »Ausflüglern«, daß »einige der kürzlich in unseren Territorialgewässern aufgetauchten Besucher niemals in den Genuß der Heimreise kommen werden«. Um diese Fiktion zu erhärten, wandte sich der Navy-Sprecher an jene US-Bürger, »die ein aufgebrachtes oder zerstörtes U-Boot gesehen haben«, ihre Beobachtung für sich zu behalten. »Die Nazis halten sich selbst für ziemlich gerissen«, fuhr er fort, aber wenn der US-Bürger »Geheimhaltung als seine persönliche Anti-U-Boot-Waffe« betrachte, könnte es sein, daß er sich als gerissener herausstelle. Wie das funktionieren sollte, wurde nicht erklärt, aber jeder wurde eingeladen, sich an dem »Spiel« zu beteiligen: »Dies ist eine Phase des Spiels der Kriegsgeheimnisse, in der jeder Amerikaner voller Begeisterung daran teilnehmen sollte.« Die Navy werde sich um die feindlichen U-Boote »kümmern«, und die Öffentlichkeit könne ihr helfen, indem sie »Ruhe bewahrt«. Presse und Rundfunk könnten auf gleiche Weise ihren »großen, patriotischen Beitrag« leisten.[47] Mit anderen Worten, die Navy verteilte Maulkörbe. Es war eine große Lüge, hübsch verpackt zwar, aber nichtsdestoweniger zynisch und von durchtriebener Falschheit. Das Ansehen der Atlantikflotte war wiederhergestellt. Und niemand würde erfahren, daß dies die einzige Offensive war, die der CINCLANT ergriff. Wenn es Zweifler gegeben haben sollte, so haben sie ihre Maulkörbe nicht heruntergerissen, auch nicht, als »Dolly« Andrews am 29. Januar 200 Dollar für jeden Navy-Angehörigen aussetzte, der an der Versenkung eines U-Boots beteiligt gewesen war - ein immerhin merkwürdiges Vorgehen, wenn die Navy bereits solche Erfolge gegen die »Ausflügler« erzielt hatte.[48]

In Wirklichkeit hatte die Navy keinen einzigen geplanten Angriff gegen die »Paukenschlag«-Boote unternommen, und das einzige Mal, daß auf eins der Boote das Feuer eröffnet wurde, scheint der Vorfall am 15. Januar gewesen zu sein, als U 123 zufällig von einem Bomber gesichtet wurde, der anschließend, ohne irgendwelchen Schaden anzurichten, vier Bomben abwarf. Weder aus der Luft noch auf See war bei dieser Gelegenheit nachgesetzt worden, und was die ESF betraf, so unterschied sich der Vorfall durch nichts von anderen gemeldeten Angriffen auf echte oder eingebildete Ziele, bei denen niemand sich bemüßigt fühlte, das Heft in die Hand zu nehmen. Als Reinhard Hardegen mit U 123 auf Heimatkurs ging, war die Abschußliste der ESF so leer wie am ersten Tag, und sie sollte es noch drei lange Monate bleiben - obwohl ein Minensucher, der umgebaute Zerstörer *Hamilton* (DMS 18), sein Bestes tat, sich eine Jagdtrophäe zu erwerben. Die *Hamilton* fuhr in der Nacht vom 26. auf den 27. Januar als Geleitschutz hinter dem Truppenkonvoi BT 200 von New York zur Panama-Kanalzone. Die sieben Transportschiffe fuhren mit 14–15 Knoten auf Zickzackkurs, als die *Hamilton* um 5.00 Uhr an Steuerbord ein Schiff sichtete, das wie ein aufgetauchtes U-Boot aussah. Sie feuerte einen Schuß über den Bug ab und ging auf Kollisionskurs. Doch als man näher herankam, erkannte der Kapitän mit Schrecken, daß das »U-Boot« ein abgedunkelter Frachter war. Er befahl sofort volle Kraft zurück und ließ das Ruder hart umlegen, aber es war zu spät. Der Minensucher krachte kreischend auf die Backbordseite des Frachters. Das 1946 BRT große amerikanische Motorschiff SS *Green Island* überstand den »Angriff«, allerdings nur, um nach den Reparaturen drei Monate später am 6. Mai südlich von Kuba durch Ulrich Folkers versenkt zu werden, als er mit U 125 auf der zweiten Amerikafahrt war. Die *Hamilton* mußte nach dem Zusammenstoß ebenfalls in den Hafen, um die Backbordseite des Bugs reparieren zu lassen, was zehn Tage dauerte.[49] Kurz darauf wurde sie vom Geleitschutzdienst entbunden und zur gemischten Hilfsflotte (Miscellany Auxiliary) abkommandiert. Der Zwischenfall war offenbar allzu peinlich gewesen.

Der Konvoi BT 200 war nicht der einzige Navy-Verband, der Ende Januar in den von U-Booten heimgesuchten Gewässern unterwegs war. Am 28. Januar lief die Schlachtschiff-Division 6, die aus der *North Carolina* (BB 55) und der *Washington* (BB 56) sowie dem Flugzeugträger *Hornet* bestand, in Begleitung von sieben DDs und einem Kreuzer mit Kurs auf ihre Heimathäfen Norfolk und New York aus Key West aus. In zwei Kolonnen aufgeteilt, fuhr sie, bis auf die dunkelsten Nachtstunden, im Zickzack und mit so hoher Geschwindigkeit - 15 bis 23 Knoten -, daß ein U-Boot nicht hätte mithalten können. Sie überforderte allerdings auch die Zerstörer, besonders die 1200-Tonner, denen die starken Wellenbrecher erheblich zusetzten. Einer von ihnen, die *Noa,* wurde so stark beschädigt, daß er nach Charleston ablaufen mußte. Die Zerstörer hielten nach allen Seiten Wache, und ihr Kommandeur berichtete nach seiner Ankunft im Heimathafen: »Obwohl die Route die Atlantikküste entlangführte und zahlreiche U-Boote dort waren, kam kein Peilkontakt oder Wasserbombenangriff zustande.«[50] Tatsächlich waren die U-Boote keineswegs »zahlreich«, und sie sollten es auch niemals werden. Während des Januars operierten nie mehr als drei Boote gleichzeitig vor der amerikanischen Ostküste: zunächst U 123, U 66 (Zapp) und U 125 (Folkers); dann stieß am 21. Januar U 130 (Kals) dazu, während U 123 auf dem Weg in die Heimat war; und am Ende des Monats löste U 106 (Kptlt. Hermann Rasch) Kals ab. U 106 war das erste Boot einer neuen Welle von fünf IXB- und IXC-Booten, die Dönitz nach Amerika in Marsch gesetzt hatte, noch bevor er die erste Erfolgsmeldung von »Paukenschlag« erhalten hatte. Während der ersten Februarwoche waren vier dieser Boote (U 103, 106, 107 und 108) gleichzeitig in amerikanischen Gewässern aktiv. Das fünfte (U 128), das ursprünglich zur »Gruppe Paukenschlag« gehört hatte, kam in der dritten Februarwoche hinzu, so daß fünf Boote gleichzeitig vor Amerika kreuzten.

Während der letzten zehn Januartage sanken zwischen Neuengland und den beiden Carolinas insgesamt acht Schiffe. Kals (U 130) war nach der Erlaubnis des BdU, die Stellung zu wechseln, von der Cabot-Straße abgelaufen und bis zur Georges Bank östlich von Nantucket gefahren, wo er in der Abenddämmerung des 21. Januar eintraf. Dort sichtete er den norwegischen Tanker *Alexander Höegh* und fügte mit zwei Unterwasserschüssen 8248 BRT seinem Erfolgskonto hinzu.[51] Am nächsten Tag versenkte Zapp, der südlich von Hatteras und der Outer Diamond Shoal stand, den kleinen (2677 BRT) US-Frachter *Norvana.*[52] In der Dunkelheit am 22. Januar hatte Kals mit Kurs auf Hatteras den Albermerle-Sund erreicht, wo er die *Olympic* versenkte, einen panamesischen Tanker von 5335 BRT.[53] Zapp erzielte am 24. Januar (MEZ) kurz hintereinander zwei Treffer: Zuerst schickte er den vier Monate alten Tanker *Empire Gem,* der mit 10600 Tonnen Benzin von Port Arthur via Halifax nach England fahren sollte, unter Wasser. Die *Empire Gem* hatte sich gerade an der Diamond-Shoal-Leuchtboje vor den amerikanischen Erzfrachter *Venore* gesetzt, als sie um 2.40 Uhr MEZ an Steuerbord zwei Torpedotreffer in den Achtertanks abbekam.[54] Die aufschießenden Flammen beleuchteten den nachfolgenden Frachter, und nur drei Minuten später legte sich die *Venore* nach einem Torpedotreffer leicht auf die Backbordseite. Die *Empire Gem* brannte bis zur Wasserlinie aus. Von den 57 Mann Besatzung, allesamt Briten, überlebten nur der Kapitän und zwei Funker. Es war der größte Verlust an Menschenleben seit der *City of Atlanta.*

Die *Venore,* die mit 22300 Tonnen Eisenerz aus Chile kam, war durch den ersten Treffer nur leicht beschädigt worden, aber 20 Mann ihrer multinationalen Besatzung gerieten angesichts des brennenden Tankers in Panik; sie ließen Rettungsboote zu Wasser, obwohl ihr Schiff immer noch fuhr, und kamen allesamt um. Ein Maschinist rannte auf Deck und sprang am Heck über Bord und in den Tod. Um 3.24 Uhr MEZ explodierte ein zweiter Torpedo von Zapp im Ballasttank 9, unmittelbar vor dem Maschinenraum, und die Schlagseite der *Venore* vergrößerte sich auf 45 Grad.[55] Der Kapitän befahl alle Mann von Bord. 21 Männer konnten sich mit einem Rettungsboot in Sicherheit bringen; der Kapitän und der Funker waren nicht unter ihnen. Die Schiffbrüchigen ruderten und segelten auf die 80 Meilen entfernte Küste zu, bis sie 39 Stunden später von dem Tanker *Tennessee* an Bord genommen wurden. In einem Bericht der US Navy über die zweifache Versenkung heißt es: »Die Leichtigkeit, mit der das feindliche U-Boot die beiden Schiffe versenken konnte, ist beunruhigend. Es wird angenommen, daß das gleiche U-Boot für die dreifache Versenkung an der Wimble-Shoals-Boje vor vier Tagen verantwortlich war.« Gemeint waren zwei Versenkungen *(City of Atlanta* und *Ciltvaira)* und eine Beschädigung *(Malay)* – allesamt das Werk von U 123. In dem Bericht wird auch erwähnt, daß die *Empire Gem* ein 10,2-cm-Geschütz an Bord hatte und daß beide Schiffe zur Zeit des Angriffs bei hellem Mondschein mit aufgeblendeten Lichtern fuhren.[56]

Kals hatte sich unterdessen wieder nach Norden gewandt, wo er 28 Seemeilen östlich von Wildwood (New Jersey) den Norweger *Varanger* angriff. Der 9305 BRT große Tanker war mit Heizöl aus Afrika und den Westindischen Inseln nach New York unterwegs. Kals traf ihn um 10.02 Uhr auf der Backbordseite genau mittschiffs und schickte um 10.07, 10.13 und 10.24 drei Fangschüsse hinterher. Der letzte Torpedo traf den Maschinenraum und jagte den Kessel in die Luft. Die Druckwelle rüttelte noch an den Fenstern von Sea Isle City, und die Explosion war bis Atlantic City, 25 Meilen weiter im Norden, zu hören. Die gesamte Besatzung (41 Mann) überlebte; es war das erstemal, daß ein »Paukenschlag«-Angriff keine Todesopfer gefordert hatte.[57]

Ulrich Folkers (U 125) versenkte in der folgenden Nacht nach einer Reihe von Fehlschlägen - einer Beschädigung (des amerikanischen Tankers *Olney)* und sechs Fehlschüssen oder Versagern - sein erstes Schiff, als er bei einem Überwasserangriff vor Kap Hatteras um 6.04 Uhr MEZ im Abstand von acht Sekunden zwei G7e-Aale auf den südwärts fahrenden amerikanischen Frachter *West Ivis* abschoß. Der erste Torpedo explodierte unter der Brücke, der zweite im Maschinenraum, und der Dampfer sank binnen 14 Minuten. 35 Männer, einschließlich des Kapitäns, starben.[58] Die *West Ivis* sollte Folkers' einzige Versenkung auf der »Paukenschlag«-Fahrt bleiben, was sowohl in seinen Augen als auch in denen des »Löwen« eine enttäuschende Bilanz war. Er sollte trotzdem im März 1943, wenn auch als letzter der »Paukenschlag«-Kommandanten, das Ritterkreuz erhalten. Zwei Monate danach wurden er und sein Boot südlich von Grönland, ohne Überlebende, durch HMS *Vidette* versenkt.[59]

Zur letzten »Paukenschlag«-Versenkung in US-amerikanischen Gewässern kam es am 27. Januar (9.43 Uhr MEZ, 2.43 Uhr ET) 12 Seemeilen südöstlich des Winter-Quarters-Feuerschiffs vor Chincoteague (Virginia). U 130, das sich wieder nach Süden gewandt hatte, traf den nordwärts fahrenden Tanker SS *Francis E. Powell* der Atlantic Refining Company mittschiffs mit einer verheerenden Explosion.[60] Als er sah, daß der mittlere Teil des Schiffs samt Funkantenne unter Wasser sank, und den bedrohlichen Geruch von 80000 Barrel Benzin wahrnahm, befahl der Kapitän, Thomas J. Harrington, das Schiff aufzugeben. Drei Rettungsboote wurden zu Wasser gelassen, von denen zwei davonkamen. Der Kapitän entschloß sich aus irgendeinem Grund, vielleicht um den Funkcode und die anderen Papiere über Bord zu werfen, wieder auf das Schiff zu klettern. Als er sich danach an einem Seil in das dritte Rettungsboot hinunterlassen wollte, wurde er durch eine plötzliche Bewegung des Tankers zwischen Rumpf und Rettungsboot zerquetscht. Matrose John D. Alexson war in einem der Rettungsboote: »Wir begannen zu rudern und fuhren fast in das U-Boot hinein. Der Kommandoturm und die Laufplanken ragten aus dem Wasser. Sie schienen auf uns zu warten, um uns zu beschießen, aber sie taten es nicht. Wir rissen das Boot herum und ruderten so schnell wie möglich von dem U-Boot weg.« Alexson und die anderen zehn Männer in seinem Boot mußten noch 17 Stunden in ständigem eisigen Regen aushalten, bevor die Küstenwache sie erlöste. Die 17 Männer in dem zweiten Boot wurden von einem Handelsschiff gerettet.[61] Der Kapitän und drei Besatzungsmitglieder hatten den U-Boot-Angriff nicht überlebt - eine der kleinsten Verlustraten des Unternehmens »Paukenschlag«. In kanadischen Gewässern unterbrach »Ajax« Bleichrodt seine Pechsträhne und versenkte südlich von Yarmouth (Neuschottland) aus 400 Metern Entfernung den englischen Frachter *Thirlby* (4887 BRT).[62] Danach fuhr er nach Süden, um sich im Norden der Bermudas mit Kals (U 130) zu treffen und aus dessen größeren IXC-Treibstoffbunkern für die Heimfahrt Öl zu übernehmen.[63] Auf dem Weg zum Treffpunkt versenkte Bleichrodt weit draußen auf See noch zwei Schiffe, und zwar am 1. Februar östlich von New Jersey den englischen Frachter *Tacoma Star* (7924 BRT) und vier Tage später östlich von Hatteras den großen kanadischen Tanker *Montrolite* (11309 BRT).[64] Für die letzte Januar-Versenkung in US-Gewässern sorgte der gerade erst eingetroffene Hermann Rasch (U 106), der am 30. Januar vor Kap Charles (Virginia) den US-Tanker *Rochester* (6836 BRT) in die Tiefe schickte.[65]

Verständlicherweise erhielten die Geschichten der Überlebenden in der Presse weit mehr Raum als die Fracht- und Schiffsverluste, obwohl die Strategen auf beiden Seiten diese höher bewerteten, da Seeleute in Kriegszeiten leichter zu ersetzen waren. Für nachdenklichere

Beobachter, die die U-Boot-Lagekarte des OIC kannten, wies die Versenkung der *Rochester* nicht nur auf die Ankunft einer neuen Welle von IXB- und IXC-Booten als Ersatz für die »Paukenschlag«-Flotte hin, sie bedeutete auch nicht nur den Verlust eines weiteren Schiffs samt Ladung: Bei drei durch die Torpedoexplosion getöteten Besatzungsmitgliedern und vier weiteren, die später an den Folgen ihrer Verletzungen starben, bedeutete die Versenkung vielmehr, daß der Aderlaß vor der Küste weitergehen würde, zumal die Navy sich bis dahin als unfähig erwiesen hatte, ihn zu stoppen. »Paukenschlag« hatte in 19 Tagen schon mehr als 500 Seeleuten und Zivilisten das Leben gekostet – ein Fünftel der Todesopfer, die die Navy in Pearl Harbor erlitten hatte. Keine Küstenschlacht seit den Kolonialzeiten hatte einen größeren Blutzoll gefordert; in der gesamten Geschichte der zivilen Schiffahrt hatte es noch nie eine solche Todesrate unter den Seeleuten gegeben; und es war die größte Katastrophe vor der Atlantikküste seit dem 8. September 1934, als der Luxusdampfer *Morro Castle* vor Asbury Park (New Jersey) ausbrannte und 125 Passagiere und Besatzungsmitglieder mit sich in den Tod nahm. Weitere kamen um, während sich Reinhard Hardegen auf dem Heimweg über den Atlantik befand, und neue fürchterliche Verluste kündigten sich an, denn die nach dem Paukenschlag eintreffenden Gruppen fanden nicht nur die Tür immer noch sperrangelweit offen, sie vergrößerten auch die Zahl der an dieser blutigen Küste operierenden Boote. (Zur gleichen Zeit führten die U-Boote der US Navy im Pazifik ihren eigenen uneingeschränkten U-Boot-Krieg, in dem sie, mit einer unbekannten Zahl von Todesopfern, bis zum 31. Januar 15 japanische Schiffe aller Typen versenkten.)

Die Chancen eines Seemanns, auf dem Atlantik zu überleben, wenn sein Schiff sank, wurden auf fifty-fifty geschätzt. Die Rettungsmittel auf amerikanischen Schiffen waren noch nicht so funktionstüchtig wie die britische Ausrüstung, zu der 1942 Schwimmwestenlichter, Schutzkleidung und Handpumpen in den Rettungsbooten gehörten. Die Chancen der Seeleute in den »Paukenschlag«-Gewässern wurden außerdem durch die große Zahl von Rettungsbooten vermindert, die durch die Sprengwirkung der Torpedos zerstört oder unbrauchbar wurden, weil das torpedierte Schiff rasch Schlagseite bekam. Darüber hinaus hatten die amerikanischen Küstenfrachter, anders als die britischen, die zum größten Teil mit Geschützen bewaffnet worden waren, noch keine Navy-Geschützbedienungen oder Armed Guards (bewaffnete Wachen), wie sie genannt werden sollten, an Bord. Von den Passagieren der *Lady Hawkins* abgesehen, traf der Tod auf See Männer, deren Beruf die Seefahrt war, die also ihre Gefahren kannten. Nicholas Monsarrat schreibt von ihnen: »Manche starben leicht ... manche starben schwer ... manche starben einfach nur.«[66] Diejenigen, die überlebten, schienen trotzdem nichts von ihrem Mut und ihrer Zähigkeit verloren zu haben: Sie heuerten, sobald sie konnten, auf anderen Tankern, Frachtern oder Truppentransportern wieder an. Dazu mochten auch die erheblichen Prämien für die gefährlicheren Routen beigetragen haben, aber das allein war nicht der Grund, warum die Gänge der National Maritime Union in New York voller Bewerber waren. »So ist das nun einmal«, sagte ein Überlebender einer Versenkung. »Wenn dein Haus abbrennt, ziehst du in ein anderes. Und wenn ein Matrose sein Schiff verliert, geht er auf ein anderes. Das ist sein Zuhause. So ist das.«[67] Ein anderer erklärte: »Gutes Geld. Man denkt nicht an die Torpedos. Man sagt sich einfach: Wenn einer deinen Namen trägt, hast du eben Pech gehabt. Wenn nicht, dann erwischt er dich nicht.«[68] Andere machten sich Sorgen. Ein kanadischer Steward der englischen Handelsflotte, der viermal torpediert worden war, beklagte sich vor New Yorker Reportern über die »lockeren Zungen« seiner amerikanischen Kollegen. »Ich wäre nicht überrascht«, sagte er, »wenn Sie einige der Torpedierungen so dicht unter Ihrer Küste der fünften Kolonne zu verdanken hätten. New York ist voller lockerer Zungen.«[69] Bald darauf wurde zwar eine Propagandakampagne unter dem Motto »Lockere Zungen versenken Schiffe« gestartet, aber es gibt keinen Beweis dafür, daß von Seeleuten ausgeplauderte Informationen für die deutschen U-Boot-Angriffe in amerikanischen Gewässern in den ersten Monaten des Jahres 1942 irgendeine Rolle gespielt hätten. Es gab so viele ohne Geleitschutz fahrende Schiffe, die ein perfektes Ziel abgaben, daß die U-Boot-Kommandanten nur abzuwarten brauchten, bis sie in ihr UZO-Visier kamen. Selbst wenn sie über Informationen von »lockeren Zungen« verfügt hätten - was eher unwahrscheinlich ist -, sie hätten sie nicht gebraucht.

In der Main Navy in Washington verfolgte man den unkontrollierbaren Strom der Erzählungen Überlebender mit zunehmendem Unbehagen. Vielleicht war es nicht genug, anzudeuten, daß die Navy sich um die U-Boote kümmerte, indem man die Öffentlichkeit aufforderte, es für sich zu behalten, wenn sie »zerstörte« oder »aufgebrachte« U-Boote gesehen hatte. Vielleicht war eine etwas aktivere Strategie vonnöten. So trat man, nur fünf Tage nach der Geheimhaltungsaufforderung die Flucht nach vorn an. Anknüpfungspunkt war die Meldung, daß ein Navy-Pilot, Donald Francis Mason, am 28. Januar ein »U-Boot« bombardiert hatte. Ob er das U-Boot versenkt hatte oder nicht, tat nichts zur Sache. Was zählte, war, daß ein deutscher Kommandant herausgefordert worden war. Die Tatsachen: Mason, Pilot einer PBY-»Catalina« des in Argentia stationierten 82. Geschwaders der Atlantikflotte, hatte etwas gesichtet, das er für ein U-Boot hielt, und es mit Bomben belegt. Das war alles, was er an seinen Stützpunkt gefunkt hatte. Unter den Händen der Navy-Propagandisten verwandelte sich dieser Bericht derart, daß Mason am nächsten Tag von der *New York Times* und anderen Zeitungen als neuer Oliver Hazard Perry gefeiert wurde, der aus der Schlacht am Eriesee die knappe, einprägsame Meldung geschickt hatte: »Wir haben den Feind getroffen, und er ist unser.« Die Mason unterstellte Meldung stand dem in Knappheit und Einprägsamkeit in nichts nach, und sie prangte nicht nur überall im Land auf den Frontseiten der Zeitungen, sondern fand, was wichtiger war, als Redewendung auch rasch Eingang in die Umgangssprache. Kaum jemand, der jene Zeit miterlebt hat, dürfte den unsterblichen Stabreim voller Zischlaute vergessen haben: *»Sighted sub, sank same«* (U-Boot gesichtet, selbiges versenkt). Die Nation war begeistert. Mason war verlegen. Und die Wortschmiede der Navy atmeten erleichtert auf. Der Druck, der auf der Navy lastete, war für ein paar Tage von ihr genommen.

9

Kurs Heimat!

Als sich Reinhard Hardegen von der rauchverhangenen *Malay* abwandte, hatte er allen Grund zu glauben, sein letztes Opfer würde binnen kurzem auf dem Meeresboden liegen. Die Notrufsignale des Schiffs waren immer verzweifelter geworden. Hardegen notierte einen von ihnen im englischen Original in seinem KTB: SOS SINKING RAPIDLY, NEXT SHIP PLEASE HURRY, TORPEDOED, SINKING (SOS sinke schnell, nächstes Schiff bitte Beeilung, torpediert, sinke), und fügte hinzu: »So hatten wir den also auch noch geknackt.«[1] Währenddessen fuhr U 123, soweit es der Betrieb mit nur einem Motor zuließ, mit Höchstgeschwindigkeit ostwärts in tiefere Gewässer, wo es, falls nötig, tauchen konnte. Um 13.00 Uhr MEZ (6.00 Uhr ET), eine Stunde vor Tagesanbruch - »Kraxel« Amstein schweißte immer noch an dem Kühlrohr -, sichtete Hardegen backbord voraus einen großen Schatten. Ein größerer war ihm, von großen Kriegsschiffen und Luxusdampfern abgesehen, auf See noch nicht begegnet, und er war nur 400 Meter entfernt! Und lag auf seinem Kurs! »Hart Steuerbord! Hart Steuerbord! Steuerbord volle Kraft voraus! LI, holen Sie das Letzte aus der Maschine heraus!« Barth begann Funksprüche des Riesenpotts hochzurufen: »Es ist die *Kosmos II,* norwegisches Walfangmutterschiff ... Ruft nahe Schiffe ... Jetzt heißt es, daß mit uns ›etwas nicht stimmt‹ ... Es ruft die Navy zu Hilfe. Soll Flugzeug schicken! ... Sagt, sie will uns rammen!«

Der stämmige, untersetzte, 36jährige Einar Gleditsch stammte aus Sandfjord in Norwegen, das vor dem Krieg der führende Walfanghafen der Welt war, und fuhr seit 18 Jahren zur See, immer als Walfänger. In der Biographie in seiner Akte bei der norwegischen Schiffahrts- und Handelsmission in New York wird er als »stets furchtloser, fast tollkühner, mutiger Mann« beschrieben - eine Charakteristik, die derjenigen von Reinhard Hardegen, von dem ihn nur 400 Meter trennten, nicht unähnlich war. Seit einem Jahr Kapitän der *Kosmos II* - mit 16966 BRT angeblich das größte Frachtschiff der Welt und jetzt als Tanker im Einsatz -, hatte er zunächst die brennende *Malay* zwischen sich und der Küste gesehen, und dann ein zweites Schiff oder Boot, von dem er den in der Nähe befindlichen Schiffen per Funk mitteilte, daß »etwas mit ihm nicht stimmt«. Er studierte mit dem Chefmaschinisten und dem Wachoffizier zusammen die niedrige schwarze Silhouette vor seinem Bug und beobachtete, wie sie plötzlich nach Steuerbord abdrehte.

»Es ist ein U-Boot!« entschied er. »Muß dasjenige sein, das den Tanker vor der Küste getroffen hat. Geben Sie mir 17 Knoten! Steuermann, bleiben Sie ihm auf den Fersen! Versuchen Sie, es zu rammen!« Da er keine Waffen an Bord hatte, war das die einzige Angriffsmöglichkeit. Wenn er herankommen konnte, würde der riesige Vordersteven der *Kosmos II* das U-Boot zerquetschen. 17 Knoten war das Höchste, was er - im Ballast - jemals aus seinem Schiff herausgeholt hatte; trotzdem sagte er seinem Chefmaschinisten, er solle, wenn möglich, noch ein paar Umdrehungen dazulegen. »Wenn die Deutschen davonkommen wollen«, erklärte er, »müssen sie es an der Oberfläche tun. Wenn sie zu tauchen versuchen, verlangsamt das ihre Fahrt, und wir haben sie am Kragen!«

Auf der Brücke von U 123 rief ein entsetzter Hardegen ins Sprachrohr: »LI, sehen Sie zu, daß das Rohr geschweißt und eingebaut wird, oder wir werden gerammt! Haben Sie verstanden?«

»Jawohl, Herr Kaleu!«

Schulz rannte in den Maschinenraum, stieß Karlchen Latislaus mit dem Ruf »Karlchen, bereithalten zum Einbauen - Notfall!« beiseite und hastete zur Schweißstation im Hecktorpedoraum weiter, wo er Kraxel anfeuerte: »Fertigmachen! Fertigmachen! Wir werden gleich gerammt!«

Kraxel arbeitete, so schnell er konnte. Dann schob er seinen Gesichtsschutz hoch, warf einen letzten Blick auf seine Arbeit und gab Schulz das Rohr. »Das müßte jetzt halten, LI«, sagte er zu Schulz' Rücken, der mit dem lebensrettenden Teil schon auf dem Weg zum defekten Backborddiesel war. Zwei Minuten später erwachte der

Backbordzylinder zu neuem Leben, die Kühlung hielt, und Karlchen kuppelte die Propellerwelle an.

Hardegen spürte auf der Brücke, wie das Boot vorwärtsschoß. Keine Sekunde zu früh! Der Walfänger war nur noch 75 Meter entfernt. »An Rudergänger, Ruder mittschiffs!« Jede Abweichung vom geraden Kurs hätte die Fahrt, wenn auch nur minimal, verlangsamt. Er wußte selbst sehr gut, was Hoffmann ihm jetzt, die donnernden Diesel überschreiend, zurief: »Herr Kaleu, wenn wir Tauchtiefe erreicht haben, können wir immer noch nicht in den Keller. Es würde uns zu sehr abbremsen. Er würde uns kriegen. Selbst wenn wir runterkämen, würde uns ein Schiff mit diesem Tiefgang glatt aufschlitzen.«

»IWO«, brüllte Hardegen zurück, »Sie sollten lieber beten, daß die Schweißnaht hält. Wenn sie uns jetzt im Stich läßt, sind wir geliefert.« Er hielt kurz inne und fügte dann hinzu: »Das Wasser ist sowieso zu flach zum Tauchen. Und wir fahren bei gleichbleibender Tiefe nach Süden. Ich werde seewärts drehen, sobald wir etwas Abstand gewonnen haben. Wenn wir doch nur zwei Aale in den Heckrohren hätten! Unser Verfolger hat keine Kanonen. Sonst hätte er schon längst gefeuert. Wir wären eine leichte Beute.« Er beugte sich zum Sprachrohr hinunter. »An LI, wieviel Fahrt machen wir?«

»Schätzungsweise 18, mehr ist bei der auffrischenden See nicht drin«, antwortete Schulz.

Ein halber Knoten mehr Geschwindigkeit sollte reichen. Hardegen befahl der Brückenwache, sich vorn unter die Verkleidung zu ducken, um ihre Körper aus dem Wind zu nehmen. Es mochte nicht viel bringen, aber versuchen konnte man es. Als Tölle, der Fotograf, der immer zur Stelle war, wenn etwas passierte, im Turmluk auftauchte, scheuchte ihn Hardegen schroff unter Deck zurück.

»Herr Kaleu«, meldete sich der kniende Hoffmann, »wenn sie unser Heck erreichen, können wir das Ruder hart nach Backbord legen, so daß das Heck den Stoß auffängt und der Rest nach Steuerbord ausbricht. Schlage vor, außer den Maschinisten alle Mann nach vorn zu schicken und die Schotts hinter der Zentrale zu schließen.«

»Sehr gut«, sagte Hardegen. »Schulz soll sich darum kümmern.«

Auf der *Kosmos II* hatte sich die Besatzung neugierig am Bug versammelt, wie Hardegen beobachtete. Er winkte den Männern zu. Vielleicht konnte er sie aus der Fassung bringen. Dann winkte er nach rechts und links, so als würde er anderen U-Booten Signale geben.[2] Zu Hoffmann sagte er: »Holen Sie Rafalski mit der gelben Signallampe rauf, und lassen Sie ihn Signale an andere Boote simulieren! Und lassen Sie die Leuchtpistole herbeischaffen!«

Als Rafalski auf die Brücke kam, duckte sich Hardegen hinter die Reling, und der Puster setzte die vermeintlichen Signale ab. Als Hardegen meinte, daß es reichte, schickte er Rafalski wieder unter Deck und spähte zu ihrem Verfolger hinüber. Wenn er sich nicht täuschte, hatte sich U 123 ein wenig von ihm abgesetzt. Um seinen Vorteil noch ein wenig auszubauen, richtete er die Leuchtpistole auf die Brücke der *Kosmos II* und feuerte. Ein grellrotes Licht zerplatzte in glühenden Funken über dem Schiff. Er lud nach und feuerte noch einmal. Im Licht der zweiten Leuchtpatrone sah er, daß sich die Männer von der Bugreling zurückgezogen hatten. Das war gut, dachte er, denn es befreite ihn von der Versuchung, mit den Maschinengewehren auf sie zu schießen, um ihren Kapitän zu zwingen, sich die Jagd noch einmal zu überlegen. Im übrigen hatte U 123 jetzt eindeutig Abstand gewonnen. Die Diesel dröhnten an der Obergrenze ihrer Leistungsfähigkeit. *Eins-Zwei-Drei* war um einen Knoten schneller, schätzte Hardegen. Er sah auf die Uhr. Eine Stunde war vergangen. Er ließ die Brückenwache wieder aufstehen.

»Paßt gut auf«, sagte er. »Den Walfänger haben wir abgehängt. Aber er hat vor einer Stunde nach Navy-Flugzeugen gefunkt. Wir stehen mit dem Rücken zur Wand. Wenn die Navy gekommen wäre, wäre es schon aus mit uns. Aber vielleicht kommt sie ja noch. Also haltet die Augen offen, besonders nach Westen. Beim ersten Zeichen eines Flugzeugs werde ich die Flak-Bedienung nach oben schicken. Wir werden über Wasser kämpfen müssen, wenn wir es nicht vorher in tieferes Wasser schaffen. Die Sonne geht auf. Bis wir tauchen können, sind wir also höchst verwundbar. Der Walfänger ist jetzt weit genug weg, daß wir nach Osten und dann nach Norden abdrehen können. Ich bezweifle, daß er uns nach Norden folgen wird. IWO, lassen Sie in Zehn-Grad-Schritten nach Osten und Norden abdrehen.«

»Jawohl, Herr Kaleu.«[3]

Nach einer Stunde und 50 Minuten der Jagd hatte U 123 die *Kosmos II* abgehängt und befand sich auf normalem Nordostkurs. Erst jetzt erschien ein Flugzeug am Himmel. Barth hatte den Funkverkehr beim Start im nahe gelegenen Norfolk mitgehört. So konnte Hardegen rechtzeitig in tiefere Gewässer fahren, und als das Flugzeug - ein einziges - die Position erreicht hatte, wo das U-Boot gesichtet worden war, ging U 123 - es war 15.02 Uhr MEZ, *zwei Stunden* nach dem ersten Sichtkontakt mit dem Walfänger - unter sich zusammenbrauenden Gewitterwolken »in den Keller«. Als das Flugzeug sein Wild nicht fand, gab es die Suche auf und kehrte zum Stützpunkt zurück. Die Navy vermochte den Feind selbst dann nicht zu stellen, wenn er in der Falle saß.

Nach überstandener Gefahr, während sein Boot unter Wasser marschierte, schrieb ein erleichterter Hardegen in sein KTB:

> Die Nacht der langen Messer war beendet. Ein Paukenschlag mit 8 Schiffen, darunter 3 Tanker mit 53060 Brt. Ein Jammer, dass in der Nacht wo ich vor New York stand nicht ausser mir noch 2 grosse Minen U-Boote da waren und alles dicht warfen und heute Nacht statt mir 10–20 Boote hier waren. Ich glaube alle hätten genug kriegen können. Ich habe schätzungsweise 20 Dpfr. zum Teil aufgeblendet gesehen [. . .].
> Alle klemmten sich dicht unter die Küste. Hier brannten alle Feuer, allerdings stark verdunkelt, sodass man sie nur auf 2–3 sm erkennen konnte. [. . .] Die Besetzung der 600 m Welle hat sich gut bewährt, denn ich wusste über die Einziehung aller Feuerschiffe Bescheid und kannte die Kennung der dafür ausgelegten Bojen. Ausserdem hatte ich einen guten Einblick über die Verkehrsdichte und Lage durch ihre F.T.s. und indem ich die Dpfr. einpeilte. Nach den ersten Versenkungen wurde der Verkehr allerdings stark eingeschränkt.[4]

In der Abenddämmerung tauchte Hardegen wieder auf und funkte eine Liste der Erfolge von U 123 an den BdU. Wenige Stunden später traf die Empfangsbestätigung des »Löwen« ein: AN DEN PAUKENSCHLÄGER HARDEGEN. BRAVO! SEHR GUT GEPAUKT.[5] Während das Boot mit einem Umweg über die Bermudas Richtung Heimat fuhr, lag Hardegen in seiner Koje und bereitete sich auf den Bericht vor, den er dem BdU geben würde: Ziele im Überfluß zwischen New York und Kap Hatteras . . . Die meisten erleuchtet . . . Nur die Briten schienen Kanonen zu haben . . . Amerikanische Abwehr gegen U-Boote so gut wie nicht vorhanden . . . Wenige Zerstörer oder Patrouillenschiffe gesichtet . . . Luftwaffe ungeübt und wirkungslos . . . Norwegischer Walfänger lieferte uns den einzigen echten Kampf . . . Küstenstädte voll beleuchtet . . . Leuchttürme, Bojen und Leuchtfeuer wie in Friedenszeiten, auch wenn ein paar Feuerschiffe abgezogen wurden.

Die Atmosphäre an Bord war jetzt so ruhig und entspannt wie seit Weihnachten nicht mehr. Man ging mit leichteren Schritten, die Stimmen hatten ihre Schärfe verloren, überall wurde gelacht. Rafalski ließ, mit Erlaubnis des Alten, einen amerikanischen Radiosender über die Lautsprecheranlage laufen, und Hannes klapperte im Takt der Musik mit seinen Töpfen. Jeder fühlte sich beschwingt von dem Wissen, daß der Krieg, für den Augenblick jedenfalls, vorüber war und daß es nach Hause ging. Man spürte nicht nur die Notwendigkeit, sondern auch das Verlangen nach Bewegung. Die Muskeln waren schlaff geworden. Jeder sehnte den Tag herbei, an dem er aus dem feuchten Mief ins trockene Sonnenlicht hinaus konnte. 28 Tage war es her, daß U 123 aus Lorient ausgelaufen war, und jeder verspürte die körperlichen Auswirkungen der Fahrt. Psychisch schienen die Männer sie gut verkraftet zu haben. Manche Besatzungen entwickelten auf langen Fahrten den sogenannten Blechkoller, diejenige von U 123 aber hielt sich erstaunlich gut, fand Hardegen. Ein Grund dafür war sicherlich der große Erfolg. Und jetzt natürlich auch die Aussicht auf die Annehmlichkeiten an Land. Der Spruch »Je länger die Fahrt, um so besser die Kameradschaft« traf auf diesem Boot bestimmt zu.

In den Torpedoräumen vertrieb man sich, mangels zu regelnder Torpedos, die Zeit mit Skat. Da die Aale verschossen waren, konnten die unteren Kojen durchgehend heruntergeklappt bleiben, und man machte auch mehr Gebrauch von ihnen, zumal der Alte angeordnet hatte, die säuerlich riechenden Bettücher und -bezüge zu wenden. Der Druck war nun von den Männern genommen, und so fielen sie, von der Swingmusik und dem rhythmischen Stampfen der Diesel begleitet, schnell in Morpheus' Arme. Die Offiziere spielten viel Schach oder Mensch ärgere dich nicht, wenn sie keine Wache hatten. Walter Kaeding war mit seinem Sextanten häufig auf der Brücke, um das Besteck zu nehmen und die Position auf dem Heimatkurs einzutragen. Im Maschinenraum pflegte Karlchen Latislaus seine »Babys«. Der Steuerborddiesel trieb das Boot an, während der Backborddiesel als

Dynamo diente und die Batterien auflud. Er hoffte, seine Babys würden nicht noch einmal einer solchen Zerreißprobe wie der Flucht vor dem Walfängermutterschiff ausgesetzt werden. Einer der Ausgucks hatte ihm erzählt, wie knapp es dabei zugegangen war. So eine Frechheit, dachte er, ein Fabrikschiff will ein U-Boot jagen! Aber wenn Kraxel mit dem Kühlrohr nur ein bißchen länger gebraucht hätte, wäre *Eins-Zwei-Drei* von ihm erlegt worden und in die ewigen Jagdgründe eingegangen.

Hoffmann und von Schroeter in der Zentrale diskutierten darüber, ob es bei der Flucht klüger gewesen wäre, auf die Küste zuzufahren, anstatt südwärts an ihr entlang. Hoffmann meinte, man hätte es riskieren sollen, dichter unter die Küste zu gehen. Der Walfänger hätte es kaum gewagt, ihnen in diese unsicheren Gewässer zu folgen, wo er mit Sicherheit auf Grund gelaufen wäre. Aber schließlich kamen beide Offiziere überein, daß der Erfolg dafür sprach, daß der Alte die richtige Entscheidung getroffen hatte, und sie mußten lachen, als sie beide gleichzeitig die stehende Redewendung der Besatzung von U 123 benutzten: »Das hat er wieder toll gemacht!«[6] Der LI, Schulz, hatte mit halbem Ohr zugehört, während er sich einen Spaß daraus machte, Tölle mit Informationen zu behelligen, die der Fotograf, wie Schulz wußte, gar nicht liebte. Wenn die Batterien aufgeladen wurden wie jetzt, erklärte er Tölle, bilde sich eine hohe Konzentration von Wasserstoff, und dann genüge ein einziger Funken, um eine Explosion und ein Feuer entstehen zu lassen. Das wiederum hätte zur Folge, daß sich das Boot mit Chlorgas füllte. Ob Tölle wisse, was das bedeute? Als Tölle benommen nickte, war sich Schulz sicher, den Mann an Bord zu kennen, der sich am sehnlichsten nach Hause wünschte.

22. Januar. Von 00.00 bis 4.00 Uhr MEZ befand sich Hardegen zur Aufklärung im Süden der Bermudas. Die Städte Hamilton und St. George waren, wie er im KTB vermerkte, ebenso hell erleuchtet wie die amerikanischen Küstenstädte. Die nächtlichen Verteidigungsmaßnahmen schienen aus Festbeleuchtung zu bestehen. Die Hafeneinfahrten waren durch starke Scheinwerferbarrieren gesichert, und zweimal waren in Richtung Hamilton Harbor Leuchtgranaten zu sehen. Überall blinkten Bojen. Der Leuchtturm von Mount Hill war zwar nicht in Betrieb, aber vor dem hellen Nachthimmel deutlich zu erkennen. Man konnte Hotels, einzelne Häuser, einen Radiosende-

turm und andere beleuchtete Umrisse erkennen. Von Minen oder Netzen keine Spur. Hardegen fügte jedoch hinzu: »Es herrscht hier ein sehr starker Gezeitenstrom. U-Boote besonders sorgfältig navigieren: Bis zu 1,5 sm/h festgestellt.«[7] Der BdU gab die Beobachtungen am nächsten Tag an alle Atlantik-Boote weiter.[8]

Während der nächsten Tage verzeichnet das KTB nur ein Übungstauchen und eine Reinigung der 10,5-Zentimeter-Bootskanone. Zwei Eintragungen jedoch stellten, so kurz sie waren, wichtige Ereignisse in Hardegens Leben dar. Die erste, um 16.00 Uhr MEZ am 24. Januar, hält fest: »[. . .] soeben hörten wir die Sondermeldung [aus Deutschland] über die U-Bootserfolge in Amerika, bei der unser Boot namentlich erwähnt wurde.«[9] Die zweite berichtete in sechs Zeilen von einem besonderen Funkspruch. Als er um 17.40 Uhr die Zentrale betrat, fand er in ihr fast die gesamte Besatzung vor. Was ging hier vor? Er wollte schon aufbrausen, als Schulz mit breitem Grinsen eine kurze Rede zu halten begann, an deren Ende er den entschlüsselten FT verlas, den er in der Hand hielt: AN HARDEGEN. ICH SPRECHE IHNEN UND IHRER TAPFEREN BESATZUNG MEINE HERZLICHSTEN GLÜCKWÜNSCHE ZUR VERLEIHUNG DES RITTERKREUZES AUS. OBERKOMMANDO DER KRIEGSMARINE. Kurz nach Raeders Funkspruch traf ein FT des BdU ein: AN HARDEGEN. HERZLICHE GLÜCKWÜNSCHE ZUM RITTERKREUZ. BDU.[10]

»Herr Kaleu«, fuhr Schulz fort, »die Besatzung hat beschlossen, daß Sie auf Ihr Ritterkreuz nicht warten sollen, bis wir die *Isère* erreicht haben. Deshalb hat Kraxel hier ein Provisorium angefertigt, das Sie bis dahin tragen können. Wie Sie sehen, haben wir auf der Rückseite die Zahl der Schiffe - 16 - und die Tonnage eingraviert, die Sie als Kommandant versenkt haben. Meinen Glückwunsch, Herr Kaleu.« Damit hängte er Hardegen unter dem Beifall der Besatzung das an einem Band hängende Kreuz um den Hals.

14.31 Uhr MEZ, 25. Januar. Position CC 7927. Überwasserfahrt bei Seegang 4 unter überwiegend bewölktem Himmel, Wind aus Südwest mit Stärke 4, Sicht 12 Seemeilen, Kurs 070 Grad. »Kommandant auf die Brücke!« bellte es aus dem Sprachrohr. Hardegen kletterte hinauf und schaute durch das Doppelglas in die angegebene Richtung. »Dampfer Backbord voraus, Herr Kaleu«, sagte einer der Ausgucks. »Ja«, bestätigte Hardegen mit gedehntem »a«. »Unser Sonntagsbraten.« Dann rief er ins Sprachrohr: »IIWO auf die Brücke!« Als von Schroeter neben ihm stand, zeigte er ihm die Mastspitzen. »Ich schätze, er macht neun Knoten, Gegenkurs 220. Wir werden tauchen und auf ihn warten. Halten Sie die Geschützbedienung bereit. Da wir keine Aale mehr haben, werden wir es mit der Artillerie machen müssen. Sie, Schulz, und ich werden den Angriff koordinieren. Und jetzt runter mit uns. *Alarm!*«

Als das Boot ausgetrimmt auf Sehrohrtiefe war, hielt der Alte seine Besprechung ab. Sie würden mit Artillerie versuchen, das Schiff zu versenken, und mit den Maschinenwaffen auf die Brücke und jedes ausgemachte Geschütz feuern. Wenn das Ziel unbewaffnet war, sollte von Schroeter mit seiner Kanone auf die Wasserlinie unter dem Schornstein halten, denn da lag der Maschinenraum. Er würde sowohl die 10,5-Zentimeter-Kanone auf dem Vorderdeck als auch das 3,7-Zentimeter-Geschütz hinter dem Kommandoturm einsetzen. Sollte der Frachter bewaffnet sein, müsse er das Feuer auf die Kanonen konzentrieren und sie ausschalten, bevor er darangehe, ihn zu versenken. Hardegen erinnerte die beiden Offiziere daran, daß ein Artillerieduell bei Tageslicht nicht so einseitig war wie ein überraschender Torpedoangriff. Es war ein Kampf Mann gegen Mann, bei dem es darauf ankam, wer die stärkeren Nerven und die bessere Ausbildung hatte, und auf das Quentchen Glück, das dazugehörte. Aber Fortuna hatte ihnen ja stets zur Seite gestanden, wenn sie zäh am Angriff festhielten.

»LI«, sagte er zu Schulz, »Sie übernehmen im Boot. Jeder soll sich für Reparaturen und zum Feuerlöschen bereithalten. Sorgen Sie dafür, daß die Munitionskette reibungslos funktioniert. IIWO, Sie bereiten Ihre Geschützbedienung vor. Bei dem Seegang oben braucht man kühles Blut und eine ruhige Hand, um zu laden und zu zielen. Sorgen Sie dafür, daß die Bedienung angeschnallt ist. Ich werde mein Bestes tun, daß Sie nicht allzu naß werden, und so gegen den Wind navigieren, daß Ihre Sicht nicht allzusehr durch den eigenen Pulverqualm behindert ist. Tölle soll erst zum Schluß raufkommen. In Ordnung, alle Mann klarmachen!«

Als die Geschützbedienung in der Zentrale versammelt war, sprach von Schroeter mit den Männern, als hätte er eine Sportmannschaft vor sich, die er beruhigen und an ihre Aufgaben erinnern mußte. Sie würden nach dem Alten die ersten sein, die die Leiter hinaufkletterten. Vorn im Gang organisierten die Unteroffiziere die Kette, die die Granaten von Hand zu Hand durch das Turmluk und von der Brücke zur Bootskanone weiterreichen würde. Hardegen stieg die Leiter hoch und setzte sich ans Angriffssehrohr, durch das Hoffmann die Annäherung des Dampfers verfolgt hatte. Während der Alte das rechte Auge an die Okularmuschel drückte, berichtete er: »Er ist bewaffnet, Herr Kaleu. Ich habe auf dem Achterdeck eine Kanone und auf der Brücke automatische Waffen ausgemacht. Ich schätze 3000 BRT, ein Frachter, und da er bewaffnet ist, wohl ein Engländer.«

»Völlig richtig, IWO. Wie ich sehe, hat er am Bug auch einen Bügel zur Befestigung von Minensuchgeräten. Schwer beladen – zusätzliche Fracht an Deck. Eine 5-Zentimeter-Kanone, wie es aussieht, mit einem Schutzschild, auf runder Plattform. Maschinengewehre auf der Brücke. IIWO, schießen Sie mit unseren Maschinenwaffen auf ihre. Wir dürfen nicht zulassen, daß sie unsere Männer an Deck treffen. He, da hängt ja jemand Wäsche auf. Nun, das Abnehmen werden wir ihm ersparen.«

Spannung breitete sich aus, während Hardegen das Ziel im Auge behielt. »1000 Meter . . . Bei 600 tauchen wir auf . . . An LI, E-Motoren und Höhenruder benutzen . . . 900 . . . 800 . . . Klarmachen zum Auftauchen! . . . 700 . . . Sehrohr ein! Auftauchen!«

»Turmluk ist frei!« meldete Schulz. »Boot ist raus!« Die Geschützbedienung, der Alte voran, polterte die Leiter hinauf. Hardegen schaute durch das Doppelglas, während die Männer die Geschütze besetzten und die ersten Granaten hochgereicht wurden. Wie mochte man sich wohl an Bord des Dampfers fühlen? Die Matrosen erschauderten vermutlich angesichts des stählernen Hais, der da vor ihnen aufgetaucht war und ihnen seine Zähne zeigte. »Feuererlaubnis!« rief Hardegen nach vorn und hinten durchs Megaphon. Das Ziel war jetzt 400 Meter entfernt. Der Verschluß der 10,5-Zentimeter-Kanone klickte laut zu, und eine Sekunde darauf blitzte der erste Schuß aus dem Rohr. Er klatschte weitab vom Ziel ins Wasser. Aber der zweite schlug unterhalb der Brücke ein, der dritte unterhalb des Schornsteins. Während der Pulverqualm über die Brücke zum Heck zog, nahm man auf dem Frachter U 123 aufs Korn, und eine erste Granate ließ an Backbord eine gewaltige Fontäne aufsteigen. »Nehmt euch die Geschützbedienung vor!« brüllte Hardegen den Männern an der 2-Zentimeter-Flak hinter ihm zu, aber sie riefen zurück: »Herr Kaleu, der Schlagbolzen ist gebrochen!« Wieder fetzten Granaten dicht am Boot ins Wasser. Ein Loch im Druckkörper, und U 123 wäre tauchunfähig, schoß es Hardegen durch den Kopf. Von Schroeters Geschützbedienung hatte unterdessen weiter auf den Rumpf unterhalb der Kanone des Frachters gefeuert. Hardegen schrieb später: »Es war bestimmt kein rosiges Gefühl für seine Geschützbedienung, als laufend unter seiner Kanone unsere Treffer einschlugen. Ich muß hier dem Feind alle Achtung zollen, daß er trotzdem aushielt und nicht seine Gefechtsstation verließ.«[11] Aber schließlich gelang von Schroeter ein Volltreffer in den Geschützdrehkranz, der das Geschütz zerstörte und die Bedienungsmannschaft tötete. Von Schroeters Männer an der 10,5-Zentimeter-Kanone jubelten. Ein paar weitere Schüsse setzten die Brücke in Brand und brachten die Gewehre zum Verstummen. Der Frachter blies Dampf ab, seine Fahrt verlangsamte sich, und er begann über das Heck abzusacken. Die überlebende Besatzung ging in die Rettungsboote, während der Funker, der als einer der letzten von Bord ging, unermüdlich sss funkte. Auf U 123 wurde die gesamte Besatzung nacheinander auf die Brücke gerufen, um sich das dramatische Bild des brennenden, sinkenden Schiffs anzusehen. Karlchen genoß die frische Luft mehr als den Anblick, der ihn zum Blinzeln zwang.

Inzwischen hatte die Bedienung der 2-cm-Flak den Schlagbolzen ersetzt und geladen, um einen Probeschuß abzugeben. RUMMS! Der Lauf explodierte! Ein Splitter bohrte sich in Tölles Kopf, und der Fotograf stürzte stark blutend zu Boden. Hannes, der Koch, der an der 2-cm-Flak gewesen war, wurde ebenfalls verletzt, jedoch nicht schwer. Hardegen ließ die Verwundeten unter Deck bringen. Ein Besatzungsmitglied griff nach Tölles Kamera und fotografierte an dessen Stelle weiter, während sich Hardegen wieder dem Frachter zuwandte, der achtern viel Wasser nahm und absackte. Er fuhr dicht an die Rettungsboote heran und erkundigte sich nach dem Schiff und der Ladung. »*Culebra*«, antwortete ein Offizier, »3044 BRT, von Liverpool mit allgemeiner Ladung.« Dann sagte er noch, daß ihre Boote voller Wasser ständen und sie nur einen Eimer hätten, und der sei durchlöchert. Hardegen befahl der Geschützbedienung der Bootskanone, ein paar Eimer, etwas Brot und andere Lebensmittel und ein Messer zum Öffnen der Konserven zu holen. Wasser hatten die Schiffbrüchigen nach eigener Aussage genug. Kaeding koppelte die genaue Position und nannte ihnen dann den Kurs nach den Bermudas. »Die Leute waren alle [. . .] sehr dankbar und winkten uns nach«, notierte Hardegen in seinem KTB.[12] Im »Luftloch« in der Mitte des Atlantiks, wo es unwahrscheinlich war, daß er von feindlichen Flugzeugen überrascht werden würde, konnte sich Hardegen diesen Beweis seemännischer Kameradschaft leisten.

Plötzlich flogen die Bereitschafts- und die Signalmunition der *Culebra* in die Luft, was der U-Boot-Besatzung und den Schiffbrüchigen gleichermaßen das Schauspiel eines krachenden Tagesfeuerwerks bot, samt an Fallschirmen herabschwebenden Leuchtfeuern. Hardegen befahl von Schroeter, noch ein paar Löcher in den Rumpf des Frachters zu schießen, nach denen er schließlich über das Heck unter Wasser glitt, wobei die Decksladung von Bord geschwemmt wurde. Wie sich herausstellte, bestand die »allgemeine Ladung« aus zerlegten Flugzeugen, die das Zeichen der R.A.F. trugen. Als die *Culebra* gesunken war, ließ Hardegen wieder Kurs 070 anlegen, beide Maschinen halbe Kraft voraus, und ging unter Deck, um sich als Arzt zu betätigen. Mit Rafalskis Hilfe schaffte er es nach einer Weile, Tölles Blutung zu stoppen, aber der Fotograf hatte eine schwere Gehirnerschütterung, und der Granatsplitter war nur chirurgisch zu entfernen, wofür Hardegen und Rafalski weder ausgebildet noch ausgerüstet waren. Hardegen gab Tölle Morphiumspritzen, um seine Schmerzen zu lindern. Die Oberschenkelwunde von Hannes mußte nur verbunden werden. Zum erstenmal in seiner Zeit als Kommandant erlebte Hardegen hautnah die Grausamkeit des Krieges. Er hatte oft gesehen, wie der bittere Hauch des Todes über die Wellen wehte, aber jetzt hatte er zum erstenmal sein Boot erfaßt. Er hatte zwar nur Blutverluste bewirkt, erinnerte ihn aber trotzdem daran, daß häufig genug durch das Schwert umkam, wer das Schwert nahm.

Der Schwung der letzten Tage war dahin, wie Hardegen bemerkte. Er hätte die *Culebra* unbehelligt lassen und in aller Ruhe nach Hause fahren können, aber solange er noch Munition für die Geschütze hatte, erwartete der »Löwe« anderes von ihm. Und er war entschlossen, bei dieser Linie zu bleiben, falls er während der Heimfahrt erneut auf ein Ziel treffen sollte.

Für den Maschinisten Wilfred Larsen aus Bergen war das Leben nie einfach gewesen. Von einer Pflegemutter aufgezogen, die ihn genauso oft schlug, wie sie ihn fütterte, floh er mit 17 Jahren auf das Schulschiff *Statsraad Lehmkuhl* und fuhr anschließend auf den Frachtern *Grana* und *Salta*. Im April 1940 wurde die *Salta* zusammen mit sechs anderen norwegischen Schiffen in Dakar im französischen Senegal interniert. Viele der Seeleute wurden während der langen Monate der Internierung halb verrückt; schon bei den geringsten Anlässen kam es zu gewalttätigen Auseinandersetzungen. Diejenigen, die zu fliehen versuchten, wurden meistens wieder eingefangen. Doch nach 13 Monaten gelang es dem jetzt 19jährigen Wilfred Larsen, mit einigen anderen zusammen in einem Rettungsboot zur britischen Kolonie Gambia zu rudern, von wo er als Seemann in die Vereinigten Staaten kam. Dort heuerte er auf einem neuen Schiff an, der *Pan Norway,* einem norwegischen Tanker von 9231 BRT, Baujahr 1931, der der Per Holm Shipping Company in Oslo gehörte, aber seit der deutschen Okkupation Norwegens von der alliierten Gesellschaft Nortraship gechartert war. Am 27. Januar 1942 befand sich der Tanker, mit Wilfred an Bord, auf dem Weg von Halifax nach Aruba, wo er Flugbenzin für Großbritannien laden sollte. Wilfred hatte wie der Rest der norwegischen Besatzung Angst vor der »Unterwasserbedrohung« durch die deutschen U-Boote. Die veraltete 12-Zentimeter-Kanone aus dem Jahr 1918, die auf dem Achterdeck des Tankers stand, trug nur wenig zu seiner Beruhigung bei. Wilfred wußte durch das sss-Signal der *Culebra,* das rasch von Mund zu Mund gegangen war, daß ein U-Boot in der Nähe war, und er hatte Angst, daß seine »vertierte« und »blutrünstige« Besatzung – tief unter der Oberfläche, wie er es sich vorstellte – nur darauf wartete, aus der *Pan Norway* einen riesigen eisernen Sarg zu machen. »Alles, was wir tun konnten«, erinnerte er sich 40 Jahre später, »war, uns darauf vorzubereiten, von Bord zu gehen. Wir verstauten zusätzliche Wasserkanister, Lebensmittel und Zigaretten in den Rettungsbooten.« Die Besatzung habe die Anwesenheit von U-Booten mit jeder Faser gespürt. »Wir waren vollkommen eingekreist. Wir konnten sie zwar nicht sehen, aber wir haben gespürt, daß sie da waren – ein Gefühl, das sich nicht beschreiben läßt. Wir standen mit Doppelposten an der Kanone auf Wache und starrten in die Nacht, bis uns die Augen weh taten.«[13]

Wilfred war gerade von der Wache gekommen und aß zu Abend, als sein Alptraum Wirklichkeit wurde. Ein ohrenbetäubender, greller, blendender Blitz erfüllte die Messe. Eine Granate war in die Steuerbordseite des Tankers eingeschlagen. Wilfred stolperte, nach dem grellen Licht halb blind, durch die Dunkelheit zum Geschützdeck. Und dann, als sich seine Augen an die Dunkelheit gewöhnt hatten, sah er das U-Boot wie einen Hai an Steuerbord an der Oberfläche lauern. Fasziniert und schreckensstarr zugleich beobachtete er, wie auf dem Vordeck des U-Boots rotes Mündungsfeuer aufblitzte, während eine Granate nach der anderen im Rumpf des Tankers explodierte. Der Maschinenraum wurde getroffen, das Schiff verlor an Fahrt, und dann brach am Heck ein Feuer aus. Die Kanone zu besetzen war nicht mehr möglich, aber Wilfred bemerkte, daß die Maschinengewehre auf der Brücke den Angreifer beschossen. Er verfolgte, wie das U-Boot um das Heck des Tankers herumfuhr und sich neben die Backbordseite setzte. Dann rannte er zu einem Steuerbordrettungsboot: von Bord zu gehen war seine einzige Chance. Während er in das Boot stieg, wurden die Maschinengewehre durch das feindliche Feuer ausgeschaltet, und der Signalgast auf der Brücke funkte mit seiner Signallampe: SURRENDER (Wir ergeben uns). Das U-Boot hörte für zehn Minuten auf zu feuern, offenbar um der Besatzung des Tankers Gelegenheit zu geben, die Rettungsboote ins Wasser zu bringen und das Schiff zu verlassen.

Aber nur zwei der Boote waren noch zu gebrauchen, die anderen waren durch den Artillerieangriff beschädigt worden. Wilfred konnte das Boot in der Schwebe halten, bis sein bester Freund eingestiegen war. Erst gestern hatten sie sich an Deck zusammen fotografieren lassen. »Wo bist du gewesen?« Doch der Freund verweigerte nicht nur jede Antwort, sondern sagte überhaupt nichts und starrte nur blicklos vor sich hin. Erst viele Jahre später erfuhr Wilfred von dessen Frau, daß er nach dem ersten Granateneinschlag in ihre gemeinsame Kabine gerannt war, um etwas Wertvolles zu retten. Als er dort angekommen war, hatte eine zweite Granate die Kabinentür verklemmt, und er hatte sich vergeblich dagegengeworfen, als eine dritte Granate detonierte und die Tür aufdrückte. Als er dann im Rettungsboot saß, war er einfach nicht in der Lage, beides miteinander in Einklang zu bringen: daß ihn das U-Boot zuerst eingesperrt und dann befreit hatte.

Wilfred war es gleichgültig, daß er eine Sammlung mit 800 seltenen Briefmarken und einen Pullover, den er gerade erst in Halifax erworben hatte, an Bord zurückließ. Sein Leben war ihm wichtiger. Später gratulierte er sich selbst zu dieser Entscheidung, denn nur ein einziges Besatzungsmitglied hatte sich nicht mit einem der beiden Rettungsboote oder einer Schwimmweste in Sicherheit bringen können, der Steward, der noch einmal unter Deck gerannt war, um ein Foto seiner Frau zu holen; danach hatte ihn niemand mehr gesehen.

Wilfreds Rettungsboot glitt von dem aufgegebenen Tanker weg. Andere, weniger glückliche Männer, die mit Schwimmwesten im Wasser waren und sich an treibende Holzteile klammerten, mußten hart kämpfen, um Abstand von ihm zu gewinnen, während auf der anderen Seite das Knattern der U-Boot-Geschütze wieder einsetzte. Einige Zeit darauf fuhr das U-Boot auf ihre Seite, so daß Wilfred die Deutschen bei ihrer tödlichen Arbeit beobachten konnte. Das unglaublich laute Bombardement hielt noch zweieinhalb Stunden an, bevor die *Pan Norway,* inzwischen zum Sieb geworden, den Bug in die Höhe streckte und einen makabren Tanz aufzuführen begann, 40 Meter hoch, 20 Meter hinunter, jedesmal Luft ablassend, bis sie wie eine groteske Ballerina im Rampenlicht brennenden Öls im dunklen Wasser verschwand. In diesem Augenblick drehte das U-Boot auf die Schiffbrüchigen zu, und Wilfred und seine Kameraden schrien verängstigt auf. Sie glaubten, ihre letzte Stunde habe geschlagen. »Ich war starr vor Schreck, als das U-Boot auf uns zukam«, erzählte er 40 Jahre später. »Den Anblick dieses dunklen Monsters werde ich nie vergessen. Genausowenig wie die Gefühle, die mich während jener langen Sekunden erfüllten, als ich sicher war, gleich sterben zu müssen. Ich hatte noch nicht genug von der Welt gesehen. Ich hatte viele Erfahrungen noch nicht gemacht. Es schien mir nicht fair zu sein, in diesem Moment sterben zu müssen.«[14] Aber genauso plötzlich kam die Erleichterung, als die Norweger sahen, daß das U-Boot mit großer Fahrt nach Nordost abdrehte.

Schon beim ersten Schuß auf den unglücklichen Tanker, der das Pech gehabt hatte, seinen Kurs zu kreuzen, hatte Hardegen ungefähr drei Seemeilen entfernt im Nordosten ein anderes, voll erleuchtetes Schiff gesehen. Ein Neutraler, hatte er vermutet, und er hatte recht gehabt. Er hatte sich vorgenommen, es zu überprüfen, sobald er mit der

Pan Norway fertig war, deren Namen er deutlich auf dem Rumpf lesen konnte. Bevor die Maschinengewehre des Tankers getroffen wurden, hatten sie zahlreiche Treffer am Kommandoturm und auf dem Deck des U-Boots erzielt, aber die Geschosse hatten ihm nur Nadelstiche versetzen können. *Eins-Zwei-Drei* hatte jedoch einen Verletzten zu beklagen. Eine Geschoßhülse war durch das Turmluk in die Zentrale gefallen und hatte einen Maschinenobergefreiten im Gesicht getroffen. Hardegen klammerte die gespaltene Oberlippe. Die ausgeschlagenen Zähne mußten warten, bis U 123 zurück in Lorient war. Nach zwei Stunden war die Munition der 10,5-cm-Kanone ausgegangen, und Hardegen hatte mit dem 3,7-cm-Geschütz weiterschießen lassen. Schließlich ging der durchlöcherte Tanker unter, und Hardegen hielt nach dem anderen Schiff Ausschau. Es lag immer noch an derselben Stelle, so als hätte es sich keine Minute des langen Todeskampfes der *Pan Norway* entgehen lassen wollen. Hardegen beschloß, zu ihm hinzufahren, nicht um es zu beschießen - erstens hatte er keine Munition mehr, und zweitens war es ein neutrales Schiff -, sondern um es zu den Schiffbrüchigen zu geleiten. Deshalb war U 123 an die Rettungsboote herangefahren, und nicht aus dem Grund, den Wilfred Larsen angenommen hatte. Als er festgestellt hatte, daß sich die Boote bis zu seiner Rückkehr über Wasser halten würden, befahl er für beide Maschinen äußerste Kraft voraus und hielt auf den Neutralen zu. Was danach geschah, beschrieb Hardegen ausführlich in seinem KTB. Es ist ein bewegender Bericht, den der »Löwe« möglicherweise mit gemischten Gefühlen gelesen hat, der aber inmitten all der todbringenden Zerstörungen eine versöhnliche Note des Mitleids und der Humanität eines der Beteiligten anklingen läßt:

> Das oben erwähnte Licht stellte sich als neutraler Dpfr. heraus, der in 3 sm Abstand sich abwartend verhielt. Wir liefen auf ihn zu, worauf er zu unserm Erstaunen Reißaus nahm. Mit Höchstfahrt hinterher und mit Scheinwerfer zum Stoppen aufgefordert, was er dann auch tat. Es war der Grieche ›Mount Aetna‹, der unter der schweizer Flagge fuhr. Längsseit gegangen und ihn aufgefordert, die Überlebenden aufzunehmen. Er drehte darauf und wir führten ihn zu zwei Booten, die wir vorher trafen und die er aufnahm. Dann zurück zur Untergangsstelle. Hier fanden wir einen Mann im Was-

ser treibend und fischten ihn auf. Da er durch Granatsplitter verletzt und durch den mehrstündigen Aufenthalt im Wasser erschöpft war, ausserdem nur norwegisch sprach, war das Verhör etwas schwer. Folgendes sagt er aus: Sie sind vom Krieg in englischem Hafen überrascht und von England gezwungen weiterzufahren. Der Kapitän war Engländer, die Besatzung Norweger. Sie waren von England nach Halifax gefahren und jetzt auf dem Weg nach Aruba. Als wir ihm vorhielten, dass es mit Standort und Kurs kaum stimmte, meinte er, dass sie wegen der U-Bootsgefahr so weit ausgeholt hätten. Sie haben uns nicht gesehen. Nach den Treffern scheint eine Panik an Bord gewesen zu sein. Er war schon im Boot. Die Leute prügelten sich um die Plätze, da habe ihm ein ›Kamerad‹ ins Gesicht geschlagen, er sei aussenbords geflogen und sie hatten ihn auch nicht wieder aufgenommen. Sämtliche Vorderzähne waren ihm eingeschlagen. Er hatte Glück, dass wir ihn fanden, und war sehr dankbar. Jetzt sahen wir, dass der Schweizer wieder abgedreht war. Mit Scheinwerfer stoppten wir ihn und gaben den Mann ab. Er hatte 29 Mann übernommen und die Norweger hatten dem Kapitän gesagt, das wäre alles. Wir wussten, dass er 51 Mann Besatzung hatte. Es stellte sich nun heraus, dass die Norweger Angst hatten, wir würden die ›Mount Aetna‹ auch versenken und hatten den Kapitän deshalb bewogen, wegzufahren. An der Untergangsstelle hatten wir jedoch noch viele Menschen an Trümmern beobachtet. Wir veranlassten den Kapitän also wieder umzukehren und auch diese noch zu retten, was er auch tat. Er bedankte sich sehr herzlich, dass wir sein Schiff nicht versenkt hätten und ihm erlaubten, die anderen zu retten. Wir gingen wieder auf Kurs 70°. An der Reling stand alles voll und winkte uns nach und wünschte glückliche Heimkehr.[15]

Tölle brauchte dringend ärztliche Hilfe. Seine Wunde eiterte, und er lag die meiste Zeit im Delirium. War vielleicht ein deutsches Überwasserschiff mit einem Arzt an Bord in der Nähe? Hardegen beauftragte Rafalski, seine Funksprüche daraufhin durchzusehen. Es gäbe nur eine Möglichkeit, meldete Rafalski, einen deutschen Blockadebrecher namens *Spreewald,* der unter dem Namen *Elg,* als Norweger getarnt, nordwärts unterwegs sei. Er habe vor ein paar Tagen das Erreichen von Punkt Specht gefunkt, und sein letzter Befehl, den Rafalski ebenfalls aufgefangen hatte, habe ihn zum Punkt Sperber geschickt, wo er U 575 (Kptlt. Günther Heydemann) treffen solle, das ihn nach Bordeaux geleiten würde. Das Datum des Rendezvous sei der 29. Januar, also in gut einem Tag.[16] Hardegen schlug mit Kaeding im Navigationscodebuch nach, um die angegebenen Punkte zu identifizieren: Punkt Specht befand sich nordöstlich von Südamerika; Punkt Sperber lag im Quadrat CD mitten im Atlantik. U 123 hatte gerade die Südwestecke dieses Quadrats erreicht. Es könnte den Punkt rechtzeitig anlaufen. Aber hatte die *Spreewald* einen Arzt an Bord? Hardegen setzte einen Funkspruch an den BdU auf, in dem er die letzte Versenkung *(Pan Norway)* mitteilte und bat, den Arzt der *Spreewald,* falls sie einen an Bord hatte, in Anspruch nehmen zu dürfen.[17] Am Morgen des 28. Januar traf eine vorläufige Antwort des BdU ein, die U 123 die Position CD 3800 als Ziel vorgab. Weitere Anweisungen sollten folgen. Die *Spreewald* gehörte, was Hardegen nicht wissen konnte, zu den vielen deutschen Schiffen, die 1939 in fernen Gewässern vom Ausbruch des Krieges überrascht worden waren. Die meisten liefen neutrale Häfen an, wo sie interniert wurden. Die *Spreewald,* die vor der Westküste der USA gestanden hatte, fuhr nach Japan und von dort weiter zur Mandschurei, wo sie zwei Jahre blieb. 1941 wurde sie als »Kautschuk-Schiff« wieder auf See geschickt. Ihre Frachträume waren mit dem dringend benötigten Gummi aus Französisch-Indochina gefüllt, aber auch mit Zinn, Wolfram und Chinin. Der deutsche Marineattaché in Tokio hatte es arrangiert, daß die Passagierkajüten mit englischen Seeleuten von jenen Schiffen belegt wurden, die der deutsche Hilfskreuzer *Kormoran* in asiatischen Gewässern aufgebracht hatte. Außerdem erhielt die Spreewald mehrere Tarnungen und falsche Identitäten, darunter die Namen *Elg* (norwegisch) und *Brittany* (britisch). Sie lief Mitte Dezember aus und fuhr auf den einsamsten Routen, die das OKM in Berlin hatte finden können. Ihre Chancen, unentdeckt zu bleiben, standen gut: Zwischen April 1941 und Mai 1942 gelangten 12 von 16 Blockadebrechern aus dem Fernen Osten sicher in französische Häfen, einschließlich des Italieners *Cortelazzo,* der an dem Tag, an dem U 123 die *Pan Norway* versenkte, mit 5238 Tonnen Fracht in Bordeaux eintraf.

Später am 28. Januar empfing U 123 einen FT an Hardegen und Heydemann, in dem bestätigt wurde, daß die *Spreewald* einen Arzt an

Bord hatte. Sie sei davon unterrichtet worden, daß dessen Hilfe benötigt werde. Weiter hieß es in dem Funkspruch, die *Spreewald* sei angewiesen worden, ihre Fahrt zu verringern, um nicht vor dem Morgen des 30. Januar am Punkt Sperber einzutreffen. Das Rendezvous sei für diesen oder den folgenden Tag vereinbart worden. Man nehme nicht an, daß es gefährdet sei, da sich der Treffpunkt im »Luftloch« über dem Mittelatlantik befinde. Wenn es dennoch nicht wie geplant zustande komme, werde die *Spreewald*, ohne zu warten oder zu suchen und ohne zu funken, auf ihrem Kurs weiterfahren. Hardegen solle sich nicht länger als bis zum 1. Februar am Treffpunkt aufhalten und nach dem Rendezvous, sobald er 200 Seemeilen zwischen sich und die *Spreewald* gebracht habe, über dessen Erfolg berichten.[18]

U 123 erreichte am 30. Januar um 11.31 Uhr MEZ den Treffpunkt. Von U 575 oder der *Spreewald* war weit und breit nichts zu sehen. Hardegen wartete. Und wartete. 24 Stunden später schrieb er lakonisch in sein KTB: »Voraus ›U-Heydemann‹ in Sicht. Längsseit, Gedankenaustausch. Er seit 3 Tagen hier, gestern abend 23.30 Uhr ein Kielwasser gesehen und Dieselgeräusche gehört. Da ich gestoppt lag und seine Maschine lief, vermutet er feindliches U-Boot. Bilden einen Streifen und warten auf ›Spreewald‹. Gem. F.T. ist ›Spreewald‹ heute um 17.00 Uhr in BE 7142 torpediert. Nehme Kurs auf dies Qu, um mich an Suche nach Überlebenden zu beteiligen.«[19]

Was, in aller Welt, fragten sich Hardegen und seine Offiziere, war schiefgegangen? Die *Spreewald* war nur zwei Marinequadrate ostnordöstlich versenkt worden! Was hatte sie da zu suchen gehabt? Und wer hatte sie versenkt? Der BdU stellte sich verdutzt dieselben Fragen. Rafalski gab dem Alten ein gerade eingetroffenes FT aus Lorient: SOFORT MELDEN WER IN BE 7140 EIN SCHIFF TORPEDIERTE UND EINZELHEITEN ANGEBEN.[20] Der Zufall wollte es, daß Kptlt. Peter »Ali« Cremer, Kommandant von U 333, zur gleichen Zeit voller Stolz einen Funkspruch an den BdU absetzte: IM QUADRAT BE 7114 SOEBEN MIT MEINEN LETZTEN ETOS PASSAGIERFRACHTER 8000 BRT VERSENKT. ZWEI TREFFER AUS 350 METER. WAHRSCHEINLICH MIT MUNITION BELADEN DA NACH ZWEITEM TREFFER GROSSE EXPLOSION . . .[21]

Admiral Dönitz war davon keineswegs beeindruckt, und die Skl. in Berlin war schlicht wütend: »In jedem Fall ist es [. . .] ein außerordentlich schmerzlicher Verlust, der durch unverzeihlichen Versager hervorgerufen wurde, der unter keinen Umständen hätte passieren dürfen. Der Ausfall der Ladung von 3365 t Gummi und 230 t Zinn ist geradezu unersetzlich und angesichts der Rohstofflage schwer ins Gewicht fallend.«[22] Die Engländer erfuhren ebenfalls von der Versenkung, nicht nur durch den in BP entschlüsselten Text von Cremers FT, sondern auch durch den Notruf der *Spreewald* auf dem 600-Meter-Band: In Land's End war man erstaunt zu lesen, daß ein dort völlig unbekanntes »britisches« Schiff namens *Brittany* SOS ... SUNK BY SUBMARINE ... POSITION 45 N 25 W funkte. Dönitz schickte unterdessen nicht nur U 123 und U 575, sondern weitere sieben Boote, die sich im näheren Umkreis befanden, unter ihnen auch Cremers U 333, an die Unglücksstelle, um nach Überlebenden zu suchen, merkte jedoch an: »Den Bootsbesatzungen und Schiffbrüchigen nicht bekannt werden lassen, daß Versenkung durch ein deutsches U-Boot erfolgte.«[23] U 105 fand am 1. Februar 24 deutsche Seeleute und 58 englische Gefangene in drei Rettungsbooten und auf drei Flößen. U 123 konnte aufgrund des knappen Treibstoffvorrats, der ihm verblieben war, nicht schneller als mit sieben Knoten fahren und daher nicht rechtzeitig im Unglücksgebiet eintreffen; Hardegen wollte sich nicht der Demütigung aussetzen, in den Stützpunkt geschleppt zu werden, weil ihm der Treibstoff ausgegangen war. Später erfuhr er, daß fast alle Besatzungsmitglieder und Passagiere der *Spreewald* gerettet worden waren.[24] Und am 3. Februar konnte er im KTB vermelden: »Zustand Tölle etwas gebessert.« Vier Tage darauf hörte er im Radio, daß die Überlebenden der *Pan Norway* in Lissabon an Land gegangen waren.

Was den unglücklichen Cremer betraf, so wurde er beim Einlaufen in den U-Boot-Stützpunkt La Pallice unweit von La Rochelle nicht wie üblich mit Musik und Blumen empfangen, sondern, schmutzig und unrasiert, wie er war, mit seinem KTB und der Funkkladde unter dem Arm in einem Dienstwagen nach Kernével gefahren, wo ihn der Admiralstabsoffizier vom Dienst mit den Worten begrüßte: »Das Kriegsgericht wartet schon auf Sie.« Die Anklage lautete auf »Ungehorsam in Tateinheit mit fahrlässiger Tötung und Wehrmittelbeschädigung«. Cremer verwies jedoch – mit Erfolg – darauf, daß die *Spreewald* selbst an ihrer Versenkung schuld war und nicht er. Vor seiner Abfahrt war ihm zwar gesagt worden, daß er in gewissen Marinequadraten Vorsicht walten lassen sollte, da sie gelegentlich von deutschen Blockadebrechern passiert wurden. Von dem Quadrat BE war dabei jedoch nicht die Rede gewesen. Darüber hinaus hatte die *Spreewald* sogar noch in ihrem Notruf die Fiktion aufrechterhalten und nicht nur auf englisch gefunkt, sondern auch einen englischen Schiffsnamen benutzt. Außerdem habe er, so argumentierte Cremer weiter, aus dem aufgefangenen FT geschlossen, daß sich die *Spreewald* zur Zeit seines Angriffs im Quadrat CD befand und nicht Hunderte von Seemeilen entfernt in BE. Die Schuld lag also bei dem Blockadebrecher, nicht bei U 333. Nachdem Kptlt. Günter Hessler zudem nachgewiesen hatte, daß die *Spreewald* es versäumt hatte, wie befohlen ihren Standort zu melden, und damit das Mißverständnis auslöste, sprach das Kriegsgericht Cremer frei. Eine Erklärung dafür, weshalb die *Spreewald* das Rendezvous mit U 123 und U 575 nicht eingehalten und vom Kurs abgewichen war, wurde nicht angegeben.[25] Cremer kehrte auf seinen Posten zurück, operierte im Mai 1942 erfolgreich vor Florida, wurde mit dem Ritterkreuz ausgezeichnet und befehligte schließlich, als Dönitz 1945 nach Hitlers Selbstmord dessen Nachfolge antrat, die Wachmannschaft des Marinehauptquartiers.

Der letzte Torpedoschuß der »Operation Paukenschlag« wurde von »Ajax« Bleichrodt abgefeuert, als er in der Nacht vom 6. auf den 7. Februar, nach der Treibstoffübernahme von U 130 (Kals), mit einem Treffer und zwei Versagern den 3531 BRT großen panamesischen Dampfer *Halycon* seinem Erfolgskonto hinzufügte. Während der Rückfahrt wurden an Bord der beteiligten Boote eifrig Wimpel genäht und beschriftet, die bei der Einfahrt in die Stützpunkte am Angriffssehrohr gehißt werden sollten. *Eins-Zwei-Drei* lief mit zehn Wimpeln ein, die insgesamt 66135 versenkte BRT repräsentierten. Tatsächlich waren es, wenn man die beiden unbekannten mitzählt, nur neun Schiffe gewesen; die *Malay* war nur beschädigt und nicht versenkt worden. Die Tonnagebeute belief sich, wenn man für die beiden unbekannten Schiffe die Zahlen der *San José* und der *Brazos* annimmt und die *Malay* beiseite läßt, auf 53173 BRT. U 130 (Kals) folgte mit sechs Schiffen und behaupteten 43583 BRT an zweiter Stelle (tatsächlich: 36993 BRT). U 66 (Zapp) hißte fünf Wimpel (behauptet: 50000 BRT; tatsächlich: 33456 BRT). Bleichrodt hatte (die *Empire Kingfisher* und ihre 6082 BRT, die Jürgen Rohwer ihm zuschreibt, nicht mitgerechnet) vier Schiffe mit behaupteten 29330 BRT versenkt (tatsächlich: 27651 BRT). U 125 (Folkers) kehrte mit nur einem Wimpel zurück (behauptet: 7000 BRT; tatsächlich: 5666 BRT); es hatte außerdem ein Schiff beschädigt.

Insgesamt kamen die »Paukenschlag«-Boote also auf 25 versenkte Schiffe mit einer Tonnage von (wahrscheinlich) 156939 BRT. Auch wenn diese Zahlen um ein Schiff und 30902 BRT geringer sind als die von den Kommandanten für sich in Anspruch genommenen, halten sie durchaus dem Vergleich zum Beispiel mit den 152000 versenkten BRT stand, die im Oktober 1940 in der berühmten »Nacht der langen Messer« von acht Booten versenkt wurden. Sie machen verständlich, warum die U-Boot-Fahrer die von »Paukenschlag« eingeleitete Phase des U-Boot-Krieges vor der amerikanischen Küste als »zweite glückliche Zeit« oder »das große amerikanische Truthahnschießen« bezeichneten. Mehr noch, sie belegen die Seeüberlegenheit, die die deutsche U-Bootwaffe zu jener Zeit über die US Navy besaß – in deren eigenen Gewässern. Die U-Boote hatten den Kampf aufgenommen, den die US Navy verweigerte, und massenweise lebenswichtiges alliiertes Kriegsmaterial zerstört – oftmals in Sichtweite amerikanischer Küstenstädte. Der Auftakt des atlantischen Pearl Harbor hatte sogar Dönitz' Erwartungen übertroffen. Nahm man die Erfolge der Boote der »Gruppe Ziethen« in kanadischen Gewässern hinzu, war augenscheinlich, daß es möglich war, von Frankreich aus in 5000 Kilometern Entfernung ein Massenvernichtungspotential zu zünden, das, genügend U-Boote vorausgesetzt, in der Lage wäre, Großbritannien aus dem Krieg zu drängen.[26]

Als der deutsche Rundfunk die Nachricht von den Erfolgen in der Ferne verbreitete und über die »spektakulären Versenkungen vor der Küste der Vereinigten Staaten« berichtete, verspürte man »große Freude und Überraschung« über den amerikanischen »Prestigeverlust«. Es war genau das, was man als Gegengewicht zu dem Rückschlag brauchte, den die Wehrmacht soeben vor Moskau hatte hinnehmen müssen. So gestärkt, beging Hitler den neunten Jahrestag seiner »Machtergreifung«, indem er Roosevelt geringschätzig »einen geisteskranken Narren« schimpfte.[27] Der Perfektionist Dönitz allerdings fand, aus seiner Sicht nicht ganz zu Unrecht, ein Haar in der Suppe und lamentierte in seinem KTB, es sei »klar ersichtlich, daß der ›Paukenschlag‹ ein weit stärkerer hätte werden können, wenn es möglich gewesen wäre, dem BdU für diese Operation nicht nur 6, sondern die von ihm beantragten 12 großen Boote zur Verfügung zu stellen. Die einmalige Gelegenheit ist somit zwar ausgenutzt und hat zu erfreulichen Erfolgen geführt, es konnte aber nicht *das* herausgeholt werden, was in dieser Gelegenheit tatsächlich drinsteckte.«[28]

In London hatte sich Patrick Beesly am Ende des Monats immer noch nicht von dem Erstaunen über das krasse Unvermögen der US Navy, die deutschen Angreifer zu stellen und zurückzuschlagen, erholt. »Heute scheint es unbegreiflich«, schrieb er später, daß »die Amerikaner völlig unvorbereitet von dem Angriff überrascht wurden.« Schließlich waren sie Tag für Tag präzise über den Anmarsch der »Paukenschlag«-Flotte informiert worden; die 1987 freigegebenen Akten der US Navy belegen es. Das amerikanische Versagen, schrieb Beesly weiter, »war deshalb so bitter, weil diese ganze Vernichtungsorgie hätte vermieden werden können, wenn nur die US Navy bereit gewesen wäre, aus den in zweieinhalb Kriegsjahren unter Opfern gewonnenen Erfahrungen der Briten und Kanadier zu lernen, die ihnen seit 1940 ohne jede Einschränkung übermittelt worden waren. Die amerikanische Marine zog es jedoch vor, aus ihren eigenen Fehlern zu lernen. Offenbar herrschte das Gefühl vor, daß ›wir die Schiffe, die Leute und auch das notwendige Geld haben und keine *Limeys* [Spottname für englische Matrosen und Engländer allgemein] brauchen, die uns beibringen, wie wir Krieg führen müssen‹.«[29] Rodger Winn seinerseits wies in seinem wöchentlichen Bericht zur U-Boot-Lage auf die wachsende Gefahr hin: »Die Zahl der U-Boote im Atlantik ist auf insgesamt 53 gestiegen. [. . .] Es ist offenbar beabsichtigt, die Kampagne im äußersten Westen auszudehnen, [. . .] ermutigt durch die nicht unerheblichen Erfolge, die insbesondere vor Kap Hatteras und Hampton Roads erzielt wurden. [. . .] Der Hauptstoß wurde weiterhin gegen den Schiffsverkehr vor der Atlantikküste der USA zwischen North Carolina und New York geführt. [. . .] Der Tonnageverlust im Januar ist, wie man sieht, zu einer häßlichen Zahl angewachsen.«[30]

Nachdem Premierminister Winston Churchill diese »häßliche Zahl« vorgelegt worden war, schickte er umgehend ein dringendes

Fernschreiben an den Berater des Weißen Hauses und Roosevelt-Vertrauten Harry L. Hopkins. Darin konnte Hopkins, während U 123 auf der Heimfahrt war, lesen: »Es wäre gut, sich zu vergewissern, daß die Aufmerksamkeit des Präsidenten auf die großen Versenkungserfolge der U-Boote im Nordwestatlantik gelenkt worden ist. Die bestätigten Verluste seit dem 12. Januar belaufen sich auf 158208, wahrscheinliche auf 83740 und mögliche auf 17363, insgesamt 259311 Tonnen.«[31] Churchill erwähnte nicht, daß elf der an den »Paukenschlag« und die »Gruppe Ziethen« verlorenen Schiffe Briten und zwei Kanadier waren oder daß der Verlust an Schiffen schwerer wog als der an Fracht. FDR erwiderte am nächsten Tag: »Harry gab mir Ihre Nachricht über die Versenkung im Westatlantik. Diese Sache ist Gegenstand eindringlicher Überlegungen von Stark, King und mir.«[32]

Das Verfahren der Rückkehr nach Lorient war im Einsatzbefehl exakt festgelegt worden. 36 Stunden vor der Ankunft funkte U 123 ein Epsilon-Kurzsignal, in dem seine Position angegeben wurde. Nach Erhalt der Empfangsbestätigung und weiterer Anweisungen des BdU lief *Eins-Zwei-Drei* den »Weg Tannennadel« an. Allerdings lag, wie Hardegen später feststellte, sein Boot aufgrund von Peilungsmängeln und seit drei Tagen fehlendem Besteck nicht exakt auf Kurs. Außerdem mußte Hardegen wegen Treibstoffmangels extrem langsam fahren, so daß er drei Stunden verspätet am Punkt L2 (47° 38,15′ N, 03° 34,3′ W) eintraf, an dem das Räumbootgeleit wartete. Wegen der Verspätung mußte man mit großer Fahrt in den Stützpunkt einlaufen, um noch mit der Flut hineinzukommen, und Hardegen befürchtete schon, er müßte doch noch in den Hafen geschleppt werden. Aber dieser Ärger blieb ihm erspart.

Während der letzten Tage der Heimfahrt hatte die Besatzung die Wimpel fertiggestellt, die jetzt am Sehrohr flatterten, und auf Hardegens Anregung hin den Kommandoturm bemalt, auf dem nun neben zwei Ritterkreuzen – das von Möhle und das von Hardegen – eine Pauke als Symbol für »Paukenschlag« und die Zahl der von U 123 bisher versenkten Schiffstonnage zu sehen waren: 224856. Das Ganze wurde von den Flossen eines Haifischs gekrönt, den die Besatzung vor Freetown erlegt hatte. Während jetzt die Kräne von Keroman im Osten sichtbar wurden, zog Hardegen sein blaues Jackett an und befahl den

Unteroffizieren, die Besatzung auf dem Oberdeck antreten zu lassen. Schließlich verlangsamte U 123 die Fahrt und ließ das Geleit, deren Besatzung dem ersten zurückkehrenden »Paukenschlag«-Boot zujubelte, hinter sich, um den Scorff hinauf zur alten *Isère* zu fahren. Als das Pontonschiff in Sicht kam, klang das Englandlied von ihm herüber. Auf der *Isère* hatte sich eine unübersehbare Menge von U-Boot-Männern und Werftarbeitern versammelt. Hardegen hatte selbst schon oft dort gestanden und die Rückkehr eines frischgebackenen Ritterkreuzträgers miterlebt. Jetzt war er es, um den sich alles drehte, und er wollte es bis zur letzten Sekunde auskosten; denn möglicherweise war dies seine letzte Feindfahrt gewesen. Er wich absichtlich dem Blick des Admirals aus, der an der Spitze der Marineoffiziere auf der *Isère* stand, und kommandierte das Anlegemanöver seines Boots. Als die Maschinen verstummt waren und die Stelling ausgebracht war, kletterte Hardegen mit seinen Offizieren aufs Oberdeck hinunter und ging auf die Stelling zu. Dort angekommen, nahm er Haltung an und salutierte vor dem »Löwen«: »Heil, Herr Admiral! Melde gehorsamst, U 123 von Feindfahrt zurück!« Dönitz erwiderte: »Heil, U 123!« und kam an Bord, um Hardegen die Hand zu schütteln und ihm das echte Ritterkreuz um den Hals zu hängen. Er war der vierundvierzigste Ritterkreuzträger in der U-Bootwaffe. »Ein stolzer und unvergeßlicher Augenblick!« schrieb er später.[33] Danach wechselte der »Löwe« ein paar Worte mit ihm, gab den anderen Offizieren die Hand und schritt die Front der blassen, ausgezehrten Besatzung ab. Anschließend führte er die glücklichen, bärtigen Offiziere von U 123 auf die *Isère* hinüber. Die Mannschaftsdienstgrade folgten ihnen, während Tölle vorsichtig von Sanitätern aus dem vorderen Luk gehoben, auf eine Trage gelegt und zu dem bereitstehenden Krankenwagen gebracht wurde.

Die Wochenschau filmte an diesem Tag, wie Arbeiterinnen des Stützpunkts den Offizieren von U 123 Blumensträuße überreichten und Hardegen eine Blüte ins Knopfloch steckten, dann, wie Hardegen mit breitem, stolzem Lächeln die Front einer Ehrenkompanie und seiner Besatzung abschritt. Im Hintergrund spielte eine Militärkapelle, aber nicht die des Patenbataillons von U 123; es war während der Fahrt seines Patenboots an die Ostfront verlegt worden. Nach dem zeremoniellen Teil wurde die gesamte Besatzung in die Flottillenkantine eingeladen, wo die Männer ihre erste Post und ihr erstes Bier seit 48 Tagen genossen. Hoffmann fragte Hardegen, was ihm der »Löwe« nach der Verleihung des Ritterkreuzes gesagt habe. Hardegen warf einen Blick in die Runde und antwortete leise: »Er hat mir gesagt, daß ich meine Spannkraft nicht verlieren soll. Er brauche mich für eine weitere Feindfahrt. Die Wartung wird so schnell wie möglich vonstatten gehen. Alles weitere will er mir sagen, wenn er sich mein KTB ansieht.« Die Offiziere lächelten. »Zurück nach Amerika!« flüsterte Schulz. »Das ist anzunehmen«, meinte Hardegen. Sie hoben ihre Gläser. »Zurück nach Amerika!«

Am nächsten Tag wurden die Auszeichnungen für die Besatzungsmitglieder verteilt. Frisch gewaschen, rasiert und in sauberen Uniformen erkannte Hardegen sie kaum wieder. Nach der Zeremonie gingen sie mit ihren Eisernen Kreuzen an Land, um in die Stadt oder den U-Bootsweiden zu leben »wie Gott in Frankreich«. Andere fuhren im »BdU-Zug« auf Urlaub nach Hause. Hardegen und Rafalski vervollständigten das KTB. Unter die letzte Zeile der Eintragung für den 9. Februar schrieb Hardegen: »Gesamt-Strecke: 8277 sm, davon 256 sm unter Wasser. Erfolg: 10 Schiffe. 66135 BRT.« Schulz beschäftigte sich währenddessen mit seinem eigenen Dienstbuch. Er pfiff unwillkürlich durch die Zähne und zeigte Hardegen die Zahlen: »Verbliebener Treibstoff: 80 Liter.«

Am nächsten Tag mußte Hardegen bei der Vorlage seines KTB dem »Löwen« Rede und Antwort stehen, während Godt seine Ausführungen protokollierte. Nachdem er Hardegen entlassen hatte, fügte Dönitz dem KTB ein letztes Blatt mit seiner Stellungnahme hinzu: »Sehr gut durchdachte und durchgeführte Unternehmung mit einem ausgezeichneten Erfolg. Der Kommandant hat das erste Auftreten an der nordamerikanischen Küste durch seinen Schneid und seine Zähigkeit voll ausgenutzt.«

10

Letzte Feindfahrt

Donnerstag, der 19. Februar, ein bewölkter und windiger Morgen mit Temperaturen um 5 Grad Celsius. Admiral Harold H. Stark war mit seinem Privatwagen und in Zivil unterwegs zur Riggs National Bank in Washington. Auf dem Beifahrersitz neben ihm lag eine unauffällige schwarze Aktentasche, die 500000 Dollar in großen Scheinen enthielt. Es gab vieles, worüber er nachdenken konnte, während er durch die belebten Straßen fuhr. So hatte die *Washington Post* an diesem Tag in einem Leitartikel von einer unmittelbar bevorstehenden Benzinrationierung gesprochen, da »der U-Boot-Krieg vor unseren Küsten« zu »alarmierenden Einbußen« der Benzinversorgung im Osten geführt habe. »Die Bedrohung unserer Benzintransporte über See«, schloß der Artikel, »ist auf schmerzliche Weise akut.«[1] Bei Riggs vermutete wohl niemand in dem kleinen, engelhaften Mann mit den silbernen Haaren, der mit dem nicht unerheblichen Betrag aus seiner Aktentasche ein gemeinsames Konto auf die Namen F.J. Horne und/oder W.S. Farber eröffnete, den Chef der operativen Führung der Navy oder sonst einer Truppe. Bei der Kontoeröffnung wurde vereinbart, daß er, Mr. Stark, jederzeit bestimmte Beträge von diesem Konto an Dritte überweisen könne, und genau das tat er, indem er die Hälfte der Einlage drei Firmen gutschreiben ließ:

Atik Shipping Company, E.T. Joyce, Leiter der Finanzabteilung – $100000
Asterion Shipping Company, K.M. Beyer, Leiter der Finanzabteilung – $ 100000
Eagle Fishing Company, L.F. Rogers, Besitzer – $ 50000

Danach begab sich Stark wieder nach Hause, zog seine Uniform an und ließ sich von seinem Navy-Chauffeur in seinem Dienstwagen zur Main Navy fahren. Alles war vorbereitet, um das Projekt LQ planmäßig anlaufen zu lassen. Es war nicht in der Navy entwickelt worden, wie deren Offiziere jetzt und später immer wieder hervorhoben, sondern eine Idee des Präsidenten. Doch als Roosevelt die entsprechende Anordnung gab - und seinen Marineberater, Captain McCrea, mit dem nötigen Bargeld vorbeischickte –, hatte die Navy kaum eine andere Wahl, als ihr zu folgen.

»Was halten Sie von ›Queen Ships‹?« hatte Roosevelt die Admirale King und Stark eines Tages gefragt, und zwar genau am 19. Januar, dem Tag, als U 123 vor Kap Hatteras wütete. »Nicht viel«, hatten die Admirale eingestanden. Queen- oder kurz Q-Ships waren U-Boot-Fallen, wie sie England mit spektakulärem Erfolg im Ersten Weltkrieg eingesetzt hatte. Die acht verbesserten Modelle, die die Royal Navy 1939/40 in Dienst gestellt hatte, waren jedoch erfolglos geblieben, und zwei der Schiffe waren sogar versenkt worden. Das Prinzip war allgemein bekannt, besonders den Deutschen, und das war das Problem. Ein Q-Ship war ein Frachter oder Tanker, der in allem, bis auf sein Äußeres, für den Marinegebrauch umgebaut und mit gut getarnten schweren und leichten Geschützen bewaffnet worden war. Die Absicht war, ein U-Boot dazu zu verleiten, aus großer Nähe einen Torpedoangriff auf das Q-Ship zu unternehmen. Um zu verhindern, daß das Schiff aufgrund der zu erwartenden Torpedotreffer sank, hatte es schwimmfähige Fracht an Bord, etwa Faserholz oder leere Fässer. Nach einem Treffer spielte die Hälfte der Besatzung eine Panik vor und ging fluchtartig in die Rettungsboote, um das angreifende U-Boot zum Auftauchen zu bringen, damit die andere Hälfte der Besatzung es mit Artilleriefeuer belegen konnte.[2] In Roosevelts Augen war es ein brillantes Konzept, und da die Navy sonst nichts zu haben schien, was sie gegen die U-Boote in den Kampf werfen konnte, schlug er vor, solche Q-Ships einzusetzen. McCrea würde das nötige Geld überbringen. Das Projekt sollte unter strengster Geheimhaltung vorbereitet werden. Es würde keine förmlichen Bestellungen und keine Bilanzierung der Gelder geben. Was an Schriftverkehr unumgänglich war, sollte in einem Geheimsafe im Büro des CNO gelagert werden. Alles andere war mündlich abzusprechen.

Am nächsten Tag schickte Admiral King ein verschlüsseltes Schreiben an Admiral Adolphus Andrews ins ESF-Hauptquartier in der New Yorker Church Street: SOFORTIGE ÜBERLEGUNGEN ERBETEN ZUR BEMANNUNG UND AUSSTATTUNG VON QUEEN WIEDERHOLE QUEEN SHIPS FÜR DEN EINSATZ ALS U-BOOT-ABWEHRMASSNAHME.[3] Andrews wird als eigentlichen Absender seinen alten Arbeitgeber Roosevelt vermutet haben; jedenfalls machte er sich sofort an die Arbeit. Trotzdem konnte er erst neun Tage später mit einer vierseitigen Analyse antworten, in der er zu dem Schluß kam, daß Q-Ships erfolgreich sein dürften, da »die am häufigsten angewandte Methode« der U-Boote »der Nachtangriff über Wasser und aus geringer Entfernung« sei. Es sei also nicht nötig, das U-Boot erst an die Oberfläche zu locken: Der Feind werde sich in den meisten Fällen bereits exponiert haben. Die beste Tarnung, meinte Andrews, sei ein Tanker, da sich der Feind bislang auf diesen Schiffstyp konzentriert habe. Um die Täuschung perfekt zu machen, sollte solch ein Tanker nordwärts tief im Wasser liegend und südwärts höherliegend fahren. Leere Ölfässer stellten eine gute Schwimmladung dar, schrieb Andrews, und es sollte drei in einigem Abstand voneinander aufgestellte Geschütze auf jeder Bordseite sowie eines am Heck geben, damit ein einzelner Torpedo nicht die gesamte Artillerie auf einer Seite ausschalten könne. Die Besatzung solle sorgfältig ausgewählt und wie Angehörige der Handelsmarine eingekleidet werden. Wenn man diese Bedingungen erfülle, hätte der Plan »eine vernünftige Erfolgschance«.[4] Da er sich offenbar weder der Dringlichkeit noch der Geheimhaltungsstufe der Anfrage bewußt war, schickte Andrews seine Analyse im Klartext mit der normalen Post nach Washington.

In der Main Navy hatte die operative Führung nicht auf Andrews warten können. Noch bevor dessen Bericht eintraf, wurde entschieden, zwei alte Küstenfrachter des Drei-Insel-Typs (erhöhte Back, Mitschiffaufbau und ein geschlossener Aufbau am Heck) und einen Dieseltrawler zu erwerben. Beteiligt waren an dieser Entscheidung King, Stark und die beiden Männer, in deren Namen Stark das Konto eröffnet hatte, der stellvertretende CNO Vice Admiral Frederick J. Horne und dessen Stellvertreter Rear Admiral William S. Farber. Ein Stabsoffizier, Commander Thomas J. Ryan jr., erhielt den Auftrag, die Schiffe zu beschaffen und ihren Umbau zu beaufsichtigen. So erwarb

Ryan, mit einem Schriftstück von Stark ausgestattet, das ihm außerordentliche Vollmachten erteilte, am 27. Januar namens der Seefahrtskommission von der A.H. Bull Steamship Company in New York zwei Dampfer, die Schwesterschiffe SS *Carolyn* und SS *Evelyn*. Sie waren 30 Jahre alt, 3209 BRT groß, 97 Meter lang und 14 Meter breit. Außerdem kaufte Ryan in Boston den 40,5-Meter-Trawler MS *Wave*. Alle drei Schiffe wurden anschließend zum Umbau zur Navy-Werft in Portsmouth (New Hampshire) gebracht. Die beiden Frachter wurden einer umfangreichen Überholung unterzogen; die *Evelyn* mußte praktisch von Grund auf erneuert werden. Ihre Laderäume wurden, da Stahlfässer kaum aufzutreiben waren, mit Faserholz gefüllt, was insofern problematisch war, als es bei zu trockener Lagerung explodieren und bei zu großer Feuchtigkeit durch Fäulnisbildung in Brand geraten konnte. Die alten schottischen Heizkessel lieferten Energie für eine Geschwindigkeit von 7,5 Knoten. An Deck stellte die Navy hinter falschen Aufbauten auf jeder Seite der beiden größeren Schiffe vier 10,2-Zentimeter-Kanonen, Kaliber 50, vier Maschinengewehre, sechs »K«-Kanonen - Wasserbombenwerfer - und zahlreiche kleinere Waffen auf. Die Bewaffnung des Trawlers stand dem kaum nach. Alle drei Schiffe wurden mit zusätzlichen Rettungsmitteln sowie den neuesten elektronischen und funktechnischen Geräten ausgestattet. Die Antennen mußten allerdings versteckt werden, so daß die Reichweite des Funkgeräts selbst bei günstigen Bedingungen recht beschränkt war.[5]

Als der mit größtmöglicher Eile durchgeführte Umbau vollendet war, wurden die Schiffe dem Kommando von Admiral Andrews unterstellt, dessen neuer Stabschef, Captain Thomas R. Kurtz, zusammen mit Commander Ryan den Einsatzplan erarbeitete. Am 5. März wurden die Schiffe förmlich von der Navy in Dienst gestellt. Den Namen der Tarnfirmen entsprechend, die vorgeschoben worden waren, um die Bewaffnung der Schiffe zu verschleiern, und die in den Büchern der Riggs National Bank standen, wurde die *Carolyn* zum USS *Atik* (AK 101), die *Evelyn* zum USS *Asterion* (AK 100) und die *Wave* zum USS *Eagle* (AK 132). Keine der drei Indienststellungen wurde allerdings in den Akten des Marineministeriums vermerkt.[6] Die *Atik* und die *Asterion* wurden mit je sechs Offizieren und 135 Mann Besatzung bemannt, die *Eagle* mit einer entsprechend kleineren Mannschaft. Am Anfang wußten nur die Kommandanten, die sich freiwillig zum Q-Ship-Dienst gemeldet hatten, welcher Art ihr Auftrag war: Lieutenant Commander Harry L. Hicks *(Atik),* Lieutenant Commander Glenn W. Legwen *(Asterion)* und Lieutenant Commander L.F. Rogers *(Eagle).* Vor dem Auslaufen wurde der Rest der Besatzung über den gefährlichen Auftrag der Q-Ships informiert. Es dürfte keine allzu große Überraschung für die Männer gewesen sein; am Umbau der Schiffe waren zahlreiche zivile Werftarbeiter beteiligt gewesen, und die Absicht, die dahintersteckte, wurde, wie die Frau eines Offiziers der *Atik* berichtet hat, in den Unterkünften in Portsmouth häufig diskutiert.[7] Von den drei Kommandanten abgesehen, wurde es jedem freigestellt, den Dienst auf den Q-Ships abzulehnen, ohne deshalb Nachteile für seine Karriere befürchten zu müssen. Keiner der Männer machte von diesem Angebot Gebrauch. Es ist jedoch nicht bekannt, ob ihnen auch gesagt wurde, daß man die Überlebenszeit der Schiffe auf See mit höchstens einem Monat veranschlagte.[8]

Am 11. März erhielten die Kommandanten der *Atik* und der *Asterion* in Admiral Andrews' Hauptquartier ihre Einsatzbefehle. Bis zum Auslaufen sollten sie mit keinem Zeichen zu erkennen geben, daß ihre Schiffe etwas anderes als bewaffnete Frachter waren, wie sie normalerweise von der Navy in Dienst genommen wurden. Aber sobald sie den Hafen verlassen hatten und von Land aus nicht mehr beobachtet werden konnten, sollten sie die Geschütze tarnen, die Erkennungsnummer vom Bug entfernen, die falsche Handelskennzeichnung anbringen sowie die US-Flagge und den Kommandowimpel einziehen. Wurden sie von befreundeten Schiffen oder Flugzeugen zur Identifikation aufgefordert, sollten sie mit den ursprünglichen Namen ihrer Schiffe, *Carolyn* bzw. *Evelyn,* antworten. Dem Feind sollte sich die *Atik* als der Portugiese SS *Villa Franca* und die *Asterion* als der Spanier SS *Generalife* zu erkennen geben. Beiden Schiffen waren Routen vorgegeben, die durch Gewässer führten, von denen man wußte, daß dort U-Boote operiert hatten. Commander Ryan schrieb später: »Ich erinnere mich deutlich daran, daß alle Beteiligten, vom CNO über die verschiedenen Flaggoffiziere bis zu Ryan hinunter, unter großem Druck von ganz oben [Roosevelt] standen, diese Schiffe auf See zu schicken. Wir hatten alle das Gefühl, daß die Schiffe, als sie ausliefen, noch nicht in bester Kampfverfassung waren, und [. . .] wir hofften, ihr befohlener Kurs würde sie während der ersten beiden Wochen nicht in die Nähe von U-Booten bringen.«[9] Die *Atik* sollte gut 300 Seemeilen östlich von Norfolk (Virginia) und die *Asterion* 240 Seemeilen weiter südlich kreuzen. Am 23. März um 13.00 Uhr liefen sie aus, und am nächsten Tag schrieb ein ungenannter Offizier aus Starks Stab: »Die Segel stehen im Wind - hoffentlich einem günstigen.«[10] Wenn er dabei an die *Atik* dachte, so war die Hoffnung trügerisch, aber das konnte, bis hinauf zum Präsidenten, niemand wissen. Am 1. Februar hatte die deutsche Kriegsmarine die Schlüsselmaschine M mit einer vierten Walze ausgestattet. BP arbeitete zwar mit Volldampf daran, diese Komplikation zu überwinden, aber der neue TRITON-Code (in BP »Shark« [Hai] genannt) erwies sich zehn Monate lang als unzugänglich. In Rodger Winns Tracking Room war man plötzlich halb blind.[11] Das traf natürlich genauso für Washington zu. Man konnte also in der letzten Märzwoche nicht wissen, daß das Gebiet östlich von Norfolk im gesamten Westatlantik dasjenige war, das am wenigsten Sicherheit bot. Es war nämlich vom BdU als Operationsgebiet für Reinhard Hardegens nächste Amerikafahrt erkoren worden.

Anfang März, als U 123 für die nächste Feindfahrt bereit war, verfügte Admiral Dönitz über ein weitgehend zutreffendes Bild von der Situation an der amerikanischen Ostküste. Es ergab sich aus den Informationen, die er von den fünf »Paukenschlag«-Kommandanten erhalten hatte, und den Funksprüchen der Boote der zweiten Welle, die im Februar zwischen Maine und Florida stationiert waren (U 103, 106, 107, 108, 128, 432, 504, 564, 578, 653). Erstaunlicherweise waren vier von ihnen (U 432, 564, 578, 653) VIIC-Boote, denen man bisher eine derart ausgedehnte Fahrt nicht zugetraut hatte. Aber ihre Kommandanten waren begierig darauf gewesen, an der »zweiten glücklichen Zeit« zu partizipieren, und hatten Dönitz davon überzeugt, daß sie diese entfernte Küste erreichen, an ihr operieren und zurückkehren konnten, wenn sie einige Reservetanks mit Treibstoff füllten und auf der Hin-und Rückfahrt mit nur einem Diesel fuhren. Die meisten der VIIC-Boote trafen denn auch mit einem Treibstoffvorrat von rund 20 Tonnen für den operativen Einsatz vor der amerikanischen Küste ein, weit außerhalb ihrer theoretischen Reichweite. Dönitz machte sich dennoch Sorgen über den Enthusiasmus der Besatzungen, die einige ihrer Trinkwasserbehälter dem Durst der Dieselmotoren geopfert hatten. Aber die ersten vier VIIC-Boote versenkten immerhin fünf Schiffe. Der BdU hatte inzwischen auch genauere Informationen über die Verteidigungsanstrengungen im Süden der USA, wo die Navy ihre Caribbean Sea Frontier (CSF) so stark schützte, daß sie in eine westliche und eine östliche aufgeteilt werden mußte. Befehlshaber der CSF war Rear Admiral John H. Hoover, der sein Hauptquartier in San Juan (Puerto Rico) hatte. Im Februar waren fünf IXC-Boote (U 67, 129, 156, 161, 502) in der Nähe der öl- und gasreichen niederländischen Inseln Curaçao und Aruba oder vor Port of Spain (Trinidad) auf den Routen der Bauxitfrachter und anderer aus Südamerika kommender Schiffe im Einsatz. In den Gewässern beider Frontiers, der ESF und der CSF, wurden in diesem Monat 48 Schiffe mit zusammen 281 661 BRT versenkt, davon fast die Hälfte Tanker und 68 Prozent in ESF-Gewässern. Außerdem wurden sieben Schiffe beschädigt.[12] U 156 (Kptlt. Werner Hartenstein) beschoß die Lago-Raffinerie auf Aruba, ohne jedoch ernsten Schaden anzurichten.

Aus den Ende Februar in Kernével eingehenden Berichten ging hervor, daß die US Navy die Zügel etwas angezogen hatte. Die Zerstörer fuhren nicht mehr mit solcher Regelmäßigkeit, daß die U-Boote sich auf ihr Erscheinen einstellen konnten, und man traf jetzt häufiger auf kleinere Patrouillenschiffe. Außerdem hatte die Luftaktivität zugenommen, und über den Verkehrsknotenpunkten tauchten oft Luftschiffe auf. Ansonsten verhielten sich die Amerikaner allerdings weiter so, als gäbe es keinen Krieg: Die Städte und Strände waren hell erleuchtet; die Leuchttürme und Bojen arbeiteten wie in Friedenszeiten, wenn auch einige von ihnen abgedunkelt waren; die Schiffe fuhren einzeln, nicht in Geleitzügen, und auf geradem Kurs anstatt im Zickzack; die Handelsschiffe beachteten keinerlei Funkdisziplin, insbesondere auf dem 600-Meter-Notrufband; viele Schiffe fuhren mit aufgeblendeten Laternen; und die U-Boot-Abwehrkräfte, sowohl der Navy als auch der Army, setzten aufgrund fehlender Erfahrung und mangelhafter Ausbildung nach einem ersten Angriff nicht nach, mit dem Ergebnis, daß sie selbst in flachen Gewässern, wo sie gute Erfolgschancen besaßen, ihre Angriffe zu früh abbrachen und sich zurückzogen. Im Gegensatz dazu hatten die Kanadier von den Engländern gelernt und übten beständig Druck aus. Kals (U 130) war von der dauernden Luft- und Zerstörerüberwachung der Cabot-Straße – die derjenigen im Ärmelkanal um nichts nachstand - so genervt, daß er sich nach Süden in US-Gewässer absetzte.[13] Bleichrodt erlebte vor Halifax die gleiche rastlose Überwachung der Küstengewässer.[14]

Wenn die US-Verteidigung keine ernsthafte Bedrohung für die auf den westlichen Weiden grasenden U-Boote darstellte, so galt das keineswegs auch in umgekehrter Richtung, wie es die Geschichte eines im Februar verlorenen Schiffs beweist. Am frühen Morgen des 28. Februar patrouillierte der Zerstörer USS *Jacob Jones* (DD 130) südlich von New York in ungefähr fünf Meilen Entfernung an der Bojenkette entlang. Die *Jacob Jones* war ein Kriegsschiff von jener Größe, um die die ESF seit langem gebeten hatte. Zu Admiral Andrews' Freude hatte der CINCLANT sie auf unbestimmte Zeit für den Patrouillendienst an der Küste abgestellt. Im Februar war es zwar noch einigen weiteren Zerstörern, sofern sie sich als Geleitschutzschiffe oder zur Reparatur bzw. Überholung gerade innerhalb der Frontier aufhielten, gestattet worden, Patrouillendienste für die ESF zu leisten. Aber die *Jacob Jones* war der erste Zerstörer, der der ESF ganz zur Verfügung gestellt wurde. Sie war der Namensvetter eines DD, der 1917 in den Western Approaches von einem U-Boot torpediert worden und gesunken war. Am 28. Februar um 5.00 Uhr befand sich die »neue« *Jacob Jones* (Baujahr 1919) mit 15 Knoten Fahrt bei ruhiger See unter einem Vollmond vor den Delaware-Kaps, als fast gleichzeitig zwei Torpedos in ihren Rumpf einschlugen. Der eine zerfetzte das gesamte Vorschiff bis kurz hinter der Brücke, der andere riß das Heck weg. Auf dem ölverschmierten Mittelstück des Schiffs versuchten die 25 Männer, die die Explosionen überlebt hatten, vergeblich, die Rettungsboote zu Wasser zu lassen. Sie mußten sich mit den Flößen begnügen; als beim Untergang der Überreste der *Jacob Jones* die Wasserbomben explodierten, wurden einige der Männer durch die Druckwellen getötet. Fünf Stunden nach dem Angriff entdeckte ein Aufklärungsflugzeug der Navy zwölf Überlebende und dirigierte USS *Eagle 56* zu der Stelle. Auf dem Weg nach Cape May starb ein weiteres Besatzungsmitglied der *Jacob Jones,* des ersten Kriegsschiffs, das durch Feindeinwirkung in amerikanischen Küstengewässern gesunken war.[15] Den roten Wimpel dafür konnte das VIIC-Boot U 578 (Korvettenkapitän August Rehwinkel) am Sehrohr aufziehen.

Admiral Dönitz brauchte mehr Boote vor der amerikanischen Küste, um die unglaubliche Gelegenheit auszunutzen. Es war nicht zu erwarten, daß die amerikanische »Jagdsaison« noch lange dauern würde. Die Yankees würden schließlich doch noch auf die Engländer hören, und damit wäre sie zu Ende. Das Geleitzugsystem einzuführen war der logische nächste Schritt, und früher oder später würde man ihn tun. Der Vorteil, den seine U-Boote noch besaßen, mußte also jetzt genutzt werden. Aber es war zum Verrücktwerden: Hitler durchkreuzte die letzte große Chance der U-Bootwaffe, an dieser unverteidigten Front mit aller Kraft vorzugehen, indem er darauf bestand, nicht weniger als 20 Boote auf Dauer vor der norwegischen Küste zu stationieren, um eine alliierte Invasion zu verhindern. Dönitz glaubte nicht an einen Angriff auf Norwegen, obwohl es 1941 einige kleinere britische Aktionen gegeben hatte. Churchill sollte zwar im April 1942 ernstlich mit dem Gedanken spielen, aber seine Stabschefs redeten es ihm wieder aus. Dennoch konnte Dönitz froh sein, daß Hitler ihm nur 20 Boote genommen hatte, denn am 22. Januar hatte Hitler zunächst die »unbedingte« Befolgung seines Befehls gefordert, »alle U-Boote nach Norwegen zu verlegen«, den er jedoch »aufgrund der U-Bootserfolge an der amerikanischen Küste« schon am nächsten Tag wieder einschränkte, indem er das norwegische Kontingent auf acht Boote festsetzte.[16] Im Februar, als die Jagd in Amerika besonders ergiebig war und Dönitz sich gezwungen sah, selbst VIIC-Boote auf die Pirsch zu schicken, erhöhte Hitler das Aufgebot für Norwegen auf 20 Boote. Dönitz protestierte und wies darauf hin, daß der Tonnagekrieg, das einzige Offensivmittel, das zur Bekämpfung der britischen Waffen geblieben war, durch den Abzug von Booten für stationäre Einsätze schweren Schaden nehmen werde. Der englische Marinehistoriker Stephen W. Roskill pflichtet ihm bei: »Die Schlagkraft der Offensive vor der amerikanischen Küste ließ zwangsläufig gerade in jener Zeit nach, als sie höchst erfolgreich war. [. . .] Die kleine Zahl [von U-Booten], die zu Anfang des Jahres verfügbar war, scheint zusammen mit der Aufsplitterung zugunsten von wenig einträglichen Aufgaben ein entscheidender Faktor in der Atlantikschlacht gewesen zu sein.«[17] Wieder einmal hatte eine von Hitlers »Intuitionen« zu einem gewaltigen Schnitzer mit entsprechenden Auswirkungen auf die Seeschlacht geführt, von deren Ausgang der weitere Verlauf des gesamten europäischen Krieges abhing.

Lorient, Zweite Flottille, 2. März. U 123 lief zu seiner zweiten Amerikafahrt aus. Es war kaum anders als beim erstenmal. Einige Unterschiede gab es allerdings. Zum einen wurden die Leinen unter Flutlicht eingeholt, da es 19.30 Uhr abends war. Zum anderen wurden den U-Boot-Fahrern keine Weihnachtsbäume übergeben, sondern Blumensträuße. Und es hatte einige personelle Veränderungen gegeben: Von Schroeter war zum IWO aufgestiegen und hatte Hoffmann ersetzt, der ein anderes Kommando erhalten hatte; als neuer IIWO war Wolf-Harald Schüler an Bord gekommen; neu an Bord waren außerdem Leutnant (Ing.) Mertens als LI-Schüler zur Unterstützung von Schulz, ein junger Fähnrich namens Rudolf Holzer, der seine ersten Kriegserfahrungen sammeln sollte, ein Matrose II namens Walter »Laura« Lorenz und ein neuer Kriegsberichter, Rudolf Meisinger, der bald den Spitznamen »schöner Rudi« weg hatte. Er ersetzte Tölle, der sich von der Operation gut erholt hatte und nach Deutschland zurückgekehrt war. Und noch etwas war anders: Diesmal wußte sowohl die Besatzung als auch die Menge auf der *Isère*, wohin die Reise ging. Der »Löwe« schickte jedes Boot, das nicht in Norwegen angebunden war, nach Nordamerika und in die Karibik - das war schon lange kein Geheimnis mehr. So mischten sich unter die Abschiedsrufe auch allerhand gute Ratschläge, wie U 123 mit Roosevelt umspringen sollte.

Als das frisch geputzte Boot in See stach, warf die Brückenwache die Blumen über Bord - ein alter Seemannsbrauch - und spähte angestrengt in den rasch einfallenden Nebel. Hardegen, der ebenfalls auf der Brücke war, konnte bald seinen eigenen Bug nicht mehr sehen, ganz zu schweigen von dem R-Boot-Geleit, das vor dem Hafen auf ihn wartete. Ein starker Ebbesog machte es doppelt schwierig, in der schmalen Fahrrinne auf Kurs zu bleiben. Dann ein Ruck - sie waren auf Grund gelaufen! *»Beide Maschinen volle Kraft zurück!«* Das Boot kam wieder frei. Vermutlich ein Felsen, dachte der Alte. Doch dann lief das Heck auf eine Sandbank. Waren sie eingekeilt? Die Maschinen befreiten das Boot auch diesmal, aber Hardegen ließ sie jetzt abstellen und den Anker ausbringen; dann ruderte er mit dem Dingi des Boots an Land. Bei der Flottille gab ihm der verdutzte Offizier vom Dienst die Erlaubnis abzuwarten, bis der Nebel aufriß, was kurz nach seiner Rückkehr an Bord um 22.10 Uhr auch geschah. U 123 setzte sich bei guter Sicht - es war Vollmond - längsseits des R-Boots und gelangte sicher durch das Minenfeld. Nach Mitternacht konnten Hardegen und die Brückenwache ein seltenes Ereignis beobachten: eine totale Mondfinsternis. Sie faßten es als gutes Omen auf.

129 Seemeilen später, um 8.55 Uhr, tauchte U 123 zum ersten Trimmen, und der Alte ging durch das ganze Boot, um sich von der Bereitschaft aller Stationen zu überzeugen. Wenn das Boot im »Keller« war, durfte niemand ohne weiteres herumgehen: Es hätte den Schwebezustand des Boots gestört. Jeder, dessen Pflichten einen Wechsel des Standorts erforderten, mußte vorher beim LI anfragen, und das tat jetzt auch der Alte, bevor er durch eins der Schotts ging. Er sah sich um, ob alles in dem mit Lebensmitteln und Munition vollgestopften Boot verschnürt und für die harte Atlantikfahrt gesichert war. Das Wort eines anderen, ganz gleich, wie erprobt er war, genügte nicht. Er mußte sich selbst vergewissern. Er schaute auch in die jetzt noch frischen, rasierten Gesichter der Männer, die bald blaß und bärtig sein würden, um zu sehen, ob jeder Jonas in diesem stählernen Wal voll bei der Sache war, und jeder der Männer erwiderte seinen Blick mit einem respektvollen Lächeln und einem Nicken. Noch glänzte das Boot vor Sauberkeit, und aus Hannes' Kombüse zog ein verführerischer Duft durch die Schotts. Als er sich überzeugt hatte, daß alles in Ordnung und seine Männer bereit waren, wieder in den Kampf zu ziehen, ging der Alte in seine »Kajüte« zurück und zog den schweren grünen Vorhang vor. Den besorgten Blick von Fritz Rafalski auf der anderen Seite des Gangs nahm er nicht wahr. Wie jeder an Bord rechnete auch Rafalski mit leichten Erfolgen an der amerikanischen Küste. Aber durch Radioplaudereien und Stützpunktklatsch war er genügend informiert, um zu wissen, daß die meisten Boote verlorengingen, weil sie entweder auf ihrer ersten Fahrt waren oder von Kommandanten befehligt wurden, die allzu aggressiv und waghalsig agierten. Und der Mann hinter diesem Vorhang war alles andere als zimperlich.

Hardegen setzte sich an seinen kleinen Klapptisch und studierte seinen Einsatzbefehl. Diesmal hatte er nicht bis zum 20. Längengrad warten müssen. Sowohl Dönitz als auch die Flottille hatten ihm offen gesagt, was in dem Papier stand: Er sollte direkt zur Ostküste der Vereinigten Staaten marschieren, sie durch das Marinequadrat CB vor Norfolk anlaufen und ins Quadrat CA nach Hatteras vorstoßen. Um den 22. März herum würde er per FT weitere Instruktionen des BdU erhalten. Und wie bei der ersten Amerikafahrt hatte er die Erlaubnis, schon während des Anmarschs feindliche Schiffe von einiger Größe anzugreifen und zu versenken. An Hilfsmaterial standen ihm diesmal nicht nur ein voller Satz Karten der amerikanischen Küste, sondern auch Navigationsanweisungen zur Verfügung, das *Handbuch der Ostküste der Vereinigten Staaten,* das aus amerikanischen und britischen Publikationen zusammengestellt und ins Deutsche übersetzt worden war. Hardegen schätzte die Entfernung zum Hatteras-Leuchtfeuer mit Hilfe des Zirkels auf 3600 Seemeilen bzw., wenn keine Störungen eintraten, 25 Tage Fahrt. Der Atlantik konnte recht langweilig sein, wenn man nichts zu tun hatte, als die Längengrade zu zählen, während in Kernével ein Stabsoffizier ein blaues Fähnchen langsam auf der Karte vorwärtsrückte. Nun, er würde die Besatzung schon auf Trab halten. Manchmal sorgte aber auch der Atlantik selbst dafür, daß die Männer wachsam blieben.

13. März, 12.00 Uhr MEZ, Position BC 9827, Boot an der Oberfläche, zurückgelegt 1660 Seemeilen, Himmel bewölkt, stürmischer Wind mit Stärke 8 aus Nord-Nordwest, Seegang 7, Sicht 18. Für die Menschen war es ein Test am Rand ihrer Leistungsfähigkeit, nicht so für das Boot, das sich ungerührt seinen Weg durch die Wellen bahnte. Ihm machte die Berg- und Talfahrt nichts aus, wohl aber denen, die mit ihm fuhren.

Walter Kaeding: Auf der Brücke, der »Badewanne«, stand man einen Meter tief im Wasser. Ich habe mir Abflußlöcher in die Stiefel geschnitten. Sie müssen sich mal vorstellen, Sie stehen auf einem Lastwagen, angegurtet. Und dieser Lastwagen, der fährt durch einen halben Meter tiefe Schlaglöcher, mit einer Geschwindigkeit von ungefähr 30 oder 40 Kilometer pro Stunde, und Sie fahren durch eine Gasse, und alle – sagen wir mal, alle dreißig Sekunden kippt Ihnen der eine einen Eimer Wasser ins Gesicht, Salzwasser, möglichst kalt, der andere nimmt einen Schlauch und spritzt Sie an, der nächste, der schmeißt mit Eis. Und der Lastwagen, der kippt dann gelegentlich so um 30 Grad nach der einen Seite und um 30 Grad nach der anderen Seite, und gelegentlich fährt der auch mal durch einen Fluß durch. Und Sie stehen oben angegurtet auf der Brücke, und dann kommen da Berge angerollt, die 15, 18 Meter hoch sind, und dann kippt einer über Ihnen zusammen, und dann stehen Sie angegurtet da und schnappen nach Luft. Ja, so sind noch nicht einmal die alten Wikinger zur See gefahren.[18]

Am 17. März beruhigte sich der Atlantik wieder, und das Boot glitt über eine fast glatte See. Die angeschlagenen Männer in ihren klammen Kleidern streckten die vom ständigen Festhalten verkrampften Glieder, und wer keinen Dienst hatte, fiel in einen tiefen Schlaf. Die Mixer, die mit der Regelung der Torpedos hinterherhinkten, begannen damit, den Rückstand aufzuholen. Rafalski hörte sich die Grußbotschaften aus Kiel an andere Boote an. Hannes, der Schmutt, war froh, seine Töpfe wieder auf dem Herd halten zu können, und bereitete ein gutes Essen vor. Seiner guten Laune konnte nichts etwas anhaben, und das war gut so, denn niemand an Bord hatte erfinderischer und flexibler zu sein. Noch konnte er aus dem vollen schöpfen, aber es war nicht mehr lange hin, bis er morgens, mittags, abends nur noch Makkaroni anbieten konnte, die von der Besatzung »Mussolinispargel« genannt wurden. Der Schmutt selbst war für alle an Bord »unser Hannes«. Niemand konnte ahnen, daß er ein Jahr später auf einem anderen Boot, das weniger Glück hatte als U 123, den Tod finden würde.

In der freien Zeit wurde viel gelesen. Neben dem Verschlag des Alten befand sich ein Schrank mit der Bordbibliothek. Sie enthielt sowohl ernste als auch Unterhaltungsliteratur; am beliebtesten waren die bald ölverschmierten und mit Eselsohren gezierten Zeitschriften und Kriminal- oder Abenteuerromane. Das einzige, worauf der Alte achtete, war, daß keine pornographische oder obszöne Literatur an Bord kam. Er hielt es in diesem Punkt wie Korvettenkapitän Wolfgang Lüth, der während der langen, monotonen Marschtage in bezug auf das sexuelle Verlangen an den »eisernen Willen« appellierte. »Ein sexuelles Problem hat es an Bord nie gegeben«, schrieb Lüth. »Ich habe es allerdings auch nicht zugelassen, daß die Männer Wände und Kojen mit nackten Mädchenbildern behingen. Wenn man Hunger hat, soll man sich kein Brot an die Wand malen.«[19] Aber es wäre unvernünftig gewesen zu erwarten, daß die jungen, unverheirateten Männer ganz von sexuellen Anspielungen abließen, und so ergab sich viel von dem Gelächter an Bord aus Witzen in dieser Richtung. Das konnte selbst die Überwachung der Unterhaltungen, zu der der Alte die Unteroffiziere angehalten hatte, nicht verhindern.

Die Jüngeren hatten allerdings noch nicht viel zu erzählen, so daß man sich an die Älteren hielt, Rafalski etwa oder, sofern er einmal von seinen »Babys« losgeeist werden konnte, den 30jährigen Karlchen, auch wenn außer den Neuen jeder an Bord seine Geschichten schon einmal gehört hatte. »Ich habe Adolf Hitler persönlich kennengelernt«, erzählte er dann. »Ich war zwei Jahre auf dem Panzerschiff *Deutschland.* Das war 1935, da kam Adolf an Bord, mit großem Gefolge. Von Blomberg war auch dabei. Da konnten wir ihn mal richtig beobachten. Man mußte bloß mal sehen, welche Ehrerbietung ihm gezollt wurde. Der General ging mit Adolf Hitler auf dem Schanzdeck, das ist das Achterdeck, auf und ab, und jedesmal wenn Hitler sich umdrehte, spritzte der General auf die linke Seite. Und als sie unter Deck gingen, hieß es nur: ›Bitte schön, bitte schön‹, und Hitler ging erhobenen Haupts als erster hinunter. Ich habe ihm dann an der Kaffeetafel schräg gegenüber gesessen, und als wir ihm Fragen stellen durften, fragte ich ihn, was denn weiter werden soll. Er hat zurückgefragt: ›Wie viele Panzerschiffe haben wir denn?‹ Und ich habe ihm gesagt: ›Panzerschiff *Scheer, Deutschland* und *Graf Spee* – das wär'n drei Stück.‹ – ›Was?‹ hat er gerufen. ›Nur drei Stück? 20 müssen wir haben. Der Engländer, der muß zittern.‹«

»Wann, hast du gesagt, war das?« fragte Barth.

»Vielleicht war's auch '34. Ja, Hindenburg lebte damals noch. Ich kann euch sagen, es war nicht so toll auf der *Deutschland.* Auch wenn Hitler nicht an Bord war, ging es von morgens bis abends ›Ta-ta-ta-ta‹. Auf kleinen Schiffen, wie auf dem Torpedoboot, von dem ich kam, hat man mehr Freiheiten. Und dann wurde eines Tages die U-Bootwaffe aufgemacht, und ich bewarb mich bei ihr. Es wurden viele abgelehnt, aber ich hatte Glück und wurde auf die Schule geschickt, wo ich alles über die U-Boot-Technik gelernt habe. Und dann ging es mit einem Schulboot auf See. Auf dem ersten Boot herrschte eine wunderbare Kameradschaft, und es hatte einen großartigen Kommandanten. Er ist inzwischen gestorben. Im Hafen gingen wir freitags immer kegeln. Und samstags haben wir immer eine Menge Blödsinn angestellt . . .«[20]

22. März, 10.47 Uhr MEZ: Position CB 8342, Kurs 270. »Kommandant auf die Brücke!« Die Ausgucks hatten eine blasse schwarze Rauchsäule ausgemacht. Hardegen entschied, daß sie eines näheren Blicks wert war. »Hart Backbord. Auf 180 Grad gehen!« Kurz darauf wurden Mastspitzen und ein Schornstein sichtbar. Hardegen schätzte den Kurs des Schiffs auf 345 Grad. Es lief auf sie zu. »Unser Sonntagsbraten«, meinte von Schroeter. »Mir scheint, wir bekommen jeden Sonntag einen.« Als die Bugsee in Sicht kam, schätzte Hardegen die Geschwindigkeit des Schiffs auf sieben Knoten. Es schien im Zickzack zu fahren, aber das konnte auch an der Unachtsamkeit des Rudermanns und der auffrischenden See liegen. Dann rief er: »Alarm!« Die Sonne stand über dem Horizont, der Angriff mußte daher unter Wasser erfolgen.

Hardegen setzte sich oben im Turm an das Angriffssehrohr, und als Schulz bei 13,5 Metern Sehrohrtiefe meldete, legte er das rechte Auge ans Okular. »Auf 13 Meter raufgehen, LI!« befahl er. »Ich habe eine Menge Wellen im Glas.« Als das Sehrohr weiter aus dem Wasser ragte, visierte er das Ziel an. Jetzt hatte er es im Fadenkreuz. »Fahrt größer als gedacht«, sagte er zu Schüler am Vorhaltrechner. »Stellen Sie acht Komma fünf Knoten ein. Entfernung 1000. Lagewinkel 19. An Steuermann, um 30 Grad nach Backbord drehen, damit der Aal quer zur See läuft. An IIWO, Heckrohr 5 fluten. Schaffen wir uns den G7a vom Hals. Tiefeneinstellung drei Meter. Wir haben hier große Schwierigkeiten, das Boot zu halten. Wenn es unten ist, kann ich gerade noch die beiden Mastspitzen sehen.« Die Rudergänger taten zwar ihr Bestes, die Auf- und Abwärtsbewegung des Boots anhand der Papenberg-Meßsäule auszugleichen, konnten das Sehrohr aber nicht ständig über der Wasseroberfläche halten. Und da der Seegang weiter zunahm, verschwand das Ziel seinerseits regelmäßig in den Wellentälern, so daß es nur noch anhand der Mastspitzen auszumachen war.

»Entfernung 700. Folgen?«

»Folgen?« wiederholte von Schroeter.

»Folgen«, kam es aus dem Hecktorpedoraum zurück. Der T-Schu fütterte den Torpedo mit den Unterlagen.

»Entfernung 650 ... 600 ... Rohr los!«

Das Boot schien vom Rückstoß leicht vorwärts geschoben zu werden und – aufgrund des plötzlichen Gewichtsverlusts – nach oben zu hüpfen. Schulz nahm rasch 1600 Kilogramm Seewasser auf, um den Trimm wiederherzustellen, während der Alte und sein IIWO oben die Sekunden zählten.

Nach der geschätzten Laufzeit von 18 Sekunden vernahmen sie einen kurzen, hellen, metallischen Schlag. Es klang wie ein Versager. Da er auf diese geringe Entfernung eine heftige Detonation erwartete, hatte Hardegen wegen der Druckwelle das Auge vom Okular genommen, und als er jetzt wieder durchs Sehrohr blickte, war er überrascht, in der Mitte zwischen den Masten, also genau dort, wohin er gezielt hatte, eine schwarze Sprengsäule zu sehen. Der Torpedo mußte tief in den Maschinenraum eingedrungen und die Explosion dadurch gedämpft worden sein. Hardegen ließ sofort auftauchen und stieg auf die Brücke hinauf. Das Heck des Schiffs lag bereits tief im Wasser, und während die Besatzung von Bord ging, hob sich der Bug aus dem Wasser, und das Schiff sackte nach hinten weg. Nach 16 Minuten war auch der Bug untergegangen. Hardegen fuhr an die Rettungsflöße heran und fragte die Männer, von welchem Schiff sie seien. »Von der *Muskogee*«, wurde ihm geantwortet. »Unter US-Flagge fahrender Tanker, 7034 BRT, mit Erdöl von Venezuela nach Halifax unterwegs.« Rafalski schlug im Schiffsregister nach: Die *Muskogee* war 1913 in Danzig gebaut worden. Ein altes Schiff. Kein Wunder, daß es so schnell gesunken war, merkte Hardegen im KTB an.[21] Von den 34 Mann der Besatzung der *Muskogee* wurde kein einziger gerettet.[22]

U 123 kehrte auf seinen alten Kurs zurück. Um 20.00 Uhr traf der angekündigte FT des BdU ein: Hardegen hatte freie Jagd von Hatteras bis Key West.[23] Er nahm es erfreut zur Kenntnis. Etwas Besseres hätte er sich nicht wünschen können: Sich selbst aussuchen zu dürfen, wo er seine Dampfer versenken wollte, war für einen U-Boot-Kommandanten ein Traumbefehl. Aber er würde wahrscheinlich noch vor Erreichen der weiten Grenzen seines Operationsgebiets zwischen den Outer Banks und dem subtropischen Paradies von Florida auf Ziele wie die *Muskogee* stoßen, denn U 123 stand jetzt nord-nordöstlich der Bermudas und näherte sich damit den stark befahrenen Schiffahrtslinien nach Süden. Um 18.23 Uhr am nächsten Tag wurden denn auch Backbord voraus zwei Mastspitzen gesichtet. Hardegen beobachtete sie lange durch sein Doppelglas. Das Schiff zackte sehr unregelmäßig auf Gegenkurs. Es fuhr offenbar nicht nach Süden, sondern einzeln, ohne Geleit, in Richtung England. Das war ziemlich gewagt, dachte Hardegen, und es mußte der Grund dafür sein, daß es derart viel manövrierte; zuerst zackte es für eine halbe Stunde auf einem Grundkurs von 0 Grad, dann auf 30 Grad und schließlich auf 90 Grad. »Ein gewiegter Bursche«, kommentierte Hardegen im KTB. Er hatte Mühe, Fühlung zu halten. Als kurz vor der Abenddämmerung die Aufbauten in Sicht kamen, erkannte er in dem Schiff einen modernen Tanker wie die *Norness,* mit kurzen Masten und niedrigem, dickem Schornstein. Er schätzte ihn auf 9500 BRT, Fahrt 10,5 Knoten. Nach Dunkelwerden wurde die Verfolgung noch schwieriger, und Stunden vergingen, während Hardegen darüber rätselte, welchen Kurs der Tankerkapitän als nächsten einschlagen würde. Als der Mond hinter den Wolken hervorkam, war es sowohl eine Hilfe als auch eine Erschwernis, da die Silhouette von U 123 jetzt deutlich sichtbar sein mußte. Schließlich machte der Tanker unwissentlich das falsche Manöver und brachte sich direkt vor die Bugrohre des Jägers. Hardegen konnte mit einer starken Gewitterbö im Rücken und wolkenverhangenem Mond den Angriff vortragen. Von Schroeter flutete Rohr 3, und als der große schwarze Schatten des Ziels in 600 Meter Entfernung vor ihnen lag, gab Hardegen Feuererlaubnis. Etwas anderes als ein Treffer war aus dieser Distanz nicht zu erwarten. Hardegen drehte sofort nach dem Schuß hart nach Steuerbord ab, um das Boot für einen zweiten Schuß aus einem Heckrohr in Position zu bringen. Von Schroeter flutete Rohr 5. Während des Drehmanövers lag der Tanker zeitweise fast auf Parallelkurs, nur 300 Meter von U 123 entfernt. Hardegen entdeckte am Heck eine 8,8-Zentimeter-Kanone, auf beiden Seiten des Schornsteins je eine 6,6-Zentimeter-Kanone und auf der Brücke Maschinengewehre und Suchscheinwerfer. Es war also ein Engländer! Aber keins der Geschütze war besetzt. Hatte man ihn noch nicht gesehen?

Von Schroeter drehte den Kopf vom Sprachrohr weg und meldete: »Herr Kaleu, der Aal hat das Rohr nicht verlassen. Er steckt fest!«

»Verdammt! Stoßen Sie ihn raus!« befahl Hardegen. »Mit Minenausstoß! Bloß raus mit dem Ding!«

In diesem Augenblick bellte es aus dem Sprachrohr, und von Schroeter meldete: »Rohr 5 abgefeuert!«

»Was?!«

»Der Unteroffizier im Heck meldet, daß ein Gast glaubte, es wäre befohlen worden, von Hand loszumachen.«

»Großartig! Ein Torpedoverlust. Genau das, was wir brauchen - einen Aal, der irgendwohin in die Gegend saust. Ist da unten eine Panik ausgebrochen, oder was? Der Mann soll sich melden, und nehmen Sie ihn von den Rohren weg!«

Hardegen war wütend. Der Tanker würde ihnen noch entkommen, besonders da ihm das aufziehende Gewitter unerwartet Schutz bot. »An Steuermann, auf Null-Neun-Null gehen. Beide Maschinen äußerste Kraft voraus!« Er mußte sich wieder vor das Ziel setzen.

Rafalski rief herauf, daß der Tanker sie jetzt gesichtet habe. Er habe sss gefunkt. Der Name sei *Empire Steel,* ein Engländer, der im *Gröner* mit 8150 BRT angegeben sei, gebaut 1941. Der von der *Empire Steel* angegebene Standort - 37° 45' N, 63° 17' W - liege ungefähr 10 Seemeilen südlich des Koppelorts von U 123. Hardegen bestätigte und dachte darüber nach, wie leicht man einen Tanker bei Nacht überschätzen konnte, da er weniger Anhaltspunkte bot als ein Frachter. Aber es war ein brandneues Schiff, während des Krieges gebaut. Alles war modern, nichts provisorisch. Er wollte ihn haben.

Der Tanker lief nach Osten und zackte um sein Leben. Er machte jetzt 12 Knoten, wie Hardegen schätzte. Bei einer Höchstgeschwindigkeit von gut 18 Knoten war es für U 123 kein Problem, mit ihm mitzuhalten. Aber Hardegen wollte nicht zu dicht rangehen. Die starke Bewaffnung war nicht gerade einladend. »Ich werde mit dem Bug auf ihn zudrehen«, sagte er zu von Schroeter, »um ihm das kleinstmögliche Ziel zu bieten. Es ist merkwürdig, daß die Kanonen noch nicht besetzt sind. Ich werde uns auf 900 Meter heranbringen. Sie haben bei dieser Entfernung Feuererlaubnis. Schießen Sie einen Zweierfächer.«

Von Schroeter befahl, die Mündungsklappen von Rohr 1 und 4 zu öffnen, und als die Schußunterlagen eingegeben waren, drückte er den Feuerknopf. Es war 3.00 Uhr MEZ am 24. März. Im selben Augenblick beobachtete Hardegen, daß der Tanker nach Steuerbord abdrehte und die Geschützbedienungen an die Kanonen rannten. Der Kapitän war offensichtlich zu dem Schluß gelangt, daß seine einzige Chance darin bestand, den Kampf anzunehmen. Aber die Männer brauchten erstaunlich lange, bis sie die Geschütze geladen und ausgerichtet hatten. Sie hatten nur 61 Sekunden Zeit, wenn der Vorhaltrechner recht hatte, und das hatte er für gewöhnlich. Noch war kein Mündungsfeuer zu sehen –

RUMMS!

An der Vorkante des vorderen Masts schoß eine hohe, dunkle Sprengsäule in die Luft. Sekunden später eine gewaltige hellgelbe Explosion. Benzin! Nach einigen weiteren Explosionen stand das gesamte Vorschiff bis zur Brücke in Flammen. Fünf Minuten später schwamm der Tanker aber immer noch auf ebenem Kiel, obwohl augenscheinlich zum Untergang verdammt, und Rafalski meldete, daß er weiterhin Notrufe funke. Durch die Feuerlöschanlage schien es der Besatzung gelungen zu sein, den Brand auf das Vorschiff zu begrenzen. Außerdem lag das Schiff jetzt so, daß der Wind die Flammen von ihm wegtrieb. Daraus könne man lernen, daß nicht jeder »explodierte« Tanker wirklich weg war, sagte Hardegen zu von Schroeter. Dann rief er ins Sprachrohr: »Geschützbedienung auf Gefechtsstation!«

Schüler kam an der Spitze der Geschützbedienung durch das Turmluk und kletterte die Leiter zur Bootskanone hinunter, während sich im Boot und auf der Brücke die Munitionskette bildete. Nach sechs Schuß in den Maschinenraum des Ziels wurden die achteren Tanks mit drei Schüssen in Brand gesetzt, und als kurz darauf die Munition funkensprühend explodierte, wunderte sich Hardegen erneut, daß sie nicht auf sein Boot abgefeuert worden war. Schlechte Ausgucks und schlechte Ausbildung, dachte er. Er ließ das Feuer einstellen. Der Tanker hatte genug. Trotzdem waren keine Rettungsboote oder Flöße zu sehen. Wollte der Kapitän mit seinem Schiff untergehen? Und der Funker, der auf seinem Posten geblieben war, etwa auch? Und die Geschützbedienungen? Und der Rest der Besatzung? Wenn sie noch an Bord waren, mußte ihnen der Qualm den Atem verschlagen, und für diejenigen, die ins Wasser sprangen, sah es nicht viel anders aus. Hardegen wagte wegen der Gluthitze des Brandes nicht, näher heranzufahren, um zu sehen, ob er etwas für die Schiffbrüchigen tun konnte. Ihm blieb nichts anderes übrig, als dem donnernden Inferno zuzuschauen, und er erlaubte auch den Männern unter Deck, auf die Brücke zu kommen, um sich das Schauspiel anzusehen. Der Tanker war zäh: Erst nach fünf Stunden stellte sich das Vorschiff steil auf, so daß das Torpedoloch sichtbar wurde; die Bordwand war etwa 15 Meter hinter dem Bug vom Kiel bis zur Reling aufgerissen. Dann glitt das heiße Metall dampfend und zischend unter Wasser. Überlebende waren nirgendwo zu sehen. Aber während U 123 auf Kurs 260 ablief, sahen die Ausgucks an der Stelle, wo der Union Jack verschwunden war, noch über eine Stunde lang rote Feuerzungen flackern. Wie der Alte würden auch sie diese Nacht der Tankerfackel, wie sie sie später nannten, nie vergessen.[24]

24. März, 10.27 Uhr MEZ. Gerade war die erste US-»Biene«, ein Flugboot - wahrscheinlich eine PBY-Catalina -, gesichtet worden, und U 123 ging in den »Keller«, um nicht entdeckt zu werden. Hardegen nahm es als Anzeichen dafür, daß die amerikanische Verteidigung jetzt besser organisiert war und druckvoller handelte. Er beschloß, eine Weile unter Wasser zu bleiben. Das Wetter oben verschlechterte sich weiter, mit Windstärke 7-8 und Seegang 6-7. Unter diesen Bedingungen kam er unter Wasser wahrscheinlich schneller voran. Er nahm die Gelegenheit wahr, um den unaufmerksamen Torpedogast, der den Aal in Rohr 5 abgeschossen hatte, zu bestrafen. Er bekam drei Tage »hartes Lager«, das heißt, er mußte auf den Flurplatten schlafen. Aber die Strafe wurde schon am nächsten Tag wieder aufgehoben.[25]

Als U 123 um 18.00 Uhr auftauchte, hatte sich das Wetter etwas gebessert. Das Boot blieb den Rest des Tages (25. März) über Wasser und erreichte am nächsten, rund 300 Seemeilen vor Norfolk und Virginia Beach, die südöstlichen Teilquadrate des Marinequadrats CA. Um 19.03 Uhr MEZ, bei einer Tagessichtweite von 12 Seemeilen, sichteten die Steuerbordausgucks etwas Ungewöhnliches: mehrere Rauchsäulen hintereinander, wie bei einem Geleitzug. Hatten die Amerikaner damit angefangen, ihren Handelsverkehr durch Konvois zu schützen? Hardegen hielt darauf zu, bis er in der Abenddämmerung feststellte, daß es nur ein einziger Dampfer war, der in Abständen dichte Rauchwolken ausstieß, die vom Wind verweht wurden. Aber wieso gab er so viel Rauch ab? Und wieso wurde die Rauchmenge nach Einbruch der Dunkelheit geringer? Merkwürdig war auch, daß das Schiff, nachdem es am Tag auf geradem Kurs gelaufen war, jetzt im Zickzack zu fahren begann. Hardegen behielt dieses sonderbare Schiff fest im Blick, erkannte aber, als sich der Rumpf deutlicher abzeichnete, daß es ein ganz gewöhnlicher Frachter mit niedrigem Heck und flacher Back war. Die Aufbauten hinter dem Schornstein waren allerdings ungewöhnlich hoch.

»Das Ziel wird aus dem Steuerbordviertel kommen, IWO«, sagte er zu von Schroeter, »und unseren Kurs diagonal kreuzen. Sein Grundkurs ist 215 Grad. Ich werde auf 264 Grad bleiben und auf fünf Knoten heruntergehen. Bisher noch kein Zeichen, daß man uns gesichtet hat.« Dann hieß es wieder einmal: »Auf Gefechtsstationen!«

Eine dicke Wolke verbarg den Mond. Da die Diesel auf kleine Fahrt heruntergeschaltet waren, konnten die Ausgucks das Motorgeräusch des Frachters wahrnehmen, und bald hörten sie auch, wie die Wellen an den von Steuerbord anlaufenden Frachter klatschten. Sie suchten das Deck und die Stangen ab, konnten aber keine Flagge entdecken.

»Entfernung 700«, gab von Schroeter durch, »Fahrt 10, Lage Rot 90. Folgen!« Er hatte Bugrohr 2 fluten lassen, und als das bestätigende »Folgen!« ertönte, sagte Hardegen: »Feuererlaubnis erteilt!« Exakt um 2.37 Uhr am 27. März (MEZ) oder 20.37 Uhr am 26. März (ET) drückte von Schroeter bei einer Entfernung von 600 Metern und einem perfekten Schußwinkel von 90 Grad auf den Feuerknopf. »Los!« Dann wandte er sich an Hardegen: »48 Sekunden, Herr Kaleu. Tiefeneinstellung drei.«

»Sehr gut, IWO.«

Die beiden Männer standen schweigend nebeneinander, bis von Schroeter laut zählte: »Drei ... zwei ... eins ...«

RUMMS! Es war ein sauberer Treffer dicht vor der Brücke, aber die Detonation war nur schwach, und die Sprengsäule kaum der Rede wert. Doch das Schiff verlor an Fahrt. Hardegen konnte jetzt sehen, daß es nur eine kleine Beute war, 3000 BRT vielleicht. Es wäre sinnlos gewesen, noch einen Aal auf sie zu verschwenden. »Herr Kaleu«, rief Rafalski herauf, »es funkt: BREITE 36° 00′ N LÄNGE 70° 00′ W CAROLYN BRAND VORN NICHT SCHLIMM.« Zwei Minuten später ein zweiter Funkspruch: SOS SSS SOS SSS SOS SSS BREITE 36° 00′ N LÄNGE 70° 00′ W SS CAROLYN TORPEDOANGRIFF BRAND VORN BRAUCHE HILFE.[26]

»Geschützbedienung klarmachen!« befahl Hardegen. »Holzer soll auf die Brücke kommen!« Der junge Fähnrich sollte sich das Ganze einmal ansehen. »An Steuermann, Steuerbord zehn.« Bevor er die Geschützbedienung an Deck holte, wollte er durch das Kielwasser des Ziels auf dessen Steuerbordseite fahren. Als er um den Frachter herumkam, sah er auf jeder Seite zwei Rettungsboote voller Männer. Sie sahen wie die typische Besatzung eines Handelsschiffs aus. Aber warum hatten sie es so eilig, in die Boote zu kommen? Der Dampfer war immer noch fahrtüchtig. Er drehte jetzt sogar nach Steuerbord ab. Hardegen paßte seinen Kurs an, aber der Dampfer ging weiter herum. Er nahm sogar Fahrt auf! Und zwar direkt auf U 123 zu!

»Beide Maschinen äußerste Kraft voraus!« brüllte Hardegen ins Sprachrohr. Er war schneller als der Dampfer, aber dann änderte sich die Situation plötzlich völlig: Auf dem Dampfer fielen Klappen, Persenninge wurden weggerissen, und er begann mit einem großen Geschütz und zwei 2-cm-Maschinenkanonen auf das ablaufende U-Boot zu schießen! Das Geschütz lag zum Glück zuerst zu kurz und dann seitlich daneben. Die Fontänen der ins Wasser stürzenden Granaten wurden über die Brücke geweht, und die 2-cm-Geschosse krachten gegen den Turm. »Runter mit euch!« schrie Hardegen der Brückenwache zu und hämmerte mit der Faust auf die Reling: eine U-Boot-Falle! Wie hatte er sich bloß so reinlegen lassen können – wie ein blutiger Anfänger!

Eins-Zwei-Drei vergrößerte zwar die Entfernung, aber das Feuer ging unvermindert weiter. Artilleriegranaten zischten über das Boot hinweg; rote, weiße und grüne Leuchtspurgeschosse der Maschinengewehre prasselten gegen die Brücke und schlugen auf dem Oberdeck ein; und jetzt wurden auch noch Wabos in ihre Richtung geschleudert! Rund um sie herum wurde das Meer aufgewühlt, Druckwellen erschütterten das Boot. Doch dann war U 123 dem Feuer entkommen. Die Geschosse erreichten es nicht mehr. Für den Augenblick war die Gefahr vorüber. Das Richtige wäre gewesen zu tauchen, aber Hardegen wußte nicht, ob sein Boot noch dazu in der Lage war. Das Oberdeck hatte einige Treffer abbekommen (acht, wie er später zählte), und die Explosionen der Wabos konnten den Druckkörper beschädigt haben.

»An LI«, rief er ins Sprachrohr, »führen Sie eine Unterdruckprobe durch, damit wir sehen, ob das Boot noch dicht ist.« Als er sich umdrehte, bemerkte er, daß Holzer verwundet auf dem Boden der Brükke lag. Er stutzte. Er hatte nicht gesehen, wie der Junge fiel. Jetzt kniete er sich zu ihm, um sich die Verwundung anzusehen: Ein Geschoß hatte das doppelte Brückenkleid durchstoßen und war in seinem rechten Oberschenkel explodiert. Das Bein war vom Hüftgelenk bis zum Knie aufgerissen worden und der Knochen offenbar zertrümmert. Als die Ausgucks den Verletzten unter Deck trugen, sah es aus, als würde das Bein nur noch an einigen Hautfetzen hängen. Der junge Fähnrich war bei Bewußtsein, aber er klagte nicht über seine Schmerzen. Hardegen folgte ihm unter Deck und ließ ihn vor das Funkschapp legen, wo er das Bein mit Kraxels Gürtel am Oberschenkel abband und das Blut mit einem Handtuch zu stoppen versuchte. Danach spritzte er eine reichliche Dosis Morphium und wandte sich, nachdem er Barth und »Laura« Lorenz gesagt hatte, sie sollten bei dem Jungen bleiben, wieder dem Zustand des Boots zu. Schulz meldete, daß der Druckkörper anscheinend in Ordnung sei. Lebenswichtige Systeme seien nicht beschädigt worden, und der Trimm erlaube es zu tauchen. Das Glück war *Eins-Zwei-Drei* treu geblieben. Aber der Alte war jetzt sichtlich wutentbrannt, einmal, weil er in diese Falle getappt war, und zum zweiten wegen der Verwundung, die Holzer beigebracht worden war, und so tauchte er zwar, aber zum Angriff. Die Besatzung teilte die Wut des Alten, und mehr als einer drückte den Wunsch aus, die *Carolyn* mit Mann und Maus zu vernichten. Schließlich hatte sie, wie Hans Seigel die anderen erinnerte, die gleiche Absicht in bezug auf U 123 gehabt. Es war Krieg, und zum erstenmal sahen sie sein häßliches Gesicht bei sich an Bord. Tölles Verwundung war ein Unfall gewesen, Holzers dagegen Folge eines mit ebendieser Absicht abgegebenen Schusses.

Hardegen konnte die *Carolyn* in 2000 Meter Entfernung durch das Sehrohr kaum erkennen. Sie hatte gestoppt, um die »Panikmannschaft« wieder an Bord zu nehmen. Der erste Treffer hatte ihrer Schwimmladung offenbar nichts anhaben können, denn sie lag auf ebenem Kiel im Wasser. Um sie zu versenken, würde Hardegen den Maschinenraum aufs Korn nehmen müssen. Das sollte bei einem ruhenden Ziel nicht allzu schwer sein, überlegte er. Der Kommandant der Falle hatte einen fatalen Fehler begangen: Er hätte die Männer in den Rettungsbooten lassen und sich absetzen sollen, solange das U-Boot getaucht war und nicht allzuviel Fahrt machen konnte. Die Panikmannschaft hätte er auch später abholen können. Oder hatte der Kommandant Angst davor, daß das U-Boot die Rettungsboote beschoß? Hatte er den Männern versprochen, sie unter allen Umständen sofort wieder aufzunehmen? Er hätte wissen müssen, daß ein zweiter Torpedo mit Sicherheit nicht auf die Laderäume verschwendet werden würde. Er setzte das Leben *aller* seiner Männer aufs Spiel. Während U 123 sich dem Ziel näherte, ließ von Schroeter Rohr 1 fluten und legte die Tiefeneinstellung auf Anweisung des Alten auf 2,5 Meter fest. Hardegen wollte die Kessel treffen.

Der Torpedo wurde aus 500 Metern Entfernung in Nullage abgefeuert, bei einem eigenen Kurs von 150 Grad und einer Fahrt von drei Knoten. Nach einer Laufzeit von 24 Sekunden schlug er genau im anvisierten Punkt ein: dem Maschinenraum. Diesmal war eine normale Sprengsäule zu sehen. Soviel zu dieser Falle. Aber Hardegen wußte, daß der vermeintliche Frachter nicht sofort sinken würde, und er wollte sichergehen, also wartete er ab. Nach einer Weile sackte sein Vorschiff bis zur Brücke weg, und er legte sich nach Backbord. Die Besatzung, diesmal die gesamte, bestieg die Rettungsboote. Durch das Absacken des Bugs ragte das Heck samt Schraube aus dem Wasser. Hardegen lief unter Wasser ab. Als er schließlich auftauchte, lag das Schiff immer noch so wie bei der letzten Sehrohrbeobachtung. Doch dann, eine Stunde und zwanzig Minuten nach dem Fangschuß, wurde das Schiff von heftigen Explosionen zerrissen. Entweder die Kessel oder Wabos und Munition, dachte Hardegen. Danach ging die *Carolyn* unter. Wrackteile waren nicht zu sehen.

Hardegen stieg in die Zentrale hinunter, um nach Holzer zu sehen. Aber Lorenz meldete ihm, daß er gestorben sei. Er war bis zum Ende bei Bewußtsein gewesen und hatte sich tapfer gehalten. Seine letzten Worte, ungefähr zur Zeit des zweiten Torpedoabschusses, waren gewesen: »Wenn ich jetzt nach Hause komme, dann wird alles wieder gut.« Jeder an Bord war betroffen. Niemand hatte etwas tun können, um die Blutung zu stoppen oder den Schock zu lindern. Hardegen ließ den Toten in eine Persenning einwickeln und aufs Vordeck bringen. Nachdem die Besatzung angetreten war, rief er die Worte der christlichen Begräbnisfeier gegen den Wind: »Wir übergeben jetzt seinen Körper der Tiefe . . .« Dann schlossen sich die Wellen über seinem Seemannsgrab. Sie sprachen das Vaterunser, und Kraxel spielte auf dem Akkordeon »Ich hatt' einen Kameraden«. Hardegen verzeichnete die genaue Position im KTB: 35° 38′ N, 70° 14′ W.[27]

Um die Männer auf andere Gedanken zu bringen, ließ er die zwei verschossenen Torpedos durch welche aus den Oberdeckbehältern ersetzen. U 123 war mit 14 unter Deck verstauten Torpedos in See gestochen. In einem Boot vom Typ IX konnten jedoch zusätzlich noch bis zu zehn Torpedos in druckfesten Behältern zwischen Druckkörper und Oberdeck aufgenommen werden. Das Deck bestand in der Mitte aus Stahlplatten und an den Seiten aus Teakholzplanken, die leichter entfernt werden konnten, und diese hoben die Männer jetzt auf beiden Seiten an, um die beiden zusätzlichen Torpedos, je eins auf jeder Seite, aus den Behältern zu nehmen; mehr Extra-Aale hatte U 123 nicht bekommen. Mit Hilfe einer Winde, die bei der rauhen See nicht leicht zu handhaben war, schafften die Männer die Aale unter Deck. Als die schwierige Arbeit bewältigt war, ging Hardegen auf Kurs 270, der ihn zu einem Punkt 15 Seemeilen östlich der Diamond Shoals führen würde. Das Wetter verschlechterte sich, und aus den Wellen wurden Brecher, die über die Brücke hinwegfegten. Der schwere Seegang und der helle Mondschein behinderten um 4.34 Uhr am 30. März einen Überwasserangriff auf einen Tanker, der anhand der aufgefangenen Funksprüche später als der 9511 BRT große Amerikaner *Socony-Vacuum* identifiziert wurde. Der Torpedo hatte seinen Kurs nicht gehalten, »ein Bajonett« gemacht, wie Hardegen es beschrieb, und möglicherweise bei einer Wassertiefe von 30 Metern eine Grundberührung gehabt, die ihn ablenkte. Wegen der großen Geschwindigkeit des Tankers war es nicht möglich, noch einmal in Schußposition zu kommen.[28] Zu schade! Aber bald darauf heißt es im KTB: »Cape Hatteras Leuchtfeuer friedensmässig in Sicht. Ein alter Bekannter unserer letzten Fahrt.«

Die beiden Notrufe der USS *Atik* (SS *Carolyn*) wurden von den Empfangsstationen des 3. Naval District in Manasquan (New Jersey) und Fire Island (New York) aufgefangen. Sie ermittelten sogar per Funkpeilung die Position des Schiffs,[29] wußten ansonsten aber nicht mehr mit den Funksprüchen anzufangen, als zum soundsovielten Male in diesem Monat die Torpedierung eines Handelsschiffs zu vermelden. Als die Nachricht im gemeinsamen Kontroll- und Informationszentrum von Navy und Army der ESF in der Church Street in New York eintraf, reichte der diensthabende Offizier, der von dem Geheimauftrag der *Carolyn* keine Ahnung hatte, sie einfach zur Übermittlung an den COMINCH in Washington weiter. Einige Stunden später rief ein aufgeregter Offizier der operativen Führung in der Main Navy, der eingeweiht war, den ESF-Offizier vom Dienst an und fragte ihn, ob Admiral Andrews oder sein Stabschef Captain Kurtz von der Meldung unterrichtet worden seien. Als der ESF-Offizier verneinte, forderte er ihn auf, dies nachzuholen, und zwar auf der Stelle. Andrews und Kurtz befanden sich in Norfolk; der Diensthabende rief also bei dem für die operative Führung zuständigen Offizier der ESF, Captain John T.G. Stapler, an. Das Resultat war, daß am nächsten Morgen, rund neun Stunden, nachdem die *Atik* die Notrufe gesendet hatte, ein Army-Bomber, der Zerstörer USS *Noa* und der Schlepper USS *Sagamore* zum Ort des Angriffs geschickt wurden. Der Bomber kehrte zurück, ohne etwas gefunden zu haben. Ein zweiter Flug der Army und die Suche eines auf Bermuda stationierten Wasserflugzeugs der Navy waren ebenfalls ohne Erfolg. Die *Sagamore,* die sich bei dem schweren Seegang kaum über Wasser halten konnte, wurde am 28. März zurückbeordert, und die *Noa* suchte das Gebiet ohne Erfolg bis zum 30. März ab, als sie die Suche aufgrund von Treibstoffmangel abbrechen mußte. Am selben Tag meldeten zwei Army-Flugzeuge und eine PBY-5 aus Norfolk, sie hätten 16 Kilometer südlich der Position der *Atik* ein Wrack gesichtet, doch ein Army-Bomber und ein Wasserflugzeug aus Bermuda fanden am nächsten Tag in diesem Gebiet keine Spur von Überlebenden. Als die Navy den Tip bekam, daß der norwegische Frachter SS *Minerva* das gleiche Gebiet passiert hatte, befragte sie, nachdem er in Saint Thomas (Virgin Islands) eingelaufen war, die Besatzung, aber niemand hatte während der Fahrt Schiffbrüchige gesehen.[30]

Auch das Schwesterschiff der *Atik,* die *Asterion,* die die Notrufe während der Abendwache am 26. März 150 Seemeilen nördlich von Bermuda empfangen hatte, machte sich auf die Suche. Ihre Logbuchaufzeichnungen geben darüber Auskunft, mit welch schlechten Wetterbedingungen die Rettungsboote der *Atik* gekämpft haben müssen. Aber *Asterion* mußte aufgrund von Sturmschäden am 29. März die Suche aufgeben und Hampton Roads anlaufen. Lieutenant Commander Legwen schloß seinen Bericht mit der Feststellung: »Angesichts der Wind- und Seeverhältnisse sind alle Mann mit der ATIK umgekommen.«[31] Weitere Neuigkeiten über das Schicksal der *Atik* konnte man einer deutschen Rundfunkmeldung vom 9. April entnehmen: »Das Oberkommando gab heute bekannt, daß unter den 13 vor der amerikanischen Küste versenkten Schiffen auch ein Q-Schiff war - ein schwer bewaffnetes Schiff, das sich als unbewaffnet ausgibt - und daß es nach schwerem Kampf von einem U-Boot auf Grund geschickt wurde.«[32] Die Nachricht stammte natürlich aus einem FT von U 123. Admiral Andrews war danach überzeugt, »daß es nur eine sehr geringe Chance gibt, daß einer ihrer Offiziere oder jemand aus der Mannschaft gerettet werden wird«, und empfahl, falls bis zum 27. April keine neuen Informationen vorlägen, die nächsten Familienangehörigen der Besatzungsmitglieder der *Atik* zu unterrichten. Die Schreiben gingen am 6. Mai heraus; aber da man hoffte, daß einige Männer, möglicherweise als Gefangene, doch überlebt hatten, wurden erst im Mai 1944 die Akten geschlossen und den Angehörigen mitgeteilt, daß die Besatzung der *Atik* vermutlich tot sei. Das Marineministerium verlieh dem Komandanten des Schiffs, Lieutenant Commander Hicks, postum das Navy-Kreuz.[33]

Nach Kriegsende wurden gefangengenommene U-Boot-Kommandanten eingehend danach befragt, ob sie Männer von der *Atik* gesehen oder gerettet hätten, aber keiner von ihnen konnte darauf positiv antworten.[34] Aus den Akten der Navy geht nicht hervor, ob Reinhard Hardegen oder Admiral Dönitz ebenfalls befragt wurden, noch geben sie Aufschluß darüber, ob man sich mit den damals in britischem Besitz befindlichen einschlägigen KTB befaßt hat. Am 10. Januar 1946 erschien in der *Washington Post* die erste öffentliche Darstellung des *Atik*-Vorfalls. Die Familien der Besatzungsmitglieder erfuhren daraus zum erstenmal, was für ein Schiff die *Atik* gewesen war.[35] Nicht veröffentlicht wurde das Untersuchungsergebnis der Navy aus dem Winter 1943, nach dem die *Atik* wahrscheinlich niemals eine Chance gehabt hatte, einen U-Boot-Angriff zu überstehen. Im Januar jenes Jahres war die *Asterion,* die während ihrer sechs Fahrten auf dem Atlantik und in der Karibik glücklicherweise keinen U-Boot-Angriff auf sich gezogen hatte, zur Überholung in die New Yorker Marinewerft beordert worden, und einen Monat später stellte die Schadensabteilung des Schiffsbüros fest, daß das Schwesterschiff der *Atik* nicht seetüchtig sei, und bezweifelte, daß es mit seinen drei großen Ladeluken auch nur einen einzigen Torpedotreffer überlebt hätte. Das Kriegstagebuch der ESF kommentierte: »Zweifellos war dieser Schwachpunkt schon einige Monate vorher zutage getreten und dafür verantwortlich gewesen, daß das Schwesterschiff, USS Atik, so schnell sank.«[36]

Nach einem acht Monate dauernden, kostspieligen Umbau stach die *Asterion* mit neuen Schotts und 16772 Schwimmfässern anstelle des Faserholzes zu ihrer siebten Fahrt in See, die genauso erfolglos verlief wie die vorigen. Im Oktober 1943 wurde sie vom Q-Ship-Dienst entbunden und kurz darauf, nach erneutem Umbau, als Wetterschiff im Nordatlantik eingesetzt. Die Fahrten des ehemaligen Trawlers *Wave,* der zunächst als USS *Eagle* (AK 132) in Dienst genommen worden war und später unter dem Namen USS *Captor* mit neuer Klassifikation (PBY 40) fuhr, waren gleichfalls erfolglos. Er beendete den Krieg schließlich als reguläres, ungetarntes Patrouillenschiff. Admiral Andrews' Q-Ship-Wünsche wurden im Juli 1942 erfüllt, als der COMINCH einwilligte, einen Tanker, SS *Gulf Dawn,* als USS *Big Horn* (AO 45) zu bewaffnen und in Dienst zu stellen. Mit 13 Offizieren und 157 Mannschaftsdienstgraden an Bord unternahm die *Big Horn,* als Flottentanker getarnt, zahlreiche Küstenfahrten und als angeblicher Nachzügler von Konvois zwei Atlantiküberquerungen, zog aber keinen U-Boot-Angriff auf sich. Anfang 1944 wurde sie, mit einer neuen Besatzung aus Angehörigen der Küstenwache, wie die *Asterion* als »Regenmacher« zum Wetterdienst abkommandiert.

Das letzte zum Q-Ship umgebaute Schiff war ein 23 Jahre alter, 44 Meter langer dreimastiger kanadischer Küstenschoner mit Holzrumpf, die als USS *Irene Forsyte* (IX 93) in Dienst gestellte *Irene Myrtle.* Sie lief Ende September 1943 mit einer Besatzung aus Freiwilligen aus und kreuzte abwechselnd unter portugiesischer und spanischer Flagge über den Atlantik. Ihre Fahrt war nicht nur ebenso erfolglos wie die der anderen U-Boot-Fallen, sie wäre auch während eines Sturms östlich von Bermuda aufgrund lecker Fugen beinahe gesunken. Verärgert darüber, daß das Schiff in einem derartigen Zustand hinausgeschickt worden war, bezeichnete der Generalinspekteur der Navy beim COMINCH den Umbau des Schoners als »ein Beispiel für fehlerhafte Konzeption und fehlgeleiteten Diensteifer«, das die Navy fast eine halbe Million Dollar gekostet und zu einer enormen Kräfteverschwendung geführt habe. Er empfahl, angesichts der »professionellen Inkompetenz auf seiten der beteiligten Offiziere« disziplinarische

Maßnahmen zu ergreifen. Das Q-Ship-Projekt war nach diesem Debakel jedenfalls beendet. »Die Amerikaner«, schrieb der britische Marinehistoriker Stephen W. Roskill, »beeilten sich gewiß nicht, unsere Erfahrungen für sich zu nutzen. Vorher probierten sie es erst mit allen erdenklichen Methoden - außer Konvois und Eskorten. Sogar ›Q-Ships‹ wurden ausgeschickt, und man kann Professor Morisons Einschätzung nur zustimmen, nach der sie ›die nutzloseste und verschwenderischste aller Methoden der U-Boot-Bekämpfung‹ darstellen.«[37]

30. März, der 28. Tag auf See. U 123 lag den Tag über vor dem Leuchtfeuer von Hatteras in 25 Meter Tiefe auf Grund. Zurückgelegte Entfernung: 3814 Seemeilen, 199 davon unter Wasser. Ein Aufklärungsflugzeug hatte U 123 früh am Morgen zum Tauchen gezwungen. Hardegen war überrascht, wie viele kleine Schiffe jetzt vor den Outer Banks patrouillierten und wie regelmäßig die Aufklärungsflugzeuge der Army und der Navy zu hören waren. Es würde diesmal kein Spaziergang werden.[38] Während sie auf den Einbruch der Dunkelheit warteten, fuhren sechs Dampfer in der Nähe vorbei, und Hardegen fragte sich, ob die Amerikaner herausgefunden hatten, daß der Schiffsverkehr bei Tag am sichersten war. Wenn ja, dann würde er wohl nicht soviel Beute machen können wie auf der ersten Fahrt. In der Abenddämmerung tauchte er auf, um sich rasch umzusehen. Während Kaeding mit dem Hatteras-Leuchtturm als Anhalt die Position koppelte, sichteten die Ausgucks in etwa 3000–4000 Meter Entfernung ein mit ausgefahrenem Sehrohr auftauchendes U-Boot. Hardegen nahm an, ein eigenes.[39] Nachdem es verschwunden war, steuerte er Tonne 14 vor Cape Lookout an, wo er kurz vor Tagesanbruch an Steuerbord einen Schatten entdeckte.

Es war ein Frachter von rund 6000 BRT. Er fuhr mit elf Knoten auf Kurs 057 Grad. Da inzwischen der Tag dämmerte, tauchte Hardegen zum Angriff. Es wurde ein schulmäßiger Anlauf. Der Schuß aus Heckrohr 5, bei Lage 90 Grad und einer Entfernung von 800 Metern, konnte gar nicht fehlgehen. Aber Barth meldete aus dem Horchraum, daß der Aal zwischen 20 und 30 Grad vom Kurs abwich. Eine Explosion war nicht zu hören. Hardegen ließ die restlichen Torpedos kontrollieren, doch es war kein Fehler zu finden. Was blieb, war die Enttäuschung.

Die nächste Nacht (1. April) sollte nicht weniger enttäuschend verlaufen: Außer Patrouillenbooten und Aufklärungsflugzeugen kam nichts in Sicht. U 123 ging zehn Seemeilen von der Leucht-Heul-Tonne 14 erneut auf Grund. Als es um 21.28 Uhr MEZ auftauchte, blieb es, da eine »Biene« am Horizont erschien, nur ganze drei Minuten über Wasser. Nachdem es um 22.05 Uhr wieder aufgetaucht war, sichteten die Ausgucks gut eine Stunde später ein mögliches Ziel. Der verdunkelte Schatten, ein Frachter, war für einen Unterwasserangriff allerdings noch zu nah. Inzwischen war jedoch ein neuer Schatten aufgetaucht, der mit Kurs 230 auf U 123 zulief. Da U 123 zwischen zwei Feuern saß und der Mondschein viel zu hell war, mußte Hardegen den ersten Frachter fahren lassen. Als der zweite auf 210 Grad zackte, tauchte Hardegen zum Angriff. Aber alles ging schief: Das Nachtzielsehrohr versagte den Dienst, der Vorhaltrechner fiel aus; als Hardegen auf Heckanlauf herumdrehte, merkte er, daß das Ziel nur elf und nicht, wie vorher geschätzt, zwölf Knoten machte; dann gab auch noch die elektrische Torpedofeuerung den Geist auf, und der Schuß fiel drei Sekunden zu spät von Hand; und schließlich war nach Ablauf der geschätzten Laufzeit von 40 Sekunden, ohne daß eine Explosion erfolgt wäre, einfach nichts mehr von dem Aal zu hören. Wie hatte er sein Ziel bloß verfehlen können? Er war aus nur 600 Metern bei perfekter Nullage abgefeuert worden. War das Ziel zu schnell gewesen? Ein Blick in den *Gröner* ergab, daß der US-Tanker SS *Liebre* (7057 BRT) nicht mehr als zehn, elf Knoten laufen konnte. Und wenn sich der Aal in den Meeresboden gebohrt hatte, wieso war er dann nicht explodiert? Hardegen vermutete, daß der Tanker unter der Wasserlinie ein Netz gehabt haben mußte. Er irrte sich: Die *Liebre* hatte kein Netz. Der Grund für den Fehlschuß war wohl eher in falsch geschätzten Schußunterlagen zu suchen. Wie überlebende Besatzungsmitglieder der *Liebre* angaben, lief der Tanker mit neun Knoten auf einem Nordkurs von 273 Grad.[40] Aber was auch immer passiert sein mochte, Hardegen hatte nicht die Absicht, die Beute davonkommen zu lassen.

»Auftauchen! Geschützbedienung klarmachen!«

Die Bootskanone begann aus 2500 Metern zu feuern, zwei Granaten pro Minute. Neben zahlreichen Fehlschüssen waren mehrere Treffer zu verzeichnen, unter anderem einer in die Brücke, der die Signalmunition zur Explosion brachte. Im Licht dieses Feuerwerks konnte Hardegen sehen, daß der Tanker im Ballast fuhr, und er befahl seinem IIWO Schüler an der Kanone, auf die Wasserlinie und den Maschinenraum zu zielen. Bald darauf ließ die *Liebre* Dampf ab und verlor an Fahrt. Die Besatzung stieg in die Rettungsboote, und Rafalski meldete, daß ein Notruf gesendet und empfangen worden war. Während eine Granate nach der anderen auf die *Liebre* abgeschossen wurde, überlegte Hardegen, ob er nicht noch einen Aal einsetzen sollte, um ihr den Todesstoß zu versetzen. Die Artillerie reichte vielleicht nicht aus, um den Tanker mit seinen leeren Laderäumen zu versenken. Ein Ruf riß ihn aus seinen Gedanken: »Bewacher steuerbord achteraus!« Hardegen hob das Doppelglas an die Augen. Der Schatten war sehr klein und eigentlich nur an der Bugsee zu erkennen. Aber er war nah genug, um sein Boot rammen zu können! »Alarm!«

U 123 tauchte hastig, gerade noch rechtzeitig, denn kurz darauf war die Schiffsschraube über dem Boot zu hören. Ein Zusammenstoß wäre dem Bug des Patrouillenboots vermutlich schlecht bekommen, aber, was schlimmer gewesen wäre, er hätte den Druckkörper von U123 beschädigen können. Die Amerikaner da oben hatten wirklich Mut. Hardegen ließ das Boot auf Sehrohrtiefe bringen, setzte sich oben im Turm ans Angriffssehrohr und gurtete sich an, für den Fall, daß sie es mit Wabos zu tun bekamen. Es war ein Risiko, bei ruhiger See und hellem Mondschein so dicht am Feind das Sehrohr auszufahren, aber Hardegen nahm es auf sich. Da – ein kleines Patrouillenboot, das auf sie zudrehte. Hardegen schlug im *Weyer* nach und identifizierte es als einen U-Boot-Jäger der Argo-Klasse. Er lag falsch: In Wirklichkeit war es das englische Torpedoboot *332,* das an die US Navy ausgeliehen worden war und mit einer kanadischen Besatzung fuhr.[41] Einen Moment lang sah es so aus, als wollte der Feind nicht nachsetzen. Von einem ASDIC-Gerät war nichts zu hören. Möglicherweise war sich die Besatzung nicht sicher, in welche Richtung das getauchte U-Boot lief, überlegte Hardegen.

Er ließ das Sehrohr einfahren und fragte Schulz: »Wie tief ist es hier, LI?«

»Der Tiefenmesser zeigt dreißig Meter an, Herr Kaleu.«

»In Ordnung, gehen Sie auf 20, wenn wir tiefer müssen.«

Hardegen hoffte, daß ihnen die Wabos erspart blieben. In diesen seichten Gewässern waren sie wegen der vom Meeresboden zurückgeworfenen Druckwelle noch gefährlicher als sonst. Er ließ das Sehrohr wieder ausfahren und sah, daß das feindliche Schiff mit null Grad direkt auf ihn zuhielt. Verdammt! Sie hatten das Sehrohr bemerkt!

»Tauchen! Tauchen! Wabos! Alles festhalten!« brüllte er, während er die Leiter in die Zentrale hinunterrutschte. Einen Augenblick später wurde das Boot von einer einzelnen Wabo-Explosion erschüttert, die aber viel zu weit weg war, um ernsthafte Schäden zu verursachen. Barth meldete, daß das Boot für einen neuen Anlauf wendete. »Schraubengeräusche anlaufend!« Wieder hielten sich die Männer fest. Das Boot fuhr über sie hinweg. Aber nichts passierte. Merkwürdig. Barth meldete, daß das Boot auf die beschädigte *Liebre* zuhielt. War das ein Trick? Als von Barth die Meldung kam, daß das Boot gestoppt habe, wahrscheinlich bei der *Liebre,* befahl Hardegen, auf Sehrohrtiefe zu gehen. Er wollte sich selbst überzeugen. Der Feind schien tatsächlich aufgegeben zu haben, und das trotz guter Ortung und geringer Wassertiefe. Weil das Boot kein ASDIC-Gerät an Bord hatte? Wieviel Glück war U 123 noch beschieden? Aber er wollte es lieber nicht herausfordern, sagte sich Hardegen. Bald würden noch mehr Patrouillenboote auftauchen. U 123 lief in 20 Metern Tiefe ab, ohne den Fangschuß auf die *Liebre* abgegeben zu haben, was Hardegen hinterher bereute und sich zum Vorwurf machte. Anderthalb Stunden später tauchte es bei hellem Mondschein auf und fuhr auf der 200-Meter-Linie Richtung Florida, während Hardegen in seinem KTB über das Ergebnis seines letzten Angriffs nachgrübelte: »Wieweit er [der Tanker] durch die Treffer in die Wasserlinie volläuft und sich doch noch auf Grund setzt, kann man schwer sagen, möglich ist es jedoch durchaus, wie ich aus eigener Tankererfahrung weiss. Viel Freude macht er keinem mehr.«[42]

Die *Liebre* war am 30. März im Ballast mit Ziel Beaumont (Texas) von New York losgefahren. Sie lief, nach dem Navy-Plan Nr. 2 verdunkelt und im Zickzack fahrend, knapp 17 Seemeilen östlich der äußeren Boje von Cape Lookout, als die ersten Granaten einschlugen. Die Besatzung zählte 40 Schüsse, aber nur 10–15 Treffer. Der sofort abgesetzte Notruf wurde, wahrscheinlich aus Charleston, bestätigt. Ein Treffer im Maschinenraum setzte den Steuerbordgenerator außer Betrieb, und sämtliche Lichter an Bord gingen aus. Da der Kapitän, Frank C.

Giradeau, den Schaden für größer hielt, als er war, befahl er, das Hauptabsperrventil zwischen dem Kessel und der Hauptmaschine zu schließen, so daß das Schiff an Fahrt verlor und die Rettungsboote 1 und 4 sicher zu Wasser gelassen werden konnten. Zwei Männer waren durch den Treffer im Maschinenraum getötet worden; sieben weitere sprangen panikartig über Bord und ertranken. Der Rest der Besatzung stieg in zwei Rettungsboote und blieb bis zum Tagesanbruch in einiger Entfernung von ihrem Schiff liegen. Sie sahen, wie sich ein Schiff der *Liebre* näherte und sie mit Scheinwerfern anstrahlte, wahrscheinlich das Torpedoboot *332*. In der Morgendämmerung bemerkten sie, daß der Tanker augenscheinlich noch seetüchtig war. Sie ruderten gerade auf ihn zu, als Rettungsschiffe eintrafen. Einige von ihnen brachten die Seeleute an Land, während ein Schlepper und ein Trawler den Tanker ins Schlepptau nahmen und nach Morehead City (North Carolina) brachten. Die *Liebre* wurde anschließend in Baltimore repariert und überholt und konnte am 19. Juli wieder in See stechen. Kapitän Giradeau hatte einen Rüffel der Navy einstecken müssen, da er es versäumt hatte, die Schiffspapiere, einschließlich britischer und amerikanischer Codes, zu vernichten, obwohl nichts darauf hinwies, daß sich jemand an ihnen zu schaffen gemacht hatte. (Reinhard Hardegen ist nie an Bord eines von ihm torpedierten Schiffs gegangen.) Da, soweit man wußte, kein Torpedoangriff stattgefunden hatte und U-Boote für gewöhnlich Ziele, die allein mit Artilleriebeschuß nicht versenkt werden konnten, mit einem Torpedo erledigten, spekulierte der 5. Naval District in Norfolk, es sei »im Fall der *Liebre* nicht zu übersehen«, daß der Angriff »möglicherweise von einem Überwasserschiff unternommen wurde«.[43]

Das vermeintliche Überwasserschiff war indessen – es war der 8. April, der Mittwoch nach Ostern – vor den Inseln an der Küste von Georgia angelangt. Hier waren nur wenige Lichter zu sehen, da der Küstenstreifen nur dünn besiedelt war. U 123 hatte die Inseln St. Catherine's, Blackbeard und Sapelo hinter sich gelassen, als die Ausgucks vor St. Simons zwei nordwärts fahrende Schatten ausmachten. Eine »Doublette«! Hardegen traf beide Schiffe, im Abstand von 52 Minuten, mit je einem Torpedo. Das erste Schiff war die *Oklahoma,* ein 9264 BRT großer Tanker der Texaco, der mit 100000 Barrel Kerosin, Benzin und Dieselöl von Port Arthur nach Providence (Rhode Island) unterwegs war. Das zweite war der 7989 BRT große Tanker *Esso Baton Rouge* der Standard Oil of New Jersey, der in Baytown (Texas) 70000 Barrel Schmieröl und 20000 Barrel Heizöl für New York geladen hatte. Im Maschinenraum getroffen, nahm die *Oklahoma* rasch Wasser und sackte achtern ab. Ihr Kapitän, Theron P. Davenport, gab das Schiff auf. 18 Männer gingen in Rettungsbooten von Bord, doch der Kapitän stieg mit drei Männern noch einmal auf das Schiff. Sie hatten Schreie gehört und fanden einen schwer verwundeten Offizier, der später an seinen Verletzungen starb. Unter Deck waren 18 Männer im überfluteten Maschinenraum oder in dessen Nähe eingeschlossen. Sie konnten nicht gerettet werden. Kurz nachdem der Kapitän und die drei Männer mit dem Verwundeten wieder ins Rettungsboot gestiegen waren, sahen sie, wie ihr Angreifer auftauchte, den grotesk im Wasser liegenden Tanker - das Heck lag in 12 Meter Tiefe auf Grund, während Schornstein, Brücke und Vorschiff herausragten - mit Granaten beschoß und dann mit hoher Geschwindigkeit auf die *Esso Baton Rouge* zulief. Sie erhielt einen Treffer zwischen Tanks und Maschinenraum. Die Treibstoffladung explodierte und geriet in Brand, während das Achterschiff, mit leichter Schlagseite nach Backbord, wie bei der *Oklahoma* auf Grund sackte. Im Maschinenraum wurden zwei Männer durch die Torpedodetonation getötet. Ein dritter, ein naturalisierter Deutscher, sprang in einem Gummianzug über Bord und wurde nie wieder gesehen. Ein Überlebender berichtete, er hätte von dem U-Boot eine Stimme gehört, die in gebrochenem Englisch sagte: »Kommt hier her. Wir werden euch retten.« In Hardegens KTB findet sich allerdings kein Hinweis darauf. 35 Männer konnten sich in die Rettungsboote 1 und 3 retten. Hardegen feuerte einige Granaten in den Bug des Tankers, um die Luft entweichen zu lassen, und hakte ihn dann als Totalverlust ab.[44] Die Überlebenden in den Rettungsbooten wurden von einem Patrouillenboot der Navy nach Brunswick geschleppt. Die beiden Tanker blieben an der Unglücksstelle liegen, bis Gutachter eine Woche darauf feststellten, daß die gesunkenen Teile gehoben und beide Schiffe wieder flottgemacht werden konnten. Sie wurden zu Reparaturwerften geschleppt und kehrten sieben Monate später auf See zurück. Die letzten drei Tankerversenkungen von U 123 waren also eine Illusion.

Hardegen war jedoch der Meinung, er hätte sie alle versenkt. Die

Liebre hatte er als hilfloses Wrack zurückgelassen, und die anderen beiden Tanker hatte er so weit unter Wasser geschickt, wie es ging. In seinen Augen waren es vollgültige Versenkungen gewesen. »Wir beginnen uns auf Tanker zu spezialisieren«, schrieb er in sein KTB.[45] In tieferen Gewässern wären die Schiffe sicherlich verloren gewesen, aber bei auf Grund liegendem Heck konnte der Bug voller Luft bleiben; man hätte Hardegen die Erfolge also durchaus streitig machen können. Zumindest eine Überprüfung der beanspruchten Tonnage wäre angebracht gewesen, denn die beiden letzten Tanker sollten noch einmal versenkt werden, und diesmal richtig - zuerst, am 23. Februar 1943, 100 Seemeilen südlich der Azoren die *Esso Baton Rouge* durch U 202 (Kptlt. Günter Poser) und am 28. März 1945 mitten im Atlantik die *Oklahoma* durch U 532 (Fregattenkapitän Ottoheinrich Junker).[46]

Nachdem U 123 den Tag (8. April) im Seebett vor Georgia verbracht hatte, stieg es bei Einbruch der Dunkelheit wie ein Meerungeheuer 12 Seemeilen südöstlich der St.-Simons-Leuchtboje aus dem Wasser auf. Bald darauf sichteten die Ausgucks ein nordwärts fahrendes Schiff, das Hardegen rasch als den schnellen (13 Knoten) Kühlfrachter SS *Esparta* der United Fruit Company identifizierte. Es war zwar nur ein kleines Schiff (3365 BRT), aber Hardegen hielt es wegen des Kühlsystems für eine wertvolle Beute; außerdem waren Lebensmittel auch kriegswichtige Güter. Er schoß aus 400 Metern Entfernung bei Lage 85 Grad und auf 3 Knoten verlangsamter Fahrt aus Rohr 1 einen G7e-Aal ab. Nach von Schroeters Angabe mußte der Treffer 42 Sekunden später erfolgen - und RUMMS! Auf die Sekunde genau schoß am Achtermast eine dunkle Sprengsäule in die Luft, und kurze Zeit später sank das Heck bis vor den Schornstein unter Wasser. Im Licht roter und weißer Notsignale konnte Hardegen sehen, daß der Frachter ein glattes Deck fast ohne Aufbauten hatte, so wie er im *Gröner* abgebildet war, in dem auch stand, daß er 101 Meter lang war und sieben Meter Tiefgang hatte. Da er sicher war - diesmal zu Recht -, daß das Schiff sinken würde, drehte er ab und ging wieder auf südlichen Kurs. Auf der *Esparta* waren inzwischen mehrere Männer von Bord gesprungen, um dem freiwerdenden Ammoniakgas der Kühlanlage zu entkommen. Der größte Teil der Besatzung aber verließ das Schiff in zwei Rettungsbooten und auf einem Rettungsfloß. Nachdem die Codes in einem beschwerten Sack über Bord geworfen und der Notruf abgesetzt worden war, sprangen auch der Kapitän und der Funker über Bord und retteten sich auf das Floß. Nur ein Mann kam bei dem Angriff ums Leben - er war in Panik geraten und ertrank. Alle anderen wurden sieben Stunden später von dem Navy-Schnellboot USS *Tyrer* gerettet.[47]

Um 9.24 Uhr MEZ (3.24 Uhr EWT*) am 9. April entdeckten die Ausgucks achteraus ein großes Flugboot, das direkt auf U 123 zuflog. Hardegen tauchte, da das Flugzeug möglicherweise das Leuchten der Bugwelle und des Kielwassers von U 123 gesehen hatte. Als nichts geschah, vermutete er, daß es vielleicht ein kommerzieller Pan-American-Clipper gewesen war; die Amerikaner setzten für Küstenpatrouillen wohl kaum Flugboote ein. Er blieb aber unter Wasser und legte das Boot auf Grund. Bis zum Tagesanbruch waren es nur noch wenige Stunden, und er wollte bei tiefster Dunkelheit am Navy-Stützpunkt in Mayport an der Mündung des St. Johns River vorüberfahren. Wie er seinen Karten entnehmen konnte, war der Stützpunkt nur wenige Seemeilen entfernt. Er nahm das *Handbuch der Ostküste der Vereinigten Staaten* aus dem Schrank in seinen Schapp und informierte sich über die Landmarken: »Andere gute Landmarken sind ein roter, kegelförmiger, nicht mehr als solcher benutzter Leuchtturm bei dem Ort *Mayport,* 1¾ sm westlich von *St. John Point,* sowie die Gebäude in den Seebädern *Atlantic Beach* und *Jacksonville Beach,* 3¾ und 6¾ sm südlich von dieser Huk.«[48]

* Eastern War Time. Am 9. Februar 1942 hatte Präsident Roosevelt zwecks Energieeinsparung die »Kriegszeit« eingeführt (Standardzeit + 1 Stunde). Sie galt bis zum 30. September 1945.

11

Die Navy rührt sich

Mitte März, nachdem 60 Tage lang unnötig Blut geflossen war, geriet sogar der unerschütterliche Ernest J. King in Panik. »Die U-Boot-Situation an der Ostküste«, schrieb er an einen Flaggoffizier, »ist nahezu verzweifelt.«[1] Die von Anglophobie bestimmte herrische Zurückweisung der schwer erkämpften britischen Erfahrungen in der U-Boot-Abwehr war ebensowenig aufrechtzuerhalten wie die Geringschätzung, mit der der COMINCH die Vorliebe Präsident Roosevelts für »kleine Boote« und »leichte Flugzeuge« betrachtet hatte. Er sah sich zu einer Kehrtwendung gezwungen. Keinen Augenblick zu früh, wie die verärgerten Briten dachten, allen voran Winston Churchill. »Es wirkt in der Tat überraschend«, bemerkte er später, »daß man in den zwei Jahren, da der totale Krieg immer näher an den amerikanischen Kontinent heranrückte, keine bessere Vorsorge gegen diesen tödlichen Ansturm getroffen hatte.« Natürlich stand die US Navy wegen des pazifischen Krieges unter erheblichem Druck. »Trotzdem«, fuhr Churchill fort, »bleibt es merkwürdig, daß die Amerikaner, obwohl von uns vor und während des Krieges über alle getroffenen Abwehrmaßnahmen orientiert, keine Pläne für Küstengeleitzüge und den Bau kleiner Kriegsschiffe ausgearbeitet hatten.«[2] Er hatte damit den Finger auf zwei der wesentlichen Gründe des amerikanischen Versagens gelegt. Andere in Großbritannien drückten sich weniger diplomatisch aus. Für Captain Brian B. Schofield, dessen *Trade Division* bei der britischen Admiralität die englische Handelsschiffahrt auf allen Weltmeeren überwachte, war der »inadäquate« Zustand der Verteidigung der amerikanischen Schiffahrtswege durch die US Navy »ganz unbegreiflich«.[3] Als die Meldungen über die Verluste von unter britischer Kontrolle stehenden Schiffen, insbesondere Tankern, und die damit verbundenen Todesopfer in Gewässern, in denen die Admiralität keine Befehlsgewalt besaß, nicht abrissen, vielmehr immer horrender wurden, fand er es »äußerst schwierig, in dieser Sache höflich zu bleiben«.[4] In Admiral Sir Percy L.H. Nobles Darstellung für den First Sealord, Admiral Sir Dudley Pound, liest es sich so: »Das Western Approaches Command befindet sich heute [am 8. März] in einer Lage, in der es Konvois sicher vor die amerikanische Ostküste geleitet und dann [. . .] miterleben muß, daß viele der solcherart eskortierten Schiffe vor der amerikanischen Küste oder in der Karibik zur leichten Beute von U-Booten werden.«[5] Es war für die Admiralität zweifellos mehr als nur ein Mißklang, als sie in einem in BP entschlüsselten Funkspruch des japanischen Botschafters in Berlin, Hiroshi Oshima, nach Tokio Hitlers Reaktion auf das Massaker las: »Ich war selbst überrascht von den Erfolgen, die wir kürzlich entlang der amerikanischen Küste errungen haben. Die Vereinigten Staaten haben sich mit Großsprecherei begnügt und ihre Küste unbewacht gelassen. Ich glaube, sie sind jetzt auch ziemlich überrascht.«[6] Der offizielle Historiker der Royal Navy nannte das Gemetzel vor der amerikanischen Küste einen »Holocaust«.[7] Patrick Beesly, der im OIC tagtäglich verfolgte, wie der »Holocaust« seinen Lauf nahm, sagte dem Autor gegenüber, daß die Verzögerung, mit der die US Navy angemessene Maßnahmen ergriff, um den Handelsschiffsverkehr vor ihrer Küste zu schützen, als »kriminell« zu bezeichnen sei.[8] Churchill explodierte denn auch am 12. März in einem Fernschreiben an den Roosevelt-Vertrauten Harry Hopkins: »Die gewaltigen Tankerverluste westlich des 40. Längengrads und in der Karibischen See beunruhigen mich zutiefst. [. . .] Die Lage ist so ernst, daß drastische Maßnahmen irgendwelcher Art getroffen werden müssen.«[9] Roosevelt bestellte King ins Weiße Haus, um die Besorgnisse des britischen Premiers mit ihm zu besprechen, und antwortete sieben Tage später, »mit einiger Nervosität«, wie Churchill schien, eher aber wohl unter dem Einfluß von Kings scharfem Achterdeckbefehlston: »Ihr kürzliches Telegramm an Hopkins zeigt, welches Interesse Sie an Maßnahmen zur Bekämpfung der Unterseebootgefahr im Atlantik haben; ich sehe mich deshalb veranlaßt, Sie zu ersuchen, besonderes Augenmerk auf die Durchführung schwerer Angriffe gegen die Stützpunkte, Werften und Reparaturwerkstätten der Unterseeboote zu richten und dadurch der Tätigkeit der U-Boote an der Quelle beziehungsweise an den Sammelstellen entgegenzutreten.«[10] Dieser Versuch, den Schwarzen Peter zurückzuschieben, paßte weniger zu Roosevelt als zur frostigen Art seines COMINCH. Im übrigen ignorierte die Erwiderung die Tatsache, daß keine Bombe aus dem Waffenarsenal der Alliierten in der Lage war, die U-Boot-Bunker in den Biskaya-Stützpunkten zu brechen. Churchill war sich dessen wohl bewußt, ging aber auf die »Anregung« ein und ordnete die Bombardierung von U-Boot-Werften in Deutschland an, die, wie sich nach dem Krieg herausstellte, kaum Folgen hatte. Die für die britischen Verluste unmittelbar verantwortlichen Ursachen waren nicht in Großbritannien oder Deutschland zu suchen, sondern auf der anderen Seite des Atlantiks.

In dieser Situation entschlossen sich die stolzen britischen Admirale, die als Berufsoffiziere die Karriereleiter erklommen hatten, zu einem ungewöhnlichen Schritt: Sie sandten einen zivilen Quereinsteiger nach Washington, Commander Rodger Winn. Von Dönitz abgesehen, gab es niemanden, der mehr über den U-Boot-Krieg wußte als der Chef des Submarine Tracking Room des OIC. Zudem hatte Winn in Yale und Harvard studiert, so daß man annahm, wenn überhaupt jemand mit den Amerikanern klarkommen könne, dann er. Winns Auftrag war es, die US Navy davon zu überzeugen, daß sie so bald wie möglich ein Geleitschutzsystem im Küstenverkehr einführen, die Verdunkelung der Küste anordnen und eine dem Tracking Room des OIC vergleichbare Institution schaffen müsse.[11] Als Winn in der Main Navy vorsprach, mußte er erleben, daß es drei lange Tage dauerte, bis er nach ständigem Hin und Her zu Commander George C. Dyer vordrang, dem Chef des Informationsraums des ONI, einer Zentralstelle für strategische Informationen. Dyer verfügte zwar nur über wenig Nachrichtendiensterfahrung, erkannte aber, daß Winns Vorschläge sinnvoll waren, und arrangierte ein Treffen mit Rear Admiral Richard S. Edwards, Kings stellvertretendem Stabschef, der für den U-Boot-Krieg der US Navy zuständig war. Edwards entgegnete auf Winns Vorstellungen, »daß die Amerikaner ihre Erfahrungen selbst sammeln wollten und daß sie genug Schiffe hätten, sich das erlauben zu können«. Verdutzt und von der Abfuhr verletzt, hielt Winn seinem Gesprächspartner, ungeachtet des höheren Ranges, den er bekleidete, erregt vor: »Das Problem, Herr Admiral, liegt aber darin, daß Sie nicht nur Ihre verdammten Schiffe verlieren: Ein großer Teil davon gehört uns!« Edwards mußte zähneknirschend eingestehen, daß Winn recht hatte, und erwiderte: »Sprechen Sie am besten mit Admiral King.«[12] Als Winn endlich mit dem sonst so halsstarrigen, abweisenden Chef der US Navy zusammentraf, zeigte dieser sich erstaunlich gut informiert über die Ansichten der britischen Admiralität. Die Logik der Argumente schien zu ihm durchgedrungen zu sein, denn er war zu Winns Überraschung vollauf bereit, sie in einer offenen und sogar freundschaftlichen Weise zu diskutieren, und sicherte ihm am Ende zu, so schnell wie möglich dafür zu sorgen, daß ein Konvoisystem für die Küstenschiffahrt eingeführt, gemeinsam mit der Army ein Plan für die Verdunkelung der Küste von Maine bis zu den Keys vor Florida ausgearbeitet und, was für Winn am wichtigsten war, ein Submarine Tracking Room aufgebaut wurde, in dem alle die Marine betreffenden Informationen zusammenlaufen sollten. Winn war zufrieden. Die Washingtoner Mission war erfolgreich abgeschlossen, und er eilte nach New York, um Admiral Andrews zu bekehren.

Zum Zeichen der Ernsthaftigkeit des COMINCH in bezug auf den letzten Punkt - ein verblüffendes, wenn auch verspätetes Zugeständnis der operativen Führung an den Nachrichtendienst - beauftragte King Edwards, einen Offizier auszuwählen, der unter Winns Anleitung im Londoner Tracking Room sein Handwerk erlernen und anschließend dessen Entsprechung in Washington werden sollte. Kenneth A. Knowles, den Edwards für diese bedeutsame Aufgabe aussuchte, kam nicht aus Washington. Er war 1936 wegen einer Sehschwäche aus dem Dienst ausgeschieden, nach Pearl Harbor aber als Lieutenant wieder aktiviert worden und hatte seither in Austin an der Universität von Texas Reserveoffiziere ausgebildet. Jetzt wurde er von dort abberufen, befördert und umgehend zu einem zweiwöchigen Intensivkurs in den Tracking Room des OIC nach London geschickt. »Winn war schon bemerkenswert«, erinnerte sich Knowles später. »Er war behindert, aber das störte ihn nicht weiter. Am beeindruckendsten war sein Verstand. Die Atmosphäre im Tracking Room war sehr beherrscht und geschäftsmäßig. Es gab nie eine panikartige Stimmung, obwohl damals vor Amerika große Verluste zu verzeichnen waren - der Verlust von Schiffen wurde stärker beachtet als der ihrer Ladungen -, und nur sehr wenige U-Boot-Verluste.«[13] Der neu eingeführte TRITON-Code der Atlantik-U-Boote behinderte Winn und Beesly zwar, machte sie aber nicht völlig blind. Sie wußten aus der langen Erfahrung mit HYDRA, wie Dönitz dachte, sie kannten die Routen der U-Boote, ihre durchschnittlichen Marschgeschwindigkeiten, die Zeit, die sie auf See bleiben konnten, die Art ihrer Kommunikationswege und den Stil ihrer Kommandanten. Die Länge und die Sendeposition der U-Boot-Funksprüche nach Kernével boten, auch wenn den Hexenmeistern von BP deren volle Bedeutung vorläufig, das heißt bis zum Dezember 1942, noch entging, ausgezeichnete Hinweise auf den Kurs und das Ziel der Boote.

Alle diese Einsichten in die Kriegslisten und Winkelzüge der deutschen U-Bootwaffe gaben Winn und Beesly jetzt an Knowles weiter. Gleichzeitig unterwiesen sie ihn im Gebrauch der konventionellen Nachrichtenquellen und zweier äußerst wertvoller technischer Hilfsmittel: der HF/DF-Peilungen und des TETIS-Codes. Die Huff-Duff-Ergebnisse waren auf amerikanischer Seite zwar immer noch ungenauer und unzuverlässiger als auf englischer, aber Knowles lernte jetzt, wie er die »Schnitte« zu interpretieren hatte, die er von den Funküberwachungsstationen der US Navy erhalten würde. TETIS war ein Code, den BP schon vor langer Zeit geknackt hatte, der aber von Ausbildungsbooten in der Ostsee immer noch benutzt wurde. Durch TETIS konnten Winn und Beesly ein U-Boot von der Indienststellung über die Testfahrten bis zur Übergabe an einen operativen Stützpunkt verfolgen. Die R-Boote, die aus den Biskaya-Stützpunkten auslaufende oder zu ihnen zurückkehrende U-Boote geleiteten, benutzten weiterhin den HYDRA-Schlüssel (ein unerklärliches Versehen der Deutschen), so daß man im Tracking Room stets davon erfuhr, wenn ein neues Boot in Dienst genommen wurde, und gleichzeitig einschätzen konnte, wie viele Boote auf See waren und auf welche Gebiete sie sich mutmaßlich verteilten. Im übrigen war der Zugang zum Atlantikcode der Deutschen, wenn es denn hatte passieren müssen, gerade zur rechten Zeit versperrt worden, denn es war allen klar, wo die U-Boote waren: vor der US-amerikanischen, kanadischen oder karibischen Küste bzw. auf dem Weg dorthin oder dem Rückmarsch von dort. Außerdem wurden zur Zeit nur wenige Funksprüche des BdU an alle Boote aufgefangen, und es gab, zumindest im Westatlantik, keine Vorpostenstreifen, denen der Schiffsverkehr hätte ausweichen müssen.

Nach seiner Rückkehr nach Washington baute Knowles in der Main Navy ein atlantisches Nachrichtendienstzentrum (OP-20-G, später F-21) auf, das in allem ein exaktes Abbild von Winns Tracking Room war, mit dem im übrigen sämtliche Informationen ausgetauscht wurden. Damit war die Verfolgung der U-Boote von einer einzigen Front auf den gesamten Atlantik ausgedehnt worden, und selbst King erkannte jetzt den Wert dessen, was er verspätet in Gang gesetzt hatte. Rear Admiral Alan R. McCann erinnerte sich (aus einer späteren Zeit, als es auch einen F-211 oder »Secret Room« gab): »Ich hatte einen besonders ausgezeichneten Lieutenant Commander, der King jeden Morgen um 9.00 Uhr Bericht erstattete. Er zählte die Positionen der veschiedenen deutschen U-Boote mit solchem Nachdruck auf, als wüßte er genau, wo sie waren, was er, glaube ich, für gewöhnlich auch tat.«[14] Der amerikanische Winn beendete den Krieg wie sein Mentor im Rang eines Captain.

Die Erdölindustrie war kaum weniger erbittert als Großbritannien. Am 4. März trafen sich besorgte Mitglieder der Tankerkommission des Kriegsrats der Erdölindustrie mit Repräsentanten der Navy und des Kriegsministeriums. Bis zu diesem Datum waren vor der amerikanischen Küste 65 Schiffe versenkt worden, darunter 27 Tanker. Wenn die Versenkungszahlen für den Rest des Jahres 1942 ähnlich aussahen, prophezeite ein Sprecher der Industrie, würden im nächsten Januar 125 der an der Küste vorhandenen 320 Tanker zerstört sein. Diese Befürchtung war begründet: Im März wurde im Schnitt mehr als ein Schiff pro Tag versenkt, und im April war die Ostküste, wie die ESF schrieb, »das für die Handelsschiffahrt gefährlichste Gebiet der ganzen Welt«.[15] Die Versicherungen weigerten sich bereits, Handelsschiffe zu versichern. Wenn man den U-Boot-Angriffen nicht entgegentrete, fuhr der Industriesprecher fort, würde der Nachschub an Erdöl auf ein Maß sinken, das sowohl für die heimische Industrie als auch für die Fortsetzung der Kriegführung durch die Vereinigten Staaten und ihre Verbündeten »intolerabel« wäre. Darüber hinaus müsse man mit dem Tod von 3000 Seeleuten rechnen.[16] Hinzu kam, daß die Seeleute, die es während der ersten Wochen des Kriegs eilig gehabt hatten, nach der Torpedierung ihrer Schiffe woanders anzuheuern, von den entsetzlichen Verlusten der vergangenen sieben Wochen abgeschreckt und zunehmend demoralisiert wurden. Das betraf insbesondere das

Maschinenpersonal. Hatten sich die Kapitäne in der Vergangenheit über Matrosen beklagt, die in den Häfen betrunken aufgegriffen wurden oder schwer zu behandeln waren, so klagten sie jetzt darüber, daß sie nicht genug Männer finden konnten, um ihre Besatzungen zu vervollständigen. Ein Kapitän berichtete, daß nach der Rückkehr in den Heimathafen von seiner 30köpfigen Besatzung 13 Mann verschwunden seien. Das Problem der abnehmenden Moral und der Knappheit an Seeleuten wurde noch dadurch verschärft, daß einige Repräsentanten der Navy und der Schiffahrt glaubten, unter den Seeleuten gäbe es Nazisympathisanten, die von feindlichen Agenten in bestimmte New Yorker Bars geschickt wurden, um die Fahrtzeiten der Schiffe zu erfahren. Die meisten in der Navy betrachteten diese Möglichkeit jedoch als irrelevant, da die »U-Boote überall an der Küste an Knotenpunkten liegen konnten und nur auf vorbeifahrende Schiffe zu warten brauchten, ohne vorher deren Fahrtzeiten zu kennen«.[17]

Die Erdölindustrie machte zahlreiche Vorschläge zur Verbesserung der Lage, unter denen drei Forderungen herausragten: (1) alle Tanker, wie bei englischen Schiffen üblich, mit schwenkbaren Kanonen zu bewaffnen und diese mit gutausgebildeten *Armed Guards* der US Navy zu bemannen; (2) Zivilpiloten mit ihren eigenen leichten Flugzeugen Luftpatrouillen fliegen zu lassen, um die U-Boote auf den Seewegen unter Wasser zu drücken (eine Idee, der sich Admiral Andrews anschloß); und (3) die Küste zu verdunkeln, um den hellen Hintergrund auszuschalten, vor dem die U-Boote offensichtlich ihre Ziele ausmachten. Diese eminent wichtigen Vorschläge kamen, wie gesagt, von ziviler Seite. Was die Navy betraf, so versprach der COMINCH, sich mit der Frage bewaffneter Wachen zu befassen. Einer der ersten Tanker, die dem Vorschlag der Industrie entsprechend bewaffnet wurden, war die gerade erst vom Stapel gelaufene SS *Gulfamerica* der Gulf Oil Corporation. Als sie in Port Arthur (Texas) für ihre Jungfernfahrt 90000 Barrel Heizöl für New York aufnahm, war sie mit einer 10,2-cm-Kanone 50 SP Mark IX und Brückennestern mit zwei Maschinengewehren Browning Mark II vom Kaliber 50 ausgestattet. Als Geschützbedienung waren sieben Navy-Angehörige unter dem Befehl eines Unteroffiziers der Reserve an Bord. Für den Vorschlag, zivile Piloten mit Privatflugzeugen einzusetzen, konnte sich King nicht erwärmen: Daraus ergäben sich zu viele »operative Schwierigkeiten«.[18] Die

Army, deren Luftwaffe den größten Teil der Aufklärungsflüge vor der Küste unternahm, hatte keine Einwände gegen zivile Hilfe.

Was die Verdunkelung der Küste betraf, so waren sich beide Waffengattungen unschlüssig, obwohl sie durch die präsidiale Durchführungsverordnung Nr. 9066 vom 19. Februar autorisiert waren, »die gesamte Beleuchtung an der Küste zu kontrollieren, um zu verhindern, daß sich die Schiffe davor als Silhouetten abheben und infolgedessen durch feindliche U-Boote zerstört werden können«.[19] Die Zögerlichkeit in dieser Hinsicht resultierte hauptsächlich aus erheblichem Druck von seiten der Wirtschaft, vor allem des Fremdenverkehrs, der die Gäste nicht »gestört« sehen wollte. Bei dem Treffen am 4. März wurde entschieden, daß die Kontrolle der Küstenbeleuchtung »eine Navy-Aufgabe« sei.[20] Dementsprechend schickte Admiral King fünf Tage später – und zwei Monate nach dem Datum, an dem er, so könnte man hinzufügen, von sich aus in dieser Richtung hätte tätig werden müssen – eine halbherzige »Bitte« an Admiral Andrews: »Der Befehlshaber der Eastern Sea Frontier wird gebeten, in seinem Zuständigkeitsbereich Schritte zu unternehmen, um die helle Beleuchtung von küstennahen Vergnügungsparks und Stränden zu kontrollieren, damit dicht an der Küste vorbeifahrende Schiffe sich nicht als Silhouetten vor ihr abheben und auf diese Weise ein U-Boot-Angriff von der Seeseite erleichtert wird.«[21] Weitere fünf Tage später, am 14. März, stellte King eindeutig klar, daß er keine Totalverdunkelung (»blackout«) meinte, sondern lediglich eine Teilverdunkelung (»dimout«); die erstere wurde »nicht als notwendig erachtet«, da nur das Leuchten der hellsten Lichtquellen eine Gefahr für die Schiffahrt darstelle. Diese tragische Fehleinschätzung, der bereits Andrews am 10. Februar erlegen war, sollte zu weiteren Verlusten an Leben und Material führen.

Am selben Tag, an dem King die Totalverdunkelung ablehnte, wurde vor Atlantic City (New Jersey) der 7610 BRT große amerikanische Frachter SS *Lemuel Burrows* durch U 404 (Korvettenkapitän Otto von Bülow) torpediert und versenkt. 20 Besatzungsmitglieder kamen ums Leben. Der Zweite Maschinist, der von seinem Rettungsboot aus gewiß ein besseres Bild von der Situation hatte als King von seinem Schreibtisch aus, berichtete, daß die Lichter eines Urlaubsortes an der Küste von New Jersey sein Schiff zum Untergang verdammt hätten und daß sie »Tag für Tag weiterhin Torpedierungen verursachen werden, bis eine Totalverdunkelung an der Küste angeordnet wird«. Dann fügte er hinzu: »Wir hätten ebensogut voll aufgeblendet fahren können. Die Lichter waren wie die von Coney Island. Die ganze Küste war erleuchtet, als wäre es hellichter Tag. [. . .] Wenn man nichts dagegen unternimmt, werden wir weiter jeden Tag Schiffe verlieren.«[22] Am 19. März empfahl der 3. Naval District dem Befehlshaber der 2. Corps Area der US Army »eine vollständige Verdunkelung aller Gemeinden bis ungefähr fünf Meilen hinter der Küste«, da sich die Schiffe bei einer Teilverdunkelung noch in 10 Meilen Entfernung vor dem Himmelsglühen der Bodenlichter auf Dunstschleiern oder niedrig hängenden Wolken schattenhaft abhoben. Aber dieser Empfehlung wurde nie entsprochen.[23] Tests auf See ergaben, daß Patrouillenboote den Lichtschein von New York bei einer Teilverdunkelung noch aus 25 Meilen wahrnahmen.[24] Im Mai kamen Army-Studien zu dem Ergebnis, daß die Schiffe auch bei einer Teilverdunkelung »wie Zielscheiben in einem Schießstand vor dem Hintergrund eines Lichtschleiers« auftauchten.[25] Und noch am 7. Juli, als vor Südflorida bei 25° 35′ N, 80° 02′ W der im Schlepp fahrende britische Frachter *Umtata* (8141 BRT) von U 571 (Kptlt. Helmut Möhlmann) torpediert und versenkt wurde, gab der Zweite Offizier dem Lichtschein von Miami, 10 Meilen nordwestlich des Unglücksortes, die Schuld an der Versenkung. »Wir konnten das Glühen von Miami schon aus 35 Meilen ausmachen«, berichtete er. »Der Lichtschein ist genau das, was die U-Boote wollen.«[26] Und am 8. Juli meldete der *Miami Herald*, daß die Autos auf dem Overseas Highway zwischen Homestead und Key West mit Fernlicht fuhren, und ergänzte in einem zweiten Artikel, ein Schiff der US Navy habe das Glühen von Key West schon aus 31 Meilen so deutlich gesehen, daß jedes Schiff, das davor entlangfuhr, als klar erkennbarer Schatten sichtbar war.[27]

Während des gesamten Gemetzels vor der amerikanischen Ostküste wurde nie eine allgemeine Totalverdunkelung angeordnet. Während in England und Deutschland die Küsten, an denen es zu dieser Zeit vergleichsweise ruhig zuging, total verdunkelt waren, blieb die gefährdete US-Küste hell erleuchtet. Zu mehr als einer Teilverdunkelung und dämpfenden Abschirmungen vermochte sich King nicht durchzuringen, und die Army pflichtete ihm bei, ebenso wie die Allgemeinheit, die ihren Geschäften und Vergnügungen wie gewohnt nachgehen wollte. Auf die Liste der für die U-Boot-Erfolge mitverantwortlichen Agenten gehört daher auch die zivile Eigensucht und Sorglosigkeit.

Der Zerstörer war aufgrund seiner Geschwindigkeit, Manövrierfähigkeit, Feuerkraft, Schallortungsgeräte und Seetüchtigkeit auch bei schwerem Wetter das geeignetste Schiff für die U-Boot-Abwehr. Zugleich aber war er im März und April 1942 die am ungünstigsten verteilte Waffe im Atlantik. Von 73 im Atlantik operierenden Zerstörern lagen im Durchschnitt 15 zur Reparatur oder Überholung in den Werften. Von den restlichen DDs waren 42 Prozent auf dem Bogen von Casco Bay (Maine) über Argentia (Avalon-Halbinsel, Neufundland) und Hvalfjördhur (Island) nach Londonderry (Nordirland) stationiert, wo im März nur sechs Prozent der weltweiten alliierten Tonnageverluste durch U-Boote anfielen. Es verdient wiederholt zu werden, daß sich zur gleichen Zeit innerhalb der ESF-Gewässer, also bis 500 Seemeilen vor der amerikanischen Ostküste, wo 49 Prozent der alliierten Tonnage versenkt wurden, nur fünf Prozent der Zerstörer befanden. Mit anderen Worten, dort, wo Schiffe und Ladungen der größten Gefahr ausgesetzt waren, verfügte man über die wenigsten Zerstörer.[28] Admiral Andrews hatte seit Februar, als er die zunehmende Bedrohung des Schiffsverkehrs in seinem Zuständigkeitsbereich erkannte, vergeblich darum gekämpft, daß dieses Ungleichgewicht korrigiert wurde. King gegenüber hatte er 15 ständig zu ihm abkommandierte Zerstörer als Minimum bezeichnet.[29] Als Antwort darauf erhielt er einen einzigen DD auf Dauer, die *Jacob Jones,* die am 28. Februar versenkt wurde. Elf weitere Zerstörer wurden ihm zum zeitweisen Dienst überstellt, aber keiner von ihnen blieb lange in ESF-Gewässern; sie alle wurden bald wieder auf die Konvoirouten verteilt, so daß sie wenig zum Schutz des Schiffsverkehrs beitrugen. Am 8. März machte der CINCLANT (Ingersoll) Andrews das Zugeständnis, daß Zerstörer, die auf der Fahrt von oder zu den Häfen, in denen sie repariert oder überholt werden sollten, die ESF-Gewässer passierten, zum Schutz von Handelsschiffen eingesetzt werden könnten. Dadurch hatte Andrews im März – jenem Monat, in dem die U-Boot-Angriffe ihre größte Schlagkraft erreichten – jeden Tag im Durchschnitt zwei Zerstörer im Einsatz.[30] Ende März schienen King und Ingersoll, oder einer von ihnen, endlich die Fehlverteilung der Zerstörer bemerkt zu haben und verlegten acht Zerstörer zum zeitweiligen Dienst in ESF-Gewässer. Aber schon am 9. April wurden sieben von ihnen wieder abgezogen, um in den »essentiellen Konvoieskorten« Dienst zu tun.[31] Am 16. April folgte der nächste Schwenk, als King dem CINCLANT befahl, drei Zerstörer »sofort« und insgesamt neun so bald wie möglich zur ESF abzukommandieren.[32] Als die versprochenen neun Zerstörer Ende des Monats tatsächlich eintrafen, hielt Andrews gespannt den Atem an; aber er konnte erleichtert registrieren, daß im Mai 16 DDs in ESF-Gewässern kreuzten, einige bis zu 21, andere nur zwei Tage lang.

Hilfe kam aber auch aus anderer Richtung. Im Gegenzug für den Zerstörerdeal von 1940 schickte Winston Churchill 24 Trawler für die U-Boot-Abwehr nach Amerika, mitsamt ausgebildeten Besatzungen. Der COMINCH nahm das Geschenk dankbar an. Nach ihrer Überholung wurden die 9 bis 11 Knoten schnellen, mit Kohlefeuerung laufenden Trawler von der letzten Märzwoche an nach und nach in Dienst genommen. Sie trugen Namen wie HMS *Lady Rosemary, Bedfordshire* oder *Northern Duke.*[33] Angesichts dessen, was King jetzt »die verzweifelte U-Boot-Lage entlang der Atlantikküste« nannte,[34] begann er seine Meinung über die Nützlichkeit kleiner Schiffe zu ändern. Schon am 7. Februar hatte er Andrews ermächtigt, »überall innerhalb Ihrer Frontier auf See« Kutter der Küstenwache (21–25 Meter) einzusetzen und sie mit Wasserbomben und Kanonen zu bewaffnen.[35] Ende März fuhren auf den Schiffahrtswegen der ESF neben 60 solcher Kutter zehn PC- und PY-Patrouillenboote, fünf SC-Jäger, fünf PE-Eagle-Boote, zwei Kanonenboote und die britischen Trawler. Außerdem ließ Andrews fünf Yachten (23–53 Meter) für den Patrouillendienst umbauen. Bis Ende Juni stieg die Zahl der Kampfschiffe auf 150, und Ende Juli waren es 156, unter ihnen auch neue PCs und SCs, die im Rahmen eines im April aufgelegten »60 Schiffe in 60 Tagen«-Programms zum Bau kleiner Schiffe gerade erst vom Stapel gelaufen waren.

Ein leichter Zuwachs der Überwasserkräfte war auch in der benachbarten Gulf Sea Frontier (GSF) zu beobachten, die sich von der Grenze der Counties Duval und Saint Johns (nördlich von Saint Augustine, Florida) um die Keys herum an der Küste von Texas und Mexiko entlang bis nach Belize in Britisch-Honduras erstreckte, wo sich eine weitere Frontier der US Navy anschloß, die von Panama, deren Gebiet bis zur Punta de Gallinas in Kolumbien reichte. Zur GSF gehörten auch die Küste und die Meerengen von Florida, die meisten Inseln der Bahamas, halb Kuba, der gesamte Golf von Mexiko und der Canal de Yucatan. Bis Mitte Mai stellte die GSF jedoch eher eine Erweiterung des 7. Naval District dar, und keine unabhängige Frontier. Key West war dann das erste Hauptquartier der GSF, obwohl es wegen seiner isolierten Lage und der schlechten Kommunikationsverbindungen ein äußerst unbefriedigender Standort war: Wollte die GSF zum Beispiel nach der Sichtung eines U-Boots ein Aufklärungsflugzeug vom nahe gelegenen Army-Flugplatz in Miami aufsteigen lassen, mußte sie über das normale Telefonnetz zunächst beim 3. Bomberkommando der Army in Charleston anrufen![36] Als erstes U-Boot tauchte am 19. Februar U 128 (Korvettenkapitän Ulrich Heyse) in GSF-Gewässern auf - es war ursprünglich als sechstes der »Paukenschlag«-Boote vorgesehen - und versenkte 20 Seemeilen vor Kap Canaveral den amerikanischen Tanker SS *Pan Massachusetts* (8201 BRT); danach wurden die Küstenbewohner und die Touristen auf ihren Hotelbalkons regelmäßig Zeugen der Gewaltakte vor der Küste von Florida. Bis zum 14. Mai wurden in den Hoheitsgewässern von Florida sechzehn Schiffe versenkt und vier beschädigt. Eine der Versenkungen, die des neutralen, unter mexikanischer Flagge fahrenden Tankers *Portrero del Llano* acht Seemeilen süd-südöstlich von Fowey Rocks nahe Miami am 14. Mai, führte zur Kriegserklärung Mexikos an Deutschland.

Im Golf von Mexiko erschien das erste U-Boot am 4. Mai, als U 507 (Korvettenkapitän Harro Schacht) west-nordwestlich von Key West den 2686 BRT großen amerikanischen Frachter *Norlindo* versenkte. Im Mai stieg die Versenkungsrate im Golf auf fast ein Schiff täglich, wobei die meisten Verluste vor dem schlammigen Mündungsgebiet des Mississippi entstanden.[37] Der Ansturm traf die GSF völlig überraschend und unvorbereitet. In London vermerkte Rodger Winn, daß die Hälfte der im Mai im Golf von Mexiko auftauchenden U-Boote ohne Vorwarnung dort erschienen war: Weder ihre Abfahrt von Frankreich noch ihr Anmarsch über den Atlantik war entdeckt worden. Winn vermutete, daß die Boote zu einem früheren Zeitpunkt anmarschiert und jetzt an einem abgeschiedenen Platz irgendwo an der

Südküste des Golfs oder, was er für weniger wahrscheinlich hielt, in der westlichen Karibik mit Nachschub versorgt worden waren.[38] Im Stab von Admiral Andrews hatte man schon früher darüber spekuliert, daß sich die U-Boote möglicherweise mit neutralen Tankern trafen, die aus Mexiko, Honduras, Nicaragua, Kolumbien oder Venezuela kamen.[39] Keine der beiden Hypothesen traf zu. Deutsche U-Boote nahmen zu keiner Zeit Treibstoff oder Lebensmittel von Überwasserschiffen, an der Küste des Festlands oder auf einer Insel auf.[40] Die ungewöhnlich langen Einsatzzeiten der U-Boote im Golf und in der Karibik waren vielmehr der Tatsache zu verdanken, daß sie von neu entwickelten U-Boot-Tankern (Typ XIV), die von den U-Boot-Männern sofort den Spitznamen »Milchkühe« bekamen, versorgt wurden. Winn und Beesly hatten die erste »Milchkuh« (U 459) im April auf einer Luftaufnahme entdeckt, die sie beim Auslaufen aus Kiel zeigte. Winn hatte sie wegen ihrer Größe (1688 Tonnen Überwasserverdrängung) und Breite für einen Minenleger gehalten. Da der TRITON-Code noch nicht geknackt war, konnte er nicht wissen, daß U 459 von Ende April bis Anfang Mai nordwestlich von Bermuda nicht weniger als 14 U-Boote aus ihren Bunkern mit 700 Tonnen Öl auftankte.[41] Die Boote vom Typ XIV, von denen zehn Stück gebaut wurden, hatten keine Torpedos an Bord, sondern nur Flugabwehrkanonen. Dönitz nannte sie »schwerfällig« - keines überlebte den Krieg -, aber ihre Ladung an Treibstoff und Lebensmitteln verlängerte die Einsatzzeiten der Boote vom Typ IX um acht und die der Boote vom Typ VII um vier Wochen, was eine bemerkenswerte Erhöhung der Anzahl der gleichzeitig an der Front operierenden Boote bedeutete. Dönitz hob hervor, daß sein Aktionsradius durch die Versorgungsboote bis in den »Golf von Mexiko und vor Panama bzw. bis Kapstadt und Bahia hinunter« ausgedehnt wurde, und fügte hinzu: »Die U-Boot-Verluste sind jetzt außerordentlich gering.«[42] Winn zählte im Mai im Westatlantik - von Neuschottland bis Florida, im Golf von Mexiko und in der Karibik - knapp 30 Boote. Als er und Beesly die Nachschubaktivitäten entdeckten, waren drei »Milchkühe« im Einsatz. Bald darauf sollten es sechs sein.

Die GSF hatte als Verteidigungsmittel zwei Zerstörer mit vier Schornsteinen, die *Dahlgren* und die *Noa,* zwei 50-Meter-Kutter der Küstenwache, zwei Kutter der Treasury-Klasse, vier 44-Meter-Kutter, einen 38-Meter-Kutter, drei umgebaute Yachten und eine kleine Flotte aus PCs, SCs und YPs (»Yippies« – 23-Meter-Patrouillenboote, die 1924/25, während der Prohibitionszeit, zum Abfangen von Alkoholschmugglern für die Küstenwache gebaut worden waren) zur Verfügung. Die Überwasserstreitkräfte der Caribbean Sea Frontier (CSF) waren noch weit dürftiger, und das, obwohl die niederländischen Inseln Curaçao und Aruba wichtige Lieferanten von Benzin und anderen Erdölprodukten waren, die Route der Bauxitfrachter und ein großer Teil des sonstigen Schiffsverkehrs von und nach Südamerika an Trinidad vorbeiführte und Martinique und Guadeloupe von Vichy-Frankreich kontrolliert wurden. Der Navy-Stützpunkt in Trinidad konnte mit zwei umgebauten Yachten, zwei Yippies und (ab Juni) einem U-Boot-Jäger (33,5 Meter) protzen, und die Stützpunkte in San Juan, Curaçao und Guantánamo (Kuba) waren nicht besser dran. Die Verteidigungskräfte im Golf und besonders in der Karibik waren den U-Booten, deren Schlagkraft jetzt von einer Nachschubmöglichkeit auf See verstärkt wurde, hoffnungslos unterlegen. Kein Wunder, daß im Mai und Juni in den Gewässern dieser beiden Frontiers mehr Schiffe verlorengingen (65 bzw. 82), als irgendwann vorher innerhalb von zwei Monaten weltweit versenkt worden waren.

Die Luftüberwachung wurde während des ersten halben Jahres verbessert. Die weitreichenden Aufklärungsflüge über ESF-Gewässern wurden weiterhin vom 1. Bomberkommando der Army durchgeführt. Es flog im März fast so viele Stunden wie in den beiden vorangegangenen Monaten zusammengenommen. Die Bomber griffen zwar selten U-Boote an – für das erste Halbjahr 1942 ist kein einziger Abschuß belegt –, sorgten aber dafür, daß sie für immer längere Zeitspannen unter Wasser gedrückt wurden. Aber die Navy wollte einen handgreiflicheren Erfolg. Bereits im Januar hatte Andrews den COMINCH um »mindestens ein Geschwader« von Langstreckenflugzeugen aus den Küstenstützpunkten in Quonset Point (Rhode Island) und Norfolk gebeten, aber der CINCLANT (Ingersoll) hatte eingewandt, daß er keine Flugzeuge entbehren könne, bevor nicht die Bedürfnisse der Luftaufklärung der Atlantikflotte gestillt seien. Die Kurzsichtigkeit dieser Zurückweisung erwies sich am 25. Januar, als Ingersoll die ESF widerwillig davon in Kenntnis setzte, daß er Flugzeuge der Atlantikflotte »für die Notfallunterstützung im Kampf gegen feindliche U-Boote«

zur Verfügung stellen werde, vorausgesetzt, daß ein solcher Einsatz »geplante Übungsoperationen [!] nicht übermäßig beeinträchtigt«. Das ESF-Kriegstagebuch kommentierte sarkastisch: »Unglücklicherweise waren Notfälle an der Tagesordnung.«[43] Von der Not getrieben, die Ingersolls Aufmerksamkeit unbegreiflicherweise entgangen zu sein schien, sah sich Andrews nach anderen Hilfsquellen um und fand 20 für die R.A.F. bestimmte PBY-5 Catalina-Flugboote, die in Ermangelung von Besatzungen, die sie hätten fliegen können, untätig auf dem Navy-Flughorst von Elizabeth City herumstanden. Warum also die »Cats« nicht zeitweise zur ESF abkommandieren? Aber die entsprechende Anfrage wurde abschlägig beantwortet, zum erstenmal im Januar und noch einmal im Februar.[44] In der letzten Märzwoche endlich, nachdem er 70 – ebenfalls für die R.A.F. bestimmte – ungenutzte Vought-Sikorsky OS2U-3 entdeckt hatte, war Andrews Erfolg beschieden. Die ESF und die GSF erhielten gemeinsam vier Flugzeuge pro Tag, und Andrews schrieb voller Dank an Marineminister Frank Knox: »Ich kann Ihnen versichern, daß unter meinen Füßen kein Gras wachsen wird, solange ich dieses Kommando habe.«[45] Die OS2U-3 war ein zweisitziges (Tandem-)Seeflugzeug mit einem einzigen, 450 PS starken Motor (Pratt & Whitney R-985), der es auf knapp 285 Kilometer pro Stunde beschleunigte. Es wurde allgemein »Kingfisher« genannt und war als Aufklärungsflugzeug entwickelt worden, das mit Hilfe eines Katapults von einem Schlachtschiff oder Kreuzer gestartet werden konnte. Mit Wasserbomben beladen, hatte es eine Reichweite von drei Stunden, so daß es nur für begrenzte Küstenpatrouillen verwendbar war.[46] Trotzdem, für die ESF, das »Stiefkind der Flotte«[47], war es schon etwas. Und in den folgenden Monaten kamen, wenn auch nur kleckerweise, weitere Flugzeuge hinzu, so daß die ESF Ende Mai über insgesamt 172 mehr oder weniger startklare Maschinen verfügte (im April waren es 126); bis Ende Juni stieg diese Zahl, einschließlich einiger Luftschiffe der Atlantikflotte, auf 209 an.

Auch in der GSF und der CSF nahm die Zahl der verfügbaren Flugzeuge zu, allerdings langsamer, so daß dort zu Beginn des Sommers, als Dönitz den Schwerpunkt seiner Angriffe von der jetzt stärker gesicherten ESF nach Süden verlegte, immer noch ein dringender Bedarf an Flugzeugen für die Luftaufklärung bestand. Die GSF hatte lange Zeit versucht, mit 19 unbewaffneten Maschinen der Küstenwache, 14 nur mit Maschinengewehren vom Kaliber 30 ausgerüsteten 0-47 Aufklärungsflugzeugen der Army, die in Miami stationiert waren, und zwei alten B-18 »Bolo«-Bombern auszukommen, die »praktisch auseinanderfielen«.[48] Ende Juni standen dann in Banana River und Miami (Ostküste Floridas) Key West, San Julien (Kuba), St. Petersburg (Westküste Floridas), und Biloxi (Mississippi) immerhin 51 mit Wasserbomben bewaffnete OS2U-3 bereit. Hinzu kamen einige Martin-PBM-Flugboote und Wasserflugzeuge. Im Notfall konnte man auch auf die Schulflugzeuge der Luftstützpunkte in Banana River, Miami, Key West, Pensacola (Nordwestflorida) und Corpus Christi (Texas) zurückgreifen. Außerdem befanden sich auf dem städtischen Flugplatz von Miami einige Bomber einer Air Task Group der Army (zwölf B-25, zehn B-34, vier B-18 und zwei A-29). Jeweils ein bis zwei Bomber flogen von Key West, Fort Myers (Westflorida), New Orleans (Louisiana) und Houston (Texas). Und die Army konnte im Notfall Ausbildungseinheiten aus Tampa und Sebring (Florida) sowie aus Shreveport (Louisiana) aufbieten.[49] Die Luftstreitkräfte im Gebiet der CSF waren noch weit weniger beeindruckend und wurden im ersten halben Jahr des U-Boot-Kriegs nur um eine Handvoll Flugboote verstärkt. Die daraus folgende mangelhafte Luftüberwachung war einer der Faktoren, die dazu führten, daß in der Karibik noch Verluste eintraten, nachdem die U-Boot-Gefahr in der ESF und der GSF (vorübergehend) eingedämmt war.

Admiral King brauchte ungewöhnlich lange, bis er die schlichte Wahrheit begriff, daß im Krieg die schwächere Seite lernen muß, die ihr von der Schwäche diktierten Waffen zu benutzen. Die deutsche Kriegsmarine handelte schon lange nach diesem Grundsatz: Da ihre Überwasserflotte in den Häfen festlag, war das U-Boot die Waffe, die ihr von ihrer Schwäche aufgedrängt wurde. King erkannte nun nicht nur, daß es einen Bedarf für kleine Kriegsschiffe gab, sondern auch, daß er in seiner schwachen Position sogar zu Waffen greifen mußte, die noch weit weniger imposant oder marinegemäß waren. Im März blickte King, von den Briten wie von den Ereignissen dazu gezwungen, erstmals mit Wohlwollen auf die Möglichkeiten, die zivile Yachtklubs und Bootsflotten boten. Am 7. März erhielt er durch Vermittlung von Admiral Sir Charles C.J. Little, einem Angehörigen der Vertretung des britischen Generalstabs in Washington, einen Brief des Repräsentanten des britischen Ministeriums für Kriegstransporte in Kanada, in dem der Vorschlag gemacht wurde, die Amerikaner sollten, wie es die Engländer im Fall von Dünkirchen getan hatten, eine Freiwilligenflotte aus kleinen Privatbooten in Dienst stellen, die der Navy beim Patrouillendienst und bei der Rettung von Schiffbrüchigen helfen könnte. King wies Admiral Stark, der damals noch auf seinem Posten war, an, »Admiral Little mitzuteilen, daß der Ernst der Lage an der Ostküste voll erkannt wird und daß alle notwendigen Schritte unternommen werden. Was die erwähnten kleinen Boote betrifft [. . .] werde ich, wenn Ihre Dienststelle die Organisation einer solchen Freiwilligenflotte in die Wege geleitet hat, dafür sorgen, daß sie zum Einsatz kommt.«[50]

King hatte Fortschritte gemacht: Auf Befehl des COMINCH stöberte Admiral Andrews in den Häfen südlich von Jacksonville nach fast allem, was schwimmen konnte. Die Befehlshaber der Naval Districts wies er am 15. März an: »In Ihrem District vorhandene Boote, die zum Kauf stehen, Wasserbomben und Kanonen tragen können und für Patrouillen auf See klar sind, sofort melden.«[51] Es kam eine lange Liste privater Motorboote unter 30 Meter Länge zusammen, die der Hilfsflotte der Küstenwache zugeschlagen wurden. Sie umfaßte schließlich 1716 geeignete Boote, von denen 317, die in New York lagen, eine entscheidende Rolle hätten spielen können, wenn sie im Januar auf See gewesen wären und den ersten Anmarsch von U 123 gesichtet hätten.[52] Am 2. April verteilte der COMINCH das erste »Handbuch der U-Boot-Abwehr für kleine Wasserfahrzeuge« und am 2. Juni ein illustriertes »U-Bootjäger-Handbuch«.[53] Am 17. Juni (»Endlich«, schrieb der verärgerte Tagebuchschreiber der ESF) erteilte King, inzwischen zum eifrigen Verfechter der kleinen Schiffe mutiert - deren Bedeutung bei der U-Boot-Abwehr, wie Andrews im gleichen Monat feststellte, »nicht überschätzt werden kann«[54] - Andrews und dessen Kollegen Rear Admiral James L. »Reggie« Kaufman, seit 3. Juni Befehlshaber der GSF, deren Hauptquartier am gleichen Tag von Key West nach Miami verlegt wurde, folgenden Befehl: »Es ist bestimmt worden, die höchstmögliche Anzahl ziviler Boote zu erwerben, die zumindest in der Lage sind, bei gutem Wetter für einen Zeitraum von wenigstens 48 Stunden mit Reisegeschwindigkeit auf

See zu kreuzen. Diese Boote sind von der Küstenwache zu erwerben, in ihre Reserve zu übernehmen und von ihr zu bemannen. Sie sind so umzubauen, daß sie mindestens vier 300-Pfund-Wasserbomben tragen können, und mit wenigstens einem Maschinengewehr zu bewaffnen, vorzugsweise vom Kaliber 50; und sie sind mit einem Funkgerät, vorzugsweise Sprechfunk, auszurüsten.«[55]

Die bewaffneten zivilen Boote wurden in der Folge als Vorposten für Patrouillenfahrten auf der 100-Meter-Linie vor der atlantischen und der Golfküste eingesetzt, den sogenannten *Coastal Picket Patrols,* wie die Navy sie nannte. In der Main Navy befürchteten einige, die kleinen Boote könnten sich selbst in die Luft jagen, wenn sie die Wasserbomben in zu großer Nähe abwarfen, und der COMINCH reagierte darauf mit der vorsorglichen Anweisung, (a) die Wasserbomben nie auf weniger als 15 Meter Tiefe einzustellen, (b) beim Abwurf nie weniger als 10 Knoten zu fahren und (c) die Bomben nur in Gewässern abzuwerfen, die tiefer als 30 Meter waren, da man kaum etwas über die Wirkung der Bodenreflexion der Druckwellen wußte. Eine Meldung wollte die Navy *nicht* erhalten: *»Sighted sub, sank self«* (U-Boot gesichtet, selbst gesunken). Nach mehreren Unglücksfällen, die zeigten, daß man sich zu Recht Sorgen gemacht hatte, wurde die Bewaffnung der Boote auf Maschinengewehre beschränkt. Am 12. Juli liefen die ersten 49 von 143 verfügbaren Booten zu Patrouillenfahrten in ESF-Gewässern aus. Außer für die Rettung Schiffbrüchiger bestand ihr Wert hauptsächlich darin, daß sie die U-Boote unter Wasser hielten, wo ihre Geschwindigkeit und Manövrierfähigkeit und damit die Kampfkraft erheblich geringer waren als im aufgetauchten Zustand.[56] In den folgenden Monaten wurde häufig beobachtet, daß U-Boote beim ersten Anblick von Patrouillenbooten tauchten: Sie wollten zum einen keinen Torpedo verschwenden und zum anderen nicht ihre Position verraten, indem sie an der Oberfläche blieben und einen Artillerieangriff unternahmen. Ähnlich abschreckend dürften die Fischerboote vor der Küste gewirkt haben, die im April ebenfalls erfaßt und als Funkmeldeschiffe organisiert wurden.

Die Anregung zum Einsatz ziviler Patrouillenboote war ursprünglich nicht von den Briten gekommen, sondern von amerikanischen Fischern und Sportbootfahrern. Bereits am 30. Juni 1941 hatte der Besitzer einer großen Fischereiflotte in Wakefield (Rhode Island) dem

Marineministerium in einem Brief vorgeschlagen, seine Schiffe und die vergleichbarer Flotten mit Funksprechgeräten für die Überwachung der Küstengewässer (*»oilskin intelligence«* – »Ölzeugaufklärung«) auszustatten. Der damalige CNO Ingersoll wies die Idee zurück. Sie wurde am 12. Februar 1942 vom CNO Stark erneut aufgegriffen, aber da King noch nichts davon wissen wollte, verschwand der Plan wieder in der Schublade. Im Sommer 1941 war aus einer anderen Ecke, vom New Yorker Cruising Club of America, angeboten worden, der Navy Segelyachten (15–23 Meter) mit erfahrenen Skippern und Besatzungen zur Verfügung zu stellen. Am 23. Februar 1942, zu einer Zeit, als sich in der Öffentlichkeit zunehmend kritische Stimmen zu Wort meldeten, die einen aggressiveren Einsatz kleiner Boote, ob nun mit Motoren oder unter Segeln, durch die Navy forderten, erneuerte der Cruising Club seinen Vorschlag. Man kann sich vorstellen, mit welchem Abscheu die Admirale in der Main Navy auf die angebotenen Nußschalen blickten. Aber der Vorschlag des Cruising Club machte Sinn. Obwohl Segelboote zu langsam und zu wenig manövrierfähig waren, um es direkt mit einem U-Boot aufzunehmen, konnten sie doch lautlos anlaufen und die U-Boote oder ihre Sehrohre beobachten, ohne ihre eigene Anwesenheit zu verraten. Als leidenschaftlicher Segler, der zudem im Ersten Weltkrieg auf einem U-Boot-Jäger gedient hatte, schrieb King: »Mit einem Fetzen Segeltuch kann man sich an einen ›Jerry‹ heranschleichen.«[57] Außerdem stellte ein beigedrehtes Segelboot eine ruhiger liegende Beobachtungsplattform dar als andere Patrouillenboote; und ein Ausguck oben in der Takelage hatte – aus 12–18 Metern Höhe – einen Blick wie von der Brücke eines größeren Patrouillenboots. Aber Washington war nicht überzeugt. Kings Stab reagierte, wie nicht anders zu erwarten, ablehnend und versteifte sich darauf, daß der Nachteil mangelnder Geschwindigkeit und Manövrierfähigkeit den Vorteil der lautlosen Anfahrt überwiege.[58] In New York dagegen, wo die maritimen Traditionen stärker waren und wo es rauhe, erfahrene Yachteigner gab, die sich noch bei schwerstem Wetter auf See wagten, betrachtete Andrews das Angebot als Gottesgeschenk. Er setzte seinen Stabschef und seinen Nachrichtendienstoffizier auf das Projekt an und übergab Commander Vincent Astor, der selbst Segler war, die Oberaufsicht darüber. Im Juni wurden unter dem Beifall der Öffentlichkeit 36 hochseetüchtige Segelyachten in die Coastal Picket Patrol eingegliedert.[59] Die Hilfsflotte aus Segel- und Motorbooten lief bei der Küstenwache unter dem Namen »Korsarenflotte«. Aber niemand nannte sie so. Die Männer, die an Bord der zivilen Boote ihren Dienst taten, waren privilegierte Amateuradmirale, Geschäftsleute, Professoren, Collegestudenten, Charterunternehmer, Ernest Hemingway, der von Kuba aus operierte, ehemalige Schmuggler - jeder, der, wie Samuel Eliot Morison es ausdrückte, »festmachen, reffen und steuern« konnte -, und der Name, den sie sich selbst gaben, war: *Hooligan Navy.*

Ironischerweise kamen die Hooligans erst zum Einsatz (im Juni und Juli), nachdem sich der Schwerpunkt des U-Boot-Angriffs nach Süden in die Karibik und zurück auf die transatlantischen Konvoirouten verlagert hatte. Sie konnten sich daher nicht mehr unter den Bedingungen eines Großangriffs beweisen. Aber sie blieben nicht ohne Erfolgserlebnisse: wenn U-Boote durch ihre Anwesenheit unter Wasser gedrückt, (bei einer Übung) Flugzeuge, die den Schiffen der Navy und den Küstenstützpunkten entgangen waren, entdeckt und schiffbrüchige Seeleute von torpedierten Handelsschiffen gerettet wurden. Sie erlebten aber auch schwere Zeiten, zum Beispiel auf Kabinenkreuzern, die sich nicht auf See halten konnten, und, was nicht verschwiegen werden soll, peinliche Momente, wie etwa ein Sportkreuzer vor Florida, neben dem ein U-Boot auftauchte, dessen Kommandant der Besatzung in reinstem Amerikanisch zurief: »Macht, zum Teufel, daß ihr hier wegkommt, ihr Schießbudenfiguren! Oder wollt ihr verletzt werden? Los, schiebt ab!«[60] Im Verlauf des Jahres 1943, als man die U-Boot-Gefahr für abgeklungen hielt, wurde die Coastal Picket Patrol stufenweise verkleinert und die Hooligan Navy aufgelöst. Die maritimen »Minutemen« (Freiwillige auf Abruf im amerikanischen Unabhängigkeitskrieg) hätten sicherlich eine bedeutendere Rolle gespielt, wenn sie einberufen worden wären, als sie am dringendsten gebraucht wurden, zur Zeit der Ankunft der ersten U-Boote. Aber dafür wäre seitens der Navy mehr Vorstellungskraft und Flexibilität und weniger Apathie und Arroganz erforderlich gewesen, als sie im Januar und Februar 1942 und in der Zeit davor unglücklicherweise an den Tag legte. Jahre später erinnerte Samuel Eliot Morison in seiner halboffiziellen Geschichte der Navy im Zweiten Weltkrieg an die Hooligans: »Die Coastal Picket Patrol gehörte zu jenen Dingen, die man hätte vorbereiten müssen, bevor der Krieg nach Amerika kam. [. . .] Etwas mehr vom Geist von Dünkirchen - ›bietet alles auf, was ihr habt‹ - wäre nicht von Schaden gewesen [. . .], als in der Chesapeake Bay Regatten abgehalten wurden, während außerhalb der Capes die Hölle tobte. Die Yachtfahrer, zumindest einige von ihnen, warteten nur darauf, ihren Kopf hinzuhalten; aber zu der Zeit des größten Bedarfs vermochte sich die Navy nicht vorzustellen, wie sie sie hätte einsetzen können.«[61] Als das Navy Department schließlich einsah, daß die Privatboote durchaus nützlich sein konnten, waren die für die Öffentlichkeitsarbeit Zuständigen sofort an der Front: 1200 kleine Boote seien bereits (im Juli) zur U-Boot-Sicherung in den Küstengewässern im Einsatz, verkündeten sie der Presse. Die tatsächliche Zahl war 143.

Zivile Boote in Dienst zu nehmen war nur eine von vielen Ideen, die der Navy von außen unterbreitet wurden, nachdem klargeworden war, daß sie die U-Boote trotz ihrer voreiligen Beteuerungen keineswegs unter Kontrolle hatte. Neben verschrobenen Ideen fanden sich unter den Vorschlägen auch solche, die sinnvoll waren, wie der folgende von Robert K. Miller aus Rahway (New Jersey), der schrieb: »Mir ist gestern abend etwas eingefallen, das wahrscheinlich keinen Deut wert ist, aber ich dachte, ich sollte es Ihnen trotzdem mitteilen. [. . .] Warum können Tanker nicht bei Nacht auslaufen und dann an einem geheimen Treffpunkt eins dieser ›Moskito‹-Boote ins Schlepptau nehmen? Das ›Moskito‹-Boot wäre nur schwer auszumachen, und wenn es mit einem Horchgerät ausgerüstet ist, könnte es die U-Boote aufschnappen, und man wäre auf sie vorbereitet. [. . .] Ich hoffe, daß nicht irgendein junger Lieutenant diesen Brief einfach in den nächsten Papierkorb wirft. Bevor er es tut, erinnert er sich hoffentlich jenes Lieutenants, der sich weigerte, etwas zu unternehmen, nachdem ihm der Soldat in Pearl Harbor gemeldet hatte, er hätte im Horchgerät Flugzeuge gehört.« Rear Admiral Willis A. Lee jr., der stellvertretende Stabschef, antwortete in Kings Namen: »Die spezielle, von Ihnen vorgeschlagene Maßnahme wird bereits geprüft, so wie viele andere Methoden auch, die wir im Rahmen unserer Anstrengungen, die U-Boot-Bedrohung zu bekämpfen, auswerten.«[62] Eine der besseren Ideen, die der Navy nahegebracht wurden, war der Einsatz der zivilen Luftaufklärung (Civil Air Patrol - CAP), den das Tankerkomitee des Kriegsrats der Erdölindustrie auf dem schon erwähnten Treffen am 4. März vorschlug. Der Leiter der Delegation des Kriegsministeriums, Major General Carl Spaatz von der Luftwaffe, hatte keine Einwände gegen diese Idee, bei der Navy und insbesondere bei King persönlich stieß sie jedoch auf wenig Gegenliebe. Die CAP, zu der ausschließlich zivile Freiwillige gehörten, von denen viele ihre eigenen Flugzeuge einbrachten, war eine Woche vor Pearl Harbor organisiert worden. Man erwartete von ihr Hilfe bei Küstenpatrouillen, Rettungsaktionen und Transporten. Die Luftwaffe der Army zeigte sich früh an ihr interessiert, und das 112. Geschwader des *Ground Air Support Command* der Army in Atlantic City bot sich an, eine CAP-Beteiligung an Aufklärungsflügen über dem Meer zu testen. Demgemäß starteten am 8. März verschiedene Zivilflugzeuge zum ersten CAP-Einsatz im U-Boot-Krieg. Die Navy äußerte kein Interesse an ihren Diensten. Admiral Andrews versuchte vergeblich, den Stab in der Main Navy umzustimmen, indem er King am 12. März einen mit guten Argumenten gespickten Brief schrieb, in dem er vorschlug, die Luftflotte insgesamt zu einer, wie er es nannte, »Scarecrow Patrol« (Vogelscheuchenpatrouille) zu machen. Wenn sie zahlreich genug waren, würden die Küstenpatrouillen die U-Boote häufiger als bisher unter Wasser drücken und so ihre Reichweite beschränken und ihre Angriffe hemmen.[63] Als King seinen Stab um Stellungnahme bat, meinte der stellvertretende Stabschef Rear Admiral Donald B. Duncan, der Vorschlag sei nicht mehr als »ein von den Herstellern von Privatflugzeugen lanciertes Komplott«, und der für die operative Führung zuständige Rear Admiral Richard S. Edwards erklärte: »Es hätte keinerlei Nutzen, außer demjenigen, daß den Handelsschiffen das illusorische Gefühl gegeben würde, daß eine ausreichende Luftaufklärung stattfinde«, während es gleichzeitig zu falschen Kontaktmeldungen und verstopften Kommunikationswegen kommen würde sowie dazu, »daß verlorengegangene Amateurflieger den Einsatz von Anti-U-Boot-Schiffen für die Suche nach ihnen erforderlich machen würden«.[64] King entgegnete Andrews, daß seine »Scarecrow Patrol« wegen »operativer Schwierigkeiten« nicht genehmigt werden könne.[65]

So war es das 1. Luftunterstützungskommando der Army (später 1. Bomberkommando und schließlich 25. Geschwader des Anti-U-Boot-Kommandos), das offiziell mit der CAP zusammenarbeitete.

Von März an flogen CAP-Flugzeuge, bis 100 Kilometer vor der Küste, ständig die Schiffahrtswege ab, allerdings nur bei Tag. 50 Prozent der Flugzeuge hatten entweder eine 325-Pfund-Wasserbombe oder zwei 100-Pfund-Sprengbomben an Bord, zusammen mit einer einfachen, selbstgebastelten Zieleinrichtung. Die CAP-Piloten flogen bei jedem Wetter, selbst dem widrigsten, bei dem ihre Kollegen vom Militär am Boden blieben. Die U-Boot-Kommandanten verfluchten die dauernde Anwesenheit dieser »gelben Bienen«, wie die CAP-Flugzeuge wegen ihrer Farbigkeit genannt wurden. Ihre Piloten, die sich dafür übrigens nicht vom Militärdienst freistellen lassen durften, trugen für den Fall, daß sie in Gefangenschaft gerieten, spezielle Uniformen. Die Army stellte den Treibstoff zur Verfügung - alles andere, Wartung und Unterbringung, war Sache der Piloten. Anders als die Eigner der Segelyachten gehörten die CAP-Flieger zum größten Teil nicht zu den Begüterten, und so fiel es ihnen oft schwer, das Geld zu besorgen, um weitermachen zu können; aber sie taten es, auch wenn das Geld zusammengebettelt werden mußte. Es gibt kaum ein besseres Beispiel für private Einsatzbereitschaft und Unerschrockenheit in diesem Krieg als die CAP-Einheiten, von denen es zwischen Bar Harbor (Maine) und Brownsville (Texas) schließlich 21 gab. Typisch für sie waren die in Florida beheimateten Einheiten, die im Juni und Juli tagtäglich, von morgens bis abends, mit jeweils zwei Flugzeugen ihre Patrouillen flogen. Von Daytona Beach aus überwachten 23 Flugzeuge die Schiffahrtswege von Melbourne bis Jacksonville; von Lanatana aus behielten 15 Flugzeuge das Gebiet zwischen Melbourne und Riviera Beach im Süden im Auge; und von Miami aus suchten 20 Flugzeuge das Gebiet von Riviera Beach bis Molasses Reef auf den Keys ab.[66] Schließlich mußten auch King und seine Navy widerwillig den Wert der CAP anerkennen, und kurz nach dem 26. März, als die gesamte Luftüberwachung der Army und der Navy den Befehlshabern der Sea Frontiers unterstellt wurde, begann auch die Navy sie einzusetzen. Am 16. November, als die U-Boot-Aktivitäten in den verschiedenen Frontiers erheblich nachgelassen hatten, schränkte King die CAP-Flüge zunächst ein, bevor er am 18. Mai 1943 in einem Brief, der mit den Worten begann: »Der Oberkommandierende der Flotte der Vereinigten Staaten erkennt den wertvollen Beitrag, den die zivilen Flugzeuge in den Operationen der Sea Frontiers geleistet haben, an«, mit herrischer Geste die Einstellung sämtlicher CAP-Flüge verfügte. Sogar das ESF-Kriegstagebuch vermerkte die »Grobheit« dieses Befehls, und der Tagebuchschreiber verbeugte sich, als wollte er die Härte mildern, vor »der interessanten Bilanz«, die die CAP aufzuweisen hatte: [67]

Geflogene Patrouillen:	86685
Flugstunden:	244600
Funkmeldungen über U-Boot-Positionen:	173
Gemeldete Schiffe in Not:	91
Beobachtete Unregelmäßigkeiten auf See:	836
Spezialaufträge auf See oder entlang der Küste:	1046
Gemeldete Treibminen:	363
Gemeldete Leichen:	36
Auf Feind-U-Boote abgeworfene Bomben:	82
Beschädigte oder zerstörte Feind-U-Boote:	2
Für die Navy durchgeführte Konvoidienste:	5684
Verlorene Flugzeuge:	90
Todesopfer:	26
Schwere Verletzungen:	7

Seit dem ersten Viertel des 16. Jahrhunderts hatten zahlreiche europäische Eroberer vor Floridas Küsten ihre Flagge gezeigt. Die Ureinwohner, die Völker der Timunua, Calusa und Apalachee, die die Küste der Halbinsel bewohnten – die Seminolen waren Spätankömmlinge in Florida und im 18. Jahrhundert selbst als Eroberer gekommen –, sahen sich mit Möchtegern-Konquistadoren wie Juan Ponce de León, Pánfilo de Narváez und Hernando de Soto konfrontiert, mit ihren schreckenerregenden Heeren, Pferden, Rüstungen und ihrem ganzen Pomp. In den nächsten zwei Jahrhunderten wurden die Spanier ihrerseits zu »Eingeborenen« der *Tierra florida* – des Landes der Blumen –, an der zweimal im Jahr mit Gold, Silber und Edelsteinen beladene Schiffskolonnen aus Peru, Mexiko oder von den fernen Philippinen vorbeifuhren, die ersten bewaffneten Konvois der Neuzeit und damit die Vorgänger der englischen Konvois in den Napoleonischen Kriegen, im Ersten und Zweiten Weltkrieg. Nach den Spaniern waren noch andere Invasorenflotten an Floridas Küsten gelandet: Franzosen, Engländer, die Union (im amerikanischen Bürgerkrieg) und im

19. und 20. Jahrhundert schließlich die Touristen. Aber seit 1513, als Ponce de León in Florida eintraf, dürfte keine feindliche Streitmacht unerwarteter aufgetaucht sein als die deutschen U-Boote, die im Winter und Frühjahr in diesen subtropischen Gewässern auftauchten.

Reinhard Hardegens U 123 war, wie schon erwähnt, nicht das erste Boot in diesen Gewässern. U 128 (Heyse) war vor ihm dort gewesen und hatte im Februar in der Straße von Florida zwei Tanker versenkt, den ersten vor Kap Canaveral, den zweiten nördlich der Bethel Shoals. Im selben Monat hatte U 504 (Fregattenkapitän Fritz Poske) vor Florida ebenfalls zwei Tanker auf Grund geschickt, den ersten drei Seemeilen vor dem Jupiter Inlet, den zweiten 12 Seemeilen nordöstlich dieser Stelle. Aber seit Februar waren keine Deutschen mehr in den Gewässern von Florida gewesen, bis zur Nacht des 9. April, als U 123 die Staatsgrenze passierte und an der nördlichsten Stadt von Florida, Fernandina, vorbeifuhr, die hell erleuchtet war, so als wollte sie die Neuankömmlinge willkommen heißen. Weiter südlich mußten nach den Karten und dem Handbuch die Mündung des St. Johns und der Navy-Stützpunkte von Mayport liegen. Bald kam auch, wie erwartet, das fünf Meilen östlich der Molenköpfe der Flußmündung verankerte St.-Johns-Feuerschiff in Sicht. Sein intensives Licht beunruhigte Hardegen; er befürchtete, die Bootsilhouette von U 123 könnte von einem aufmerksamen Ausguck an der Küste entdeckt werden. Da auf der Karte ein Ankerplatz innerhalb der Molenköpfe verzeichnet war, lief Hardegen, während er sich, das Feuerschiff auf der Backbordseite, der Flußmündung näherte, weiterhin Gefahr, entdeckt zu werden. Aber als er schließlich einen Blick in die Flußmündung werfen konnte, waren dort keine Schiffe, weder zivile noch militärische, zu sehen. Rote Warnlichter auf den wenigen Gebäuden am Südufer ließen allerdings auf einen nahegelegenen Flugplatz schließen (den es erst ab 1943 gab). Die ganze Szenerie hatte etwas Stilles, Verschlafenes an sich, woraus Hardegen (diesmal korrekt) folgerte, daß Mayport nicht die militärische Bedrohung für ihn darstellte, die er erwartet hatte. Während U 123 die Flußmündung und den Lichtschein des Feuerschiffs hinter sich ließ, brachte Hardegen das Boot dicht unter die Küste, wo er eine Pier, eine Achterbahn, andere Vergnügungseinrichtungen, Hütten und Strandhäuser sehen konnte. Das mußte Jacksonville Beach sein. Alles war hell erleuchtet, und sogar auf dem Strand fuhren

Autos mit aufgeblendeten Scheinwerfern hin und her, so daß die Wellenkronen an Steuerbord jedesmal weiß glitzerten, wenn sie von ihrem Licht getroffen wurden. Hardegen sagte sich, daß er für eine Nacht lang genug riskiert hatte, entdeckt zu werden, und dampfte mit Kurs 150 Grad ab, um das Boot kurz vor Tagesanbruch auf Grund zu legen.

Um 20.00 Uhr MEZ (14.00 EWT) am 10. April erhob sich U 123 aus seinem sandigen Bett und stieg auf Sehrohrtiefe hinauf. Hardegen suchte den sonnenbeschienenen Horizont ab. Es war nichts zu sehen. Er wollte bei Dunkelwerden vor dem Leuchtturm von St. Augustine stehen, aber da der Patrouillendienst der Amerikaner offenbar intensiviert worden war, wäre eine Überwasserfahrt bei Tageslicht zu gefährlich gewesen. Er beschloß, unter Wasser zu bleiben, und notierte in seinem KTB: »Unterwassermarsch nach St. Augustin«. Die Stadt, die älteste des Landes, hatte in ihrer fast 400jährigen Geschichte viele feindliche Flotten an ihrer Küste gesehen, aber unter Wasser hatte sich ihr noch keine genähert. Am späten Nachmittag bekam Hardegen den Sendeturm des örtlichen Radiosenders ins Sehrohr. Rafalski hörte über Kopfhörer sein Programm. Der Sender kam sehr stark herein. Der Puster konnte nicht wissen, daß das kupferne Erdungskabel des Senders in der Marsch unter Wasser verlegt war, was für die ungewöhnlich starke Trägerwelle verantwortlich war, die er empfing. Als U 123 vor die Stadt kam, die bis auf das Gebäude der Exchange Bank, den Turm der Kathedrale und die beiden maurischen Türme des Hotels Ponce de León hinter der Nordspitze einer großen Insel (Anastasia) versteckt lag, die sich fast 25 Kilometer an der Küste hinzieht, entschloß sich Hardegen aufzutauchen. Die Brückenwache kletterte kurzärmelig in die warme Aprilluft hinaus und suchte sorgfältig jeden Quadranten ab. Nichts zu sehen, alles war klar. Keine Verteidigung. *Eins-Zwei-Drei* schien völlig allein auf See zu sein. An Steuerbord kam St. Augustine Beach in Sicht. Hardegen schrieb ein Jahr später: »Die Küste war [. . .] gut zu erkennen. Die Häuser, Bäume und Dünen des schönen Strandes, darüber der schlanke Leuchtturm – alles das konnten wir von der Brücke aus ohne Glas sehen. Ein Mann meiner Brükkenwache sagte plötzlich ›Herr Kaleu! Können Sie an dem dritten Strandkorb von links das kleine Mädchen erkennen?‹ Nun, hier war wohl der Wunsch der Vater des Gedanken. Aber wenn Strandkörbe da gewesen wären, so hätte man sie sehen müssen, so dicht standen wir diesmal unter der Küste.«[68] Es war eine idyllische Minute vor dem Anbruch der Nacht, die eine der gefährlichsten werden sollte, die Hardegen auf See verbrachte.

Nach Dunkelwerden löste sich U 123 von der Küste und kreuzte auf der Suche nach Zielen zwischen Marine Studios (Marineland) unterhalb der Insel Anastasia im Süden und Vilano Beach oberhalb von St. Augustine im Norden, blieb aber stets innerhalb der Sichtweite des Leuchtturms. Um 19.45 Uhr Ortszeit, als das Boot wieder einmal nordwärts fuhr, meldete ein Ausguck backbord voraus zwei getrennte Schatten, die zwischen U 123 und der Küste nach Norden fuhren. Hardegen richtete das Doppelglas in die angegebene Richtung und stellte fest, daß die Aufbauten und Masten zu einem einzigen Schiff gehörten. In der Dämmerung hatte sich der tiefliegende Rumpf nicht von der Küste abgehoben, so daß das Achterschiff mit Mast und die Brükke mit dem vorderen Mast wie zwei Schiffe ausgesehen hatten. »Ein Tanker, Richtung Norden«, sagte er zu von Schroeter, den er auf die Brücke gerufen hatte. »Ein Riese, tief beladen. Müssen 12500 BRT sein. Und schnell ist er – vielleicht 12 Knoten. Wir werden die Propeller ganz schön aufdrehen müssen, wenn wir ihn einfangen wollen.«

Dem Steuermann befahl er über Sprachrohr: »Auf Drei-Vier-Null gehen. Beide Maschinen äußerste Kraft voraus!« Die Diesel reagierten auf das Zeichen des Maschinentelegrafen, und bald schnitt U 123 hohe Bugwellen ins Meer, während es seiner Beute nachjagte. Eine Stunde später drosselte Hardegen die Fahrt, obwohl er den Tanker noch nicht eingeholt hatte. Das Meeresleuchten auf ihrem Kielwasser war allzu verräterisch. Nicht nur das Ziel konnte sie entdecken, sondern auch über sie hinwegfliegende Flugzeuge hätten sie leicht ausmachen können. Hardegen erkannte, daß er möglicherweise nicht ganz an den Tanker herankommen konnte und bei stumpfer Lage würde schießen müssen. Von Schroeter an der UZO aktualisierte die Unterlagen, während der Tanker an Ponte Verde vorbeifuhr und sich Jacksonville Beach näherte. »Nach der zweiten Bugwelle schätze ich seine Fahrt auf 12,5 Knoten, Herr Kaleu«, meldete er dem Alten. »Lage Eins-Zwei-Eins. Entfernung 2700.«

»Die Entfernung ist noch zu groß«, erwiderte Hardegen. »Warten Sie, bis wir 2000 erreicht haben.« Hardegen befürchtete, der Aal könnte nicht akkurat laufen. Es war ein Axiom, daß die Laufgenauigkeit mit zunehmender Entfernung geringer wurde, und es war lange her, daß er aus solcher Entfernung geschossen hatte. Aber ein G7e-Aal hatte eine Reichweite von 5000 Metern und eine Geschwindigkeit von 30 Knoten. Es war also möglich. Hardegen hatte nur noch diesen und einen weiteren Torpedo sowie 90 Granaten für die Bootskanone.

»Kommen auf 2000, Herr Kaleu«, meldete von Schroeter.

»In Ordnung, IWO. Fahrt verringern und Mündungsklappe öffnen. Feuererlaubnis bei 2000 Metern erteilt!« Hardegen sah, daß das Ziel jetzt ungefähr vier Seemeilen von der Küste entfernt genau vor Jacksonville stand.

»Nummer 1 öffnen!« rief von Schroeter.

»Mündungsklappe Nummer 1 ist offen!«

»Folgen?«

»Folgen!«

»Rohr 1 – los!«

Von Schroeter drückte auf seine Stoppuhr und richtete sich auf. Der Torpedo war aufgrund des Meeresleuchtens und der absolut ruhigen See deutlich zu verfolgen. Von Schroeter füllte unterdessen das Formular für die Schußmeldung aus: eingestellte Torpedotiefe 3 Meter; eigene Fahrt beim Schuß 9 Knoten; eigener Kurs bei Schuß 307 Grad; Schiffspeilung beim Schuß 350,5 Grad; Torpedokurs 318 Grad; Wassertiefe 14 Meter; Uhrzeit des Schusses 4.22 Uhr MEZ (11. April).[69]

»Wie groß, glauben Sie, ist der Tanker, IWO?« fragte Hardegen.

»Ich schätze ihn auf 160 Meter Länge, Herr Kaleu. Er füllt drei Viertel der UZO aus.« Danach starrten beide auf den sich schnell bewegenden Schatten, der sich jetzt vor den hellen Lichtern von Jacksonville Beach scharf abhob. Keiner sagte etwas, bis von Schroeter nach zweieinhalb Minuten leise meldete: »150 Sekunden.« 25 Sekunden später zählte er: »Zwei . . . eins . . . Einschlag!«

Aber es war kein Einschlag zu sehen oder zu hören.

Mist! schimpfte Hardegen in sich hinein. Er hatte seinen vorletzten Aal für einen unmöglichen Schuß verschwendet. Jetzt würde er den ganzen Weg um das St.-Johns-Feuerschiff herum machen und im Norden einen neuen Angriff unternehmen müssen, das hieß, wenn er mit dem Tanker Schritt halten konnte. Aber gerade als er sich vorbeugte, um dem Steuermann den neuen Kurs durchzugeben, flackerte am westlichen Himmel eine gewaltige Tankerfackel auf. Ein Treffer! Was war passiert? Hatte die Laufzeit nicht gestimmt, oder war es ein Zielfehler gewesen? Wen kümmerte es! dachte Hardegen, während er beobachtete, wie der Tanker in der Mitte einknickte. Das Ufer war wie von einem riesigen Blitzlicht in taghelles Licht getaucht, und man konnte sehen, wie die Menschen aus den Hotels, Wohnhäusern und Vergnügungsstätten strömten. »Ein seltenes Schauspiel für alle Badegäste, die wohl gerade beim Abendessen sitzen«, schrieb Hardegen in sein KTB. Es war 22.20 Uhr Ortszeit, also ein wenig zu spät fürs Abendessen, aber das Nachtleben in den Bars, Tanzhallen, Drive-ins und Vergnügungsparks war in vollem Gange, und die Strände waren voller Menschen, für die der Freitagabend in Florida Partyzeit war.

Hardegen gab sich nicht damit zufrieden, daß der Tanker sinken würde, sobald seine Ladung verbrannt war. Er befahl die Geschützbedienung an Deck und fuhr mit hoher Fahrt auf das zerbrochene Schiff zu, um ihm mit der Artillerie den Rest zu geben. Als er die vielen Neugierigen an Land sah und bemerkte, wie nah die Strandhäuser waren, fuhr er um das Heck des Tankers herum und setzte sich zwischen ihn und die Küste, um bei Fehlschüssen nicht die Menschen oder Häuser an Land zu treffen.[70] Das brachte allerdings vier Probleme mit sich: Erstens war U 123 vor dem Feuerschein sichtbar und daher von möglicherweise an der Küste stationierten Geschützen leicht zu treffen. Zweitens mußte U 123 wegen der geringen Wassertiefe bis auf 250 Meter an den lichterloh brennenden Tanker heranfahren. Drittens entdeckte Hardegen, daß auf seinem Achterdeck eine 10,2-cm-Kanone stand, die jedoch aus unerfindlichen Gründen nicht bemannt war. Und viertens wurde durch das Mündungsfeuer des ersten Schusses das aus dem Tanker auslaufende Öl rund um U 123 in Brand gesetzt! Nur der glückliche Umstand, daß der Wind das Feuer von U 123 fortwehte, verhinderte, daß die Brückenwache und die Geschützbedienung nun ihrerseits geschmort wurden. Aus der geringen Entfernung war jeder Schuß von U 123 ein Treffer, und das Ziel war bald auf Grund gesetzt. Das Feuer war nicht erwidert worden. Inzwischen hatten sich zwei große, getrennte Öllachen entzündet, so daß es aussah, als ständen dort zwei Schiffe in Brand. Hardegen lief rasch mit Kurs 165 nach Süden ab. Später schrieb er: »Allen Badegästen hatten wir so auf Kosten Roosevelts eine eindrucksvolle Sondervorstellung gegeben. Ein brennender Tanker direkt vor der Nase, dazu noch Artilleriebeschuß, bei dem wir von Land für kurze Zeit deutlich als dunkle Silhouette vor dem brennenden Tanker standen – das wurde bis dahin selbst in Amerika den Badegästen nicht geboten!«[71]

An Land war die lebenslustige Stimmung angesichts des Schiffsscheiterhaufens auf See und des U-Boots, das das brennende Tankerwrack noch zusätzlich beschoß, schnell in Schrecken umgeschlagen. Die Menschen schauten mit rot angestrahlten Gesichtern wie betäubt aufs Meer und versuchten zu begreifen, wie es möglich war, daß ein Krieg, der bisher so weit von ihrem alltäglichen Leben entfernt stattgefunden hatte, plötzlich vor ihrer Haustür ausgetragen wurde. Sie telefonierten mit ihren Familien und Freunden, und bald waren die Straßen zum Strand von den Autos der Neugierigen verstopft. Die meisten wurden jedoch von der Militärpolizei angehalten und zurückgeschickt. Aber nicht nur Neugierige erschienen auf der Szene. Nur fünf Minuten nach dem Einschlag des Torpedos waren PBY-3 aus Jacksonville über dem Ort des Angriffs und warfen Leuchtbomben ab, um das U-Boot ausfindig zu machen. Wenig später kamen mit MK-XVII-Wasserbomben bewaffnete B-25-Mitchell-Bomber des 106. Aufklärungsgeschwaders, das auf dem städtischen Flugplatz von Jacksonville stationiert war, dazu. Bombenangriffe wurden nicht geflogen, aber die überall aufflammenden Magnesiumfeuer, die an Fallschirmen langsam herabschwebten, ermöglichten es den Rettungsbooten, die Schiffbrüchigen des Tankers zu orten. Diese Schiffe kamen aus Mayport. Sie waren zu klein, als daß Hardegen sie hätte ausmachen können, als er die Mündung des St. Johns passierte, und sie stellten die ganze Flotte von Mayport dar: zwei umgebaute Yachten, eine von ihnen die 38 Meter lange *Tyrer,* die zwei Nächte vorher Überlebende der *Esparta* aufgenommen hatte; ein Minensucher und zwei Yippies. Sie brachten die Überlebenden auf mehreren Fahrten nach Mayport, wo das Verwaltungsgebäude des Stützpunkts in ein Notlazarett umgewandelt wurde.[72] Die Toten wurden auf den Rasen vor dem Gebäude gelegt. Viele von ihnen waren bis zur Unkenntlichkeit verkohlt. George W. Jackson, ein Reservist, der ein Yippie (Y 32 – ein U-Boot-Jäger aus dem Ersten Weltkrieg) kommandierte, erinnert sich daran, daß er, als er in das brennende Wasser griff, um einen Seemann zu retten, ihm nur das Fleisch von den Knochen riß. Für ihn und seine zwölfköpfige Besatzung war es die grausigste Erfahrung, die sie in ihrem jungen Leben bis dahin gemacht hatten.[73]

Der Tanker SS *Gulfamerica* war mit 8081 BRT nicht ganz der Riese, den Hardegen in ihm gesehen hatte, aber doch recht groß und vor allem funkelnagelneu. Er gehörte der Gulf Oil Co. und war mit 90000 Barrel Heizöl auf seiner Jungfernfahrt von Port Arthur nach New York unterwegs, als er das Unglück hatte, Reinhard Hardegen zu begegnen. Die Besatzung bestand aus 41 Zivilisten und sieben bewaffneten Wachen der Navy. Oscar Anderson, der Kapitän, fuhr auf Kurs 352 mit 14 Knoten (mehr, als von Schroeter geschätzt hatte) nordwärts, mit gelöschten Lichtern, bei absoluter Funkstille und mit zwei Ausgucks auf dem Deckshaus sowie zwei weiteren von der Geschützbedienung, auf dem Achtertank. Um 22.22 Uhr EWT lief an Steuerbord von achtern mit 35 Grad ein Torpedo an und explodierte im Achtertank Nummer 7. Das Öl schoß in die Luft und fing sofort Feuer. Anderson berichtete, wie alle anderen Überlebenden, von einem zweiten Torpedo, der kurz nach dem ersten ungefähr drei Meter unter der Wasserlinie im Maschinenraum einschlug. Aber das muß eine Folgeexplosion, vermutlich der Kessel, gewesen sein, denn es wurde nur ein Torpedo abgefeuert. Anderson befahl, die Maschinen zu stoppen und das Schiff zu verlassen. Der Funker, William M. Meloney, der 30 Tage zuvor auf einem anderen Schiff schon einmal torpediert worden war, setzte den Notruf ab, während Anderson die Geheimpapiere in einem beschwerten Sack über Bord warf und die Besatzung damit begann, die Rettungsboote zu Wasser zu lassen. Es verlief alles in geordneten Bahnen, bis das U-Boot auf der Backbordseite auftauchte und mit seiner Bootskanone über die Köpfe der Männer auf den Hauptmast und die Funkantenne zu schießen begann. In der dadurch ausgelösten Verwirrung sprangen 25 Mann über Bord, von denen die meisten ums Leben kamen, und das Rettungsboot Nummer 4 kenterte. Zwei andere Rettungsboote konnten sicher herabgelassen werden. Einer der letzten, die von Bord gingen, war der aus dem nahe gelegenen Jacksonville stammende 57jährige Chefmaschinist Vasco R. Geer, der zusammen mit dem Zweiten Pumpenmaschinisten Glen W. Smith und dem Dritten Offizier Oliver H. Gould Boot 2 auf der Steuerbordseite aufs Wasser brachte. Sie ruderten auf die Backbordseite, um in dem abscheulich stinkenden Wasser schwimmende Männer zu bergen, mußten sich aber zurückziehen, als die Oberflächenbrände sie einzuschließen drohten. Geer beobachtete, wie die Männer aus einem anderen Rettungsboot ins Wasser sprangen, als das U-Boot das Artilleriefeuer eröffnete; sie glaubten offenbar, die Deutschen würden auf die Rettungsboote schießen. Aber Geer berichtete, daß es »keinen Versuch, die Schiffbrüchigen in den Booten zu beschießen oder zu bedrängen«, gegeben habe.[74] Die Rettungsboote nahmen 24 Schiffbrüchige der zivilen Besatzung (einschließlich des Kapitäns, der von einem Granatsplitter am Arm getroffen worden war, und des Funkers) und fünf Überlebende der *Armed Guard* auf und bargen zwölf Leichen. Geer sagte bei der Befragung durch die US Navy: »Ich wünschte, wir hätten eine Chance gehabt, die Kanone gegen sie [die Deutschen] einzusetzen.«[75] Ein Grund dafür, daß weder die Kanone auf dem Achterdeck noch die beiden Maschinengewehre, mit denen die *Gulfamerica* als einer der ersten Tanker ausgerüstet worden war, benutzt wurden, wird in den Akten nicht angegeben. Die Position des U-Boots bei seinem Überwasserangriff war durch das Mündungsfeuer und die Leuchtspurgeschosse klar zu erkennen. Doch im offiziellen Bericht der *Armed Guard* der Navy heißt es nur: »Die 4-Zoll-Achterdeckkanone war bemannt und geladen, aber Verteidigungsfeuer wurde nicht abgegeben.«[76] Vielleicht war es wegen der Schlagseite des Tankers nicht möglich gewesen; vielleicht hatte die Geschützbedienung dem Befehl, das Schiff zu verlassen, gehorcht, bevor das U-Boot gesichtet werden konnte; oder sie war in Panik geraten. In der öffentlichen Verlautbarung der Navy wird schlicht festgestellt: »Die Besatzung hatte keine Gelegenheit, auf das angreifende U-Boot zu feuern.«[77]

Unter denen, die lebend gerettet wurden, hatte ein Mann namens McCollum – ein »Wintergast«, wie er in den Akten genannt wird – die längste Zeit auf dem Wasser verbracht. Eher tapfer als klug, war er mit einem kleinen Ruderboot von Jacksonville Beach aufgebrochen, um sich an der Rettungsaktion zu beteiligen, hatte, vom Landwind unterstützt, den brennenden Tanker bald erreicht und war an ihm vorbeigetrieben worden. Als man ihn am nächsten Tag gegen Mittag auflas, befand er sich über 20 Seemeilen vor der Küste auf hoher See.[78]

Als der Gouverneur von Florida, Spessard Holland, begriff, daß der helle Hintergrund der Lichter von Jacksonville Beach dazu geführt hatte, daß das U-Boot sein Ziel ausmachen konnte, ordnete er noch am 11. April eine »Abschirmung« aller seewärts scheinenden Lichter der Städte und Gemeinden an der Küste an. Diese Maßnahme reichte jedoch nicht aus, um zu verhindern, daß die Schiffe weiterhin von See aus als Schattenrisse sichtbar waren.[79]

Vier Tage nach dem Angriff auf die *Gulfamerica* fand in der Kathedrale von St. Augustine für mehrere der ums Leben gekommenen Seeleute, die Katholiken gewesen waren, eine Totenmesse statt. Ihr Schiff, das bei einer Schlagseite von 40 Grad nach Steuerbord mit dem Heck auf Grund lag, kippte einen Tag danach, am 16. April, schließlich ganz um und verschwand blubbernd unter der Wasseroberfläche. Seine Jungfernfahrt war nun endgültig vorüber.

Am selben Tag gab der COMINCH einen Befehl heraus, mit dem der gesamte Tankerverkehr vor der Ostküste gestoppt wurde. Für Hardegen wurde die *Gulfamerica* damit zum letzten Tanker, den er versenkte. Bis zum Ende des Monats sollte kein Tropfen Öl mehr auf dem Seeweg transportiert werden. Die alliierte Kriegführung mußte von ihrem Kapital zehren.[80]

Am frühen Morgen des 9. April legte der Zerstörer USS *Dahlgren* (DD 187) unter dem Kommando von Lieutenant Commander R.W. Cavenagh vom Pier Baker im Navy-Stützpunkt Key West ab und dampfte mit allgemein nördlichem Kurs an der Küste Floridas entlang. Am nächsten Tag kreuzte DD 187 im Zickzackmuster 9 auf verschiedenen Grundkursen mit 15–20 Knoten durch die Küstengewässer, bis er schließlich am 10. April um 16.33 Uhr vom GSF-Hauptquartier in Key West den Befehl erhielt, die Gegend zwischen St. Augustine und Fernandina nach einem feindlichen U-Boot abzusuchen.[81] Um Mitternacht befand er sich 12 Seemeilen vor der Küste mit Kurs 292 in Höhe des Leuchtturms von St. Augustine. Um 2.15 Uhr am 11. April erschien ein Flugzeug und warf eine Leuchtbombe ab. Um 2.35 Uhr folgte ein zweites Flugzeug, das mehrere Lichter um den DD herum plazierte, auf dem inzwischen Alarm gegeben worden war. Die Flugzeuge und die Magnesiumlichter waren für die *Dahlgren* die einzigen Hinweise darauf, daß ein U-Boot in der Nähe war, da Key West ihr nichts von der Tragödie der *Gulfamerica* mitgeteilt hatte. Ein anderes Schiff, das sich in der Nähe aufhielt, sichtete das U-Boot, nach dem die Flugzeuge suchten. Es war ausgerechnet das Schwesterschiff der *Atik,* das Q-Ship *Evelyn* (USS *Asterion),* das um 1.33 Uhr bei 29° 40′ N, 80° 56′ W, südöstlich von St. Augustine, ein aufgetauchtes U-Boot entdeckte und die Sichtung sofort über Funk meldete.[82] Als Hardegen den abgefangenen Funkspruch las, wußte er, daß nur U 123 gemeint sein konnte. In sein KTB schrieb er: »[. . .] wir hören gerade noch auf 600 m wie der Dampfer ›Evelyn‹ eine U-Bootssichtmeldung gibt mit genau unserem Standort. Er muss uns bei der Leuchtbombe gesehen haben, da er ja nicht weit ab stand. Nun wird es langsam Zeit sich hier zu verholen und ich setze nach See ab.«[83] Die *Dahlgren* hatte den Funkspruch ebenfalls aufgefangen und hielt auf die in ihm angegebene Position zu.

Was dann folgte, beschrieb Hardegen in seinem KTB so:

> An B.B. verdächtiger Schatten. Sieht nicht nach Frachter aus. Liegt fast gestoppt, oder ganz langsame Fahrt nach Norden. Der Brand des Tankers kommt jetzt nach 3 Std.n langsam ausser Sicht. Wir sind 27 sm ab und man sieht nur noch die Rötung des Himmels. An St.B. ein südgehender Schatten, kommt von achtern auf. Da kann ich also angreifen. Während ich zudrehe wirft achteraus ziemlich nah wieder ein Flgzg. eine Leuchtbombe. Wir sind hell beleuchtet. Ich erkenne, wie ein 2. Flgzg. plötzlich das Schiff anmorst, das wir an B.B. als verdächtigen Schatten gesehen hatten. Man sieht ihn jetzt deutlicher und es scheint ein Zerstörer zu sein. Er morst an das Flugzeug längeren Spruch zurück. Ist nicht abzulesen. Flgzg. antwortet mit Scheinwerfer. Die Leuchtbombe brennt immer noch, da sehe ich an St.B. Seite ein Flgzg. ohne Laternen. Ich stoppe und hoffe, daß er nichts merkt. Plötzlich kippt er über den linken Flügel ab und fliegt uns an. So schnell erfolgte noch kein Alarm. ↓ Als ich durchs Luk fiel war er schon fast über uns, ein einmotoriger Tiefdecker, ähnlich He 70. Bei 20 m hauen wir schon auf Dreck. Es folgen keine Flibos, trotzdem er uns sicher gesehen hat. In der Peilung des Schattens sind schnelle Schraubengeräusche zu hören. Gehe auf Schleichfahrt, Kurs 120° auf ›tieferes‹ Wasser. (30 m) Steuere 18 m. Schraubengeräusche genau achteraus werden stärker. Deutlich Zerstörerschrauben. Der Bursche überläuft uns haargenau, was nicht gerade melodisch klingt und wirft 6 Wabos. Das Boot wird toll

durchgeschüttelt, Leute fliegen durch die Gegend, praktisch fällt alles aus. Überall zischt und rauscht es. Klar bei Tauchretter. Da kommt schon wieder der Zerstörer. Wir liegen nun auf Grund auf 22 m. Habe alles was noch läuft abgestellt. Horchen kann man mit bloßem Ohr genau so gut.«[84]

Er ließ den Strahl seiner Taschenlampe durch die Zentrale streichen, bis er von Schroeters Gesicht gefunden hatte. »IWO«, flüsterte er, »Zerstörung der Schlüssel-M-Walzen, Codebücher und aller Geheimpapiere vorbereiten. Geben Sie von Mund zu Mund nach vorn und hinten durch, daß die Tauchretter klargemacht werden sollen. Aber leise! Und lassen Sie alle Mann in die Zentrale kommen. Diesmal, glaube ich, ist es aus mit uns.«

»Jawohl, Herr Kaleu«, hauchte von Schroeter zurück. Die Amerikaner hatten möglicherweise Horchgeräte.

»Und bereiten Sie alles zur Einstellung des Zeitzünders der Selbstzerstörung vor. Und sehen Sie nach, welche Verletzungen es gibt.«

»Jawohl, Herr Kaleu.«

Als der Alte Schulz gefunden hatte, ging er über das zersplitterte Glas der Instrumente zu ihm hinüber und legte ihm die Hand auf die Schulter. »Welche Schäden haben wir bis jetzt, LI?« fragte er ihn.

»Sämtliche Kopfventile sind aufgesprungen, Herr Kaleu«, wisperte Schulz. »Wir verlieren Luft. Sie hören ja das Blubbern. Der Zerstörer da oben braucht sich bloß an den Luftblasenteppich zu halten. Ich kann kein Piepen hören. Er scheint kein ASDIC-Gerät zu haben. Aber dafür hat er ja unsere Luftblubber. Außerdem war das Turmluk aufgesprungen, aber wir haben es wieder dicht gekriegt. Im Augenblick warte ich darauf, daß jemand von hinten herkommt, um Meldung zu machen. Möglicherweise haben wir am Heck schwere Schäden davongetragen.«

Der Alte stöhnte auf und schaute nach oben, wo das *swisch-swisch-swisch* der Zerstörerschrauben langsam wieder näher kam. Das hier war nicht gerade der geeignetste Platz, um mit Wabos belegt zu werden. Bei nur 22 Metern Wassertiefe war ein U-Boot ihnen schutzlos ausgeliefert. Nach der nächsten Welle würde er den Befehl zum Verlassen des Boots geben.

SWISCH-SWISCH-SWISCH. Der Amerikaner lief genau über sie hinweg. Jetzt mußten die tödlichen Kanister abgeworfen werden.

»Festhalten!« rief Hardegen mit lauter Stimme. Der Zerstörer da oben mußte jetzt mit großer Fahrt ablaufen, um den Bombenexplosionen zu entgehen, und konnte deshalb über das Horchgerät nur seine eigenen Schraubengeräusche hören. Jeder in der Zentrale suchte sich einen Halt und wartete voller Anspannung auf die Detonationen.

Aber - *SWISCH-SWISCH-swisch*. Hardegen schaute wieder zur Decke hoch. *Swisch-swisch-swisch* . . . »Er läuft ab«, flüsterte er. »Er hat nichts abgeworfen!« Wieso das? U 123 lag wie auf dem Präsentierteller. Hatten die Amerikaner in letzter Sekunde das Selbstvertrauen verloren? Hatten die Wabo-Werfer nicht funktioniert? Hatte der Zerstörer sein Ziel aus den Augen verloren? Warum auch immer, es war ein unglaubliches Glück. Wie lange würde es ihnen noch treu bleiben, das Glück? Die Schraubengeräusche wurden stetig leiser, und dann schien der Zerstörer in einiger Entfernung zu stoppen. Hardegen wartete noch eine Weile ab, bis er halbwegs sicher sein konnte, daß kein neuer Angriff erfolgen würde. Dann ließ er die roten Notlampen einschalten.

»Also gut, LI«, sagte er zu Schulz. »Probieren wir aus, was noch funktioniert. Wir müssen herausbekommen, in welchem Zustand sich das Boot befindet, auch wenn es Krach macht. Wenn der Zerstörer kein ASDIC hat, dann bestimmt irgendein anderes Horchgerät. Er wird uns also mit Sicherheit hören. Aber er weiß wegen der Luftblubber sowieso, wo wir sind. Das Risiko müssen wir also auf uns nehmen.«

Schulz ging schnell die Checkliste durch, die er im Kopf hatte, ließ die E-Maschinen, Gebläse und Entlüfter an- und abstellen, prüfte die Batterien, Sicherungen und Leitungen, führte Rudertests durch. Als Karlchen aus dem Diesel-Maschinenraum und der Maschinenmaat Renner aus dem E-Maschinenraum, beide in ihren Dräger-Tauchrettern, in die Zentrale kamen, winkte Hardegen sie zu Schulz.

»Oberleutnant«, sagte Karlchen, »der Backborddiesel ist ausgefallen. Wir können nur 5 und 7 steuerbord mit Diesel ausblasen, den Rest mit Luft - außer 1 und 8, wo Luft rauszischt. Die Kopfventile sind verzogen und ein paar Rohre möglicherweise kaputt.«

»Danke, Karlchen«, sagte Schulz. »Renner?«

»Die meisten Batterien sind leer, Herr Oberleutnant. Mit dem Rest kommen wir nicht weit. Außerdem schlagen beide Schrauben sehr stark und machen schon bei Schleichfahrt einen Höllenlärm. Karlchen ist mit mir nach hinten gegangen und hat es bestätigt: Die Wellen sind verbogen, und vielleicht auch die Schrauben.«

»In Ordnung, Renner, danke«, sagte Schulz und wandte sich an den Alten. »Die Ruder sind auch unklar, Herr Kaleu. Wahrscheinlich die Stopfbüchsen. Ich fürchte, wir könnten das Boot nicht unter Kontrolle halten, falls wir es in Gang bekommen sollten. Und was Renner von den Batterien und den Wellen meldet, hört sich auch nicht gut an.«

Der Alte sah von einem zum anderen, während er horchte, ob der Zerstörer seine Position veränderte. *Swisch-swisch-SWISCH.* Er schien wieder anzulaufen!

»Sie meinen also«, folgerte Hardegen, »daß wir, wenn wir diesem Angriff entkommen sollten, nicht nach Lorient zurückkämen.«

»So ist es, Herr Kaleu«, bestätigte Schulz. »Wenn wir es nach oben schaffen sollten, kämen wir mit unseren deformierten Wellen nicht allzu weit. Und bei zwei kaputten Tauchzellen und fraglicher Stromversorgung scheint es mir nicht sicher, daß wir voll alarmtauchklar sind. Mit anderen Worten, wir wären auf dem gesamten Rückmarsch für jeden, der uns angreift, ein leichtes Ziel.«

Hardegen wog die verschiedenen Möglichkeiten gegeneinander ab, obwohl seine Konzentration von den lauter werdenden Schraubengeräuschen des Zerstörers erheblich gestört wurde. In wenigen Augenblicken würde er wieder über ihnen sein – da war er schon. Aber wieder ließ er keine Wabos zurück. Er war genau über ihren Kopf gefahren, und nichts war passiert! Was hat er vor? fragte sich Hardegen. Doch als sich sein Herzschlag wieder beruhigt hatte, wandte er sich wieder den Möglichkeiten zu, zwischen denen er sich entscheiden mußte. Je länger er darüber nachdachte, desto deutlicher schälte es sich heraus, daß es zum Besten seiner Männer nur einen Weg gab: den nach oben, und zwar sofort, hier in seichten Gewässern, in der Nähe von St. Augustine, dicht vor der Küste und noch dichter an einem Schiff, das sie auffischen konnte. Den Marsch nach Hause konnten sie nicht schaffen, entweder wegen technischer Schäden oder weil sie nicht mehr in der Lage waren, sich erfolgreich zu verteidigen. Ein Jahr später schrieb er: »Das war also das Ende. Nun sollten wir doch noch die Gastfreundschaft Mr. Roosevelts in Anspruch nehmen.«[85]

Schließlich rief er mit lauter Stimme: »Klarmachen zum Aussteigen!« Dann ging er an seinen Männern vorbei zum Kommandantenraum, steckte die Fotos seiner Frau und seiner Kinder in die Tasche, zog seinen Tauchretter und seine Schwimmweste unter der Koje hervor und legte sie an. Wieder in der Zentrale, stellte er den rechten Fuß auf die unterste Leitersprosse. Auf U-Booten ging, anders als auf Überwasserschiffen, der Kommandant als erster von Bord. Wenn über dem Boot eine Gefahr lauerte, wäre er der erste, der sich ihr aussetzte.

»Sobald ich mit dem Fluten anfange«, sagte er zu von Schroeter, »stellen Sie den Zeitzünder der Sprengladung ein. Packen Sie die Geheimsachen an eine Stelle, wo sie zerstört werden. Die Walzen stekken Sie ein, um sie draußen fallen zu lassen. Achten Sie darauf, daß die Männer die Schuhe ausziehen und keine schweren Sachen anhaben. Schalten Sie jetzt die Stromversorgung ab! *Alle Mann aus dem Boot!«*

Als Hardegen das Turmluk erreicht hatte, klemmte er sich mit einem Arm an der Leiter fest, damit ihn das hereinstürzende Wasser nicht hinunterspülte, nahm das Mundstück des Tauchretters in den Mund und klemmte den Nasenclip auf die Nase. Danach griff er mit dem anderen Arm nach oben und begann das Rad des Luks aufzudrehen. Er wollte das Luk nur leicht anheben, damit das Wasser langsam ins Boot floß. Sobald das Boot voller Wasser stand und sich Innen-und Außendruck angeglichen hatten, würden er und die Männer unter ihm hinausklettern und sich an die Oberfläche tragen lassen. Die Wassertemperatur betrug an der Oberfläche knapp 19 Grad Celsius.

Hardegen drehte das Luk hoch. Das hereinschießende Wasser floß ihm in den Nacken, und er drehte das Luk instinktiv wieder zu. Als er seinen Schreck, wie er glaubte, überwunden hatte, drehte er das Luk erneut einen Spaltbreit auf. Das hereinströmende Wasser klatschte ihm ins Gesicht, und wieder drehte er das Luk zu. Kurz darauf hörte er das *Swisch* der Zerstörerschrauben. Es kam näher. »Angenommen, ich komme hier heil heraus«, überlegte er, »und der Zerstörer wirft Wabos ab. Dann würden mich die Druckwellen umbringen. Und auch meine Männer, falls sie schon draußen sind.«

Das *SWISCH* verebbte. Es war unerklärlich, aber der Zerstörer hatte wieder keine Wabos abgeworfen. Hardegen begriff, daß er vor Schreck gelähmt war. Das war ihm noch nie passiert. Er konnte nicht ahnen, daß seine Angst sein Boot retten sollte. Viele Jahre später sagte er: »Nur weil ich wasserscheu war, kam ich nicht in Gefangenschaft.«[86]

Ohne ein Wort zu verlieren, drehte er das Luk dicht und polterte die Leiter hinunter in die Zentrale, wo er verkündete: »Ich habe beschlossen, daß wir das Boot retten werden! Strom einschalten! Notlicht an! Sprengladung entschärfen! Tauchretter ablegen! Alle Mann auf ihre Stationen! LI, an die Arbeit!«

Barth am Horchgerät meldete: »Peilung Rot Drei-Vier-Null, ablaufend.« Und nach einer Weile konnte Schulz dem Alten melden, was seine Männer, von neuer Hoffnung angetrieben, bereits geschafft hatten: »Eine Batteriehälfte ist wieder klar, Herr Kaleu. Ist aber nicht genug, um lange mit den E-Maschinen zu fahren. Außerdem brauchen wir eine Menge Strom, um die Tauchzellen auszublasen. Wenn wir auftauchen können, kann ich die Batterien aufladen - das heißt, wenn der Steuerborddiesel wieder arbeitet. Die Elektriker suchen weiter nach eventuellen Leitungsbrüchen. Die Batterieleute sind unter den Flurplatten. Was die Ruder betrifft, so können sie zur Not wieder benutzt werden. Ich glaube, wir können uns auch ohne die Tauchzellen 1 und 8 problemlos vom Boden lösen. Wenn wir oben die Maschine starten, wird es ausreichen, um mit Schleichfahrt abzulaufen. Die Wellen machen mir allerdings Sorgen. Ich weiß nicht, wie weit wir mit ihnen kommen werden.«

»Verstehe, LI«, sagte der Alte. Dann lächelte er. »Aber vielleicht belehrt uns das Boot eines Besseren. Ich hoffe es. Machen wir uns klar zum Auftauchen.«

Das Boot nach oben und in Fahrt zu bringen war das eine. Etwas anderes war es, sich in diesem Zustand einem kampfkräftigen Feind zu stellen. Es war zwar immer noch dunkel, und die Schraubengeräusche des Zerstörers waren schon einige Zeit nicht mehr zu hören, aber was war mit Flugzeugen, mit Leuchtbomben? Wenn man dann noch das verdammte Meeresleuchten dazunahm, mußte sich das Boot präsentieren wie ein Vollmond in wolkenloser Nacht. Aber es blieb ihnen nichts anderes übrig. Sie hatten keine Wahl.

»Auf Gefechtsstationen! Geschützbedienungen klarmachen! An IWO, Rohr 4 fluten! An LI, *auftauchen!«*

Die Gebläse ratterten und drückten das Wasser aus den Tauchzellen. Die gesamte Besatzung hörte ihnen mit Gebeten, Stoßseufzern, gespannter Hoffnung, zugekniffenen Augen zu. Jeder Aberglaube wurde angerufen. Zwei Minuten später brach Jubel aus: Das Boot hatte sich quietschend und stöhnend vom Grund gelöst. Schulz bestätigte es, indem er die Angaben des Tiefenmessers ablas: »20 Meter ... 18 ... 16 ... Sehrohrtiefe ... Turmluk ist frei!«

Hardegen und die Brückenwache stürmten die Leiter hinauf, gefolgt von den Geschützbedienungen. Hastig wurde der Horizont abgesucht. Keine Spur von einem Zerstörer. An Steuerbord warfen zwei Flugzeuge Leuchtbomben ab. Aber sie waren zu weit entfernt, um eine Gefahr darzustellen. Gerade als die Geschützbedienung der Bootskanone ihre Plätze einnahm, sprang mit donnerndem Krachen der Steuerborddiesel an, und Hardegen befahl dem Steuermann: »Hart steuerbord! Auf Eins-Fünf-Null gehen! Steuerbordmaschine kleine Fahrt voraus!« Von achtern war zu hören, was Renner gemeldet hatte: ein scharfes metallisches Knirschen – die Wellen und Propeller. »Geschützbedienungen bleiben auf Posten!«

Er strebte in tiefere Gewässer, während Schulz und die Elektriker die Batterien aufluden. Später würde er stoppen lassen, so daß die gesamte Energie in die Batterien fließen konnte. Aber bis dahin wollte er so weit wie möglich von dem Verfolger wegkommen. Hardegen war erleichtert, daß ihm keine Kriegsschiffe folgten. Wäre der Zerstörer noch vor Ort gewesen, hätte er – bei einem Viertelmond, dem Meeresleuchten und einer Sicht von 12 Seemeilen – das U-Boot mit Sicherheit ausgemacht. Aber das unglaubliche Glück von U 123 hielt an. Hardegen schrieb später in sein KTB:

> Es ist erstaunlich, daß in beiden Fällen von Flachwasserwaboverfolgungen der Feind nicht zäher war. Er brauchte nur eine Serie in die alte Stelle zu werfen, die durch unseren Luftverlust zu erkennen sein musste, und wir hätten aussteigen müssen. Wir wollten grade mit Vernichtung der Geheimsachen beginnen. Auch dass er nicht gestoppt liegen blieb und auf die Mütze des Kommandanten als Beweis wartete ist geradezu unfasslich. Bei Tage hätte er doch das Boot

genau feststellen können. Es zeigt wie unerfahren die Abwehr ist. Er hielt uns wohl für erledigt, als er Luftblubber sah und nichts mehr horchte. [. . .] Zu dem Verhalten des Zerstörers kann man nur sagen: Selbst schuld!«[87]

Danach versuchte Hardegen das »Rätsel« der Genauigkeit des ersten Wabo-Angriffs auf sein getauchtes Boot zu lösen. Er kam zu dem Schluß, daß es am Meeresleuchten gelegen haben mußte. »Auf dem flachen Wasser hat das Flgzg. unsere Fahrt wohl genau gesehen und verfolgen können, wie wir die Etos und hat den Zerstörer so herangeführt, bis der uns sah. Anders ist der genaue Anlauf kaum zu erklären«, meinte er. Das Logbuch der *Dahlgren* gibt keinen Aufschluß darüber, wie sicher sich die Offiziere über die Position des Ziels gewesen waren. Es vermerkt nur einen Horchkontakt und den durchgeführten Angriff, um dann festzustellen: »Kein Beleg dafür, daß ein Wasserbombenkontakt erfolgte.«[88] Man hatte also keinen Luftblasenteppich über dem beschädigten U-Boot bemerkt. Auf der anderen Seite war man »überrascht, als der Zerstörer ablief. Ein britischer Zerstörer hätte noch gut und gern 36 Stunden über dem Gebiet operiert.«[89] Die *Dahlgren* hatte keine Hilfe herbeigerufen, weder von Schiffen noch von Flugzeugen. Um 3.58 Uhr EWT wurde der Gefechtsalarm aufgehoben, und sie dampfte mit 18 Knoten nach Nordosten davon.

Am 11. April fuhr U 123 bei Tageslicht, über oder unter Wasser, je nachdem, wie es die Reparaturarbeiten erforderten, auf einem Grundkurs in Richtung Kap Canaveral. Schulz konnte auch die zweite Batteriehälfte wieder klarmachen und die Reparatur der Ruder vollenden. Jetzt konnte das Boot, wenn nötig, wieder alarmtauchen. Bei der ruhigen See schwamm es ansonsten gut auf den Tauchzellen 5 und 7. Die Steuerbordwelle kratzte und jammerte weiterhin, was Schulz Sorgen bereitete. Aber sie übertrug genug Kraft, um das Boot weiter nach Süden zu bringen, während Karlchen und seine Männer die Schäden an der Backbordmaschine behoben. Glücklicherweise begegnete man nur einem Flugzeug; zwar wurde es zu spät bemerkt, um noch tauchen zu können, aber es flog vorüber ohne das U-Boot zu sichten. Um 12.25 Uhr MEZ (6,25 Uhr EWT) am nächsten Tag legte Hardegen das Boot vor New Smyrna auf Grund und gab seiner erleichterten, aber auch erschöpften Besatzung die Gelegenheit, sich auszuruhen. Während die Männer schliefen oder die Freizeit anderweitig nutzten, blätterte Hardegen die Berichte über die Angriffe durch, die er seit seinem ersten eigenen Boot, dem »Einbaum« U 147, angefertigt hatte. Er zählte insgesamt 49 Torpedoabschüsse. Das hieß, daß der Aal in Rohr 4, der letzte, den er an Bord hatte, das halbe Hundert vollmachen würde - falls er ein Ziel fand. Ein Tanker wäre ein guter Abschluß, dachte er.

Um 20.00 Uhr ging er auf Sehrohrtiefe und lief unter Wasser weiter auf das Kap zu. Um 22.09 Uhr, als es dunkel wurde, tauchte er auf und sichtete sofort ein Schiff. Es war allerdings kein Tanker, wie er gehofft hatte, sondern ein nach Norden fahrender Frachter von ungefähr 5500 BRT. Zuerst dachte er daran, ihn ungestört ziehen zu lassen, aber »man durfte sich die Chance nicht entgehen lassen«, wie er im KTB anmerkte, »sonst straft uns das Schicksal«.[90] Mit nur einem funktionsfähigen Diesel dauerte es sieben Stunden, bis sich U 123 in Schußposition gebracht hatte. Schließlich, um 5.11 Uhr MEZ am 13. April, 3,5 Seemeilen südöstlich der Hetzel-Shoals-Boje und in Sichtweite des Leuchtturms von Kap Canaveral, schickte von Schroeter den letzten Torpedo in Hardegens Marinekarriere auf die Reise. Nach der errechneten Laufzeit von 40 Sekunden schlug er ein, und eine hohe, dunkle Sprengsäule hob sich knapp hinter der Mitte des Schiffs in den Himmel. Hardegen beobachtete die nun schon gewohnte Szene. Das Heck des Ziels sackte weg, während sich der Rest des Schiffs stark nach Steuerbord legte. Zwei Rettungsboote wurden zu Wasser gelassen und ruderten davon. Eine Viertelstunde später lag das Heck 31 Meter unter Wasser auf Grund, so daß nur noch der Bug bis zum vorderen Mast zu sehen war. Eine feine Beute. Aber es war kein Tanker. *Eins-Zwei-Drei* hatte jetzt zwar keine Aale mehr, aber noch 90 Artilleriegeschosse. Hardegen beschloß, sich noch einen Tanker zu suchen, den er mit der Artillerie angreifen konnte, bevor er sich auf den Heimweg machte.

SS *Leslie* war ein kleines, unbewaffnetes Schiff mit nur 2609 BRT. Von seinem Eigner an W.R. Grace & Co. vermietet, war es mit 3300 Tonnen Zucker an Bord auf Kurs 360 mit sechs Knoten Fahrt, bei Funkstille und ohne Laternen, im Zickzack von Antilla (Kuba) via Havanna nach New York unterwegs, als Hardegens letzter Torpedo im Laderaum 3 detonierte, die Schotts sprengte, die Wassertanks aufriß und den Wellenkanal mit Zuckerwasser füllte. Als sich sein Schiff rasch nach Steuerbord legte, war dem Kapitän, Albert Ericksson, klar, daß es keine Möglichkeit gab, es zu retten. Er ging auf Rückwärtsfahrt und befahl, das Schiff zu verlassen. Ein Notruf wurde nicht ausgesendet, da die Explosion das Funkgerät beschädigt hatte. Von den 32 Mann (31 Besatzungsmitglieder und ein Passagier), die an Bord gewesen waren, kamen 27 Mann mit einem Toten in zwei Rettungsbooten nördlich des Leuchtturms ans Ufer. Ein weiteres Besatzungsmitglied wurde von der *Esso Bayonne* aufgenommen und am nächsten Tag in Key West an Land gesetzt. Drei Männer wurden vermißt. Die Überlebenden berichteten, daß das U-Boot ungefähr fünf Minuten nach der Torpedierung ein rotorangenes Leuchtgeschoß abgefeuert habe, das die ganze Gegend in helles Licht getaucht habe. Etwa zwei Stunden später, erzählten sie, hätten sie rund vier Meilen südlich Mündungsfeuer einer Kanone gesehen und gehört und 10–20 Schüsse gezählt.[91]

Sie kamen aus der Bootskanone von U 123. Hardegen hatte südlich des Leuchtturms von Kap Canaveral sein Kanonenfutter gefunden. Nach seiner Beschreibung war es »ein voller nordgehender Tanker von etwa 8000 BRT«, worin er sich gründlich irrte. Bei der Versenkung der *Empire Steel* drei Wochen zuvor hatte er festgestellt, wie leicht man wegen der wenigen Anhaltspunkte, die man hatte, die Tonnage eines Tankers überschätzen konnte. Doch im aktuellen Fall des schwedischen Motorschiffs *Korsholm* hatte er sich nicht nur hinsichtlich der Tonnage verschätzt - es war nur 5353 BRT groß -, sondern auch in bezug auf den Schiffstyp, denn es war kein Tanker. Die *Korsholm* war ein vom britischen Schiffahrtsministerium gecharterter Frachter, der mit einer Ladung von 4593 Tonnen Phosphat von Port Tampa (Florida) nach Liverpool (England) unterwegs war. Zu der Zeit, als Hardegen von der Steuerbordseite aus angriff, lief sie verdunkelt und Funkstille beachtend auf Nordkurs, aber ohne im Zickzack zu fahren. Die ersten Granaten jagten die Brücke in die Luft, zerstörten das Steuerbordrettungsboot und setzten das Funkgerät außer Gefecht. Rafalski erinnerte sich an die Vorliebe des Alten für Artillerieangriffe: »Er liebte es. Er stand dann immer mit in die Seite gestemmten Armen auf der Brücke, ruckte mit den Ellbogen hoch und rief: ›Gebt ihnen noch eins!‹«[92] Nach zehn Minuten hörte der Beschuß auf, und die Besatzung der *Korsholm* ging von Bord. Die zweite Welle folgte, als das Backbordrettungsboot noch nicht im Wasser war.

Dann brach mittschiffs Feuer aus und verbreitete sich rasch über das ganze Schiff. Die Männer im Rettungsboot kamen mit heiler Haut davon, ließen aber 12 Mann an Bord zurück. Kurz nach 4.00 Uhr EWT erschienen Flugzeuge vom Luftstützpunkt Banana River und warfen Rettungsflöße und Leuchtbomben ab. Von den Flugzeugen zum Wrack der *Korsholm* dirigiert, rettete der holländische Dampfer *Bacchus* zwei Männer, die sich noch an Bord des brennenden Schiffs befunden hatten, und die *Esso Bayonne,* die kurz vorher einen Überlebenden der *Leslie* aus dem Wasser gefischt hatte, nahm auch hier einen Mann auf, der im Wasser trieb. Ein Toter wurde ans Ufer gespült. Acht Männer, einschließlich des Kapitäns, wurden vermißt. Systematisch an der Wasserlinie durchlöchert, ging Hardegens »Tanker« schließlich unter, nachdem er noch bis 6.46 Uhr gebrannt hatte.[93]

»Ruder hart backbord! Kurs Heimat im Golfstrom!« Während von Schroeter das Boot auf den neuen Kurs von null Grad brachte und Rafalski besorgt auf die Uhr schaute, um zu sehen, wie viele Stunden noch bis Tagesanbruch blieben, ging Hardegen unter Deck, um die Abschlußmeldung dieser Feindfahrt an den BdU aufzusetzen. Nach seiner Meinung hatte er zehn Schiffe mit insgesamt 74815 BRT versenkt. Stolz notierte er in seinem KTB: »Wir haben [. . .] so das Ergebnis unserer letzten Rekordfahrt noch überboten. ›U 123‹ hat hierdurch mit 300141 BRT als 2. deutsches U-Boot in diesem Krieg die 300000 Tonnengrenze erreicht.«[94] Wenn man ihm die *Oklahoma* und die *Baton Rouge* als »Versenkungen« anrechnet, obwohl sie, in seichten Gewässern auf Grund liegend, wieder flottgemacht und in einen Hafen geschleppt werden konnten, die *Liebre* aber nicht mitzählt, hatte er tatsächlich nur neun Schiffe versenkt, deren Tonnage sich auf immer noch beachtliche 52336 BRT summiert. Jetzt blieb Hardegen nur noch die Aufgabe, seine – wie üblich zu hoch angesetzten – Erfolge an den BdU zu funken. Er übermittelte sie ihm in gebundener Sprache:

Sieben Tankern schlug die letzte Stund',
Die U-Falle sank träger.
Zwei Frachter liegen mit auf Grund
Versenkt vom Paukenschläger![95]

12

Abrechnung

Am 1. April verkündeten dieselben Offiziere des Marineministeriums, denen Amerika den Spruch *»Sighted sub, sank same«* zu verdanken hat, daß bis zu diesem Tag 28 deutsche U-Boote vor der US-Küste »versenkt oder mutmaßlich versenkt« worden waren, vier von Bombern der Army und 24 von der Navy[1], und eine patriotisch gestimmte Nation glaubte der Navy nur zu gern. Es hätte sie geschmerzt zu erfahren, daß die Wächter der Küste Sichtungen mit Versenkungen gleichsetzten und das Wörtchen »mutmaßlich«, gelinde gesagt, deutlicher hätten hervorheben müssen. Tatsache war, daß bis zum 1. April in amerikanischen Gewässern und in der Karibik kein einziges U-Boot versenkt worden war. Im Krieg mit der U-Bootwaffe hatte bis dahin allein die krasse Lüge Siege zu verzeichnen, und das auch nur im Herzen des Landes. Die Küstenbewohner wußten es besser. Sie hatten den Eindruck, daß die U-Boote zahlreicher waren als jemals zuvor. Nacht für Nacht wurde der Horizont von Tankerfackeln rot gefärbt, und morgens lagen die Strände regelmäßig voller Überreste von zerstörten Frachtern. Die Seewege, die die PR-Sieger für gesäubert erklärten, boten in Wirklichkeit das Bild der totalen Niederlage: Sie waren melancholisch anmutende Friedhöfe Hunderter von Schiffswracks, die ausgebrannt auf Grund lagen, und die aus dem Wasser ragenden Buge und Masten halb gesunkener Schiffe innerhalb der 25-Meter-Linie bildeten Gefahrenstellen für jene, die dieses Schicksal noch nicht ereilt hatte. Admiral Dönitz allerdings zog Genugtuung aus dieser Katastrophe: »Unsere U-Boote operieren so dicht unter der Küste der Vereinigten Staaten«, sagte er dem Kriegsberichter Wolfgang Frank, »daß Badegäste und manchmal ganze Küstenstädte zu Zeugen des Kriegsdramas werden, dessen sichtbare

Höhepunkte von den roten Gloriolen brennender Tanker gebildet werden.«[2]

Obwohl ständig entsprechende Gerüchte umgingen, konnte niemand, keine Militärperson und kein Zivilist, einen belegbaren Bericht oder sogar Fotos von aufgebrachten deutschen U-Booten vorweisen. Noch verbreiteter war das Gerücht, nach dem U-Boot-Fahrer an Land kamen, um sich mit frischen Lebensmitteln zu versorgen und ins Kino zu gehen. Es hat sich bis heute gehalten; so erzählt man sich in Florida immer wieder einmal, Taucher hätten ein gesunkenes U-Boot entdeckt und an Bord zum Beispiel Verpackungen der Holsum Bakery gefunden. Doch soweit bekannt, ist kein deutscher U-Boot-Fahrer jemals in Amerika an Land gegangen, und die Kommandanten, die den Krieg überlebt haben, wie Hardegen, weisen eine solche Vermutung nachdrücklich zurück. Der Propagandafotograf auf der zweiten Amerikafahrt von U 123, Rudolf Meisinger, hatte Hardegen vor Florida zwar gefragt, ob er mit dem Dingi an Land rudern dürfe, um ein paar Fotos zu schießen, erhielt aber eine Abfuhr. Auf Anordnung des BdU war es grundsätzlich verboten, die U-Boote zu verlassen. Die einzigen Ausnahmen waren offizielle Besuche auf anderen U-Booten, mit denen man sich auf See traf, und das An-Land-Setzen von Saboteuren, was in der hier besprochenen Sechsmonatsperiode zweimal geschah.

Die Abwehr II ließ im Rahmen des »Unternehmens Pastorius«, das nach einem deutschen Siedler benannt worden war, der sich im 17. Jahrhundert in Pennsylvania niedergelassen hatte, am Abend des 13. Juni von U 202 vier mit Sprengstoff und Dollars ausgestattete Männer in Amagansett (Long Island) und drei Nächte später von U 584 vier weitere bei Ponte Vedra, südlich von Jacksonville Beach (Florida), an Land absetzen. Die Ruderer der U-Boote kehrten, nachdem sie sich als Souvenir etwas Sand mitgenommen hatten, sofort auf ihre Boote zurück. Ziel des Sabotageunternehmens war es, Aluminiumfabriken, Kraftwerke, Brücken und Eisenbahnschienen zu sprengen. Aber die Männer waren schlecht ausgebildet, und ihre Tarnung fadenscheinig. Zudem wurden beide Gruppen kurz nach der Landung von einem der im Norden gelandeten Männer verraten, so daß das FBI alle acht Saboteure gefangennehmen konnte. Sechs von ihnen wurden am 8. August von der Army in Washington auf dem elektrischen Stuhl hingerichtet; die beiden anderen erhielten lange Haftstrafen.[3] Das Unternehmen Pastorius war nicht nur völlig erfolglos, es hatte auch keinerlei Einfluß auf den eigentlichen U-Boot-Krieg, weshalb es hier auch nur am Rande erwähnt sei. Der Krieg - auch eine Art Sabotage, wenn man so will - fand in den Küstengewässern statt, nicht an Land. So hieß es in einem für den Navy-Luftstützpunkt Quonset Point (Rhode Island) verfaßten Handbuch: »Das 1942 entlang unserer Atlantikküste von den U-Booten angerichtete Gemetzel war eine ebenso große nationale Katastrophe, als hätten Saboteure ein halbes Dutzend unserer größten Rüstungsfabriken zerstört.«[4]

Die ersten Versenkungen von U-Booten durch US-amerikanisches Militär ereigneten sich im März vor Neufundland. Ensign (Leutnant) der Navy Reserve William Tepuni stieg am 1. März mit einer Lockheed Hudson des Patrouillengeschwaders 82 (VP-82) von Argentia auf und belegte 25 Seemeilen süd-südöstlich von Cape Race das alarmtauchende U 656 mit Wasserbomben. Das Öl und die Deckteile, die an die Oberfläche geschwemmt wurden, waren ein eindeutiger Beleg für die Versenkung, die auch durch die Akten des BdU bestätigt wird. Die zweite Versenkung beanspruchte niemand anderes für sich als Donald Francis Mason, der an Bord einer PBY-3 desselben Geschwaders südöstlich der Virgin Rocks U 503 sichtete und diesmal - ohne PR-Unterstützung - *»sank same«*, was ihm eine Beförderung einbrachte. Auch diese Versenkung wird durch die Akten des BdU bestätigt. In US-amerikanischen Gewässern wurde das erste U-Boot im folgenden Monat versenkt, als zwei U-Boote mit Patrouillenbooten des 5. Naval District zusammenstießen. Der 5. Naval District (5 ND) mit Hauptquartier in Norfolk verfügte zu diesem Zeitpunkt über die am besten organisierte und ausgebildete U-Boot-Abwehr der ESF. Seine Schiffe und Flugzeuge überwachten ein Gebiet von annähernd 72500 Quadratkilometern zwischen dem 38. und dem 34. Breitengrad (vom Chincoteague Inlet [Virginia] bis zum New River Inlet [North Carolina]), durch das ständig 45-50 Handelsschiffe fuhren und dabei den gefährlichsten Abschnitt ihrer Reise zurücklegten, wenn sie vor Hatteras weit auf See kurven mußten, um den dortigen Sandbänken auszuweichen. Nachdem der 5. Naval District am 1. April eine neue, aggressive *»hunter-killer«*-(Jäger-Killer-)Doktrin verkündet hatte, konzentrierte er sich mit allen verfügbaren See- und Luftkräften auf intensivierte Patrouillen.[5] Diese Anstrengung nach britischem Muster sollte bald zu Erfolgen führen.

Um 0.00 Uhr am 14. April fuhr der Zerstörer USS *Roper* (DD 147) mit 18 Knoten auf Kurs 162 östlich von Nags Head (North Carolina). Sechs Minuten nach Mitternacht hatte er bei 192 Grad in 2500 Metern Entfernung einen Radarkontakt. Die neuen Radargeräte der U-Boot-Abwehr brachten sie den U-Booten gegenüber in Vorteil, in diesem Fall U 85 (Oberlt. Eberhard Greger). Der Kontakt war möglicherweise ein Zufall gewesen, auch wenn die Nachrichtendienstabteilung des 5ND später behauptete: »Die ›ROPER‹ stolperte nicht zufällig über U 85. Der Finger der operativen Führung des 5ND wies die ›ROPER‹ auf der Grundlage zutreffender Nachrichtendienstberichte sachkundig und unfehlbar zum Ort des ersten Kontakts.«[6] Aber wie dem auch gewesen sein mag, der Radarkontakt wurde durch Schallortung der Propellergeräusche bestätigt, und bald darauf sichteten die Ausgucks das verdächtige Wasserfahrzeug. Der Kapitän, Lieutenant Commander Hamilton W. Howe, gab Gefechtsalarm und ging zum Angriff über. Während die schnellere *Roper* (20 Knoten) den Abstand verringerte, versuchte U 85 bei ständig wechselndem Kurs zu fliehen. Howe hielt sich leicht im Steuerbordviertel, um sich nicht einen Torpedo einzufangen, was sich als weise Entscheidung herausstellte, denn als er auf 640 Meter an das U-Boot herangekommen war, jagte ein Torpedo dicht an der Backbordwand seines Schiffs vorbei. Bei 275 Metern fingen die Suchscheinwerfer des Zerstörers den Turm des VIIB-Boots U 85 ein, so daß der diensthabende Offizier auf der Laufbrücke es positiv identifizieren konnte. Es drehte jetzt hart nach Steuerbord, wodurch es in den Wendekreis des Zerstörers lief, vermutlich, um zu tauchen.

Die Scheinwerfer folgten dem U-Boot, und Howe gab den Feuerbefehl, zunächst für das Maschinengewehr Nummer 1, das zielsicher die auf ihre Stationen hastenden Geschützbedienungen des U-Boots niedermähte. Dann feuerte die 10,2-cm-Kanone direkt auf den Kommandoturm. Die *Roper* kam nicht mehr dazu, selbst einen Torpedo abzuschießen, denn das U-Boot begann, entweder aus eigenem Willen oder aufgrund von Schäden, abzusacken. Ungefähr 40 Besatzungsmitglieder verließen das wegtauchende U-Boot. Howe entschied sich dafür, sie nicht zu retten, sondern die Vernichtung des U-Boots hier in

ESF-Gewässern, nach drei Monaten demütigenden Versagens und bedrückender Enttäuschung, sicherzustellen, und ließ über dem Strudel des U-Boots eine Sperre von elf Wasserbomben legen. Sie gaben nicht nur dem Boot den Rest, sondern töteten auch die im Wasser schwimmenden Männer. Die *Roper* blieb bis zum Tagesanbruch am Ort des Angriffs liegen, als eine PBY anflog und eine Wasserbombe in einen mit Wrackteilen durchsetzten Ölfleck warf, der die *Roper* ihrerseits noch zwei Bomben hinzufügte. Um 8.30 Uhr kreisten sieben Flugzeuge, einschließlich eines Luftschiffs, über dem Zerstörer, und ein britischer Trawler, HMS *Bedforshire,* dampfte heran, um bei der Bergung der Leichen zu helfen. Man fand 29, einige von ihnen mit (verbotenen) persönlichen Tagebüchern, in denen die letzten Tage von U 85 beschrieben wurden. Nicht nur 5ND, sondern auch das unter Dauerbeschuß liegende ESF-Hauptquartier in der Church Street in Manhattan hatte endlich einen Grund zum Jubeln. Die U-Boote waren also doch zu schlagen. Besonders die Männer auf den Zerstörern der Frontier waren sehr zufrieden.[7]

Aber auch die kleinen Schiffe sollten ihr Erfolgserlebnis haben. Am Nachmittag des 9. Mai befand sich der 50-Meter-Kutter *Icarus* (WPC-110) auf der Fahrt von New York nach Key West vor Cape Lookout, als aus gut 1700 Metern Entfernung, 15 Grad Backbord voraus, ein »verschwommenes« Echo empfangen wurde. Als der Peilstrahl weiter mittschiffs lag, war der Kontakt genauer zu erkennen, und der Kapitän, Lieutenant Commander Maurice D. Jester von der Küstenwache, wurde auf die Brücke gerufen. Um 16.29 Uhr EWT, neun Minuten nach dem ersten Echo, sah, hörte und spürte man eine heftige Explosion rund eine Kabellänge entfernt im Backbordviertel. Es war ein Torpedo von U 352 (Kptlt. Hellmut Rathke), der entweder falsch gelaufen oder auf Grund gestoßen war. Die Wasserfontäne korrespondierte mit der Peilung der Propellergeräusche, die man auf dem Kutter wahrgenommen hatte. Jester beschloß, direkt über dem von der Detonation aufgewirbelten Wasser fünf Wasserbomben im Diamantmuster abzuwerfen. Es war eine gute Entscheidung, weil Rathke eine schlechte Entscheidung getroffen hatte: Er hatte sein Boot genau an dieser Stelle bei nur 36 Metern Wassertiefe auf Grund gelegt, da er, wie er später aussagte, glaubte, es wäre der Ort, an dem der Kutter seine Wabos zuletzt abwerfen würde. Die Wabos, die sein Boot um

16.31 Uhr trafen, verursachten nicht nur enorme Schäden, sondern töteten auch seinen IWO. Aber der Kutter ließ nicht locker: Um 16.45 Uhr warf er drei weitere Wabos in V-Form ab, und zwei Bomben später, um 17.09 Uhr, tauchte U 352 mit im Winkel von 45 Grad herabhängendem Heck auf.

Die *Icarus* belegte das Oberdeck sofort mit Maschinengewehrfeuer, um zu verhindern, daß die Geschütze besetzt wurden, und der Zielkanonier Charles E. Mueller verdiente sich eine Beförderung, indem er den zweiten Schuß aus der 10,2-cm-Kanone im Kommandoturm unterbrachte und sechs weitere Granaten in den Rumpf des U-Boots jagte. Noch während des Artilleriefeuers verließ die Besatzung durchs Turmluk das Boot, genau nach der Rangfolge oder, wie *Icarus* berichtete, »präzise wie ein Uhrwerk«. Einige der Männer wurden getroffen, bevor die *Icarus* um 17.14 Uhr das Feuer einstellte, als U 352 mit einem Toten und elf weiteren Besatzungsmitgliedern, die noch an Bord waren, unterging. 33 Überlebende trieben im Wasser, einer von ihnen mit einer Verletzung am Bein, das ihm der Kommandant noch im Wasser abband, um die Blutung zu stoppen. Ein anderer hielt einen Armstumpf hoch, um die Amerikaner davon abzuhalten, auf ihn und seine Kameraden zu schießen; später sollte derselbe Mann wegen seiner großen Schmerzen darum betteln, erschossen zu werden. Lieutenant Commander Jester wußte nicht, wie er eine so große Anzahl von Gefangenen auf seinem Schiff unterbringen sollte, und funkte eine unverschlüsselte Anfrage: HABE U-BOOT VERSENKT. 30 BIS 40 MÄNNER IM WASSER. SOLL ICARUS SIE AUFNEHMEN? 36 Minuten später, nachdem er den Funkspruch noch mehrmals wiederholt hatte, kam von 6ND die Antwort: ÜBERLEBENDE AUFNEHMEN UND NACH CHARLESTON BRINGEN. Von den Verwundeten abgesehen, schienen die Deutschen trotz der schweren Prüfung, die sie gerade überstanden hatten, physisch und psychisch in ausgezeichneter Verfassung zu sein. Ihr Kommandant ermahnte sie zum Schweigen, wobei er so weit ging, ihnen zu raten, sich von deutschsprechenden Mädchen fernzuhalten, mit denen sie an Land möglicherweise zusammentreffen würden. Um 22.50 Uhr, vor der Ankunft in Charleston, verstarb der U-Boot-Fahrer mit der Beinverletzung.

Zwei Tage später wurden die deutschen Offiziere und die anderen Überlebenden von U 352 vom Nachrichtendienst der Navy verhört.

Aber selbst wenn sie willens gewesen wären, die ihnen gestellten Fragen zu beantworten, hätten sie nicht viel sagen können, da ihr Boot noch keine Versenkung aufzuweisen hatte; es war erst im vergangenen Sommer vom Stapel gelaufen. Was taktische, technische und dienstbezogene Einzelheiten betraf, bewahrten sie Schweigen. Die Verhörer erfuhren nur, daß das Boot in den letzten vier Tagen vor den Outer Banks wiederholt von Aufklärungsflugzeugen unter Wasser gedrückt worden war und daß der Besatzung der »Jazz« der amerikanischen Radiosender gefiel, den sie über die Lautsprecheranlage an Bord gehört hatten. Sie lernten außerdem die Namen der besten Bars in Lorient, Brest, St. Nazaire, Kiel, Flensburg und Gotenhafen kennen. Um etwas gewichtigere Informationen zu erhalten, möglicherweise sogar ein TRITON-Codebuch und die zugehörige Walze der Schlüsselmaschine M, wurde der Versuch unternommen, das U-Boot zu heben. Der Schlepper USS *Umpqua* (ATO-25) wurde mit Tauchgeräten für tiefes Wasser von New York nach Charleston geschickt, von wo er am 19. April zum Ort der Versenkung auslief. Dort stieß er am nächsten Tag auf die britischen Trawler *Northern Duke* und *Northern Dawn,* die eine Boje ausgebracht hatten, um die Lage des U-Boots zu markieren. Am 23. April meldete ein Taucher, das Boot liege im Winkel von 60 Grad auf der Steuerbordseite. Aber die Versuche des Schleppers, es mit Hilfe der Trawler zu heben, schlugen fehl, und das Vorhaben wurde am 29. April aufgegeben. Auch ein zweiter Anlauf verlief ergebnislos; die Greifer hatten nicht mehr an die Oberfläche gebracht als ein sechs Meter langes Stück der Oberdeckgräting.[8]

Während der »zweiten glücklichen Zeit« (14. Januar – 15. Juli 1942) wurden in den verschiedenen Frontiers noch fünf weitere U-Boote durch amerikanische Abwehreinheiten versenkt. Das erste von ihnen wurde das Opfer eines anderen kleinen Schiffs, des zur *»hunter-killer«*-Gruppe der GSF vor Key West gehörenden 50-Meter-Kutters *Thetis* (WPC-115) unter Lieutenant Nelson C. McCormick. Nach einem Schallkontakt warf die *Thetis* im Golf von Mexiko am 13. Juni um 15.50 Uhr EWT fünf Wasserbomben ab, deren Explosion zur Zerstörung von U 157 führte. Am 30. Juni wurde 130 Seemeilen west-südwestlich von Bermuda U 158 durch Huff-Duff-Peilung festgenagelt, was Lieutenant Richard E. Schreder in die Lage versetzte, von seiner

PBM »Mariner« des Navy-Geschwaders VP-74 eine Wasserbombe abzuwerfen, die erstaunlicherweise auf der Brücke des abtauchenden U-Boots auftraf. U 701, das sich auf seiner dritten Fahrt befand, wurde am 7. Juli beim Alarmtauchen 30 Seemeilen vor dem Diamond-Shoals-Feuerschiff von einer Lockheed Hudson des Bombergeschwaders 396 tödlich getroffen.[9] Am 13. Juli erledigte USS *Lansdowne* (DD 486) in Zusammenarbeit mit dem Bombergeschwader 59 vor Panama U 159. Das letzte U-Boot schließlich, das während des sechs Monate dauernden massiven U-Boot-Angriffs in amerikanischen Gewässern versenkt wurde, war U 576, das am 15. Juli vor den Diamond Shoals dem gemeinsamen Feuer von zwei Flugzeugen des auf dem Navy-Luftstützpunkt Cherry Point (North Carolina) stationierten Geschwaders VS-9 und der *Armed Guard* des Handelsschiffs SS *Unicoi* erlag.[10]

Mitte des Sommers hatte sich die Schlagkraft der ESF und der GSF deutlich erhöht. Es waren mehr Schiffe und mehr Flugzeuge im Patrouillendienst. Der Tracking Room erreichte, was Genauigkeit und Sicherheit der Daten betraf, britischen Standard. Das ESF-Hauptquartier in New York war durch zwei fachkundige Reserveoffiziere verstärkt worden, Harry H. Hess, einen Physikprofessor aus Princeton, und Robert Wolf, der vorher als Statistiker bei einer New Yorker Maklerfirma gearbeitet hatte. Die Ausbildung war im Vergleich zum Januar, als die notwendigen Fähigkeiten so augenscheinlich fehlten, erheblich verbessert worden.[11] Drei große U-Boot-Abwehrschulen hatten die Arbeit aufgenommen und begannen, die Navy mit gut ausgebildetem Personal zu versorgen: die Naval Local Defense School (Schule der örtlichen Verteidigungskräfte der Navy), die nach britischem Vorbild mit mechanischen »Angriffslehrern« ausgestattet war, in Boston; die Fleet Sonar School (Flotten-Sonarschule) zur Ausbildung an Horch- und Sonargeräten in Key West; und das Submarine Chaser Training Center (U-Boot-Jäger-Ausbildungszentrum) in Miami, in dem junge Offiziere – ältere waren den Anforderungen nicht gewachsen – erlernten, wie man mit den jetzt dringlichst verlangten SCs und PCs umging, der »Donald Duck Navy«, wie sie überall sonst in der Navy genannt wurde. Eine zivile *Anti-Submarine Warfare Operations Research Group* (ASWORG – Forschungsgruppe zur Anti-U-Boot-Kriegführung) lieferte wissenschaftliche, insbesondere mathematische Erkenntnisse zur Verbesserung der operativen Doktrin. Und Admiral King rang sich endlich dazu durch, in der Küstenschiffahrt das Konvoisystem einzuführen.

Diese letzte Maßnahme war es, die dem U-Boot-Ansturm in amerikanischen Gewässern das Genick brach. Und was den Konvoidienst ermöglichte, war die Vervielfachung der vorhandenen kleinen Schiffe. Die verantwortlichen Navy-Kommandeure hatten die Notwendigkeit von Konvois durchaus gesehen. Bereits am 20. Januar hatte Admiral Ingersoll in einem persönlichen Schreiben an den Befehlshaber der Support Force, Admiral Bristol, festgestellt: »Die U-Boot-Lage an der Atlantikküste wird die Forderung nach Küstengeleit- und U-Boot-Abwehrschiffen nach sich ziehen. Umgebaute Schiffe werden nicht viel nutzen, und bis die neuen PCs in Dienst gestellt sind, werden wir, glaube ich, durch die U-Boote Prügel beziehen.«[12] Gleichfalls in einem persönlichen Brief schrieb King am 4. Februar an Ingersoll: »Das zunehmend bedenkliche Ausmaß des Angriffs auf die Schiffahrt an der nordamerikanischen Ostküste läßt es, meiner Ansicht nach, wünschenswert erscheinen, das Konvoisystem auf dieses Gebiet auszudehnen.« Er schlug die Freigabe von 21 Zerstörern für ein ineinandergreifendes Konvoisystem an der Küste vor.[13] Ingersoll, der eifersüchtig seine transatlantischen Besitztümer bewachte, nahm den Vorschlag zwar mit Wohlwollen auf, ließ sich aber nicht dazu hinreißen, seine Zerstörer für diesen Zweck herzugeben. Acht Tage später bat King Admiral Andrews, die Ideen und Vorschläge der Distriktsbefehlshaber der ESF einzuholen und »einen Plan für ein Konvoisystem zum Schutz der Küstenschiffahrt in dieser Frontier zu unterbreiten«.[14] Die Befehlshaber rieten mangels einer adäquaten Flotte von Geleitschiffen davon ab, ein solches System sofort einzuführen. Im Kriegstagebuch der ESF wurden zwar die Vorteile besprochen, die ein Konvoisystem unter der Küste gegenüber dem transatlantischen besäße – die grundsätzliche Möglichkeit, während der besonders gefährlichen Nachtstunden einen Hafen anzulaufen, und die ständige Luftüberwachung von Land aus –, aber Andrews empfahl dem COMINCH, »daß ein Versuch, die Küstenschiffahrt durch ein Konvoisystem zu schützen, nicht unternommen werden sollte, bevor nicht eine genügende Anzahl geeigneter Geleitschiffe verfügbar ist«. Er fügte hinzu, daß das erste Glied der Konvoikette, falls sie dennoch sofort eingeführt werden *müsse*, südlich von Hampton Roads ausgelegt werden sollte.[15]

King übernahm Andrews' Einschätzung. Die Zahlen sprachen im übrigen für sich: Nach Andrews' Zählung waren täglich 120–130 Handelsschiffe innerhalb der ESF-Gewässer unterwegs, und alles, was die ESF an Geleitschiffen hätte anbieten können, waren 19 Schiffe mit Höchstgeschwindigkeiten zwischen 12 und 14 Knoten, alles kleine Schiffe – und wenn King an Konvoieskorten dachte, dann an Zerstörer. Da aber an der Küste keine Zerstörer zur Verfügung standen, verkündete er kurzerhand: »Unangemessen eskortierte Konvois sind schlimmer als gar keine.«[16] Ein britischer Historiker meinte kürzlich dazu: »Die obersten amerikanischen Befehlshaber erkannten zwar den Mangel an kleinen Schiffen, anstatt sich aber mit aller Macht dafür einzusetzen, dieses Übel noch 1941 zu beheben, benutzten sie es, wie es die Schwarzseher in der Admiralität 25 Jahre vorher getan hatten, als Argument gegen Konvois. So wurde die fatale Doktrin verbreitet, daß ›ein Konvoi ohne angemessenen Schutz schlimmer ist als gar keiner‹.«[17] Das war das genaue Gegenteil dessen, was die Briten aus ihren bisherigen Erfahrungen im Zweiten Weltkrieg gelernt hatten, und der First Sealord (Pound) hielt King noch am 19. März vor, daß, ganz im Gegenteil, Konvois mit schwacher Eskorte gegenüber gar keinen Konvois die überlegene Taktik darstellten und daß die Einführung von Konvois eine »Dringlichkeit« sei.[18] Kings Widerstand gegen diese Taktik mag zum Teil in seiner hartnäckigen Anglophobie begründet gewesen sein, entsprach aber auch der langen Tradition der US Navy, die *offensive* der passiven Rolle von Kriegsschiffen vorzuziehen, die nicht mehr an Glanz bot, als Herden von Handelsschiffen zu hüten und sicher zu ihren Zielhäfen zu geleiten. Man darf nicht vergessen, daß King und seine Generation mit dem Traum von großen Flottenaktionen und ruhmvollen Unternehmungen einzelner Schiffe aufgewachsen waren. Darüber hinaus befürchtete King zweifellos, daß er durch die Konzentration attraktiver Ziele in mangelhaft verteidigten Konvois Angriffe eher anziehen als abschrecken würde. Das sei genau der Punkt, argumentierten die Briten. Konvois zögen U-Boote an und brächten sie in die Nähe von Kriegsschiffen. Anstatt fruchtlos nach den ausweichenden Deutschen suchen zu müssen – »Hornissen überall auf der Farm zu jagen«, wie Woodrow Wilson es im Ersten

Weltkrieg ausgedrückt hatte –, hätten die Geleitschiffe die U-Boote an bekannten Positionen, wo sie sie angreifen könnten. Umgekehrt habe das Konvoisystem zur Folge, daß die Zahl der möglichen Ziele deutscher Angriffe reduziert werde, denn wenn ein U-Boot nicht in die richtige Angriffsposition gelangen könne, müsse es lange auf ein neues Ziel warten.[19]

Wann genau und unter welchen Umständen King seine Meinung änderte, ist nicht bekannt. Vielleicht war Andrews mit seiner wachsenden Überzeugung zu ihm durchgedrungen, daß Patrouillen und Suchaktionen gegen zwei grundlegende Prinzipien der Kriegführung verstießen, die Erhaltung der Energie und die Konzentration der Kräfte, und daß Küstenkonvois die ökonomischere und wirksamere Methode der Bekämpfung der U-Boote darstellten.[20] Sicher ist jedenfalls, daß King am 16. März, also vor dem Schreiben des Ersten Seelords, eine veränderte Haltung an den Tag legte, als er eine Konferenz der Befehlshaber der Atlantik-Frontiers zur Frage der Einführung eines Konvoisystems an der Ostküste und in der Karibik anregte, die vier Tage später stattfinden sollte. Der am 27. März vorgelegte Bericht der Konferenz, in dem ein solches System befürwortet wurde, fand Kings Zustimmung.[21] Am 1. April führte Andrews ein partielles Konvoisystem ein, die sogenannte »Bucket Brigade« (der Name spielte auf die Methode an, bei der Bekämpfung eines Brandes das Wasser in Eimern von Hand zu Hand weiterzureichen), nach dem die Schiffe nur noch tagsüber fuhren und die Nacht an geschützten Ankerplätzen verbrachten, unter anderem einem durch Patrouillen bewachten Platz hinter Cape Lookout. Umfangreichere Pläne für die Einführung eines vollgültigen Systems von Küstenkonvois wurden um den 15. Mai herum auf den Weg gebracht. Die drängendste Frage betraf die Geleitschiffe. Als Minimum wurden fünf Geleitfahrzeuge pro Konvoi angesehen, der seinerseits mit 40–50 Schiffen angenommen wurde. Woher sollten diese Schiffe kommen? Zum ständigen Dienst in der ESF waren nur neun Zerstörer abkommandiert. Aber man verfügte über neun neue 53-Meter-PCs, vier 50-Meter-Kutter der Küstenwache, sieben neue und alte Kanonenboote, zwei Eagle-Boote und 12 Trawler mit englischer Besatzung. Auch von den *District Local Defense Forces* wurden sämtliche vorhandenen kleinen Fahrzeuge, besonders 23- und 25-Meter-Küstenwachkutter (PC-452 und SC-453 des 60-60-Programms), und seegängige Schiffe abgezogen, die damit beschäftigt gewesen waren, verminte Ankerplätze zum Schutz einzeln fahrender Handelsschiffe anzulegen, von denen aufgrund ihrer zu großen oder zu geringen Geschwindigkeit nicht angenommen wurde, daß sie sich den Konvois anschließen würden. Der 5. Naval District steuerte vierzig kleine Schiffe zur Eskortflotte bei, unter ihnen zwanzig 25-Meter-Kutter, die sich, obwohl ihnen zunächst nur eine »sehr begrenzte Nützlichkeit« attestiert wurde, als wertvolle Arbeitstiere auf der Linie New York-Delaware erweisen sollten. Die viel gescholtenen kleinen Schiffe, gegen die King persönlich so viel einzuwenden gehabt hatte, stellten sich als der Schlüssel zur Lösung des Eskortendefizits heraus.

Der erste südwärts fahrende Konvoi mit der Bezeichnung KS 500 verließ Hampton Roads am 14. Mai. Am nächsten Tag lief KN 100 von Key West in Richtung Norden aus. Der Plan sah vor, daß in beiden Richtungen alle drei Tage ein Konvoi von 45 Schiffen auf genau festgelegten Routen den Spießrutenlauf die Küste entlang unternehmen sollte. Die Fahrtzeiten wurden so gelegt, daß die Konvois auf dem Weg von Cape Lookout zur Chesapeake Bay bei Tageslicht an Hatteras vorbeifuhren, wo die U-Boote wegen des schmalen Kontinentalsockels für so lange Zeit mit bemerkenswertem Erfolg in tiefen Gewässern hatten operieren können, ohne sich selbst in allzu große Gefahr zu bringen. Später im Mai wurde der Konvoikette ein nördliches Glied von New York nach Halifax hinzugefügt, und im August und September vervollständigte die Verbindung zwischen Galveston (Mississippi) und Key West das Küstensystem. Die karibischen Seewege erforderten, bei geringeren verfügbaren Mitteln, ein komplizierteres System, aber im Juli wurde auch in dieser Frontier damit begonnen, einen ineinandergreifenden Konvoidienst einzuführen. Möglich wurde dies durch die Verlegung einer Reihe von britischen und kanadischen Zerstörern und Korvetten (sehr zur Freude ihrer Besatzungen) von den nördlichen transatlantischen Konvoirouten in die Karibik.[22]

Allerdings dauerte es dort noch eine Weile, bis der Konvoidienst Wirkung zeigte. Im Bereich der ESF und der GSF dagegen war sie fast augenblicklich zu spüren. Die Zahl der Versenkungen in der ESF fiel von 23 im April auf vier im Mai. Im Juni stieg sie jedoch wieder auf 13 an, als die U-Boote in einer letzten Anstrengung Minen in der Fahrrinne der Chesapeake Bay ausbrachten, wo am 15. Juni in der Nähe der Boje 2 CB zwei Schiffe des nordwärts fahrenden Konvois KN 109 durch Minen versenkt und ein weiteres beschädigt wurden.[23] Präsident Roosevelt fand die Zahlen für Juni ermutigend, waren doch weit mehr einzeln fahrende Schiffe als solche aus Konvois versenkt worden, und er schrieb an King: »Mir scheint, es hat unerträglich lange gedauert, die Dinge in Gang zu bringen ...«[24] Im Juli sank die Zahl der Versenkungen auf drei und in den Folgemonaten bis zum Ende des Jahres auf null. Am 19. Juli zog Admiral Dönitz die letzten beiden vor Hatteras operierenden U-Boote, U 754 und 458, von dort ab, und acht Tage später verlagerte er das Schwergewicht des U-Boot-Krieges von der amerikanischen Küste wieder zur Luftlücke in der Mitte des Atlantiks und kehrte zur Rudeltaktik zurück. Die Atlantikschlacht war wieder dort angelangt, wo sie begonnen hatte.

In der GSF nahm nach der Einführung des Konvoisystems die Zahl der Versenkungen ebenfalls stark ab. Am 4. September wurde im Golf von Mexiko das letzte Schiff versenkt. Die CSF blieb bis in den Herbst hinein ein problematisches Gebiet. In US-amerikanischen Gewässern jedoch war der konzentrierte U-Boot-Angriff zu Ende. Zwar wurden auch weiterhin hier und da vor der amerikanischen Küste Schiffe versenkt, von April bis Dezember 1943 kam es sogar noch einmal zu einer Art U-Boot-»Blitz« vor der Ostküste der USA und in der Karibik, und auch danach wurden noch bis zum Ende des Krieges in Europa sporadische Störangriffe unternommen, aber im großen und ganzen konnte die amerikanische Küste nach Einführung des Konvoisystems zum ersten Mal als sicher gelten. Am 21. Juni 1942 stellte Admiral King mit dem Aplomb des frisch Konvertierten fest, »daß Eskorten nicht nur *eine* Methode im Kampf gegen die U-Boot-Bedrohung sind, sondern die *einzige* erfolgversprechende. Die sogenannten Such- und Jagdoperationen haben sich immer wieder als nutzlos erwiesen.«[25] Der Erfolg, den die Konvois versprachen, bestand nicht in der Versenkung von U-Booten, sondern darin, daß diese aufgrund der von den Konvois ausgehenden Gefahr die amerikanischen Gewässer als Operationsgebiet aufgaben, und er stellte sich ein. Wenn es aber zu Versenkungen von U-Booten kam, so waren sie paradoxerweise – und im Widerspruch zu Kings Aussage – das Werk von *»hunter-killer«*-Gruppen oder einzelnen, aggressiv handelnden Patrouillenschiffen oder Flugzeugen.

Am Ende des halben Jahres der größten Verluste lagen in den Gewässern der Eastern, Gulf und Caribbean Sea Frontiers nahezu 400 neue Schiffswracks auf dem Meeresboden. Auf die Frontiers aufgeteilt, lauten die Zahlen: 171 (ESF), 62 (GSF) und 141 (CSF). Zählt man die 23 in der Panama Frontier versenkten Schiffe hinzu, ergibt sich – die vielen beschädigten Schiffe nicht mitgerechnet – *in Gewässern, die unter dem Schutz der US Navy standen, ein Gesamtverlust von 397 Schiffen.* Diese Zahlen belegen eine der größten maritimen Katastrophen in der Geschichte und die schlimmste Niederlage, die die Vereinigten Staaten auf See erlitten haben. Für Deutschland war es die erfolgreichste U-Boot-Operation des gesamten Krieges. Die U-Bootwaffe hatte, bei minimalen Verlusten an Männern und Booten, einen Triumph davongetragen, der dem Sieg in einer großen Landschlacht gleichkam. Für Amerikas Hauptverbündeten Großbritannien erwiesen sich die Verluste als so gravierend, daß der Beitrag dieser von der Einfuhr abhängigen Inselnation zur Fortführung des Krieges zeitweise in Frage gestellt war. Für die Sowjetunion erhoben sich Zweifel daran, ob der Westen in der Lage sein würde, die Waffen zu liefern, die sie brauchte, um den Ostfeldzug der deutschen Wehrmacht zurückzuschlagen. Und für die Vereinigten Staaten schließlich stellte der »Paukenschlag« samt seiner Nachwirkungen in rein materieller Hinsicht den kostspieligsten Verlust des Zweiten Weltkriegs dar. Die größte Katastrophe war aber in jeder Hinsicht der Blutzoll, den er gefordert hatte: Man kann die Zahl der Todesopfer zwar nur schätzen, doch weniger als 5000 werden es nicht gewesen sein – US-Amerikaner, Engländer, Norweger und andere Seeleute der Handelsschiffahrt; Offiziere und Mannschaftsdienstgrade der US Navy und der Royal Navy; und zivile Passagiere. Erschossen, zerquetscht, ertrunken, verbrannt, verbrüht, erfroren, erstickt, verhungert oder von Haien verstümmelt, haben die meisten von ihnen ihre letzte Ruhestätte auf dem Grund des Meeres gefunden.

Das pazifische Pearl Harbor dauerte zwei Stunden und zehn Minuten an einem Sonntagmorgen. Das atlantische Pearl Harbor dauerte sechs Monate. Das amerikanische Volk war angesichts dessen, was in Pearl

Harbor geschehen war, wo stolze, angeblich unverletzliche stählerne Festungen verlorengingen und Tausende junger Männer ihr Leben ließen (obwohl die genaue Zahl der gesunkenen und beschädigten Schiffe und der menschlichen Verluste - 2403 Tote, 1178 Verletzte - erst nach dem Krieg bekanntgegeben werden sollte), verständlicherweise wie betäubt und von Wut erfüllt. Verstärkt wurde der Schock, den diese Verluste auslösten, durch den Abscheu über die von Japan verfolgte Taktik, das ohne die vom internationalen Recht geforderte Kriegserklärung und während seine Diplomaten in Washington noch verhandelten, zum Angriff übergegangen war, der deshalb allgemein als »heimtückischer Überraschungsangriff« und »Schlag unter die Gürtellinie« verdammt wurde. Bei näherem Hinsehen erweist sich jedoch, daß die Verluste, die der Navy in Hawaii beigebracht wurden, weit weniger ernst waren, als es den Anschein hatte. Am Tag des Angriffs befand sich kein einziger Flugzeugträger im Hafen. Sie waren zusammen mit sämtlichen Schweren Kreuzern und mehr als der Hälfte der Zerstörerflotte anderswo im Einsatz. Die im Hafen ankernden Opfer waren überwiegend langsame, veraltete Schlachtschiffe, die in den bevorstehenden Flugzeugträgerschlachten mit den Japanern keine Rolle gespielt hätten, und als später schwere Kanonen zur Vorbereitung von Landungsoperationen gebraucht wurden, stand auch die in Pearl Harbor zunächst verlorene Feuerkraft zum großen Teil wieder zur Verfügung. Vier der am 7. Dezember außer Gefecht gesetzten Schlachtschiffe - USS *California, West Virginia, Tennessee* und *Maryland* - waren am Sieg der US Navy in der Schlacht in der San-Pedro-Bucht am 24.-25. Oktober 1944 beteiligt, und die durchlöcherte *Nevada,* die es noch während des Angriffs geschafft hatte, die Anker zu lichten und sich am Waipo Point auf Grund zu setzen, unterstützte im Februar 1945 die Landung auf Iwoyima. Ironischerweise hätten die Schlachtschiffe und die anderen Kriegsschiffe, die vom Hafenboden von Pearl Harbor gehoben und anschließend repariert wurden, vermutlich nie wieder in den Kampf ziehen können, wenn sie in tieferen Gewässern gestanden und nicht an ihren Ankerplätzen gelegen hätten. Ein weiterer Glücksumstand für die Navy war die Tatsache, daß die Japaner es unglaublicherweise versäumt hatten, drei Ziele auszuschalten, deren Zerstörung die Navy tatsächlich für mindestens ein Jahr aus dem Pazifikkrieg gedrängt hätte: erstens das Treibstofflager der Navy in den Bergen hinter Pearl City, zweitens die Hafenanlagen selbst, insbesondere die Reparaturwerften, und drittens der U-Boot-Stützpunkt mit fünf an ihren Leinen festgemachten Booten. Morison kommentierte auf überzeugende Weise: »Man sucht in der Kriegsgeschichte vergeblich nach einer Operation, die für den Angreifer fataler gewesen wäre.«[26]

Obwohl die Öffentlichkeit es nicht wissen konnte, war der deutsche Angriff auf die Schiffahrt vor der amerikanischen Küste für die Vereinigten Staaten und ihre Verbündeten die weit größere Katastrophe. Anders als in Hawaii, wo die unbeschädigten Flotteneinheiten fast sofort nach dem 7. Dezember in die Offensive gehen und nur sechs Monate später den wichtigen Sieg von Midway erringen konnten, waren in der ESF, GSF und CSF die verlorenen Schiffe und der Verlust an Menschenleben, von den Ladungen ganz zu schweigen, nicht so schnell zu ersetzen. Dennoch erkannten manche militärische Führer, wie der Stabschef der Army, George C. Marshall, erst spät das ganze Ausmaß der Verheerungen. Marshall schrieb am 19. Juni an King:

> Die Verluste durch U-Boote vor unserer Atlantikküste und in der Karibik bedrohen jetzt unsere gesamten Kriegsanstrengungen. Folgende Zahlen dazu sind mir zur Kenntnis gebracht worden: Von den 74 Schiffen, die der Army von der Kriegsschiffahrtsverwaltung für den Juli zugeteilt wurden, sind bereits 17 versenkt worden. 22 Prozent der Bauxit-Flotte sind bereits vernichtet. 20 Prozent der puertorikanischen Flotte sind verloren. Von den Tankern sind monatlich 3,5 Prozent der verfügbaren Tonnage versenkt worden. Wir sind uns alle der begrenzten Zahl der vorhandenen Eskortschiffe bewußt, aber sind in dieser Situation alle denkbaren Behelfsmittel ausgeschöpft worden? Ich fürchte, wenn das noch einen oder zwei Monate so weitergeht, werden unsere Transportmittel derart geschrumpft sein, daß wir nicht mehr genügend Männer und Flugzeuge hinüberschaffen können, um auf den kritischen Kriegsschauplätzen entscheidend in die Kämpfe eingreifen zu können.[27]

In seiner Antwort schrieb King zwei Tage später in bezug auf die Ausschöpfung der »denkbaren Behelfsmittel«:

> Wir mußten sehr schnell und in großem Umfang improvisieren. Wir haben alle Privatboote übernommen, die von Nutzen sein konnten, und sie mit behelfsmäßiger Bewaffnung und unausgebildeten Besatzungen hinausgeschickt. Wir haben für Aufklärungszwecke Flugzeuge benutzt, die keine Bomben tragen konnten, und solche, die von Pilotenschülern von Ausbildungshorsten aus geflogen wurden. Wir haben Handelsschiffe so schnell wie möglich bewaffnet. Wir haben Fischerboote als freiwillige Ausgucks eingesetzt. Die Army hat uns bei dieser improvisierten Kampagne dadurch unterstützt, daß sie die zivile Luftüberwachung aufnahm.[28]

Nach dem in den vorangegangenen Kapiteln Gesagten kann jeder selbst entscheiden, wie »schnell« und in welch »großem Umfang« King seine Verteidigung in einer »improvisierten Kampagne« verstärkte. In seinen 1946 unter dem Titel: *U.S. Navy at War, 1941–1945* veröffentlichten amtlichen Kriegsberichten an den Marineminister schrieb er im Kapitel »Der U-Bootkrieg im Atlantik«, bezogen auf die Zeit unmittelbar nach Ausbruch der Feindseligkeiten: »Um unsere Abwehrkräfte zu verstärken, übernahm die Marine eine größere Anzahl von dienstgeeigneten Fischerbooten und Vergnügungsschiffen und improvisierte deren Bewaffnung mit den gerade zur Verfügung stehenden Mitteln. Für Küstenpatrouillen verwendeten wir die verschiedenartigsten Flugzeugtypen der Heeres- und Marineluftwaffe. Auch Zivilflieger wurden erfolgreich eingesetzt.«[29] Es ist nicht bekannt, ob Marshall Kings verfälschte Darstellung akzeptierte oder ob er wußte, daß sie eine Schutzbehauptung war. King war nicht gut angesehen im *Munitions Building.* Ein kluger Brigadegeneral namens Dwight D. Eisenhower, der damals für die Kriegspläne zuständig war, vertraute seinem persönlichen Tagebuch am 12. März 1942 an: »Eine Sache, die helfen könnte, diesen Krieg zu gewinnen, wäre es, jemanden zu finden, der King erschießt.«[30]

Um der Gerechtigkeit willen muß jedoch auch gesagt werden, daß King und die Navy nach dem Juli 1942 damit begannen, eine U-Boot-Sicherung aufzubauen, die schließlich so schlagkräftig, effektiv und gutausgebildet war, daß sie im folgenden Jahr, zusammen mit den britischen Kräften, den U-Booten in jedem Quadranten des Atlantiks überlegen war. Im Mai 1943 faßte King sämtliche Einheiten der

U-Boot-Abwehr, ob zu Wasser oder in der Luft, zur Tenth Fleet zusammen, deren Oberbefehl er selbst übernahm; ihr Stabschef wurde Rear Admiral Francis S. (»Frog« [Frosch]) Low. Damit hatte er mit einem Streich eine ganze Reihe organisatorischer Probleme und Konflikte vom Tisch gefegt, die vorher sowohl die verschiedenen Frontiers als auch den CINCLANT behindert hatten, ganz zu schweigen von der Army Air Force, deren Beziehungen zur Navy von regelmäßig wiederkehrenden Spannungen getrübt waren. Zu den Streitpunkten gehörten etwa die Fragen, ob die Army oder die Navy die Befehlsgewalt über die landgestützten Luftkräfte der U-Boot-Abwehr hatte, ob der CINCLANT in Operationen der Sea Frontiers eingreifen durfte oder ob die Befehlshaber der Naval Districts neben der Führung ihrer Distrikte auch die U-Boot-Abwehroperationen auf See leiten sollten.[31] Die Kampfkraft der U-Boot-Abwehr wurde ab 1943 durch den Einsatz neuer Zerstörertypen im Konvoidienst erheblich verbessert, insbesondere durch die neuen Eskortzerstörer (DE), die aufgrund ihrer großen Schwimmfähigkeit im Notfall, der ausgezeichnten Schottaufteilung und leichten Bauart sofort als die idealen Geleitschiffe erkannt wurden. Auch daß sie nur wenig mehr als halb soviel wie die Zerstörer der Benson-Klasse kosteten, blieb dem Kongreß natürlich nicht verborgen. Nach dem Krieg sollte King den Vorwurf erheben, Präsident Roosevelts »Vorliebe für kleine U-Boot-Abwehrschiffe« habe den Bau der dringend gebrauchten DEs verzögert. Die Dokumente des Schiffsbüros belegen jedoch, daß Roosevelt im Gegenteil - seit Juni 1940 - zu den ersten Befürwortern des DE-Programms gehörte.[32] Die Konvoieskorten glänzten außerdem mit neuen Waffen, unter anderem mit der schnell sinkenden 600-Pfund-Wasserbombe Mark IX und zwei Versionen von Bombenwerfern - »Hedgehog« (Igel) und »Mousetrap« (Mausefalle) -, mit denen kleine Wasserbomben als Teppich auf ein tauchendes U-Boot geworfen werden konnten, während der Sonarkontakt mit ihm aufrechterhalten wurde. Die Sonargeräte und die Ausbildung an ihnen verbesserte sich, und schließlich wurde überall von der britischen Taktik Gebrauch gemacht. Eine bedeutende Verstärkung der Atlantikflotte waren die Flugzeugträger-Geleitgruppen. Die erste von ihnen wurde im März 1943 um den kleinen Flugzeugträger USS *Bogue* herum organisiert. Vier Zerstörer schirmten den Flugzeugträger ab, von dem Grumman F4F-3 Wildcats und TBF-1 Avengers nach Radar- und Huff-Duff-Peilungen tagsüber aufgetauchte U-Boote anflogen, die sie aufgrund ihrer Schnelligkeit bombardieren oder im Tiefflug beschießen konnten, bevor sie völlig getaucht waren. Nach und nach wurden insgesamt elf dieser Flugzeugträgergruppen im Atlantik eingesetzt, von denen sich fünf als beachtliche *»hunter-killer«* von unachtsamen U-Booten profilierten. Überhaupt waren es die britischen und amerikanischen *»hunter-killer«*-Gruppen verschiedener Zusammensetzung, die sich vom Frühjahr 1943 an als die großen U-Boot-Fresser erwiesen und damit Kings Einschätzung, die Konvois seien die *einzige* Methode der Abwehr der U-Boot-Bedrohung, widerlegten. Nicht zuletzt muß als Vorteil auf alliierter Seite angeführt werden, daß es endlich gelang, den TRITON-Code zu knacken. BP konnte diesen Triumph am Sonntag, dem 13. Dezember 1942, vermelden. Das Verdienst daran kam Patrick Beesly zu. Winn hatte aufgrund von Überarbeitung einen Zusammenbruch erlitten.

Der neben den Flugzeugträgergruppen bedeutsamste amerikanische Beitrag im Verlauf der Atlantikschlacht waren die »Liberator«-Bomber von Consolidated, viermotorige Maschinen, die in der Army unter der Bezeichnung B-24 und in der Navy als PB4Y-1 liefen. In England hatte man eine der drei Bombenzellen in einen zusätzlichen Treibstofftank umgewandelt, so daß der Bomber jetzt bis zu 24 Stunden in der Luft bleiben konnte. Diese mit Besatzungen des Küstenkommandos der R.A.F. bemannten »VLR-Liberators« (VLR = *very long range* – sehr große Reichweite) patrouillierten von Stützpunkten in Nordirland und Island aus über den nordatlantischen Konvoirouten. Die westliche Hälfte des Atlantiks – die sogenannte Grönland-Lücke – blieb aufgrund der von Admiral King verschleppten Verlegung einiger Navy-Liberators nach Neufundland noch viele Monate lang ungeschützt. Im Januar 1943 hatten Churchill, Roosevelt und ihre Stabschefs auf der Casablanca-Konferenz übereinstimmend festgestellt, daß der Zerschlagung der deutschen U-Bootwaffe im Krieg in Europa die höchste Priorität zukomme, und um dieses Ziel zu erreichen, sollten sofort 80 VLR-Flugzeuge die Überwachung der Grönland-Lücke übernehmen. King, der an der Konferenz teilgenommen hatte und über 112 »Liberators« verfügte, tat aber vorläufig nichts, um dieser Verpflichtung zu genügen, bis ihn Roosevelt nach dem Verlust von 16 Handelsschiffen der Atlantikkonvois HX 229 und SC 122 während der vorangegangenen Tage am 18. März fragte, wo denn all die Navy-»Liberators« geblieben seien. Nachdem die Grönland-Lücke im April und Mai endlich durch von Neufundland aus patrouillierende Liberators geschlossen worden war, konnten U-Boote auch im westlichen Nordatlantik nur noch unter der Gefahr, entdeckt zu werden, auftauchen. Admiral Dönitz hatte es schon lange vorher mit Schrekken vorausgesehen und in seinem KTB die Schlußfolgerung gezogen: »Diese Erschwerung der Kriegführung muß bei entsprechender Weiterentwicklung zu hohen, nicht tragbaren Verlusten, zu einer Verminderung der Erfolge, damit zu einer Minderung der Erfolgsaussichten des U-Bootskrieges überhaupt führen.«[33]

Die Ausbildung und die Taktik der US Navy verbesserten sich derart, daß Konteradmiral Eberhard Godt, der Dönitz seit dessen Aufstieg zum Oberbefehlshaber der Kriegsmarine als Kommandierender Admiral von den nicht operativen Führungsaufgaben entlastete, nach dem Krieg feststellte, daß 1943–45 keinerlei Unterschied mehr zwischen der Kampffähigkeit der britischen und der amerikanischen Seite zu erkennen gewesen sei.[34] Und die Royal Navy lobte die Maschinen, die Bewaffnung, die Sauberkeit und den allgemein hohen Standard der Schiffe der US Navy.[35] Was die technische Seite der U-Boot-Abwehr betraf, scheinen die Engländer erfinderischer gewesen zu sein, während die Amerikaner in der Weiterentwicklung und Perfektionierung der Erfindungen erfolgreicher waren, obwohl auch sie mit Neuheiten aufwarteten, etwa mit »Fido« (Mark 24), einem Flugzeugtorpedo, der abgetauchte U-Boote anhand des von den Propellern erzeugten partiellen Vakuums ansteuerte. Aus England kamen zwei ebenfalls für Flugzeuge bestimmte Entwicklungen, die zusammen derart erfolgreich bei der Ortung von aufgetauchten U-Booten waren, daß es für die U-Bootwaffe gewissermaßen keine Nacht mehr gab. Die erste dieser Erfindungen war das Leigh Light, ein 61-Zentimeter-Scheinwerfer, den als erster Squadron Leader Humphrey de Vere Leigh von der R.A.F. unter der Kanzel eines Wellington-Bombers anbrachte. Dieser Scheinwerfer und seine stärkeren amerikanischen Nachfolger ermöglichten es den Flugzeugen, aufgetauchte U-Boote auch nachts zu sichten, besonders dann, wenn zugleich auf Radarpeilungen zurückgegriffen werden konnte. Das frühere langwellige Radar hatte man in den U-Booten mit Hilfe von FuMB-Geräten (»Metox« oder einem der vier Nachfolgesysteme) empfangen können; sie waren also gewarnt gewesen. Jetzt aber wurden die Bomber mit der amerikanischen Weiterentwicklung einer britischen Erfindung ausgestattet, dem kurzwelligen Zentimeter-Radar (ASV), das auf deutscher Seite lange Zeit nicht zu entdecken war.

Die mit ASV und Leigh Light ausgerüsteten »Liberators« und »Wellingtons« übten mit Beginn des Jahres 1943 eine fast totale Kontrolle der Meeresoberfläche aus und machten besonders den Golf von Biskaya zu einem mörderischen Gebiet. Die Deutschen konterten mit dem Schnorchel, einer älteren Idee, die vor dem Krieg von der Königlich Niederländischen Marine aufgegriffen und verbessert worden war. Der Schnorchel oder Luftmast erlaubte es U-Booten, die Dieselmotoren unter Wasser laufen zu lassen und die Batterien nachladen zu können, ohne aufzutauchen. Der Schnorchel bestand aus einem aus dem Wasser ragenden Doppelrohr, durch das die für die Maschinen benötigten Luftmengen angesaugt und die Abgase ausgestoßen wurden, und Kopfventilen, die sich schlossen, sobald das Boot tauchte und zur Fahrt mit den E-Maschinen überging. Der Vorteil des Schnorchels war die Möglichkeit, sowohl den neuen Scheinwerfern als auch dem Radar entkommen zu können. Der Nachteil lag in der relativ langsamen Geschwindigkeit der Unterwasserfahrt und in der Gefahr, die sich ergab, wenn sich die Kopfventile aufgrund des Seegangs oder eines Irrtums der Rudergänger schlossen, was bedeutete, daß die Diesel, bevor sie gestoppt wurden, Abgase ins Boot abgaben und gleichzeitig, was noch unangenehmer war, den größten Teil der Luft ansaugten und dadurch fast ein Vakuum im Druckkörper erzeugten. Aber auch der Schnorchel wurde schließlich durch das in Amerika entwickelte 3-Zentimeter-Radar auffindbar. Das Kurzwellenradar gehörte am Ende zu den vier Gründen, die Admiral Dönitz für die Niederlage im U-Boot-Krieg verantwortlich machte; die anderen waren: (1) Hitlers radikale Kürzung des U-Boot-Baus zugunsten von Panzern im Jahr 1940; (2) der Einsatz von mit ASV ausgerüsteten LVR-Bombern über dem mittleren Atlantik; und (3) der phänomenale Ausstoß an neuen Handelsschiffen durch amerikanische Werften, der die U-Bootwaffe im Wettlauf des »Tonnagekriegs« aussichtslos ins Hintertreffen brachte. Von Ende 1942 an wurde es immer deutlicher, daß es den U-Booten nicht gelingen würde, mehr Schiffe zu versenken, als nachgebaut wurden. Aber Dönitz ergab sich nicht ohne einen letzten Kraftakt in dieses offenkundige Schicksal.

Er und sein Stab hatten die Fähigkeit der 90 amerikanischen Werften grob unterschätzt, die verlorenen Schiffe zu ersetzen und schließlich sogar mehr neue Schiffe zu bauen, als durch U-Boot-Angriffe verlorengingen. Im Oktober 1942 lief ein »Liberty«-Schiff namens *Joseph N. Teal* nur zehn Tage, nachdem es auf Kiel gelegt worden war, vom Stapel, und die Rekorde purzelten weiter. Durch die Fertigteilbauweise der »Liberty«- und »Victory«-Schiffe, die von dem Schiffsbauer Henry Kaiser entwickelt worden war und von »Rosie the Riveter« – einer Nieterin, die die Medien als Symbol für die Frauen in der Kriegsproduktion aufbauten – ausgeführt wurde, konnte die Produktion von 7,75 Mio. Tonnen Schiffsraum im Jahr 1942 auf 19,2 Mio. Tonnen im Jahr 1943 gesteigert werden.[36] Gleichzeitig stieg auch der Ausstoß an Kriegsschiffen dramatisch an. Es wurde geschätzt, daß die neugebaute US-Flotte, selbst wenn in Pearl Harbor jede größere Schiffseinheit der US Navy zerstört worden und Japan in der Lage gewesen wäre, sein eigenes Schiffsbauprogramm zu vollenden, bis Mitte 1944 größer gewesen wäre als die japanische Flotte.[37] Es war die Industriemacht der Vereinigten Staaten, die den Krieg gewann.

Man darf jedoch nicht übersehen, daß andererseits in Deutschland fieberhaft U-Boote gebaut wurden, schneller, als die Alliierten sie versenken konnten – im zweiten Halbjahr 1942 liefen 121 vom Stapel, während nur 58 versenkt wurden. Zu Beginn des kritischen Jahres 1943 verfügte die U-Bootwaffe über 393 Boote, von denen 212 frontklar waren; ein Jahr zuvor waren es nur 91 Front-U-Boote bei einer Gesamtflotte von 249 Einheiten gewesen. Die Bühne für einen neuen, entscheidenden Höhepunkt der Auseinandersetzung zwischen den – vergrößerten – Seestreitkräften im Winter und Frühjahr des Jahres 1943 war bereitet, und im März hatte es den Anschein, als würde sie ganz im Sinne der deutschen Seite verlaufen. Allein in den ersten 20 Tagen dieses Monats versenkten deutsche U-Boote 97 alliierte Schiffe mit fast der doppelten Tonnage, die in jener Zeit neu gebaut wurde, während nur sieben U-Boote verlorengingen, aber 14 neu in Dienst gestellt wurden. Die Kurve war Mitte des Monats (17.–20. März) steil angestiegen, als 40 U-Boote in der immer noch vorhandenen

Luftlücke gegen die Konvois SC 122, HX 229 und HX 229A vorgingen. Bei nur einem U-Boot-Verlust (U 384) wurden 22 Handelsschiffe versenkt. Die Deutschen verschossen 90 Torpedos, die Alliierten 378 Wasserbomben und andere Sprengkörper.[38] Im deutschen Rundfunk wurde das Gemetzel als die größte Geleitzugschlacht aller Zeiten gefeiert, und die britische Admiralität gestand zähneknirschend ein, die Deutschen seien »nie so nah daran gewesen, die Verbindung zwischen der Neuen und der Alten Welt zu unterbrechen, wie in den ersten 20 Tagen im März 1943«. Der offizielle Geschichtsschreiber der Royal Navy kommentierte 13 Jahre später: »Nach Ansicht des Autors sind wir im Frühjahr 1943 sehr knapp einer Niederlage im Atlantik entronnen; hätten wir eine solche Niederlage erlitten, würde das Urteil der Geschichte lauten, daß der Hauptgrund das Fehlen zweier zusätzlicher Staffeln von VLR-Flugzeugen für den Konvoidienst war.«[39] Die Hauptschuld daran hätte Admiral King gehabt, obwohl gesagt werden muß, daß die Briten in dieser Hinsicht auch keine Hilfe waren: Das Bomberkommando hatte sich auf die im allgemeinen nutzlose Flächenbombardierung Deutschlands versteift und weigerte sich hartnäckig, »Liberators« für maritime Einsätze abzuzweigen.

Kurz nach dem Debakel im März wandte sich das Blatt zugunsten der Alliierten. Die Luftlücke wurde geschlossen, und die Kombination von amerikanischen und britischen Flugzeugträgergruppen, Eskorten, Support Groups aus britischen *»hunter-killer«*-Zerstörern, Fregatten und Schaluppen sowie mit *Leigh Lights* und ASV ausgerüsteten »Wellingtons« und »Liberators« machte den nach der Wartung auf See zurückkehrenden U-Booten schwer zu schaffen. Zudem waren ihre Bewegungen nach dem Einbruch in den TRITON-Code bekannt. Das alles führte zum »schwarzen Mai«, wie er auf deutscher Seite genannt wurde, in dem 41 U-Boote versenkt wurden. Zusammen mit den Versenkungen im Juni und Juli ergab sich für dieses Vierteljahr ein Gesamtverlust von 95 Booten. Der Golf von Biskaya, der jetzt – wenn es überhaupt möglich war – bis zum 18. Längengrad unter Wasser durchquert werden mußte, füllte sich mit eisernen Särgen. Die lange erwartete Einführung einer neuen Generation von »Elektrobooten« der Typen XXI (1600 Tonnen) und XXIII (250 Tonnen), die mit Unterwassergeschwindigkeiten von bis zu 18 Knoten aus dem Tauchboot, das das U-Boot darstellte, ein echtes Unterseeboot gemacht hätten, kam aufgrund der Bombardierung der U-Boot-Werften durch die Alliierten zu spät, um die Niederlage der U-Bootwaffe verhindern zu können. Wären diese Typen nur ein Jahr früher in ausreichender Zahl verfügbar gewesen, hätten sie möglicherweise sowohl die Landung in der Normandie vereiteln als auch die Atlantikschlacht herumreißen können. So aber setzte sich das Massaker in der Biskaya bis in den August 1944 fort, als die U-Boote durch die alliierte Landung in Nordfrankreich und das Eintreffen der Dritten Armee der USA in Großbritannien gezwungen waren, auf norwegische Stützpunkte auszuweichen, wodurch ihr Operationsgebiet nur noch etwa bis zur Linie Gibraltar-Hatteras reichte und die alliierten Seestreitkräfte konzentrierter und effektiver gegen sie vorgehen konnten. Gleichzeitig gab es immer weniger erfahrene U-Boot-Kommandanten, ein Faktor, der nicht unerheblich war, während der Ausbildungsgrad und das Selbstvertrauen der Besatzungen stetig sank. Unter diesen Umständen war es unvermeidlich, daß die Moral (wenn auch nicht der Mut) der U-Boot-Fahrer nachließ. Die U-Bootwaffe blieb zwar mit bemerkenswerter Zähigkeit auf See, wurde aber nie wieder zu jener schlagkräftigen Streitmacht, die einst der Schrecken der Meere gewesen war. Dönitz setzte seine schwindenden Kräfte gegen verschiedene vermutete »Schwachpunkte« im Atlantik ein, darunter auch wieder die amerikanische Küste, aber während der letzten beiden Kriegsjahre gab es solche Punkte nicht mehr. Die Schlacht war entschieden. Immer häufiger blieb der feindselige Ozean die Antwort schuldig, wie oft der BdU auch nachfragte: U ---- POSITION MELDEN ... U ---- POSITION MELDEN ... Der Versuch, mit beschränkten Mitteln einen unbeschränkten Krieg zu führen, war gescheitert. In seinen Memoiren konstatierte Dönitz knapp: »Wir waren in der Atlantikschlacht unterlegen.«[40]

Kurz vor der Kapitulation Deutschlands nahm Dönitz am 5. Mai 1945 mit einem Funkspruch von seinen U-Booten Abschied: »Meine U-Boot-Männer! Sechs Jahre U-Boot-Krieg liegen hinter uns. Ihr habt gekämpft wie die Löwen. Eine erdrückende Materialübermacht hat uns auf engstem Raum zusammengedrängt. Von der verbleibenden Basis aus ist eine Fortsetzung unseres Kampfes nicht mehr möglich. U-Boot-Männer! Ungebrochen und makellos legt ihr nach einem Heldenkampf ohnegleichen die Waffen nieder.«[41] Im selben Monat gaben die US Navy und die Royal Navy gemeinsam bekannt, daß es keine bewaffneten Konvois mehr geben würde: »Handelsschiffe werden bei Nacht mit voll aufgeblendeten Positionslichtern fahren und brauchen das Schiff nicht mehr zu verdunkeln.«[42]

Kenneth Knowles, der als der amerikanische Rodger Winn den Verlauf des U-Boot-Krieges so nah wie kein anderer Amerikaner verfolgt hatte, erklärte in einem Bericht nach Kriegsende: »Die Atlantikschlacht war die bedeutendste einzelne Operation des Zweiten Weltkriegs, da von ihrem Ausgang der Erfolg oder das Versagen der Strategie der Vereinigten Staaten auf allen anderen Kriegsschauplätzen abhing.«[43] Morison urteilte, daß die Schlacht »in ihrem Einfluß auf den Ausgang des Krieges von keiner anderen übertroffen« wurde.[44] Diese Einschätzung war sicherlich korrekt. Sie bestätigte die Richtigkeit der »Deutschland zuerst«-Annahme der US-Strategen - hauptsächlich Admiral Starks - vor dem amerikanischen Kriegseintritt, nach der ein Sieg über Deutschland den Sieg über Japan sicherstellte, aber nicht umgekehrt. Nicht nur die Landung in der Normandie, sondern auch der Erfolg der Roten Armee im Osten hing von Waffen und anderem Nachschub ab, der nur über die Atlantikbrücke geliefert werden konnte, und damit von der britischen und amerikanischen Fähigkeit, die U-Bootwaffe auszuschalten. Nach dem Sieg auf der eurasischen Landmasse konnte das gesamte Gewicht der alliierten Militärmacht in den Kampf gegen die weniger hochentwickelte Kriegsmaschinerie der Japaner geworfen werden. Admiral King, dessen Interessen vorrangig im Pazifik lagen, scheint diesen Zusammenhang nie ganz begriffen zu haben. Der deutsche Versuch, die alliierten Seeverbindungen zu kappen, war zugleich die längste Schlacht des Zweiten Weltkriegs; sie dauerte vom 3. September 1939, zwei Tage nach Beginn des Krieges, bis zum 8. Mai 1945, dem Tag der deutschen Kapitulation. Sie war außerdem die komplexeste Schlacht in der Geschichte der Seekriegführung.[45] Ein Weg zu ihrem Verständnis ist es, sich - *pars pro toto* - eins der in die Kämpfe verwickelten Boote herauszugreifen und es genauer zu betrachten, und kaum ein Boot war besser dafür geeignet als U 123.

14. April 1942, der 44. Tag auf See. Position DB 6329, auf der Höhe von Savannah. Auf Heimatkurs 55 Grad. Das Boot lief bei leichtem See-

gang mit beiden Maschinen, der Backborddiesel war wieder in Gang, mit langsamer Fahrt voraus, um die verbogenen Wellen, die zwar immer noch kreischten, aber anstandslos funktionierten, nicht zu überlasten und Treibstoff zu sparen. Für Reinhard Hardegen ging der Krieg auf See früh zu Ende. Er bezweifelte, daß er weiteren Aufschub bekommen würde. Dies war das Ende seiner letzten Feindfahrt. Es hatte also etwas Endgültiges und Abschließendes, als er um 12.00 Uhr den FT des BdU an der Schlüsselmaschine entzifferte: AN HARDEGEN. BRAVO! AUCH DAS WAR EIN PAUKENSCHLAG. BEFEHLSHABER.[46] Zwei Tage später traf ein ähnlicher Glückwunsch von Großadmiral Raeder ein.

Hardegen bekam aber noch die Gelegenheit, ein letztes Mal auf die Pauke zu schlagen. Am 16. April sichteten die Ausgucks um 22.00 Uhr MEZ im Quadrat DC 2361 rund 260 Seemeilen östlich von Kap Hatteras noch bei Tageslicht zwei Frachter mit Kurs 150–160. U 123 stand zwischen ihnen, und Hardegen beschloß, den zweiten anzugreifen. Er setzte sich weiter vor und tauchte eine halbe Stunde vor Sonnenuntergang, um auf den Frachter zu warten. Schließlich hatte er ihn aus 300 Metern genau im Blick. Ungefähr 5000 BRT, schätzte er; Fahrt elf Knoten; keine schweren Waffen; an den Masten aufgetoppte Ladebäume; auf dem Oberdeck große gelbe Dampfkessel und Lastwagen – ein lohnendes Ziel. Er hatte zwar keine Torpedos mehr, aber noch 29 Granaten – von denen acht feucht geworden waren – für die 10,5-cm-Kanone und jede Menge Munition für das 3,7-cm-Geschütz und die 2-cm-Flak. Als der Frachter vorbeigefahren war, folgte er ihm unter Wasser, bis es dunkel wurde und U 123 die Jagd an der Oberfläche fortsetzen konnte. Hardegen überholte den Frachter und lief ihn wie bei einem Torpedoangriff von vorn an. Als die Bootskanone den Frachter in 400 Meter Entfernung in 90-Grad-Lage im Visier hatte, gab er Feuererlaubnis.

RUMMS! Der erste Schuß reinigte den Lauf. Acht der neun folgenden Granaten explodierten auf der Brücke und im Maschinenraum. Danach steuerte Hardegen das Boot auf die Backbordseite des Frachters und ließ das Oberdeck mit den beiden kleineren Kanonen bestreichen. Nach fünf Minuten gab er Befehl, das Feuer einzustellen, und zog sich auf die Steuerbordseite zurück, um sich die Situation anzuschauen. Aber bevor er dazu kam, drehte der Frachter, der immer noch mit voller Kraft fuhr, nach Steuerbord ab und hielt genau auf U 123 zu! War er wieder in eine Falle getappt? Doch der Frachter drehte sich weiter und eröffnete auch nicht das Feuer auf den Angreifer. Zu Hardegens Überraschung fuhr er mit hoher Geschwindigkeit mehrmals im Kreis. Das Ruder mußte blockiert sein. Das Schiff drehte sich wie ein Brummkreisel, während sich das auf der Brücke ausgebrochene Feuer, vom Fahrtwind in alle Richtungen verteilt, rasch ausbreitete. Trotz der schnellen Kreisfahrt wurden zwei Rettungsboote und ein Floß ins Wasser gebracht, eine seemännische Meisterleistung. Rafalski fing einen Funkspruch des aufgegebenen Schiffs auf: POINT BRAVA [in der Aufregung hatte der Funker einen früheren Namen des Frachters, der jetzt SS *Alcoa Guide* hieß, benutzt] VON NORFOLK NACH GUADELOUPE. KAPITÄN VERLETZT. LEUTE IN DIE BOOTE.[47] »Gut, dass wir es nun wussten«, schrieb Hardegen ins KTB. Da die Besatzung sicher von Bord war, konnte er die Beschießung aus geringster Entfernung fortsetzen. Er konzentrierte das Feuer auf den Maschinenraum und die Wasserlinie, obwohl es bei der Kreisfahrt des Ziels nicht einfach war. Doch schließlich gaben die Maschinen des Frachters auf, er verlor an Fahrt und legte sich auf die Steuerbordseite. Die gelben Kessel, vier achtern und vier vorn auf den Ladeluken, rutschten von Bord. Hardegen ließ weiter in die Wasserlinie feuern, bis das brennende Schiff endlich um 5.30 Uhr MEZ (17. April) mit zischend verlöschendem Feuer über das Heck in der Tiefe verschwand. IIWO Schüler zählte die verschossene Munition: 27 Schuß 10,5 cm, 86 Schuß 3,7 cm und 120 Schuß 2 cm. Hardegen hatte seinem Erfolgskonto 4834 BRT hinzugefügt. Nur der LI machte sich Sorgen: Möglicherweise war während des Angriffs zu viel von dem Treibstoff verbraucht worden, den U 123 für die Heimfahrt benötigte.

Die *Alcoa Guide* hatte Weehawken (New Jersey) am 11. April mit Militärgut für die amerikanischen Stützpunkte auf den Westindischen Inseln und Mehl für Point-à-Pitre (Guadeloupe) verlassen. Nach einer U-Boot-Warnung hatte sie kurz in Hampton Roads Schutz gesucht, aber am 16. April war sie wieder allein auf einem Kurs von 162 Grad mit zehn Knoten Fahrt, verdunkelt, aber ohne im Zickzack zu fahren, unterwegs, als der Matrose Francis Martens, der als Wache auf der Brücke war, von einer Explosion auf der Steuerbordseite des Salondecks überrascht wurde. Er legte das Ruder hart nach Steuerbord, ließ die Maschinen weiterlaufen und rannte zu seinem Rettungsboot. Auf Deck herrschte großes Durcheinander, während die Granaten eines an Steuerbord deutlich zu erkennenden U-Boots im Rumpf des Frachters einschlugen. Der Kapitän, Samuel Leroy Cobb, hatte gerade die Geheimpapiere in einem beschwerten Sack von der Brücke aus ins Meer geworfen, als dicht bei ihm eine Granate explodierte und ihn von der Brücke schleuderte. Er stürzte auf die Deckwinde an Luke 3, wo ihn der Zweite Maschinist Charles E. McIver fand, der ihn ins Backbordrettungsboot trug, das während einer Feuerpause ins Wasser gelassen wurde. Der Funker M. E. Chandler sandte den Notruf aus, dessen Empfang aus Tuckerton (New Jersey) bestätigt wurde. Unter dem schwarzen Rauch und dem »Säure-Brandgeruch« der Explosionen, die über dem Schiff hingen, kamen auch das Steuerbordrettungsboot und ein Floß mit vier Männern sicher ins Wasser. Danach setzte das Artilleriefeuer auf den Frachter wieder ein. Die Männer beobachteten den Todeskampf ihres Schiffs, während sie sich von ihm entfernten. Nach zwei Tagen Fahrt in Richtung Land, am 19. April, erlagen der Kapitän und ein Heizer ihren Verletzungen. Später am selben Tag wurden die 27 Männer in den Rettungsbooten von dem Zerstörer USS *Broome* (DD-210) aufgenommen und nach Norfolk gebracht.

Das Floß, auf dem sich der Vollmatrose Jules Souza, der Chefmaschinist, ein Heizer und ein schwarzer Seemann von den Virgin Islands befanden, war bald von den Rettungsbooten weggetrieben worden. Einmal wäre es von dem kreisenden Frachter, der keineswegs steuerlos war, wie Hardegen glaubte, sondern nur, bei voller Fahrt, weiter mit der letzten Rudereinstellung hart nach Steuerbord fuhr, beinah unter Wasser gedrückt worden. Als der Frachter das letzte Mal an dem Floß vorbeikam, sah Souza seinen Kajütengenossen, einen Filipino, voll angezogen und mit einem Koffer in der Hand auf dem Achterdeck stehen, das als einziges noch nicht brannte. Souza wunderte sich: Er hatte ihn immer »als zu gebildet für seine Arbeit« angesehen, wie er später erzählte. Hatte der Filipino dem U-Boot die Fahrtzeiten und die Route des Frachters verraten und wartete jetzt darauf, von dem dankbaren Kommandanten aufgelesen zu werden? Aber Souza hatte anderes zu tun, als sich über eine Verschwörung Gedanken zu machen. Er und seine Kameraden trieben mit nur wenig

Lebensmitteln und Wasser und ohne Segel oder Ruder auf offener See. Am gleichen Tag, als die Männer in den Rettungsbooten von der *Broome* aufgefischt wurden, entdeckte ein Flugzeug das Floß und signalisierte den Männern, daß es sie gesehen hatte, aber ihm folgte kein Rettungsschiff. Am 21. April kam ein im Zickzack fahrender Frachter bis auf eine Seemeile an das Floß heran und stoppte sogar, um es genauer in Augenschein zu nehmen, fuhr dann aber unerklärlicherweise weiter. Jetzt erfaßte die Männer Verzweiflung. Sie hatten, in der Hoffnung auf baldige Rettung, nicht mit dem Trinkwasser gespart und eines Tages auch noch welches verloren, als der Hahn des Fasses offen geblieben war. Zu essen hatten sie bald nur noch Malzmilchtabletten. In der Nacht des 23. April starb der Chefmaschinist vor Entkräftung. Der Heizer folgte ihm am nächsten Tag. Souza und der schwarze Seemann behielten die Leichen an Bord, um sie nach ihrer Rettung den Angehörigen zuzustellen. Acht Tage später wurde der Verwesungsgeruch jedoch so stark, daß sie die Leichen den Wellen übergaben. Am 12. Mai, 26 Tage nach der Versenkung ihres Schiffs, tranken die beiden verbliebenen Männer die letzten Tropfen aus dem Wasserfaß. Der schwarze Seemann trank von diesem Zeitpunkt an gut zwei Liter Salzwasser am Tag. Er starb am 17. Mai. Souza hatte nur rund einen Liter getrunken und überlebte bis zum nächsten Tag, als ihn das englische Frachtschiff SS *Hororata* sichtete und an Bord nahm. Entkräftet, unterernährt und sonnenverbrannt wurde er in ein Krankenhaus in Cristobal in der Kanalzone gebracht und erholte sich von den Strapazen, so daß er seine bittere Geschichte erzählen konnte.[48]

Hardegen notierte unterdessen in seinem KTB:

> 23. April, 17.00. Zum erstenmal erhielt ›U 123‹ einen F.T. vom Führer. Dem Kdten. war das Eichenlaub verliehen. Die Freude war überall gross, denn alle hatten es erkämpft. In feierlicher Form wurde in der Zentrale das selbst angefertigte Ritterkreuz mit Eichenlaub verliehen.
>
> 26. April. 16.00. Gemäß F.T. Befehl am 28.4. um 14.00 Uhr ›U 107‹ treffen in Qu. 7188 BE, zur Abgabe ›Adressbuch‹, da ich schon 12 Std. eher dort stehe, schlage ich neuen Treffpunkt um 10.00 im Qu. 7289 vor.

28\. April. 10.00. Stehe 6 sm westlich des Treffpunkts.

11.00. Stehe auf Treffpunkt, sende Peilzeichen, da nichts zu sehen. ›U 107‹ meldet, dass er uns in 300° peilt. Laufe mit 120° entgegen.

11.50. ›U 107‹ in Sicht.

12.30. Liege querab von ›U 107‹ und beabsichtige in angefertigter Blechbüchse mit Wurfleine das Adressbuch herüberzugeben. ›U 107‹ setzt jedoch Schlauchboot aus, da er uns zum Dank 1 Kiste Eier verehrt. Damit hat er ja so kurz vorm Einlaufen grade das Richtige getroffen. Nachdem wir noch von ihm Post übernommen hatten und wir dann unsere neuesten U.S.A. Erfahrungen übermittelten, ging es weiter.

12.45. Kurs Heimat! Kurs 85°. Beide Diesel 300 Umdrehungen.

13.02. ›U 107‹ ausser Sicht.[49]

1\. Mai. 02.40. An St.B. querab 2 Fischdampfer mit Laternen, in Kiellinie.

07.40. ↓ Alarm! 3 grosse Flugzeuge voraus, Kurs SW, möglich eigene.

10.10. ↑ Da blauer Himmel und keine Überraschung durch Flieger zu befürchten, fahre ich aufgetaucht weiter, um durch häufige Besteckkontrolle den Weg genau zu erreichen. Wegen Minenlage wichtiger.

18.07. Voraus eine HE 115, Kurs SW, E.S. Austausch durchgeführt.

23.00. Stehe auf Aussenpunkt Weg ›Bogenlampe‹.

2\. Mai. 07.00. Stehe auf Punkt II.

07.30. Aufnahme durch Geleit.

10.50. Festmachen Lorient.

Etmal: 215 sm
Gesamt: 8918 sm
davon: 310 sm ↓

Als U 123 in La Rade de Lorient einlief, zu den schon vertrauten Keroman-Bunkern, und links und rechts Fort Saint-Louis auftauchte, begannen die Diesel plötzlich zu husten und verstummten schließlich ganz. Was Schulz befürchtet hatte, war eingetreten: Der Treibstoff war alle. In der Stille konnte Hardegen die Marschklänge der zur Begrüßung auf der *Isère* angetretenen Kapelle hören. Das war peinlich. Das R-Boot, das U 123 durch den Minengürtel geleitet hatte, bemerkte das Problem und fragte über Funk an, ob der Flottillen-Ingenieur einen Ölprahm herausschicken solle. Hardegen antwortete mit nein. Er würde die Fahrt mit den E-Motoren beenden. Der Stolz des Boots stand auf dem Spiel. Es mochte die leiseste Ankunft werden, die die *Isère* jemals erlebt hatte, aber er würde aus eigener Kraft an ihr anlegen.

Langsam und leise näherte sich U 123 dem Pontonschiff. Die Besatzung war vorn und achtern auf dem Oberdeck angetreten, und neben Hardegen auf der Brücke standen die beiden Offiziere, die während der letzten Tage auf See von ihrer Beförderung erfahren hatten: von Schroeter, der jetzt Oberleutnant zur See, und Mertens, der LI-Schüler, der jetzt Oberleutnant (Ing.) war. Am Sehrohr flatterten elf Wimpel mit den Tonnagezahlen der versenkten Schiffe, und vorn am Lauf der Bootskanone waren die Silhouetten der fünf Schiffe aufgemalt, die U 123 allein mit Artilleriefeuer zerstört hatte. Als die *Isère* in Sicht kam, hatte Hardegen den Eindruck, daß sich diesmal sogar noch mehr Menschen auf dem Pontonschiff drängten als bei der Rückkehr von der ersten Amerikafahrt des Boots, unter ihnen auch »Blitzmädel« und Rotkreuzschwestern mit Blumen in den Händen und zahlreiche Kameraden von anderen U-Booten.

Admiral Dönitz kam zur formellen Begrüßung des Boots an Bord. Er gratulierte Hardegen zum Eichenlaub und teilte ihm mit, daß er es vom Führer persönlich erhalten werde. Er sei erst der elfte Kommandant, der auf diese Weise ausgezeichnet, und der 89. Soldat der gesamten Wehrmacht, dem das Eichenlaub verliehen werde. Aber es wartete noch eine besondere Überraschung auf die Männer von U 123. Großadmiral Raeder befand sich in diesen Tagen auf einer Inspektionsreise, die ihn auch nach Lorient führte. Hardegen durfte ihm die Besatzung vorstellen, und er heftete den vom Kommandanten vorgeschlagenen Besatzungsmitgliedern persönlich die Eisernen Kreuze an die Brust. Danach wurde die Besatzung entlassen, und Hardegen ging mit Raeder und Dönitz zum Essen auf die neue Terrasse des Offiziersheims, wo noch die U-Boot-Kommandanten Erich Topp (U 552), der zwölf Tage vor Hardegen das Eichenlaub erhalten hatte, Karl-Friedrich Merten (U 68), der im Juni das Ritterkreuz und im November das

Eichenlaub bekommen sollte, und Helmut Witte (U 159), der im Oktober zum Ritterkreuzträger werden sollte, zu ihnen stießen.

Die übliche Abmeldung beim »Löwen« unter Vorlage des KTB der abgeschlossenen Feindfahrt fand nicht in Kernével statt, sondern bei der Flottille. Dönitz hatte Kernével auf Hitlers Anordnung hin am 29. März, nach einem britischen Kommandounternehmen gegen St. Nazaire, aufgegeben und seinen Stab in einen Wohnblock an der Avenue Maréchal Manoury in Paris verlegt. Zufrieden mit Hardegens Bericht schrieb er unter das KTB von U 123: »Vorzüglich durchgeführte Unternehmung. Unter vollstem Einsatz des Bootes hat der Kommandant mit vorbildlichem Angriffsgeist einen hervorragenden Erfolg erzielt, der bisher - ohne Torpedoergänzung - einmalig ist.«[50] Tatsächlich war die U-Boot-Artillerie wahrscheinlich niemals zuvor mit solchem Erfolg eingesetzt worden wie von Hardegen auf seinen beiden Amerikafahrten. Dönitz forderte seinen Kommandanten auf, die Ratschläge, die er nach Amerika fahrenden Booten geben würde, aufzuschreiben, und Hardegen kam dem nach, indem er auf zwei Schreibmaschinenseiten seine »Besonderen Erfahrungen« niederlegte. In ihnen heißt es:

> Wie schon auf der letzten Fahrt, war auch diesmal die durchgehende Besetzung der 600 m Welle ab 55° West das wichtigste Hilfsmittel für ein erfolgreiches Operieren. Täglich wurden mehrere Dampfernotrufe aufgefangen. Nicht immer waren sie angegriffen, oft nur U-Bootssichtmeldungen oder sie sahen Gespenster wie ›verdächtiges Fahrzeug‹ oder ›geheimnisvolles Licht‹. Jedesmal aber mit Standort, oft auch Kurs und Fahrt. Trug man alle Standorte sorgfältig in die Karte ein, so gewann man ein gutes Bild über die Hauptkurse der Schiffe. Lief ich auf ihnen entlang, so kam mit Sicherheit ein Schiff. [. . .] Unangenehm sind die kleinen U-Jäger Motorboote, da sie eine so kleine Silhouette haben, dass sie im Sehrohr oft nicht zu sehen sind. Über Wasser erkennt man sie an der Bugsee, nicht am Schatten. Sollten sie lernen, sich mit langsamer Fahrt ungesehen zu nähern, können sie gefährlich werden. Nach meiner Ansicht ist das sehr starke Meeresleuchten an der Floridaküste für das U-Boot am gefährlichsten. Muss man auf Flachwasser, d. h. innerhalb der 20 m Linie, vor Flgzg. oder Zerstörer tauchen

> und auf Sehrohrtiefe ablaufen, so treten an den Schrauben dieselben Ablösungserscheinungen auf, wie beim Eto, ebenso Wirbel an den Geschützen. Das dadurch hervorgerufene Meeresleuchten wird das Boot dem Flgzg. und dem Zerstörer verraten. Da ich kein Asdic feststellte, jedoch gute Horchbedingungen und auch glaube, dass die Amerikaner gut horchen, halte ich es für das Beste, kurz von der Tauchstelle abzulaufen und dann als ›Toter Mann‹ sich auf Grund zu legen. Gewiss ist es ungewohnt bei 20 m oder 22 m auf Grund zu liegen und U-Jäger und Zerstörer genau über sich weglaufen zu lassen. Hier muss man Nerven behalten. Wir sind in jedem Fall überlegen. 2 Beispiele zeigen, dass der Gegner nicht zäh ist und abläuft, wenn er nichts horcht oder sieht. Dann gleich auftauchen und über Wasser ablaufen. [. . .] Marschiert man abends so unter Wasser, dass man mit der Dämmerung auf der Dampferkurslinie auftaucht, so braucht man nicht lange auf Dampfer zu warten. Die Unterlagen sind einfach, da man ja die Kurse, also die Lage genau hat, besonders wenn der Dampfer zwischen U-Boot und Küste steht. Die Fahrt ist schnell ausgedampft, indem man etwa 4000 m parallel zu ihm läuft und die eigene Fahrt auf seine abstimmt. Art und Grösse sind gut zu bestimmen, da er als Silhouette vor den Lichtern der Küste und vor den Leuchtfeuern steht.[51]

Einige Tage später flogen Hardegen und Topp mit einer Junkers-Transportmaschine von Lorient nach Rastenburg in Ostpreußen. Dort holte sie ein Dienstwagen ab und brachte sie durch den Görlitz-Wald zur Wolfsschanze, wo die beiden Marineoffiziere in ihren blauen Ausgehuniformen, die grauen Handschuhe übergestreift, in einem Vorzimmer warten mußten. Wenig später betrat Hitler, wie üblich in schwarzer Hose und einer grauen Uniformjacke mit dem Eisernen Kreuz auf der linken Brust und dem Adler mit dem Hakenkreuz oben auf dem linken Ärmel, lächelnd den Raum. Die beiden Offiziere salutierten. Hitler schüttelte ihnen die behandschuhten Hände und gratulierte ihnen mit einigen höflichen Worten zu ihren Erfolgen, während ein Adjutant die verzierten Ledertuis öffnete, die das Eichenlaub zum Ritterkreuz und eine handgeschriebene Verleihungsurkunde enthielten. Hitler überreichte den beiden U-Boot-

Kommandanten die seltene Auszeichnung, schüttelte ihnen noch einmal die Hand und lud die beiden »Asse« zum Essen in sein privates Eßzimmer ein.

Dort waren schon zahlreiche Generale der Wehrmacht und der Luftwaffe versammelt. Hardegen erhielt den Platz rechts neben Hitler, der sich während des vegetarischen Essens nach dem Luftwaffenabzeichen auf Hardegens Brust erkundigte. Hardegen erklärte ihm, daß er in der Marineluftwaffe gewesen war, bevor er zur U-Bootwaffe kam, und fügte hinzu: »Es war ein großer Fehler, die Marineluftwaffe aufzulösen, mein Führer.«

»Was?« fragte Hitler überrascht.

»Die U-Bootwaffe braucht dringend Luftunterstützung durch eigene Focke-Wulf 200 ›Condor‹ mit großer Reichweite, um Geleitzüge aufzuspüren, und die neuen Heinkel HE 177, die nicht nur die Reichweite und die Kampfkraft haben, um mit uns zusammen die Geleitzüge anzugreifen, sondern auch die Kanonen, um es mit den englischen Flugzeugen über der Biskaya aufzunehmen.«

»Ich glaube, Sie verstehen unsere militärischen Prioritäten nicht ganz, junger Mann –«, setzte Hitler zu einer Erwiderung an.

»Noch etwas, mein Führer. Wir hätten die *Bismarck* niemals verloren, wenn Sie erlaubt hätten, daß unser Flugzeugträger *Graf Zeppelin* fertiggestellt wird. Seine Flugzeuge hätten die englischen Angreifer zurückgeschlagen.«

»Hardegen!« rief einer der Generale am Tisch scharf.

»Und Marineflugzeuge können Torpedos abwerfen«, fuhr dieser ungerührt fort. »Sehen Sie sich an, was die Italiener im Mittelmeer und die Japaner in Pearl Harbor gemacht haben.«

Als Hardegen nach einer kurzen Pause fortfuhr, blieben rund um den Tisch die Gabeln in der Luft hängen, und alle Augen richteten sich erstaunt auf diesen aus den Tiefen des Meeres kommenden Luftfahrtexperten - alle bis auf die von Topp, der vor Verlegenheit starr geradeaus blickte.

»Verzeihen Sie mir, mein Führer, wenn ich das sage«, begann Hardegen, um ihn anschließend zu belehren: »Aber Sie machen den Fehler, nur nach Osten zu schauen, während der Krieg im Westen gewonnen oder verloren wird - auf See.«

Hitler wurde rot vor Wut und entgegnete betont langsam: »Reichsmarschall Göring erfreut sich mit unserer Luftwaffe großer Erfolge. Unsere Luftstrategie ist bei ihm in guten Händen. Eine weitere Unterhaltung darüber wird es nicht geben.«

Nach dem Essen nahm General Alfred Jodl, der Chef des Wehrmachtsführungsstabes, Hardegen beiseite und fuhr ihn an: »Was für eine Unverschämtheit! Für wen halten Sie sich, derartig mit dem Führer zu reden?«

»Herr General«, erwiderte Hardegen, »der Führer hat das Recht, die Wahrheit zu hören, und ich habe die Pflicht, sie zu sagen.«[52]

Bei seiner Rückkehr nach Lorient erfuhr Hardegen, daß die Reparaturwerft in Keroman nicht über die schwere Ausrüstung verfügte, um die verbogenen Antriebswellen auszutauschen, und daß er mit dem Boot um die Britischen Inseln herum nach Kiel fahren müsse, von wo es ins Trockendock nach Stettin gebracht werden sollte. Was man ihm nicht sagte, war, daß die Engländer in ihren »Sunderlands« und »Wellingtons« die ersten metrischen Radargeräte eingebaut hatten, so daß er sich nicht erklären konnte, wie es zu der ständigen Anwesenheit von Flugzeugen kam, die ihn während der Fahrt immer wieder von neuem unter Wasser drückten. Einmal entging er mit seiner Besatzung nur knapp dem Tod, als eine »Sunderland«, die erst zu spät entdeckt worden war, aus den Wolken zu dem Wasserwirbel des tauchenden U-Boots herabstieß. Hardegen konnte das Flugzeug im Sehrohr in allen Einzelheiten erkennen, bis hin zu den Gesichtern im Cockpit. Aber U 123 hatte wieder einmal unglaubliches Glück, denn nichts geschah. Die eine Wabo, die abgeworfen wurde, war ein Blindgänger. Hardegen beschloß, vor Schrecken immer noch zitternd, der Besatzung nicht zu sagen, wie hauchdünn der Faden gewesen war, an dem ihr Leben gehangen hatte. Nördlich von Schottland wurde die Fahrt besonders mühselig, da es nur wenige Stunden dunkel war, und auch dann höchstens von Dämmerung gesprochen werden konnte, so daß jeder froh war, als das Boot sicher in einem norwegischen Hafen eintraf. Vor der Einfahrt in Kiel hatte Hardegen beide Sehrohre ausfahren und 45 Wimpel für alle (beanspruchten) Versenkungen aufziehen lassen, die das zwei Jahre alte U 123 unter ihm und seinem Vorgänger Karl-Heinz Möhle erreicht hatte. Auf dem Kommandoturm prangte die Zahl der Tonnage, die unter beiden Kommandanten zerstört worden war: 304975. Als U 123 endlich an der Blücherbrücke in Kiel vertäut war, wurden die Offiziere von ihren Frauen begrüßt. Hardegens Frau Barbara hatte zum ersten Mal eine der triumphalen Einfahrten ihres Mannes miterlebt, die sie bisher nur aus seinen Erzählungen kannte. Auch Admiral Hans-Georg von Friedeburg, der Hardegens U-Boot-Karriere beinah zu einem abrupten Ende gebracht hätte, war zur Begrüßung erschienen, was Hardegen mit ironischer Genugtuung zur Kenntnis nahm. Die Ansprache, die der 2. Admiral der U-Boote hielt, um die Erfolge des Bootes und seines mit dem Eichenlaub dekorierten Kommandanten zu würdigen, erfüllte ihn mit Stolz und Freude.

Und dann war der Zeitpunkt des Abschieds von den Offizierskameraden und der treuen Besatzung gekommen. Hardegen hatte Dönitz davon überzeugt, daß nur Horst von Schroeter geeignet war, das Kommando seines geliebten U 123 zu übernehmen, und jetzt übergab er seiner jungen Nummer Eins das Boot, das für elf Monate sein Leben umschlossen hatte. Danach begab er sich zu seinem neuen Kommando als Ausbilder bei der Schulflottille in Gotenhafen (heute Gdynia) an der Danziger Bucht. Wie es scheint, war er gerade zur rechten Zeit vom Dienst auf See entbunden worden, denn nach Antritt seines neuen Postens mußte er sich mehrfach aufgrund von Magenblutungen ins Krankenhaus begeben. Seine weitere Laufbahn an Land führte ihn an die Torpedoschule in Flensburg-Mürwik und zum OKM nach Berlin, wo er an der Entwicklung neuer akustischer und Funktorpedos mitarbeitete. Nach der Zerstörung der Berliner Gebäude durch alliierte Bomben wurde seine Dienststelle nach Neubrandenburg verlegt, wo er vom Oktober 1944 bis Januar 1945 blieb.

In den letzten Kriegsmonaten wurde er wie andere an Land dienende Marineoffiziere auch für den Landkrieg herangezogen und wechselte so zur feldgrauen Uniform der Marineinfanterie und anderen Landeinheiten. Er befehligte ein Bataillon der Marineinfanterie, das südlich von Bremen gegen englische Truppen eingesetzt wurde. Die Kämpfe waren äußerst verlustreich, und die meisten der Offiziere kamen dabei ums Leben. Hardegen verdankte sein Leben, nach eigener Aussage, dem Umstand, daß er während der schlimmsten Kämpfe mit schwerer Diphtherie im Lazarett lag. Während der letzten Tage vor der Kapitulation diente er im Stab von Dönitz in Flensburg-

Mürwik, wo er eines Nachts den tödlichen Schuß hörte, der seinen U-Boot-Kameraden und Freund Wolfgang Lüth tötete, einen von zwei U-Boot-Kommandanten, denen das Ritterkreuz mit Eichenlaub, Schwertern und Brillanten verliehen worden war. Lüth hatte auf dem Heimweg vom Hauptquartier den Anruf eines deutschen Wachpostens überhört und war von diesem erschossen worden. Ende Juli, gut zwei Monate nach der Kapitulation, wurde Hardegen festgenommen und von den Engländern interniert, die ihn mit einem Angehörigen der Waffen-SS namens Paul Hardegen verwechselten. Obwohl er sein Soldbuch, in dem sein Name und sein Rang als Korvettenkapitän verzeichnet waren, bei sich hatte, schien man der feldgrauen Uniform, die er trug, mehr Glauben zu schenken und steckte ihn in ein Lager für ehemalige SS-Angehörige, in dem er anderthalb Jahre verbrachte, bis er einen holländischen Verhörer überreden konnte, seiner Frau einen Brief zu schreiben. Sie könne Fotos und Zeitungsausschnitte schicken, die bewiesen, daß er nicht bei der SS, sondern U-Boot-Offizier gewesen sei. Nachdem Barbara Hardegen die Fotos und Zeitungsausschnitte geschickt hatte, wurde ihr Mann im November 1946 aus dem Lager entlassen. Anstatt einer Entschuldigung für den Fehler erhielt er die Auflage, sich bis zu seiner »Entnazifizierung«, die ihm ein halbes Jahr später bescheinigt wurde, jede Woche bei einem Besatzungsoffizier zu melden. Aber er war wieder mit seiner Frau und seinen vier Kindern vereint und konnte ein neues Leben beginnen.

Nachwort

Es ist unter Historikern üblich geworden, äußeren Umständen, die die Verantwortlichen einengten oder überwältigten, die Schuld an den großen Fehlern und Irrtümern zu geben, die ihnen während des Krieges unterliefen. In solchen Diskussionen wird in zunehmendem Maße vom »Nebel des Krieges« gesprochen, vom »Zusammenfließen individueller und organisatorischer Pannen« oder vom »Lärm« der irrelevanten Meldungen und Nachrichten. So kam Samuel Eliot Morison 22 Jahre nach Pearl Harbor zu dem Ergebnis, die Katastrophe sei eine Folge des Zusammenspiels von geteilter Verantwortlichkeit zwischen Army und Navy, falschen operativen Annahmen und dem »Lärm« gewesen, der »die Meldung übertönte«, die von dem ausgezeichnet arbeitenden Nachrichtendienst hereinkam. Einzelne Beteiligte hielt er individuell nicht für verantwortlich.[1] Roberta Wohlstetter zog in ihrer eingehenden Analyse der Dokumente und Zeugenaussagen zum Fall Pearl Harbor, die sie ein Jahr vor Morisons Arbeit veröffentlichte, einen ähnlichen Schluß, obwohl sie die Bedeutung jenes »Lärms« höher veranschlagte, der die Strategen in Washington in der Sicherheit ihrer (sich als falsch herausstellenden) Annahmen über die japanischen Pläne wiegte. Sie war auch die erste, die den Schaden hervorhob, den die interne Rivalität zwischen der operativen Führung und dem Nachrichtendienst der Navy der Analyse der gewonnenen Informationen zufügte. Rear Admiral (i.R.) Edwin T. Layton untersuchte diese Rivalität zusammen mit Captain (i.R.) Roger Pineau und John Costello später (1985) genauer. Er hatte 1941 als Nachrichtendienstoffizier der Pazifikflotte den Verdacht gehabt, daß die Funkaufklärung (deren Ergebnisse noch unter die Geheimhaltung fielen, als Morison und Wohlstetter ihre Arbeiten verfaßten) zwar die japanischen Absichten enthüllte, in Washington aber falsch dargestellt und interpretiert wurde.[2]

Hatten »Nebel«, »Lärm«, falsche Annahmen, geteilte Verantwortung oder innere Auseinandersetzungen einen signifikanten Einfluß auf das Versagen der militärischen Führung am Beginn dessen, was in diesem Buch das atlantische Pearl Harbor genannt wurde? Waren die Admirale King, Ingersoll, Bristol und Andrews hinsichtlich ihrer unterbliebenen Antwort auf den »Paukenschlag« durch äußere Umstände entschuldigt? Wenngleich sowohl Elting E. Morison als auch Kenneth A. Knowles dem Autor berichteten, daß im Mai 1942, als sie ihren Dienst bei der ESF (Morison) bzw. der Main Navy (Knowles) antraten, immer noch große Verwirrung und Unsicherheit darüber herrschte, welches die besten Mittel der U-Boot-Abwehr wären, ist in den Akten nichts zu finden, das dazu berechtigte, von irgendeinem »Nebel« zu sprechen, der Anfang Januar 1942 die offenkundige Tatsache verschleiert hätte, daß Deutschland U-Boote an die amerikanische Küste schickte. Die täglichen U-Boot-Berichte des OIC und die Lagekarten, die Captain Leighton auf ihrer Grundlage tagtäglich anfertigte, belegten klar und deutlich, daß eine Angriffsstreitmacht im Anmarsch war und jeden Tag näher kam. Kein »Lärm« überlagerte den eindeutigen Inhalt und die unmißverständliche Bedeutung der vom britischen Nachrichtendienst übermittelten Erkenntnisse, die, wie die vor wenigen Jahren (1987) aus der Geheimhaltung entlassenen Akten beweisen, an alle einschlägigen Dienststellen weitergegeben wurden, einschließlich derjenigen von Ingersoll, Bristol und Andrews. Darüber hinaus läßt sich angesichts dieser klaren Warnungen (bis hin zur Versenkung der *Cyclops*) wohl kaum behaupten, die Main Navy oder ihre atlantischen Ableger seien durch falsche Annahmen über die Absichten der Deutschen fehlgeleitet worden.

Was die geteilte Verantwortung betrifft, so ist es denkbar, daß die einzelnen Befehlshaber von falschen Annahmen über die Aktivitäten ihrer Kollegen ausgingen. Der halb autonome Ingersoll hätte zum Beispiel, während er den Militärkonvoi AT 10 organisierte, annehmen können, daß Andrews die anmarschierenden U-Boote unter Kontrolle hatte, obwohl man sich fragen mußte, mit welchen Mitteln er es hätte bewerkstelligen sollen; Bristol hätte, da von Ingersoll nichts Gegenteiliges zu hören war, annehmen können, daß jemand anders die U-Boote angriff, so daß er seine Zerstörer in aller Ruhe für den Konvoi AT 10 und für Übungsfahrten einteilen konnte; Andrews hätte annehmen können, daß die 25 Zerstörer, die King extra zum Zweck der U-Boot-Abwehr an der Ostküste zusammengezogen hatte, unter dem Kommando von Ingersoll oder Bristol, oder beider, in Stellung gingen; und King hätte annehmen können, daß Ingersoll und Bristol die »Initiative der Untergebenen« ergriffen und ihre Zerstörer gegen die anmarschierenden U-Boote einsetzten. Aber alle diese Annahmen stammen aus dem Reich der Möglichkeiten, sehr wahrscheinlich sind sie nicht.

Es dürfte schwerfallen, äußere Umstände zu finden, die in der Lage gewesen wären, das Wahrnehmungs- und Urteilsvermögen derartig zu verzerren, daß Ingersoll nicht mehr erkennen konnte, daß die Zerstörer, die King ausdrücklich zur Abwehr der U-Boote bestimmt hatte, für diesen Zweck nicht mehr zur Verfügung standen, wenn sie zum Konvoi AT 10 abgestellt wurden. Und es hieße, die Gutgläubigkeit ein wenig zu sehr zu strapazieren, wenn man Bristol zubilligte, er hätte diesen Konflikt übersehen und sich der Tatsache verschließen können, daß jemand bewußt die Entscheidung getroffen hatte, AT 10 über die Verteidigung gegen die U-Boote zu stellen. Was Andrews angeht, so ist zu fragen, ob er wirklich guten Gewissens hätte glauben können, Ingersoll und Bristol würden dieselben Zerstörer, die sich in New York, das heißt seinem eigenen 3. Naval District, zum Konvoidienst versammelten, gegen den »Paukenschlag« einsetzen. Natürlich ist eine irrationale Fehlleistung denkbar, aber wahrscheinlicher ist, daß es eine Person gab, die über die Priorität der Aufgaben und die dafür einzusetzenden Streitkräfte entschied. Dabei fällt einem zuerst Ingersoll ein, da er derjenige war, der den Befehl des COMINCH erhielt, eine Eskorte für AT 10 zusammenzustellen. Aber Ingersolls Entscheidung, keinen der Zerstörer gegen die U-Boote auszuschicken, hätte von King leicht umgeworfen werden können. Der COMINCH hatte alle Fäden in der Hand, und diese Hand war keineswegs untätig. Wie in Kapitel 7 dargestellt, war Kings Anteil an dieser Entscheidung größer als der jedes anderen; schließlich war er es gewesen, der die Zerstörerverteidigung angeordnet hatte. Das legt, auch wenn es keinen harten Beweis dafür gibt, den Schluß nahe, daß die Aufgabe dieser Verteidigung nur mit Kings ausdrücklicher Zustimmung erfolgen konnte; es sei denn, es war ein *lapsus mentis:* Eingelullt von der Abnahme der U-Boot-Aktivitäten vor dem »Paukenschlag« oder der Unterschätzung des U-Boots als Marinewaffe oder der arroganten Mißachtung der britischen Warnungen oder dem Abscheu gegen Nachrichtendienste im allgemeinen und Captain Leightons »Spielzeuge« im besonderen oder der Vorliebe für den Krieg im Pazifik oder von einer Mischung aus alldem, hatte es King vielleicht, wie ein im Dienst eingeschlafener Wachposten, einfach nur versäumt, rechtzeitig entschieden zu handeln.[3] In jedem Fall aber, ob nun aus Pflichteifer oder Pflichtversäumnis, war King derjenige, der letztlich dafür verantwortlich zeichnete, daß der »Paukenschlag« möglich wurde und Hardegen unbehelligt das Tor nach Amerika durchschreiten konnte. Er war es, der die Chance ausließ, die Deutschen mit einer blutigen Nase nach Hause zu schicken und Dönitz damit klarzumachen, daß er einen hohen Preis zu zahlen hätte, wenn er sich an der amerikanischen Küste gütlich tun wollte. Seit Günther Priens U 47 die Orkney-Inseln angelaufen hatte und in Scapa Flow das Schlachtschiff *Royal Oak* versenkte, hatte sich wohl kein U-Boot-Kommandant mehr in einer solch exponierten Stellung der Gefahr der Zerstörung ausgesetzt wie Reinhard Hardegen beim Anmarsch auf New York. Aber King nahm den Kampf nicht an, mit der Folge, daß Dönitz, vom überraschenden Erfolg des »Paukenschlags« ermutigt, den Vereinigten Staaten ihre Atlantikküste abspenstig machte und sie ein halbes Jahr lang, bis in den Golf von Mexiko und die Karibik hinein, mit weiteren Schlägen heimsuchte. Kings sofort einsetzende Bemühungen, die Schuldfrage zu verschleiern - angefangen damit, daß er die 25 Zerstörer, die ihm im Januar zur Verfügung standen und mit denen er seinerseits zu einem »Paukenschlag« hätte ausholen können, in seinen schriftlichen oder gedruckten Äußerungen konsequent verschwieg -, gereichten weder ihm noch der Navy insgesamt zur Ehre.

Es gab ein Sprichwort in der Navy, nach dem jeder Seebär »zwei Bisse« verdient hatte - zwei Fehler. Admiral Husband E. Kimmell, dem Navy-Befehlshaber von Pearl Harbor, wurde kein zweiter »Biß« gestattet. Admiral Richmond Kelly (»Terrible«) Turner gestand man zwei »Bisse« zu: den ersten, als er, noch in der Main Navy, darauf beharrte, daß Japan gegen Rußland losschlagen werde, und den zweiten, als er, halsstarrig an seinen Fehleinschätzungen festhaltend, am 9. August 1942 in der Schlacht um die Insel Savo den größten Verlust einfuhr, den die Navy im Krieg gegen Japan erlitt. Ernest J. King aber durfte mindestens sechsmal »beißen«: zum ersten Mal, als er es unterließ, die von ihm selbst versammelte Zerstörerflotte gegen die U-Boote einzusetzen; zum zweiten Mal, als er sich weigerte, der taktischen Doktrin der Briten zu folgen und die Erkenntnisse von OIC und ONI zu beachten; das dritte Mal, als er es versäumte, rechtzeitig den Bau kleiner U-Boot-Abwehrschiffe zu veranlassen, für die er nur Verachtung übrig hatte, obwohl sie später (nach großen Verlusten an Schiffen und Seeleuten) die Küstenkonvois ermöglichten und zwei der drei ersten U-Boot-Versenkungen auf ihr Konto gingen; das vierte Mal, als er nicht dafür sorgte, daß die Küste verdunkelt wurde; das fünfte Mal, als er es ablehnte, die angebotene Hilfe privater Boote und Flugzeuge anzunehmen, bis er schließlich dazu gezwungen war; und das sechste Mal, als er mit seinen Erklärungen zudeckte, wie es zu dem vom »Paukenschlag« eingeleiteten halbjährigen Gemetzel hatte kommen können, was gleichzeitig der Grund dafür ist, daß die Vielzahl von »Bissen«, die ihm möglich waren, innerhalb und außerhalb der Navy kaum jemandem bekannt wurde.

Das genaue Ausmaß der von King zu verantwortenden Schuld hätte zur Zeit der Geschehnisse oder bald danach geklärt werden können, wie es im Fall Pearl Harbor getan wurde. Aber nichts dergleichen geschah. Die Hauptzeugen sind inzwischen verstorben, und das bereits von Kings Sicht der Dinge geglättete dokumentarische Material ist vermutlich schon vor langer Zeit nach Papieren durchforstet worden, die nicht der offiziellen Darstellung des COMINCH entsprachen. Trotzdem ist noch genügend Papier vorhanden, das eine genauere Untersuchung wert wäre und das, ohne jeden »Nebel« oder »Lärm«, nahelegt, daß einer einzelnen Person die letzte Verantwortung für das Unvermögen der US Navy zugewiesen werden muß, die schlimmste Niederlage zu verhindern, die Amerika jemals in einem Seekrieg beigebracht wurde.

Nachdem die US Navy im Pazifik, auf den er mit Herz und Geist überwiegend fixiert war, über Japan gesiegt hatte, nahm Fleet Admiral King zum 15. Dezember 1945 seinen Abschied als COMINCH und CNO. Sein Nachfolger wurde Fleet Admiral Chester W. Nimitz. King wurden in der Folgezeit noch verschiedene Ehrungen zuteil; unter anderem erhielt er vom neuen Präsidenten Harry S. Truman anstelle der dritten Distinguished Service Medal einen Goldstern, der Kongreß zollte ihm in einer gemeinsamen Resolution beider Häuser seine Anerkennung, ebenso wie die britischen Stabschefs, und die Universität Harvard verlieh ihm einen Ehrengrad. Er starb, im Alter von 78 Jahren, am 25. Juni 1956.

Admiral Harold R. Stark kehrte 1945 von seinem Posten als Oberbefehlshaber der US Navy in Europa, als der er an der Planung und Durchführung der Invasion auf dem Kontinent teilgenommen hatte, nach Washington zurück, erfuhr dort aber anstelle von Ehrungen, daß King ihn wegen Nachlässigkeit beim Angriff auf Pearl Harbor förmlich gerügt und empfohlen hatte, ihn auf einen Posten zu versetzen, »auf dem der Mangel an Urteilsvermögen nicht zu weiteren Fehlern führen kann«.[4] King nahm seine Rüge 1949 teilweise zurück, und Stark erhielt im gleichen Jahr für seine Dienste in London seine dritte Distinguished Service Medal (für die ihn King inkonsequenterweise 1945 vorgeschlagen hatte). Stark starb, 92jährig, am 20. August 1972.

Admiral Adolphus Andrews nahm im November 1943 als Befehlshaber der ESF seinen Abschied. Er hatte die Frontier übernommen, als deren Verteidigung, ohne Hilfe von seiten Ingersolls, nahezu unmöglich war. Trotzdem hatte er sich, von zwei kostspieligen Fehlern abgesehen, die er beging, als er den ersten eintreffenden U-Booten, sprich Hardegen, nicht alles entgegenwarf, was er hatte, und indem er es unterließ, die Küstenlichter, insbesondere in den Vergnügungsparks und Badeorten, abschalten zu lassen, gut auf diesem schwierigen Posten behauptet. Er wurde sofort nach seinem Abschied reaktiviert und zum Vorsitzenden des *Navy Manpower Survey Board* im Marineministerium ernannt. Er starb am 19. Juni 1948. Admiral Ingersoll wurde im November 1944 als CINCLANT abgelöst und diente bis zu seinem Abschied im April 1946 als stellvertretender CNO. Er starb am 20. Mai 1976. Rear Admiral Bristol, Befehlshaber der *Task Force Twenty-Four,* vorher *Task Force Four,* vorher *Support Force,* starb am 30. April 1942 infolge eines Herzanfalls. Sein Nachfolger wurde Vice Admiral R.M. Brainard.

Rodger Winn, dem der Sieg in der Atlantikschlacht in demselben Maße zu verdanken ist wie jeder anderen Einzelperson, erhielt nach Kriegsende zwei der höchsten Auszeichnungen seines Landes und den amerikanischen Orden *Legion of Merit*. Er schied als Captain, ein ungewöhnlich hoher Rang für einen freiwilligen Reserveoffizier, aus dem Dienst aus und begab sich wieder in die Schranken des Gerichts, wo er es bis zum Lordrichter brachte. Er starb 1972. Patrick Beesly, sein Stellvertreter im Tracking Room, starb 1986.

Karl Dönitz stieg im Januar 1943 zum Großadmiral auf und löste Erich Raeder als Oberbefehlshaber der Kriegsmarine ab. Am 30. April 1945 wurde er nach Hitlers Selbstmord dessen Nachfolger im Amt des Staatsoberhaupts und Oberbefehlshabers der Wehrmacht. Er blieb es, bis er am 23. Mai in Flensburg-Mürwik von britischem Militär festgenommen wurde. Seine U-Boote hatten 2775 alliierte Handelsschiffe mit insgesamt 14573000 BRT versenkt. Im Gegenzug waren 754 U-Boote verlorengegangen, 87 Prozent der Front-U-Boote. Dönitz selbst hatte zwei Söhne im Seekrieg verloren. Vor dem Internationalen Militärgerichtshof in Nürnberg wurde er 1946 wegen der Führung eines Angriffskrieges und Verbrechen gegen den Frieden und die Menschlichkeit angeklagt. Sein Urteil – zehn Jahre Haft im Spandauer Kriegsverbrechergefängnis – hätte leicht höher ausfallen können, wenn er wegen der Führung des uneingeschränkten U-Boot-Krieges verurteilt worden wäre, wozu es jedoch nicht kam, da Admiral Nimitz vor Gericht aussagte, daß die US Navy im Pazifik genau die gleiche Art von Kriegführung befolgt habe. Dies war der einzige Fall, in dem in Nürnberg das *tu quoque* – du auch – als Argument der Verteidigung anerkannt wurde. Rebecca West schrieb dazu: »Daß der U-Boot-Krieg nicht ohne Inhumanität geführt werden kann und daß wir in uns selbst die Fähigkeit, inhuman zu sein, gefunden haben [. . .] Diese *nostra culpa* der Sieger könnte das Wichtigste sein, was in Nürnberg erkannt wurde. Aber es rief damals keine Wirkung hervor und wurde seither vergessen.«[5] Dönitz saß seine volle Strafe ab und starb am 24. Dezember 1980. Großadmiral Raeder, der in Nürnberg ebenfalls wegen der Führung eines Angriffskriegs angeklagt worden war, wurde zu lebenslanger Haft verurteilt, aber im September 1955 bereits entlassen. Er starb am 6. November 1960. Admiral Hans-Georg von Friedeburg, der im Auftrag von Dönitz die Kapitulationsverhandlungen mit General Montgomery geführt und die Teilkapitulation für Nordwestdeutschland unterzeichnet hatte, nahm am 23. Mai 1945 Gift.

Von den fünf »Paukenschlag«-Kommandanten blieb nur einer auf See, Ulrich Folkers, der am 6. Mai 1943 südlich von Grönland durch das Geleitzugschiff HMS *Vidette* mit seinem Boot U 125 und der gesamten Besatzung versenkt wurde. Folkers war 28 Jahre alt geworden. Heinrich Bleichrodt (U 109) diente bis zum Oktober 1942 auf See, bekam dann ein Kommando an Land und war am Ende des Krieges im Rang eines Korvettenkapitäns Befehlshaber der 22. U-Boot-Flottille in Gotenhafen. Ernst Kals (U 130) und Richard Zapp (U 66) waren bei Kriegsende ebenfalls Korvettenkapitäne und Flottillenchefs, Kals der 2. Flottille (Lorient) und Zapp der 3. Flottille (La Pallice). Bleichrodt starb am 9. Januar 1977 im Alter von 67 Jahren, Kals am 8. November 1979 im Alter von 74 Jahren und Zapp am 17. Juli 1964 im Alter von 60 Jahren. Alle fünf »Paukenschlag«-Kommandanten erhielten das Ritterkreuz, Hardegen und Bleichrodt zusätzlich das Eichenlaub.

Horst von Schroeter, der mit 23 Jahren an zahlreichen älteren Offizieren vorbei zum Kommandanten von U 123 ernannt worden war, weil Hardegen sich für ihn eingesetzt hatte – »Er ist so eng mit der Besatzung verbunden, daß sie besser für ihn kämpfen wird als für jeden anderen Kommandanten« –, unternahm mit dem Boot weiterhin erfolgreich Feindfahrten und erhielt ebenfalls das Ritterkreuz. Die einzige erfolglose Fahrt war, ganz nach dem Aberglauben der Seeleute, die 13. im März-April 1944. Am Ende des Krieges war von Schroeter Kommandant eines neuen Elektroboots vom Typ XXI. Nach dem Krieg trat er in die Bundesmarine ein und brachte es bis zum Vizeadmiral, dem höchsten Dienstgrad in Friedenszeiten, und Befehlshaber der NATO-Streitkräfte in der Ostsee. Er lebt heute in Bonn.

Wie viele andere Besatzungsmitglieder von U 123 kam auch Fritz Rafalski schließlich auf ein anderes Boot. In seinem Fall war es der Minenleger U 233, der am 5. Juli 1944 vor Halifax von den Geleitzugzerstörern USS *Baker* und *Thomas*, die zur Gruppe um den Flugzeugträger USS *Card* gehörten, versenkt wurde. 31 Besatzungsmitglieder von U 233 kamen dabei ums Leben. Rafalski und 29 andere wurden gerettet und an Bord der *Card* in die Vereinigten Staaten gebracht. Dort verbrachte Rafalski, bei guter Behandlung, wie er erzählt, den Rest des Krieges als Baumwollpflücker im Kriegsgefangenenlager McCain in Mississippi. Auch er lebt heute in Bonn.

U 123 wurde am 19. August 1944 in Lorient ausgemustert. Später übernahm es die französische Marine, die es unter dem Namen *Blaison* wieder in Dienst stellte. Das Boot wurde 1957 verschrottet.

39 Jahre lang konnte der ehemalige Tankerfahrer Wilfred Larsen von der *Pan Norway* das Bild des Mannes, der in der Nacht des 27. Januar 1942, als sein Schiff unterging, sowohl Henker als auch Retter gewesen war, nicht aus dem Kopf bekommen. Immer wieder tauchte in seinem Gedächtnis das Bild des U-Boot-Kommandanten auf, der sich mit dem Doppelglas in der Hand vergewisserte, daß Wilfred und seine Kameraden in Ordnung waren, bevor er die *Mount Aetna* zu Hilfe holte und dafür sorgte, daß auch noch der letzte im Wasser schwimmende Mann gerettet wurde. 39 Jahre lang fühlte sich Wilfred Larsen dem Deutschen, der den Atlantik kurzzeitig aus einem Schlachtfeld in ein Meer der Gnade verwandelt hatte, zu Dank verpflichtet. Ohne ihn wäre er vielleicht nicht mit dem Leben davongekommen. Nach dem Krieg war er nach Bergen zurückgekehrt, hatte sich ein Haus gekauft, geheiratet und war weiter zur See gefahren. Als er 50 geworden war, begannen ihn Alpträume von seiner Rettung vor dem Tod zu quälen. Seine Nerven lagen schließlich so frei, daß er bei jedem unvermuteten Geräusch erschreckt hochfuhr. Als ihm Medikamente nicht zu helfen vermochten, beschloß er, den Mann aufzusuchen, der seine Gedanken Tag und Nacht beherrschte. Vielleicht könnte er dann die Geister zur Ruhe betten, die Schulden abtragen und die mißverstandenen Ressentiments beiseite räumen.

So kam es, daß der kleine, rundliche Wilfred Larsen im Dezember 1981 auf einem Bremer Bahnhof mit gespannten Erwartungen von einem großen, sportlich wirkenden, grauhaarigen Mann begrüßt wurde, der ihm später, als sie in Hardegens Auto mit den Zahlen 123 auf dem Nummernschild durch Bremen fuhren, erzählte, daß er nach dem Krieg einen Ölhandel aufgemacht habe. Seine Firma habe sich ausgezeichnet entwickelt und ihm ein Leben ermöglicht, das neben einer 32jährigen Tätigkeit als Abgeordneter im Bremer Landtag aus viel Golf, Schwimmen und Rasenmähen bestanden habe. Larsen war beeindruckt von dem großen Haus der Hardegens am Kapitän-König-Weg im Bremer Stadtteil Oberneuland. Er lernte Barbara Hardegen kennen und auch Walter Kaeding, der gleichfalls in Bremen wohnte. Bei Kaffee und Kuchen entspann sich ein langes freundschaftliches Gespräch. Zuerst tasteten sich der Deutsche und der Norweger noch ab, doch nach einiger Zeit ließ Larsens Anspannung nach, und sie stimmten beide darin überein: »Wir waren damals Seeleute. Gestern Feinde, heute Freunde.« Sie sprachen von Schuld und von Rechtfertigung, und Hardegen erzählte seinem neuen Freund: »Nach dem Krieg war meine Familie verarmt. Deutschland war zerbombt. Wir wußten nicht, wohin. Uns war kalt. Ich hatte keine Arbeit. Ich habe als Geschäftsmann von Null angefangen, zuerst mit einem Fahrrad, dann mit einem Motorrad und schließlich mit einem Auto. 1952 habe ich meine eigene Firma gegründet, die ich heute noch führe. Harte Arbeit hat mir und meiner Familie ein schönes Heim und Sicherheit gebracht. Darauf bin ich stolz.«

Als Hardegen seinem Gast den Garten zeigte, bemerkte er, daß sich einer von Larsens Schnürsenkeln gelöst hatte, und kniete sich auf den Rasen, um dem ehemaligen Feind den Schuh zuzubinden. Larsen erzählte nach seiner Rückkehr nach Bergen: »Soll ich Ihnen sagen, was mich am tiefsten beeindruckt hat? Als der deutsche U-Boot-Kommandant sich hinkniete und meinen Schnürsenkel zuband. In diesem Augenblick hatte ich endlich das Gefühl, daß alles, was ich erlebt habe, lange vorbei und vergessen ist.«[6]

Bläh, o See, die verschiedenen Fahnen aller Nationen;
bläh, sichtbar wie immer, die vielfältigen Schiffszeichen auf!
Bewahr du aber besonders für dich und die Seele der Menschen
eine Fahne vor allen,
ein im Geist gewobenes Zeichen für alle Nationen, Signum des
Menschen, erhaben über den Tod,
Zeichen aller kühnen Schiffskapitäne, unerschrockenen Matrosen
und Maaten,
und aller, die untergingen, in Pflichterfüllung,

erinnernd an sie, gewoben von allen unerschrockenen Kapitänen,
jung und alt,
ein Wimpel, allerfassend, leicht wehend allzeit über all den tapferen
Matrosen,
allen Meeren, allen Schiffen.[7]

Anmerkungen

Die in den Anmerkungen nicht mit Ort und Jahr angegebenen Bücher sind in der Auswahlbibliographie aufgeführt.

Abkürzungen

BFZ, Schußmeldung: Bibliothek für Zeitgeschichte, Stuttgart, *Schußmeldung für Überwasserstreitkräfte und U-Boote.*
CNO: NARA, RG 38, Chief of Naval Operations.
DHIST: Directorate of History, Department of National Defence, Ottawa, Kanada.
ESF (War Diary): Eastern Sea Frontier (Kriegstagebuch; OA/NHC).
GSF (War Diary): Gulf Sea Frontier (Kriegstagebuch; OA/NHC).
King Papers: Ernest Joseph King Papers, Library of Congress, Washington, D.C., Manuscript Division.
KTB-BdU: Kriegstagebuch des Befehlshabers der U-Boote (NARA, RG 242, PG/30301a/NID).
KTB-123: Kriegstagebuch von U 123 (NARA, RG 242, PG/30, 113/. . ./NID).
KTB-1/Skl.: Kriegstagebuch der Seekriegsleitung (OA/NHC).
NARA, RG: National Archives and Records Administration, Washington, D.C. (Modern Military Branch, Military Archives Division), Record Group.
NHC: U.S. Naval Historical Center, Washington Navy Yard, Washington, D.C.
OA/NHC: Operational Archives/NHC.
PRO, ADM: Public Record Office, Kew, Richmond, Surrey, Admiralty.
PRO, DEFE-3: PRO, ADM, DEFE-3, »Intelligence from Enemy Radio Communications 1939–1945«.
»Q-Ships«: OA/NHC, Microfilm Roll Nr. 478, »Q-Ships. Documents on WW II Actions«.
WNRC, RG: Washington National Records Center Suitland, Maryland, Record Group.

Interviews

Mit Reinhard Hardegen, Bremen-Oberneuland, Mai 1985 und Dezember 1986.
Mit ehemaligen Besatzungsmitgliedern von U 123, Bad König/Odenwald, November 1985.
Mit Fritz Rafalski, Bonn, 21. Dezember 1986.
Mit Hans Meckel, 20. Oktober 1987 (telefonisch).
Mit Jürgen Rohwer, Stuttgart, 16. Dezember 1986.
Mit Patrick Beesly, Lymington, Juli 1986.

Prolog

1 NARA, RG 457, »German Navy Reports of Intercepted Radio Messages« *[X.B. Berichte]*, Nr. 50/41, S. 8.
2 Im KTB-1/Skl. heißt es am 7. Dezember 1941: »Die Angriffe gegen die USA-Stützpunkte im Stillen Ozean und gegen Singapore erfolgten in völlig überraschender Weise.«
3 KTB-BdU, 9. Dezember 1941.
4 »Der Engländer hat erfaßt den völligen Abzug der deutschen Uboote aus dem Atlantik« (KTB-BdU, 23. Dezember 1941).
5 Dönitz, *10 Jahre und 20 Tage,* S. 200.
6 Vgl. Kapitel 12, Anm. 27.
7 Michael Salewski, *U-Boot-Krieg: Historisches.* Abschnitt II, in: Buchheim, *U-Boot-Krieg,* nicht paginiert.
8 Churchill, *Der Zweite Weltkrieg,* Bd. 1.1, S. 32.
9 Hitlers stehende Redewendung war: »Ich habe ein reaktionäres Heer, eine christliche Marine und eine nationalsozialistische Luftwaffe« (Alfred Jodl in Nürnberg; in: *Der Prozeß gegen die Hauptkriegsverbrecher,* Bd. 15, S. 324). Daß Dönitz selbst ein Nazi war, wenn nicht 1941/42, dann jedenfalls später, das meint Padfield in seiner Dönitz-Biographie. Entsprechend argumentierte vorher bereits Michael Salewski in *Die Seekriegsleitung, 1939–1945* (München 1970–75). Obwohl es Marineangehörigen nicht erlaubt war, in die Partei einzutreten, sympathisierten einige U-Boot-Offiziere mit der Nazipolitik und vertraten das Führerprinzip. Einer von ihnen war offenbar Kptlt. Ernst Vogelsang, der das Hakenkreuz in das Abzeichen auf dem Kommandoturm seines U-Boots (U 132) einfügte.
10 Daß es »nach mehr als dreißig Jahren [. . .] gewiß möglich« sei, »Mut und Patriotismus zu bewundern, gleichgültig, auf welcher Seite der Mann kämpfte«, ist die Ansicht des britischen Historikers Martin Middlebrook *(Konvoi,* S. 8) und von Edward L. Beach (»Foreword: An Appreciation by an American Contemporary«, in Werner, *Iron Coffins,* S. XIV).
11 *New York Times,* 15. März 1989.

12 16. Dezember 1942. Als Reinhard Hardegen in diesem Manuskript die Zahlen der Überlebenden der Schiffe las, die er versenkt hatte, meinte er: »Es war ein furchtbares Gefühl für mich, als ich erfuhr, welches Schicksal die Besatzungen der von mir versenkten Schiffe erlitten. Der Krieg ist wirklich grausam« (Hardegen dem Autor gegenüber, Bremen-Oberneuland, 20. September 1989).

13 Blair, *Silent Victory,* S. 383–86.

14 Farago, zum Beispiel, phantasierte in *The Tenth Fleet:* »Der Kapitän von U 123 beobachtete, wie auf dem bunt erleuchteten Dach des Hotels Astor mitten in Manhattan getanzt wurde« (S. 65), ein Fehler, der seither in zahlreichen Publikationen wiederholt wurde. Fehler und Irrtümer in bezug auf U 123 und die »Operation Paukenschlag« beeinträchtigten auch das Buch *Torpedo Junction. U-Boat War Off America's East Coast, 1942* (Annapolis, Maryland, 1989), von Homer H. Hickam jr. Weitere Bücher amerikanischen Ursprungs, in denen Hardegen und U 123 erwähnt werden, sind u.a.: Theodore Taylor, *Fire on the Beaches,* New York 1958; Edwin P. Hoyt, *U-Boats Offshore, When Hitler Struck America,* New York 1982; Gary Gentile, *Track of the Gray Wolf. U-Boat Warfare on the U.S. Eastern Seabord, 1942–1945,* New York 1989.

1. U-Boote westwärts

1 U 125, das erste der fünf ausgeschickten Boote, lief am 18. Dezember aus. U 123 war am 23. das nächste, gefolgt von U 66 am 25. sowie U 109 und U 130 am 27.

2 KTB-BdU, 23. Dezember 1941. Zu Schützes Kommando, der 2. U-Boot-Flottille, sollte im Januar 1942 die 10. U-Boot-Flottille hinzukommen.

3 Diese Darstellung stützt sich auf Hardegen, *»Auf Gefechtsstationen!«* S. 102, 165.

4 Die Rekonstruktion von Schulzes Einweisung basiert auf technischen Daten über die Boote vom Typ IXB, auf der Tatsache, daß Tölle eine solche Einweisung erhalten haben muß, und auf der Annahme, daß der LI die geeignetste Person war, um sie vorzunehmen. Die Vermutung des LI über das Ziel von U 123 soll darauf hinweisen, daß niemand von der Besatzung wußte, wohin das Boot fahren würde (Interview mit Fritz Rafalski). Um einen Vergleichsmaßstab zu liefern: Die Boote vom Typ IXB waren sechs Meter länger als der Rumpf des Jumbojets Boeing 747–400. Das typische U-Boot der US Navy im 2. Weltkrieg war 95 Meter lang, und eins von vier dieselelektrischen U-Booten, die die US Navy bis in jüngste Zeit in Betrieb hatte, die USS *Bonefish,* die 1959 gebaut worden war und 1990 außer Betrieb gestellt wurde, war gut 66 Meter lang, also um einiges kürzer als der deutsche Typ IXB. Die Boote der deutschen IX-Serie versenkten pro Boot mehr an Tonnage als dic jedes anderen Typs, ein-

schließlich der besser bekannten VII-Serie. Die IX-Serie wurde in folgenden Stückzahlen produziert: IXA (8), IXB (14), IXC (143), IXD (2), IXD2 (30). Die VII-Serie, einer der am häufigsten gebauten Kriegsschiffstypen, wurde in folgenden Stückzahlen hergestellt: VIIA (10), VIIB (24), VIIC (691), VIID (6), VIIF (4).

5 *The Poems of Arthur Hugh Clough,* hg. von A.L.P. Norrington, London 1968, S. 104.

2. *Auf See*

1 Hardegen, *»Auf Gefechtsstationen!«,* S. 18. Vgl. William A. Wiedersheim III., »Officer Personnel Selection in the German Navy, 1925–1945«, in: *United States Naval Institute Proceedings,* April 1947, S. 445–49. Hitlerjugend-Führer zum Beispiel schnitten in diesem Auswahlprozeß im allgemeinen schlecht ab. Man befand viele von ihnen für emotional instabil, unkooperativ, unintelligent oder anmaßend und betrachtete sie daher nicht als gutes Offiziersmaterial.

2 Die Übergabe des Eichenlaubs an Lehmann-Willenbrock fand am 31. Dezember 1941 statt. Sein Boot, U 96, und er selbst als dessen Kommandant wurden nach dem Krieg in einem Roman (und einem Spielfilm) – Lothar-Günther Buchheims *Das Boot* (München 1973) – porträtiert, der mit technischen Fehlern und einer um der dramatischen Wirkung willen völlig falschen Darstellung des Verhaltens von Offizieren und Mannschaft glänzt. Lehmann-Willenbrock starb 1986.

3 Dönitz war im Oktober 1939 zum Konteradmiral befördert worden. Die Beförderung zum Admiral erfolgte im März 1942.

4 Die Darstellung von Hardegens frühen U-Boot-Erfahrungen in diesem Kapitel stützt sich auf die Seiten 13–165 seines Buchs *»Auf Gefechtsstationen!«;* auf die Kriegstagebücher: KTB U 124 (NARA, RG 242, PG/30,114/1-13/NID), 11. Juni 1940 – 16. August 1941; KTB U 147 (NARA, RG 242, PG/30,137/2/NID), 16. April 1941 – 11. Mai 1941; KTB U 123, (NARA, RG 242, PG/30, 113/6/NID), 12. Mai 1941 – 23. August 1941; PG/30, 113/7/NID, 24. August 1941 – 22. November 1941; auf die *Schußmeldungen* (BFZ) für jeden der Angriffe, die in den KTB angeführt sind; auf das KTB-BdU und auf die Interviews des Autors mit Hardegen und Fritz Rafalski.

5 Zu den häufig nicht korrekten und nicht selten übertriebenen BRT-Angaben der U-Boote siehe Anm. 7. Vgl. KTB-BdU, 25. August 1940, und Rohwer, *U-Boot-Erfolge der Achsenmächte,* S. 26.

6 Nach dem Krieg wurde das *Shéhérezade* zum beliebten nächtlichen Treffpunkt von Arthur Koestler, Albert Camus, Jean-Paul Sartre und Simone de Beauvoir.

7 Das Gemetzel dauerte bis zum 19. Oktober, 5.04 Uhr MEZ. Hardegen spricht in *»Auf Gefechtsstationen!«,* S. 56 f., von nur zwei »Nächten der

langen Messer« und schreibt Kretschmer, Endraß, Frauenheim und Bleichrodt allein für die erste Nacht 173000 versenkte BRT zu, während die tatsächliche Zahl bei etwa 75000 BRT gelegen hat; ebenso muß seine Angabe für alle an der Aktion beteiligten Boote (acht an der Zahl) und beide Nächte zusammen - 325000 BRT - korrigiert werden: Tatsächlich wurden insgesamt nur 152000 BRT versenkt. Vgl. Rohwer, *U-Boot-Erfolge der Achsenmächte,* S. 32–34, und ders., *Geleitzugschlachten,* S. 25. Hardegen wiederholte einfach die von den Kommandanten an den BdU gemeldeten Tonnageangaben, die Dönitz kritiklos als »gewaltige(n) Erfolg« verbuchte (KTB-BdU, 20. Oktober 1940).

8 Gasaway, *Grey Wolf, Grey Sea,* S. 77.

9 Rohwer, *U-Boot-Erfolge der Achsenmächte,* S. 34 f.

10 Die *Augvald* sank am 2. März 1941 um 22.12 Uhr MEZ 150 Seemeilen nordwestlich von Loch Ewe. Vgl. ebd., S. 45.

11 Die Boote, die Hessler zur afrikanischen Küste begleitet hatten, waren U 38, U 69, U 103, U 105, U 106 und U 124. Das erste Boot, das auf den westafrikanischen Schiffahrtswegen operierte, war im März 1941 Hardegens altes »Edelweißboot«, jetzt unter Schulz. Vorher war Afrika den italienischen U-Booten als Operationsgebiet zugeteilt.

12 Das Opfer war die 4333 BRT große *Ganda,* die am 20. Juni 1941 um 20.19 Uhr MEZ bei 34° 10′ N, 11° 40′ W sank.

13 KTB-123, 25. Juni 1941. Spanien war zwar offiziell neutral, half den deutschen Kriegsschiffen aber auf die gleiche Weise, wie die USA der Royal Navy behilflich waren. Andere U-Boote, die zu dieser Zeit vom Tanker *Corrientes* vor den Kanaren Treibstoff aufnahmen, waren U 124 (4. März 1941), U 105 (5. März 1941), U 106 (6. März 1941) und U 69 (30. Juni 1941). Vgl. Mulligan (Hg.), *Records Relating to U-Boat Warfare,* S. 39, 46 f., 50. Die Versorgung mit Treibstoff und Lebensmitteln über die Kanarischen Inseln wurde im Juli 1941 durch diplomatisches Einschreiten Englands gestoppt - vgl. Roskill, *War at Sea,* Bd. 2, S. 479.

14 Rohwer, *U-Boot-Erfolge der Achsenmächte,* S. 58.

15 Überzogenes Vertrauen in die Effizienz von ASDIC hatte die Admiralität in den 30er Jahren veranlaßt, die Mittel für Konvoieskorten zu beschneiden. Dönitz unterlief das System jedoch weitgehend, indem er die U-Boote bei Nacht an der Oberfläche kämpfen ließ. Erfolgreich war ASDIC, wenn ein U-Boot unter Wasser erwischt wurde und den »Pingers« (den Pfeife[r]n), wie die Anti-U-Boot-Abteilung der Royal Navy genannt wurde, nicht entkommen konnte.

16 Interviews mit Besatzungsmitgliedern.

17 »Vom Hilfskreuzer Río Azul abgedrängt. Versenkt. Stosse nach« (KTB-123, 29. Juni 1941). Bei seiner Rückkehr in den Hafen ließ Hardegen eine rote Flagge am Sehrohr flattern, um anzuzeigen, daß er ein Kriegsschiff versenkt hatte. Er irrte sich jedoch, wenn er die *Río Azul* einen Hilfskreuzer nannte. Mit ihrer bewaffneten Wachmannschaft und ihren Deck-

kanonen, mit denen britische Handelsschiffe üblicherweise zu ihrer Verteidigung ausgerüstet wurden, war die *Río Azul* ein *Defensively Equipped Merchant Ship* (DEMS), ein verteidigungsfähiges Handelsschiff also. Vgl. Rohwer, *U-Boot-Erfolge der Achsenmächte,* S. 58. Zwei andere Schiffe von SL 76 wurden am selben Tag, dem 29. Juni, von Fregattenkapitän Richard Zapp (U 66) versenkt, der Hardegen später zum »Paukenschlag« an die Ostküste der USA begleiten sollte.

18 »Jedesmal wenn ich diese Flagge sah, hoffte ich deshalb, daß auch wir noch einmal den Tag erleben würden, wo wir es den Yankees heimzahlen konnten« (Hardegen, *»Auf Gefechtsstationen!«,* S. 125).

19 KTB-BdU, 25. August 1941.

20 KTB-123, 18.-24. Juni 1941, S. 7-10. BFZ, *Schußmeldung* U 123, 20. Juni 1941, Nr. 4292, S. 18; Nr. 4293, S. 2, 6. Bei den Nürnberger Kriegsverbrecherprozessen sagte Dönitz unter Eid aus, das KTB von Lemps U 30 sei das einzige gewesen, das während des Kriegs gefälscht wurde (vgl. Padfield, *Dönitz,* S. 534).

21 Hardegen, *»Auf Gefechtsstationen!«,* S. 152.

22 BFZ, *Schußmeldung* U 123, 21. Oktober 1941, Nr. 4295, S. 2.

23 PRO, ADM 1/11903, »Torpedoing of H.M.S. Aurania, 21/10/41«.

24 Hardegens Bericht über das Verhör des Gefangenen befindet sich im Anhang von KTB-123. Datum und Zeit der Torpedierung waren: 21. Oktober 1941, 4.20 Uhr MEZ. Hardegen bezeichnete Shaw als das Besatzungsmitglied, das den Befehl gab, das Schiff zu verlassen.

25 Rohwer, *U-Boot-Erfolge der Achsenmächte,* S. 70.

26 Am 3. November versenkte U 202 (Kptlt. Hans-Heinz Linder) östlich der Belle-Isle-Straße zwei Schiffe des Konvois SC 52 und beschädigte zwei weitere. U 203 (Kptlt. Mützelburg) versenkte zwei und U 569 (Kptlt. Hans-Peter Hinsch) ein Schiff desselben Konvois. Die drei Boote gehörten einem neugebildeten Rudel mit dem Codenamen »Gruppe Raubritter« an.

27 *Lloyd's Register of Shipping, 1942-43* und *1945-46,* London 1942, 1945.

28 Hardegen, *»Auf Gefechtsstationen!«,* S. 165.

3. »Wir sind im Krieg«

1 »Hatte ich persönlich doch eine Mordswut gerade auf die Amerikaner« (Hardegen, *»Auf Gefechtsstationen!«,* S. 165). Seine Erfahrungen mit amerikanischen Schiffen beschreibt Hardegen auf S. 125 seines Buchs.

2 Vgl. ebd., S. 146, wo sich Hardegen bitter über die Position, die er einzunehmen hatte, beklagte: »Ich selber hatte eine nach meiner Ansicht völlig aussichtslose Position zu besetzen und schimpfte innerlich sehr, daß ich keinen besseren Platz erwischt hatte.« Siehe auch Hadley, *Uboote gegen Kanada,* S. 42 f.

3 Telefoninterview mit Hans Meckel.

4 Vgl. Herwig, *Politics of Frustration,* S. 42–63.

5 Wagner (Hg.), *Lagevorträge,* S. 229. Vgl. Jochen Thies, *Architekt der Weltherrschaft. Die »Endziele« Hitlers,* Düsseldorf 1976, S. 136–48.

6 Herwig, *Politics of Frustration,* S. 214.

7 Ebd., S. 214 f. 1941 entwickelte die US Navy ihren eigenen Eventualplan für die Besetzung der Azoren (vgl. OA/NHC, »CINCLANT; Juni–Sep. 1941«). Der Geheimdienst der Navy antizipierte zwar einen möglichen Angriff der deutschen Luftwaffe auf Key West, Hampton Roads oder den Hafen von New York, vermutlich von einem Stützpunkt auf der vom Vichy-Regime kontrollierten Insel Martinique aus, erklärte aber nicht, wie die deutschen Bomber dorthin oder auf einen anderen nahe gelegenen Stützpunkt gelangen sollten (vgl. Dorwart, *Conflict of Duty,* S. 184 f.).

8 Vgl. KTB-1/Skl., 22. März 1941.

9 Walter Forstmann, *U 39 auf Jagd im Mittelmeer,* Berlin 1918, S. 115.

10 Ebd., S. 105 f.

11 Zit. in: Costello/Hughes, *Atlantikschlacht,* S. 98.

12 OA/NHC, Box 1045, »Hyman-Idaho, 1945«, re: sinking of U-352 by USS *Icarus* on 9 May 1942, Lieut Comdr. J.T. Hardin to Commanding Officer ASW Unit, U.S. Atlantic Fleet (1942). Zur Zeugenaussage von Admiral Nimitz in Nürnberg siehe: *Der Prozeß gegen die Hauptkriegsverbrecher,* Bd. 40, S. 108–11.

13 Padfield, *Dönitz,* S. 72, 76, 93, 143, 177, 193, 302. Der hier wiedergegebene kurze Abriß der Karriere von Dönitz stützt sich hauptsächlich auf Padfield.

14 Diese Liste ist Costello/Hughes, *Atlantikschlacht,* S. 62, entnommen. Davon abweichende Versionen finden sich z.B. in: Mallmann-Showell, *Buch der deutschen Kriegsmarine,* S. 25, und Porten, *Pictorial History,* S. 29 bis 37. Das Z stand für »Ziel«. Als Zieldatum wurde manchmal auch 1946 genannt.

15 Das bedeutete nicht, daß Hitler im Dezember 1941 den Bau der Überwasserflotte aufgegeben hätte. Er schob ihn vielmehr nur hinaus, bis die Eroberung Rußlands – und womöglich auch die Englands – abgeschlossen war und er mit einer gewaltigen Flotte, zu der acht Flugzeugträger und Schlachtschiffe gehören sollten, die größer waren als die USS *North Carolina,* über den Atlantik gegen die USA losschlagen konnte (vgl. KTB-1/Skl., 31. Juli 1941).

16 Frank, *Die Wölfe und der Admiral,* S. 308. Nach dem Krieg sagte Dönitz den alliierten Verhörern: »In gewisser Weise war der Krieg verloren, bevor er begann. Deutschland war nie auf einen Seekrieg gegen England vorbereitet. [. . .] Eine realistische Politik hätte Deutschland am Anfang 1000 U-Boote gegeben« (zit. in: Morison, *Battle of the Atlantic,* S. 4). Winston Churchill sollte nach Kriegsende feststellen: »Von allen Plagen war die U-Bootplage die schlimmste. Die Deutschen hätten gut daran

getan, alles auf diese Karte zu setzen« *(Der Zweite Weltkrieg,* Bd. 4.1, S. 151).

17 KTB-BdU, 30./31. Dezember 1941.

18 Diese Zahlenangaben beruhen auf KTB-BdU, 1. Januar 1942, zit. in: Dönitz, *10 Jahre und 20 Tage,* S. 197, der hinzufügt: »Nur 10 bis 12 U-Boote gleichzeitig oder rund 12% der vorhandenen Front-U-Boote standen also zu Beginn des Jahres 1942, nach 2¼ Jahren Krieg, für die Hauptaufgabe unseres Seekriegs, den Tonnagekrieg, zur Verfügung.« Die Skl. zählte am 27. Dezember 1941 98 kampfbereite Boote, während Dönitz im selben Monat mit 91 Booten rechnete.

19 »B.d.U. beantragte sofortige Freigabe der z.Zt. in See befindlichen und in den nächsten Tagen auslaufbereiten großen [vom Typ IX], insgesamt 12 Boote. Operative Absicht: Paukenschlag an amerik. Küste. Forderung der Einsatzzahlen im Gibr[altar]. Raum können durch mittlere Boote [vom Typ VIIC] erfüllt werden. Skl. gibt 6 große Boote frei, die aus den auf Anmarsch befindlichen großen Booten zu entnehmen sind. Eine Freigabe der bereits im Op[erations]-Gebiet westl. Gibr. stehenden großen Boote kommt nicht in Betracht« (KTB-1/Skl., 10. Dezember 1941).

20 KTB-BdU, 10. Dezember 1941. Hitler erfuhr zwei Tage später durch Raeder vom »Paukenschlag«; vgl. Wagner (Hg.), *Lagevorträge,* S. 326.

21 U 128 wurde zum »Paukenschlag« beordert, als es sich noch westlich von Irland befand. Der BdU befahl ihm, mit voller Kraft nach Lorient zu fahren, wo es am 25. Dezember eintraf. Notwendige Reparaturarbeiten verzögerten jedoch sein Auslaufen und verhinderten seine Teilnahme am »Paukenschlag«. Es war erst am 8. Januar 1942 wieder einsatzbereit. Dönitz drängte weiter auf die Zuteilung zusätzlicher Boote für die amerikanische Operation, nämlich von U 107, 108 und 67 (vgl. KTB-BdU, 19. Dezember 1941). Die Skl. kam dem am 20. Dezember nach und versprach: »Die weiteren bereitwerdenden großen Boote werden ebenfalls in diesem Gebiet angesetzt« (KTB-1/Skl., 20. Dezember 1941). Ein Problem, das die Skl. und Dönitz gleichermaßen hervorhoben, war die Diskrepanz zwischen der Zahl der in Dienst befindlichen U-Boote aller Typen (235) und der Zahl der frontklaren Boote (91). Die Skl. gab für dieses »bedauerliche Mißverhältnis«, das auch durch die Indienstnahme von je 21 neuen Booten im November und Dezember nicht behoben wurde, folgende Gründe an: 1. den Mangel an Fangbooten für die Erprobung neuer Boote und die Ausbildung der Besatzungen; 2. die zahlreichen Versager unter den Übungssprengköpfen von Torpedos; 3. die Verzögerungen bei den Restarbeiten an neuen U-Booten; und 4. die Einschränkungen bei der Ausbildung, die vom Materialabzug für den Rußlandfeldzug verursacht wurden (KTB-1/Skl., 9. Dezember 1941). Dönitz erläuterte die »Paukenschlag«-Strategie am 10. Dezember 1941 in seinem KTB und schloß seine Eintragung mit den Worten: »Bedauerlich bleibt, daß *nicht* ausreichend Boote frei sind, um einen wirklichen Paukenschlag zu führen.«

22 Die Darstellung der Ereignisse und des Gesprächs in Kernével beruhen auf den Interviews des Autors mit Hardegen, dem KTB-BdU und Dönitz' Memoiren *10 Jahre und 20 Tage.*
23 Das war der allgemeine Eindruck, den man in Kernével von Hardegen hatte (Telefoninterview mit Hans Meckel).
24 NARA, RG 457, »German Navy/U-Boat Messages Translations and Summaries«, Box Nr. 7, SRGN 4774-5513; BdU an alle Boote, »Offizier«, 26. Dezember 1941.
25 KTB-1/Skl., 25. Dezember 1941. Die Skl. irrte sich bei der Numerierung der Boote.
26 Dönitz machte diese Bemerkung im KTB-BdU, 2. Januar 1942. Im September 1941 hatte er 20 im Atlantik stationierte Boote.
27 Hardegen beharrte darauf, daß nur U 123, 109, 130, 66 und 125 beim »Paukenschlag« dabei waren. Die anderen Boote, die ihnen zur nordamerikanischen Küste folgen sollten, wie U 107, 108 und 67 (vgl. KTB-BdU, 19. Dezember 1941, und KTB-1/Skl., 20. Dezember 1941), waren ebensowenig wie die im Januar 1942 tatsächlich folgenden Boote (U 552, 203, 86, 103, 106, 107, 108 und 128) an der sogenannten ersten oder zweiten Welle beteiligt. Diese Boote entweder zur ursprünglichen »Paukenschlag«-Flotte zu rechnen oder als zweite Welle zu bezeichnen ist nicht korrekt. Jürgen Rohwer bestätigte im Interview mit dem Autor Hardegens Ansicht. Sie wird außerdem von einer Äußerung der Skl. gestützt, die von dem *»schlagartige(n) Auftreten* eigener U-Boote innerhalb der amerik. Sicherheitszone (Stichwort ›Paukenschlag‹)« sprach (KTB-1/Skl., 25. Dezember 1941; Hervorhebung vom Autor). Dönitz bezog die Bezeichnung »Paukenschlag« eindeutig auf einen plötzlichen, einmaligen Angriff.
28 Wagner (Hg.), *Lagevorträge,* S. 263.
29 Ebd., S. 264.
30 Zit. in Bailey/Ryan, *Hitler and Roosevelt,* S. 41. Vgl. für die Periode der »bewaffneten Neutralität« auch: Abbazia, *Mr. Roosevelt's Navy;* Langer/Gleason, *The Undeclared War;* und Morison, *Battle of the Atlantic,* Kap. 2–5.
31 Churchill, *Der Zweite Weltkrieg,* Bd. 2.2, S. 108.
32 Metzler, *Sehrohr südwärts!,* S. 138–48. Vgl. KTB U 69, NARA, RG 242, PG/30066/1-16, 27. Mai 1941.
33 Morison, *Battle of the Atlantic,* S. 73.
34 Dönitz, *10 Jahre und 20 Tage,* S. 189 f. Vgl. KTB U 203, NARA, RG 242, PG/30191/1-11, 19./20. Juni 1941.
35 KTB-BdU, 20. Juni 1941.
36 Ebd., 21. Juni 1941.
37 Dönitz, *10 Jahre und 20 Tage,* S. 190. Hitler erklärte am 25. Juli 1941 Admiral Raeder gegenüber: »Werde [. . .] nie U-Bootskommandanten, der versehentlich USA-Schiff torpediert, zur Rechenschaft ziehen. Nach dem

Ostfeldzug behalte ich mir scharfes Vorgehen gegen USA vor« (Wagner [Hg.], *Lagevorträge,* S. 271).

38 Dönitz, *10 Jahre und 20 Tage,* S. 190.

39 Vgl. jüngst Heinrich, *Threshold of War,* S. 167, und William K. Klingaman, 1941. *Our Lives in a World on the Edge,* New York 1988, S. 370 f.

40 NHC Library, Rare Books, Operation Plans Nr. 4-41 und 5-41 (1. bzw. 18. Juli 1941), 1946 CINCLANT, Administrative History Nr. 139, »Commander Task Force Twenty-Four«, S. 61 f. Kopien derselben Befehle befinden sich in OA/NHC, Box CINCLANT (Juni-Sept. 1941), Operation Plan 5-41, Serial 00120, 15. Juli 1941; NARA, RG 80, Records of the CNO Headquarters COMINCH 1942, Box 11, zit. in Task Force Fifteen, USS *Idaho,* Flagship, Secret Serial A4-3/(005), 29. August 1941; und WNRC, RG 313, Box 108, CINCLANT, zit. in Task Force Three, USS *Memphis,* Flagship, undatiert (wahrscheinlich Juli 1942). Roosevelt und King waren also schon ein halbes Jahr vor der formellen Kriegserklärung in den Krieg gezogen, ebenso wie Dönitz den Krieg am 9. Dezember, zwei Tage vor der Kriegserklärung Deutschlands, eröffnen sollte.

41 WNRC, RG 313, Box 108, Bristol to CINCLANT, USS *Prairie,* Flagship, 3. November 1941. Die Bezeichnung »Support Force« wurde am 12. März 1942 fallengelassen und zugleich die andere Bezeichnung - Task Force Four - in Task Force Twenty-Four geändert.

42 Operation Orders, Nr. 6-41 und 7-41, in OA/NHC, Box »CINCLANT, Juni-Sep. 1941«.

43 Interview mit Jürgen Rohwer. Er beschreibt die Ereignisse um die *Admiral Scheer* in »Die USA und die Schlacht im Atlantik 1941«, in: Rohwer/ Jäckel (Hg.), *Kriegswende Dezember 1941,* S. 81-103. Zu jener Zeit wußte der britische Marinegeheimdienst nicht, ob die *Scheer* oder die *Tirpitz* ausbrechen sollte. Nach dem Krieg wurde anhand der deutschen Akten klar, daß es die *Scheer* sein sollte, die im Herbst 1940 im Atlantik 19 Handelsschiffe versenkt hatte. Hitler erwiderte am 8. November auf Roosevelts »Schießbefehl«, er habe die deutschen Schiffe angewiesen, wenn sie Amerikaner sähen, nicht auf sie zu schießen, sich aber zu verteidigen, sobald sie angegriffen würden, und fügte drohend hinzu, die Torpedos würden ihr Ziel finden *(New York Times,* 9. November 1941).

44 KTB-BdU, 30. Oktober 1941.

45 Stark gegenüber Admiral Thomas C. Hart, 1. November 1941, *Hearings Before the Joint Committee on the Investigation of the Pearl Harbor Attack,* Teil 16, S. 2121.

46 Sherwood, *Roosevelt und Hopkins,* S. 301.

47 *New York Times,* 1. November 1941.

48 Rohwer, *U-Boot-Erfolge der Achsenmächte,* S. 71-73.

49 KTB-BdU, 29. Dezember 1941. Dies ist ein ständig wiederkehrendes Thema in Dönitz' KTB, beginnend im Oktober: »Vor diesen Sonderaufgaben, deren Wert ich zwar nicht verkenne aber praktisch nur für gering

halte, muß immer wieder gewarnt werden. Sie ziehen die Uboote von ihrer Hauptaufgabe [dem Tonnagekrieg im Atlantik] ab; der Schaden ist daher für diese Hauptaufgabe größer, als der geringe Vorteil, der bei der Nebenaufgabe herausspringen kann« (29. Oktober 1941). Besonders aufgebracht war er darüber, daß vier Boote zur Wettererkundung und acht als Begleitung für eine geplante Fahrt der *Tirpitz* abkommandiert worden waren. Über die neu in Dienst gestellte *Tirpitz* schrieb er bitter: »Daß eine solche Schwächung [des U-Boot-Kriegs] aber selbst durch verhältnismäßig große Erfolge des Schiffes ausgeglichen wird, kann kaum gehofft werden« (10. November 1941). In seiner offiziellen Geschichte der Royal Navy im Zweiten Weltkrieg stellt Roskill fest, daß die kleine Zahl von U-Booten, die Dönitz zu dieser Zeit zur Verfügung hatte, »zusammen mit ihrem Einsatz für wenig lohnende Zwecke, [. . .] wie es jetzt scheint, einer der entscheidenden Faktoren in der Atlantikschlacht gewesen sein« dürfte *(War at Sea,* Bd. 2, S. 104).

50 Rohwer, *U-Boot-Erfolge der Achsenmächte,* S. 50–72.

51 KTB-1/Skl., 6. Dezember 1941. Raeder hatte schon am 10. Oktober 1939 seine Bereitschaft bekundet, den Krieg gegen die USA zu riskieren, den er für unvermeidlich hielt, und sich seit Winter 1940/41 und besonders nach Roosevelts »Schießbefehl« vom September 1941 eindringlich dafür eingesetzt, den uneingeschränkten U-Boot-Krieg gegen amerikanische Schiffe zu genehmigen (vgl. Wagner [Hg.], *Lagevorträge,* S. 27, 158, 173, 202, 219 f., 221–26, 231–38, 263 f., 266, 282, 286, 289–91, 295 f.).

52 KTB-1/Skl., 7. Dezember 1941. Zum Leidwesen der Kriegsmarine wurde kurz darauf auch noch die *Gneisenau,* die bereits bei der Kanaldurchfahrt von einer englischen Mine beschädigt worden war, im Kieler Dock von einer Bombe getroffen, so daß sie außer Dienst gestellt werden mußte. Diese und andere Schlappen der großen Schiffe beschreibt Raeder in: *Mein Leben,* Bd. 2, S. 264–75. Einsatzbereite schwere Schiffe in Häfen am Nordmeer und in Norwegen zu haben hatte zwei Vorteile: Zum einen schreckten sie eine britische Marineoperation gegen Norwegen ab, und zum anderen konnten sie gegen Konvois nach Murmansk eingesetzt werden (Jürgen Rohwer dem Autor gegenüber, 17. Februar 1987).

53 Jäckel, *Hitler in History,* S. 70–73. Das Kapitel »Hitler Challenges America« (Hitler fordert Amerika heraus), S. 66–87, behandelt, was Jäckel den »immer noch unklaren« Grund für Hitlers Kriegserklärung nennt. Vgl. Bailey/Ryan, *Hitler and Roosevelt,* S. 238 f.

54 KTB-BdU, 9. Dezember 1941.

55 Ebd., 18. Dezember 1941. Auf seine zahlreichen Anträge und Fernschreiben an das OKM zu diesem Thema geht Dönitz in *10 Jahre und 20 Tage,* S. 158–62, ein.

56 KTB-BdU, 23. Dezember 1941.

57 Ernst von Weizsäcker, *Erinnerungen,* München 1950, S. 328. Die Über-

legungen zu Hitlers Beweggründen für die Kriegserklärung sind zum Teil Weinbergs *World in the Balance,* S. 69, 91 f., entnommen.

58 Jäckel, *Hitler in History,* S. 66.

59 Norman Reich, *Hitler's War Aims. Ideology, the Nazi State, and the Course of Expansion,* New York 1973, nennt sie »den größten einzelnen Fehler seines Lebens«, »eine monumentale Fehlkalkulation«, die »sein Schicksal besiegelte« (S. 237, 245). Vgl. Peter Loewenberg, »Nixon, Hitler, and Power. An Ego Psychological Study«, in: *Psychoanalytical Inquiry* 6/1986, S. 31–46, der Hitlers Kriegserklärung gegen die USA gerade in dem Moment, als der Vormarsch seiner Armeen in der Sowjetunion ins Stokken geriet, als eine impulsive, selbstzerstörerische und größenwahnsinnige Entscheidung betrachtet: »Sein Urteilsvermögen war jetzt von Größenvorstellungen und abwehrenden manischen Allmachtsgefühlen beeinträchtigt, die die innere Angst vor Verfall und Auflösung bekämpfen sollten.« Weinberg betont allerdings, daß von seiten der politischen, diplomatischen und militärischen Führungsschicht des damaligen Deutschland weder mündlich noch schriftlich Widerspruch geäußert wurde. Wenn also Hitlers Urteilsvermögen beeinträchtigt war, dann offenbar auch das aller anderen. »Es ist nicht ohne Ironie, wenn die Führer eines Landes darin übereinstimmen, gerade gegen die Nation in den Krieg zu ziehen, gegen die es am schlechtesten gerüstet und ein Sieg am wenigsten wahrscheinlich ist.«

60 Fritz Stern in: *New York Times Book Review,* 12. Mai 1985, S. 7.

4. Ziel New York

1 NARA, RG 457, »German Navy/U-Boat Messages Translations and Summaries«, Box Nr. 7, SRGN 4774–5513, BdU an alle Boote, »Offizier«, 26. Dezember 1941. Dieser Funkspruch berichtet über die Änderung früherer Werte von A, die bei bis zu 80 Metern gelegen hatten. Vgl. auch NARA, RG 457, SRH 210, »A Collection of German U-Boat Admonition/Experience Messages (1943–1945), OP-20-G.«

2 Gasaway gibt als größte von einem IXC-Boot (U 126) erreichte Tiefe 230 Meter an *(Grey Wolf, Grey Sea,* S. 73). Middlebrook, der sich auf Interviews mit ehemaligen U-Boot-Offizieren stützt, nennt eine Höchsttiefe von 310 Metern *(Konvoi,* S. 55).

3 Noch 1943 lag die maximale Tiefe der englischen Wasserbomben bei nur 165 m (Middlebrook, *Konvoi,* S. 55).

4 NARA, RG 457, Box 7, SRGN 4774–5513, BdU an alle Boote.

5 Hardegens Ansprache fußt auf den Interviews mit ihm und ehemaligen Besatzungsmitgliedern, auf KTB-123 und der Darstellung in *»Auf Gefechtsstationen!«,* S. 168–170.

6 Hardegen, *»Auf Gefechtsstationen!«,* S. 169.

7 Solche Gitternetzkarten gab es für alle Weltmeere. Da sie mittels der Mercatorprojektion hergestellt waren, wurden die Quadrate kleiner, je näher sie am Äquator lagen. Die Luftwaffe besaß gleichfalls Gitternetzkarten, die aber nicht mit denen der Marine übereinstimmten, weshalb es bei gemeinsamen Operationen regelmäßig zu Mißverständnissen kam.

8 KTB-BdU. Der Befehl vom 9. September taucht im KTB im Anschluß an die Eintragung für den 15. September auf. Dönitz hatte seit dem 16. Juni mehrere Methoden der Verschlüsselung ausprobiert (vgl. Hinsley u.a., *British Intelligence,* Bd. 2, S. 171, 681 f.).

9 Zu Dönitz' Vertrauen in die Sicherheit des Funkverkehrs mittels Kurzwellen vgl. Mallmann-Showell, *Uboote gegen England,* S. 98. Zur Entwicklung der Funkführung und -peilung vgl. Rohwer, *Geleitzugschlachten,* S. 16–19, 25, 29–32. Das Adreßbuch blieb für den Rest des Krieges in Gebrauch. Den Alliierten fiel erst am 4. Juni 1944 ein Exemplar in die Hände, als die US Navy vor Kap Blanc (Nordwestafrika) U 505 aufbrachte.

10 KTB-BdU, 25. Dezember 1941, vgl. auch 24. Dezember. U 451, über dessen Schicksal Dönitz am 25. Dezember noch nichts Genaues wußte, war am 21. Dezember gesunken, und zwar infolge eines Angriffs aus der Luft, und nicht, weil es gerammt worden wäre. Alle Boote, die am Weihnachtstag als mutmaßlich gesunken genannt wurden, waren tatsächlich verloren. Der Verlust von U 567 mit allen Männern am 21. Dezember kostete die U-Bootwaffe eines ihrer Asse, den Ritterkreuzträger Kptlt. Engelbert Endraß.

11 Hinsley u.a., *British Intelligence,* Bd. 2, S. 551. Dönitz bespricht die Vor- und Nachteile der Funkführung in: *10 Jahre und 20 Tage,* S. 142 f.

12 Brustat-Naval, *Ali Cremer,* S. 180.

13 KTB-BdU, 19. November 1941.

14 KTB-1/Skl., 24. Dezember 1941.

15 KTB-BdU, 1. Dezember 1941.

16 Das war derart auffällig, daß die britische Admiralität am 20. Dezember 1941 meinte, »das Hauptziel [der deutschen Kriegsmarine] scheint, zumindest vorübergehend, nicht mehr die Zerstörung von Handelsschiffen zu sein« (zit. in Hinsley u.a., *British Intelligence,* Bd. 2, S. 175 f.). Daß ein Einbruch in die deutschen Schlüssel gelungen war, hätte jedem aufgehen müssen, der wie Dönitz wußte, daß der B-Dienst den Hauptcode Nr. 2 der britischen Marine laufend mitlas und dabei war, den neuen Code Nr. 3 zu knacken, in dem die wichtigsten Informationen über die Konvois im Nordatlantik gesendet wurden. Aber Dönitz scheint sich nie völlig eingestanden zu haben, daß HYDRA verletzbar war. Noch 1958 in seinen Memoiren zog er diese Möglichkeit in Zweifel (vgl. *10 Jahre und 20 Tage,* S. 322, und Hinsley u.a., *British Intelligence,* Bd. 2, S. 177–79). Beesly schreibt dazu: »[. . .] noch ganz kürzlich, im Jahre 1973, wollte Dönitz bei einem Interview mit Ludovic Kennedy sich nicht recht zu der Einsicht

bequemen, daß die meisten seiner Schlüssel vier Kriegsjahre lang ständig und umfassend entziffert worden waren« *(Geheimdienstkrieg,* S. 94 f.). Vgl. auch Ludovic Kennedy in: *The Spectator,* (London) 2. Januar 1981.

17 Hardegen kann sich nicht an die Titel der Reiseführer erinnern. Er war nicht der letzte Kommandeur, der sich auf einen Taschenatlas verlassen mußte: Für die hastig anberaumte US-Invasion von Grenada im Oktober 1983 wurde die Landetruppe mit Touristenkarten ausgestattet, auf die in der Nacht vor der Operation ein provisorisches Gradnetz gedruckt worden war (vgl. *Wall Street Journal,* 15. November 1983, S. 1, und Richard A. Gabriel, *Military Incompetence. Why the American Military Doesn't Win,* New York 1985, S. 174).

18 Der Einsatzbefehl ist nach den vom BdU am 28. Dezember 1941 sowie am 2., 3., 9. und 17. Januar 1942 per Funk an U 123 (NARA, RG 457, SRGN 4774 bis 5513, 5514 bis 6196) übermittelten Befehlen rekonstruiert. Das Gespräch Hardegens mit seinen Offizieren fußt auf den Interviews mit Hardegen.

19 Hardegen, *»Auf Gefechtsstationen!«,* S. 125, 165, 168.

20 NARA, RG 457, Box 39, »Admonition and Experience Messages«.

21 Ebd. Diese typischen Hinweise sind späteren Datums, aus den Jahren 1943/44.

22 Hardegen, *»Auf Gefechtsstationen!«,* S. 18, 170 f. Zu den U-Boot-Frachtern und den U-Kreuzern siehe Rössler, *Geschichte des deutschen Ubootbaus,* S. 96–106, und Herzog, *60 Jahre deutsche U-Boote,* S. 54. Vgl. auch König, *Die Fahrt der Deutschland;* Dwight R. Messimer, *The Merchant U-Boat. Adventures of the Deutschland, 1916–1918,* Annapolis (Maryland) 1988; James, *German Subs in Yankee Waters.* Die meisten der von den U-Kreuzern versenkten Schiffe waren 18–53 BRT große Schoner und Trawler aus Fischfangflotten sowie einige Dampfschiffe mit 3875–7127 BRT (vgl. Hadley, *Uboote gegen Kanada,* S. 20–26).

23 Auf dem »Edelweißboot«, auf dem Hardegen und Rafalski gemeinsam dienten, war Irving Berlins *Alexander's Ragtime Band* das beliebteste Stück (vgl. Gasaway, *Grey Wolf, Grey Sea,* S. 168).

24 PRO, DEFE-3, 2. Januar 1942. Bei der Entzifferung durch die Engländer wurde die Position der *Dimitrios* fälschlicherweise mit PF 7335 angegeben; die tatsächlich übermittelte Position (BC 4335) ist im KTB-123, 2. Januar 1942, vermerkt.

25 NARA, RG 457, Box 7, SRGN 5514–6196. Vgl. Hadley, *Uboote gegen Kanada,* S. 68 f. Aus der Sicht des Schleppers wird die Geschichte der Begegnung zwischen der *Foundation Franklin* und der *Dimitrios Inglessis* von Mowat in: *The Grey Seas Under,* S. 235–38, dargestellt.

26 KTB-123, 3. Januar 1942.

27 Ebd., 6. Januar 1942. Der 1. Admiralstabsoffizier beim Chef der Operationsabteilung des BdU, Fregattenkapitän Günther Hessler, kommen-

tierte in einer Randbemerkung zu Hardegens KTB-Eintrag: »Fraglos richtige Überlegung.« Hardegen meint, daß seine »Zurückhaltung beim *Dimitrios*-Zwischenfall gegen die angebliche Risikofreude spricht, die ihm von seinen ehemaligen Besatzungsmitgliedern Rafalski, Barth und Amstein nachgesagt wird (vgl. Kap. 2).

5. Warten auf Hardegen

1 Entwicklung, Funktion und Nutzung der *Bombe* werden in zahlreichen Arbeiten dargestellt, von denen hier die folgenden erwähnt seien: Hinsley u.a., *British Intelligence,* Bd. 1, Anhang I, S. 487–99; Lewin, *Entschied ULTRA den Krieg?,* passim; Calvocoressi, *Top Secret Ultra,* passim; Beesly, *Geheimdienstkrieg,* S. 86–100; Rohwer, *Geleitzugschlachten,* S. 344–49; Costello/Hughes, *Atlantikschlacht,* S. 112 f. Für die Luftwaffe und die Wehrmacht entsprachen die Baracken 6 und 3 den Marinebaracken 8 und 4. Bis zum 1. Januar 1942 hatte BP 16 *Bomben* erhalten, von denen 12 einsatzbereit waren. Die meisten befanden sich jedoch nicht in BP, wo eine einzige Bombe anderer Art die gesamte Entschlüsselungskapazität hätte vernichten können, sondern in mehreren Städten der Umgebung.

2 Vgl. Stephen W. Roskill, *Das Geheimnis um U 110,* Frankfurt a.M. 1960; Costello/Hughes, *Atlantikschlacht,* S. 226; Hinsley u.a., *British Intelligence,* Bd. 1, S. 337 f.; Lewin, *Entschied ULTRA den Krieg?,* S. 246–48, 251.

3 Bis Ende 1941 hatte BP 25000 Enigma-Funksprüche aufgefangen (vgl. Calvocoressi, *Top Secret Ultra,* S. 98).

4 Interview mit Patrick Beesly; vgl. ders., *Geheimdienstkrieg,* S. 81–85, 128 bis 31.

5 Die Beschreibung stützt sich auf das Interview mit Patrick Beesly und in geringerem Umfang auf ein Telefoninterview mit Kenneth A. Knowles am 12. Juli 1986, der im Mai 1942 zwei Wochen bei Winn war.

6 Das ist derselbe Hinsley, der später zum Mitautor des dreibändigen Werks *British Intelligence in the Second World War* wurde. Vgl. Richard Langhorne (Hg.), *Diplomacy and Intelligence During the Second World War. Essays in Honour of F.H. Hinsley,* Cambridge 1985.

7 500-Tonner und 740-Tonner waren die im OIC (nach der Wasserverdrängung) üblichen Bezeichnungen für VIIC- bzw. IX-Boote. Die US Navy benutzte die gleiche Terminologie mit leichten Abwandlungen, zum Beispiel 517 und 750.

8 Es handelte sich um 12 VIIC-Boote (U 84, 86, 87, 135, 203, 333, 552, 553, 582, 654, 701, 754), die im Gebiet der Neufundlandbänke und vor Neuschottland die »Gruppe Ziethen« bilden sollten.

9 Dönitz' ständige Furcht, daß französische Zimmermädchen, Prostituierte und Dockarbeiter wichtige operative Informationen an London weitergaben, war im allgemeinen unbegründet. Bedeutungsvoll waren aller-

dings die CX-Berichte über technische Fragen, zum Beispiel neue Antennen, Tauchtiefen, Reparatur- und Wartungspläne usw. Eine weitere wichtige Quelle für technische Informationen waren die Kriegsgefangenen.

10 Diese Passage stützt sich auf das Interview mit Patrick Beesly; PRO, ADM 223/92, Nr. O.I.C./S.I./40, U/Boat Situation, Woche bis 20. Dezember 1941; ADM 223/15, Nr. O.I.C./S.I./5, U/Boat Situation, Woche bis 27. Dezember 1941; KTB-BdU, 2. und 3. Januar 1942; *The Times,* (London) 3. Januar 1942, S. 110 f. Die ersten beiden Befehle des BdU an das Täuschungsboot U 653, das die Anfahrt zur »Operation Paukenschlag« verschleiern sollte, waren am 24. Dezember aufgefangen worden. In BP entschlüsselt, hieß es in ihnen u.a.: »Aufgabe ist Durchführung mässigen Täuschungsfunkverkehrs, um Gegner Anmarsch und Operieren zahlreicher Boote in dem betreffenden Gebiet vorzutäuschen. Durchführungsbefehle folgen für jeden Tag gesondert« (PRO, DEFE-3, 24. Dezember 1941).

11 Transkript in der Low Library, Columbia University, hier zit. S. 183.

12 Arthur H. McCollum, damals Chef der Abteilung Fernosten, zit. in: Layton u.a., *»And I Was There«,* S. 98. Vgl. auch die Darstellung bei Dorwat, *Conflict of Duty,* S. 157–61.

13 Zit. in Dorwat, *Conflict of Duty,* S. 181, siehe auch S. 187 f. Vgl. Layton u.a., *»And I Was There«,* S. 20, 96, 100. Dorwart gibt zu bedenken, daß sich Turner in den 20er Jahren auf den Philippinen, in Japan und an der chinesischen Küste in der Geheimdienstarbeit bewährt habe (S. 157). Turner ging von Washington in den Pazifik, wo er, von Guadalcanal bis Iwoyima, amerikanische Landungsoperationen leitete; Kirk wurde als Kommandeur von Marineeinheiten bei der Landung in der Normandie hoch dekoriert; Wilkinson wurde sechs Monate nach Pearl Harbor von seinem Posten abgelöst, erhielt wieder ein Kommando auf See und kommandierte als Vizeadmiral die 3. Amphibious Force bei der Rückeroberung der Philippinen.

14 NARA, RG 457, SRH 149, Laurence F. Safford, »A Brief History of Communications Intelligence in the United States«, März 1952; SRH 305, Safford, »History of Radio Intelligence. The Undeclared War«, November 1943. Zu den HF/DF-Möglichkeiten der US Navy im Juni 1942 vgl. ESF War Diary, Juli 1942, S. 30.

15 Safford, »Brief History«, S. 16. Am 4. Oktober 1940, dem Tag, an dem er von dem Erfolg Friedmans hörte, schrieb Safford: »Die Army hat prima Arbeit geleistet« (NARA, RG 457, SRH 355, Teil I, Captain J.S. Holtwick jr., »Naval Security Group History to World War II«, Juni 1971, S. 401).

16 So argumentieren zum Beispiel Layton u.a., *»And I Was There«,* S. 137, 140 f., 160, 218. Eine andere Ansicht vertreten Prange u.a., *At Dawn We Slept,* S. 82. Zur Rolle von »Magic« insgesamt siehe Lewin, *The American Magic.* Als Lehman die postume Verleihung vornahm, tat er es haupt-

sächlich aufgrund der Beweismasse, die Layton u.a. in *»And I Was There«* ausgebreitet hatten (vgl. *Foreign Intelligence Literary Scene* 4/1985, S 4).

17 Prange u.a., *At Dawn We Slept,* S. 84.

18 Zit. in Safford, »Brief History«, S. 16, mit dem Kommentar, daß zwar »das Weiße Haus und das Außenministerium diese Information höchst geschickt« nutzten, aber »der Generalstab und die Marineleitung aus derselben Information keinen Profit« schlugen. Dazu ist zu bemerken, daß Safford interessierte Partei war und eigene Zwecke verfolgte, was ebenso auch für andere hauseigene historische Texte in NARA SRH zutrifft.

19 NARA, RG 457, SRH-145, Collection of Memoranda on Operations of SIS, Intercept Activities and Dissemination, 1942–1945; Captain Abraham Sinkov und First Lieutenant Leo Rosen, beide von der Fernmeldetruppe der US Army, an den stellvertretenden Stabschef, G-2, »Report of Technical Mission to England«, 11. April 1941. Die Marineangehörigen der Gruppe waren Lieutenant Robert H. Weeks und Ensign (Leutnant z.S.) Prescott H. Currier. Ein weiterer, auf einem Interview mit Sinkov basierender Bericht über diese Informationsreise findet sich bei Parrish, *The Ultra Americans,* S. 61–66. Parrish irrt sich jedoch, wenn er schreibt, der Gruppe seien als Gegenleistung für die Purple-Maschine keine Geräte mitgegeben worden (S. 65). Hinsley, der weder von dem Besuch der Amerikaner noch von Godfreys Mission bei Kirks ONI etwas gewußt zu haben scheint, bemerkt allerdings, daß es England zu jener Zeit widerstrebte, die Enigma-Geheimnisse mit den USA zu teilen *(British Intelligence,* Bd. 2, S. 55), und Kimball (Hg.), *Churchill and Roosevelt,* Bd. 1, S. 214 f., wiederholt diese Einschätzung.

20 Die Originale befinden sich gebunden in OA/NHC. Die ESF stellt anerkennend fest: »Die Admiralität war, noch bevor unser Land in den Krieg eingetreten war, in der Lage, dem Marineministerium in Washington täglich Berichte über die U-Boot-Bewegungen zu liefern. [. . .] Kurz nachdem die Achse den Vereinigten Staaten den Krieg erklärt hatte, ermöglichte es die britische U-Boot-Überwachung dem Cominch, vor möglichen U-Boot-Aktivitäten vor der Ostküste der Vereinigten Staaten zu warnen« (War Diary, Juli 1942, S. 27). Winn und Beesly schickten jeden Tag um 12 Uhr mittags einen Funkspruch zur U-Boot-Situation ab, der 1941/42 »ein ziemlich genaues Bild unserer Lagekarte« gab (Interview mit Patrick Beesly). Die erste Notiz über den Empfang der U-Boot-Positionen in Washington findet sich in der täglichen Lagekarte der US Navy vom 25. August (OA/NHC, »Submarine Positions as Estimated by Admiralty for 24 Aug. '41«). Spätestens seit August konnte die US Navy mit Hilfe von Ultra ihre Konvois um die bekannten U-Boot-Stellungen herumleiten. Man könnte nun spekulieren, daß Roosevelt auf diese Weise Zwischenfällen eher auswich, als sie zu provozieren. Andererseits konnte er (durch Kings kriegerische Befehle an die Atlantikflotte) die deutsche Kriegsmarine ohne allzugroßes Risiko bedrängen, da er durch Ultra wuß-

te, daß Hitler zu diesem Zeitpunkt, als seine ganze Aufmerksamkeit dem Rußlandfeldzug galt, keinen Krieg mit den Vereinigten Staaten wollte.

21 Die Situation in Washington zu dieser Zeit beschreibt David Brinkley, *Washington Goes to War,* New York 1988, S. 91.

22 NARA, RG 80, (Records of the CNO) Headquarters COMINCH 1942, Box 59, Rear Admiral John H. Towers to Chief of Naval Operations, 9. Dezember 1941.

23 ESF War Diary, 29. Dezember 1941; Januar 1942, S. 61.

24 NARA, RG 80, COMINCH, Box 245, Op-20-WP, 5. Dezember 1941. Der Kommunismusverdacht beruhte auf der mageren Tatsache, daß die Funker der Handelsschiffe der American Communication Association angehörten, die vom Komitee gegen unamerikanische Aktivitäten unter dem Vorsitz von Martin Dies aus Texas als »stärker kommunistisch geprägt als jede andere Gewerkschaft« eingeschätzt wurde.

25 Vgl. Kap. 3.

26 Morison, *Battle of the Atlantic,* S. 115 f.

27 Zit. in Larrabee, *Commander in Chief,* S. 155.

28 Zit. in Layton u.a., *»And I Was There«,* S. 355. Kings Ruf als Trinker und Frauenheld, der Roosevelt Sorgen bereitet haben muß, wird von Love, *The Chiefs of Naval Operation,* S. 140, erwähnt.

29 King Papers, Container 8, Colonel, A.T. »MacDuff« Rich to King, 11. Dezember 1941.

30 Morison, *Battle of the Atlantic,* S. 41.

31 King Papers, Container 35, undatiert; Simpson, *Admiral Harold R. Stark,* S. 126. Die wichtigsten Quellen über King sind: Buell, *Master of Sea Power;* King/Whitehill, *Fleet Admiral King;* und King, *Bericht.*

32 Layton u.a., *»And I Was There«,* S. 367; Dorwart, *Conflict of Duty,* S. 193.

33 Buell, *Master of Sea Power,* S. 175. Vgl. ESF War Diary, Juli 1942, S. 28. Leighton wurde Befehlshaber des 8. Naval District (New Orleans) und am 27. Juni 1942 zum Rear Admiral befördert. Er starb am 23. November 1943.

34 Buell, *Master of Sea Power,* S. 175 f.

35 Dorwart, *Conflict of Duty,* S. 189–92. Buell erwähnt »die Animosität zwischen den operativen Planern und den Geheimdienstspezialisten« *(Master of Sea Power,* S. 175) und räumt ein: »Der Geheimdienststab schien besonders verletzbar zu sein« (S. 231). Layton u.a., *»And I Was There«,* S. 510, beklagen: »Dieser Krieg innerhalb des Krieges wütete während des ganzen ersten Halbjahrs 1942 weiter.«

36 ESF War Diary, Dezember 1941, S. 5.

37 Ebd.

38 NARA, RG 80, COMINCH, Box 222, North Atlantic Naval Coastal Frontier Force Operation Order Nr. 5-41, Oktober 1941.

39 NARA, RG 80, Box 50, Sec Nav/CNO Secret Correspondence, »Army and Navy Joint Control and Information Center«, 10. Juli 1941. Der

Rumpf (Rumpf »A«) des ersten deutschen Flugzeugträgers, *Graf Zeppelin,* war am 8. Dezember 1938 vom Stapel gelaufen, das Schiff aber nie fertiggestellt worden.

40 Thompson ging nach dem Krieg als Universitätslehrer nach Princeton und veröffentlichte u.a. eine vielbeachtete dreibändige Biographie über Robert Frost. Morison, ein Vetter zweiten Grades von Samuel Eliot Morison, der seine Universitätsausbildung unterbrochen hatte, um Navy-Offizier zu werden, lebt heute als Autor und Professor am Massachusetts Institute of Technology in Peterborough, New Hampshire, wo er dem Autor am 17. Juli 1989 freundlicherweise Rede und Antwort stand.

41 Noch im Juli 1942 beklagte sich die ESF beim COMINCH über die Zeit, die man brauchte, um die im britischen Ultra-Code abgefaßten täglichen U-Boot-Meldungen zu entschlüsseln. Warum, wurde gefragt, konnten die Meldungen von Main Navy nicht im amerikanischen Code Mark II ECM an die ESF übermittelt werden, so daß sie »in ungefähr 20 Minuten« entschlüsselt vorlägen? Ein Stabsoffizier des COMINCH erwiderte, daß das »aus Gründen, über die zu sprechen ich nicht befugt bin«, nicht möglich sei (ESF War Diary, Juli 1942, S. 29).

42 King Papers, Container 8, King to Andrews, USS *Augusta,* 17. November 1941.

43 Ebd., Andrews to King, New York City, 19. November 1941.

44 Ebd., King to Andrews, USS *Augusta*, 21. November 1941.

45 Zit. in Larrabee, *Commander in Chief,* S. 177.

46 Morison, *Battle of the Atlantic,* S. 208.

47 ESF War Diary, 22. Dezember 1941.

48 Ebd.

49 Karig u.a., *Battle Report,* S. 91.

50 NARA, RG 38, COMINCH, Box 110, Andrews to King, 20. Mai 1942.

51 Ebd., Andrews to King, 27. Januar 1942.

52 ESF War Diary, 31. Januar 1942.

53 Farago, *Tenth Fleet,* S. 75. Zu einem Gefecht von Schlachtschiffen und Kreuzern in der Skagerrak-Tradition sollte es erst wieder bei der Rückeroberung der Philippinen in der Schlacht im Leyte-Golf kommen, als am 25. Oktober 1944 amerikanische und japanische Flottenverbände in der Surigao-Straße aufeinandertrafen, darunter auch vier beim Angriff auf Pearl Harbor beschädigte Schlachtschiffe: *California, West Virginia, Tennessee* und *Maryland.*

54 18. März 1942, in Kimball (Hg.), *Churchill and Roosevelt,* Bd. 1, S. 421 f. Morison zitiert einen Navy-Offizier mit den Worten: »Wir schlugen uns immer noch mit der Frage herum, welche U-Boot-Abwehrschiffe wir brauchten, für den Fall, daß wir sie brauchten, und dann waren wir, bei Gott, plötzlich im Krieg!« *(Battle of the Atlantic,* S. 230).

55 Brennecke, *Jäger – Gejagte!,* S. 3. Vgl. auch Mallmann-Showell, *Das Buch der deutschen Kriegsmarine,* S. 36.

56 King Papers, Container 35, undatiert, aber nach 1943.
57 King, *Bericht,* S. 279.
58 Vgl. Anm. zu Kap. 12.
59 Ebd.
60 NARA, RG 80, COMINCH, Box 241, Stark to Rear Admiral William T. Tarrant, Commandant, First Naval District, 3. Oktober 1940. Die gleiche Abneigung gegen kleine Schiffe führte 1987, 47 Jahre später, dazu, daß eine neue Generation von Admiralen verlegen eingestehen mußte, daß sie, als zum Schutz der Tanker im Persischen Golf dringend welche gebraucht wurden, über keine Minensucher (von 23 bis 104 Metern Länge) verfügte. Man hatte eben für kleine Schiffe, die weder Glanz und Prestige noch Karriereaussichten versprachen, nur Verachtung übrig gehabt.
61 NARA, RG 80, COMINCH, Box 51, nicht gezeichnetes »Memorandum for the Chief of Naval Operations«, 3. Juni 1941.
62 ESF War Diary, Dezember 1941, S. 17 f.
63 Ebd., März 1942, S. 9, Stark to Tarrant, 12. Februar 1942.
64 NHC Library, CINCLANT Administrative History Nr. 138, MS, »Commander in Chief, U.S. Atlantic Fleet«, Bd. 1, 1946, S. 279 f.
65 NARA, RG 80, COMINCH, Box 110, Vice Chief of Naval Operations to Naval Districts, 22. April 1942.
66 Ebd., King to Horne, 3. Mai 1942.
67 ESF War Diary, Juli 1942, »Coastal Picket Operation Plan Nr. 11–42«.
68 Morison, *Battle of the Atlantic,* S. 230, 16 Monate nach Kriegsbeginn gestanden die ESF-Offiziere ein: »Als die U-Boote im Januar unsere Küste angriffen, erwischten sie uns, weil wir keine U-Boot-Abwehrschiffe besaßen, mit heruntergelassenen Hosen« (W.A.S. Mocklin, zit. in Morison, ebd., S. 254). Morison meint: »Kleine Schiffe wurden vernachlässigt, weil man glaubte, sie könnten auf kleinen Werften rasch in großer Zahl produziert werden. Hätte man die Wünsche und Ratschläge des Präsidenten befolgt, wäre die Navy auf den Kampf gegen die U-Boote besser vorbereitet gewesen« (ebd., S. 230). Als der CNO-Admiral William D. Leahy 1938 nach seiner Meinung zu Roosevelts Vorschlag, die 34-Meter-SCs zu bauen und einzusetzen, befragt wurde, sagte er kurz und bündig: »Sie wären keinen Deut wert gewesen« (Robert C. Albion, »Makers of Naval Policy, 1798–1947«, Ms., Harvard University Library, 1950, zit. in Buell u.a., *Second World War,* S. 217).
69 ESF War Diary, 31. Januar 1942, Vgl. ebd., Andrews to King, 14. Januar 1942.
70 Ebd., Dezember 1941, S. 15.
71 NARA, RG 80, COMINCH, Box 51, Stark to CINCLANT and Commander in Chief, U.S. Pacific Fleet (CINPAC), 22. Dezember 1941.
72 Craven/Cate, *Army Air Forces,* S. 68.
73 ESF War Diary, Andrews to King, 14. Januar 1942.
74 Ebd., Dezember 1941, S. 17.

75 NARA, RG 80, COMINCH, Box 245, Op-20-WP/an, 5. Dezember 1941.
76 Abbazia, *Mr. Roosevelt's Navy,* S. 91.
77 *Radio Days,* Produktion: Jack Rollins und Charles H. Joffe, Buch und Regie: Woody Allen, Copyright 1987 by Orion Pictures Corporation.
78 NARA, RG 80, COMINCH, Box 50, Commandant U. S. Coast Guard to All District Commanders, 26. Oktober 1940.
79 Ebd., »Air Raid Defense Bill«, 11. September 1940.
80 Ebd., Box 51, Third Naval District Illumination Control Plan, 24. Januar 1941.
81 OA/NHC, ESF, »Suspension of Dimout Regulations«, November 1943, S. 28 f.
82 Ebd., S. 29.
83 *Montreal Daily Star,* 31. Januar 1940, S. 1.
84 ESF War Diary, Januar 1942, S. 64.
85 Ebd., S. 65 f.
86 NARA, RG 80, COMINCH, Box 243, »Brief Joint Estimate of the Military Situation of the Associated Powers«, 20. Dezember 1941, S. 9.
87 WNRC, Box 108, CINCLANT, King to CNO Stark, undatiert, aber nach dem 14. Dezember, auf den Bezug genommen wird, und vor dem 30. Dezember, als King die *Augusta* verließ und COMINCH wurde.
88 Hezlet, *The Electron and Sea Power,* S. 212.
89 Laut OA/NHC, Command File World War II, Daily Location of Ships and Aircraft, 13. Januar 1942, waren es, nach Häfen aufgeschlüsselt, folgende DDs: Casco Bay - *Ludlow, Lansdale, Ingraham, Hilary P. Jones;* Boston - *Monssen, Charles F. Hughes, Lea, Dupont, Bernadou, MacLeish, Gwin, Dallas, Upshur, Gleaves, Kearny;* Newport, Rhode Island - *Ellyson, Roe;* New York - *Livermore, Bristol;* Norfolk - *O'Brien, Mustin, Trippe, Wainwright, Mayrant, Rowan.* In dieser Liste fehlen: drei DDs in Charleston *(Jouett, Somers, Moffett);* 13 U-Boote in New London (Connecticut) und drei in Philadelphia; drei Schlachtschiffe *(Texas* in New York, *Idaho* und *New York* in Norfolk); sechs Kreuzer (vier in New York, zwei in Norfolk); der Flugzeugträger *Wasp* in Norfolk, dessen Abschreckung für so groß gehalten wurde, daß er am nächsten Tag (dem 14. Januar) dem Konvoi A-10 zur U-Boot-Abwehr zugeteilt wurde (er operierte jedoch fernab der wirklichen Gefahr - vgl. Kap. 7). Die Zerstörer trugen Namen von verdienten Navy-Offizieren, Marineministern und einigen Zivilisten, die der Navy einen Dienst geleistet hatten. Erhielten zwei Schiffe denselben Nachnamen, wurden Vorname und Initiale hinzugefügt; die Notierung in der alphabetischen Schiffsliste richtete sich dann nach dem Vornamen.
90 OA/NHC, Box CINCLANT (Okt. 1941-Dez. 1942), Operation Plan 8-41, Serial 00311, 20. Dezember 1941.

6. Der Schlag auf die Pauke

1 Die Darstellung der Operationen von U 123 in diesem Kapitel fußt auf dem KTB-123, den *Schußmeldungen,* Hardegens *»Auf Gefechtsstationen!«,* Kaedings Koppelkarten aus dem Bundesarchiv/Militärarchiv in Freiburg und den Interviews mit Hardegen und Mitgliedern seiner Besatzung. Die technischen Daten stammen aus: OA/NHC, U.S. Naval Technical Mission in Europe, Technical Report Nr. 307-45, »Living Conditions and Accomodations Aboard German Submarines«, August 1945; ebd., Technical Report Nr. 303-45, »Submarine Main Propulsion Equipment and Arrangement«, August 1945; Rössler, *Geschichte des deutschen Ubootbaus,* passim, sowie ders., *The story of U 505,* Chicago (Museum of Science and Industry) 1981. Die Dialoge sind vom Autor gestaltet.

2 Hardegen, *»Auf Gefechtsstationen!«,* S. 93.

3 NARA, RG 457, SRMN-054 (Part 2), OP-20-GI, Special Studies Relating to U-Boat Activity, 1943-1945, S. 33-46.

4 PRO, DEFE-3, 10. Januar 1942, und NARA, RG 457 (National Security Agency), »German Navy/U-Boat Messages Translations and Summaries«, Box 7, SRGN 5514-6196, 9. Januar 1942. Das KTB-BdU vom 9. Januar 1942 gibt die tatsächlichen Positionen an, die auf den U-Boot-Karten durch römische Zahlen gekennzeichnet waren: »Angriffsraumverteilung unter amerik. Küste: U 66 - CA 79 u. 87 u. DC 12-13; U 123 - CA 28 u. 29 u. 52 u. 53; U 125 - CA 38 u. 39. 62 u. 63; U 109 zwischen den Punkten: BA 9633 - CB 1577 - BB 7355 - BB 8575. U 130 - BB 51 u. 52 u. 54 u. 55. 57. 58.« Eine Erklärung zu diesen Bestimmungsorten gibt das KTB-BdU zwei Tage später, wo unter dem Stichwort »Feindlage amerik. Ostküste« von »starke(m) Einzelverkehr« vor der US-Küste und »nach den bisherigen Geleitzugsammelpunkten, in erster Linie Halifax und Sydney«, die Rede ist.

5 Das Gespräch zwischen Winn und Beesly stützt sich auf das Interview mit Beesly; auf PRO, DEFE-3, 10. Januar 1942; PRO, ADM 223/15, Nr. O.I.C./S.I./57, U/Boat Situation, Woche bis 12. Januar 1942; KTB-BdU, 10./11. Januar 1942; Rohwer, *U-Boot-Erfolge der Achsenmächte,* S. 73; und die *Times* (London) vom 10. Januar 1942. Das Codewort »Ziethen« tauchte zusammen mit »Paukenschlag« in einem Enigma-Funkspruch des BdU auf, der am 7. Januar aufgefangen wurde: »An Gruppe Ziethen und Gruppe Paukenschlag. Denkt an neue Bestimmungen über Waffeneinsatz. Als abgeblendet gelten Handelsschiffe auch dann, wenn sie zwar mit brennenden Fahrtlaternen, aber ohne erkennbar beleuchtete Neutralitätsabzeichen fahren« (PRO, DEFE-3, 7. Januar 1942).

6 Hadley, *Uboote gegen Kanada,* S. 66.

7 Abbazia, *Mr. Roosevelt's Navy,* S. 379 f.

8 Hardegen, *»Auf Gefechtsstationen!«,* S. 172. Als die Sturmfront am 11.-17. Januar Island heimsuchte, brachte sie Windgeschwindigkeiten bis zu 120

Knoten mit sich und richtete bei den amerikanischen Flugzeugen und den im Hafen liegenden Schiffen, die an ihren Ankern zerrten und gegeneinander geworfen wurden, großen Schaden an. In der Navy wurde der Sturm, der stärkste auf Island seit 1925, bald nur noch »the famous blow« (der berühmte Wind) genannt. Vgl. NHC Library, Administrative History, Nr. 138, S. 276.

9 PRO, ADM 1/15124, »Comparison (Nov. 1941–Febr. 1942) of the German M IV/1 T Carl Zeiss 7 x 50 binoculars and the Barr and Stroud Pattern 1900A 7 x 50«.

10 Ebd.

11 Der Angriff auf die *Cyclops* wird eingehend beschrieben in BFZ, *Schußmeldung* U-123, 12. Januar 1942, Nr. 4792, S. 12, 16; ebenso im KTB-123, 12. Januar 1942. Eine technische Beschreibung des Abschußmechanismus der Torpedos auf Booten des Typs IXB findet sich in OA/NHC, »Records of U.S. Naval Technical Mission in Europe 1944–1947«, Box 27, 01045, Technical Report 239–45, »Torpedo Fire Control System for the Type IXB German Submarine«.

12 DHIST, Statement of Senior Radio Officer R.P. Morrison, Chatham 22820, undatiert, in: »Particulars of Attacks on Merchant Vessels by Enemy Submarines«, Naval Control Service, NS 1062–13–10.

13 Ebd., NSQH Naval Message, Charleston to Boston to Halifax, 12. Januar 1942, TOR 0547Z.

14 Ebd., NSQH Naval Message, O.I.C. via Camperdown, 12. Januar 1942, TOR 0205Z.

15 PRO, ADM 223/15, 100820, Nr. O.I.C./S.I./57, U/Boat Situation, Woche bis 12. Januar 1942.

16 NARA, SRMN-033, (Part I), COMINCH File of Messages on U-Boat Estimates and Situation Reports, Oktober 1941–September 1942, Naval Message 121716, 12. Januar 1942. Drei Wochen vor seinem Tod schrieb Patrick Beesly dem Autor: »Ich habe über unser Gespräch nachgedacht, und mir scheint, einer der wichtigsten Punkte in Ihrem Buch wird es sein, wenn möglich klarzustellen, daß die USA vor dem Paukenschlag gewarnt worden sind« (Lymington, 13. Juli 1986). Die oben zitierte Meldung, die auf dem täglichen Bericht des OIC und den Lagekarten vom 12. Januar und der Tage zuvor beruht, stellt den Erhalt der Warnung unmißverständlich fest.

17 Siehe Kap. 5, Anm. 29.

18 DHIST, »Particulars of Attacks«, Statement of J.D.J. Green, 13. Januar 1942.

19 Zit. in Hadley, *Uboote gegen Kanada,* S. 70.

20 Gilbert Keith Chesterton, »The Ballad of the White Horse«, in: *G.K. Chesterton: An Anthology,* hg. von D.B. Wyndham Lewis, London 1957, S. 205.

7. New York, New York

1 KTB-123, 14. Januar 1942.
2 NARA, RG 38, CNO Armed Guard Files, »Norness«, Naval Message, NYNYK to BUSHIPS, *et al*, 11. Dezember 1941.
3 Dieses Zitat und die Berichte der Überlebenden sind der *New York Times* vom 16. und 17. Januar 1942 entnommen.
4 OA/NHC, Microfilm Reel NR-A 40-3, »Deck Log of USS *Ellyson* (DD 454), Dez. 1941-März 1942«, 14. Januar 1942.
5 *New York Times*, 16. Januar 1942.
6 Ebd., 15. Januar 1942.
7 Ebd.
8 Telefoninterviews mit Richard H. Braue und Margaret Classe, 17./18. Dezember 1987.
9 ESF War Diary, Januar 1942, S. 2.
10 Mahan, *Der Einfluß der Seemacht*, Bd. 1, S. 383.
11 Jeanette Edwards Rattray, *Perils of the Port of New York. Maritime Disasters from Sandy Hook to Execution Rocks*, New York 1973, S. 215.
12 Zit. in Hardegen, *»Auf Gefechtsstationen!«*, S. 177.
13 KTB-123, 15. Januar 1942.
14 ESF War Diary, 14. Januar 1942.
15 Hadley, *Uboote gegen Kanada*, S. 73 f.
16 Zit. ebd., S. 74.
17 KTB-BdU, 14. Januar 1942.
18 BFZ, *Schußmeldung* U 130, 13. Januar 1942, Nr. 5122, 5123, S. 17, 1. Vgl. Hadley, *Uboote gegen Kanada*, S. 72.
19 BFZ, *Schußmeldung* U 130, 13. Januar 1942, S. 5, 9, 13. Vgl. Hadley, *Uboote gegen Kanada*, S. 72 f.
20 NARA, RG 457, Box SRGN 5514-6196, 17. Januar 1942.
21 BFZ, *Schußmeldung* U 109, 19. Januar 1942, Nr. 5125, 5129, S. 16, 20, 3, 7, 9. Rohwer schreibt Bleichrodt eine Versenkung zu, und zwar der englischen *Empire Kingfisher* mit 6082 BRT *(U-Boot-Erfolge der Achsenmächte*, S. 74). Die *Empire Kingfisher* sank jedoch, wie aus einem Bericht der kanadischen Navy hervorgeht, nicht durch Feindeinwirkung: »SS *Empire Kingfisher* stieß südlich von Kap Sable bei lotbarer Wassertiefe auf ein Unterwasserobjekt. HMCS LYNX verankerte sie nahe Bantam Rock, wo sie später sank« (DHIST, »Halifax Local Defence Force Monthly Report January 1942«, S. 1).
22 BFZ, *Schußmeldung* U 109, 21. Januar 1942, Nr. 5129, S. 15.
23 Die US Navy hatte zur gleichen Zeit mit ihren Torpedos das genau entgegengesetzte Problem: »Torpedos, die ihr Ziel voll trafen, detonierten für gewöhnlich nicht; nur diejenigen, die den Rumpf ihrer Opfer streiften, explodierten!« (Ignatius J. Galantin, *Take Her Deep! A Submarine Against Japan in World War II*, New York 1987, S. 42).

24 Charles A. Lockwood, *Sink 'Em All. Submarine Warfare in the Pacific,* New York 1984, S. 78.
25 Ebd., S. 10.
26 PRO, DEFE-3, 16. Januar 1942.
27 Interview mit Kaeding, Bad König/Odenwald, November 1985.
28 KTB-123, 15. Januar 1942.
29 Hardegen, *»Auf Gefechtsstationen!«,* S. 174 f.
30 Ebd., S. 178.
31 Rattray, *Port of New York,* S. 210.
32 *New York Times,* 16. und 17. Januar 1942.
33 Ebd., 17. Januar 1942.
34 ESF War Diary, 16. Januar 1942.
35 *New York Times,* 17. Januar 1942.
36 ESF War Diary, 16. Januar 1942.
37 Siehe Kap. 5, Anm. 87.
38 NHC Library, Rare Books, MS Nr. 138, datiert 1946, Naval Administrative History »Commander in Chief, U.S. Atlantic Fleet«, Bd. 1, S. 280; MS Nr. 139, datiert 1946, »Commander Task Force Twenty-Four«, Bd. 2, S. 106. Der Befehl von Ingersoll an Sharp (Operation Plan, Serial 003) befindet sich in OA/NHC, »CINCLANT, Jan.-März 1942«.
39 OA/NHC, »Command File World War II, Daily Location of Ships and Aircraft, Januar 1942«, S. 13-16.
40 WNRC, RG 313, Box 109, »Bolero«, Headquarters Memorandum COMINCH, Rear Admiral Richard S. Edwards to Ingersoll, 19. Mai 1942.
41 OA/NHC, »Command File World War II, Daily Location of Ships and Aircraft, Januar 1942«, S. 15.
42 King/Whitehill, *Fleet Admiral King,* S. 324.
43 King Papers, Container 36, »CINCLANT SERIAL (053) OF JANUARY 21, 1941, Subject: Exercise of Command-Excess of Detail in Orders and Instructions«.
44 Ebd., »Annex B to CinClant's Annual Report for the period 1. Juli 1940 bis 30. Juni 1941«.
45 Morison, *Battle of the Atlantic,* S. 118.
46 Siehe Kap. 3, Anm. 40.
47 Interview mit Patrick Beesly, Lymington, 9. Juli 1986.

8. Wo ist die Navy?

1 Stick, *Graveyard of the Atlantic,* S. 193-208.
2 BFZ, *Schußmeldung* U 66, 18. Januar 1942, Nr. 4778, S. 8.
3 OA/NHC, »War Record of the Fifth Naval District, 1942«, S. 30-33: »The S.S. *Allan Jackson,* Tanker, First Victim of Submarine Campaign in Fifth Naval District.«

4 Berichte von Überlebenden in: OA/NHC, »Fifth Naval District, District Intelligence Office«, S. 30–32; *New York Times,* 20. und 21. Januar 1942; und Moore, *A Careless Word,* nicht paginiert, aber mit alphabetischer Aufzählung der Schiffe. Vgl. auch ESF War Diary, Dezember 1941, S. 21 bis 23.

5 BFZ, *Schußmeldung* U 66, 19. Januar 1942, Nr. 4778, S. 12. Die *Lady Hawkins* war das zweite »Lady«-Schiff, das torpediert wurde. Am 15. Juli 1941 hatte ein italienisches U-Boot die *Lady Somers* versenkt.

6 Die Berichte der Überlebenden sind abgedruckt in der *New York Times* vom 29., 30. Januar und 6. Februar 1942 und befinden sich in: OA/NHC, »Fifth Naval District, District Intelligence Office«, S. 31 f.

7 Hardegen, *»Auf Gefechtsstationen!«,* S. 179.

8 Hardegen beschreibt die Lichter der Stadt und die sich bewegenden Scheinwerferkegel der Fahrzeuge im KTB-123, 17. Januar 1942.

9 Interviews mit Besatzungsmitgliedern.

10 KTB-123, 17. Januar 1942.

11 *New York Times,* 18., 20., 21. Januar 1942.

12 KTB-123, 17. Januar 1942.

13 *Wreck Information List,* S. 28–36. Möglicherweise gab es einen Augenzeugen dieser mysteriösen Versenkung. Ein junger Ensign der Navy will von Land aus gesehen haben, wie an demselben Ort, am selben Tag und zur selben Stunde, wie von Hardegen angegeben, ein kleiner Frachter sank. Er hätte außerdem beobachtet, wie ein kleines Rettungsschiff der Küstenwache in Richtung des Frachters auslief, den er aus rund 1000 Metern Entfernung als die *San José* identifiziert haben will. Das jedenfalls berichtet Hickam jr. in: *Torpedo Junction,* S. 10 und Anm. 15.

14 NARA, RG 457, Box SRGN 5514–6196, 17./18. Januar 1942.

15 Ebd., und KTB-BdU, 17. Januar 1942.

16 KTB-BdU, 17. Januar 1942.

17 KTB-123, 18. Januar 1942.

18 KTB-123, 19. Januar 1942.

19 BFZ, *Schußmeldung* U 123, 19. Januar 1942, Nr. 4794, S. 12, 16.

20 *Wreck Information List,* S. 38; »Corrections and Additions as of 30 September 1946 to H.O. Wreck Information List of 10 March 1945«, S. 2.

21 Die Berichte der Überlebenden befinden sich in: OA/NHC, »War Record of the Fifth Naval District, 1942«, S. 36–38; »S/S City of Atlanta Torpedoed Off Wimble Shoals«; »Fifth Naval District Intelligence Office«, S. 32-34; *New York Times,* 22. Januar 1942. Elf Leichen wurden geborgen und nach Norfolk gebracht.

22 Dieser Vergleich stammt aus Karig u.a., *Battle Report,* S. 93.

23 Interviews mit Besatzungsmitgliedern.

24 Hardegen, *»Auf Gefechtsstationen!«,* S. 181.

25 Hardegen schrieb später: »Als wir dann dicht an ihm vorbeischoren, erschrak ich doch« (ebd., S. 182).

26 Ebd.
27 KTB-123, 19. Januar 1942; BFZ, *Schußmeldung* U 123, 19. Januar 1942, Nr. 4794, S. 20.
28 KTB-123, 19. Januar 1942. Hardegen summierte auf der Basis der berichteten Zahlen die von ihm versenkte Tonnage auf insgesamt 105502 BRT. Darin enthalten waren auch die *Aurania,* die *Ganda* und die beiden unbekannten Schiffe, die er mit je 4000 BRT angab, sowie die *Augvald,* die er mit seinem ersten Boot, U 147, am 2. März 1941 versenkt hatte. Die tatsächliche Zahl beläuft sich, von der *Augvald* bis zur *Ciltvaira,*, wenn man die beiden unbekannten Schiffe mit je 3214 BRT anrechnet und nur die *Aurania* abzieht, auf 71215 BRT. Solche Diskrepanzen waren in der U-Bootwaffe nicht ungewöhnlich, und Dönitz akzeptierte die überzogenen Zahlen in der Regel vorbehaltlos (vgl. Kap. 2, Anm. 7). Bei den U-Boot-Verbänden der US Navy neigte man zu ähnlichen Übertreibungen: Die Kommandanten gaben insgesamt 4000 versenkte Schiffe mit 10 Mio. BRT an, hatten tatsächlich aber, wie sich nach dem Krieg herausstellte, nur mit 5,3 Mio. BRT abgeschossen.
29 Berichte von Überlebenden der *Ciltvaira* finden sich in OA/NHC, »SS Ciltvaira 19. Jan. 42«, in »Fifth Naval District Intelligence Office«, S. 36; »S/S Ciltvaira« in »War Record of the Fifth Naval District, 1942«, S. 42 f.; *New York Times,* 22. und 23. Januar 1942.
30 BFZ, *Schußmeldung* U 123, 19. Januar 1942, Nr. 4795, S. 4.
31 Hardegen, *»Auf Gefechtsstationen!«,* S. 184.
32 Berichte von Überlebenden in OA/NHC, »War Record of the Fifth Naval District, 1942«, S. 39–41; *New York Times,* 20. und 21. Januar 1942. Ein Bericht über die Fahrt der *Malay* aus eigener Kraft in den Hafen findet sich auch in Moore, *A Careless Word,* »SS Malay«, unpaginiert.
33 *New York Times,* 20. Januar 1942.
34 Morison, *Battle of the Atlantic,* S. 127 f.
35 *New York Times,* 21. Januar 1942.
36 Abbazia, *Mr. Roosevelt's Navy,* S. 370.
37 Morison, *Battle of the Atlantic,* S. 119.
38 ESF War Diary, März 1942, S. 238–40.
39 *New York Times,* 21. Januar 1942.
40 Ebd.
41 NHC Library, Rare Books, MS Nr. 138, datiert 1946, Naval Administrative History, »Commander in Chief, U.S. Atlantic Fleet«, Bd. 1, S. 274.
42 *New York Times,* 22. Januar 1942.
43 Ebd.
44 NHC Library, Rare Books, MS NR. 138, datiert 1946, Naval Administrative History, »Commander in Chief, U.S. Atlantic Fleet«, Bd. 1, S. 261.
45 Ebd.
46 Ebd., S. 274; *New York Times,* 24. Januar 1942.
47 *New York Times,* 24. Januar 1942.

48 Ebd., 30. Januar 1942.
49 OA/NHC, Action Report, Commander Destroyer Squadron Seven, Serial 004, 31. Januar 1942.
50 Ebd.
51 BFZ, *Schußmeldung* U 130, 21. Januar 1942, Nr. 5124, S. 5.
52 BFZ, *Schußmeldung* U 66, 22. Januar 1942, Nr. 4778, S. 16; Rohwer, *U-Boot-Erfolge der Achsenmächte,* S. 75.
53 Rohwer, *U-Boot-Erfolge der Achsenmächte,* S. 75.
54 BFZ, *Schußmeldung* U 66, 24. Januar 1942, Nr. 4778, S. 20.
55 Ebd., Nr. 4791, S. 8, 12, 16.
56 OA/NHC, »War Record of the Fifth Naval District, 1942«, S. 44–49.
57 BFZ, *Schußmeldung* U 130, 25. Januar 1942, Nr. 5124, S. 9; *New York Times,* 26. Januar 1942.
58 BFZ, *Schußmeldung* U 125, 26. Januar 1942, Nr. 5126, S. 7.
59 Brustat-Naval, *Ali Cremer,* S. 279.
60 BFZ, *Schußmeldung* U 130, 27. Januar 1942, Nr. 5124, S. 13.
61 OA/NHC, »Fifth Naval District, District Intelligence Office«, S. 41–43; *New York Times,* 28. und 29. Januar 1942.
62 BFZ, *Schußmeldung* U 109, 23. Januar 1942, Nr. 5129, S. 16.
63 Die Treibstoffübernahme fand in der Nacht vom 6. auf den 7. Februar statt. Dabei wurden in 70 Minuten, während beide Boote mit langsam laufenden E-Maschinen 50 Grad gegen den Wind lagen, 19 Kubikmeter übernommen (vgl. KTB U 130 und KTB U 109, 6./7. Februar 1942). Die entschlüsselten Funksprüche des BdU an die beiden Boote befinden sich in NARA, RG 242, PG 31105/4 und PG 30120/2, 27. Januar 1942 ff.
64 BFZ, *Schußmeldung* U 109, 1. Februar 1942, Nr. 5130, S. 3; 5. Februar 1942, Nr. 5130, S. 8.
65 Rohwer, *U-Boot-Erfolge der Achsenmächte,* S. 76.
66 Monsarrat, *Cruel Sea,* S. 329–33.
67 *New York Times,* 24. Januar 1942. Als ein Überlebender der *Norness,* ein »blonder Hüne«, gefragt wurde, ob er wieder auf See gehen würde, antwortete er: »Sicher gehe ich wieder auf See!« (ebd., 17. Januar 1942).
68 *New York Times,* 24. Januar 1942.
69 Ebd., 23. Januar 1942.

9. Kurs Heimat!

1 KTB-123, 19. Januar 1942. Ein Fragment einer der von U 123 auf die *Malay* abgefeuerten Granaten ist im Schiffahrtsmuseum von Isleboro (Maine), dem Geburtsort von Kapitän Dodge, ausgestellt.
2 Interviews mit Besatzungsmitgliedern.
3 Der Dialog stützt sich auf KTB-123, 19. Januar 1942; Hardegen, *»Auf Ge-*

fechtsstationen!«, S. 185 f.; die Interviews mit Besatzungsmitgliedern; und *New York Times,* 7. Februar 1942.

4 KTB-123, 19. Januar 1942. Hardegen fügte diesem Eintrag noch einen Satz hinzu, in dem er eine Nachricht wiedergab, die er soeben im amerikanischen Rundfunk gehört hatte: »Der gesamte private Telegrammverkehr von zur See fahrenden Juden hörte z.B. ganz auf.« Es ist jedoch unwahrscheinlich, daß eine größere Anzahl Juden auf amerikanischen oder anderen Handelsschiffen tätig war. Hardegen kann sich heute auch nicht mehr erinnern, wieso ein jüdischer Funkverkehr gestoppt worden sein sollte und warum es ihm wichtig genug war, um es im KTB zu erwähnen. In seinem Buch *»Auf Gefechtsstationen!«* geht er auf diesen KTB-Eintrag nicht ein.

5 KTB-123, 20. Januar 1942.

6 Interwies mit Besatzungsmitgliedern.

7 KTB-123, 22. Januar 1942.

8 NARA, RG 457, Box SRGN 5514-6196, 23. Januar 1942.

9 Hardegen selbst wurde namentlich erwähnt, wie in *»Auf Gefechtsstationen!«,* S. 188, nachzulesen ist, wo er die Radiomeldung zitiert: »Wie bereits durch Sondermeldung bekanntgegeben, haben deutsche Untersee-Boote bei ihrem ersten Auftreten in nordamerikanischen und kanadischen Gewässern der feindlichen Versorgungsschiffahrt schweren Schaden zugefügt. Unmittelbar vor der feindlichen Küste versenkten sie 18 Handelsschiffe mit zusammen 125000 BRT. Ein weiteres Schiff und ein Bewacher wurden torpediert. Bei diesen Kämpfen hat sich besonders das Untersee-Boot des Kapitänleutnant Hardegen ausgezeichnet. Es versenkte allein acht Schiffe mit zusammen 53000 BRT, darunter drei Tanker vor New York.« Er fügte hinzu: »So wurde unser Boot bekannt, das schon viele in dem Film ›U-Boote westwärts‹ gesehen hatten [. . .] Na – und viel westlicher konnten wir nun wohl nicht mehr fahren . . .«

10 NARA, RG 457, Box SRGN 5514-6196, 24. Januar 1942.

11 Hardegen, *»Auf Gefechtsstationen!«,* S. 192.

12 KTB-123, 25. Januar 1942. Diese Passage fußt auf dem KTB-123, *»Auf Gefechtsstationen!«* und den Interviews mit Hardegen.

13 Interview mit Wilfried Larsen durch Ariid Mikkelsen in *Familiebladet Hjemmet,* (Oslo) 28. Dezember 1981, S. 66 f., 73–75, und 5. Januar 1982, S. 28.

14 Ebd., 28. Dezember 1981, S. 73.

15 KTB-123, 27. Januar 1942. Nur drei Tage vorher und nicht weit entfernt, im Quadrat BC 4700, war ein änlicher humanitärer Akt geschehen. Kptlt. Peter Erich Cremer (U 333) hatte dort die norwegische *Ringstad* versenkt und anschließend der Besatzung die Richtung zum Land gewiesen. Einer der Überlebenden sagte 37 Jahre später von Cremer: »Der Mann war sehr menschlich. [. . .] Er war [. . .] ein Seemann. Einer von der Art, wie wir [die Norweger] sie hervorbringen. Er benahm sich nach dem Code der See-

leute, die zwar nicht darauf eingeschworen sind, aber dennoch wissen: Helft einander, wenn in Seenot!« (Brustat-Naval, *Ali Cremer,* S. 72 f.). Helmut Schmöckel hat in *Menschlichkeit im Seekrieg?* (Herford 1987) humanitäre Akte von 121 U-Booten während des Krieges beschrieben.

16 KTB-1/Skl., 19., 26. und 28. Januar 1942. Punkt Sperber wurde auch Erpel oder Willi genannt.

17 NARA, RG 457, Box SRGN 5514-6196, 27. Januar 1942.

18 Ebd., 28. Januar 1942.

19 KTB-123, 31. Januar 1942.

20 NARA, RG 457, Box SRGN 5514-6196, 31. Januar 1942.

21 Ebd. Wie es zur Versenkung der *Spreewald* kam und über die Folgen berichtet Cremer in Brustat-Naval, *Ali Cremer,* S. 74-79.

22 KTB-1/Skl., 31. Januar 1942.

23 Brustat-Naval, *Ali Cremer,* S. 79.

24 Ebd., S. 75.

25 Ebd., S. 75, 77-79.

26 Bis zum 9. Februar versenkten die »Ziethen«-Boote vor Neufundland oder in kanadischen Gewässern bzw. auf dem Weg zu oder von diesen Stellungen 20 Schiffe mit 87398 BRT.

27 NHC Library, Rare Books, MS Nr. 138, datiert 1946, Naval Administrative History, »Commander in Chief, U.S. Atlantic Fleet«, Bd. 1, S. 273 f.; Hadley, *Uboote gegen Kanada,* S. 81; *New York Times,* 31. Januar 1942.

28 KTB-BdU, 8. Oktober 1942, zit. in Dönitz, *10 Jahre und 20 Tage,* S. 202.

29 Beesly, *Geheimdienstkrieg,* S. 137 f.

30 PRO, ADM 223/15, 1000820, »U-Boat Situation«, 26. Januar und 2. Februar 1942.

31 Churchill, *Der Zweite Weltkrieg,* Bd. 4.1, S. 143.

32 Kimball (Hg.), *Churchill and Roosevelt,* Bd. 1, S. 348.

33 Hardegen, *»Auf Gefechtsstationen!«,* S. 197.

10. Die letzte Feindfahrt

1 ESF War Diary, Oktober 1943, Kap. 2.

2 Vgl. Chatterton, *Q-Ships.*

3 ESF War Diary, Oktober 1943, Kap. 3.

4 »Q-Ships«, Andrews to King, 29. Januar 1942.

5 Ebd., Captain Glenn W. Legwen to Admiral Horne, 15. Januar 1946.

6 Ebd., Commandant, Navy Yard Portsmouth NH to OpNav, 6. März 1942; ESF War Diary, Oktober 1943, Kap. 3.

7 ESF War Diary, Oktober 1943, Kap. 3.

8 »Q-Ships«, Captain Legwen to Admiral Horne, 15. Juni 1946.

9 Ebd., Captain Thomas J. Ryan jr. to Vice Admiral W.S. Farber, 12. Februar 1946.

10 ESF War Diary, Oktober 1943, Kap. 3.
11 Hinsley u.a., *British Intelligence,* Bd. 2, S. 179. Der Schlag war im Rückblick doppelt hart, da dem deutschen B-Dienst im selben Monat die Entschlüsselung des englischen Codes für die Nordatlantikkonvois gelang (Navy-Code Nr. 3).
12 Rohwer, *U-Boot-Erfolge der Achsenmächte,* S. 77–82. Die Zahlen schließen die Versenkungen durch Boote, die vor Kanada und Neufundland operierten, oder solche, die den mittleren Atlantik durchfuhren, nicht ein.
13 PRO, DEFE-3, Kals an BdU, 13. Januar 1942; Hadley *Uboote gegen Kanada,* S. 77 f.
14 Hadley, *Uboote gegen Kanada,* S. 80.
15 ESF War Diary, Februar 1942, Kap. 7.
16 KTB-1/Skl., 22. und 24. Januar 1942; Wagner (Hg.), *Lagevorträge,* S. 347 f.; Dönitz, *10 Jahre und 20 Tage,* S. 205.
17 Roskill, *War at Sea,* Bd. 2, S. 101, 104.
18 Interviews mit Besatzungsmitgliedern.
19 Wolfgang Lüth, »Menschenführung auf einem U-Boot«, in Busch, *So war der U-Boot-Krieg,* S. 401, 407 f.
20 Interviews mit Besatzungsmitgliedern.
21 KTB-123, 22. März 1942; BFZ, *Schußmeldung* U 123, 22. März 1942, Nr. 5557, S. 4.
22 Obwohl der US Navy und der amerikanischen Schiffahrtskommission der Verlust der *Muskogee* bald bekannt wurde, machte sich niemand die Mühe, die Familienangehörigen davon zu benachrichtigen. 45 Jahre später forschte George H. Betts aus Milo (Maine) nach den Umständen des Todes seines Vaters, William Wright Betts, des Kapitäns des Schiffs, und teilte die Ergebnisse dem Bruder und der Schwester des Funkers und fünf anderen noch lebenden Familienangehörigen von Besatzungsmitgliedern mit, die er hatte aufspüren können. Am 9. Oktober 1987 traf sich Mr. Betts mit Reinhard Hardegen und dessen Frau Barbara auf einem Kreuzfahrtschiff, das einen Hafen in Quebec angelaufen hatte, und erkannte später auf Fotos aus Hardegens Besitz zwei und möglicherweise auch einen dritten der Schiffbrüchigen auf einem der verschwundenen Flöße wieder.
23 KTB-123, 22. März 1942.
24 Die Darstellung des Angriffs auf die *Empire Steel* stützt sich auf KTB-123, 23./24. März 1942; BFZ, *Schußmeldung* U 123, 24. März 1942, Nr. 5557, S. 9, 12; Hardegen, *»Auf Gefechtsstationen!«,* S. 199–201; und die Interviews mit Hardegen und Mitgliedern seiner Besatzung.
25 An diese freundliche Geste erinnerte sich der Bestrafte, der nach dem Krieg in die USA auswanderte, sein Leben lang. Er konnte nicht mehr an dem Treffen ehemaliger Besatzungsmitglieder von U 123, bei dem die Interviews mit ihnen geführt wurden, teilnehmen, da er zwar angereist

war, aber vor Beginn des Treffens zusammen mit seiner Frau und seiner Schwiegertochter bei einem Autounfall in Flensburg ums Leben kam. Hardegen: »Es ist wirklich sehr traurig. Wir haben vor zwei Jahren noch gemeinsam darüber [die Bestrafung] gelacht« (Interviews mit Besatzungsmitgliedern).

26 »Q-Ships«, Communications Third Naval District, 27. März 1942.

27 Die Versenkung der *Carolyn* ist beschrieben nach: KTB-123, 26./27. März 1942; Hardegen, *»Auf Gefechtsstationen!«*, S. 201–04; BFZ, *Schußmeldung* U 123, 27. März 1942, Nr. 5556, S. 3, 7; und den Interviews mit Hardegen und seiner Besatzung. Wie im Fall der *Muskogee* und der *Empire Steel* gab es keine Überlebenden, von denen man etwas über die andere Seite dieser schicksalhaften Begegnung hätte erfahren können.

28 KTB-123, 30. März 1942; BFZ, *Schußmeldung* U 123, 30. März 1942, Nr. 5556, S. 11.

29 »Q-Ships«, Communications Third Naval District, 27. März 1942.

30 ESF War Diary, Oktober 1943, Kap. 2, S. 8.

31 »Q-Ships«, Captain Glenn W. Legwen to Admiral Frederick J. Horne, 15. Juni 1946.

32 Die Meldung wurde von Associated Press mitgeschnitten und erschien am 10. April 1942 in der *New York Times*.

33 »Q-Ships«, Captain Legwen to Admiral Horne, 15. Juni 1946; Admiral Horne, Memorandum for the Secretary of the Navy, 18. März 1946.

34 Ebd.

35 Besonders eine Mutter, Mrs. Paul H. (Eunice) Leonard, aus Columbia, South Carolina, nahm Anstoß daran, wie die Navy den Verbleib ihres Sohnes Ensign Edwin Madison Leonard, eines der Offiziere der *Atik*, behandelte. Sie war insbesondere darüber erregt, daß sie erst aus dem Artikel in der *Post* im Jahr 1946, fast vier Jahre nach dem Verschwinden der Besatzung, erfuhr, daß ihr Sohn »auf einem alten Schiff, das sich nicht verteidigen konnte«, auf See geschickt worden war. Ihre bohrenden Fragen befinden sich, zusammen mit unterstützenden Briefen beider Senatoren ihres Staates und den Antworten der Navy, in den »Q-Ships«-Akten. Zu den Dokumenten gehört auch das bereits zitierte Memorandum (Anm. 33) von Admiral Horne an den Marineminister James V. Forrestal vom 18. März 1946, in dem Horne spekulierte: »Es ist durchaus möglich, daß das U-Boot aufgetaucht ist und alle Überlebenden liquidiert hat, um dem merkwürdigen Gerechtigkeitssinn der Deutschen Genüge zu tun.«

36 ESF War Diary, Oktober 1943, Kap. 2, S. 13, wo noch weitere Konstruktionsdetails aufgeführt werden.

37 Ebd., S. 34.

38 Roskill, *War at Sea,* Bd. 2, S. 98.

39 Es könnten U 105, 160 oder 754 gewesen sein, die alle in dem Gebiet kreuzten.

40 CNO, Armed Guard Files, »Liebre«.

41 ESF, Enemy Action Diary, 1. April 1942, 0141 h; OA/NHC, »War Record of the Fifth Naval District, 1942«, S. 157–59.
42 Die Darstellung des Angriffs auf die *Liebre* stützt sich auf: KTB-123, 2. April 1942; BFZ, *Schußmeldung* U 123, 2. April 1942, Nr. 5556, S. 18; Hardegen, *»Auf Gefechtsstationen!«*, S. 204 f.; CNO, Armed Guard Files, »Liebre«; und Moore, *A Careless Word*, »SS Liebre«.
43 OA/NHC, »War Record of the Fifth Naval District, 1942«, S. 157–59; CNO, Armed Guard Files, »Liebre«. Zum Zeitpunkt des Angriffs war die *Liebre* noch nicht, wie später, bewaffnet.
44 KTB-123, 8. April 1942. Aus amerikanischer Sicht sind die Angriffe auf die *Oklahoma* und die *Esso Baton Rouge* in CNO, Armed Guard Files, »Oklahoma« und »Esso Baton Rouge«, und Moore, *A Careless Word*, »SS Oklahoma« und »Esso Baton Rouge«, beschrieben. Beide Schiffe waren nicht bewaffnet.
45 KTB-123, 8. April 1942.
46 U 202 wurde am 1. Juni 1943 von HMS *Starling* versenkt, wobei 18 Mann starben und 30 gefangengenommen wurden. U 532 überlebte den Krieg und wurde nach der deutschen Kapitulation im Rahmen der englischen Operation »Deadlight« (Bullauge[nblende], Oberlicht) versenkt.
47 Zur Versenkung der *Esparta* vgl. KTB-123, 9. April 1942; BFZ, *Schußmeldung* U 123, 9. April 1942, Nr. 5658, S. 8; CNO, Armed Guard Files, »Esparta«. Das Schiff war nicht bewaffnet.
48 NARA, RG 242, Collection of Foreign Records Seized, 1942, Handbuch der Ostküste der Vereinigten Staaten, 2. Teil (1941), S. 206.

11. Die Navy rührt sich

1 Zit. in Buell, *Master of Sea Power*, S. 287.
2 Churchill, *Der Zweite Weltkrieg*, Bd. 4.1, S. 135 f.
3 Zit. in Costello/Hughes, *Atlantikschlacht*, S. 292.
4 Ebd.
5 Zit. in Roskill, *War at Sea*, Bd. 2, S. 99.
6 Zit. in Lewin, *American Magic*, S. 234.
7 Roskill, *War at Sea*, Bd. 2, S. 99.
8 Interview mit Patrick Beesly.
9 Churchill, *Der Zweite Weltkrieg*, Bd. 4.1, S. 144 f.
10 Ebd., S. 146.
11 Beesly, *Geheimdienstkrieg*, S. 140 f., und nach dem Interview mit Beesly.
12 Ebd., S. 142.
13 Telefoninterview mit Kenneth A. Knowles, 7. Juli 1986.
14 Zit. in Buell, *Master of Sea Power*, S. 298.
15 ESF War Diary, März 1942, Kap. 1, S. 1; April 1942, S. 302.
16 Ebd., April 1942, Kap. 7, S. 3 f.
17 Ebd., März 1942, S. 232, 258–60.

18 Ebd., März 1942, Kap. 1, S. 230; August 1943, S. 33. Als die Ölindustrie vorschlug, landgestützten Flugzeugen zu erlauben, die Tankerrouten abzufliegen, wurde ihr Ansinnen »aus technischen und praktischen Überlegungen« abgeschmettert.
19 Ebd., November 1943, S. 36.
20 Ebd., März 1942, S. 231.
21 Ebd., November 1943, S. 31 f.
22 Ebd., S. 31.
23 Ebd., S. 32.
24 Ebd., S. 37.
25 Ebd.
26 Ebd., S. 38.
27 *Miami Herald,* 8. Juli 1942.
28 ESF War Diary, März 1942, S. 238–40
29 Ebd., Februar 1942, S. 168.
30 Ebd., März 1942, S. 234–36.
31 Ebd., April 1942, S. 306.
32 Ebd., S. 307.
33 Ebd., März 1942, S. 255.
34 Zit. in Buell, *Master of Sea Power,* S. 287.
35 ESF War Diary, Februar 1942, S. 130.
36 OA/NHC, United States Naval Administrative Histories of World War II, Nr. 114: »Commandant Seventh Naval District, ›Administrative History of the Seventh Naval District, 1. Februar 1942 - 14. August 1945‹; GSF War Diary, Juli-Oktober 1942; Morison, *Battle of the Atlantic,* S. 135–44.
37 Morison, *Battle of the Atlantic,* S. 135–44; Rohwer, *U-Boot-Erfolge der Achsenmächte,* S. 92–99. Je nachdem, wie man die Grenzen des Golfs von Mexiko definiert, könnte das erste im Golf versenkte Schiff auch der amerikanische Tanker *Federal* (2881 BRT) gewesen sein, den U 507 fünf Tage vorher am 30. April vor der Südwestspitze Kubas angegriffen hatte. Der Autor ist Allen Cronenberg für die Einsicht in seine Arbeit »U-Boats in the Gulf. The Undersea War in 1942« und Carl Vought für die Erstellung einer Karte mit den im Golf versenkten Schiffen zu Dank verpflichtet.
38 ESF War Diary, Juni 1942, S. 3.
39 Ebd., April 1942, S. 304 f.
40 Das ist die feste Überzeugung von Hans Meckel, der als damaliger Nachrichtenadmiralstabsoffizier im Stab des BdU davon wissen müßte, wenn es eine solche Begegnung gegeben haben sollte. Meckels Erinnerungen wurden dem Autor während der Interviews mit Hardegen vermittelt.
41 Dönitz, *10 Jahre und 20 Tage,* S. 218; Beesly, *Geheimdienstkrieg,* S. 149. Von den rund 700 Tonnen Treibstoff mußte ein Tanker rund 100 Tonnen für den eigenen Bedarf zurückbehalten.
42 Zit. in Brustat-Naval, *Ali Cremer,* S. 117.

43 ESF War Diary, April 1943, S. 9.
44 Ebd., Januar 1942, Kap. 3, S. 68; April 1943, Kap. 2, S. 6.
45 Ebd., April 1943, Kap. 2, S. 7.
46 Ebd., März 1942, S. 255; April 1943, Kap. 2, S. 6.
47 Ebd., April 1943, Kap. 2, S. 6.
48 Morison, *Battle of the Atlantic,* S. 135.
49 GSF War Diary, »Composition of Forces«, 1. Juli 1942. Zur früheren Stärke der Luftunterstützung siehe GSF War Diary, 30. April 1942.
50 CNO, Box 245, Headquarters COMINCH 1942, Memorandum, King to Stark, 7. März 1942.
51 ESF War Diary, März 1942, S. 254.
52 CNO, Box 35, Headquarters COMINCH 1942, Memorandum, King to President via the Secretary of the Navy, 22. Dezember 1942; Box 111, Rear Admiral Russell R. Waesche to COMINCH, 25. Juni 1942. Im Jahr 1942 waren 566 Küstenpatrouillenboote einsatzfähig.
53 ESF War Diary, Mai 1942, Kap. 3, S. 7.
54 Ebd., Juli 1942, Coastal Picket Operation Plan Nr. 11–42, 14. Juli 1942, S. 145.
55 Ebd., Kap. 10, S. 6 f., King to Commander ESF and GSF, 17. Juni 1942.
56 Ebd., Kap. 10, S. 1–10.
57 King Papers, Container 34, Wilford G. Bartenfeld to King, 26. Juni 1942. Zur genannten Fischereiflotte und dem Vorschlag des Cruising Club vgl. ESF War Diary, März 1942, S. 266–78; Juli 1942, S. 82 ff.; und Morison, *Battle of the Atlantic,* S. 268–76.
58 King Papers, Container 34, Memorandum, Rear Admiral Willis A. Lee jr. to King, 29. Juni 1942.
59 Morison, *Battle of the Atlantic,* S. 269 ff.
60 Philip Wylie/Laurence Schwab, »The Battle of Florida«, in *Saturday Evening Post,* 11. März 1944, S. 14 ff.
61 Morison, *Battle of the Atlantic,* S. 275 f.
62 King Papers, Container 34, Miller to King, 17. Februar 1942; Lee to Miller, 27. Februar 1942.
63 CNO, Headquarters COMINCH 1942, Memorandum, Andrews to King, 12. März 1942.
64 Ebd., Memorandum, Edwards to King, 15. März 1942.
65 ESF War Diary, August 1943, S. 33.
66 GSF War Diary, »Composition of Forces«, 1. Juli 1942; Interview mit dem ehemaligen CAP-Piloten George Newell.
67 ESF War Diary, August 1943, S. 40.
68 Hardegen, *»Auf Gefechtsstationen!«,* S. 209.
69 BFZ, *Schußmeldung* U 123, 11. April 1942, Nr. 5653, S. 20; vgl. auch KTB-123, 11. April 1942. In beiden Quellen ist, trotz der Berichte der Überlebenden, nur von einem abgeschossenen Torpedo die Rede. Die Darstellung des Angriffs stützt sich auf die angegebenen Quellen.

70 Hardegen, *»Auf Gefechtsstationen!«,* S. 211.
71 Ebd.
72 OA/NHC, »History of U.S. Naval Auxiliary Air Station Mayport, Florida, 1. Dezember 1944«, S. 22 f.
73 Interview mit George W. Jackson, Saint Augustine, 17. Mai 1989.
74 *Florida Times-Union,* (Jacksonville) 15. April 1942. Es muß wiederholt werden, daß die Beschießung von Überlebenden in Rettungsbooten nicht zur üblichen Praxis der deutschen U-Boote gehörte und unter Hardegens Kommando niemals vorkam. Die Behauptung, daß derartige inhumane Akte vor der Ostküste der USA geschehen seien, tauchte zum erstenmal bei Morison, *Battle of the Atlantic,* S. 130, auf und wurde jüngst von Terraine, *U-Boat Wars,* S. 498, wiederholt. Angesichts fehlender dokumentarischer Beweise fällt es jedoch schwer, ihr Glauben zu schenken.
75 *St. Augustines Record,* 14. April 1942.
76 CNO, Armed Guard Files, »Gulf America«.
77 *New York Times,* 15. April 1942.
78 *Florida Times-Union,* 15. April 1942.
79 *St. Augustine Record,* 12. April 1942.
80 ESF War Diary, April 1942, Kap. 7, S. 5.
81 GSF War Diary, 10. April 1942.
82 Ebd., 11. April 1942.
83 KTB-123, 11. April 1942. Der Bericht der *Evelyn* findet sich in GSF War Diary, 11. April 1942, und »Q-Ships«, Lt. Comdr. Legwen: »Narrative of the First Cruise of USS ASTERION (SS EVELYN)«, 3. Mai 1942.
84 KTB-123, 11. April 1942. Fritz Rafalski bestätigte dem Autor gegenüber, daß das Schraubengeräusch definitiv das eines Zerstörers war. Hardegens Beobachtung – »Leute fliegen durch die Gegend« – widerspricht der Erinnerung seines Besatzungsmitglieds Lorenz (vgl. Kap. 2).
85 Hardegen, *»Auf Gefechtsstationen!«,* S. 212.
86 Interviews mit Hardegen. Die Darstellung des Angriffs der *Dahlgren* auf U 123 stützt sich auf KTB-123, 11. April 1942; Hardegen, *»Auf Gefechtsstationen!«,* S. 212 f.; NARA, RG 80, General Records of the Department of the Navy, Log of USS »Dahlgren«, 11. April 1942; und GSF War Diary, 11. April 1942. Was den Zeitpunkt und die Position betrifft, unterscheiden sich die Angaben im KTB-123 und im Logbuch der *Dahlgren.*
87 KTB-123, 11. April 1942.
88 NARA, RG 80, Log of USS »Dahlgren«, 11. April 1942.
89 Interview mit Rafalski (Anm. 87).
90 KTB-123, 12. April 1942.
91 Der Angriff auf die *Leslie* wird berichtet in KTB-123, 13. April 1942; BFZ, *Schußmeldung* U 123, 13. April 1943, Nr. 5657, S. 6; OA/NHC, »Summary of Statements by Survivors, SS ›Leslie‹«, 29. April 1942; GSF War Diary, 13./14. April 1942.
92 Interview mit Rafalski.

93 Der Angriff auf die *Korsholm* wird berichtet in KTB-123, 13. April 1942; OA/NHC, »Summary of Statements by Survivors, MV KORSHOLM«, 5. Mai 1942; GSF War Diary, 13./14. April 1942.
94 KTB-123, 13. April 1942.
95 Ebd.

12. Abrechnung

1 Farago, *Tenth Fleet,* S. 69 f. Churchill war sich gleichfalls nicht zu schade, die Zahlen versenkter U-Boote zu übertreiben (vgl. Manchester, *Churchill,* S. 756, 768).
2 Zit. in Morison, *Battle of the Atlantic,* S. 157. Vgl. *Congressional Record, Proceedings and Debates of the 77th Congress Second Session,* Bd. 88, Teil 4, 25. Mai - 30. Juni 1942, Washington, D.C., 1942, S. 5332 (30. April 1942).
3 Vgl. z.B.: Eugene Rachlis, *They Came to Kill. The Story of Eight Saboteurs in America,* New York 1961; Leon O. Prior, »Nazi Invasion of Florida«, in: *The Florida Historical Quarterly,* Oktober 1970, S. 129–39.
4 Morison, *Battle of the Atlantic,* S. 127.
5 OA/NHC, »War Record of the Fifth Naval District, 1942«, S. 12–14, 460.
6 OA/NHC, »War Diary of the Operational Intelligence Branch of the District Intelligence Office, Fifth Naval District«, S. 14–17.
7 Der Angriff der *Roper* auf U 85 wird beschrieben in ESF War Diary, April 1942, S. 320–23. Der Trawler *Bedfordshire* sollte am 11. Mai von U 558 versenkt werden; zu diesem Zeitpunkt war, trotz Kings Absicht, sie durch Angehörige der US Navy zu ersetzen, immer noch die Besatzung der Royal Navy an Bord.
8 Ebd., Mai 1942, Kap. 3, S. 8–14. Eine ausführlichere Darstellung, mit einer Besatzungsliste von U 352 und Verhörprotokollen, befindet sich in OA/NHC, Microfilm, NRS 1973-106.
9 Ein Bericht über die verzweifelte Situation der Schiffbrüchigen von U 701 befindet sich im ESF War Diary, Juli 1942, Kap. 9.
10 Am 1. August versenkte ein Flugzeug der Küstenwache aus Houma (Louisiana) im Golf von Mexiko ein weiteres Boot, U 166. Am 4. September operierte nur noch ein einziges deutsches Boot, U 171, im Golf, wo es vor dem 26. Juli, dem Tag, an dem es vor der Mississippi-Mündung das erste Schiff versenkte, eingetroffen war. Bei seiner Rückfahrt lief es am 9. Oktober in der Biskaya auf eine Mine und sank.
11 Abbazia, *Mr. Roosevelt's Navy,* S. 18–21, beschreibt den geringen Grad der Einsatzbereitschaft der U-Boot-Abwehreinheiten, der bei Vorkriegsmanövern aufgefallen war.
12 NHC Library, Rare Books, MS Nr. 138, datiert 1946, Naval Administrative History, »Commander in Chief, U.S. Atlantic Fleet«, Bd. 1, 1946, S. 279 f.
13 Ebd., S. 290 f.

14 ESF War Diary, Februar 1942, S. 142.

15 Ebd., S. 141, 144 f.

16 Roskill, *War at Sea,* Bd. 2, S. 97; Love (Hg.), *Chiefs of Naval Operations,* S. 154.

17 Terraine, *U-Boat Wars,* S. 413. Terraine hebt hervor, daß die US Navy in dieser Beziehung ein Vorbild aus ihren eigenen Reihen ignorierte: dasjenige von Rear Admiral William Sowden Sims, der die Briten im ersten Weltkrieg davon überzeugt hatte, im U-Boot-Krieg das Konvoisystem anzuwenden (S. 92, 413). Vgl. William Sowden Sims, *The Victory at Sea,* New York 1921, Kap. 3. Nach Morison, *Battle of the Atlantic,* S. 200, geht der anfängliche Mangel an kleinen Schiffen allein auf das Konto der Admirale: »Die Schuld dafür kann gerechterweise weder dem Kongreß angelastet werden, der nie gebeten wurde, eine Flotte von U-Boot-Jägern und kleinen Geleitschiffen bauen zu lassen, noch der Nation ingesamt, die auf die Navy schaute und von ihr Führung erwartete. Noch kann sie Präsident Roosevelt zugeschoben werden, der das Schiffsbüro und den Admiralstab der Navy mehr als einmal gedrängt hat, ein Programm für kleine Schiffe aufzulegen [. . .].« James warnte 1940 in seinem Buch über die deutschen U-Boote im Ersten Weltkrieg *(German Subs in Yankee Waters)* ausdrücklich davor, daß Deutschland bei Ausbruch eines Krieges erneut U-Boote an die Küste der USA schicken könnte, und fügte hinzu: »Jene, die nach Frieden rufen, wenn es keinen Frieden gibt, und über die enormen Ausgaben für große, zum Angriff bestimmte Schiffe jammern, hätten wenig Grund zur Klage über ein Marineprogramm, das den Bau einer Flotte aus Zerstörern, U-Boot-Jägern, Patrouillenbooten und Minensuchern vorsähe, die ausschließlich für Verteidigungszwecke eingesetzt werden können« (S. 187).

18 Roskill, *War at Sea,* Bd. 2, S. 97.

19 Keegan, *The Price of Admiralty,* S. 218 f. Love bemerkt in *Chiefs of Naval Operations,* daß im Januar und den Folgemonaten allein fahrende Handelsschiffe schneller waren als die wöchentlichen Konvois mit Geleitschutz, und kalkuliert, daß »eine frühere Einführung von Küstenkonvois 1942 die Frachtkapazität weit über jene Tonnage hinaus verringert hätte, die im Frühjahr durch die U-Boote verlorenging« (S. 154 und Anm. 46). Dennoch stellt er anschließend fest, daß das Konvoisystem, einmal eingeführt, »ein durchschlagender Erfolg« war (S. 154 f.). Laut Love stammt diese Theorie, allerdings ohne Quellennachweis, von Admiral King. Der Midshipman, auf dessen Zahlenmaterial sich Love für den Beweis von Kings angeblicher Theorie beruft, machte allerdings selbst keinen Gebrauch von diesen Zahlen, als er drei Jahre später eine eigene Arbeit über die Verluste an Handelsschiffen veröffentlichte (Thoams J. Belke, »Roll of Drums«, in: *United States Naval Institute Proceedings,* April 1983, S. 59 bis 64).

20 ESF War Diary, März 1942, S. 307, 311, 313.

21 Ebd., S. 249–53.
22 Ebd., Mai 1942, Kap. 4; Juni 1942, Kap. 1, 3; Morison, *Battle of the Atlantic,* S. 252–65.
23 ESF War Diary, Juni 1942, Kap. 2.
24 KTB-BdU, 19. Juli 1942. Diese Entwicklung vorausahnend, drückte die ESF im Juni in ihrem Kriegstagebuch die Hoffnung aus, »daß die zerstörerischste Phase des U-Boot-Krieges an dieser Küste jetzt vorüber ist« (Kap. 1, S. 6). Ironischerweise fiel der Abzug in eine Zeit, als Dönitz 30 neue Boote pro Monat in Dienst stellen konnte, ein neuer Höchststand, der um so bemerkenswerter ist, als in den vorangegangenen sechs Monaten nur 26 Boote verlorengegangen waren (Terraine, *U-Boat Wars,* S. 459).
25 King/Whitehill, *Fleet Admiral King,* S. 457.
26 Morison, *Rising Sun in the Pacific,* S. 132; Beach, *The United States Navy,* S. 447; Layton u.a., *»And I Was There«,* S. 498, 507; Lord Hill-Norton/John Dekker, *Sea Power,* London 1982, S. 51 f. Admiral Nimitz hat Gordon W. Prange gegenüber erklärt: »Es war eine Gottesgnade, daß unsere Flotte am 7. Dezember 1941 in Pearl Harbor war« (Prange u.a., *Miracle at Midway,* S. 9).
27 Zit. in King/Whitehill, *Fleet Admiral King,* S. 455 f. Das Original von Marshalls Memorandum befindet sich in der George C. Marshall Research Library, Lexington, Virginia, Marshall Papers, Box 73, Folder 12, »King, Ernest J. Mai 1942–August 1942«, 19. Juni 1942.
28 Ebd., S. 456. Kings ehemaliger stellvertretender Stabschef, Admiral Richard S. Edwards, schrieb am 19. November 1951 an King: »Mir gefällt das Anti-U-Boot-Kapitel Ihres Buchs, besonders die Wiedergabe Ihrer Korrespondenz mit Marshall« (King Papers, Container 31).
29 King, *Bericht,* S. 279.
30 Robert H. Ferrell (Hg.), *The Eisenhower Diaries,* New York 1981, S. 50. Nachdem er diesen Eintrag nach dem Krieg noch einmal gelesen hatte, kommentierte Eisenhower: »Um gerecht zu sein, muß ich sagen, daß er mir während des gesamten Krieges, wann immer ich ihn um Unterstützung bat, sofort voll und ganz zur Verfügung stand.«
31 Diese und andere Fragen werden ausführlich besprochen in: ESF War Diary, April und Juli 1942 sowie April und Juli 1943.
32 Morison, *Atlantic Battle Won,* S. 32, Anm. 3; King/Whitehill, *Fleet Admiral King,* S. 445–48.
33 KTB-BdU, 21. August 1942. Vgl. Middlebrook, *Konvoi,* S. 253 f., 257; Roskill, *War at Sea,* Bd. 2, S. 362–64; Costello/Hughes, *Atlantikschlacht,* S. 332 f.; van der Vat, *Schlachtfeld Atlantik,* S. 446–50.
34 Morison, *Atlantic Battle Won,* S. 362 und Anm. 21.
35 Simpson, *Admiral Harold B. Stark,* S. 150 f.
36 Richard M. Leighton, »OVERLORD versus the Mediterranean and the Cairo-Tehran Conferences (1943)«, in Greenfield (Hg.), *Command Decisions,* S. 185 und Anm. 2.

37 Hugh P. Willmott, *Sea Warfare. Weapons, Tactics, and Strategy,* Stretting-ton, Chichester, 1981; zit. in Keegan, *Price of Admiralty,* S. 210.
38 Middlebrook, *Konvoi,* S. 252.
39 Roskill, *War at Sea,* Bd. 2, S. 367, 371.
40 Dönitz, *10 Jahre und 20 Tage,* S. 339.
41 Costello/Hughes, *Atlantikschlacht,* S. 450.
42 Morison, *Atlantic Battle Won,* S. 361.
43 NARA, RG 457, Box 15, K.A. Knowles, »Memorandum for the Director of Naval History«, 23. Oktober 1945.
44 Morison, *Atlantic Battle Won,* S. XIII.
45 Hinsley u.a., *British Intelligence,* Bd. 2, S. 549.
46 KTB-123, 14. April 1942.
47 Ebd., 17. April 1942.
48 OA/NHC, »War Record of the Fifth Naval District, 1942«, »S/S Alcoa Guide Shelled and Sunk, April 16, 1942«; ESF, Enemy Action Diary, 16. und 19. April 1942; CNO, Armed Guard Files, »Alcoa Guide«; Moore, *A Careless Word,* »SS Alcoa Guide«. Nachdem er den Bericht der Überlebenden im Manuskript dieses Buchs gelesen hatte, sagte Hardegen: »Es war schrecklich für mich, vom Schicksal von Souza und seinen Kameraden zu lesen« (Bremen-Oberneuland, 20. September 1989).
49 U 107 (Kptlt. Harald Gelhaus) versenkte während dieser Fahrt durch die Karibik, den Golf von Mexiko und den Atlantik sechs Schiffe (Rohwer, *U-Boot-Erfolge der Achsenmächte,* S. 99–106).
50 KTB-123, S. 38, undatiert.
51 KTB-123, Besondere Erfahrungen, S. 36 f.
52 Interviews mit Hardegen. Hitlers Besprechung mit Raeder am 13./14. Mai 1942 ist wiedergegeben in Wagner (Hg.), *Lagevorträge,* S. 387–89. Zur Marineluftwaffe heißt es dort: »Hitler spricht sich aus über die Unmöglichkeit des Aufbaus einer Marineluftwaffe in diesem Krieg« (S. 289).

Nachwort

1 Morison, *The Two-Ocean War,* S. 71–75.
2 Wohlstetter, *Pearl Harbor,* S. 386–96; Layton u.a., *»And I Was There«,* passim.
3 Es gibt keine schlüssigen Belege dafür, bis zu welchem Grad King im Januar auf Flottenoperationen in der Skagerrak-Tradition fixiert war, wie er sie im Pazifik erwartete, oder inwieweit er vergessen hatte, daß eine der Grundfunktionen der Marine der Schutz des Handels und der Kommunikationsverbindungen eines Staates ist. Henry L. Stimson, der 1940–45 Kriegsminister war, beklagte sich 15 Jahre später über Kings Prioritäten: »Von seltenen Ausnahmen abgesehen, hatten die obersten Offiziere für den Krieg gegen die U-Boote nur wenig Aufmerksamkeit übrig, und so la-

gen die jeweiligen Operationen in den Händen von Kommandeuren, die nicht immer unter den Spitzenkräften ausgewählt worden waren« (Stimson/Bundy, *On Active Service,* S. 515). Morison, der loyale Navy-Anhänger, wies diesen Vorwurf »in toto« als »Verunglimpfung« zurück *(Atlantic Battle Won,* S. 30). King wurde im Dezember 1944 zum Fünf-Sterne-Admiral befördert.

4 Simpson, *Admiral Harold R. Stark,* S. 268.

5 West, *A Train of Powder,* S. 49.

6 Mikkelsen, *Familiebladet Hjemmet,* 5. Januar 1982, S. 28 ff.

7 Walt Whitman, »Gesang für alle Meere, alle Schiffe«, in: ders., *Lyrik und Prosa,* hg. von Hans Petersen (Übersetzung Erich Arendt), Wien (Die Buchgemeinde) 1966, S. 243 f.

Anhang

I. Karten und Schaubild

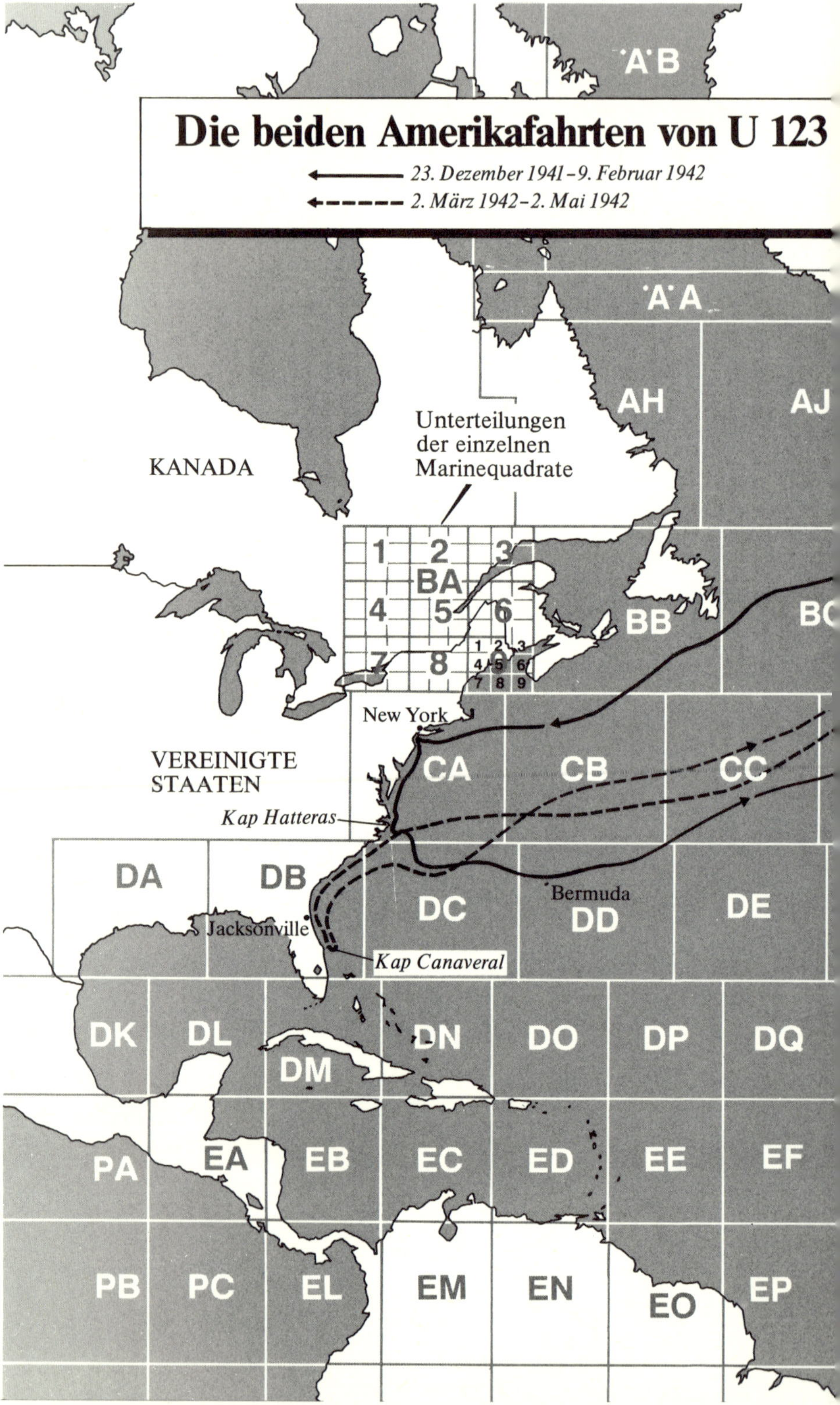
Die beiden Amerikafahrten von U 123
23. Dezember 1941–9. Februar 1942
2. März 1942–2. Mai 1942
KANADA
Unterteilungen der einzelnen Marinequadrate
VEREINIGTE STAATEN
New York
Kap Hatteras
Jacksonville
Kap Canaveral
Bermuda
AB
AA
AH
AJ
BA
BB
BC
CA
CB
CC
DA
DB
DC
DD
DE
DK
DL
DM
DN
DO
DP
DQ
PA
EA
EB
EC
ED
EE
EF
PB
PC
EL
EM
EN
EO
EP

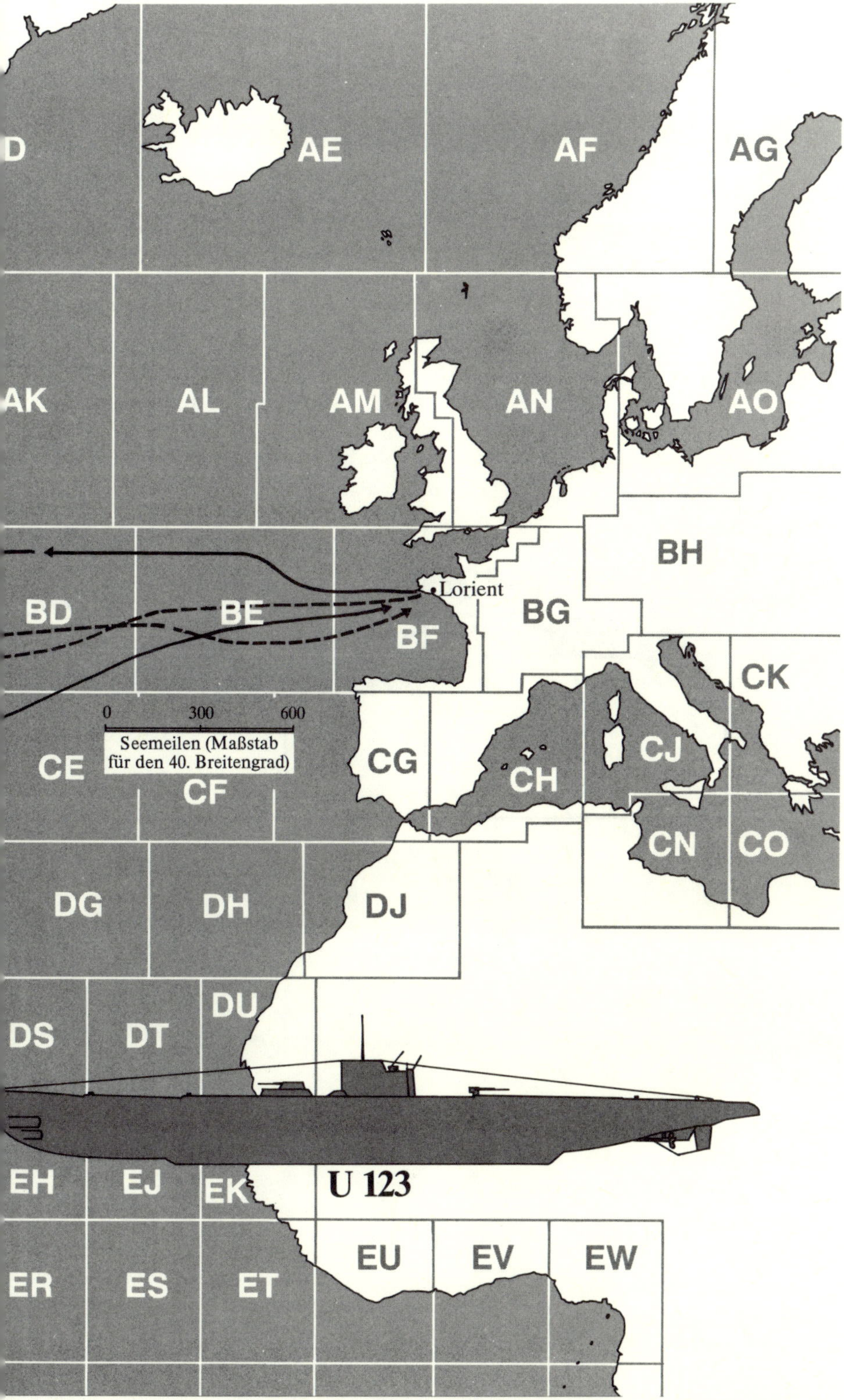
D
AE
AF
AG
AK
AL
AM
AN
AO
BH
Lorient
BD
BE
BG
BF
CK
0
300
600
Seemeilen (Maßstab
für den 40. Breitengrad)
CE
CG
CJ
CH
CF
CN
CO
DG
DH
DJ
DU
DS
DT
U 123
EH
EJ
EK
EU
EV
EW
ER
ES
ET

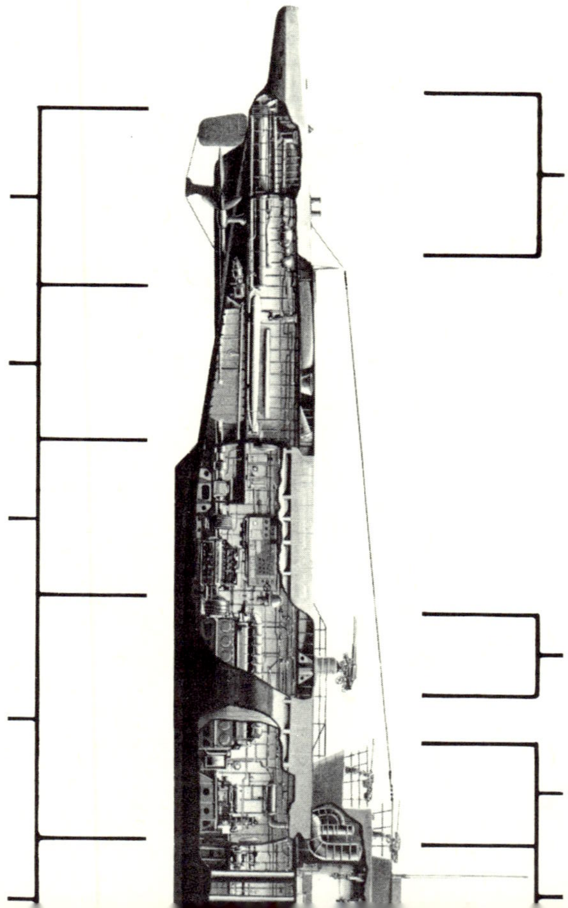
Propeller (Schrauben)
und Ruder
Achterdeck
3,7-Zentimeter-Flak
Wintergarten
mit 2-Zentimeter-Flak
Kommandoturm,
Torpedorohre
Hecktorpedo- und
Mannschaftsraum
E-Maschinenraum
Dieselraum
Zentrale

U-Boot vom Typ IXB in prinzipieller Innen- und Außenansicht

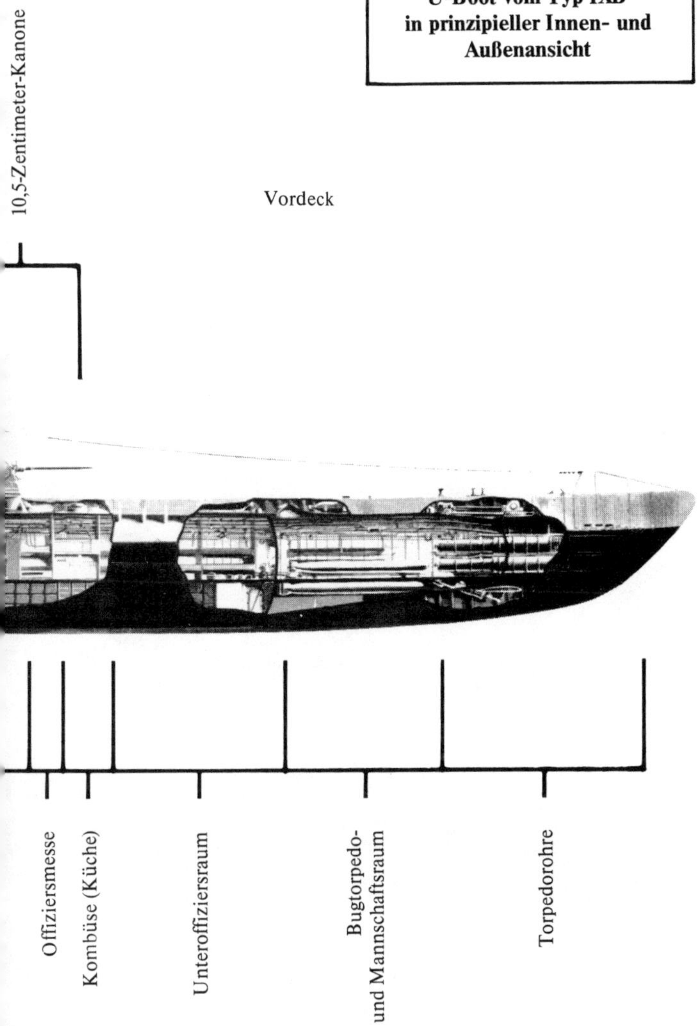

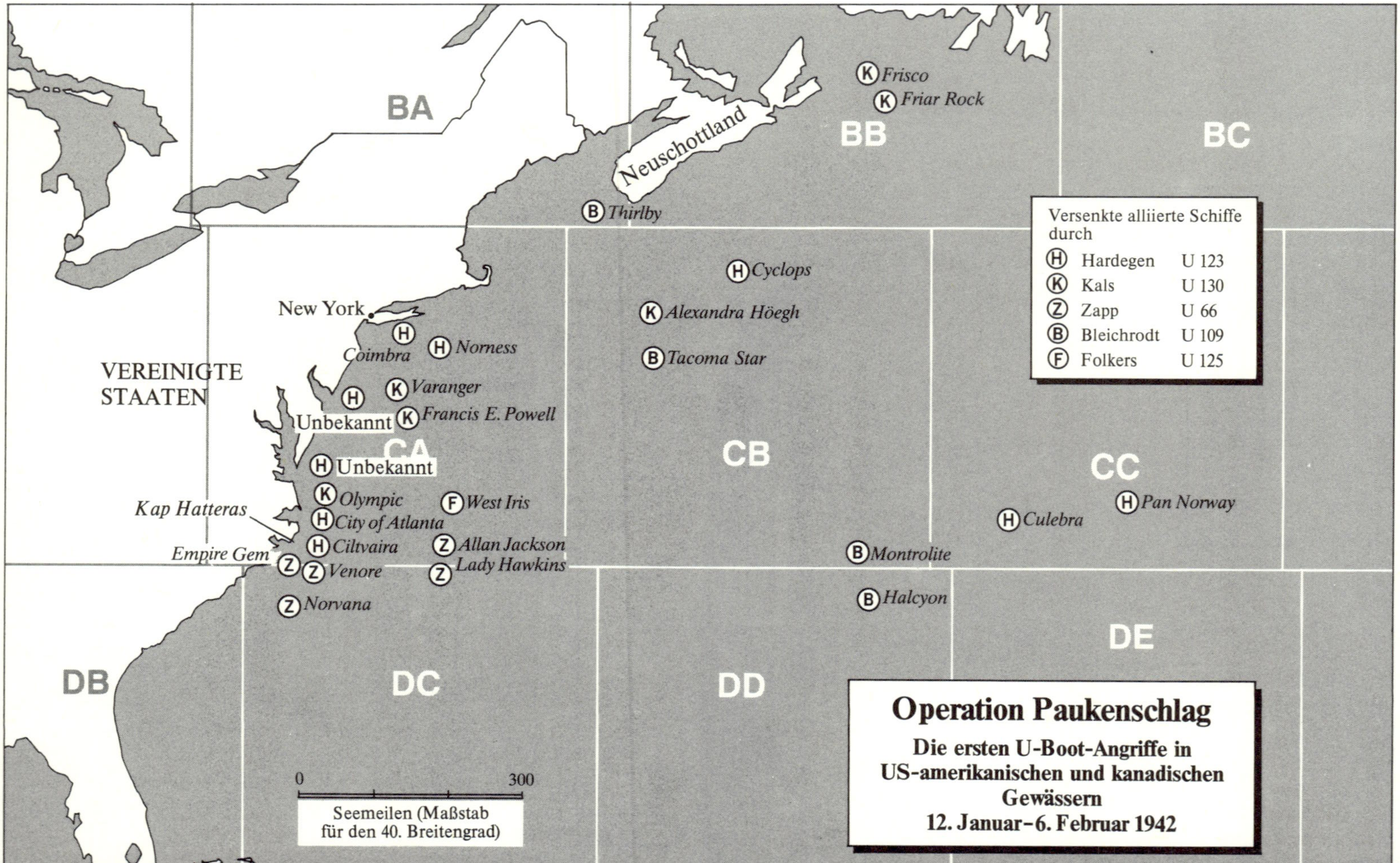
Operation Paukenschlag
Die ersten U-Boot-Angriffe in US-amerikanischen und kanadischen Gewässern
12. Januar–6. Februar 1942
Versenkte alliierte Schiffe durch
H Hardegen U 123
K Kals U 130
Z Zapp U 66
B Bleichrodt U 109
F Folkers U 125
BA
BB
BC
CA
CB
CC
DB
DC
DD
DE
Neuschottland
VEREINIGTE STAATEN
New York
Kap Hatteras
K Frisco
K Friar Rock
B Thirlby
H Cyclops
K Alexandra Höegh
B Tacoma Star
H Coimbra
H Norness
K Varanger
K Francis E. Powell
H Unbekannt
H Unbekannt
K Olympic
F West Iris
H City of Atlanta
H Ciltvaira
Z Allan Jackson
Z Lady Hawkins
Z Empire Gem
Z Venore
Z Norvana
H Culebra
H Pan Norway
B Montrolite
B Halcyon
0
300
Seemeilen (Maßstab für den 40. Breitengrad)

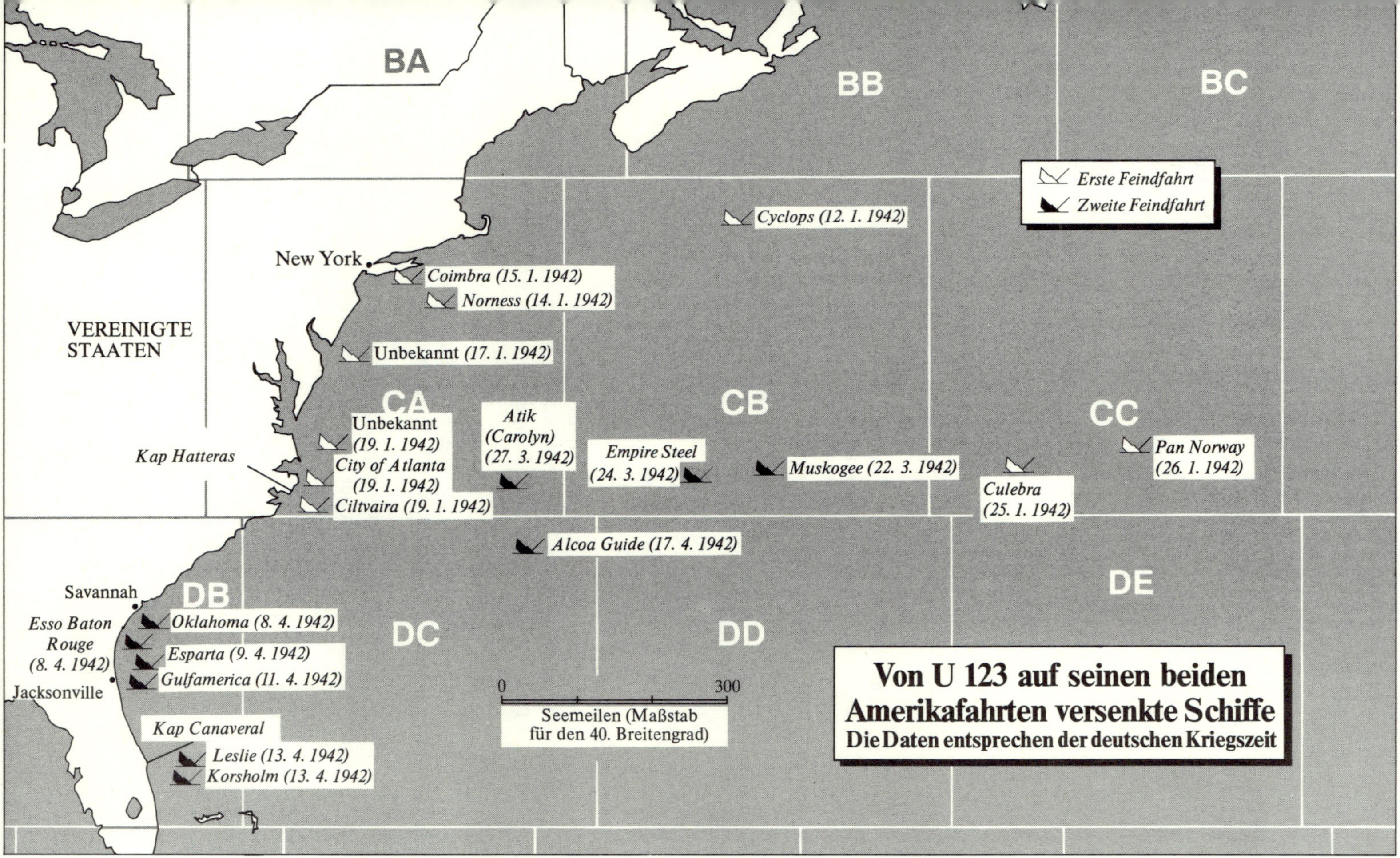
Von U 123 auf seinen beiden Amerikafahrten versenkte Schiffe
Die Daten entsprechen der deutschen Kriegszeit
Erste Feindfahrt
Zweite Feindfahrt
BA
BB
BC
CA
CB
CC
DB
DC
DD
DE
VEREINIGTE STAATEN
New York
Kap Hatteras
Savannah
Jacksonville
Kap Canaveral
Cyclops (12. 1. 1942)
Coimbra (15. 1. 1942)
Norness (14. 1. 1942)
Unbekannt (17. 1. 1942)
Unbekannt (19. 1. 1942)
City of Atlanta (19. 1. 1942)
Ciltvaira (19. 1. 1942)
Atik (Carolyn) (27. 3. 1942)
Empire Steel (24. 3. 1942)
Muskogee (22. 3. 1942)
Culebra (25. 1. 1942)
Pan Norway (26. 1. 1942)
Alcoa Guide (17. 4. 1942)
Oklahoma (8. 4. 1942)
Esso Baton Rouge (8. 4. 1942)
Esparta (9. 4. 1942)
Gulfamerica (11. 4. 1942)
Leslie (13. 4. 1942)
Korsholm (13. 4. 1942)
0
300
Seemeilen (Maßstab für den 40. Breitengrad)

II. Nautische Maße vor 1960 (internationaler Vergleich)

1. Großbritannien, USA
   1 foot (Fuß) = 0,3048 m (~ 30,5 cm)
   1 yard = 3 feet = 0,9144 m (~ 91,5 cm)
   1 fathom (Faden) = 2 yards = 6 feet = 1,8288 m (~1,83 m)
   1 cable's length (Kabellänge)
   a) U.K. (allg.) = 100 fathoms = 600 feet = 182,880 m
   b) Britische Admiralität = 608 feet = 185,318 m
   c) USA = 120 fathoms = 720 feet = 219,456 m
   1 nautical mile
   a) U.K., USA (allg.) = 1/60 Längengrad am Äquator
   (d.h. 1/60 von 111,2979 km) = 1854,965 m
   b) Britische Admiralität
   = 10 cable's lengths = 6080 feet = 1853,184 m

2. Deutschland
   1 Seemeile = 1/60 Längengrad am Äquator
   (d.h. 1/60 von 111,2979 km) = 1854,965 m
   1 Kabellänge = 1/10 Seemeile = 185,5 m
   1 Faden = 1/100 Kabellänge = 1,85 m

3. Frankreich
   1 pied (Fuß) = 0,325 m
   1 brasse (Faden) = 5 pieds = 1,625 m
   1 toise (Klafter) = 6 pieds = 1,95 m
   1 encablure (Kabellänge, alt) = 120 brasses = 100 toises
   = 195 m
   1 encablure nouvelle (Kabellänge, neu) = 200 m
   1 nœud (Knoten) = 1/120 mille marine (Seemeile) = 15,459 m
   1 mille marine = 1/60 mittl. Längengrad (111,3064 km)
   = ca. 9 1/2 alte Kabellängen = 1855,1074 m

Mit Einführung der SI-Maßeinheiten in den 1960er Jahren wurde die Seemeile international auf exakt 1852 m festgelegt.

Die Geschwindigkeit eines Schiffes wird in Knoten (engl. knots, franz. nœuds) angegeben. Nach der »klassischen« Methode, dem Loggen, liefen pro Sekunde ebenso viele Knoten durch das Logg ab, wie das Schiff Seemeilen pro Stunde zurücklegte, also gilt:
1 Knoten = 1 Seemeile pro Stunde.

III. Dienstgradvergleich

Deutsche Kriegsmarine	British (U.S.) Navy
Großadmiral	Admiral of the Fleet (Fleet Admiral)
Generaladmiral	*nicht eingeführt*
Admiral	Admiral
Vizeadmiral	Vice Admiral
Konteradmiral	Rear Admiral
Kommodore (Kapitän zur See in Konteradmiralstelle)	Commodore
Kapitän zur See (Kapt.)	Captain
Fregattenkapitän	Commander
Korvettenkapitän	Lieutenant Commander
Kapitänleutnant (Kptlt.)	Lieutenant-Senior (Lieutenant)
Oberleutnant zur See (Oblt.)	Lieutenant-Junior (Lieutenant, junior grade)
Leutnant zur See (Lt.)	Sub-Lieutenant (Ensign)
Fähnrich zur See	Midshipman

IV. Geleitzugbezeichnungen

HG: Gibraltar - England
HX: Halifax (Neuschottland) - England
OB: England - Nordamerika
ON: England - Halifax
SC: Sydney (Neuschottland) - England
SL: Sierra Leone - England

V. Abkürzungen und Worterklärungen

Aal: Spitzname des Torpedos.

Adreßbuch: U-Boot-Codebuch zur Verschlüsselung der Marinequadratpositionen in Funksprüchen.

Armed Guard: Auf Handelsschiffen eingesetzte Geschützbedienungsmannschaft der US Navy.

ASDIC: Allied Submarine Detection Investigation Committee (Alliiertes Forschungskomitee zum Aufspüren von U-Booten). Die Abkürzung wurde auf das von ihm entwickelte Gerät zum Aufspüren getauchter U-Boote mittels Unterwasser-Schallimpulsen übertragen.

ASV (Air to Surface Vessel):	Erstes englisches (10- und 3-cm-)Mikrowellen-Radargerät in Flugzeugen zur Entdeckung von Überwasserfahrzeugen.
Ausguck(s):	Brückenwache(n) auf U-Booten.
Back:	1. Oberes Vorderdeck, 2. Zusammenklappbarer Tisch an Bord.
Backschafter:	Essenholer, Geschirrspüler.
B-Dienst:	(Funk-)Beobachtungsdienst der Kriegsmarine.
BdU:	Befehlshaber der Unterseeboote (Kriegsmarine).
Besteck nehmen:	Den Standort eines Schiffs durch Peilen oder Koppeln (s.d.) bestimmen und ins Logbuch eintragen.
Biene:	Spitzname der U-Boot-Besatzungen für ein Flugzeug.
Bilge:	Tiefstgelegener Teil des Bootsinnern.
Bletchley Park (BP):	Ein Herrenhaus in Buckinghamshire nordwestlich von London, in dem sich die *Government Code and Cipher School,* (Regierungsschule für Codes und Chiffren) befand, mit Codenamen Station X genannt, in der man an der Entschlüsselung der aufgefangenen deutschen Funksprüche arbeitete.
»Bombe«:	Die gängige Bezeichnung für den in Bletchley Park aus mehreren hintereinandergeschalteten, nachgebauten »Enigma«-Maschinen zusammengesetzten elektromechanischen Sortierapparat, eine Art Computer zur Untersuchung der eingegangenen deutschen Funksprüche.
BRT:	Bruttoregistertonne. Volumeneinheit zur Größenangabe von Schiffen, im Gegensatz zur NRT (Nettoregistertonne) einschließlich der Räume für Antriebsanlage, Betriebsstoffe, Schiffsführung und Unterbringung der Besatzung. Die Einheit für beide ist: 1 RT = 2,831684 Kubikmeter.
Bunker:	Die äußeren Dieseltanks von U-Booten.
CAP:	Civil Air Patrol (zivile Luftüberwachung).
CINCLANT:	Commander in Chief, Atlantic Fleet (Oberbefehlshaber der amerikanischen Atlantikflotte).
CNO:	Chief of Naval Operations (Chef der operativen Führung der US Navy).
COMINCH:	Commander in Chief, United States Fleet (Oberbefehlshaber der US Navy).
CSF:	Caribbean Sea Frontier (Grenzgebiet Karibische See, US Navy).

DD:	Amerikanische Abkürzung für Zerstörer.
DE:	Destroyer Escort. Amerikanische Abkürzung für Geleitschutz-(Eskort-)Zerstörer.
DNI (Director of Naval Intelligence):	Direktor des Nachrichtendienstes der US Navy.
Dräger-Tauchretter:	Sauerstoffgerät für U-Boot-Fahrer zum Verlassen des getauchten U-Boots im Notfall, benannt nach der Herstellerfirma Dräger.
Druckkörper:	Der U-Boot-Rumpf mit den Räumen der Besatzung und den wichtigsten Funktionssystemen, nach dessen Festigkeit sich die erreichbare Tauchtiefe richtet.
Einbaum:	Spitzname für U-Boote vom Typ II (wegen ihrer geringen Größe).
IWO (sprich: Eins We O):	Erster Wachoffizier.
E-Maschine:	Elektromotor oder Generator.
Enigma:	Englische Bezeichnung für die Schlüsselmaschine M. Das Wort wurde auch auf die verschlüsselten Texte der Maschine angewandt.
ESF:	Eastern Sea Front. Seegrenzgebiet vor der Ostküste der USA (Westatlantik), US Navy.
ET:	Eastern Time. Amerikanische Ostküstenzeit, GMT minus 5, MEZ minus 7 (heute: 6) Stunden (s. a. EWT).
Eto:	Elektrisch angetriebener, daher blasenloser Torpedo (Typ G7e).
EWT:	Eastern War Time. Amerikanische Ostküsten-Kriegszeit, eingeführt am 9. Februar 1942, GMT minus 4, MEZ minus 6 Stunden.
F-21:	Das zuerst OP-20-G genannte Geheimdienstzentrum der Atlantic Section der US Navy bei der Main Navy mit einer exakten Kopie des Submarine Tracking Room des englischen OIC. Nahm im Frühjahr 1942 seine Arbeit auf.
Fächerschuß:	Das gleichzeitige Abfeuern von zwei oder mehr Torpedos.
First Sealord:	Chef des britischen Admiralstabs; Amtsleiter der britischen Admiralität (Admiralty Board), einer Abteilung des Verteidigungsministeriums.
Flak:	Flieger- oder Flugzeugabwehrkanone.
Flottille:	Verband kleinerer Kriegsschiffe von Zerstörer abwärts unter gemeinsamer Führung.
FT (F.T.):	Funktelegrafie. Die Abkürzung wurde zur Bezeichnung der einzelnen Funksprüche verwendet.

FuMB:	Funkmeßbeobachtungsgerät zum Erfassen von Funkmeß- bzw. Radarstrahlen.
5 ND:	Fifth Naval District (5. US-Navy-Distrikt).
500-Tonner:	U-Boot vom Typ VII.
Funkschapp:	Funkraum in U-Booten.
G7a:	Ein Torpedo-Typ mit Preßluftantrieb mit einer Sprengladung von 300 kg.
G7e:	Ein Torpedo-Typ mit elektrischem Antrieb (manchmal auch T 2 genannt). Er war 1942 der gebräuchlichere Torpedo. Sieben Meter lang, machte er bei sechs Kilometern Laufstrecke 30 Knoten, und (was der Hauptvorteil war) er hinterließ keine Blasenbahn. Er trug eine Sprengladung von 300 kg.
Gröner:	Das von Erich Gröner zusammengestellte Handbuch der Handelsflotte mit Silhouetten aller bekannten Frachter und Tanker.
GSF:	Gulf Sea Frontier (Grenzgebiet Golf von Mexiko, US Navy).
HF/DF:	High Frequency Direction Finder (Hochfrequenzrichtungsfinder), umgangssprachlich »Huff-Duff« genannt. Ein von den Alliierten entwickelter Kurzwellenpeiler zum Einpeilen der Sendestellen von Kurzwellenfunksignalen.
Hilfskreuzer:	Deutsche Bezeichnung für die bewaffneten Handelsschiffe der Alliierten.
HMCS:	His/Her Majesty's Canadian Ship. Jedes Kriegsschiff der Royal Canadian Navy, der kanadischen Marine.
HMS:	His/Her Majesty's Ship. Jedes Kriegsschiff der Royal Navy, der britischen Marine.
Huff-Duff:	Spitzname des HF/DF.
HYDRA:	Der von den Front-U-Booten benutzte Schlüssel für die tägliche Einstellung der Schlüsselmaschine M.
Kaleu:	Abkürzung für Kapitänleutnant.
K. an K.:	Kommandant an Kommandant (in Funksprüchen).
Keroman:	U-Boot-Bunker am Pointe de Keroman nahe der Einfahrt zum Hafen von Lorient.
Kommandoturm:	Der niedrige Beobachtungsturm eines U-Boots, bestehend aus einem druckfesten Raum mit den Steuerapparaturen und darüber der offenen Brücke. In den Booten vom Typ IX enthält der Raum unter der Brücke auch das Okular des Angriffssehrohrs und den Vorhaltrechner.

Koppeln:	Berechnung des Schiffsstandorts nach Kursen und Geschwindigkeit, und nicht mittels Sextant nach den Gestirnen.
Kryptoanalyse:	Prozeß des Einbrechens in einen Code.
Kryptographie:	Wissenschaft der Verschlüsselungssysteme für geheime Nachrichtenübermittlung.
KTB:	Kriegstagebuch.
Kurzsignal:	Positionsmeldung der U-Boote.
LI:	Leitender Ingenieur. Der für die Bedienung der Antriebs- und Stromversorgungsanlagen und der Hilfsmaschinen eines Kriegsschiffs zuständige Offizier.
Main Navy:	Das Hauptgebäude des US-Marineministeriums an der Seventh Street und der Constitution Avenue in Washington, D.C.
Marinequadrat:	Teil der auf der Mercatorprojektion beruhenden Quadratkarten der Kriegsmarine, auf denen die Erdoberfläche von einem System aus Groß- und Kleinquadraten bedeckt ist, anhand deren die jeweilige Schiffsposition mit Buchstaben und Zahlen kodiert werden kann.
Mixer:	Torpedomechaniker.
MOMP:	Mid-Ocean Meeting Point (Treffpunkt in der Mitte des Ozeans) südlich von Island, an dem sich die amerikanischen und britischen Geleitschiffe der Atlantikkonvois ablösten. Auch »chopline« (*ch*ange of *op*erational control = Wechsel der operativen Kontrolle) genannt.
OIC:	Operational Intelligence Centre (Operatives Geheimdienstzentrum) der britischen Admiralität.
OKM:	Oberkommando der Kriegsmarine.
OKW:	Oberkommando der Wehrmacht.
ONI:	Office of Naval Intelligence (Nachrichtendienst der US Navy).
PC:	Patrol craft (Patrouillenschiff). U-Boot-Jäger (53 m) der US Navy.
Puster:	Spitzname der Funker.
Q-Ship:	Queen-Ship. Ein als Frachter getarntes Schiff mit versteckten Deckwaffen, das von den Alliierten als U-Boot-Falle eingesetzt wurde.

R-Boot:	Räumboot (Minensucher).
R.A.F.:	Royal Air Force (Königlich Britische Luftwaffe).
Reichsmarine:	Teil der Reichswehr (1919–35).
RCN:	Royal Canadian Navy (Königliche Kanadische Marine).
RNR:	Royal Naval Reserve (Reserve der Royal Navy).
RNVR:	Royal Naval Volunteer Reserve (Freiwilligenreserve der Royal Navy).
Rudeltaktik:	Von Dönitz entwickelte Taktik, Geleitzüge nicht mit einem einzelnen U-Boot anzugreifen, sondern nach dem Aufspüren der Geleitzüge mit ihnen Fühlung zu halten, andere Boote herbeizurufen und dann in Gruppen vorzugehen.
SC:	U-Boot-Jäger der US Navy (34 m).
Schlüsselmaschine M:	Marineversion der von der Wehrmacht benutzten Chiffriermaschine (siehe *Enigma).*
Schnorchel:	Das ausfahrbare Luftrohr zur Frischluftzufuhr und zur Abführung der Auspuffgase (Diesel) auf U-Booten.
Schußmeldung:	Nach jedem Torpedoschuß abzugebende Meldung des U-Boots an den BdU.
Seekuh:	Spitzname der großen Fern-U-Boote (Typ IX).
700-Tonner:	U-Boot vom Typ IX.
Skl.:	Seekriegsleitung der deutschen Kriegsmarine.
Sonar:	Amerikanische Bezeichnung für ein aktives Unterwasserschall-Ortungsgerät. Gegenstück zum englischen ASDIC.
Spargel:	Spitzname des Sehrohrs.
Special Intelligence:	In Bletchley Park entschlüsselte deutsche Funksprüche, auch »Z« oder, wenn an Frontkommandeure übermittelt, »Ultra« genannt.
SS:	Steamship (Dampfschiff).
Submarine Tracking Room:	U-Boot-Verfolgungsraum. Im OIC eingerichteter (später von der US Navy kopierter) Raum, in dem alle Informationen über die Bewegungen der deutschen U-Boote zusammenliefen und ausgewertet wurden.
Torpedo-Schußempfänger (T-Schu):	Ein Gerät in den Torpedoräumen von U-Booten, das vom Vorhaltrechner Daten über das Ziel erhielt und sie in das Leitsystem der Torpedos einspeiste.
Torpedoerprobungskommando (TEK):	Militärisches Kommando für die Erprobung neu entwickelter Torpedos und Torpedoanlagen unter kriegsmäßigen Bedingungen in Kiel.
Torpex:	Ein hochexplosives Gemisch aus Cyclonite, TNT und Aluminiumsplittern.

Trimmtauchen:	Probetauchen eines U-Boots zum Ermitteln der für den Gleichgewichtszustand benötigten Trimm (Schwimmlage eines Schiffs in der Längsrichtung).
USS:	United States Ship. Jedes Kriegsschiff der USA.
UZO:	U-Boot-Zieloptik. Überwasserdoppelglas mit leuchtendem Fadenkreuz zur Zielerfassung, das auf dem Torpedo-Zielgerät auf der Brücke angebracht wurde und den Vorhaltrechner automatisch mit Richtungs- und Entfernungsangaben fütterte.
Vorhaltrechner:	Ein elektromechanischer Abweichungsrechner im Kommandoturm eines U-Boots, der den Kreiselkompaß-Steuermechanismus der Torpedos im Rohr mit den Angriffsdaten fütterte.
Wabo:	Wasserbombe.
Western Approaches:	»Westliche Zufahrten«. Das Seegebiet unmittelbar westlich der britischen Inseln, durch das die Seewege zu der Westküste Englands und Schottlands führen.
Weyer:	*Weyers Taschenbuch der Kriegsflotten.* Ein Handbuch zur Identifikation von Kriegsschiffen aller Nationen.
Wintergarten:	Spitzname für die hinter dem Kommandoturm von U-Booten angebaute(n) Geschützplattform(en).
Zentrale:	Der Raum unterhalb des Kommandoturms, in dem sich sämtliche Steuerungsapparaturen für Kurs- und Tiefensteuerung, Trimmen, Tauchen und Auftauchen u.a. befinden.
IIWO (gesprochen: Zwei We O):	Zweiter Wachoffizier.

Auswahlbibliographie

Der Text stützt sich hauptsächlich auf originale Archivdokumente, die in den Anmerkungen nachgewiesen werden. Sie wurden ergänzt durch Material, das aus Interviews mit überlebenden Beteiligten und aus veröffentlichten Arbeiten stammt: aus Dokumentensammlungen, offiziellen Geschichtswerken, technischen Berichten, Autobiographien und Sekundärliteratur der verschiedensten Art. Die im Text verarbeiteten veröffentlichten Werke sind in den Anmerkungen aufgeführt. Diejenigen, die sich als besonders nützlich erwiesen haben, sind in der folgenden Liste enthalten:

Abbazia, Patrick: *Mr. Roosevelt's Navy. The Private War of the U.S. Atlantic Fleet, 1939–1942,* Annapolis (Maryland) 1975.

Bailey, Thomas A./Paul B. Ryan: *Hitler and Roosevelt. The Undeclared Naval War,* New York 1979.

Beach, Edward L.: *The United States Navy: 200 Years.* New York 1986.

Beesly, Patrick: *Geheimdienstkrieg der britischen Admiralität 1939–1945,* Frankfurt am Main/Berlin/Wien 1977.

Bennett, Ralph: *Ultra in the West. The Normandy Campaign, 1944–1945,* New York 1979.

Blair jr., Clay: *Silent Victory. The U.S. Submarine War Against Japan,* Philadelphia/New York 1975.

Brennecke, Jochen: *Jäger – Gejagte! Deutsche U-Boote 1939–1945. Mit einem Nachwort zur Taschenbuchausgabe,* München 1991.

Brustat-Naval, Fritz: *Ali Cremer: U 333,* Berlin/Frankfurt am Main/Wien 1982.

Buchheim, Lothar-Günther: *U-Boot-Krieg,* Zürich 1976.

Buell, Thomas B.: *Master of Sea Power. A Biography of Fleet Admiral Ernest J. King,* Boston (Massachusetts) 1980.

ders. u.a.: *The Second World War. Europe and the Mediterranean,* Wayne (New Jersey) 1984.

Busch, Harald: *So war der U-Boot-Krieg,* Preußisch Oldendorf [4]1983.

Calvocoressi, Peter: *Top Secret Ultra,* New York 1980.

Chatterton, E. Keble: *Q-Ships and Their Story,* Annapolis (Maryland) 1972.
Churchill, Winston Spencer: *Der Zweite Weltkrieg*
- Bd. 1, 2 Tle.: *Der Sturm zieht auf,* Bern 1948.
- Bd. 2, 2 Tle.: *Englands größte Stunde,* Bern 1949.
- Bd. 4, 2 Tle.: *Schicksalswende,* Bern 1951.

Costello, John/Terry Hughes: *Atlantikschlacht. Der Krieg zur See 1939–1945,* Bergisch Gladbach 1983.
Craven, Wesley Frank/James Lee Cate: *The Army Air Forces in World War II,* Bd. 1: *Plans and Early Operations, January 1939 to August 1942,* Chicago 1948.
Dönitz, Karl: *10 Jahre und 20 Tage,* Bonn 1958.
Dorwart, Jeffrey M.: *Conflict of Duty. The U.S. Navy's Intelligence Dilemma, 1919–1945,* Annapolis (Maryland) 1983.
Farago, Ladislas: *The Tenth Fleet,* New York 1962.
Frank, Wolfgang: *Die Wölfe und der Admiral. U-Boote im Kampfeinsatz. Triumph und Tragik,* Bergisch Gladbach 1980.
Gasaway, E.B.: *Grey Wolf, Grey Sea,* New York 1985.
Greenfield, Kent Roberts (Hg.): *Command Decisions,* New York 1959.
Hadley, Michael L.: *Uboote gegen Kanada. Unternehmungen deutscher Uboote in kanadischen Gewässern,* Herford/Bonn 1990.
Hardegen, Reinhard: *»Auf Gefechtsstationen!«. U-Boote im Einsatz gegen England und Amerika. Mit einem Geleitwort von Großadmiral Dönitz,* Leipzig 1943.
Hearings Before the Joint Committee on the Investigation of the Pearl Harbor Attack, Congress of the United States, Seventy-Ninth Congress, Washington (D.C.) 1946.
Heinrich, Waldo: *Threshold of War. Franklin D. Roosevelt and American Entry into World War II,* New York 1988.
Herwig, Holger H.: *Politics of Frustration. The United States in German Naval Planning, 1889–1941,* Boston (Massachusetts) 1976.
Herzog, Bodo: *60 Jahre deutsche U-Boote, 1906–1966,* München 1968.
Hezlet, Sir Arthur: *The Electron and Sea Power,* London 1975.
Hinsley, F.H., u.a.: *British Intelligence in the Second World War. Its Influence on Strategy and Operations,* 3 Bd., New York 1979–88.
Jäckel, Eberhard: *Hitler in History,* Hanover (New Hampshire) 1984.
Jacobsen, Hans Adolf/Jürgen Rohwer (Hg.): *Entscheidungsschlachten des Zweiten Weltkrieges,* Frankfurt am Main 1960.
James, Henry J.: *German Subs in Yankee Waters: First World War,* New York 1940.
Karig, Walter, u.a.: *Battle Report. The Atlantic War,* New York 1946.
Keegan, John: *The Price of Admiralty. The Evolution of Naval Warfare,* New York 1989.
Kimball, Warren F. (Hg.): *Churchill and Roosevelt. The complete Correspondence,* Princeton 1952.

King, Ernest J.: *Bericht von Admiral Ernest J. King,* in George C. Marshall/Ernest J. King/Henry H. Arnold: *Der Bericht des amerikanischen Oberkommandos,* New York o.J. (um 1945).
ders./Walter Muir Whitehill: *Fleet Admiral King. A Naval Record,* New York 1952.
König, Paul: *Die Fahrt der Deutschland. Das erste Untersee-Frachtschiff,* Berlin 1916.
Langer, William L./S. Everett Gleason: *The Undeclared War, 1940–1941,* New York 1953.
Larrabee, Eric: *Commander in Chief. Franklin Delano Roosevelt, His Lieutenants, and Their War,* New York 1987.
Layton, Edwin T./Roger Pineau/John Costello: *»And I Was There«. Pearl Harbor and Midway - Breaking the Secrets,* New York 1985.
Lewin, Ronald: *The American Magic. Codes and Ciphers and the Defeat of Japan,* New York 1982.
ders.: *Entschied ULTRA den Krieg?,* Koblenz/Bonn 1981.
Lloyd's Register of Shipping, 1942–43, London 1942.
Love jr., Robert William (Hg.): *The Chiefs of Naval Operation,* Annapolis (Maryland) 1980.
Mahan, Alfred Thayer: *Der Einfluß der Seemacht auf die Geschichte, 1660 bis 1812,* 2 Bde., Kassel 1974 (Reprint der Ausgabe 1898/99).
Mallmann-Showell, Jak P.: *Das Buch der deutschen Kriegsmarine, 1935–1945,* Stuttgart [6]1991.
ders.: *Uboote gegen England. Kampf und Untergang der deutschen Uboot-Waffe 1939–1945,* Stuttgart [7]1990.
Manchester, William: *Churchill. Allein gegen Hitler, 1932–1940,* München 1990.
Metzler, Jost: *Sehrohr südwärts! Ritterkreuzträger Kapitänleutnant Jost Metzler erzählt, niedergeschrieben von Otto Mielke,* Berlin 1943.
Middlebrook, Martin: *Konvoi. U-Boot-Jagd auf die Geleitzüge SC 122 und HX 229,* Frankfurt am Main/Berlin 1977.
Moffat, Alexander W.: *A Navy Maverick Comes of Age, 1933–1945,* Middletown (Connecticut) 1977.
Monsarrat, Nicholas: *The Cruel Sea,* New York 1952.
Moore, Arthur R.: *A Careless Word . . . A Needless Sinking,* New York 1983.
Morison, Samuel Eliot: *History of the United States Naval Operations in World War II.*
- Bd. 1: *The Battle of the Atlantic, September 1939 – May 1943,* Boston (Massachusetts) 1964.
- Bd. 3: *The Rising Sun in the Pacific,* Boston (Massachusetts) 1954.
- Bd. 10: *The Atlantic Battle Won, May 1943–May 1945,* Boston (Massachusetts) 1956.

ders.: *The Two-Ocean War. A Short History of the United States Navy in the Second World War,* Boston (Massachusetts) 1963.

Mowat, Farley: *The Grey Seas Under,* Boston (Massachusetts) 1958.
Mulligan, Timothy (Hg.): *Records Relating to U-Boat Warfare, 1939-1945. Guides to the Microfilmed Records of the German Navy, 1850-1945,* Nr. 2, Washington (D.C.) 1985 (National Archives and Records Administration).
Padfield; Peter: *Dönitz. Des Teufels Admiral,* Berlin/Frankfurt am Main 1984.
Parrish, Thomas: *The Ultra Americans. The U.S. Role in Breaking the Nazi Codes,* New York 1986.
Porten, Edward P. von der: *Pictorial History of the German Navy in World War II,* New York 1976.
Prange, Gordon W./Donald M. Goldstein/Katherine V. Dillon: *At Dawn We Slept,* New York 1981.
dies.: *Miracle at Midway,* New York 1982.
Der Prozeß gegen die Hauptkriegsverbrecher vor dem internationalen Militärgerichtshof, Nürnberg 14. November 1945 - 1. Oktober 1946.
- Bd. 15: *Verhandlungsmitschriften, 29. Mai 1946 - 10. Juni 1946,* Nürnberg 1948.
- Bd. 40: *Urkunden und anderes Beweismaterial, Bormann-11 bis Raeder-7,* Nürnberg 1949.
Raeder, Erich: *Mein Leben,* 2 Bde., Tübingen 1956/57.
Rohwer, Jürgen: *Geleitzugschlachten im März 1943,* Stuttgart 1975.
ders.: *Die U-Boot-Erfolge der Achsenmächte 1939-1945,* München 1968.
ders./Gerhard Hümmelchen: *Chronik des Seekrieges 1939-1945,* Oldenburg/ Hamburg 1968.
ders./Eberhard Jäckel (Hg.): *Kriegswende Dezember 1941,* Koblenz 1984.
Roskill, Stephen W.: *The War at Sea, 1939-1945,* 2 Bde., London 1954/56.
Rössler, Eberhard: *Geschichte des deutschen Ubootbaus,* München 1975.
Sherwood, Robert E.: *Roosevelt und Hopkins,* Hamburg 1950.
Simpson III., B. Mitchell: *Admiral Harold R. Stark. Architect of Victory, 1939 to 1945,* Columbia (South Carolina) 1989.
Stern, Robert C.: *U-Boats in Action,* Carrollton (Texas) 1977.
Stick, David: *Graveyard of the Atlantic. Shipwrecks of the North Carolina Coast,* Chapel Hill (North Carolina) 1952.
Stimson, Henry L./McGeorge Bundy: *On Active Service in Peace and War,* New York 1947.
The Story of the U-505, Chicago (Museum of Science and Industry) 1981.
Terraine, John: *The U-Boat Wars 1916-1945,* New York 1989.
Vat, Dan van der: *Schlachtfeld Atlantik. Der deutsch-britische Seekrieg 1939 bis 1945,* München 1990.
Wagner, Gerhard (Hg.): *Lagevorträge des Oberbefehlshabers der Kriegsmarine vor Hitler 1939-1945,* München 1972.
Weinberg, Gerhard L: *World in the Balance. Behind the Scenes of World War II,* Hanover (New Hampshire)/London 1981.
Welchman, Gordon: *The Hut Six Story. Breaking the Enigma Codes,* New York 1982.

Werner, Herbert A.: *Iron Coffins,* New York 1978 (deutsch: *Die eisernen Särge,* Hamburg 1970).
West, Rebecca: *A Train of Powder,* New York 1955.
Wohlstetter, Roberta: *Pearl Harbor. Warning and Decision,* Stanford 1962.
Wreck Information List Compiled by the U.S. Hydrographic Office from All Available Sources, Corrected to March 10, 1945, Washington, D.C., 1945.

Danksagung

Ich bin vielen zu Dank verpflichtet, die mir bei der Beschaffung der Dokumente, Karten, entschlüsselten Funksprüche und anderen Materials halfen und es mir damit ermöglichten, dieses Buch zu schreiben, allen voran Reinhard Hardegen, dessen scharfes Erinnerungsvermögen mir während eingehender Interviews in seinem Heim in Bremen im Mai 1985 und Dezember 1986 die Geschichte von U 123 lebendig machte. Es ist für einen Historiker ein Glücksfall, sich bei der Darstellung eines historischen Geschehens auf das Zeugnis eines der Hauptbeteiligten stützen zu können. Ich möchte ihm und seiner Frau an dieser Stelle meinen tiefempfundenen Dank für ihre Gastfreundschaft und ihr freundliches Entgegenkommen ausdrücken. Besonderer Dank gilt gleichfalls den ehemaligen Besatzungsmitgliedern von U 123, die mir während eines Treffens in Bad König/Odenwald im November 1985 ihre Erfahrungen schilderten: Richard Amstein, Heinz Barth, Karl Fröbel, Max Hufnagel, Walter Kaeding, Karl Latislaus, Rudolf Meisinger, Fritz Rafalski, Horst von Schroeter und Hans Seigel. Ihre Erinnerungen fügten der Darstellung eine weitere, menschlich interessante Perspektive hinzu. Ein ausführlicheres Interview konnte ich mit Fritz Rafalski, dem ehemaligen Funker von U 123, im Dezember 1986 in Bonn führen. Von großem Wert, besonders in bezug auf Hardegens Sicht der Ereignisse im Jahr des »Paukenschlags«, war außerdem ein Buch, das er auf Anordnung des Propagandaministeriums nach seiner zweiten Amerikafahrt einem Stenographen diktierte und das im folgenden Jahr zur Hebung der Moral und zur Nachwuchswerbung unter dem Titel »Auf Gefechtsstationen!« erschien. Es ist von einigem Nutzen, was Lebensdaten, persönliche Gedanken, den U-Boot-Alltag und die Sprache der U-Boot-Fahrer betrifft, für operative Informationen jedoch keine verläßliche Quelle, da Hardegen verpflichtet war, die Identität der Boote zu verschleiern, bestimmte Ereignisse nicht in chronologischer Reihenfolge zu erzählen und die Einzelheiten über die Angriffe auf ein Minimum zu reduzieren. Die Angaben mußten also mit der Darstellung in Hardegens Kriegstagebuch (KTB) von U 123 verglichen werden, das mir Hansjoseph Maierhöfer, der Direktor des Bundesarchivs/Militärarchiv in Freiburg, freundlicherweise zugänglich machte. Er hat mir außerdem die Koppelkarten, auf denen während der Fahrt der Kurs von U 123 eingetragen wurde, zur Verfügung gestellt.

Das ebenfalls in Freiburg befindliche Militärgeschichtliche Forschungsamt war mir bei der Suche nach von der deutschen Kriegsmarine und der Luftwaffe benutzten Karten behilflich, wofür ich besonders meinem Freund Prof. Hugo Ott danken möchte. In der Bibliothek für Zeitgeschichte in Stuttgart machte mir der Marinehistoriker Prof. Dr. Jürgen Rohwer zahlreiche wichtige Dokumente zugänglich, insbesondere die Schußmeldungen von U 123 und anderen am »Paukenschlag« beteiligten Booten. Horst Bredow, der Begründer und Direktor des inzwischen in Cuxhaven-Altenbruch ansässigen Traditionsarchivs Unterseeboote, das gleichfalls eine reichhaltige Sammlung von U-Boot-Materialien aufbewahrt, stellte mir freundlicherweise viele der in diesem Buch enthaltenen Fotos zur Verfügung. Eine besondere Hilfe waren mir Timothy P. Mulligan von der *Modern Military Headquarters Branch, Military Archives Division,* des *National Archives and Records Service* in Washington, D.C., und Michael Walker von der *Operational Archives Branch, Naval History Center,* Washington Navy Yard. Ohne ihre Archivquellen und ihre persönliche Unterstützung hätte dieses Buch nicht geschrieben werden können.

Jochen Ahme vom Verband Deutscher U-Bootfahrer e.V. in Hamburg (er verstarb im Mai 1989) und Robert M. Coppock von der *Naval History Library* des britischen Verteidigungsministeriums in Fulham waren mir eine große Hilfe beim Aufspüren von U-Boot-Veteranen. Zwei Übersetzer, Herbert und Kathryn Bubenik, waren bei zahlreichen Gelegenheiten eine große Stütze. Sie waren so gefangen von der Geschichte von U 123 und trugen derart viel zu den Recherchen bei, daß man mit Fug und Recht sagen kann, ihre Rekonstruktion stamme zum Teil von ihnen. Elsa Fox erledigte freundlicherweise die Übersetzung der norwegischen Quellen. Mit besonderer Hochachtung möchte ich Patrick Beeslys gedenken, der während des Krieges stellvertretender Leiter des »Submarine Tracking Room« des OIC war und mich im Juli 1986 in seinem Haus in Lymington zu einem Gespräch empfing. Ähnlich wertvoll waren die Informationen, die ich von Kenneth A. Knowles erhielt, der im Mai/Juni 1942 nach englischem Vorbild den »Submarine Tracking Room« der US Navy einrichtete. Mein Dank gilt auch René Estienne, dem Archivverwalter des Hafens von Lorient, der mir nicht nur die Quellen des *Marine Nationale Service Historique* zugänglich machte, sondern auch die Besichtigung der U-Boot-Bunker am Pointe de Keroman arrangierte. Michael L. Hadley stellte mir kanadische Dokumente zur Versenkung der SS *Cyclops* zur Verfügung; weiteres Material dazu erhielt ich vom *Directorate of History* des *National Defence Headquarters* in Ottawa.

Besonders hervorheben möchte ich die Unterstützung des Historikers Gerhard L. Weinberg und der Archivare John E. Taylor und Bernard F. Cavalcante. Warren Kiernan, ein ehemaliger U-Boot-Kommandant der US Navy, der in jedem Jahr seines Kommandos in der *Atlantic Submarine Force* die Torpedoabschußauszeichnung erhielt, überprüfte freundlicherweise die technische Korrektheit der Passagen über Torpedoangriffe. Harry Cooper und James Frye ermöglichten mir eine ausführliche Besichtigung von U 505, einem U-Boot vom Typ IXC, das sich im *Museum of Science and Industry* in Chicago befindet. Mein Dank gilt dem *Public Record Office* in Kew, England; dem *American Merchant Marine Museum* in Kings Point (New York); der *Franklin D. Roosevelt Library* in Hyde Park (New York); der *George C. Marshall Research Library* in Lexington (Virginia); und der *Library of Congress* in Washington, D.C. Ohne die unermüdliche Hilfe der Mitarbeiter einer Einrichtung wie des *Interlibrary Loan Office of the University Libraries,* University of Florida, wären die Nachforschungen jedoch kaum möglich gewesen. Charles F. Sidman, Historiker und Dekan an der University of Florida, unterstützte mich während der gesamten Arbeit an diesem Buch, ebenso wie meine Kollegen und Freunde Marvin Harris, David M. Chalmers, Eugene Lyon, David A. Cofrin, Helen Armstrong, Raymond Gay-Crosier, Leonidas Roberts, William Goza und Alexander Stephan. Myrna Sulsona, Marian Johnston und Rebecca Haines entzifferten und bearbeiteten das Manuskript auf bewundernswerte Weise. Ein besonderer Dank für seinen Rat gilt meinem literarischen Agenten Murray Curtin. Und kein Schriftsteller hätte einen geeigneteren Lotsen an Bord haben können als Buz Wyeth vom Verlag Harper & Row.

Meiner Frau Genevieve Haugen, ohne die es nie ein Buch gegeben hätte, schulde ich für ihr Verständnis, ihre Unterstützung und ihre gute Laune mehr Dank, als Worte auszudrücken vermögen.

Mehrere der Genannten haben verschiedene Kapitel des Manuskripts während des Entstehungsprozesses gelesen, aber natürlich trage ich allein die volle Verantwortung für das abgeschlossene Buch, für die Korrektheit der Fakten, die Authentizität der Darstellung der Ereignisse und der Dialoge sowie die Schlüssigkeit meiner Interpretation.

Personenregister

Bildnachweis

Michael Gannon 1, 2, 21, 34
Horst Bredow, U-Boot-Archiv 3–10, 23–28
US National Archives and Records Administration 11–13
Reinhard Hardegen 14–20
New York Times 22
Martin Middlebrook 29
US Naval Institute 30, 31
Imperial War Museum 32
Herbert Bubenik 33

Karten: Paul Pugliese